Lemberger Moderne

Sylwia Werner

Lemberger Moderne

Studien zur Entstehung einer Wissenskultur

BRILL
FINK

Umschlagabbildung: Lemberg. Syktuska-Straße. Quelle: https://youhavebeenupgraded.boardingarea.com/2016/04/postcards-lwiw-lemberg/

Bibliografische Information der Deutschen Nationalbibliothek

Die Deutsche Nationalbibliothek verzeichnet diese Publikation in der Deutschen Nationalbibliografie; detaillierte bibliografische Daten sind im Internet über http://dnb.d-nb.de abrufbar.

www.fink.de

Einbandgestaltung: Evelyn Ziegler, München
Herstellung: Brill Deutschland GmbH, Paderborn

ISBN 978-3-7705-6709-6 (hardback)
ISBN 978-3-8467-6709-2 (e-book)

Inhalt

KAPITEL 1

Einleitung: Lemberg als Laboratorium der Moderne

Netzwerke und Akteure – Orte des Denkverkehrs – Gesellschaften und Verbände – Zeitschriften und Verlage – Experimentelles Denken – Pluralität der Wirklichkeiten – Wissenschaft und Kunst – Zentrum und Peripherie – Moderne und Avantgarde

Wo schlug Europas Herz der Moderne? Laut war sein Schlagen zweifellos in den Metropolen Wien, Berlin, München, London oder Paris zu vernehmen. Für den Lebensstrom der Ideen und Konzepte in der literarischen und wissenschaftlichen Moderne waren in Europa jedoch auch die vielen pulsierenden mittel- und osteuropäischen Zentren von vitaler Bedeutung. Die weitverzweigten und verschlungenen Zirkulationswege im östlichen Europa sind allerdings bislang nur sehr unzureichend erforscht, dabei wurden dort vielerorts ebenso innovative wie wirkmächtige ästhetische und epistemologische Konzeptionen entworfen, die in ihrer Radikalität und Modernität im westlichen Europa ihresgleichen suchten. Nicht zuletzt in Lemberg hatten sich Künstler, Forscher und Philosophen zu Gruppen zusammengeschlossen, die durch ihre immense Produktivität einen dynamischen kulturellen und wissenschaftlichen Wandel einleiteten, dessen Reichweite die Stadt- und Landesgrenzen weit überschritt. Ziel der vorliegenden Studie ist es, exemplarisch zu zeigen, wie in der scheinbar abseits liegenden Stadt Lemberg in den 1920er und 30er Jahren ein intellektuelles Laboratorium entstand, in dem disziplinüberschreitend neue Konzepte entwickelt wurden, die zur Entfaltung der europäischen Moderne beitrugen. Zugleich ist diese Arbeit ein Plädoyer für eine nicht hegemonial westlich dominierte Neukartierung der wissenskulturellen Landschaft der Moderne in Europa.

Lemberg gehörte bis 1918 zur Habsburgermonarchie und war in dieser Zeit die größte Stadt Ostgaliziens. Als Messestadt, Finanz- und Verwaltungszentrum, Sitz einer bedeutenden Universität, eines Polytechnikums und eines Opernhauses, aber auch als Erscheinungsort zahlreicher Zeitschriften und Stätte vieler Verlage und Buchhandlungen war Lemberg eine pulsierende Kulturmetropole, die Künstler und Wissenschaftler von weither anzog und die an Lebendigkeit eine Stadt wie Krakau weit übertraf.[1] Um 1900 lebten dort ca. 160000 Menschen, darunter 75% Polen, 20000 Deutsche und 15000 Ruthenen. Die Hälfte der Einwohner war römisch-katholisch, die andere Hälfte setzte

1 Martin Pollak: *Galizien*, Frankfurt am Main 2011, S. 225; Larry Wolff: *The Idea of Galicia. History and Fantasy in Habsburg Political Culture*, Stanford 2010.

 | DOI:10.30965/9783846767092_002

sich aus Vertretern jüdischen (28%) und griechisch-katholischen Glaubens (19%) zusammen.[2] Polnisch, Jiddisch, Ukrainisch und Deutsch waren die Verkehrssprachen, wobei vor allem nach dem 1. Weltkrieg, als Lemberg unter der polnischen Herrschaft stand, Polnisch das Deutsche als Amts- und Bildungssprache nach und nach ablöste.[3]

In der Zwischenkriegszeit wuchs die Bevölkerungszahl auf ca. 300000 Einwohner an; damit war Lemberg die drittgrößte Stadt Polens. Der ständige Wechsel der politischen Verhältnisse, das Gemisch aus Völkern, Religionen und Sprachen sowie die verschiedenen ästhetischen und wissenschaftlichen Traditionen prägten die Stadt bis zum 2. Weltkrieg.[4] An den Schnittpunkten dieser vielen Kulturen kam es in Lemberg zu einer einzigartig dichten Zirkulation von Ideen, Wahrnehmungsweisen, Methoden und Stilen unterschiedlicher Provenienz, mit der die Formierung einer quer durch alle wissenschaftlichen Disziplinen und kulturellen Gebiete gehenden Lemberger Moderne einherging.

1.1 Der Lemberger Denkverkehr: Personen, Orte und Medien

Die womöglich auffälligste Besonderheit der Lemberger Wissenskultur der Zwischenkriegszeit ist, dass es dort auf vergleichsweise kleinem Raum eine überschaubare Gruppe von in ihrem Fach jeweils führenden Akteuren gab, die zueinander in disziplinübergreifenden Wechselbeziehungen standen. Diesen für den Transfer von Ideen, Methoden und Wahrnehmungsweisen ursächlichen intra- und interkollektiven Austausch zwischen den Mitgliedern dieser

2 https://ome-lexikon.uni-oldenburg.de/orte/lemberg-lviv/ (letzter Zugriff: 30.08.2019).

3 Vgl. Pollack: *Galizien*, a.a.O., S. 216; Christoph Mick: *Kriegserfahrungen in einer multiethnischen Stadt: Lemberg 1914–1947*, Wiesbaden 2010; Isabel Röskau-Rydel (Hg.): *Deutsche Geschichte im Osten Europas Galizien*, Berlin 1999.

4 Christoph Mick: „Lemberg/Lwów/Lviv – die multiethnische Stadt", in: Matthias Weber, Burkhard Olschowsky, Ivan Petranský, Attila Pók, Andrzej Przewoźnik (Hg.): *Erinnerungsorte in Ostmitteleuropa. Erfahrungen der Vergangenheit und Perspektiven*, München 2011, S. 123–138; Peter Fässler, Thomas Held, Dirk Sawitzki (Hg.): *Lemberg – Lwów – Lviv. Eine Stadt im Schnittpunkt europäischer Kulturen*, Köln/Weimar/Wien 1995; Frank Michael Schuster: „Das multikulturelle Galizien. Die Entstehung eines Mythos während des Ersten Weltkriegs", in: *Kwartalnik Hisorii Żydów* [Vierteljahresschrift für Geschichte der Juden] (2004), S. 535–545. Zur langen Tradition multikulturellen Zusammenlebens in Lemberg siehe: Yaroslav Hrytsak: „A Multicultural History through the Centuries", in: *Harvard Ukrainian Studies* 24 (2000), S. 47–73; John Czaplicka (Hg.): *Lviv. A City in the Crosscurrents of Culture*, Harvard 2005.

Gruppen bezeichne ich mit Ludwik Fleck als einen „Denkverkehr“ innerhalb oder zwischen „Denkkollektiven“.[5]

Das intellektuelle Milieu Lembergs wurde nicht nur durch gleichgesinnte Theoretiker und Künstler geprägt, sondern vereinte verschiedene, teils sich sogar widersprechende Positionen. Zu den wichtigsten Protagonisten der Lemberger Wissenskultur gehörten allen voran der Mediziner und Wissenschaftstheoretiker Ludwik Fleck, der Maler, Logiker, Kunsttheoretiker und Vertreter des polnischen Futurismus Leon Chwistek, die Mathematiker und Begründer der modernen Funktionalanalysis Hugo Steinhaus, Stefan Banach und Stanisław Mazur, der Kinderarzt, Photograph und zeitweilige Direktor des Lemberger Opernhauses Franciszek Groër, die Psychiater Jakub Frostig und Tadeusz Bilikiewicz sowie der Biologe Rudolf Weigl. Zum gleichen Zeitpunkt dominierten die Diskussionen in Lemberg die Philosophen aus der berühmten sich der Semantik und Logik widmenden Lemberg-Warschau-Schule, unter ihnen Kazimierz Twardowski, Kazimierz Ajdukiewicz, Alfred Tarski, Władysław Tatarkiewicz, Kazimierz Kotarbiński, Jan Łukasiewicz und die Philosophin Izydora Dąmbska. Aber auch der Literaturwissenschaftler und Philosoph Roman Ingarden war seinerzeit in der Stadt. Majer Balaban schrieb in diesen Jahren die erste moderne jüdische Historiographie,[6] Juliusz Kleiner veröffentlichte eine bedeutende Geschichte der polnischen Literatur.[7] Leopold Infeld – der spätere wissenschaftliche Partner Einsteins – begann seine Laufbahn als Physiker, Bronisław Malinowski, Schulfreund von Leon Chwistek und Stanisław Ignacy Witkiewicz, begründete zu dieser Zeit die moderne Ethnologie. Mit Władysław Szumowskis kulturalistischer Darstellung der *Geschichte der Medizin* (1930) entstand eine relativistisch ausgerichtete Wissenschaftsgeschichtsschreibung. Die Künstlerinnen und Künstler, unter anderen Karol Irzykowski, Tadeusz Boy-Żeleński, Stanisław Jerzy Lec, Bruno Schulz, Debora Vogel, Julian Tuwim, Marian Hemar, Bruno Jasieński, Stanisław Ignacy Witkiewicz, Józef Wittlin, Roman Sielski und Margit Sielska-Reich sowie der Komponist und Vertreter der zweiten Wiener Schule Józef Koffler schließen noch lange nicht den Kreis.[8]

5 Ludwik Fleck: *Entstehung und Entwicklung einer wissenschaftlichen Tatsache. Einführung in die Lehre vom Denkstil und Denkkollektiv* (1935), hg. v. Lothar Schäfer und Thomas Schnelle, Frankfurt am Main 1980, S. 140.

6 Majer Balaban: *Historia i literatura żydowska* [Geschichte und Literatur der Juden], 3 Bde, Lwów 1925.

7 Juliusz Kleiner: *Zarys historii literatury polskiej* [Abriss der Geschichte der polnischen Literatur], 2 Bde, Lwów 1932 und 1939.

8 Jerzy Freiheiter: „Józef Koffler“, in: *Muzyka* [Musik] 7–8 (1936), S. 85–86; Zygmunt Folga: „Dodekafonia Józefa Koflera“ [Zwölftonmusik von Józef Koffler], in: *Muzyka* [Musik] 17

Die am Denkverkehr beteiligten Akteure kamen aus verschiedenen wissenschaftlichen Disziplinen und Künsten und gehörten somit unterschiedlichen Binnendenkkollektiven an. Viele von ihnen waren aber in mehreren Gruppen zugleich präsent und fungierten insofern als Verbindungsagenten. Sie wirkten damit nicht nur als Träger, sondern auch als Überträger von Ideen, Begriffen und Praktiken. So war z.B. die Avantgarde-Lyrikerin und Philosophin Debora Vogel eine Vermittlerin zwischen der Literatenszene und der Lemberg-Warschau-Schule, über Franciszek Groër verbanden sich Zirkel aus den Bereichen der Photographie, Musik und Medizin, von Ludwik Fleck führten Spuren zur Kunsttheorie von Leon Chwistek, zur Wahrscheinlichkeitstheorie von Hugo Steinhaus und der Typhusforschung von Rudolf Weigl. Dieses auffallend dichte Verbindungsnetz manifestierte sich vielfach in transdisziplinärem Teamwork bei Forschungs- und Kunstprojekten. Ein Schaubild, das längst nicht alle Akteure und ihre Verbindungen erfasst, soll einen ersten Eindruck davon vermitteln, wie sich in Lemberg äußere Einfluss- und innere Zirkulationslinien zu einem Netz verdichteten (Abb. 1).

Die äußeren Einflusslinien werden von den historischen Traditionen Lembergs bestimmt, insbesondere vom Wirken der Habsburgermonarchie. Hingegen traten die Lemberger Wissenschaft, Philosophie und Kunst erst nach dem Niedergang der Habsburgermonarchie in die Phase intensiven Experimentierens und eines neuen Anfangs ein.[9] Die diachronen Entwicklungs-

(1972) 4, S. 65–83; Maciej Gołąb: „Zwölftonmusik bei Józef Koffler. Ein polnischer Beitrag zur Geschichte der Dodekaphonie in der ersten Hälfte des 20. Jahrhunderts", in: *Musik des Ostens* 10 (1986), S. 167–179; Maciej Gołąb: *Dodekafonia. Studia nad teorią i kompozycją pierwszej połowy XX wieku* [Zwölftonmusik. Studien zur Theorie und Komposition der ersten Hälfte des 20. Jahrhunderts], Bydgoszcz 1987, hier insbes. Kap. 3.2.: „Do problemu materiału: seria jako materiał tematyczny w dodekafonii Józefa Kofflera" [Zum Problem des Materials: Serie als thematisches Material in der Zwölftonmusik von Józef Koffler], S. 100–105; Maciej Gołąb: „Józef Koffler i szkoła wiedeńska" [Józef Koffler und die Wiener Schule], in: *Muzyka* [Musik] 2 (1996), S. 2–15; Maciej Gołąb: „Documenta Koffleriana. Przegląd materiału źródłowego i perspektywy dalszych badań" [Documenta Koffleriana. Überblick über das Quellenmaterial und Perspektiven weiterer Forschungen], in: *Muzyka* [Musik] 2 (1996), S. 131–157; Iwona Lindstedt: „Instrumentacja a forma w symfoniach Józefa Kofflera" [Instrumentation versus Form in den Symphonien von Józef Koffler], in: *Muzyka* [Musik] 2 (1996), S. 75–129; Leszek Mazepa: „Relacje prasy lwowskiej o wykonaniach utworów Józefa Kofflera" [Die Lemberger Presseberichte über die Durchführung der Kompositionen Józef Kofflers] in: *Muzyka* [Musik] 41 (1996) 2, S. 139–158; Maria Zduniak: „Twórczość i działalność Józefa Kofflera w okresie 20-lecia międzywojennego" [Das Werk und Wirken von Józef Koffler in der Zwischenkriegszeit], in: *Zeszyty Naukowe Akademii Muzycznej we Wrocławiu* [Wissenschaftliche Hefte der Medizinischen Akademie Wrocław] (1983), S. 37–59.

9 Vgl. dazu: Hermann Simon, Irene Stratenwerth, Ronald Hinrichs: *Lemberg. Eine Reise nach Europa*, Hamburg 2007, hier insbes. den Beitrag von Ronald Hinrichs: „Universität. Ein akademisches Zentrum vom Weltrang", S. 121–133.

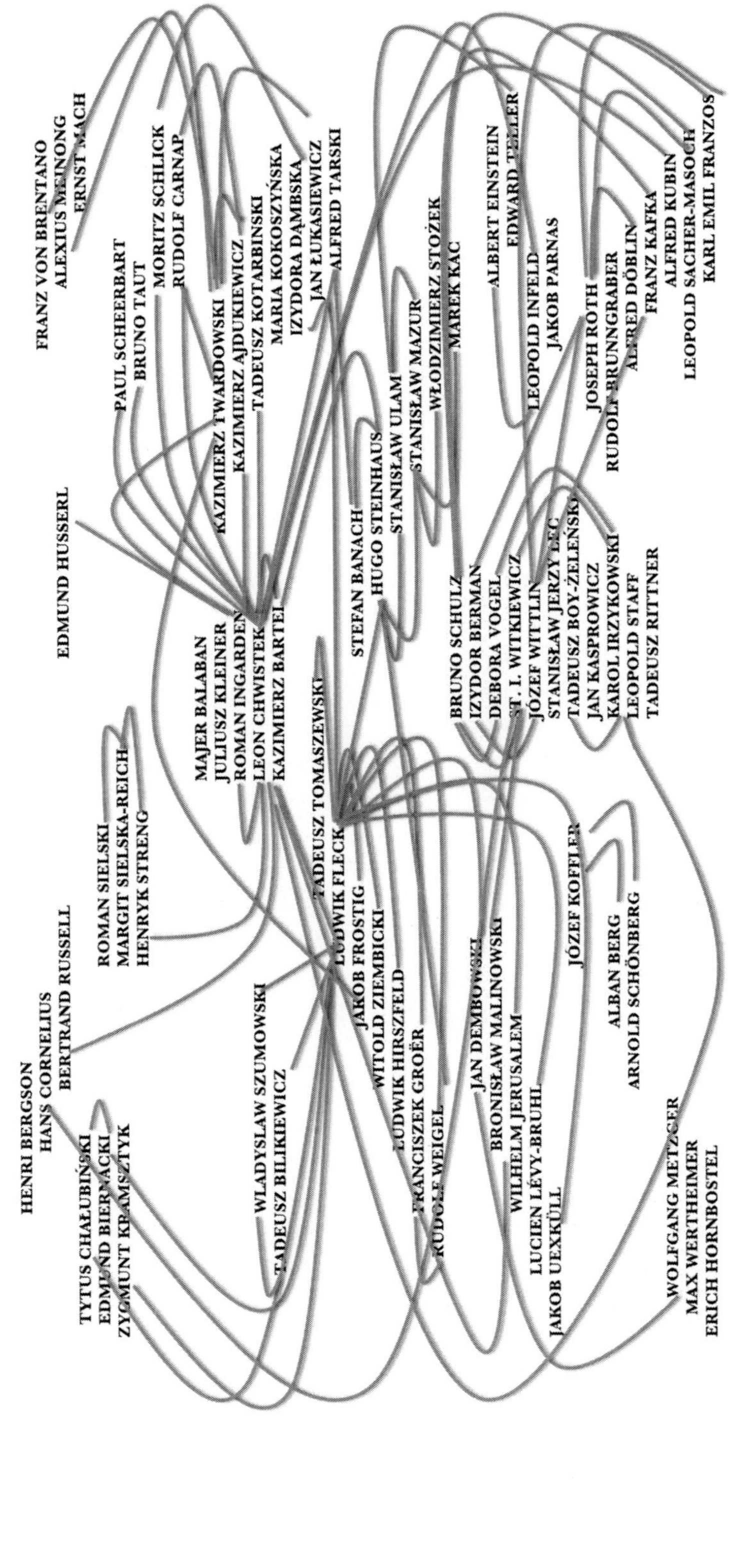

Abb. 1 Der Lemberger Denkverkehr in den 1920er und 30er Jahren

linien verknüpfen sich hier mit lokalen und überregionalen synchronen Linien zu einem dichten Netzwerk. Zu den habsburgischen Vorläufern gehört im Bereich der Literatur der Schriftsteller Leopold von Sacher-Masoch, der mit seinem in Lemberg geschriebenen Werk *Venus im Pelz* (1870) den Autoren und Künstlern in der nächsten Generation, unter ihnen Bruno Schulz und Stanisław Ignacy Witkiewicz, den Boden für verschiedene Versuche einer Mythisierung der erzählten Wirklichkeit bereitete (vgl. Kap. 3.2.2). Ferner waren Karl Emil Franzos und später auch Joseph Roth, die ebenfalls zeitweilig im österreichischen Lemberg lebten, für den postkolonialen Galizien-Diskurs in Józef Wittlins Roman *Das Salz der Erde* (1935) wichtig (vgl. Kap. 3.2.3 und Kap. 3.5.2).[10] Starke Bezüge zu österreichischen Schriftstellern gibt es zudem im literarischen Werk Leon Chwisteks, der sich unter anderem von Alfred Kubins phantastischer Ästhetik in *Die andere Seite* (1908) inspirieren ließ (vgl. Kap. 3.4.1). Für Debora Vogel wurde hingegen neben den Einflüssen aus dem Konstruktivismus in der Bildenden Kunst das synchrone Erzählverfahren, das Rudolf Brunngraber in seinem soziologischen Roman *Karl und das 20. Jahrhundert* (1933) angewendet hatte, prägend (vgl. Kap. 3.3.4).

In der Philosophie und Wissenschaft wurden die Weichen für die empirisch-psychologische und ästhetische Orientierung der Lemberger Denker und Forscher vor allem von Franz von Brentano und Alexius Meinong gestellt. Über die Philosophen Kazimierz Twardowski, der Brentanos Schüler war, und die Philosophin Izydora Dąmbska, die bei Moritz Schlick studierte, aber auch über Leon Chwistek, Kazimierz Ajdukiewicz und Alfred Tarski, die mit dem Wiener Kreis im engen Kontakt standen, kursierten die Ideen zwischen Wien und Lemberg und prägten gleichermaßen den Wiener wie Lemberger Denkverkehr (vgl. Kap. 5.4.1).

Die außergewöhnliche Produktivität der Lemberger Wissenskultur wurde zudem durch die nach dem 1. Weltkrieg im Rahmen des Wiederaufbaus des polnischen Staates betriebene Politik begünstigt, neue Lehrstühle einzurichten und mit namhaften Wissenschaftlern zu besetzen. An der Jan-Kazimierz-Universität Lemberg bildeten sich daraufhin zahlreiche fachspezifische Schulen, darunter die Lemberger Schule der Mathematik, die philosophische Schule der Logik, die später den Namen der Lemberg-Warschau-Schule erhielt, die Lemberger Schulen der Anthropologie, Zoologie, Biochemie, Geographie

10 Vgl. dazu: Johannes Fehr: „Und nichts als sie. Eine epistemologische Rhapsodie", in: Rainer Egloff, Johannes Fehr (Hg.): *Vérité, Widerstand, Development: At Work with/Arbeiten mit/Travailler avec Ludwik Fleck*, Zürich 2011, S. 13–20.

und Medizin, um nur einige zu erwähnen.[11] Einige Repräsentanten dieser Lemberger Schulen gründeten Zeitschriften, Hugo Steinhaus und Stefan Banach zum Beispiel die berühmte *Studia Mathematica*, Kazimierz Twardowski die *Studia Philosophica* und *Ruch Filozoficzny* [Philosophische Bewegung]. Neu gegründet wurden auch Periodika wie die ethnologische Vierteljahresschrift *Lud* [Das Volk], die literarische Zeitschrift *Sygnały* [Signale] und die der Avantgardemusik gewidmeten Zeitschriften *Echo* und *Orkiestra* [Orchester].[12] Durch die rege Publikationstätigkeit verbreiteten sich die neuen ästhetischen und wissenschaftlichen Ideen nicht nur innerhalb von Lemberg in großer Geschwindigkeit über die jeweiligen Fachgrenzen hinaus, sondern ließen sie, wie die starke internationale Rezeption belegt, in ganz Europa sichtbar werden.[13]

Parallel zu den Zeitschriftengründungen entstanden sach- und fachspezifische Gesellschaften und Verbände, die die Anhänger aus verschiedenen Disziplinen und kulturellen Gebieten miteinander vereinten.[14] So gehörten

---

11 Vgl. dazu: Irena Stasiewicz-Jasiukowa (Hg.): *Lwowskie środowisko naukowe w latach 1939–1945* [Das Lemberger wissenschaftliche Milieu in den Jahren 1939–1945], Warszawa 1999.

12 Vgl. die Protokolle der Redaktionssitzungen der Zeitschrift *Ruch Filozoficzny* [Philosophische Bewegung], in: Staatliches Bezirksarchiv Lemberg, Sign. 110/3/317, der Zeitschrift *Lud* [Das Volk], in: Zentrales Historisches Staatsarchiv Lemberg, Sign. 110/4/839 sowie der Zeitschrift *Studia Philosophica*, in: Zentrales Historisches Staatsarchiv Lemberg, Sign. 712/1/39.

Neben den polnisch-sprachigen wissenschaftlichen und kulturellen Zeitschriften gab es auch jüdische Avantgardezeitschriften, von denen die bekannteste die Zeitschrift *Zuschtajer* [Schenkung] ist, in der beispielsweise Debora Vogel ihre Gedichte und Essays publizierte.

13 Jerzy Jarowiecki, Barbara Góra: *Prasa lwowska w dwudziestoleciu międzywojennym* [Die Lemberger Presse in der Zwischenkriegszeit], Kraków 1994; Ewa Wójcik, „Środowisko księgarskie Lwowa w dwudziestoleciu międzywojennym" [Das Milieu des Buchhandels in Lemberg in der Zwischenkriegszeit], in: Halina Kosętka, Grażyna Wrona, Grzegorz Nieć (Hg.): *Kraków – Lwów. Książki, czasopisma, biblioteki XIX i XX wieku* [Krakau – Lemberg. Bücher, Zeitschriften, Bibliotheken im 19. und 20. Jahrhundert], Kraków 2011, S. 85–94; Krystyna Sierocka: „Magazyny literackie dwudziestolecia międzywojennego (Przyczynek do charakterystyki)" [Literarische Magazine in der Zwischenkriegszeit (Beitrag zur Charakteristik)], in: *Kwartalnik Historii Prasy Polskiej* [Vierteljahresschrift der Geschichte der polnischen Presse] 22 (1983) 1, S. 119–130; Andrzej Świecki: „Sygnały (1933–1939)" [Signale 1933–1939], in: *Rocznik Historii Czasopiśmiennictwa Polskiego* [Jahrbuch zur Geschichte des Zeitschriftenwesens] 7 (1968) 2; Jadwiga Czachowska: „Sygnały 1933–1939" [Signale 1933–1939], in: Ewa Korzeniewska (Hg.): *Materiały do dziejów postępowej publicystyki* [Materialien zur Geschichte der fortschrittlichen Publizistik], Bd. 2, Wrocław 1952; Wacław Kubacki: „Czasopisma literackie" [Literarische Zeitschriften], in: *Rocznik Literacki* [Literarisches Jahrbuch] (1933), S. 307–321.

14 Insgesamt gab es in Lemberg zwischen den Jahren 1932–1934 2771 registrierte Gesellschaften und Verbände. Vgl. die Akten aus dem Staatlichen Bezirksarchiv Lemberg,

z.B. Franciszek Groër und Kazimierz Ajdukiewicz der „Gesellschaft für Photographie“ an. Als Direktor des Lemberger Opernhauses leitete Groër zudem die „Gesellschaft der Freunde der Opernmusik“, deren Mitglied u.a. der Politiker, Mathematiker und Kunsttheoretiker Kazimierz Bartel war. Ludwik Fleck hielt seinen ersten epistemologischen Vortrag in der „Gesellschaft der Freunde der Medizingeschichte“, zu dem auch die Mediziner Władysław Szumowski und Witold Ziembicki gehörten. Andere wichtige Treffpunkte des Lemberger wissenschaftlichen und kulturellen Milieus waren die Philosophische, Mathematische und Ethnologische Gesellschaft, aber auch der „Klub der Schachspieler“ sowie der bedeutende avantgardistische Künstlerkreis „Artes“. In Lemberg wurde auch bereits Ende 1889 von Jakob Ber-Gimpel das erste Jiddische Theater Europas gegründet,[15] weshalb sich jene berühmte Schauspieltruppe, die durch ganz Europa zog und in Prag unter anderen Franz Kafka faszinierte, sich „Deutsch-jüdische Schauspieltruppe aus Lemberg“ nannte, obgleich nicht alle ihre Mitglieder aus Lemberg stammten.[16] Einige Schauspieler wie Bertha Kalich erlangten sogar Weltruhm. Die jiddischen Schauspieler aus Lemberg waren nicht zuletzt in den 1920er Jahren deswegen im Ausland berühmt, weil ihre Melodien sich auf Schallplatten weithin verbreiteten.

Zu bevorzugten Orten des Denkverkehrs zählten auch die Kaffeehäuser und Kneipen, wie etwa die „Szkocka“ [Schottisches Café], „Pod Gwiazdką“ [Zum Sternchen], „Atlas“ oder das „Café George“. In der „Szkocka“ trafen sich die Mathematiker und Philosophen, dort entstand auch das weltweit berühmt gewordene „Schottische Buch“ [Księga Szkocka], in das die Mathematiker

Sign. 110/4/839: Hier vor allem die Akte der Lemberger Gesellschaft für Photographie (Sign. 1/54/2362), des Verbandes „Fotoklub“ (Sign. 1/54/2363), der Philosophischen Gesellschaft in Lemberg (Sign. 1/54/1911), der Gesellschaft der Freunde der Opernmusik und des Opernhauses in Lemberg (Sign. 1/54/2189), der Ethnologischen Gesellschaft in Lemberg (Sign. 1/54/1936), des Verbandes der Komponisten (Sign. 1/54/1609), des Künstlerkreises „Artes“ (Sign. 110/4/543), der Mathematischen Gesellschaft in Lemberg (Sign. 1/54/1461), der Geographischen Gesellschaft in Lemberg (Sign. 1/54/1403), des Klubs der Schachspieler (Sign. 1/54/1255), des Verbandes der Lemberger Ärzte, aus dem Ludwik Fleck 1937 ausgeschlossen wurde, da das neue Statut vorsah, nur diejenigen als Mitglieder anzuerkennen, die „Christen von Geburt an“ waren (Sign. 1/54/1572, hier S. 20).

15 Delphine Bechtel: „Le théâtre yiddish Gimpel de Lemberg: une odyssée oubliée“, in: *YOD: revue des études hébraïques et juives* 16 (2011), S. 83–98. Online: http://yod.revues.org/659 (letzter Zugriff: 16.03.2022).

16 Zu dieser Schauspieltruppe gehörten Süsskind Klug und seine Frau Flora (Goldberg) Klug, Emanuel und Mania Tschissik, der zeitweilige Freund Kafkas Jizchak Löwy, Mano Pipes, R. Pipes und Sami Urich. Vgl. Guido Massino: *Kafka, Löwy und das Jiddische Theater*, Frankfurt am Main/Basel 2007. Sie auch: https://web.uwm.edu/yiddish-stage/franz-kafkas-vagabond-stars (letzter Zugriff: 26.03.2022).

noch ungelöste Aufgaben hineinschrieben und so ein einzigartiges Dokument kollektiver Autorschaft schufen (vgl. Kap. 9.6). Das Café „Atlas" war hingegen ein Treffpunkt der bildenden Künstler und Literaten: Jan Kasprowicz, Leon Chwistek, Tadeusz Boy-Żeleński und Bruno Schulz schrieben dort ihre Gedichte an die Wände oder bemalten diese mit Karikaturen. Die Lokale boten insbesondere zu Zeiten, in der nationale und antisemitische Stimmungen zu dominieren begannen, einen Schutzraum für freie Diskussionen.[17]

Der Lemberger Denkverkehr fand somit an verschiedenen Orten und in verschiedenen Medien statt. Die Bedingungen für einen intensiven Austausch waren ideal. Die Wege in der Stadt waren kurz, von der Medizinischen Akademie war man schnell an der Universität (Abb. 2), im Theater- und Opernhaus[18] (Abb. 3), im Café oder im Kino[19]. Alle kannten sich gut.

Aufgrund der dichten Konzentration von wissenschaftlichen und künstlerischen Aktivitäten und damit einherhergehenden Verschränkung von

---

17 Laut Bakuła gab es in Lemberg auch Lokale für bestimmte Nationalitäten oder Ethnien, so trafen sich beispielsweise jüdische Frauen im literarischen Café „Roma" und ukrainische Nationalisten in der Kneipe „Narodna Hostynyca" [Nationale Gaststätte]. Vgl. Bogusław Bakuła: „Eine Welt zwischen Wissenschaft und Kunst. Lemberger Kneipen der 1930er Jahre", in: *Osteuropa* 54 (2004) 3, S. 3–15. Vgl. auch: Ders.: „Kneipen und Kaffeehäuser. Bühne Karneval und Revolution", in: Simon, Stratenwerth, Hinrichs: *Lemberg. Eine Reise nach Europa*, a.a.O., S. 165–174. Ferner vgl. Krzysztof Lipiński: „Melange oder Rebellion? Das literarische Kaffeehaus in Mitteleuropa um und nach der Jahrhundertwende: Avantgardistische Aspekte eines soziokulturellen Phänomens", in: Helmut Kircher, Maria Kłańska, Erich Kleinschmidt (Hg.): *Avantgarden in Ost und West. Literatur, Musik und Bildende Kunst um 1900*, Köln/Weimar/Wien 2001, S. 297–316; Anja Lange: „Von Wien nach Lemberg – die Bedeutung des Kaffeehauses für die Lemberger ‚Moloda Muza'", in: Vera Faber, Dmytro Horbachov, Johann Sonnleitner (Hg.): *Österreichische und ukrainische Literatur und Kunst. Kontakte und Kontexte in Moderne und Avantgarde*, Frankfurt am Main 2016, S. 75–94.

18 Das Theater und die Oper befanden sich in demselben Gebäude, das 1842 von Stanisław Skarbek erbaut wurde und die drittgrößte Bühne in Mitteleuropa besaß. In den Jahren 1931–1933 war der Kinderarzt (und Flecks großer Unterstützer) Franciszek Groër administrativer Direktor des Lemberger Opernhauses und zugleich der Vorsitzende der sich dort versammelnden Gesellschaft der Freunde der Opernmusik und des Lemberger Opernhauses. Vgl. Iryna Kryworuczka, Irene Stratenwerth: „Theater und Oper. ‚Wundervolle Aida, geistvolle Lorelei'", in: Simon, Stratenwerth, Hinrichs: *Lemberg. Eine Reise nach Europa*, a.a.O., S. 206–211; Małgorzata Lisowska: „Teatr lwowski w latach 1918–1939" [Lemberger Theater in den Jahren 1918–1939], in: *Semper Fidelis* 1 (1995), S. 21–24. Ferner vgl. auch: Anna Wypych-Gawrońska, „Lwowski teatr operowy i operetkowy w latach 1872–1918" [Lemberger Opern- und Operettenhaus in den Jahren 1872–1918], in: *Semper Fidelis* 2 (1995), S. 10–12.

19 Neben dem Theater- und Opernhaus gab es in Lemberg auch 21 Kinos. Im Kino „Marysieńka" [Mariechen] wurden z.B. die Filme „King Kong" (1933), „Die Mumie" (1932) sowie „Wolfsmenschen" (1941) ausgestrahlt.

Abb. 2 Die Universität Lemberg in den 1920er und 1930er Jahren

Abb. 3 Das Theater- und Opernhaus in Lemberg

gleichzeitig wirkenden herausragenden Akteuren in Wissenschaft, Philosophie und Kunst erscheint es mir legitim, analog zur Wiener oder Berliner Moderne auch von einer Lemberger Moderne[20] zu sprechen.

20 Der Einfachheit halber verwende ich hier den deutschsprachigen Namen der Stadt, auch wenn Lemberg in der Zwischenkriegszeit ‚Lwów' hieß.

1.2 Kennzeichen der Lemberger Moderne

Die zentrale Annahme dieser Studie ist, dass in der vermeintlich fernab liegenden Stadt Lemberg in der Zwischenkriegszeit zahlreiche bahnbrechende epistemologische und ästhetische Konzeptionen entstanden, die eine quer durch alle wissenschaftlichen Disziplinen und kulturelle Gebiete gehende Moderne begründeten. Auch wenn sich die Entwicklung der Moderne in Lemberg im Vergleich zu Wien, Berlin oder Paris verspätet vollzog,[21] scheinen jedoch ihr Verlauf rasanter und ihre Ausdrucksformen radikaler als andernorts in Europa gewesen zu sein. Das enge Zusammenwirken vieler Akteure aus Literatur, Kunst, Wissenschaft und Philosophie, das experimentelle Erproben neuer Denk- und Schreibweisen, die Pluralisierung und Dynamisierung von Denkstilen, das Arbeiten mit Montage- und formalistischen Konstruktionstechniken, – dies alles machte Lemberg zu einem Laboratorium der Moderne. In Lemberg waren es mannigfache progressive Avantgarden, die sich gegenseitig in ihrer Radikalität zu überbieten trachteten und so auf einzigartige Weise eine Moderne begründeten, die auf engstem Raum heterogenste Konzepte dicht miteinander verflocht. Die Lemberger Avantgarden waren aber vor allem auch avancierte Reflexionskulturen, deren Besonderheit darin bestand, wissenschaftliches und philosophisches Wissen zur Legitimierung der künstlerischen Produktion einzusetzen, und umgekehrt die Kunst als Produktionsmittel für das wissenschaftliche und philosophische Wissen zu nutzen.

Konkret lassen sich folgende Charakteristika der Lemberger Moderne hervorheben:

1) Die Phase der Formierung der Moderne in Lemberg fiel in die Zwischenkriegszeit. Hierfür spielten demokratische, politische und sozio-ökonomische Gründe eine entscheidende Rolle.

2) Die enge Verschränkung von Wissenschaft, Philosophie und Kunst führte zu einer hohen Durchlässigkeit natur-, geistes- und sozialwissenschaftlicher sowie künstlerischer Diskurse. Konzepte, Methoden, Begriffe wanderten von einer in die andere Disziplin, die Fachgrenzen wurden permanent überschritten.

21 Hans-Jürgen Schrader: „Endzeit- und Aufbruchsstimmung in Wien. Aspekte literarischer Avantgarde zwischen Kaiserreich und Erster Republik“, in: Thoma Hunkler, Edith Anna Kunz (Hg.): *Metropolen der Avantgarde*, Bern/Berlin/Frankfurt am Main 2011, S. 94–114.

3) Die experimentelle Gemengelage der Stadt trug zur Entstehung epistemischer Konstellationen bei, die sich durch eine Fülle an radikalen Ansätzen in Kunst und Wissenschaft auszeichneten. Diese erschöpften sich aber nicht in einer bloßen Rhetorik des Neuen, sondern gingen aus hitzigen Gefechten hervor. Die dabei eintretenden Krisen führten jedoch nicht einfach zum Verlust traditioneller Gewissheiten, sondern wurden ins Positive gewendet, – als Möglichkeit, umso extremere Konzepte zu entwerfen.[22]

4) Entworfen wurden in der Folge daher Theorien, die eine Pluralität der Wirklichkeiten behaupteten und diese Vielfalt begrüßten. In der Kunst und Kunsttheorie führte zunächst Leon Chwistek einen pluralistischen Begriff von Wirklichkeit ein. Entsprechend teilte er seine Bilder in vier, sich durch Farbe, Form oder Stil voneinander unterscheidende Zonen auf, die jeweils eine andere Wirklichkeit ausdrückten und gleichberechtigt nebeneinander existieren sollten (vgl. Kap. 4.1). In der Wissenschaft war es die Epistemologie Ludwik Flecks, die (auch in Reaktion auf Chwisteks pluralistische Position) die Wahrnehmung der Wirklichkeit als denkstilbedingt auffasste und insofern die Annahme, es gebe eine absolute Wirklichkeit, in Frage stellte (vgl. Kap. 4.2). Auch die kultursoziologische Definition der Wirklichkeit des Psychiaters Jakub Frostig nimmt die Existenz so vieler Wirklichkeiten an, wie es soziale Interaktionen innerhalb einer Gruppe gibt (vgl. Kap. 6.2.2). Angesichts von Flecks Theorie der kulturellen Bedingtheit von Wissenschaft und den zahlreich entwickelten radikalen antirealistischen Ansätzen in der Mathematik, Physik und Medizin kann man in Lemberg nicht nur in Bezug auf die Malerei, Literatur und Musik von einer Moderne sprechen, sondern auch im Hinblick auf die Lebens- und Naturwissenschaften, die Wissenschaftstheorie (vgl. Kap. 2.2) und die philosophische Logik der Lemberg-Warschau-Schule (vgl. Kap. 5).

5) Die Modernität zeigt sich ebenso anhand der theoretischen wie ästhetischen Dezentrierung des klassischen Ich-Begriffs und der Herausbildung antiindividualistischer Positionen. Denn gerade Ludwik Fleck verabschiedete traditionelle Vorstellungen über den Wissenschaftler als großen Entdecker zugunsten eines Konzeptes kollektiver Autorschaft in den Naturwissenschaften. Ihm zufolge verdanken sich wissenschaftliche Entdeckungen nicht den Eingebungen einzelner genialer Forscherpersönlichkeiten, sondern sind als Resultate kollektiver Praktiken und der sie bestimmenden Denkstile

---

22 Vgl. Otto Gerhard Oexle (Hg.): *Krise des Historismus – Krise der Wirklichkeit*, Göttingen 2007; Jürgen Nautz, Richard Vahrenkamp (Hg.): *Die Wiener Jahrhundertwende. Einflüsse, Umwelt, Wirkungen*, Wien/Köln/Graz 1996.

zu begreifen. Der Geniekult in der Wissenschaft wird von Fleck entsprechend heftig attackiert.

6) Die dichte Konzentration von Wissenschaftlern, Philosophen und Künstlern führte zu mannigfachen Gemeinschaftsprojekten. Alle schienen überall mitzumischen und an gemeinsamen Schreib- und Denkweisen zu partizipieren. Stefan Banach und Alfred Tarski formulierten z.B. das Mengenlehregesetz (vgl. Kap. 8.3), Hugo Steinhaus arbeitete zusammen mit Fleck an der Diagnostik der Leukergie und mit Franciszek Groër in der Tuberkuloseforschung (vgl. Kap. 8). Die Verbindung von Statistik, Wahrscheinlichkeitsrechnung und medizinischem Denken schuf neue Forschungsbereiche. Diese enge Zusammenarbeit ging über Lemberg hinaus. In den USA entwickelten Leopold Infeld und Albert Einstein die Relativitätstheorie und Stanisław Ulam und Edward Teller die Wasserstoffbombe.

7) Durch den beständigen wechselseitigen Austausch schlug die Stunde der Multitalente: Leon Chwistek, der Professor für mathematische Logik war, machte sich zugleich als avantgardistischer Maler und Verfasser kunsttheoretischer Schriften einen Namen (vgl. Kap. 4.1, 4.5, 8.4). Franciszek Groër arbeitete als Kinderarzt, leitete aber auch das Lemberger Opernhaus, schrieb Operettenlibretti und experimentierte mit der Photographie (vgl. Kap. 6.2.5). Karol Irzykowski, der mit seinem Frühwerk *Pałuba* (1903) einen bahnbrechenden psychologischen Roman in der Point of View-Technik schrieb (vgl. Kap. 3.1), arbeitete in den 1920er und 30er Jahren als Filmkritiker und Rundfunkjournalist, zudem war er eine große Schachkoryphäe.[23] Der Komponist Józef Koffler war zugleich Musikpädagoge und -journalist. Es war die Zeit der Quereinsteiger, Doppelbegabten und Überflieger.

8) Bezeichnend war zudem die Formierung avantgardistischer Künstlergruppen, vor allem der Malergruppe „Artes", die kubistische und surrealistische Tendenzen vertrat (z.B. Abb. 4 und 5).[24] Zu ihr gehörten u.a. Ludwik Lille,

23 Siehe dazu Karol Irzykowskis Essays zum Verhältnis von Schach und Futurismus, die eine experimentalphilosophische Theorie der Kunst aus dem Geist des Schachspiels entwerfen (vgl. Kap. 4.1.1). Karol Irzykowski: „Futuryzm a szachy" [Futurismus und Schach] (1921), in: Ders.: *Słoń wśród porcelany. Studja nad najnowszą myślą polską* [Der Elefant im Porzelanladen. Studien zum neusten polnischen Gedanken], Warszawa 1934, S. 89–98.

24 Die Gruppe „Artes" wirkte zwischen 1929–1936. Besonders intensiv entwickelte sie sich zwischen 1930–1932. In dieser Zeit organisierte sie elf Ausstellungen, darunter sechs in Lemberg. Vor allem die erste Ausstellung im Januar 1930 löste große Proteste aus, viele Besucher verlangten das Geld für die Eintrittskarten zurück. Dies machte

Henryk Streng (*alias* Marek Włodarczyk), Otto Hahn, Aleksander Riemer, Margit Sielska-Reich, Roman Sielski, Paweł Kowżun, Ludwik Tyrowicz und Tadeusz Wojciechowski. Chwistek gehörte der Gruppe nicht an, begründete aber in Konkurrenz dazu eine weitere avantgardistische Kunstrichtung, nämlich den „Strefismus" (vgl. Kap. 8.4). Mit der Gruppe „Artes" stand auch die Dichterin Debora Vogel in engem Kontakt, Henryk Streng illustrierte z.B. ihren Prosaband *Akazien blühen* (1935) (vgl. Kap. 3.3.4). Józef Koffler, der ein bedeutender Schönberg-Schüler war, erhielt in Lemberg den ersten Lehrstuhl überhaupt in Europa für Zwölftonmusik. Marian Hemar, ein Cousin von Stanisław Lem, dessen Vater mit Fleck zusammen publizierte,[25] studierte Medizin und Philosophie (bei Twardowski) an der Lemberger Jan-Kazimirz-Universität, bevor er als Lyriker und Satiriker zu einem bedeutenden Kabarettisten seiner Zeit avancierte.

Abb. 4 Henryk Streng [Marek Włodarski]: *Komposition mit zwei Radfahrern* (1928)

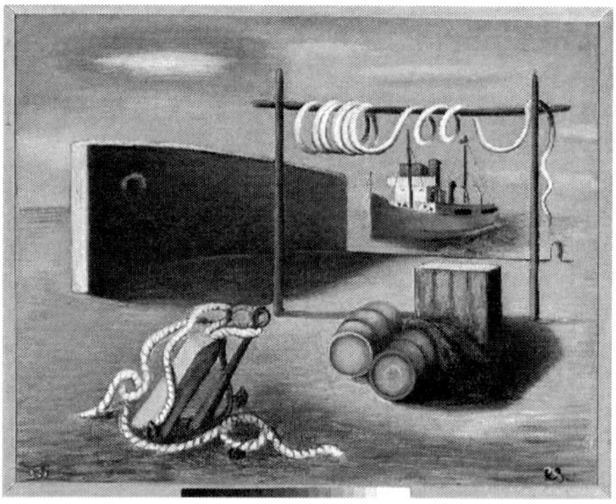

Abb. 5 Roman Sielski: *Seelandschaft* (1931)

die Gruppe umso bekannter, einige der Bilder wurden sogar in Paris ausgestellt. Zur Gruppe „Artes" gehörten gleichermaßen jüdische, polnische und ukrainische Künstler. Vgl. Marian Tyrowicz: *Wspomnienia o życiu kulturalnym i obyczajowym Lwowa (1918–1939)* [Erinnerungen an das kulturelle und gesellschaftliche Leben Lembergs (1918–1939)], Wrocław/Warszawa/Gdańsk 1991, hier S. 165–169. Vgl. auch: https://culture.pl/pl/tworca/artes (letzter Zugriff: 23.01.2022) sowie Natalia Kosmolinska: „Ein Fenster zur Moderne: Das Atelier der Sielskis", in: Simon, Stratenwerth, Hinrichs: *Lemberg: Eine Reise nach Europa*, a.a.O., S. 218–227.

25 Ludwik Fleck, Samuel Lem: „Rzadki przypadek wtórnej wakcyny na języku" [Ein seltener Fall sekundärer Vakzine auf der Zunge], in: *Wiadomości Lekarskie* [Ärztliche Nachrichten] 1 (1928) 5, S. 211–214. Lem wird in den Bibliographien als ‚Lehm' verzeichnet.

9) Die Avantgarde versperrte aber der traditionellen Kunst nicht den Weg. Künstler, wie Leopold Gottlieb oder Teodor Axentowicz, die an die ästhetischen Formideale des vergangenen Jahrhunderts anknüpften, stellten in Lemberg ebenfalls ihre Bilder aus (z.B. Abb. 6 und 7). Die Lemberger Moderne konstituierte sich somit nicht einfach als Gegenentwurf zur Tradition, sondern in Auseinandersetzung mit derselben.

Abb. 6 Leopold Gottlieb: *Frauen und die Tulpe* (1934)

Abb. 7 Teodor Axentowicz: *Unter der Last des Unglücks* (um 1930)

Der Lemberger Denkverkehr wurde 1939 gewaltsam beendet. Bruno Schulz, Debora Vogel, Włodzimierz Stożek, Tadeusz Boy-Żeleński, Kazimierz Bartel und viele andere wurden von den Nazis umgebracht, Stefan Banach und Leon Chwistek starben aufgrund von Erschöpfung. Andere, wie Jakub Frostig, Leopold Infeld, Marek Kac oder Stanisław Ulam, wanderten in die USA aus. Diejenigen, die den Krieg überlebten, weil sie sich verstecken konnten oder als Läusefütterer am Weigl-Institut unter Schutz standen (vgl. Kap. 6.3), zogen danach nach Breslau oder Krakau um und blieben im weiteren wissenschaftlichen Austausch.

1.3 Zentrum – Peripherie – Hierarchie

Wenn ich in meiner Studie die Formierung der Lemberger Wissenskultur untersuche, soll zugleich eine andere Form der Literatur- und Kulturgeschichtsschreibung erprobt werden, – eine Historiographie, die von unten, von der Seite, von den ausgeblendeten und verdrängten Stätten ausgeht, und die die gewaltsamen Verzerrungen der dominierenden westlichen Perspektive sichtbar werden lässt. Die Beschäftigung mit diesem Thema erfordert es, die etablierten Vorstellungen über das Verhältnis zwischen Zentrum und Peripherie zu revidieren.

Während man die Formierung der Wiener und Berliner Moderne vielfach und gründlich untersuchte[26] und sich daran gewöhnte, auch die Ausbreitung der russischen und italienischen Avantgarde als europäischen Siegeszug zu beschreiben, ließ man die vielen kleinen Zentren weitgehend unbeachtet. So kommt es, dass Lemberg bislang auf der Karte der europäischen Moderne nur als weißer Fleck erscheint.[27] Gelegentlich, aber noch viel zu selten, wurden Forderungen nach einer Umkartierung der wissenskulturellen Landschaft der Moderne und Avantgarde in Europa laut, die eine Pluralisierung der Moderne[28] sowie eine Erweiterung sowohl des Moderne- als auch Avantgardebegriffs nach

26 Vgl. z.B. Allan S. Janik, Stephen Toulmin: *Wittgensteins Wien*, München 1998; Frank-Lothar Kroll: *Geburt der Moderne. Politik, Gesellschaft und Kultur vor dem Ersten Weltkrieg*, Berlin 2013; Friedrich Langer: *Metropolen der Moderne. Eine europäische Stadtgeschichte seit 1850*, München 2013; Christine Magerski: *Die Konstituierung des literarischen Feldes in Deutschland nach 1871. Berliner Moderne, Literaturkritik und die Anfänge der Literatursoziologie*, Tübingen 2004; Jürgen Nautz, Richard Vahrenkamp (Hg.): *Die Wiener Jahrhundertwende: Einflüsse, Umwelt, Wirkungen*, Wien/Köln/Graz 1996; Jürgen Schutte, Peter Sprengel (Hg.): *Die Berliner Moderne. 1885–1914*, Stuttgart 1987; Peter Sprengel, Georg Streim (Hg.): *Berliner und Wiener Moderne. Vermittlungen und Abgrenzungen in Literatur, Theater und Publizistik*, Wien/Köln/Weimer 1998; *Paris-Berlin 1900–1930*, hg. v. Centre Georges Pompidou, Paris 1978.

27 Zum allgemeinen theoretischen Rahmen dieser Problemkonstellation vgl. die großen, aus soziologischer Sicht vorgenommen zivilisationsvergleichenden Studien von Shmuel N. Eisenstadt: „Multiple modernities", in: *Daedalus* 129 (2000) 1, S. 1–30; ders.: *Theorie und Moderne. Soziologische Essays*, Wiesbaden 2006; ders.: „Multiple modernities: Analyserahmen und Problemstellung", in: Thorsten Bonacker, Andreas Reckwitz (Hg.): *Kulturen der Moderne. Soziologische Perspektiven der Gegenwart*, Frankfurt am Main 2007, S. 19–45; ders.: *Die Vielfalt der Moderne*, Weilerswist 2000. Spezifisch für die kulturellen Zentren in Ost- und Mitteleuropa steht ein solcher Vergleich noch aus.

28 Vgl. dazu einführend: Bernd Stiegler, Sylwia Werner (Hg.): *Laboratorien der Moderne. Orte und Räume des Wissens in Mittel- und Osteuropa*, Paderborn 2016; Hubert van den Berg: „Provinzielle Zentren – metropolitane Peripherie. Zur Topographie der europäischen Avantgarde des frühen 20. Jahrhunderts und ihrer Vernetzung", in: Thomas Hunkeler, Edith Anna Kunz (Hg.): *Metropolen der Avantgarde. Métropoles des avant-grades*, Bern/Berlin/Frankfurt am Main 2010, S. 175–186; Peter Deréky (Hg.): *Mitteleuropäische Avantgarden. Intermedialität und Interregionalität im 20. Jahrhundert*, Frankfurt am Main/Berlin u.a. 2006; Stefan Simonek: *Distanzierte Nähe. Die slawische Moderne der Donaumonarchie und die Wiener Moderne*, Bern/Berlin/Frankfurt am Main/Wien 2002.

sich zöge.[29] Denn die Avantgarden, die in Lemberg in der Zwischenkriegszeit das Erblühen einer kulturellen und wissenschaftlichen Moderne forcierten, taten dies nicht einfach als Nachzügler von Bewegungen, die sich längst in Wien, Berlin oder Paris durchgesetzt hatten. Revisionsbedürftig ist daher die Annahme, dass die potenten westlichen Metropolen sukzessive die Peripherie durch den Export von Personen und Konzepten ästhetisch und wissenschaftlich eroberten. Dieses Modell der Kolonialisierung weist den Künstlern und Wissenschaftlern, die nicht in den klassischen westlichen Kulturstädten lebten, von vornherein die Rolle von passiven Adepten zu.[30]

Einseitigkeiten bei der historischen Rekonstruktion der kulturellen Moderne in Europa scheinen daher zu rühren, dass man häufig den Modernisierungsschub als mit der wirtschaftlichen Entwicklung verkoppelt ansah. Die am Rande der Habsburgermonarchie gelegene Stadt Lemberg galt jedoch als wirtschaftlich rückständig. Zwar gab es auch dort Prozesse der Modernisierung,[31] doch mit dem Tempo der sich in den westeuropäischen Regionen vollziehenden Industrialisierung konnte Lemberg nicht Schritt halten. Ungeachtet der wirtschaftlichen Lage der Stadt gab es in Lemberg gleichwohl ein kreatives Milieu, das wissenschaftliche und künstlerische Leistungen begünstigte. Die Anwendung des Modernebegriffs bedarf aber hier (mehr als im Falle der Wiener oder Berliner Moderne) einer Erläuterung oder sogar einer Rechtfertigung.

Erkennt man also an, dass sich die Moderne nicht nur dort herausgebildet hatte, wo ein rascher ökonomischer Fortschritt einsetzte, ergibt sich ein abweichendes Bild. Kulturelle und wirtschaftliche Moderne müssen sich keineswegs parallel entwickeln, kulturelle Modernen entstehen auch unabhängig davon an vielen kleineren Orten, die wirtschaftlich wenig bedeutsam sind.

---

29 Zu verschiedenen Traditionen und Entwicklungen der Moderne und Avantgarde vgl.: Primus-Heinz Kucher: „Einleitende Bemerkungen zu ‚Moderne' und ‚Avantgarde' in Österreich", in: Ders. (Hg.): *Verdrängte Moderne – vergessene Avantgarde. Diskurskonstellationen zwischen Literatur, Theater, Kunst und Musik in Österreich 1918–1938*, Göttingen 2016, S. 7–18; Helmut Kiesel: *Geschichte der literarischen Moderne*, München 2004.

30 Vgl. Moritz Csáky: „Mitteleuropa / Zentraleuropa – ein komplexes kulturelles System", in: Heinz Fassmann, Wolfgang Müller-Funk, Heidemarie Uhl (Hg.): *Kulturen der Differenz – Transformationsprozesse in Zentraleuropa nach 1989*, Wien 2009, S. 21–28. Vgl. auch: Jacques Le Rider: *Der österreichische Begriff von Zentraleuropa: Habsburgischer Mythos oder Realität?*, London 2008; Peter Stachel, Cornelia Szabo-Knotik (Hg.): *Urbane Kulturen in Zentraleuropa um 1900*, Wien 2004; Peter Berner, Emil Brix, Wolfgang Mantl (Hg.): *Wien um 1900. Aufbruch in die Moderne*, Wien 1986; Gotthard Wunberg (Hg.): *Die Wiener Moderne. Literatur, Kunst und Musik zwischen 1890–1910*, Stuttgart 1981.

31 Elisabeth Heid, Stephanie Weismann, Burkhard Wöller (Hg.): *Galizien: Peripherie der Moderne – Moderne der Peripherie*, Marburg 2013; Lary Wolff: *Inventing Eastern Europe. The Map of Civilisation on the Mind of the Enlightenment*, Stanford 1994.

Die europäische Moderne erweist sich dann als polyzentrisch, wobei sich auf Grund historischer bzw. politischer und wirtschaftlicher Heterogenität die Entwicklungen an einzelnen Orten oder in jeweiligen Regionen ungleichzeitig und mit verschiedenen Geschwindigkeiten vollzogen.[32] Die dort entwickelten Konzeptionen speisten sich somit aus den Denktraditionen verschiedener wissenschaftlicher und ästhetischer Schulen. Wollte man also die europäische Moderne als Gesamtphänomen beschreiben, so wäre sie als ein Zusammenwirken von sehr vielen verschiedenen regionalen Prozessen aufzufassen.

Komplex ist hierbei auch das Verhältnis von Moderne und Avantgarde, die auf begrifflicher Ebene keineswegs gleichzusetzen sind, obgleich es dazu Tendenzen gibt.[33] Zuweilen fungiert der Begriff der ‚Moderne' als Oberbegriff für ‚Avantgarde', manchmal als Gegenbegriff, denn es gab z.B. die konservativen Avantgarden oder Revolutionen.[34] Manche Bewegungen, wie der Futurismus, haben sich zeitweilig mit dem Faschismus verbunden,[35] es wäre aber verfehlt, vorschnelle Gleichsetzungen vorzunehmen, denn es gab auch sozialistische

---

32 In seiner Zeitschichtentheorie betont Reinhart Koselleck die Notwendigkeit, verschiedene Geschwindigkeiten zu messen, Beschleunigungen oder Verzögerungen sichtbar zu machen, um so das Neue wahrnehmen zu können. Sein Angebot verschiedener Zeitschichten erlaubt, diverse Wandlungen zu thematisieren, ohne einen linearen oder kreisläufigen Zeitverlauf zu unterstellen. Vgl. Reinhart Koselleck: *Zeitschichten. Studien zur Historik*, Frankfurt am Main 2000. Ferner vgl. Zygmunt Baumann: *Moderne und Ambivalenz. Das Ende der Eindeutigkeit*, Hamburg 2005; Torsten Bonacker, Andreas Reckwitz (Hg.): *Kulturen der Modernen. Soziologische Perspektive der Gegenwart*, Frankfurt am Main/New York 2007; Emil Brix: „Pluralität. Die Erneuerung der Moderne", in: Gotthard Wunberg/Dieter A. Binder (Hg.): *Pluralität. Eine interdisziplinäre Annäherung*, Wien/Köln/Weimer 1996, S. 273–296; Hans Robert Jaus: *Studien zum Epochenwandel der ästhetischen Moderne*, Frankfurt am Main 1989; Hans Ulrich Gumbrecht: „Modern, Modernität, Moderne", in: Otto Brunner, Werner Conze, Reinhard Koselleck (Hg.): *Geschichtliche Grundbegriffe*, Stuttgart 1978, S. 93–131.

33 Hans Joachim Piechotta (Hg.): *Die literarische Moderne in Europa, Bd. 2: Formationen der literarischen Avantgarde*, Opladen 1994; Walter Fähnders: *Avantgarde und Moderne 1890–1933*, Stuttgart/Weimar 2010. Vgl. dazu einführend: Hubert van den Berg, Walter Fähnders (Hg.): *Metzler Lexikon. Avantgarde*, Stuttgart/Weimar 2009; Wolfgang Klein, Walter Fähnders, Andrea Grewe (Hg.): *Dazwischen. Reisen – Metropolen – Avantgarden*, Bielefeld 2009; Andrew Webber: *The Europaen avant-garde 1900–1940*, Cambridge 2004; Heinz Ludwig Arnold (Hg.): *Aufbruch ins 20. Jahrhundert. Über Avantgarden*, München 2001; Peter V. Zima, Johann Strutz (Hg.): *Europäische Avantgarde*, Frankfurt am Main/Bern u.a.1987.

34 Jost Hermand: *Avantgarde und Regression. 200 Jahre Deutsche Kunst*. Leipzig, 1995; Ulrich Weisstein: Le terme et le concept de l'avantgarde en Allemagne, in: *Revue de l'Universite de Bruxelles* 1 (1975), S. 10–37.

35 Vgl. Reinhold Grimm, Jost Hermand (Hg.): *Faschismus und Avantgarde*, Königstein 1980, hier insbes. den Text von Jost Hermand: „Das Konzept ‚Avantgarde'", S. 1–19.

Futuristen.[36] Überhaupt sind Avantgarden viel kleinere und mobilere Einheiten, die zwar für die Formierung der Moderne an vielen Orten bestimmend waren, sich aber nicht immer durchsetzen konnten und isoliert blieben oder weiterzogen. Nicht immer entwickelt sich dort, wo eine Avantgarde auftaucht, also auch eine Moderne, dazu bedarf es einer besonderen Konzentration avantgardistischer Kräfte und eine Durchdringung der lokalen Kultur. In Lemberg gab es gleich mehrere Avantgardebewegungen, wobei manche, die sich selbst nicht so bezeichneten, wie die Lemberg-Warschau-Schule in der Philosophie, *de facto* die Avantgarde in der philosophischen Logik nicht nur in Lemberg, sondern weltweit bildeten.

Bezöge man die vielen vergessenen avantgardistischen Konstellationen, darunter jene in Lemberg, in die allgemeine Theorie der Moderne mit ein, könnte auch der Begriff der Avantgarde variabler gefasst oder gar neu bestimmt werden. Denn einige Avantgardetheorien geraten an ihre Grenzen, wenn man sie mit Beispielen konfrontiert, die die Mobilität avantgardistischer Bewegungen demonstrieren, da ihr kategorialer Rahmen es nicht erlaubt oder zumindest erschwert, polyzentrische Transformationsdynamiken und Wechselwirkungen in Betracht zu ziehen.

Revidiert werden muss vor allem das Postulat, dass Avantgardebewegungen eine abgehobene Kunst in die Lebenspraxis überführen wollen und sich zu diesem Zweck zu Gruppen mit klaren Strukturen formieren, wie etwa der Blaue Reiter, die Dadaisten, die Futuristen oder die Expressionisten.[37] Viel eher sind sie als multikausal verursachte, von wechselnden Akteuren dominierte und sich in stetiger Ausbreitung permanent transformierende Netzwerke zu denken, die sich über ganz Europa erstrecken und so je nach Ort zur Ausbildung pluraler Avantgarden führen. Denn welche Bewegung in welcher Phase eine Vorreiterrolle an sich reißt, ist je nach Stand- und Zeitpunkt sehr unterschiedlich. Auch verschieben sich dabei die Relationen von Zentren und Peripherien.

36 Bekannt ist vor allem, dass der italienische Futurismus sich mit dem Faschismus verbindet. Der ‚linke', italienische Futurismus wird allerdings weniger erforscht. Hingegen steht für den russischen Futurismus mehr die Utopie als die Kriegsideologie und der Nationalismus im Vordergrund.

37 Vgl. z.B. Peter Bürger: *Theorie der Avantgarde*, Frankfurt am Main 1974.

1.4 Forschungslage und Vorgehensweise

Versuche, die Lemberger Kultur in der Zwischenkriegszeit zu rekonstruieren, gab es bereits öfter. Spezialstudien allerdings, die genau die besonderen Bedingungen und Ausprägungen der Lemberger Moderne untersuchten und dabei die Zirkulationen und Transformationen von Ideen, Begriffen und Konzeptionen aufzeigten, fehlen beinahe vollständig. Es gibt immerhin Arbeiten aus dem Kreis der Ludwik Fleck-Forschung, welche Einflüsse auf ihn nachweisen, allen voran die Pionierarbeit von Thomas Schnelle.[38] Diese Studien haben wichtige einzelne Beobachtungen beigesteuert, auf denen man aufbauen kann. Das mittlerweile vorliegende Material erlaubt jedoch eine präzisere Kontextualisierung seines Denkens in medizinischen, philosophischen, wissenssoziologischen und ästhetischen Bereichen.

Daneben gibt es verdienstvolle Einzelstudien, die Lemberg als literarischen Erinnerungsort oder galizisches Zentrum des Expressionismus beschreiben,[39] ohne jedoch zu bedenken, dass es nicht nur Literaten waren, die den Lemberg-Mythos erschufen, sondern dass diese sich in eine Schar von herausragenden

38 Thomas Schnelle: *Ludwik Fleck: Leben und Denken. Zur Entstehung und Entwicklung des soziologischen Denkstils in der Wissenschaftsphilosophie*, Hamburg 1982. Siehe auch: Eva Hedfors: „Fleck in context", in: *Perspectives on Science* 15 (2007) 1, S. 49–86; Dies.: „The reading of scientific texts: Questions on interpretation and evaluation, with special reference to the scientific writings of Ludwik Fleck", in: *Studies in History and Philosophy of Biological and Biomedical Sciences* (2007) 38, S. 136–158; Dies.: „The reading of Ludwik Fleck. Questions on sources and impetus", in: *Social Epistemology* (2006) 20, S. 131–161; Allan Janik: „Notes on the Origins of Fleck's Concept of ‚Denkstil'", in: Maria Carla Galavotti (Hg.): *Cambridge and Vienna. Frank P. Ramsey and the Vienna Circle*, Dordrecht 2006, S. 179–188; Ilana Löwy: „Ways of seeing: Ludwik Fleck and Polish debates on the perception of reality. 1890–1947", in: *Studies in History and Philosophy of Science*, A, 39 (2008) 3, S. 375–383; Władysław Markiewicz: „Lwów as Cultural and Intellectual Background of the Genesis of Fleck's Ideas", in: Robert Cohen, Thomas Schnelle (Hg.): *Cognition and Fact. Materials on Ludwik Fleck, Boston Studies in the Philosophy of Science*, Dordrecht 1986, S. 223–229; ders.: „Lwów jako kulturalno-intelektualne podłoże powstania idei Ludwika Flecka" [Lemberg als eine kulturell-intellektuelle Grundlage der Entstehung von Ludwik Flecks Ideen], in: *Studia Filozoficzne* [Philosophische Studien] (1982) 5–6, S. 193–197.

39 Vgl. Maria Kłańska: „Der Expressionismus in Galizien", in: Klaus Amann, Armin A. Wallas (Hg.): *Expressionismus in Österreich*, Wien 1994, S. 353–375; Dies.: *Problemfeld Galizien: in deutschsprachiger Prosa 1846–1914*, Kraków 1985; Irmela von der Lühe: „‚Die Stadt der Heiterkeit'. Lemberg als Erinnerungsort bei Józef Wittlin", in: Hrystina Djakiv (Hg.): *Toposy kultur und spohadiv*, Lviv 2008, S. 7–18; Anna Weronika Wendland: „Stadtgeschichtskulturen: Lemberg und Wilna als multiple Erinnerungsorte", in: Martin Aust, Krzysztof Ruchniewicz, Stephan Troebst (Hg.): *Verflochtene Erinnerungen. Polen und seine Nachbarn im 19. und 20. Jahrhundert*, Köln/Weimar/Wien 2009, S. 31-60.

Wissenschaftlern, Musikern und bildenden Künstlern einreihten[40], die allesamt durch ihre Aktivitäten und Auseinandersetzungen der kulturellen Entwicklung in Lemberg erst ihre Dynamik verliehen. Schließlich finden sich auch Studien aus wissenschafts- oder philosophiehistorischer Sicht,[41] doch diese verbleiben meist disziplinimmanent oder konzentrieren sich auf systematische Fragen und erfassen durch diesen Tunnelblick gerade nicht die für die Formierung der Lemberger Moderne entscheidenden Zirkulationsprozesse.

Die vorliegende Monographie entstand auf Basis des über Jahre hinweg in den ukrainischen, polnischen, deutschen und israelischen Archiven und Forschungsbibliotheken gesammelten Materials zum sozio-kulturellem Milieu Lembergs in der Zwischenkriegszeit. Ursprünglich war es mein Ziel, Quellen und Kontexte zur Wissenschaftstheorie Ludwik Flecks zu erforschen. Herausfinden wollte ich, wieso ausgerechnet in Lemberg eine derart radikale Epistemologie entstehen konnte, welche Themen, Ideen und Motive Fleck für seine „Lehre vom Denkstil und Denkkollektiv"[42] adaptierte und auf welche Kontroversen er mit ihr reagierte. Zunächst galt es also, „Flecks Lemberg" zu rekonstruieren. Im Laufe der Jahre stellte ich fest, dass Fleck nur einer von vielen radikalen Akteuren war, die in Lemberg an diversen Debatten in unterschiedlichen Diskursfeldern teilnahmen. Zudem zeigte sich, dass externe Konzepte (insbesondere aus Wien, Berlin und Krakau) beständig importiert wurden und in Lemberg Diskussionen auslösten, die wiederum auf die Ausgangsländer rückwirkten. Um alle diese Vorgänge einfangen zu können, bedurfte es umfangreicher Recherchen und extensiver Lektüren von Texten aus mehreren natur-, lebens-, geistes- und sozialwissenschaftlichen Disziplinen, wobei ein Großteil des Materials, etwa zeitgenössische Rezensionen oder Briefe, erst aufgespürt werden musste. Auf dieser Basis ist eine vergleichende Analyse verschiedener zeitgleich kursierender Konzepte möglich geworden, die substantielle neue Einsichten nicht nur für den Denkweg Flecks, sondern

---

40 Vgl. dazu: Jura Birjulejev: „Auf dem Weg zu Veränderungen: Neue Formen in der Kunst Lembergs (1880–1914)", in: Nina Vagapova, Viktoria Egorova, Ilyuza Taganaeva (Hg.): *Künstlerische Zentren in Österreich-Ungarn 1867–1918*, Sankt Petersburg 2009, S. 479–501.

41 Jacek Jadacki, Jacek Paśniczek (Hg.): *The Lvov-Warsaw School – The new generation*, Amsterdam 2006; Barry Smith: *Austrian Philosophy*, Chicago 1994; Francesco Coniglione, Roberto Poli, Jan Woleński: *Polish scientific philosophy: the Lvov-Warsaw School*, Amsterdam 1993; Jan Woleński: *Szkoła Lwowsko-Warszawska w polemikach* [Die Lemberg-Warschau-Schule in den Polemiken], Warszawa 1997; ders.: „Tadeusz Kotarbiński and the Lvov-Warsaw School", *Dialectics and Humanism* 17 (1990) 1, S. 14–24; ders.: *Logic and Philosophy in the Lvov-Warsaw School*, Dordrecht/Boston/Lancaster 1989; Klemens Szaniawski (Hg.): *The Vienna Circle an the Lvov-Warsaw School*, Boston 1989.

42 So der Untertitel von Flecks 1935 erschienenen Monographie: *Entstehung und Entwicklung einer wissenschaftlichen Tatsache. Einführung in die Lehre vom Denkstil und Denkkollektiv.*

auch in die faszinierende interdisziplinäre Kunst- und Forschungskultur Lembergs eröffnet. Zudem wurde ein genaueres Verständnis des Wissenstransfers zwischen ost- und westeuropäischen Zentren möglich, – so erlaubt die Rekonstruktion der Lemberger Philosophie und der dortigen epistemischen Konfigurationen auch eine Revision der historischen Konstellation des Wiener Kreises.

Die Schwierigkeit, die Lemberger Wissenskultur zu rekonstruieren, bestand hauptsächlich darin, dass die an ihr Beteiligten überall zugleich mitzumischen schienen. Die Binnenkollektive waren ungewöhnlich offen und dynamisch, zwischen ihnen herrschte eine hohe Fluktuation von Ideen und Konzepten, die Verbindungslinien präsentieren sich daher auf den ersten Blick als wirres Knäuel. Ich habe mich daher entschlossen, einzelne Fäden aus diesem Knäuel zunächst zu isolieren, um sie besser beschreiben zu können, mit dem Ziel, sie im Anschluss wieder in ihrer Verflechtung darzustellen. Untersucht werden sechs Binnendenkkollektive, die zum Teil durch dieselben Akteure und/oder überlappende Fragestellungen miteinander verbunden sind: (1) das Kollektiv der Künstler, (2) Kunsttheoretiker, (3) Philosophen, (4) Medizinhistoriker, (5) Ethnologen und Gestaltpsychologen und (6) das Kollektiv der Mathematiker. Ziel war es, anhand der untersuchten Denkwege einen intellektuellen „Stadtplan" nachzuzeichnen. Nachdem der Anfang gemacht ist, können und müssen in diesen Verkehrsplan natürlich weitere Wege eingetragen werden und ich hoffe, dass die vorliegende Studie entsprechende Forschungen anregen wird.

KAPITEL 2

Methodische Vorklärungen

Wissenskultur – Denkstil – Denkkollektiv – Denkverkehr – Zirkulation von Ideen – Das Prinzip der „Stillen Post" – Wanderung des Wissens

Das Entstehen und der Wandel von Wissenskulturen werden häufig in weit ausgreifenden Linien als Abfolge von Ideen, Konzepten oder epistemologischen Praktiken dargestellt, die einer immanenten Logik folgen, als Geschichte fortschreitenden Wissens zum Beispiel. Überlegene Theorien und bessere Argumente trügen mit der Zeit den Sieg davon und veränderten dabei die epistemischen Konfigurationen nachhaltig. Wurde an der Fortschrittsgeschichte des Wissens und der Wissenschaften Kritik geübt, etwa bei Thomas Kuhn, der auf der Diskontinuität einander ablösender Paradigmen insistierte oder bei Michel Foucault, der die epistemischen Brüche in den Diskursformationen betonte, so verblieb man gleichwohl im Bereich der ‚großen Erzählungen'. Man denkt in Jahrhunderten, durchmisst geographisch Riesenräume mit europäischer oder gar globaler Dimension. Seltener geraten die konkreten Stätten und besonderen Rituale einer lokalen Wissensproduktion in den Blick, die zur Herausbildung von neuen Ideen und Theorien an einem bestimmten Ort und zu einer gegebenen Zeit führten. Diese situativen Bedingungen scheinen aber für die Entwicklung von städtischen Wissenskulturen ausschlaggebend zu sein. Es stellt sich damit die Frage, wie lokale und überregionale Wissenskulturen historisch und begrifflich voneinander abhängen. Der Verdacht liegt nahe, dass sich die Beschreibungen etwa der „europäischen Wissenskultur" oder der „europäischen Moderne" oft Verallgemeinerungen verdanken, die auf der Grundlage einer extrem selektiven Auswahl von wenigen Musterfällen vorgenommen wurden. Solche Idealisierungen sind jedoch keineswegs harmlos, sondern in ihnen manifestiert sich eine hegemoniale Sichtweise, die weite Teile Europas, den Südwesten und Südosten, das Baltikum und fast ganz Ost- und Mittelosteuropa ausblendet.

Im folgenden Kapitel sollen daher zunächst verschiedene Methoden hinsichtlich der Frage diskutiert werden, inwieweit sie die Formierung einer Wissenskultur detailliert in ihren Teilprozessen zu beschreiben erlauben. Das Ziel ist, am Beispiel der Lemberger Wissenskultur ein vertieftes Verständnis darüber zu gewinnen, wie sich überhaupt lokale Wissensräume formieren und moderne Wissenskulturen konstituieren. Als eine für die Untersuchung lokaler Wissenskulturen sich optimal eignende Methode wird die Theorie des

 | DOI:10.30965/9783846767092_003

Denkstils und Denkkollektivs des Lemberger Mediziners und Wissenschaftstheoretikers Ludwik Fleck vorgestellt. Ferner wird in diesem Kapitel zutage treten, dass auch die Kategorien der ‚Moderne' und ‚Avantgarde' zu erweitern sind und dabei das Verhältnis von Zentrum und Peripherie, von Tradition und Innovation neu auszubalancieren ist. Am Horizont zeichnet sich so ab, dass mit dem Einbezug bisher vernachlässigter wissenskultureller Zentren in vermeintlich peripheren Regionen ein komplexeres Bild der Formierungsprozesse der europäischen Moderne zu bekommen wäre.

2.1 Zum Problem der Beschreibung einer Wissenskultur

Die Grundthese dieser Studie lautet: Es war die intensive Zirkulation und permanente Transformation von Denk- und Wahrnehmungsweisen, die sich in Lemberg in der Zwischenkriegszeit quer durch alle wissenschaftlichen Disziplinen und kulturellen Gebieten vollzog, welche schließlich zur Entstehung eines dichten Wissens- und Kommunikationsraumes, und in diesem Sinne einer spezifischen Wissenskultur[1] führte. Im Fokus meiner Untersuchung können daher nicht die Industrialisierungs- und Modernisierungsprozesse der Stadt stehen, wie die Entwicklung der Eisenbahn oder der städtischen Infrastruktur, die aus geschichtswissenschaftlicher Perspektive als Motoren der Moderne gelten. Von begrenzter Reichweite ist auch ein institutionsgeschichtlicher Ansatz, der bestimmte städtische Einrichtungen für die kulturelle Entwicklung verantwortlich macht. Die öffentlichen kulturellen und wissenschaftlichen Institutionen Lembergs,[2] wie die Oper, die Universität und sogar auch die Kaffeehäuser waren wichtige Produktionsstätten des Wissens, in welchen der wissenschaftliche und künstlerische Austausch stattfand. Doch wie meine Studie zeigen wird, formten diese Institutionen nicht die besonderen

1 Zum Begriff der ‚Wissenskultur' vgl.: Martin Kintzinger, Sita Steckel (Hg.): *Akademische Wissenskulturen. Praktiken des Lehrens und Forschens vom Mittelalter bis zur Moderne*, Basel 2015; Moritz Epple, Claus Zittel (Hg.): *Cultures and politics of research from the early modern period to the age of extremes*, Berlin 2010; Wolfgang Detel: „Wissenskulturen und epistemische Praktiken", in: Johannes Fried, Thomas Kailer (Hg.): *Wissenskulturen. Beiträge zu einem forschungsstrategischen Konzept*, Berlin 2003, S. 119–132; Claus Zittel (Hg.): *Wissen und soziale Konstruktion*, Berlin 2002; ders.: „Wissenskulturen, Wissensgeschichte und Historische Epistemologie", in: *Rivista Internazionale di Filosofia e Psicologia* 1 (2014), S. 29–42; Karin Knorr-Cetina: *Wissenskulturen. Ein Vergleich naturwissenschaftlicher Wissensformen*, Frankfurt am Main 2002.

2 Vgl. dazu z.B.: Adam Redzik, Roma Duda, Marian Mudryj u.a. (Hg.): *Academia Militans. Uniwersytet Jana Kazimierza we Lwowie* [Academia Militans. Jan-Kazimierz-Universität Lemberg], Kraków 2015.

Denkstile der beteiligten Akteure, vielmehr war es die Logik der sich von ihnen lösenden Zirkulationsprozesse, welche dem Wissen seine spezifische Form verlieh. Institutionssoziologische Ansätze, wie sie sich auch unter Berufung auf Ludwik Fleck ausgebildet haben, welche Institutionen spezifische Denkstile zuschreiben,[3] überschätzen die normierende Kraft der jeweiligen Einrichtung. Es können auch innerhalb einer Institution verschiedene Denkstile präsent sein und diese Denkstile sind keineswegs exklusiv an die Institution gebunden, da die den Denkstil ausbildenden Kollektive zuweilen mobil sind und ihre Netzwerke quer durch verschiedene Einrichtungen spannen. So gaben zwar die Lemberger Institutionen, wie die Universität oder das Rudolf-Weigl-Institut, den Denkweisen der Forscher einen äußeren Rahmen und zwangen diese, etwa durch wissenschaftliche Curricula, in bestimmte Bahnen, doch es waren die fluktuierenden Kleinformen wie Arbeits- und Diskussionsgruppen und Tischgesellschaften polyzentrische Produktionszirkel der Wissensgenerierung, die weit effektvoller eigene Denkstile ausbildeten. Im Blickpunkt meines Interesses stehen daher die dynamischen Praktiken der Wissensgenerierung, welche die für Lemberg charakteristische Vielzahl der Denkkollektive und Wissensformen hervorbrachten, und ihre Auslöser, Manifestationen und Verlaufsformen.

Einer Wissenskultur wie jene Lembergs wäre somit nicht eine fixe Struktur zuzuschreiben, die eine fertige Ordnung, feste Abläufe und Mechanismen besitzt; eher wäre sie als ein dynamisches Gebilde aufzufassen, das ständige Transformationen infolge der Wechselwirkungen zwischen Wissenschaftlern, Künstlern und Philosophen sowie durch das Zusammenspiel von sozialen und epistemischen Praktiken erfährt. Um alle diese Wirkungszusammenhänge und die sich dabei ereignenden Austausch- und Ausgrenzungsprozesse unverkürzt einfangen zu können, bedarf es einer Verschränkung von klassisch ideengeschichtlichen Ansätzen mit wissens- und kultursoziologischen sowie psychologischen Perspektiven, aber auch text- und bildanalytischer Methoden. Betrachtete man diese Entwicklungen isoliert, geriete man zwangsläufig in Versuchung, ideale Linien heraus zu präparieren, die mit der historischen Situation wenig zu tun haben. Denn Wissenskulturen entwickeln sich weder gesetzmäßig noch homogen, sondern sie sind durch Diskontinuitäten und durchlässige Grenzen bestimmt. Ständig kommen daher neue Elemente und Vorgänge hinzu, neue Zeichen, Symbole und Codes werden integriert und verändern dabei das ganze Setting. Kurzum: Wissenskulturen sind keine fixen Entitäten. Sie sind vielmehr von dynamischen, performativen Prozessen

3 Mary Douglas: *Wie Institutionen denken*, Frankfurt am Main 1992.

bestimmt, in denen immer wieder neu verhandelt wird, was die eigene kulturelle Identität ausmacht.

Zudem sollte man zwischen den lokalen Orten des Wissens, wie etwa einer Stadt und den Räumen des Wissens, d.h. den überregionalen Transferbeziehungen, unterscheiden.[4] So gesehen stellt Lemberg einen Wissensort dar. Zählt man alle jene Orte hinzu, mit denen die Lemberger Akteure in Austauschbeziehungen stehen, nimmt man deren Wissensraum in Blick. Dies scheint ein weit adäquateres Konzept als jenes der einen *spatial turn* ausrufenden Vertreter einer Raumtheorie.[5] Zwar gilt auch ihnen der Raum nicht mehr als ein territorialer Container, sondern als Ort gesellschaftlicher Produktionsprozesse, als Stätte kultureller Praktiken und sozialer Dynamiken, doch greift es zu kurz, das produzierte Wissen primär als Ergebnis räumlicher Konstellationen zu fassen. Die Lemberger Wissenskultur wurde, wie ich zeigen werde, weniger durch den Raum, sondern durch Bewegungen im Raum kodiert, die sich sowohl innerhalb des geographischen Settings vollzogen als auch dieses zugleich überschreiten konnten. Erforderlich ist somit ein Vorgehen, bei dem zum einen die lokal ablaufenden Zirkulations- und Transformationsprozesse[6] von Konzepten, Schlüsselbegriffen oder Motiven sowie die wechselseitigen Übernahmen und Adaptionen deutlich zum Vorschein kommen, – zum anderen aber auch die soziokulturellen Faktoren, Stimmungen, Hintergrundüberzeugungen und Machtverhältnisse miterfasst werden.

Für die Wissenskultur in Lemberg war es charakteristisch, dass nicht nur die Kunst, Geistes- und Sozialwissenschaften, einschließlich die sich gerade formierenden Ethnologie und Gestaltpsychologie, sondern auch die Lebens- und Naturwissenschaften fest eingebunden waren. Das für Lemberg bezeichnende enge Zusammenwirken von Wissenschaftlern aus verschiedenen Disziplinen, Literaten und Künstlern führte schließlich zur Herausbildung eines gemeinsamen Sensoriums für ästhetische und wissenschaftliche Krisen

4 Mit dem Terminus „Wissensorte“ richte ich den Fokus auf die lokal in einer Stadt oder einer Institution verankerten epistemischen Praktiken, während „Wissensräume“ den nicht an den Ort gebundenen gemeinsamen Raum des Denkens und Handelns bezeichnen sollen. Vgl. Hans-Jörg Rheinberger, Bettina Wahrig-Schmidt, Michael Hagner (Hg.): *Räume des Wissens. Repräsentation, Codierung, Spur*, Berlin 1996, S. 7–22.

5 Doris Bachmann-Medick: *Cultural Turns. Neuorientierungen in den Kulturwissenschaften*, Hamburg 2006, hier insbes. Kap. „Spatial Turn“, S. 284–328. Vgl. dazu: Jörg Döring, Tristan Thielmann (Hg.): *Spatial Turn. Das Raumparadigma in den Kultur- und Sozialwissenschaften*, Bielefeld 2008.

6 Zur Zirkulation als Voraussetzung der Bildung von Wissenskulturen siehe die Beiträge im Heft: *Nach Feierabend. Zürcher Jahrbuch für Wissensgeschichte 7: Zirkulation*, hg. v. Andreas Kilcher und Philipp Sarasin, Zürich 2011.

und zur transdisziplinären Formierung neuer Experimentalfelder, auf denen neue epistemische Konstellationen erprobt werden konnten.

Für eine Untersuchung der sich in Wissenskulturen überlagernden Traditionslinien und ineinander verwobenen Stilen und ihrem Wandel, erweisen sich viele der etablierten methodologischen Ansätze als zu statisch und zu allgemein. Wollte man die Wissenskultur einer Stadt mit Michel Foucaults Konzept der *Diskursanalyse* fassen, so verfehlte man gerade die dort vorherrschende spezifische Gemengelage. Es gab in Lemberg keinen Diskurs, der fixen Regeln folgte. Überhaupt stieße eine Archäologie des Wissens in Lemberg nicht auf feste Strukturen, sondern auf Dynamiken, die Strukturen nur als transitorische Gebilde erzeugen und sich so der Diskursanalyse entziehen. Foucault zufolge wäre eine Diskursformation historisch wie systematisch so großräumig abzuzirkeln, dass für deren Rekonstruktion und Interpretation eine Studie lokal bestimmter Zirkulationsprozesse mit all ihren heterogenen Wechselwirkungen zwischen einzelnen Akteuren irrelevant wäre.[7] Die Situation in Lemberg in der Zwischenkriegszeit unterschied sich jedoch markant von jener in Wien oder Berlin, es gilt also diese besondere Gemengelage in ihrer Differenz zu anderen „Diskursen" zu erfassen und zu fragen, was genau die vielen in Lemberg miteinander konkurrierenden Theorien vereinte und trennte. Zu berücksichtigen sind hierbei vor allem auch die dynamischen, gleichwohl langwierigen Durchsetzungs- und Verwerfungsprozesse, zu denen es infolge der in Lemberg virulenten Theoriedebatten kam, die aus den Strukturrastern einer Theorie, die vordringlich Wissensordnungen in den Blick nimmt, herausfallen. Eine von Foucault inspirierte diskursanalytische Untersuchung der Lemberger Wissenskultur vermöchte auch nicht den bedeutenden Anteil heterogener nicht-diskursiver Faktoren, wie jene der kulturellen und sozialen Stimmungen, der ästhetischen und politischen Leitbilder, der kollektiven Wahrnehmungskonventionen differenziert zu erfassen, da auch diese in Lemberg kein einheitliches „skopisches Regime"[8] ausbildeten. Die Lemberger Wissenskultur war polyzentrisch organisiert und erfordert daher eine multiperspektivische Betrachtung, die sich zudem nicht nur an Diskursen und Texten, sondern auch an ästhetischen und wissenschaftlichen Praktiken orientiert.

7 Vgl. Michael Foucault: *Archäologie des Wissens*, Frankfurt am Main 1973; ders.: *Die Ordnung des Diskurses*, Frankfurt am Main 1974. Siehe auch weiterführend: Achim Landwehr: *Historische Diskursanalyse*, Frankfurt am Main 2008; Hannah Rosenberg: „Wissenschaftsforschung als Diskursforschung. Überlegungen zur Selbstreflexion wissenschaftlicher Disziplinen im Anschluss an Ludwik Fleck", in: *Zeitschrift für Diskursforschung* 6 (2018) 1, S. 27–50.

8 Martin Jay: „Scopic Regimes of Modernity", in: Hal Foster (Hg.): *Vision and Visuality*, Seattle 1988, S. 3–27.

Auch Thomas Kuhns *Paradigmentheorie* wird der besonderen Komplexität einer lokalen Wissenskultur nicht gerecht, insbesondere auch, weil der ,kulturelle' Faktor in ihr keine wesentliche Rolle spielt. Wieder sind es epochenspezifische Denkmuster, die Kuhn zufolge ein wissenschaftliches Paradigma begründen und für deren Strukturanalyse außerwissenschaftliche Faktoren, wie z.B. Bilder, ausgeblendet werden könnten. Kuhn konzentriert seine Forschungen auf Wissenschaftlerkollektive, die er Forschergemeinschaften nennt, und untersucht, wie sich in einer bestimmten Epoche eine sogenannte „Normalwissenschaft" etabliert, bis widerstreitende Resultate überhandnehmen, die das Paradigma in eine Krise führen und einen Paradigmenwechsel einleiten.[9] In der Lemberger Wissenskultur sind jedoch keine radikalen Brüche und mithin keine Paradigmenwechsel zu beobachten, sondern ein nicht-zielgerichteter permanenter Wandel eines Geflechts an Theorien, Wahrnehmungsmustern und Praktiken.

Viel geeigneter um lokale Prozesse der Wissensproduktion zu untersuchen, ist Hans-Jörg Rheinbergers Vorschlag, diese als *Experimentalsysteme* zu beschreiben. Obwohl aber Rheinberger möglichst alle Bedingungen, die für die Forschungsentwicklung notwendig sind, als Faktoren des Experimentalsystems miteinzubeziehen sucht, konzentriert er sich auch exklusiv auf den innerwissenschaftlichen Bereich und vernachlässigt die kulturellen Faktoren, die ihn prägen. Was das Beispiel der wissenschaftlichen Kollektive Lembergs aber lehren wird, ist, dass sie sich nicht isoliert beschreiben lassen, sondern dass sie mit anderen Gruppierungen und kulturellen Prozessen eng verflochten sind. Gerade über diese Verflechtungen können aber erst die besonderen Dynamiken auch die wissenschaftlichen Experimentalsysteme nachvollzogen werden. Anders formuliert: Es wird in der vorliegenden Arbeit zu zeigen sein, dass sich nur durch ein Studium der in Lemberg dominanten philosophischen, literarischen und bildkünstlerischen Zirkel und ihrer Praktiken die fachwissenschaftlichen Weisen der Wissensproduktion verstehen lassen, da auch in dieser kulturelle Leitvorstellungen und kollektive Stimmungen hineinregieren.[10]

Wissenskulturelle Formationen werden auch von der *Konstellationsforschung* als relationale Gefüge von Personen und Theorien aufgefasst. Ziel

9 Thomas Kuhn: *Die Struktur wissenschaftlicher Revolution*, Frankfurt am Main 1973; Vgl. dazu: Sylwia Werner: „Denkstil, Paradigma, Avantgarde. Zum Verhältnis von Wissenschaft und Kunst in den Wissenschtstheorien Ludwik Flecks und Thomas Kuhn", in: Andrea Sakoparnig, Andreas Wolfsteiner, Jürgen Bohm (Hg.): *Paradigmenwechsel. Wandel in den Künsten und Wissenschaften*, Berlin/Boston 2014, S. 53–66.

10 Hans-Jörg Rheinberger: *Experimentalsysteme und epistemische Dinge*, Frankfurt am Main 2001; ders.: *Epistemologie des Konkreten. Studien zur Geschichte der modernen Biologie*, Frankfurt am Main 2006; ders.: *Historische Epistemologie zur Einführung*, Hamburg 2007.

dieser Untersuchungsmethode ist es, das Zusammenwirken unterschiedlicher Denker in einem gemeinsamen Denkraum zu untersuchen und dabei die bislang von der traditionellen Historiographie übersehenen oder übergangenen Akteure, Ideen und Theorien mit einzubeziehen.[11] So kann die Bedeutung einzelner Leistungen vieler auch vermeintlich unwichtiger Akteure gewürdigt und mithin die Problem- und Ideengeschichte einer Epoche differenzierter rekonstruiert werden. Für die Erforschung eines Pluralismus lokaler Stile und Anschauungen, ihren Konkurrenzen, Ungleichzeitigkeiten und Wandlungsschüben wäre ein solcher methodischer Ansatz durchaus praktikabel zu machen, man müsste allerdings die Untersuchung der Konstellationen von Theoremen auch auf die diversen lokalen Praktiken ausdehnen und deren Dynamiken mit einfangen.

Einen mikrosoziologischen Ansatz bietet hingegen Randall Collins viel zu wenig bekannte Theorie der *Interaktionsrituale* von Kollektiven. Laut Collins resultiert das Wissen aus von innerhalb eines Netzwerks sich stets neu entfachenden Dissensen. Für ihn sind daher nicht die gemeinsamen Ordnungs- oder Organisationsstrukturen von Kollektiven, sondern ihre Differenzen und Konfliktlagen in den Vordergrund der Betrachtung zu rücken. Dabei erkennt Collins an, dass die Stimmungen und Emotionen der beteiligten Akteure, sowie deren Einübung durch Rituale und das Ausbilden einer Gruppensolidarität angesichts konkurrierender Kollektive eine wichtige Rolle für die Generierung und Etablierung von Wissen spielen, da sich über diese Vorgänge die Vergesellschaftungsprozesse vollziehen.[12] Dieser konfliktsoziologische Ansatz erlaubt Netzwerke intern zu analysieren; die offene, netzwerküberschreitende Zirkulation von Ideen, Theorien und Metaphern lässt er allerdings unberücksichtigt.

Bruno Latour wiederum schlägt in seiner Akteur-Netzwerk-Theorie vor, nicht nur die sozialen Interaktionen zwischen Personen, sondern auch die mit nichtmenschlichen Akteuren einzubeziehen, etwa mit Apparaten, Bakterien und Räumen etc.[13], da diese gemeinsam mit Menschen netzwerkartige Handlungszusammenhänge bilden.[14] Allerdings unterliegen Latour zufolge die im

11 Martin Mulsow, Marcelo Stamm (Hg.): *Konstellationsforschung*, Frankfurt am Main 2005.

12 Vgl. dazu: Randall Collins, John Annett: *Conflict sociology: Toward an explanatory science*, New York 1975; Randall Collins: *Interaction ritual chains*, Princeton 2004; ders.: *Konflikttheorie. Ausgewählte Schriften*, Wiesbaden 2012.

13 Bruno Latour: „On Actor-network Theory. A few Clarifications", in: *Soziale Welt* 47 (1996) 4, S. 369–382; Ders.: *Eine neue Soziologie für eine neue Gesellschaft. Einführung in die Akteur-Netzwerk-Theorie*, Frankfurt am Main 2007.

14 Ludwik Fleck war insofern ein Vorläufer von Latours Akteur-Netzwerk-Theorie, da er auch die Rolle von Apparaten und Mikroben als denkstilformierende Faktoren betonte

Netzwerk zirkulierenden Theorien keiner Transformation, sie bleiben unverändert.[15] In der Lemberger Wissenskultur veränderten sich jedoch die Ideen während ihrer Zirkulation, sie blieben nie gleich, auch wenn die Akteure manchmal etwas anderes glaubten.

Einen bedeutenden methodischen Fortschritt ermöglicht in diesem Zusammenhang die *Grenztheorie* von Homi K. Bhabha. Bhabha versteht die Kultur als einen „dritten Raum", der sich überall dort herausbilden kann, wo Menschen mit unterschiedlichstem Wissen oder aus unterschiedlichen Kulturen zusammentreffen und über Bedeutungen und Inhalte diskutieren. Dabei kommt es zu Differenzen, die zur Entwicklung neuen Wissens führen. Der Ort, der Konflikte hervorzubringen ermöglicht, ist die Grenze. Sie ist nicht als Trennlinie zu verstehen, sondern als Ort der Begegnung. Dieses Konzept ist insofern für die Beschreibung einer Wissenskultur geeignet, da es erlaubt, das Wissen und die Kultur nicht als homogene, geschlossene Entitäten zu betrachten, sondern als Hybride und performative Prozesse.[16] Für die Lemberger Wissenskultur indes eignet es sich besonders gut, da das dortige vielsprachige, multiethnische und multikulturelle Milieu die einzelnen Gruppen selbst im Konflikt immer schon sehr eng miteinander verflochten hat.

(vgl. Ludwik Fleck: „Zur Frage der Grundlagen der medizinischen Erkenntnis" (1935), in: Ders.: *Denkstile und Tatsachen. Gesammelte Schriften und Zeugnisse*, hg. v. Sylwia Werner und Claus Zittel, Berlin 2011, S. 239–259, hier S. 253 und Ludwik Fleck: „Das Problem der Theorie des Erkennens" [Zagadnienie teorii poznawania] (1936), in: Ders.: *Denkstile und Tatsachen*, a.a.O. S. 260–309, S. 298). Zudem richtet Latour aus gleichsam ethnologischer Perspektive seinen Blick nicht nur auf die wissenschaftlichen, sondern auch auf die sozialen Laborpraktiken, um die soziale Konstruiertheit von Fakten offenzulegen. Vgl. Bruno Latour, Steve Woolgar: *Laboratory Life: The Construction of Scientific Facts*, London 1979. Der Einfluss Flecks auf Latour wäre eigens zu untersuchen.

15 Bruno Latour: *Wir sind nie modern gewesen*, Frankfurt am Main 1998. In diesem Buch spricht Latour von der „Kette der Kälte", die stabil bleiben müsse: „Mit wissenschaftlichen Fakten verhält es sich wie mit gekühlten Fischen; die Kette der Kälte, die sie frisch hält, darf nicht abreisen, nicht einmal für einen Moment". Vgl. ebd.: S. 159.

16 Vgl. „Die Einführung dieses Raumes stellt unsere Auffassung von der historischen Identität von Kultur als einer homogenisierenden, vereinheitlichenden Kraft, die aus der originären Vergangenheit ihre Authentizität bezieht und in der nationalen Tradition des Volkes am Leben gehalten wurde, sehr zu Recht in Frage. […] Erst wenn wir verstehen, daß sämtliche kulturellen Aussagen und Systeme in diesem widersprüchlichen und ambivalenten Äußerungsraum konstruiert werden, begreifen wir allmählich, weshalb hierarchische Ansprüche auf die inhärente Ursprünglichkeit oder ‚Reinheit' von Kulturen unhaltbar sind, und zwar schon bevor wir auf empirisch-historische Beispiele zurückgegriffen haben, die ihre Hybridität demonstrieren." Homi K. Bhabha: *Die Verortung von Kultur*, Tübingen 2011, S. 56f. Vgl. dazu auch: Moritz Csáky: „Die zentraleuropäische Stadt um 1900. Pluriethnizität, Plurikulturalität und Mehrsprachigkeit", in: Steffen Höhne, Manfred Weinberg (Hg.): *Franz Kafka im interkulturellen Kontext*, Köln 2019, S. 27–61.

Gesucht wird daher eine Methode, die die feinen filigranen Verschiebungen und Nuancen im Denk- und Forschungsgeflecht einer Wissenskultur deutlich macht.[17] Nötig ist dafür, die Verknüpfungsprozesse aus unterschiedlichen Blickwinkeln zu betrachten, um so zu einer „dichten Beschreibung"[18] einer sich formierenden Wissenskultur zu gelangen.

2.2 Ludwik Flecks Theorie des Denkstils und Denkkollektivs als Modell für die Beschreibung von Wissenskulturen

Ein solches differenziertes Beschreibungsmodell, das zentrale Ideen Kuhns, Latours und Homi Bhabhas nicht nur vorwegnahm,[19] sondern diese für die

---

17 In eine ähnliche Richtung führt mit Blick auf die Wiener Moderne der allerdings theoretisch weitgehend unbegründet bleibende Ansatz von Edward Timms: „Die Wiener Kreise. Schöpferische Interaktionen in der Wiener Moderne", in: Jürgen Nautz, Richard Vahrenkamp (Hg.): *Die Wiener Jahrhundertwende: Einflüsse, Umwelt, Wirkungen*, Wien/Köln/Graz, 1996, S. 128–143; ders.: *Dynamik der Kreise, Resonanz der Räume: Die schöpferischen Impulse der Wiener Moderne*, Wien 2013. Zur Kritik an einer einseitigen Konzentration auf die Wiener Moderne siehe auch: Allan Janik: „Vienna 1900: Reflections on Problems and Methods", in: Emil Brix, Patrick Werkner (Hg.): *Die Wiener Moderne*, Wien/München 1990, S. 151–163.

18 Zur Methode der „dichten Beschreibung" vgl. grundlegend: Glifford Geertz: *Dichte Beschreibung. Beiträge zum Verstehen kultureller Systeme*, Frankfurt am Main 1987.

19 Flecks Konzept des Denkstils und Denkkollektivs war für die Entstehung vieler bedeutender Wissenschaftstheorien ausschlaggebend. So bekannte beispielsweise Thomas Kuhn im Vorwort zu seinem Buch *Die Struktur wissenschaftlicher Revolutionen*, dass Fleck viele seiner Gedanken vorweggenommen habe.

Zur Fleck-Rezeption vgl. u.a.: Stig Brorson, Hanne Andersen: „Stabilizing and Changing Phenomenal Worlds: Ludwik Fleck and Thomas Kuhn on Scientific Literature, in: *Journal for General Philosophy of Science* 32 (2001), S. 109–129; Wilhelm Baldamus: „Ludwig [sic!] Fleck and the Development of the Sociology of Science", in: Peter Reinhart Gleichman, Johan Goudsblum, Hermann Korte (Hg.): *Human Figurations. Essays for / Aufsätze für Norbert Elias*, Amsterdam 1977, S. 135–156; Erich O. Graf, Karl Mutter: „Zur Rezeption des Werkes von Ludwik Fleck", in: *Zeitschrift für philosophische Forschung* 45 (2000) 2, S. 274–288; Dies.: „Ludwik Fleck in Europa", in: Rainer Egloff (Hg.): *Tatsache – Denkstil – Kontroverse: Auseinandersetzungen mit Ludwik Fleck*, Zürich 2005, S. 13–20; Nicola Mößner: „Thought Styles and Paradigms – a Comparative Study of Ludwik Fleck and Thomas Kuhn", in: *Studies in History and Philosophy of Science* 42 (2011), S. 362–371; Bettina Radeiski: *Denkstil, Sprache und Diskurse. Überlegungen zur Wiederaneignung Ludwik Flecks für die Diskurswissenschaft nach Foucault*, Berlin 2017; Karol Sauerland: „Der Begriff des Denkstils bei Ludwik Fleck", in: *theologie. geschichte* 9 (2017), S. 37–58; Gert-Rüdiger Wegmarshaus: „Vom Denkstil zum Paradigma: Zum Schicksal einer unzeitgemäßen Einsicht", in: Bożena Chołuj, Jan C. Joerden (Hg.): *Von der wissenschaftlichen Tatsache zur Wissensproduktion. Ludwik Fleck und seine Bedeutung für die Wissenschaft und Praxis*, Frankfurt am Main 2007, S. 49–77; Dieter Wittich: „Eine aufschlußreiche Quelle für das

Erforschung von lokalen Wissenskulturen operational machte, arbeitete der just aus Lemberg stammende Mediziner Ludwik Fleck (1896–1961) heraus.[20] Philipp Sarasin hat zu Recht behauptet, „daß fast alle neuen und neusten Wege in der Wissenschaftsgeschichtsschreibung bei Ludwik Fleck ihren Ausgangspunkt nehmen beziehungsweise zu ihm zurückgeführt werden können."[21] Flecks kulturalistische Wissenssoziologie dient mir daher als methodischer Leitfaden, sie sei daher im Folgenden in ihren Grundzügen rekapituliert.

Die Entstehung und Entwicklung von Flecks Theorie des Denkstils und Denkkollektivs vollzieht sich in jenen Dekaden der Zwischenkriegszeit, in der die Lemberger Moderne ihre Blütezeit erlebt. Fleck legt eine Serie von Publikationen vor, die in deutschen und polnischen Fachzeitschriften erscheinen und sich an unterschiedliche Zielgruppen richten, – mal sind es medizinwissenschaftliche, mal erkenntnistheoretische Texte.[22] In seinem 1935 unter dem Titel *Entstehung und Entwicklung einer wissenschaftlichen Tatsache* erschienenen Hauptwerk verfocht er die kühne und für die Wissenschaftstheorie seiner Zeit ungeheuer moderne These, dass auch die vermeintlich

---

Verständnis der gesellschaftlichen Rolle des Denkens von Thomas Kuhn", in: *Deutsche Zeitschrift für Philosophie* 1 (1978), S. 105–113; Claus Zittel: „Fleck-Fieber", in: *Zeitschrift für Ideengeschichte* (2017), S. 15–28.

20 Zu Fleck in Lemberg und den Schwierigkeiten einer biographischen Annäherung siehe: Erich O. Graf, Karl Mutter: „Ludwik Fleck und Europa", in: Egloff (Hg.): *Tatsache – Denkstil – Kontroverse*, a.a.O., Zürich 2005, S. 13–21. Vgl. auch: Zdzisław Cackowski: „Epistemologia Ludwika Flecka" [Die Epistemologie Ludwik Flecks], in: *Studia Filozoficzne* [Philosophische Studien] 5–6 (1982), S. 65–77.

21 Philipp Sarasin: *Geschichtswissenschaft und Diskursanalyse*, Frankfurt am Main 2003, S. 196. Zur Bedeutung Flecks für die Historiographie des Wissens siehe auch: Ders.: „Was ist Wissensgeschichte?", in: *Internationales Archiv für Sozialgeschichte der deutschen Literatur* 36 (2011) 1, S. 159–172.

22 Zu den wichtigsten Texten Flecks, die in der Zwischenkriegszeit erschienen sind, gehören: „Über einige spezifische Merkmale des ärztlichen Dankens" [O niektórych swoistych cechach myślenia lekarskiego] (1927), „Zur Krise der ‚Wirklichkeit'" (1929), „Der moderne Begriff der Ansteckung und der ansteckenden Krankheit" [Współczesne pojęcie zakażenia i choroby zakaźnej] (1930), „Über den Begriff der Art in der Bakteriologie" [O pojęciu gatunku w bakteriologii] (1931), (mit Olga Elster) „Zur Variabilität der Streptokokken" (1932), „Zur Frage der labormedizinischen Analytik" [W sprawie analytyki lekarskiej] (1934), „Wie entstand die Bordet-Wassermann-Reaktion und wie entsteht überhaupt eine wissenschaftliche Entdeckung" [Jak powstał odczyn Bordet-Wassermanna i jak wogóle powstaje odkrycie naukowe] (1934), „Über die wissenschaftliche Beobachtung und die Wahrnehmung im Allgemeinen" [O obserwacji naukowej i postrzeganiu wogóle] (1935), „Zur Frage der Grundlagen der medizinischen Erkenntnis" (1935), *Entstehung und Entwicklung einer wissenschaftlichen Tatsache* (1935), „Das Problem einer Theorie des Erkennens" [Zagadnienie teorii poznawania] (1936), „Wissenschaft und Umwelt" [Nauka a środowisko] (1939).

neutralen wissenschaftlichen Verfahren durch kulturelle, soziale und künstlerische Vorstellungen maßgebend determiniert sind. Immer wieder hat man in der Geschichte des Wissens den Objektivitätsanspruch der Wissenschaften relativiert oder gar hinterfragt, doch geschah dies meist von außen aus skeptisch-philosophischer oder künstlerischer Sicht. Nun aber ist es mit Fleck ein Vertreter der Medizin, der aufgrund seiner konkreten beruflichen Erfahrung den Naturwissenschaften ihre besondere Stellung zur Wirklichkeit abspricht. In ihrem Realitätsbezug seien die Naturwissenschaften ebenso wie die Geisteswissenschaften von den Leitvorstellungen ihres sozialen Milieus und der dort vorherrschenden Traditionen und Konventionen durch und durch bestimmt:[23] „In der Naturwissenschaft gibt es gleichwie in der Kunst und im Leben keine andere Naturtreue als die Kulturtreue."[24] Flecks Auffassung nach liegen die wissenschaftlichen Tatsachen nicht einfach objektiv vor, so dass sie wertfrei beschrieben werden könnten, sondern sie werden im gemeinsamen Sehen und Handeln von Forschern erst erzeugt. Dieser kollektive Produktionsprozess von Tatsachen sei aber unvermeidlich von den kulturellen Prägungen der Forscher unbewusst beeinflusst. Sowohl das Entstehen von Tatsachen als auch ihr Erkennen erweise sich somit als ein gruppengebundener, sozial bestimmter Prozess. Die Gemeinschaft der Wissenschaftler sei keine in einem neutralen Raum isoliert tätige Gruppe, sondern ihr wissenschaftliches Wirken sei immer zugleich eine soziale Tätigkeit innerhalb einer größeren Gemeinschaft, mit der sie aktive Beziehungen unterhalten: Eine solche „Gemeinschaft der Menschen, die im Gedankenaustausch oder in gedanklicher Wechselwirkung stehen"[25], nennt Fleck ein Denkkollektiv. Wenn der Gedankenaustausch – in Flecks Worten der „Denkverkehr"[26] – und das gemeinsame Handeln der Mitglieder eines Kollektivs geregelte Formen annimmt, bildet das Kollektiv einen gemeinsamen Denkstil aus. Dieser Denkstil manifestiere sich als das „Bereitsein für solches und nicht anderes Sehen und Handeln".[27] Auch wissenschaftliche Kollektive sehen und denken primär das, was ihr gemeinsamer Denkstil

23 Vgl. Claus Zittel: „Ludwik Fleck und der Stilbegriff in den Naturwissenschaften. Stil als wissenschaftshistorische, epistemologische und ästhetische Kategorie", in: Horst Bredekamp, John Krois (Hg.): *Sehen und Handeln*, Berlin 2011, S. 171–206.

24 Fleck: *Entstehung und Entwicklung einer wissenschaftlichen Tatsache* (1935), a.a.O., S. 48.

25 Ebd.: S. 54.

26 Fleck unterscheidet zwischen einem „interkollektiven" und einem „intrakollektiven Denkverkehr", der der Festigung eines Denkkollektivs dient: „Die allgemeine Struktur des Denkkollektivs bringt es mit sich, daß der intrakollektive Denkverkehr ipso sociologico facto – ohne Rücksicht auf den Inhalt und die logische Berechtigung – zur Bestärkung der Denkgebilde führt." Fleck: *Entstehung und Entwicklung einer wissenschaftlichen Tatsache* (1935), a.a.O., S. 140.

27 Ebd.: S. 85.

zu denken und zu sehen erlaubt oder gar erzwingt, man könne daher einen „Denkstil als gerichtetes Wahrnehmen, mit entsprechendem gedanklichem und sachlichem Verarbeiten des Wahrgenommenen, definieren."[28]

Fleck kennt zwar den Begriff der ‚Wissenskultur' nicht, seine Theorie des Denkstils und Denkkollektivs beschreibt aber die Mechanismen und Bedingungen gemeinschaftlicher Wissensproduktion aus kultursoziologischer Sicht.[29] Am Beispiel der Geschichte der Syphilis-Krankheit führt Fleck vor, wie die zeitgenössische serologische Erforschung einer Krankheit durch die lang tradierte kulturelle und ethische Vorstellung bestimmt wird, dass das Blut vergiftet sei. Diese Vorstellung prägt bereits die Suchoptik der Forscher, wenn sie durch das Mikroskop schauen und damit auch die Beschreibung des Gesehenen etwa durch die Wahl einer entsprechenden Metaphorik und die Einbettung der Ergebnisse in einen theoretischen Rahmen. Fleck vermag so zu demonstrieren, dass die Forschergruppen stets an den jeweils in ihrem Umfeld vorherrschenden Riten, Denk- und Beobachtungsweisen teilhaben, und wie sich diese Faktoren auf die konkrete Laborpraxis und die Art des Experimentierens auswirken. Damit bringt er ein heuristisches Modell in Anschlag, das diachrone und synchrone Betrachtungsweisen miteinander verknüpft: Zum einen geht er davon aus, dass das Wissen von Präideen, d.h. von lang tradierten kulturellen Leitvorstellungen geprägt wird; zum anderen nimmt er an, dass die Präideen sich in bestimmten Kontexten zu besonderen Netzen verknüpfen und via intrakollektiver Zirkulation und ritueller Praktiken spezifische Denkstile ausbilden.[30] Die Formierung und Fixierung eines bestimmten Wissens ergibt sich somit durch eine synchrone Verflechtung von vielen historischen Ideengängen und zwar jeweils an einem bestimmten Ort zu einem bestimmten Zeitpunkt durch soziale Aktivitäten von Kollektiven (Abb. 8):

> Die Linien verknoten sich in ihrer aneinander anstoßenden Entwicklung und schaffen einen fixen Punkt. Dieser wird zum Ausgangspunkt neuer Linien,

---

28 Ebd.: S. 130.

29 Vgl. Zittel: „Wissenskulturen, Wissensgeschichte und historische Epistemologie" (2014), a.a.O., S. 32f.; Bożena Chołuj: „Was leistet die Soziologisierung der Wissenschaften bei Ludwik Fleck?", in: Gangolf Hübinger (Hg.): *Europäische Wissenschaftskulturen und politische Ordnungen in der Moderne (1890–1970)*, München 2014, S. 207–212.

30 Die Präidee ist nach Fleck eine vage Vorstellung, welche die Richtung der Forschung vorgibt: „Sie sonderte sich aus einem chaotischen Gedankenbrei ab, sie entwickelte sich während vieler Epochen, sie wurde immer inhaltsreicher, präziser und suchte ihre Beweise in den verschiedensten Auffassungen. Nach und nach entstand ein sich festigendes Dogma." Fleck: *Entstehung und Entwicklung einer wissenschaftlichen Tatsache* (1935), a.a.O., S. 35.

die ringsherum sich entwickeln und wiederum an andere anstoßen. Auch die alten Linien bleiben nicht unverändert: immer neue Knoten entstehen und die alten Knoten verschieben sich gegenseitig. Ein Netzwerk in fortwährender Fluktuation: es heißt Wirklichkeit oder Wahrheit.[31]

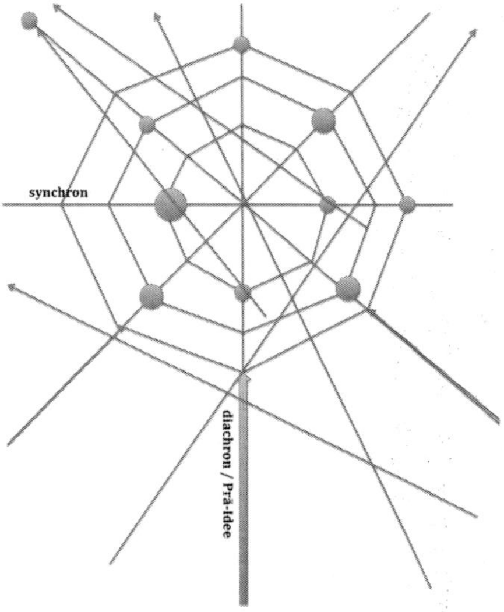

Abb. 8
Flecks Modell eines Netzwerks, in dem sich die diachronen (geschichtlichen) Entwicklungslinien mit synchronen (aktuellen) Linien verbinden. Manche der diachronen Linien laufen am Netzwerk vorbei oder verbinden sich später bzw. gar nicht, andere bilden einen Kotenpunkt, aus dem neue Linien hervorgehen. Der Mittelpunkt verschiebt sich mit jeder Änderung.

Nach Fleck ist das Netzwerk in permanenter Transformation und je nach aktueller Lage erzeugt es andere Wirklichkeiten und Wahrheiten. Diese Wirklichkeiten oder Wahrheiten sind aber nicht nur scheinbar wirklich oder wahr, sondern sie sind zu diesem Zeitpunkt wirklich und wahr.[32] Tatsachen entstehen erst dann, wenn sie innerhalb des Netzes ihren Platz finden, und zwar dort, wo sich alte Lehrmeinungen (Prä-Ideen) und zeitgenössische Anschauungen miteinander verknüpfen und Knoten bilden. Die Geschichte des Wissens präsentiert sich für Fleck nicht als Abfolge isolierter Wissensbestände, nicht als Perlenschnur von Ideen, die von Zeit zu Zeit radikale Brüche oder Paradigmenwechsel erfahren. Vielmehr ist der Formierungs- und Fixierungsprozess von Meinungen und Theorien durch kleine, filigrane, fast unmerklich sich vollziehende Verschiebungen und Nuancen bestimmt, die durch die Einführung von Metaphern oder Vergleichen, aber auch durch die

31 Ebd.: S. 105.

32 Zur Diskussion des Objektivitätsproblems bei Fleck siehe: Melinda B. Fagan: „Fleck and the social constitution of scientific objectivity", in: *Studies in History and Philosophy of Biological and Biomedical Sciences* 40 (2009), S. 272–285.

situativen Faktoren, wie Stimmungen und Rivalitäten, verursacht werden. Begriffe erhalten beim Transfer eine andere Färbung,[33] manchmal verändern sie sogar ganz ihre Bedeutung. Der Prozess der Zirkulation von Wissen verläuft Fleck zufolge nach dem Prinzip der ‚stillen Post':

> Gedanken kreisen vom Individuum zum Individuum, jedesmal etwas umgeformt, denn andere Individuen knüpfen andere Assoziationen an sie an. [...] Sie wandern innerhalb einer Gemeinschaft, werden geschliffen, beeinflussen andere Erkenntnisse, Begriffsbildungen, Auffassungen und Denkgewohnheiten.[34]

Dieser dynamische und für die beteiligten Akteure meist undurchschaubare Wissensweg wird Fleck zufolge im Nachhinein idealisiert, fixiert und legitimiert. Es lasse sich aufgrund der Häufigkeit, in der solche Vorgänge regelmäßig auftreten, sogar ein allgemeines Modell der Wanderung des Wissens entwerfen: Zuerst werden im ‚esoterischen Kreis' der Experten Hypothesen über die im Labor getätigten Beobachtungsresultate aufgestellt und in den Fachzeitschriften publiziert. Während der Diskussionen darüber, die ebenfalls in den Fachzeitschriften erfolgen, wird ein Beschreibungs- und Erklärungsvokabular herausgebildet und die hierfür zunächst noch versuchsweise eingeführten vorläufigen Metaphern verwandeln sich beim Zirkulieren sukzessive in konsensuale Begriffe. Von den Fachzeitschriften wandert das Wissen in die Hand- und Lehrbücher, so wird es kanonisch und kann im Studium und Unterricht als gesichertes Wissen vermittelt werden. Danach betritt das nun als objektiv erscheinende Wissen den ‚exoterischen Kreis' der Laien. In Gestalt von Tatsachen wird es in den populärwissenschaftlichen Zeitschriften verkündet und in der Gesellschaft allgemein etabliert. Schließlich lesen dort die Experten darüber und beginnen selbst, an die Tatsachen zu glauben. Gleichzeitig wird ihnen der eigene Weg zu ihren Forschungsergebnissen unverständlich, sie können ihn nicht mehr rekonstruieren und beginnen ihn zu idealisieren. So wird aus vorsichtig formulierten Hypothesen allmählich ein fester Wissensbestand, Leitbilder werden etabliert, die Sichtweisen vorgegeben.

Fleck beobachtet beim Formierungsprozess von Denkstilen verschiedene Phasen, die von ‚aktiven' und ‚passiven Koppelungen', bestimmt werden. Als ‚aktiv' bezeichnet er die noch offene Situation, in der die Forscher während ihrer Experimentiertätigkeit erste Konzepte entwickeln und Thesen aufstellen. Nach und nach kristallisiert sich eine für das betroffene Kollektiv gemeinsame Beschreibungssprache und ein Konsens hinsichtlich des Status der Beobachtungen und der Art und Weise der zu machenden Schlussfolgerungen

33 Fleck: *Entstehung und Entwicklung einer wissenschaftlichen Tatsache* (1935), a.a.O., S. 71.

34 Ebd.: S. 49.

ab. Ein Denkstil beginnt sich zu schließen, eine verbindliche Terminologie wird festgelegt, und von nun an werden die Forscher der Logik des Denkstils folgen und nur noch ‚passive' Verbindungen zwischen den Phänomenen und Begriffen herstellen. Fleck spricht in diesem Zusammenhang von ‚passiven Kopplungen'. In diesem Vorgang der Denkstilbildung sieht er eine Nähe der Wissenschaft zur Kunst, meint jedoch, dass die Wissenschaft dazu tendiert, ihr Verknüpfungsnetz noch viel stärker auf möglichst rigide ‚passive Kopplungen' auszurichten, um den Objektivitätseindruck zu verstärken:

> Weder logisch noch geschichtlich sind die passiven und aktiven Elemente vollständig voneinander zu trennen. Ja, man vermag kein Märchen zu erfinden, das nicht zwangsläufige Koppelungen enthielte. In dieser Hinsicht unterscheidet sich der Mythus von der Wissenschaft nur durch den Stil: die Wissenschaft sucht ein Maximum jener passiven Elemente in ihr System aufzunehmen, ohne Rücksicht auf die Übersichtlichkeit; der Mythus enthält nur wenige solcher Elemente, aber künstlerisch komponiert.[35]

Sein Modell der Zirkulation des Wissens veranschaulicht Fleck anhand der Entdeckung der Wassermann-Reaktion, um die sich viele Legenden und Mythen ranken, die deren chaotische Findungsgeschichte verschleiern und sie nachträglich als eine logische Abfolge von sinnvollen Schritten erscheinen lassen. August Wassermann glaubte, unter dem Mikroskop die Antikörper gegen den Syphiliserreger erkannt zu haben und auf Grundlage dieser Beobachtung ein wirksames Verfahren zur Erkenntnisdiagnostik der Syphiliskrankheit entwickeln zu können. Sein Blick durchs Mikroskop war jedoch durch die falsche kulturelle Leitidee gelenkt, dass das Blut durch den Teufel verdorben sei. Diese Auffassung geht zurück auf die traditionelle Stigmatisierung der Syphilis als Lustseuche, die das Blut verunreinige. Diese alten mythischen Vorstellungen stellten Wassermanns Suchoptik ein und prägten seine Forschungen, ohne dass dies ihm bewusst war. Als er im Nachhinein seine Untersuchungen rekonstruieren wollte, erschienen ihm diese daher als „unverständlich und unreproduzierbar. Sogar diejenigen Personen, die selbst daran gearbeitet hatten, hörten schließlich auf, ihre ersten Arbeiten zu verstehen."[36] Fleck konstatiert:

---

35 Ebd.: S. 125.

36 Vgl. Ludwik Fleck: „Wie entstand die Bordet-Wassermann-Reaktion und wie entsteht überhaupt eine wissenschaftliche Entdeckung" [Jak powstał odczyn Bordet-Wassermanna i jak wogóle powstaje odkrycie naukowe] (1934), in: Ders.: *Denkstile und Tatsachen*, a.a.O., S. 181–210, hier S. 190.

> Folgender Sachverhalt, der als Paradigma sehr vieler Entdeckungen gelten kann, steht also fest: Aus falschen Voraussetzungen und unreproduzierbaren ersten Versuchen ist nach vielen Irrungen und Umwegen eine wichtige Entdeckung entstanden. Die Heroen der Handlung können uns nicht unterrichten, wie dies geschah: sie rationalisieren, idealisieren den Weg. Unter den Augenzeugen sprechen die einen vom glücklichen Zufall und die Gutgesinnten von genialer Intuition.[37]

In Flecks Augen sind es nicht die großen Heroen der Wissenschaft, die durch geniale Eingebungen einen wissenschaftlichen Durchbruch erreichten, sondern kollektive Prozesse, während derer die beteiligten Akteure die Vorgänge nie klar durchschauen, sie im Nachhinein jedoch zu bewussten Taten Einzelner stilisieren:

> [S]ehr oft findet man keinen Autor des Gedankens, der während der Diskussion und während der Kritik entstand, seinen Sinn einige Male änderte, sich anpaßte und Allgemeingut wurde. In dieser Eigenschaft erwirbt er sich überpersönlichen Wert: er wird zu Axiom und Richtlinie des Denkens.[38]

Flecks Kritik an der Autorschaft wissenschaftlicher Entdeckungen rückt ihn in die Nähe autorkritischer literatur- und kulturwissenschaftlicher Konzeptionen, bei denen die Autorstimme vom polyphonen Zusammenklang vieler Stimmen überlagert wird, wie sie etwa in jenen Jahren auch bei Michail Bachtin entwickelt wurden.[39] Das Wissen – auch das vermeintlich objektive der Naturwissenschaften – sei von kollektiven Rationalisierungen chaotischer Abläufe geprägt und erweise sich als maßgeblich kulturell und sozial determiniert. Die determinierenden Faktoren sind indes nicht einfach zu benennen, etwa kausal auf bestimmte soziale oder ökonomische Strukturen oder anthropologische Denkmuster zurückzuführen, sondern es handelt sich eher um Kausalnetze, um ein Bündel von Ursachen, um ein wirres Knäuel mit vielen verschlungenen Fäden, das dennoch Effekte zeitigt.

Flecks Theorie des Denkstils und Denkkollektivs liefert eine ideale Methode,[40] um lokale Wissenskulturen mitsamt ihren heterogenen Denk-

---

37 Fleck: *Die Entstehung und Entwicklung einer wissenschaftlichen Tatsache* (1935), a.a.O., S. 101f.

38 Ebd.: S. 160.

39 Vgl. z.B. die frühen Texte Michail Bachtins: *Autor und Held in der ästhetischen Tätigkeit*, Berlin 2008. Weiterführend siehe: Johannes Fehr: „Vielstimmigkeit und der wissenschaftliche Umgang damit. Ansätze zu einer Fleckschen Philologie", in: Egloff (Hg.): *Tatsache – Denkstil – Kontroverse*, a.a.O., S. 33–46.

40 Zu Flecks Methodologie vgl.: Birgit Griesecke: „Vergleichende Erkenntnistheorie. Einführende Überlegungen zum Grundkonzept der Fleckschen Methodologie", in: Birgit

weisen und den sie bestimmenden kulturellen und sozialen Prägungen zu untersuchen. Denn sie zielt nicht auf allgemeine Diskursformationen oder Paradigmen ab, sondern hebt die je spezifischen Praktiken und Mechanismen innerhalb lokaler Gruppen hervor. Eine absolute Vorherrschaft einer Epoche oder eines Stils gibt es nach Fleck nicht. Im Gegenteil, er nimmt die gleichzeitige Existenz vieler Denkstile an, so wie auch in der Kunst mehrere Stile gleichzeitig bestehen können und ein neuer Stil einen alten nicht komplett ersetzen muss. Denkstile sind daher kleinere Einheiten als Paradigmen oder Diskurse. Ein Denkstilwandel vollzieht auch nicht plötzlich als vollständige Umwälzung in Folge wissenschaftlicher Revolutionen, sondern als allmählicher und schleichender Stilwandel. Um zu zeigen, wie sich sukzessive Theorien verändern, untersucht Fleck die Zeitschriftenaufsätze und weist dabei via ‚close reading' auf die winzigen, kaum merklichen Verschiebungen in der Beschreibungssprache der Beobachtungen hin. Mit der Anwendung dieser Methode auf die naturwissenschaftlichen Texte erweitert Fleck das Aufgabengebiet der Literaturwissenschaft und zeigt, dass deren Interpretationsmethoden auch auf Texte aus den Naturwissenschaften anzuwenden sind.[41] Zudem bezieht er Wechselwirkungen von Abbildungen mit ein und vergleicht die Definitionen und Begriffe im historischen Kontext mit Blick auf einen bestimmten Denkstil. Er fordert eine vergleichende Denkstilforschung, die verwandte Konzepte zueinander in Beziehung setzt und typologisiert: „Zeigt sich nun einmal die Möglichkeit vergleichender Erkenntnistheorie, so wird sie zur Pflicht. […] Das Wissen ruht eben auf keinem Fundamente; das Getriebe der Ideen und Wahrheiten erhält sich nur durch fortwährende Bewegung und Wechselwirkung."[42] Fleck fasst seine Theorie der Geschichtsschreibung der Wissenschaft folgenderweise zusammen:

> Es ist sehr schwer, wenn überhaupt möglich, die Geschichte eines Wissensgebietes richtig zu beschreiben. Sie besteht aus vielen sich überkreuzenden und wechselseitig sich beeinflussenden Entwicklungslinien der Gedanken, die alle erstens als stetige Linien und zweitens in ihrem jedesmaligen Zusammenhange miteinander darzustellen wären. Drittens müßte man die Hauptrichtung der Entwicklung, die eine idealisierte Durchschnittslinie ist, gleichzeitig separat zeichnen. Es ist also, als ob wir ein erregtes Gespräch, wo mehrere Personen

---

Griesecke, Erich Otto Graf (Hg.): *Ludwik Flecks vergleichende Erkenntnistheorie. Die Debatte in „Przegląd Filozoficzny". 1936–1937*, Berlin 2008, S. 9–59.

41 Vgl. dazu: Barbara Herrnstein Smith: „What was Close Reading", in: *Minnesota Review* 87 (2016), S. 57–75; Claus Zittel: „Close reading in den Science Studies", in: Andrea Albrecht, Lutz Danneberg, Olaf Krämer (Hg.): *Theorien und Praktiken des Interpretierens*, Berlin 2015, S. 81–100.

42 Fleck: *Entstehung und Entwicklung einer wissenschaftlichen Tatsache* (1935), a.a.O., S. 70.

> gleichzeitig miteinander und durcheinander sprachen, und es doch einen gemeinsamen herauskristallisierenden Gedanken gab, dem natürlichen Verlaufe getreu, schriftlich wiedergeben wollten. Wir müssen die zeitliche Stetigkeit der beschriebenen Gedankenlinien immer wieder unterbrechen, um andere Linien einzuführen; die Entwicklung aufhalten, um Zusammenhänge besonders darzustellen; vieles weglassen, um die idealisierte Hauptlinie zu erhalten. Ein mehr oder weniger gekünsteltes Schema tritt dann an Stelle der Darstellung lebendiger Wechselwirkung.[43]

Obschon Flecks Theorie des Denkstils und Denkkollektivs die vielleicht flexibelste Methodik für eine historische und vergleichend-systematische Untersuchung von lokalen Wissenskulturen offeriert, ist sie vergleichsweise schwierig durchzuführen. Denn sie erlaubt zwar die Entwicklung geistesgeschichtlicher Phänomene differenziert und minutiös zu beschreiben, doch dafür muss man sich auf die sehr heterogenen und in verschiedenen Geschwindigkeiten und Konkurrenzen ablaufenden Formierungsprozesse von Diskursen und Denkstilen unterschiedlicher Kollektive tief einlassen. Das soll mit der vorliegenden Studie unternommen werden. Die in den folgenden Kapiteln dargestellten Akteure, ihre Werke und ihre Auffassungen werden daher immer im Kontext der Netzwerke, Schulen, Ideenkonstellationen und Debatten, in die sie verflochten waren, also über ihre Denkstile vorgestellt.

Eine zentrale These ist dabei, dass Flecks Theorie des Denkstils und Denkkollektivs durch das Lemberger Setting hervorgebracht wurde. Insofern ist sie selbst ein Resultat und Exempel des dort herrschenden interdisziplinären Denkverkehrs.[44] Dies gilt auch für andere in Lemberg zu dieser Zeit in auffälliger Parallele entwickelten Konzeptionen, wie etwa Leon Chwisteks Konzept der „Vielheit der Wirklichkeit" (vgl. Kap. 5.1), Roman Ingardens Theorie des „literarischen Kunstwerks" (vgl. Kap. 5.4) oder Stanisław Ignacy Witkiewiczs Vorstellung der „Reinen Form" (vgl. Kap. 5.7). Denn offenbar hat hier zu gelten, was Fleck unter Berufung auf den Soziologen Ludwig Gumplowicz erkannte:

> Was im Menschen denkt, das ist gar nicht er, sondern seine soziale Gemeinschaft. Die Quelle seines Denkens liegt gar nicht in ihm, sondern in der sozialen Umwelt, in der er lebt, in der sozialen Atmosphäre, in der er atmet, und er kann nicht anders denken als so, wie es aus den in seinem Hirn sich konzentrierenden

---

43 Ebd.: S. 23.

44 Karol Sauerland behauptet das Gegenteil: Flecks Theorie ließe sich keinem bestimmten poetologischen Konzept zuordnen, sie entstand „eher durch Zufälle und durch [seinen] Eigenwillen". Vgl. Karol Sauerland: „Ludwik Flecks unerwünschter soziologischer Blick", in: Chołuj, Joerden (Hg.): *Von der wissenschaftlichen Tatsache zur Wissensproduktion*, a.a.O., S. 65–77, hier S. 65.

> Einflüssen der ihn umgebenden sozialen Umwelt mit Notwendigkeit sich ergibt.[45]

Flecks Methode wird hier insofern auf ihn selbst und sein sozio-kulturelles Umfeld angewendet, was allerdings nicht bedeutet, dass er im Zentrum dieses Geflechts steht, während andere Protagonisten als Umfeld zu definieren sind. Die Einbettung seiner Theorie kann nur sukzessive erfolgen, denn es müssen sowohl die Traditionslinien rekonstruiert werden, die bei der Ausbildung seiner Ideen eine formative Kraft entfalteten, als auch die synchronen Verknüpfungen mit den in Lemberg dominanten zeitgenössischen Denkstilen nachvollzogen werden. Fleck zufolge ist das Netzwerk der Lemberger Wissenskultur nicht nur polyzentrisch organisiert, sondern auch dynamisch, das heißt, dass sich die Knotenpunkte und somit auch die Kräftekonstellationen beständig verschieben.[46] Keineswegs reicht es also aus, nur jene Texte anzuschauen, die Fleck zitiert, um seinen „Kontext" zu rekonstruieren, sondern es gilt zu zeigen, mit welchen Denkkollektiven Fleck in Denkverkehr stand und welche lokalen Praktiken in den Laboren, welche Lemberger Traditionen und Debatten seinen Denkstil mitprägten.

Im Hinblick auf die Rede von einer ‚Lemberger Wissenskultur' bzw. einem ‚Lemberger Denkkollektiv' sind die Begriffe des ‚Denkstils' und ‚Denkkollektivs' zu präzisieren, denn es ist bei Fleck nicht ganz klar, wie groß ein Denkkollektiv abzuzirkeln ist, und ab wann ein neuer Denkstil beginnt. Ich gehe daher von *einem* sich gemeinsamen Themen widmenden Lemberger Denkkollektiv aus,

---

45 Ebd.: S. 63f. Fleck bezieht sich hier auf den aus Krakau stammenden Grazer Professor für Staats- und Verwaltungsrecht Ludwig Gumplowicz und sein einflussreiches Werk *Grundriß der Soziologie* (1885). Gumplowicz gilt als einer der Begründer der europäischen Soziologie. Er vertrat sozialdarwinistische Positionen und beschrieb die Konflikte zwischen Staaten als Kämpfe von Rassen, später von Gruppen. Fleck interessiert an Gumplowicz offenbar primär dessen Kritik an Individualpsychologie: „Sehr prägnant sprach Gumplowicz die Bedeutung des Kollektivs aus: ‚Der größte Irrtum der individualistischen Psychologie ist die Annahme, der *Mensch* denke. Aus diesem Irrtum ergibt sich dann das ewige Suchen der Quelle des Denkens im Individuum und der Ursachen, warum er so und nicht anders denke, woran dann die Theologen und Philosophen Betrachtungen darüber knüpfen oder gar Ratschläge erteilen, wie der Mensch denken solle. Es ist dies eine Kette von Irrtümern." Ebd.: S. 63. Zu Ludwik Gumplowicz vgl. weiterführend: *Ludwik Gumplowicz. Dwa życia Ludwika Gumplowicza. Wybór tekstów* [Die zwei Leben des Ludwik Gumplowicz. Textauswahl], hg. v. Jan Surman und Gerald Mozetič, Warszawa 2010.

46 Dieser Ansatz unterscheidet sich insofern methodisch von der Vorgehensweise Allan Janiks' und Stephen Toulmins', die Wittgensteins Theorien im Kontext der Wiener Moderne verorten. Vgl. Allan Janik, Stephen Toulmin: *Wittgensteins Wien.* Aus dem Amerikanischen von Reinhard Merkel, München 1987.

das aber nicht durch einen einheitlichen Denkstil fixiert ist, sondern sich aus verschiedenen Binnenkollektiven zusammensetzt, die miteinander in agonalen oder kooperativen Verhältnissen stehen. Fleck nennt die Phase des Übergangs, in der bisher geltende Denkstile ihre verbindende Funktion verloren und noch kein neuer einheitlicher Denkstil sich durchsetzte, die „Zeit der Unruhe“[47]. Solange sich nicht ein Subkollektiv zu einseitiger Dominanz aufschwingt, bleibt der Austausch lebendig und die Mitglieder eines Binnenkollektivs können zugleich auch anderen Kollektiven angehören, alle aber sind Mitglieder des Lemberger Denkkollektivs.[48]

Im Folgenden werden somit mit Hilfe von Flecks Kategorien des ‚Denkstils‘ und des ‚Denkkollektivs‘ die in den Lemberger Künstler- und Wissenschaftlerzirkeln in der „Zeit der Unruhe“[49] geführten Debatten in ihren Verlaufs-

47 Ludwik Fleck: „Über die wissenschaftliche Beobachtung und die Wahrnehmung im Allgemeinen“ [O obserwacji naukowej i postrzeganiu wogóle] (1935), in: Ders.: *Denkstile und Tatsachen*, a.a.O., S. 211–238, hier S. 230. „Es muß eine spezifische intellektuelle Unruhe und eine Wandlung der Stimmungen des Denkkollektivs entstehen, die erst die Möglichkeit und die Notwendigkeit dazu schafft, etwas Neues, Abgeändertes zu sehen.“ Ebd.: S. 229. „Also spielt sich eine neue Beobachtung, d.h. eine Entdeckung so ab, daß inmitten einer Epoche des Gleichgewichts eine gewisse intellektuelle Unruhe und Neigung zum Wechsel auftaucht: ein Chaos widersprüchlicher, einander abwechselnder Bilder. Das bis dahin feststehende Bild zerfällt in Kleckse, die sich zu verschiedenen, widersprüchlichen Gestalten formen. Aus anderen Gebieten, vorher abgetrennt oder vernachlässigt, schließen sich gewisse Motive an; historische, fast zufällige Zusammenhänge, verschiedene intellektuelle Überbleibsel und Relikte, häufig auch sogenannte Irrtümer und Mißverständnisse fügen von ihrer Seite andere Motive hinzu. In diesem schöpferischen Moment verkörpert sich in einem oder mehreren Forschern die geistige Vergangenheit und Gegenwart des gegebenen Denkkollektivs.“ Ebd.: S. 232. Im Text „Zur Variabilität der Streptokokken“ spricht Fleck (zusammen mit Olga Elster) von der „Periode der Unruhe“. Vgl. Fleck: „Zur Variabilität der Streptokokken“ (1932), in: Ders.: *Denkstile und Tatsachen*, a.a.O., S. 126–171, hier S. 134.

48 Fleck zufolge sind ‚Denkkollektive „immer dann vorhanden [...], wenn zwei oder mehrere Menschen Gedanken austauschen. Ein schlechter Beobachter, wer nicht bemerkt, wie anregendes Gespräch zweier Personen bald den Zustand herbeiführt, daß jede von ihnen Gedanken äußert, die sie allein oder in anderer Gesellschaft nicht zu produzieren imstande wäre“. Ebd.: S. 60. Diesem Gedanken bleibt Fleck später treu, denn noch 1948 betont er in einem Brief an den Mathematiker Hugo Steinhaus die enorme Bedeutung des sozialen Umfelds, in dem man seine Gedanken entwickelt: „Wenn die Menschen zusammenkommen und anfangen Worte und Sätze intensiv zu mischen, entsteht dann vielleicht doch irgendeine neue Kombination, die sich später als nützlich erweisen wird. Vielleicht erkennt man sie nicht sofort, jemand nimmt sie dann mit und sie wird irgendwo und irgendwann reifen.“ Vgl. den Brief Ludwik Fleck an Hugo Steinhaus vom 31. August 1948, in: Ludwik Fleck: *Denkstile und Tatsachen*, a.a.O., S. 589–591, hier S. 589.

49 Fleck: „Über die wissenschaftliche Beobachtung und die Wahrnehmung im Allgemeinen“ [O obserwacji naukowej i postrzeganiu wogóle] (1935), a.a.O., S. 230.

stadien historisch rekonstruiert und ihr Beitrag zur Ausbildung der Lemberger Moderne dargestellt. Die Aufteilung in unterschiedliche Denkkollektive erfolgt aus methodisch-heuristischen Gründen, Kapitel für Kapitel werden gleichwohl die Verflechtungen und Wechselwirkungen der Denkstile und Akteure immer stärker zutage treten.

KAPITEL 3

Der Denkverkehr der Künstler

Karol Irzykowski – Bruno Schulz – Franz Kafka – Leopold von Sacher-Masoch – Joseph Roth – Debora Vogel – Rudolf Brunngraber – Stanisław Ignacy Witkiewicz – Leon Chwistek – Alfred Kubin – Paul Scheerbart – Bruno Taut – Józef Wittlin – Alfred Döblin – Emil Franzos – Ludwik Fleck

Die literarische Avantgarde entwickelte sich in Lemberg nicht kontinuierlich, sondern in verschiedenen Phasen. Der Höhepunkt ihrer Entwicklung fiel zwar auf die Zwischenkriegszeit, doch bereits um 1900 kam es erstaunlich früh zu besonders radikalen Formexperimenten im Bereich des Romans, die weiter gingen als alles andere, was in Europa zu dieser Zeit in der Literatur gewagt wurde. Diese erste literarische Avantgarde bereitete den Boden für die in den 1920er und 30er Jahren einsetzende Blütezeit der Lemberger Literatur, während der zahlreiche außergewöhnliche Erzählmodelle entwickelt und besonders heftige Theoriedebatten um den Status von Fiktion, Abstraktion und Wirklichkeit geführt wurden, die wiederum mit den gleichzeitig entstehenden wissenschaftstheoretischen Konzeptionen von Ludwik Fleck und Leon Chwistek korrespondierten (vgl. Kap. 4.1 u. 4.2). Die literarische Entwicklung vollzog sich zudem in enger Wechselwirkung mit den Avantgardebewegungen in der Bildenden Kunst, Musik und Photographie.

Im Folgenden soll die Zirkulation und Transformation von Motiven und Formexperimenten in den Werken von Karol Irzykowski, Bruno Schulz, Leon Chwistek, Debora Vogel und Józef Wittlin vorgeführt werden. Von hier aus ergeben sich weitere Verbindungen zu Romanen, Erzählungen und Essays von Stanisław Ignacy Witkiewicz, Leopold von Sacher-Masoch, Franz Kafka, Joseph Roth, Rudolf Brunngraber, Alfred Kubin und Paul Scheerbart. Bei der Darstellung der Experimente im „Labor der Künstler" werden bereits zentrale Motive angeschlagen, die in der späteren Betrachtung der wissenschaftlichen und philosophischen Debatten Lembergs wiederkehren werden, insbesondere jenes der Pluralisierung von Wirklichkeit.

3.1 Die Konstruktion eines literarischen Kunstwerks: Karol Irzykowskis Roman *Pałuba* (1903)

Ein maßgeblicher Wegbereiter der Moderne in Lemberg war der Schriftsteller, Übersetzer, Literaturkritiker, Filmtheoretiker, Germanist und Schachgroßmeister

© BRILL FINK, 2023 | DOI:10.30965/9783846767092_004

Karol Irzykowski (1873–1944). Die von ihm in seinem bereits 1903 erschienenen umfangreichen Roman *Pałuba*[1] durchgeführten Experimente mit der Erzählperspektive waren bahnbrechend für die Literatur der Moderne, da sie sehr früh konsequent einen unzuverlässigen Erzähler ein höchst verwirrendes Spiel mit den Lesern treiben ließen. Dieses Spiel wurde durch eine konstruktivistische Kompositionstechnik möglich.

Irzykowskis Roman ist ein singulär frühes Beispiel für ein Kunstwerk aus dem Geist einer antimimetischen, abstrakt-formalistischen Ästhetik und als solches zweifellos der Ausgangspunkt für die in den 1920er und 30er Jahren sich in Lemberg zunehmend radikalisierenden literarischen Schreibexperimente. Seine Prosaexperimente bezeugen überdies, dass die in Lemberg in der Zwischenkriegszeit aufgekommene literarische Avantgarde nicht nur auf habsburgische Traditionen zurückzuführen ist, sondern auch (als Folge der nationalen Identitätsfindung) auf die polnische Literaturgeschichte.[2] Andererseits speist sich Irzykowskis Werk aus internationalen Quellen. Eine Untersuchung der Prätexte zu *Pałuba* wird hier aber nicht beansprucht. Zu erwähnen sind jedoch die von *Pałuba* ausgehenden intertextuellen Verweise auf das Werk von Friedrich Hebbel[3] und Ernst Mach[4]. Irzykowskis Ästhetik ist

---

1 Der Roman *Pałuba* lag in erster Fassung bereits 1899 vor. Die endgültige Fassung ist erst 1903 erschienen. Der Titel des Romans ist nicht übersetzbar und auch auf Polnisch erst einmal unverständlich.

2 German Ritz: „Deutsch-polnische literarische Wechselbeziehungen und Karol Irzykowskis Weg vom Germanisten zum experimentellen Romancier", in: Ingeborg Fiala-Fürst, Jürgen Joachimsthaler, Walter Schmitz (Hg.): *Mitteleuropa: Kontakte und Kontroversen. Dokumentation des II. Kongresses des Mitteleuropäischen Germanistenverbandes (MGV) in Olomouc/Olmütz*, Dresden 2013, S. 168–182.

3 Karol Irzykowski studierte Germanistik beim Hebbel-Forscher und Herausgeber Richard Maria Werner, der 1886 aus Graz nach Lemberg übergesiedelt war, wo er eine Professur für deutsche Literatur erhielt. Bekannt ist seine Ausgabe von Hebbels Werken, die 1913 in 15 Bänden und 4 Tagebüchern erschien: *Friedrich Hebbel. Sämtliche Werke. Historisch-kritische Ausgabe*. Darüber hinaus schrieb er auch eine Biographie des Dichters: *Hebbel. Ein Lebensbild*, die zwei Auflagen – 1905 und 1913 – erfuhr.

Mit dem Leben und Werk von Friedrich Hebbel beschäftigten sich auch Werners Schüler. Irzykowski widmete Hebbel 1908 eine Abhandlung: *Hebbel jako poeta konieczności* [Hebbel als Dichter der Notwendigkeit], in der er dessen philosophische Anschauungen analysierte. Diese Arbeit gehört zu den wichtigsten polnischen germanistischen Abhandlungen zu Hebbel. Auch in seinen literaturtheoretischen Studien setzt er sich mit Hebbels Werk auseinander zum Beispiel in: „Forma wewnętrzna. Hebbel" [Die innere Form. Hebbel], in: Karol Irzykowski: *Walka o treść. Benjaminek* [Der Kampf um den Inhalt. Benjaminek], Kraków 1976 (1929), S. 142–145.

Vgl. dazu: Krzysztof A. Kuczyński: „Richard Maria Werner und sein Lemberger Hebbel-Kreis. Hebbel-Forschung in Polen", in: *Hebbel Jahrbuch* 1988, S. 127–131; Karol Sauerland: „Hebbel als Schlüsselfigur für Irzykowski und Lukács zu Beginn des 20. Jahrhunderts", in:

offensichtlich von der deutschen philosophischen und literarischen Tradition stark geprägt.[5]

Obgleich Irzykowski eigentlich einer früheren Generation angehört und sein Roman Jahrzehnte vor der Blütezeit der Lemberger Moderne erschien, hat er deren Entstehen kontinuierlich kritisch begleitet, etwa als Mitarbeiter der wichtigen Zeitschriften *Skamander* und *Wiadomości Literackie* [Literarische Nachrichten]. Auch führte er kunsttheoretische Kontroversen mit Protagonisten der ästhetischen Avantgarde Lembergs, so seine Debatte mit Stanisław Ignacy Witkiewicz *Kampf um Inhalt* [Walka o treść] (1929) oder seine Streitschrift gegen den Übersetzer und Literaturwissenschaftler Tadeusz Boy-Żeleński *Beniaminek* (1933),[6] und nicht zuletzt avancierte er mit seiner Schrift *Die zehnte Muse* [Dziesiąta Muza][7] (1924) zum wichtigsten Theoretiker und Propagandisten des modernen Films in Polen.

Gemessen an seiner herausragenden Bedeutung ist Irzykowskis Roman *Pałuba* kaum bekannt, er wurde nie ins Deutsche oder Englische übersetzt

---

Hebbel-Jahrbuch 1992, S. 105–115. Ferner vgl. Thomas Grob: „Brücke zur Moderne. Karol Irzykowskis Hebbel-Lektüre als ästhetisches Programm", in: German Ritz, Gabriela Matuszek (Hg.): *Recepcja literacka i proces literacki. O polsko-niemieckich kontaktach literackich od modernizmu po okres międzywojenny* [Literarische Rezeption und literarischer Prozess. Zu den polnisch-deutschen literarischen Wechselbeziehungen vom Modernismus bis in die Zwischenkriegszeit], Kraków 1999, S. 161–183.

4 Aus Irzykowskis Erläuterungen in seinen Tagebüchern geht hervor, dass er sich in *Pałuba* auf das anti-metaphysische Programm von Ernst Mach stützte, mathematisch reduktionistische Naturbeschreibungen zu liefern, die nur auf Sinneseindrücken oder Ergebnissen von Messinstrumenten beruhen. Vgl. dazu: Karl Dedecius: „Übersetzen, verstehen, Brücken bauen", in: *Göttinger Beiträge zur Internationalen Übersetzungsforschung*, hg. v. Armin Paul Frank, Kurt-Jürgen Maaß, Fritz Paul und Horst Turk, Bd. 8, Berlin 1993, S. 8–21.

5 Vgl. dazu: Maria Gołębiewska: „Koncepcja dzieła sztuki Karola Irzykowskiego – aspekt estetyczny i poznawczy" [Die Konzeption des Kunstwerks Karol Irzykowskis – der ästhetische und erkenntnistheoretische Aspekt], in: *Przestrzenie teorii* [Theorieräume] 6 (2006), S. 103–119.

6 Karol Irzykowski: *Walka o treść. Benjaminek* [Der Kampf um den Inhalt. Benjaminek], Kraków 1976 (1929). Vgl. dazu: Ludwik Fryde: „Utopia Irzykowskiego" [Irzykowskis Utopie] (1934), in: Ders.: *Wybór pism krytycznych* [Auswahl kritischer Schriften], hg. v. Andrzej Biernacki, Warszawa 1966, S. 65–82; ders.: „Akturalność walki o treść" [Aktualität des „Kampfes um den Inhalt"] (1938), in: Ders.: *Wybór pism krytycznych* [Auswahl kritischer Schriften], hg. v. Andrzej Biernacki, Warszawa 1966, S. 195–201.

7 Karol Irzykowski: *Dziesiąta Muza: Zagadnienia estetyczne Kina* [Die zehnte Muse: Ästhetische Fragen zum Kino] Warszawa 1977 (1924). Vgl. dazu mit weiterführender Literatur: Kamila Kuc, Karol Irzykowski and Feliks Kuczkowski: „(Theory of) Animation as the Cinema of Pure Movement", in: *Animation* 11 (2016) 3, S. 284–296. Ferner vgl. Jörg Schweinitz: „Der Zeichenfilm als Bürge für den Kunstcharakter des Kinos. Kleine Einführung in Karol Irzykowskis Apologie aus dem Jahr 1924", in: *Montage AV* 2 (2013), S. 45–50; Paul Coates: „Karol Irzykowski. Apologist of the Inauthentic Art", in: *New German Critique* 42 (1987), S. 113–115.

und bleibt in den einschlägigen narratologischen Studien zur Erzählkunst der Moderne meist unerwähnt. Innerhalb der Polonistik ist sein Rang jedoch unbestritten: Er bricht radikal mit konventionell linear-chronologischen Modellen des Erzählens und experimentiert sehr früh mit dem inneren Monolog und der erlebten Rede.

Bereits der befremdliche Titel *Pałuba* ist Programm, denn er hat buchstäblich keine Bedeutung. Der rätselhafte Terminus evoziert undeutliche, vage Vorstellungen und Assoziationen und stellt die Lektüre von vornherein unter ein irritierend unbestimmtes Vorzeichen. Erst am Ende des Romans kommt der Erzähler auf den Begriff zurück und erläutert seine Verwendung:

> Das, was keine Ähnlichkeit mit etwas hat, soll auch einen Namen haben, der keine Ähnlichkeit mit etwas hat, einen wilden, sonderbaren, ungekämmten und unangenehmen – zur Verwendung unbequemen [...]. „Pałuba" ist ein Symbol all dessen, was eine imaginierte Linie von Ereignissen von Außen oder von Innen bricht, in einer brutalen und gefährlichen oder peinlichen und beschämenden Art, – all dessen, was in einem Menschen Zweifel und Unsicherheit, Gewissensbisse und das Gefühl der Inkongruenz [...] bedeutet. [...] Es ist ein Symbol jener Augenblicke, in denen man geistig den Grund unter den Füßen verliert [...], der Augenblicke des größten Verdrusses und der größten Konzentration, der plötzlichen Erweiterung des Horizonts und der Enttäuschung als Beginn neuer Zeiten, also der Hypergefühle und der Hyperoriginalität.[8]

‚Pałuba' ist laut der Definition des Erzählers die Chiffre für einen ungreifbaren, vagen, verschwommenen und vom Verstand nicht klar erfassbaren psychischen Notstand, der durch Angst, Unsicherheit, Scham und gewaltsames Subvertieren von Ordnungen charakterisiert ist. ‚Pałuba' bezeichnet das, was nicht zu bezeichnen ist: eine psychische Realität, die so verworren und komplex ist, das sie nicht mehr mit der Alltagswirklichkeit in Übereinstimmung zu bringen ist. Es ist ein „anderer Zustand"[9], an den man sich weder

8 Karol Irzykowski: „Pałuba (studium biograficzne)" [Pałuba (biographisches Studium)], in: Ders.: *Pałuba. Sny Marii Dunin* [Pałuba. Die Träume von Maria Dunin], Wrocław 1981 (1903), S. 43–396, hier S. 391. [Übersetzung S.W.] Vgl. das Original: „To, co samo nie jest do niczego podobne, powinno mieć także nazwę do niczego niepodobną, dziką i dziwną, nieuczesaną i nieprzyjemną – niewygodną do użycia [...]. ‚Pałuba' jest symbolem wszytkiego, co łamie urojoną liczbę wypadków od zewnątrz lub od wewnątrz, w formie brutalnej i niebezpiecznej albo wstydliwej i zawstydzającej, wyrzutem sumienia i poczuciem inkongruencji [...]. To symbol tych chwil, w których umysłowo traci się grunt pod nogami [...], chwil nagłego rozszerzenia horyzontu, chwil rozczarowania jako źródło nowych czasów, chwil hiperemocji i hiperoryginalności".

9 Reizvoll wäre, die viel beschworene Konzeption des „anderen Zustands" bei Robert Musil mit Irzykowskis Pałuba-Erfahrung zu vergleichen, siehe z.B.: „Das Dastehen einer andern Welt, wie ein fester Meeresboden, von dem die unruhigen Fluten der gewöhnlichen

mit Vergleichen annähern noch in logische Ordnungen bringen kann. Es ist das Andere der Wirklichkeit.[10]

In einer solchen Realität lebt Irzykowskis Protagonist Piotr Strumieński. Sein Schicksal wird im Roman aus zwei Perspektiven geschildert, die miteinander verschränkt sind: Auf einer ersten Ebene schildert der auktoriale Erzähler nüchtern, präzise und ohne Wortkunst die Fakten aus dessen Leben. Der Leser erfährt, dass Piotr in Galizien auf einem Hof des Großgrundbesitzers Adam Strumieński aufwuchs, wo er ein Spielfreund von dessen Sohn Robert war. Nach Roberts frühem Tod adoptierte Strumieński Piotr und machte ihn entgegen der Erwartung seiner Verwandten zu seinem Erben. Im weiteren Verlauf der Geschichte lernt Piotr in Italien eine deutsche Künstlerin namens Angelika Kauffmann kennen.[11] Sie heiraten, Angelika zieht nach Galizien, doch die Ehe endet tragisch, denn Angelika begeht Selbstmord. Die Erinnerung an sie dominiert von nun an das psychische Leben von Piotr, sie überschattet auch seine zweite Ehe mit Ola. Auf dieser Ebene wird als „Pałuba" (konkret) die geistesbehinderte Ksenia bezeichnet, mit der Strumieńskis Sohn Pawełek seine pubertären Triebe stillt, in deren Folge er krank wird und schließlich stirbt. Aus Rache erschießt Strumieński Ksenia. In diesem Kontext definiert der Erzähler ‚Pałuba' als etwas „Widerliches und Ordinäres zugleich"[12] bzw. als etwas „Wildes"[13].

---

zurückgetreten sind, und im Bilde dieser Welt gibt es weder Maß noch Genauigkeit, weder Zweck noch Ursache, gut oder böse fallen einfach weg, ohne daß man sich ihrer zu überheben brauchte, und an Stelle dieser Beziehungen tritt ein geheimnisvoll schwellendes und ebbendes Zusammenfließen unseres Wesens mit dem der Dinge und anderer Menschen. Dieser Zustand ist es, in dem das Bild jedes Gegenstandes nicht zum prakischen Ziel, sondern zu einem wortlosen Erlebnis wird". Robert Musil: *Essays und Reden*, in: Ders.: *Gesammelte Werke in neun Bänden*, Bd. 8, hg. v. Adolf Frisé, Reinbek bei Hamburg 1978, S. 1144.

10 German Ritz: „Kosmos oder Angst vor Pałuba. Eine metafiktionale Lektüre von Gombrowiczs letztem Roman", in: Susi K. Frank, Erika Greber, Schamma Schahadat, Igor Smirnow (Hg.): *Gedächtnis und Phantasma. Festschrift für Renate Lachmann*, München 2001, S. 604–614.

11 Unschwer zu erkennen, ist hier eine Anspielung auf die berühmte gleichnamige Malerin der Goethezeit Angelika Kaufmann (1741–1807) und womöglich ein Anzeichen dafür, dass die ganze Liebesgeschichte eine irreale Dimension hat.

12 „Der Klang dieses Wortes erinnerte Strumieński an etwas Widerliches und Ordinäres zugleich, was das sein sollte, wusste er jedoch nicht mehr." Irzykowski: *Pałuba*, a.a.O., S. 257f. [Übersetzung S.W.] Vgl. das Original: „Dźwięk tego słowa przypominał Strumieńskiemu coś ohydnego i ordynarnego zarazem, co by to jednak było, nie pamiętał."

13 „Ich vermute, dass Pawełek am Anfang den ordinären oder eher wilden Klang der Vokale ‚a' und ‚u' nicht spürte. Ebd.: S. 372. [Übersetzung S.W.] Vgl. das Original: „Przypuszczam, że Pawełek z początku nie wyczuł ordynarnego lub raczej dzikiego brzmienia zawartego w samogłoskach ‚a', i ‚u'."

Die geschilderten Ereignisse werden also von einer zweiten Ebene aus immer wieder kommentiert. Auf dieser Metaebene stellt der Erzähler permanent Überlegungen an, er unterbricht immer wieder die Geschichte, um die von ihm selbst mitgeteilten Informationen in Zweifel zu ziehen. Während er die mitgeteilten Fakten und Verhaltensweisen von Piotr analysiert, verändert er seine Einstellung zu seinem Protagonisten. Der bislang präzis-positivistische Bericht über das Leben des Protagonisten wird zunehmend komplexer. Der Erzähler gibt seine anfänglich neutrale Erzählhaltung auf und mutiert zu einem unzuverlässigen Erzähler, der seine Figur subjektiv bewertet, ja sogar verurteilt. Nun schickt er sich an, Piotr in seiner Heuchelei zu überführen, indem er seine Handlungsmotive enthüllt. Was in Piotrs Kopf vorgeht, wird immer nur durch den Erzählerbericht mitgeteilt, wir erfahren es nicht unmittelbar. Dabei wechselt oft der Erzähler seinen Standpunkt, er erscheint dann plötzlich nicht mehr allwissend und beginnt zu spekulieren. Seine Aussagen werden zusätzlich durch ein in Klammern stehendes Fragezeichen markiert. Entscheidend ist dabei aber, dass die Gedanken des Erzählers beim Kommentieren in Form der erlebten Rede wiedergegeben werden. Die folgenden Sätze beziehen sich also nicht auf das Denken der Figur, sondern auf den Erzähler:

> Übrigens er konnte damals noch nicht (oder wollte er nur nicht?), sich selbst zu analysieren.[14]

Oder:

> Fast war er sich dessen nicht bewusst, er wollte sich nicht bewusst sein (wollte er nicht? konnte er nicht? die heuchlerische Stelle)[15]

An anderen Stellen taucht manchmal nur das Fragezeichen isoliert und in absoluter Stellung auf:

> Um beim Leser keinen Zweifel zu lassen, was den „Rest" anbetrifft, den Strumieński nicht einsehen konnte (?), sage ich nun jetzt selbst, worum es ihm ungefähr ging.[16]

---

14 Ebd.: S. 80. [Übersetzung S.W.] Vgl. das Original: „Zresztą wtenczas jeszcze nie umiał (czy tylko nie chciał?) siebie analizować."

15 Ebd.: S. 96. [Übersetzung S.W.] Vgl. das Original: „Prawie nie zdawał sobie z tego sprawy, nie chciał sobie zdawać sprawy (nie chciał? nie mógł? Punkt fałszywy)."

16 Ebd.: S. 67. [Übersetzung S.W.] Vgl. das Original: „Żeby nie pozostawiać czytelnika w wątpliwości co do owej ‚reszty', której sobie Strumieński nie mógł (?) uświadomić, powiem już teraz sam, o co tu mniej więcej chodziło."

Auf einer dritten Ebene – die neben dem Kommentar des Erzählers eine weitere Metaebene der Selbstreflexion ist – beginnt der Erzähler nun seine eigenen Kommentare zu kommentieren und dabei seine Vorgehensweise zu erklären und die erzählerischen Ziele offenzulegen:

> Ich will einen starken und dauerhaften Eindruck. [...] Ich bemühe mich ernsthaft, dem Leser meine Gedanken einzuprägen, also lege ich sie mit der Schaufel in seinen Kopf hinein, ich langweile ihn, das Wichtigste betone und wiederhole ich zehnmal. Ich habe es nicht eilig, mein liebster Leser, wenn du dich heute langweilst, wirst du es morgen oder übermorgen abschließen, wirst du mich in einem Monat oder in einem Jahr verstehen. [...] Ich kümmere mich nicht um die Mienen, Annehmlichkeiten und Launen des Lesers, [...] sondern halte ihm Vorträge über Pałuba [...], ich trage wie ein Professor vor, der einen Teil seines Vortrags laut und zugänglich hält, den anderen Teil – von dem er meint, dass ihn keiner versteht, spricht er zur Wand gewandt, manchmal beiseite murmelnd.[17]

Während also der Erzähler auf einer ersten Erzählebene klar und deutlich das äußere Geschehen beschreibt, äußert er sich auf einer zweiten Ebene hinsichtlich der nicht sichtbaren Ursachen und Motive psychischer Vorgänge hypothetisch. Die objektive und neutrale Beschreibung wird dadurch auf den Bereich der sichtbaren Welt eingeschränkt und hierin zeigt sich ein erkenntniskritischer Zug in Irzykowskis Poetologie. Entsprechend zeigt sein Text durch Fiktionssignale wie das Offenlegen der eigenen Vorgehensweise an, wenn und dass eine andere Wirklichkeitsebene betreten wird. Die Betonung des fiktionalen Charakters eines Teils der dargestellten Wirklichkeit ist dichterisches Konzept. Nicht das Kunstwerk, sondern die poetische Werkstatt wird dabei zum literarischen Ideal. „Statt dem Leser ein Theater zu bieten“[18], wird eine neue „langweilige Methode“[19] vorgestellt, bei der weder die Chronologie und Harmonie der Ereignisse noch die Schönheit der Sprache zählen. Vielmehr wird – und dies im offensichtlichen Widerspruch zur komplexen Anlage des Romans – die Einfachheit propagiert.

---

17 Ebd.: S. 473f. [Übersetzung S.W.] Vgl. das Original: „Chcę wrażenia trwałego, mocnego. [...] Staram się na serio o wpojenie ich mojemu czytelnikowi, więc łopatą wkładam mu je do głowy, nudzę go, to, co ważniejsze dziesięć razy podkreślam, powtarzam. Mnie nie spieszno, najdroższy czytelniku, znudzisz się dziś, to dokończysz jutro, pozajutro, zrozumiesz mnie za miesiąc, może za rok. [...] Ja nie troszczę się o miny, wygody i kaprysy czytającego [...], lecz urządzam mu wykłady o *Pałubie*, tej, która gdzieś tam napisana całkiem inaczej spoczywa w mojej głowie, a wykładam mu jak profesor, który część prelekcji mówi głośno i przystępnie, a drugą część, o której wątpi, czy ją kto zrozumie, mówi obrócony do ściany, czasem mrucząc pod nosem.“

18 Ebd.: S. 180. Vgl. das Original: „zamiast urządzania przed czytelnikiem teatru“.

19 Ebd.: vgl. das Original: „nudna matoda“.

Um zum einen die unterschiedlichen Wirklichkeitsebenen und zugleich aber die Künstlichkeit der Kunst demonstrieren zu können,[20] vollzieht Irzykowskis Erzähler mehrere raffinierte Manöver:

1) Der Erzählerbericht wird – damit der Leser eine möglichst genaue Orientierung über die Situation erhält – mit Fußnoten sowie Skizzen versehen. Eine topographische Karte soll zum Beispiel veranschaulichen, wie der Hof, auf dem die Handlung spielt, organisiert ist (Abb. 9).

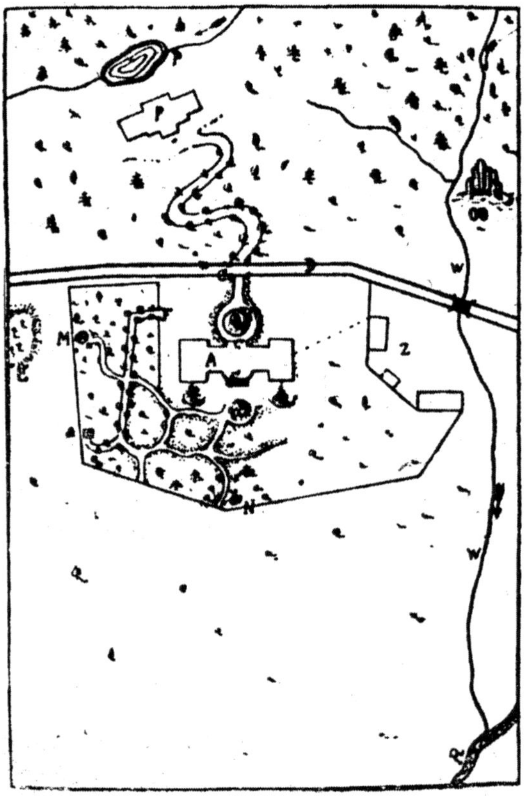

Abb. 9
Topographische Karte des Hofs[21]

20 Vgl. dazu: Krystyna Dąbrowska: „Struktura artystyczna ‚Pałuby'" [Die künstlerische Struktur von „Pałuba"], in: *Zeszyty Naukowe Uniwersytetu Mikołaja Kopernika w Toruniu* [Wissenschaftliche Hefte der Nikolaus Kopernikus-Universität in Thorn] 9 (1963), S. 159–197. Krzystof Stępień: „Ogólne wyznaczniki paradygmatu literackiego *Pałuby* i jego organizacja estetyczna" [Allgemeine Merkmale des literarischen Paradigmas in „Pałuba" und seine ästhetische Organisation], in: *Studia estetyczne* [Ästhetische Studien] 10 (1973), S. 215–237. Vgl. auch: Aleksandra Budrecka: „Wstęp do *Pałuby*" [Einführung zu „Pałuba"], in: Karol Irzykowski: *Pałuba. Sny Marii Dunin* [Pałuba. Die Träume von Maria Dunin], Wrocław 1981 (1903), S. III-LXXXVIII.

21 Aus: Irzykowski: *Pałuba*, a.a.O., S. 399.

Dargestellt wird das Haus und die darin enthaltenen Zimmer, die Tür der Veranda, die zum Garten führt, die in der Mitte des Hofs wachsende Linde, der Brunnen, der Fluss und die Kirche usw. Die meisten dieser dokumentarischen Informationen tauchen im Text nie wieder auf. So werden weder die Linde noch die Veranda noch das Dorf selbst vom Erzähler später nochmals erwähnt und zur Darstellung einer Szenerie verwendet. Ziel ist vielmehr, durch die Reduktion der stilistischen Mittel eine real erscheinende Topographie genau festzulegen, um der Phantasie des Lesers möglichst keinen freien Lauf mehr zu lassen:

> Bevor ich zur Sache komme, halte ich es für sinnvoll, kurz das Terrain der Ereignisse zu beschreiben, nämlich den Hof in Wilcza und seine Umgebung. Ich tue es [...], damit der Leser sofort die geschilderten Ereignisse auf die richtige Weise verortet, anstatt dass er – wie das oft unwillkürlich der Fall ist – auf Orte zurückgreift, die ihm irgendwo mal im Gedächtnis verhaftet blieben. Der Verdeutlichung soll die in den *Anmerkungen* angehängte Skizze dienen. *A* bezeichnet den Hof, der vom Dorf etwa ein Kilometer entfernt ist. Das Dorf ist im Hintergrund links vom Betrachter. *D* bezeichnet den Weg, dem gegenüber die Vorderseite des Hofs mit der Veranda (G) liegt. Die Kreise vor der Veranda bezeichnen den Rasen (B), in dessen Mitte eine riesige alte Linde wächst.[22]

2) Die Wirklichkeitsfiktion wird durch den Einsatz von Spezialterminologie verstärkt. Um den komplexen Gefühlszustand des Protagonisten analytisch genau zu erfassen, führt der Erzähler Fachtermini ein. Das Versteck, in dem der Protagonist seine „halb-bewusste[n], halb-notwendige[n] Gedanken aus kompromittierenden Bereichen verbirgt, bevor sie in ein Gewand gekleidet werden, in dem sie das Licht der Welt erblicken – in das sogenannte Mäntelchen“[23], bezeichnet der Erzähler als „Garderobe der Seele“[24]. Will der Erzähler ein in das Leben des Protagonisten einbrechendes unkontrollierbares und rätselhaftes Element benennen, spricht er von einem „pałubischen Element“, welches „unter anderen auf einer Inkongruenz (Unvereinbarkeit) des Bildes in

22 Ebd.: S. 45. [Übersetzung S.W.] Vgl. das Original: „Zanim przystąpię do rzeczy uważam za stosowne opisać najpierw pokrótce teren wypadków, mianowicie dwór w Wilczy i jego otoczenie. Czynię to [...], żeby czytelnik umiejscawiał sobie opisane wypadki natychmiast we właściwy sposób, a nie posługiwał się w tym względzie – jak to zwykle mimo woli bywa – miejscowościami, które gdzieś kiedyś utkwiły mu w pamięci. Dla uplastycznienia niech posłuży załączona w *Uwagach* mapka. *A* oznacza dwór, położony od wsi o jaki kilometr odległości. Wieś jest gdzieś w głębi na lewo od patrzącego. *D* ozanacza drogę, naprzeciw której leży front dworu z gankiem (G). Koła przed gankiem oznaczają gazon (B), w pośrodku którego wznosi się ogromna stara lipa.“

23 Ebd.: S. 174. [Übersetzung S.W.] Vgl. das Original: „wpół świadome, wpół musowe myśli z dziedzin kompromitujących, zanim się przebiorą w szatę, w której mogą już pokazać się światu – w tzw. płaszczyk.“

24 Ebd.: Vgl. das Original: „garderoba duszy“.

der Seele, im Denken, in der Phantasie und der Theorie zur jeweiligen Wirklichkeit"[25] beruhe. Ähnlich werden auch Termini, wie die „peinliche Stelle"[26] oder die „heuchlerische Stelle"[27] ihrerseits definiert und immer dann eingeführt, wenn ein bestimmtes Verhaltensmuster wiederholt auftaucht. Zum Beispiel:

> [...] Der alte Strumieński verhielt sich Piotr gegenüber so rätselhaft, als ob er wirklich sein Vater wäre, schließlich küsste er ihn auf den Kopf, was er bisher nie getan hatte. In dieser schönen Komödie spielte Piotr mit dem angemessenen Mitgefühl die Rolle des natürlichen Sohns, der alles versteht, und der das Geheimnis diskret hüten kann. Was der alte Strumieński aus blindem Widerstand gegen seine Verwandten tat, ahmte Piotr aus instinktivem Kalkül nach. Dies war der erste sichtbare Hinweis auf eine *heuchlerische Stelle* in der Geschichte meines Protagonisten, seine erste Heuchelei, – oder besser auf das vorsätzliche Vernachlässigen der Wahrheit.[28]

Ziel dieses Verfahren ist es aufzuzeigen, dass die Denk- und Handlungsweise des Protagonisten immer anders motiviert ist, als dieser selbst meint oder zugibt. Ins Bewusstsein trete nur ein schwaches Abbild der psychischen Wirklichkeit, das meiste bleibe unerkannt.[29]

---

25 Ebd.: S. 208. [Hervohebung u. Übersetzung S.W.] Vgl. das Original: „Pierwiastek pałubiczny polega między innymi na inkongruencji (nieprzystawaniu) obrazu w duszy, myśli, fantazji, teorii z odnośną rzeczywistością."

26 Ebd.: S. 173. „Die peinlichen Stellen sind solche Motive, die nur scheinbar klein und anfänglich wirken, so dass man ihnen keine Bedeutung zuschreibt, weil sie der Sache nicht wert sind.". [Übersetzung S.W.] Vgl. das Original: „Punkty wstydliwe, to znaczy motywy na pozór drobne i sztubackie, którym się nie chce przypisywać znaczenia dlatego, ponieważ wydają się niegodnymi poziomu sprawy."

27 Ebd.: S. 349. „Die heuchlerische Stelle bedeutet das bewusste oder meistens unbewusste Verschweigen der Wahrheit [...], das Vermeiden dessen, was für unser intellektuelles Wohlsein in einem bestimmten Moment unbequem ist. [Übersetzung S.W.] Vgl. das Original: „Punkt fałszywy jest to świadome albo zwykle nieświadome zamilczenie prawdy [...], wyminięcie tego, co jest dla naszego dobrobytu intellektualnego w pewnej chwili niewygodnem."

28 Ebd.: S. 51f. [Hervorhebung und Übersetzung S.W.] Vgl. das Original: „Stary Strumieński zachowywał się wobec Piotra tak tejemniczo, jakby naprawdę był jego ojcem, a w końcu pocałował go w głowę, czego dotąd nigdy nie czynił. W tej pięknej komedii odegrał Piotr z właściwym przejęciem się rolę naturalnego syna, który wszystko wreszcie rozumie, lecz umie dyskretnie uszanować tajemnicę. Co stary Strumieński robił ze ślepej opozycji do swych krewnych, to Piotr naśladował z instynktywnego wyrachowania. Taki był pierwszy widoczny punkt fałszywy, a raczej umyślne zaniedbanie prawdy."

29 Es liegt nahe, die psychologischen Einsichten Irzykowskis mit jenen von Sigmund Freud zu vergleichen. Irzykowski gibt jedoch an, dass er Freuds Schriften während der Entstehungszeit von *Pałuba* noch nicht gekannt habe. Freuds epochales Buch *Die Traumdeutung* erschien 1899 (datiert auf 1900); *Pałuba* wurde zwar 1903 veröffentlicht, doch

3) Der Erzähler greift auf mathematische Formeln zurück, um so z.B. die Fehlentscheidungen des Protagonisten, sein unlogisches Denken zu demonstrieren (Abb. 10).

$$(a + b)^2 = a^2 + b^2; \quad \sqrt{a^2 + b^2} = a + b; \quad \frac{a^2 + b^2}{ab} = a^3 + b$$

Abb. 10 Mathematische Formel als Demonstration des unlogischen Denkens[30]

Dieses Verfahren fußt auf einer Sprachskepsis, das heißt, es wird den Worten nicht zugetraut, ein angemessenes Bild der psychischen Vorgänge zu skizzieren, – Irzykowski folgt hier Fritz Mauthner und Hugo von Hofmannsthal und überhaupt all jenen Verfechtern der philosophisch-literarischen Sprachkrise in der Moderne.[31] Seine Antwort auf die sogenannte ‚Sprachkrise' ist jedoch höchst originell:

> Als ich meine Charaktere schuf, bemühte ich mich, aus dem Schema auszubrechen, nach dem die literarischen Charaktere ziemlich beliebige Konglomerate ziemlich oberflächlich sortierter menschlicher Eigenschaften sind, und ich wollte zumindest in einigen Momenten die Gedanken und Taten meiner Protagonisten auf mechanische Motive stützen, die man mit Worten schwer bestimmen kann. Ich glaube, dass man in Zukunft die Charaktere der Menschen mit Hilfe der Vergleiche in der Art mathematischer Formeln beschreiben wird.[32]

Der Versuch, mit exakten mathematischen Formeln der Psyche beizukommen, bleibt in Irzykowskis Roman (bis auf dieses Beispiel) jedoch ein utopisches szientifisches Ideal, es wird nirgends konsequent eingelöst, weist aber auf deterministische Ansätze in der Psychologie voraus.

Irzykowski hatte daran bereits seit 1891 gearbeitet. Vgl. Andrzej Werner: „Człowiek, literatura i konwencje. Refleksja teoretycznoliteracka w ‚Pałubie' Karola Irzykowskiego" [Mensch, Literatur und Konventionen. Eine literaturwissenschaftliche Reflexion], in: Jerzy Kwiatkowski, Zbigniew Żabicki (Hg.): *Z problemów literatury polskiej XX wieku. Młoda Polska* [Probleme der polnischen Literatur des 20. Jahrhunderts. Junges Polen], Warszawa 1965, S. 327–369.

30 Aus: Irzykowski: *Pałuba*, a.a.O., S. 449.

31 Vgl. dazu den Überblick von Martina King: „Sprachkrise", in: Hans Feger (Hg.): *Handbuch Literatur und Philosophie*. Stuttgart 2012, S. 159–177.

32 Irzykowski: *Pałuba*, a.a.O., S. 357. [Übersetzung S.W.] Vgl. das Original: „Budując moje charaktery, starałem się wyłamać spod szablonu, według którego charaktery literackie są dość dowolnymi zlepkami dość powierzchownie wysortowanych cech ludzkich, i chciałem w niektórych przynajmniej momentach oprzeć myśli i czyny mych osób na motywach mechnicznch, które słowami określić trudno. Sądzę też, że kiedyś będzie się opisywać charaktery ludzi za pomocą przybliżeń w rodzaju formuł matematycznych."

4) Der Erzähler bedient sich einer wissenschaftlichen Sprache, als würde er über sein Buch in einer Fachzeitschrift schreiben. Dabei verwendet er Wendungen, wie „an dieser Stelle meiner Ausführungen ..."[33] oder „bevor ich zu Erläuterungen übergehen werde ..."[34] oder „darauf komme ich noch zurück"[35] usw. Immer wieder zieht er in seinem Bericht Zwischenbilanzen, fasst die Fakten zusammen oder verweist auf eine andere Seite des Buches, z.B. „Eine andere Form derselben Disposition lernten wir bereits auf der S. 62/63 kennen"[36] usw. Auch hierin unterscheidet sich Irzykowski von seinen Zeitgenossen der Wiener Moderne und kann deshalb als früher Begründer des wissenschaftlichen Experimentalromans gelten.

Kurzum: Irzykowskis Roman *Pałuba* ist eine Studie über rationalistische Weisen der Wirklichkeitserzeugung in der Kunst. Mit dem Offenlegen der Konstruktionsweise der verschiedenen Erzählebenen wird die Wirklichkeitsillusion suspendiert. Die in Form des inneren Monologs vermittelten Erzählkommentare erlauben es, an den Überlegungen des Erzählers teilzuhaben. Wir schauen also dem Erzähler zu, wie er seinen Roman komponiert und sich dabei als Autor der Geschichte präsentiert. Im Unterschied zu anderen Varianten des Erzählerkommentars, in denen z.B. ein souveräner Erzähler mit seinen Lesern in Dialog tritt oder ein vermeintlich objektives Geschehen auf einer zweiten Ebene kommentiert wird, wird hier also der Vorgang des Erfindens der Geschichte zum eigentlichen Thema. Es geht also nicht primär um die Geschichte, sondern um die Überlegungen, wie man einen Roman schreibt, die der Erzähler auf einer Metaebene anstellt. Dass der innere Monolog nicht als Mittel eingesetzt wird, um die Erlebniswelt des Protagonisten zu schildern, sondern um jene des Erzählers unmittelbar zu vergegenwärtigen, machen diesen Erzähler zum eigentlichen Subjekt des Romans. Der Gehalt des Romans erschließt sich daher nicht anhand der Handlung oder aus dem Inhalt, sondern primär durch die Reflexion auf die Form. Wir haben topographisch exakte Ordnungen auf der Beschreibungsebene der erzählten Welt, zugleich aber bekommen wir die Konstruktionsbedingungen dieser Welt mitgeteilt und auch, wo ihre Grenzen sind – nämlich immer da, wo das Unfassbare, das Unbewusste, das Andere der Sprache sitzt, das sich nicht in die diskursiven Ordnungen integrieren, nicht benennen lässt bzw. nur mit einem Ausdruck benannt wird, der das Unbenennbare benennen soll: ‚Pałuba'. So wird *Pałuba*,

33 Ebd.: S. 54. Vgl. das Original: „w tym punkcie mej rozprawy".

34 Ebd.: S. 45. Vgl. das Original: „zanim przystąpię do rzeczy".

35 Ebd.: S. 189. Vgl. das Original: „opowiem o tym później".

36 Ebd.: S. 91. Vgl. das Original: „Znowu inna forma tej samej dyspozycji ku ostatecznościom idealnym, którą poznaliśmy na s. 62/63."

als das jenseits der wissenschaftlich-exakten, künstlerisch-formalen oder moralischen Ordnungen herrschende Chaos des Unbewussten zum Paradoxon der Kunst überhaupt. Sprachskepsis und wissenschaftliche Emphase treffen aufeinander und steigern sich gegenseitig.[37]

Die Rezeption seitens der zeitgenössischen Literaturkritik verlief in Lemberg nicht ohne Polemik. Zwar lobte man Irzykowskis psychologische Beobachtungen, doch die Form des Romans stieß fast ausnahmslos auf Widerspruch. Der Literaturkritiker und Philosoph Stanisław Brzozowski (1878–1911) kritisierte die analytische Vorgehensweise des Autors, da sie die Protagonisten entmenschliche. Irzykowskis Figuren seien „unpersönliche Geflechte", ihr Autor führe „eine anatomische Sektion durch, entblößt mit dem Skalpell die einzelnen Nervenfasern, untersucht ihren Verlauf, prüft unter dem Mikroskop ihren Querschnitt. […] Die Protagonisten von *Pałuba* existieren für seinen Schöpfer nur als Labormaterial."[38] Bemerkenswerterweise wird hier also, wenn auch in kritischer Absicht, bereits die Nähe von Irzykowskis Poetologie zu den Laborverfahren in der Medizin und der anatomischen Sektion und somit der Schulterschluß von Kunst und Wissenschaft in der Moderne konstatiert.

Auch der Krakauer Schriftsteller Stanisław Lack (1876–1909) monierte die fehlende Präsenz des Protagonisten. Er fragte: „Wo ist Strumieński? Es gibt ihn nicht. Der Autor will ihn überhaupt nicht. Der Autor nimmt an, dass Strumieński nicht existiert, es ist nur […] eine Einbildung."[39]

---

37 Zur Rolle der literarischen Sprache im modernen Roman vgl. Krystyna Dąbrowska: „‚Pałuba' – Gombrowicz – Sartre", in: *Twórczość* [Das Schaffen] 18 (1962) 11, S. 64–71.

38 Stanisław Brzozowski: „Cogitationes morosae", in: *Głos* [Die Stimme] 18 (1903) 47 und 48, S. 749–751, hier S. 479 und 764–765. [Übersetzung S.W.] Vgl. das Original: „dokonywa sekcji anatomicznej, obnaża skalpelem oddzielne włókna nerwowe, bada ich przebieg, rozpatruje pod mikroskopem ich przekroje. […] Bohaterowie Pałuby istnieją dla swojego twórcy jedynie jako materiał laboratoryjny."

In seinem 1906 erschienenen Buch *Współczesna powieść i krytyka* [Der Gegenwärtige Roman und die Kritik] relativiert Brzozowski seine Kritik an Irzykowskis *Pałuba*. Der Roman sei ein Phänomen von allgemeiner kultureller, europäischer Bedeutung. Irzykowski erkenne, dass die Logik unserer Taten und Handlungen eine andere ist als die unserer Gedanken und Überzeugungen und übe insofern Kritik an sozialen Zwängen, an der Kultur, die uns ein bestimmtes Lebensbild, Art zu fühlen etc. vermittelt. Vgl. Stanisław Brzozowski: „Karol Irzykowski", in: *Wspołczesna powieść i krytyka* [Der gegenwärtige Roman und die Kritik], Kraków/Wrocław 1984 (1906), 136–140. Vgl. auch in diesem Kontext: Michał Mrugalski: „Vers une stylistique de l'acte. La querelle de Karol Irzykowski et Stanisław Brzozowski à propos du Trésor de Leopold Staff dans le contexte des philosophies polonaise et allemande", in: *Slavica bruxellensia* 11 (2015), S. 1–16.

39 Stanisław Lack: „O doktrynach" [Von Doktrinen], in: *Nowe Słowo* [Neues Wort] 15–20 (1903), auch in: *Wybór pism krytycznych* [Auswahl kritischer Schriften], Kraków 1979, S. 328–401, hier S. 383.

Der Literaturhistoriker Wilhelm Feldman (1868–1919) warf wiederum Irzykowski vor, die traditionelle Erzählform dem Diskurs der Erzähltheorie zu unterwerfen. Irzykowski wolle ein Zukunftsprogramm entwickeln, doch die Kunst werde nicht durch Programme, sondern durch Werke geschaffen. *Pałuba* sei jedoch kein Werk, sondern ein Zeugnis der Barbarei der Form.[40]

Ähnlich riet die der antipositivistisch gesinnten Gruppe „Junges Polen" angehörende Schriftstellerin Maria Komornicka (1876–1949) Irzykowski, sich lieber mit Essayistik und nicht mit Dichtung zu befassen.[41]

Es scheint, dass aus dieser Generation nur der Lemberger Philosoph Wiktor Strusiński (1881–1914), der Mitglied der mächtigen, sich der Semantik und Logik widmenden Lemberg-Warschau-Schule war, die Modernität von Irzykowskis Werk positiv zu würdigen vermochte: „Irzykowski gab" – so schrieb er in seiner Rezension – „ein solide konstruiertes Werk heraus und warf der Gesellschaft, insbesondere [...] den Künstlern und Kritikern, den Handschuh hin. [...] Das Erscheinen von *Pałuba* ist für die Geschichte epochal, obwohl es aus seiner Tiefe nur ein gellendes Stöhnen ausstößt: das Veto."[42] Offensichtlich gefiel dem Rezensenten das Konzept einer Verwissenschaftlichung des Romans, das ganz im Sinne des logischen Empirismus war, der das sprachlich klar und eindeutig Bestimmbare von dem Unbeschreibbaren, von dem Reich des Wahns – in Irzykowskis Worten: ‚Pałuba' – zu scheiden forderte.

40 Wilhelm Feldman: *Współczesna literatura polska. 1880–1904* [Die polnische Gegenwartsliteratur. 1880–1904], Bd. 3, Warszawa 1905, S. 226. Feldmann meint auch, *Pałuba* sei „die Barbarei der Form – leblos, farblos und geruchlos, angefangen mit den immer hochgeschraubten Ideen, die Zeichen des literarischen Schreibtisches tragen, – beendet mit der polnischen Sprache, die unter der Feder dieses Schriftstellers eine steife, trockene, schlecht gegerbte Haut ist." Wilhelm Feldman: *Piśmiennictwo polskie 1880–1904* [Polnische Literaturgeschichte. 1880–1904], Lwów 1905, B. 3, S. 231–232, hier S. 232. Vgl. auch: „Bei der Lektüre entsteht an keiner Stelle der Eindruck, dass die Wahrheit, natürlich die künstlerische vermittelt wird. *Pałuba* ist „ein ekelhaftes [deutsches] Kauderwelsch. Detailliert wird hier eine langweilige und prätentiöse Geschichte erzählt, die nicht einmal die Absichten des Autors erfüllt. Es ist eine pseudo-tiefgründige psychologische Analyse. Kein Ereignis erfolgt hier aus Notwendigkeit, bei jedem Schritt regiert die Beliebigkeit." Wilhelm Feldman: *Współczesna literatura polska. 1864–1918* [Die polnische Gegenwartsliteratur. 1864–1918], Bd. 2, Kraków 1985 (1919), S. 206–207 und S. 271–272, hier S. 206. Ferner vgl.: Ders.: *Współczesna literatura polska. 1864–1918* [Die polnische Gegenwartsliteratur. 1864–1918], Bd. 2, Kraków 1985 (1919), S. 271–272.

41 Vgl. Maria Komornicka [Włast]: „Powieść *Pałuba*" [Der Roman „Pałuba"], in: *Chimera* [Chimäre] 9 (1905), S. 331–332.

42 Wiktor Strusiński: „Sprawa Pałuby" [Der Fall „Pałuba"], in: *Głos* [Die Stimme] 31 (1903), S. 495–497, hier S. 497. [Übersetzung S.W.] Vgl. das Original: „Autor, który wydając nareszcie swe duże dzieło, rzuca rękawicę społeczeństwu, w szczególności [...] artystom i krytykom. [...] Zjawienie się ‚Pałuby' jest dla historii literatury epokowe, choć ‚Pałuba' wyrzuca ze swej głębi tylko przeraźliwy jęk: Veto!"

Daher wundert es nicht, dass in der Zwischenkriegszeit *Pałuba* eine triumphale Renaissance erlebte. Irzykowskis Vorreiterrolle für eine modernistische Ästhetik der abstrakten Form wurde anerkannt, seine Ideen begannen zu zirkulieren und ihre Wirkung zu entfalten. Der einflussreiche Posener Literaturkritiker Konstanty Troczyński (1906–1942), ein früher Verfechter der strukturalistischen Literaturtheorie, schlug sogar vor, den Begriff ‚Pałuba' ins Wörterbuch aufzunehmen – als Bezeichnung eines unbenennbaren geistigen Zustands. Mit seiner Erzähltechnik habe Irzykowski darüber hinaus das literarische Schreiben, das von Vertretern einer Genieästhetik[43] als Inspirationsakt beschworen werde, als einen schöpferischen Bluff entlarvt. „Nach *Pałuba*"– so konstatierte er – „endet die Magie der Spontanität in der Literatur und Poesie."[44]

Schließlich widmete man Irzykowskis Werk eine Sondernummer der Wochenschrift *Pion*. In dieser rief der Essayist Tymon Terlecki (1905–2000) dazu auf, „das in Polen schlummernde Gewissen der Originalität zu wecken"[45], doch nicht im Sinne des traditionellen Originalgenies, sondern man solle eine Begeisterung für das Experimentieren entwickeln.

Alfred Łaszkowski hob Irzykowskis Widerstand gegen die Moden hervor. Im Roman *Pałuba* werde zum ersten Mal das Problem des Erzählens thematisiert. Irzykowski weise zudem darauf hin, dass mit der Wahl einer Erzählperspektive

43 In der Kritik am Geniekult trifft sich Troczyński mit Ludwik Flecks und Edgar Zilsels Entzauberung wissenschaftlicher Heldenlegenden.

44 Konstanty Troczyński: „Karol Irzykowski" (1936), in: Ders.: *Prace krytycznoliterackie* [Kritisch-literarische Arbeiten], Kraków 1998, S. 165–166, hier S. 166. [Übersetzung S.W.] Vgl. das Original: „Po ‚Pałubie' skończyła się już magia spontaniczności w literaturze i poezji." Vgl. auch: Ders.: „Próba krytyki ‚Pałuby'" [Versuch einer Kritik von „Pałuba"] (1933), in: Ders.: *Studia i szkice z nauki o literaturze* [Studien und Skizzen aus der Wissenschaft über die Literatur], Kraków 1997, S. 291–298; ders.: „Poeta czwartego wymiaru. Rzecz o Karolu Irzykowskim" [Ein Dichter der vierten Dimenssion. Der Fall Karol Irzykowski] (1935), in: Ders.: *Studia i szkice z nauki o literaturze* [Studien und Skizzen aus der Literaturwissenschaft], Kraków 1997, S. 116–119. Ferner vgl. die Rezension des Prosaisten Karol Koniński. In dieser betonte er das Zusammenstoßen von zwei Welten in Irzykowskis Werk: der Welt der Träume und der Welt der Wissenschaft. Vgl. Karol L. Koniński: „Katastrofa wierności. Uwagi o ‚Pałubie' Karola Irzykowskiego" [Die Katastrophe der Treue. Anmerkungen zu „Pałuba" von Karol Irzykowski] (1931), in: Ders.: *Pisma wybrane* [Ausgewählte Schriften], Warszawa 1955, S. 103–150, hier S. 115. Auf die Parallelen zwischen Irzykowski und der Wissenschaft verweist Monika Tokarzewska in: „Georg Simmels Soziologie im polnischen Kontext", in: Gangolf Hübinger (Hg.): *Europäische Wissenschaftskulturen und politische Ordnungen in der Moderne*, München 2014, S. 143–168.

45 Tymon Terlecki: „Niełatwy żywot" [Nicht einfache Wende], in: *Pion* [Die Vertikale] 6 (1938) 24–25, S. 1–2, hier S. 2. [Übersetzung S.W.] Vgl. das Original: „aby obudzić drzemiące w Polsce sumienie oryginalności". Vgl. auch: Kazimierz Czachowski: „Myśl o Irzykowskim" [Der Gedanke an Irzykowski], in: *Pion* [Die Vertikale] 6 (1938) 24–25, S. 2.

eine andere verworfen wird. Der Akt der Wahl sei somit zugleich der Akt des Verzichts.[46]

In dieser Hinsicht verglich auch der Krakauer Literaturwissenschaftler Kazimierz Wyka (1910–1975) Irzykowskis Schreibstil mit einer Schachpartie. Neben einer Möglichkeit, eine Situation zu erklären, werde parallel eine andere suggeriert. Dies zeuge davon, dass die Fakten auf viele verschiedene Weisen kombiniert werden können und dann jeweils einen alternativen Sinn ergeben.[47] Damit spielte er auf Irzykowskis 1921 erschienenen Essay „Futurismus und Schach" [Futuryzm a szachy] an, in dem dieser eine Analogie zwischen der Situation der modernen Kunst und dem modernen Schachspiel hergestellt hatte, um die konstruktivistische Seite der Kunst aufzuzeigen. Dabei ging es ihm keineswegs um eine Revolution innerhalb der Kunst, die sich als absoluter Neuanfang inszeniert, sondern es komme darauf an, die Überlieferung so auf ihre Grundprinzipien zu reduzieren, dass eine ideale Kombination an Möglichkeiten entsteht. Irzykowski plädierte für die Vereinfachung in der Kunst. Mit der Einführung neuer Regeln habe man auch das Schachspiel komplizierter machen wollen und es stattdessen primitiver gemacht. Es präludiert hier die Einsicht Flecks, dass neue Ideen nicht beliebig eingeführt werden können, da sonst ein unverständliches Chaos entstünde, vielmehr seien die existierenden Denkstile zu transformieren.

> Solche Projekte und Neuerungen, die man noch beliebig erweitern könnte, verkomplizieren das Schachspiel und machen es unendlich schwer. Die Folge aber dieser Erschwerungen ist eine ganz andere als die angestrebte: Statt das Spiel zu bereichern, verarmt man es, anstatt die Fantasie anzuregen, desorientiert man sie, an die Stelle der Berechnung tritt der Zufall und der genialste Meister stürzt herab auf das Niveau eines Stümpers. Folglich wird das Spiel durch die Einführung komplizierender Elemente primitiver.[48]

---

46 Alfred Łaszkowski: „O postawie Irzykowskiego" [Über die Haltung von Irzykowski], in: *Pion* [Die Vertikale] 6 (1938) 24–25, S. 3–4. Vgl. auch: Jan Emil Skiwski: „Licytacjonizm" [Das Lizitieren], in: *Pion* [Die Vertikale] 6 (1938) 24–25, S. 4; Stefan Lichanski: „Likwidacja romantyzmu" [Die Abschaffung der Romantik], in: *Pion* [Die Vertikale] 6 (1938) 24–25, S. 5–6.

47 Kazimierz Wyka: „Recenzja z ‚Pałuby'", in: *Pion* [Die Vertikale] 24/25 (1938), S. 11–12. Wyka beschäftigte sich mit Irzykowskis Werk noch in der Nachkriegszeit, nun behauptend, dass *Pałuba* sich nicht zum Lesen, sondern zum Studieren eigne. Vgl. Kazimierz Wyka: *Modernizm polski* [Polnischer Modernismus], Kraków 1959.

48 Vgl. die Übersetzung von Thomas Lemanczyk: https://de.chessbase.com/post/karol-irzykowski-literat-und-schachspieler/6 (letzter Zugriff: 06.10.2019). Siehe auch: Irzykowski: „Futuryzm a szachy" [Futurismus und Schach] (1921), a.a.O., S. 89–98, hier S. 90. Zu verschiedenen Schachspielanalysen von Irzykowski vgl.: Mirosława Litmanowicz, Tomasz Lissowski: *Karol Irzykowski. Pióro i szachy* [Karol Irzykowski. Feder und Schach], Warszawa 2001. Vgl. auch: Jan Jakóbczyk: *Szachy literackie. Rzecz o twórczości Karola*

In der Literatur galt Irzykowskis Kritik dem Dadaismus und Futurismus. Vor allem wandte er sich gegen die Lautpoesie von Julian Tuwim[49] und der aus seiner Sicht konfusen Kunst von Stanisław Ignacy Witkiewicz. Aus der deutschen Literatur kritisierte er den Dadaisten Kurt Schwitters: „Wer heutzutage modernste deutsche Literatur liest, muß glauben, er könne kein Deutsch."[50]

> Diese Versuche sind also eher futuristische Faxen, als bewußter Futurismus in großem Maßstab. Aber genauso wie in der Malerei, haben sie eine sichere Wirkung: sie sind asozial, unverständlich und individualistisch. Die Sprache ist ein gesellschaftliches Band; wer sie ohne Vertrag auflockert, ohne neue Konventionen verbindlich zu machen, der wird automatisch mit Unverständlichkeit bestraft. Kein Futurist versteht den anderen – das ist die erheiternde Seite dieser Angelegenheit. [...] Die Kunst begibt sich auf gefährliche Irrwege und je fesselnder sie dem Philosophen erscheint, desto besorgter um sie sollte ihr Adressat und Liebhaber sein.[51]

Das Grundproblem, das Irzykowski mit der avantgardistischen Kunst hat, ist analog zu den Problemen, vor denen auch die moderne Wissenschaft steht: Inwiefern ist angesichts einer Pluralisierung der Wirklichkeiten eine einheitliche Welterklärung noch möglich? Irzykowski verteidigt das Festhalten an allgemeinverbindlichen sprachlichen Ordnungen, er ist in dieser Frage Rationalist, während Fleck z.B. das wechselseitige Nicht-Verstehen, das Irzykowski den Futuristen bescheinigt, sogar im Wissenschaftsbetrieb als alltägliche Praxis diagnostiziert und als Folge von Differenzen zwischen Denkstilen in den einzelnen wissenschaftlichen Spezialgebieten erklärt.

In *Pałuba* hatte Irzykowski seine Protagonisten ebenfalls wie Schachfiguren eingesetzt, und wenn man Irzykowskis spätere Kommentare zu seinen Schachpartien liest, wird klar, dass sein Erzähler wie ein Schachspieler beim Analysieren einer Partie vorgeht, der während und nach dem Spiel die einzelnen Züge und ihr Für und Wider analysiert, dabei aber auch mit neuen Zugvarianten aufwartet, mit denen der Leser nicht rechnet. Irzykowski entwirft gleichsam aus dem Geist des Schachspiels eine experimentalphilosophische Theorie der Kunst. Sein Konzept scheint zudem auf die zu diesem Zeitpunkt

---

Irzykowskiego [Literarisches Schachspiel. Wegen des Werks von Karol Irzykowski], Katowice 2005.

49 Zur Entwicklung der Lautpoesie in Polen siehe: Beata Śniecikowska: *Nuż w uhu? Koncepcje dźwięku w poezji polskiego futuryzmu* [Messer im Bauch? Laut-Konzeptionen in der Poesie des polnischen Futurismus], Wrocław 2008.

50 Vgl. die Übersetzung von Thomas Lemanczyk: https://de.chessbase.com/post/karol-irzykowski-literat-und-schachspieler/6 (letzter Zugriff: 06.10.2019).

51 Ebd.

bereits in Lemberg vielfach erhobene Forderung nach einer Vielheit der Wirklichkeiten zu reagieren, indem er einen eigenen moderaten Entwurf der agonalen Vielfalt auf der Basis geteilter Regeln entwirft.

3.2 Bruno Schulz' *Pałuba*-Adaption: Die Mythisierung der Wirklichkeit in *Die Zimtläden* (1933)

Mit dem Titel seines Romans *Pałuba* brachte Irzykowski nicht nur ein neues Wort und Motiv, sondern auch ein ästhetisches Konzept in Umlauf, das in Lemberg von den Schriftstellern in der zweiten Generation aufgegriffen wurde. ‚Pałuba' wurde zu einer variablen Chiffre der modernen Literatur. Mal im Plural oder als Adjektiv eingesetzt, veränderte sich auch seine Bedeutung.

Ein Beispiel dafür, wie das ‚Pałuba'-Motiv in einem anderen Werk eine neue Wende bekam, ist die 1933 erschienene Erzählsammlung von Bruno Schulz (1892–1942) *Die Zimtläden* [Sklepy cynamonowe]. Obgleich Schulz zu den vielstudierten Klassikern der jüdisch-polnischen Literatur der Moderne gehört, hat die Forschung bislang seine expliziten Bezugnahmen auf Irzykowkis *Pałuba* selten notiert.[52] Diese intertextuellen Bezüge führen aber ins Zentrum von Schulz' Poetik. Während Irzykowskis Erzähler mit seiner rationalen Weltsicht gleichsam von außen auf ‚Pałuba', das Irrationale, Unerklärliche, das immer wieder in die vertrauten Ordnungen einbricht, blickt, wird bei Schulz die Position gewechselt. Nun wird aus der ‚Pałuba'-Position erzählt, der Erzähler begründet die „Republik der Träume"[53], er mythisiert die Wirklichkeit, das Phantastische wird zur eigentlichen Realität[54] und ‚Pałuba' sichtbar und unmittelbar erfahrbar. Und mehr: ‚Pałuba' spricht schließlich selbst.

---

52 Dieter de Bruyns Vergleich von Irzykowskis Roman *Pałuba* mit Bruno Schulz' Werk konzentriert sich vor allem auf die inhaltlich-stilistischen Parallelen, insbesondere auf die parodistisch-grotesken Elemente. Auf die Rolle der ‚Pałuba'-Metapher bei Schulz geht er jedoch nicht ein. Vgl. Dieter de Bruyn: „‚The Lie always Rises to the Surface like Oil'. Toward a metafictional Reading of Karol Irzykowski's ‚Pałuba' in Bruno Schulz's Fiction", in: Dieter de Bruyn, Kris van Heuckelom (Hg.): *(Un)masking Bruno Schulz. New Combinations, further Fragmentations, ultimate Reintegrations*, Amsterdam, New York 2009, S. 83–133.

53 Die Titel der Erzählungen „Die Republik der Träume" oder „Die geniale Epoche" verweisen auf die mythische und inzwischen verlorene Zeit der Kindheit des Erzählers.

54 Vgl. Annette Werberger: „‚Regression auf der ganzen Linie' – Bruno Schulz, der Symbolismus und die Suche nach dem Ursprünglichen", in: Heide Willich-Lederbogen, Regine Nohejl, Michaela Fischer, Heinz Setzer (Hg.): *Itinera slavica. Studien zu Literatur und Kultur der Slaven*, München 2002, S. 279–289. Auch: Jerzy Jarzębski: „Bruno Schulz – ein Demiurg", in: Bruno Schulz: *Die Mannequins und andere Erzählungen*, hg. v.

Gleich in der ersten Erzählung, die den Titel *August* [Sierpień] trägt, wird aus der Perspektive eines Jungen namens Józef die topographische Lage der Stadt, die den Hintergrund für seine Geschichten darstellt, skizziert und dabei die literarische Strategie des Erzählers erkennbar. Zum einen wird das geregelte, zyklisch ablaufende Leben der Einwohner beschrieben, das sich im Zentrum abspielt, welches „vom Staub reingefegt“[55] einer „biblischen Einöde“[56] gleicht. Zum anderen wird diese Ordnung durch eine am Stadtrand lebende Bettlerin namens Tłuja, die auf einem mit üppigen Pflanzen bewachsenen Abfallhaufen „heidnische Orgien“[57] treibt, außer Kraft gesetzt. Der fremd klingende Name der obdachlosen Frau – Tłuja – spielt auf die geistesbehinderte Ksenia an, – eine Nebenfigur Irzykowskis, die von den Dorfbewohnern ‚Pałuba‘ genannt wird. Der Name Ksenia kommt im Übrigen aus dem Griechischen (Xenia) und bedeutet die ‚Fremde‘. Beide werden durch ihre sexuelle Freizügigkeit und geistige Zurückgebliebenheit charakterisiert, durch die sie außerhalb der Gesellschaft stehen.

Weiblich und sexuell konnotiert ist zudem die Natur, sie wird daher mit dem ‚Pałuba‘-Begriff belegt. In der deutschen Übersetzung von Doreen Daume wird in diesem Kontext als Entsprechung für ‚Pałuba‘ der Ausdruck ‚Ungetüm‘ gewählt, in der älteren Übersetzung von Josef Hahn wird der für das Verständnis entscheidende Begriff ganz ausgelassen:

Jerzy Jarzębski, Frankfurt am Main 1994, S. 291–313; Renate Lachmann: „Der Demiurg und seine Phantasmen. Schöpfungsmythologische Spekulationen im Werk von Bruno Schulz“, in: Mathias Mayer, Gerhard Neumann (Hg.): *Pygmalion. Die Geschichte des Mythos in der abendländischen Kultur*, Freiburg 1997, S. 623–663; Dies.: „Die Ambivalenz zwischen heterodoxem Ludismus und soteriologischer Mythopoetik in den Texten von Bruno Schulz“, in: Rolf Fieguth (Hg.): *Orthodoxien und Häresien in den Slavischen Literaturen. Beiträge der gleichnamigen Tagung vom 6.–9. September 1994 in Fribourg*, Sonderband des *Wiener Slawistischen Almanachs* 41 (1996), S. 307–327; Gerhard Bauer: „‚Prachtvolle Lästerung gegen diese Welt‘: Die Obsession des Provisorischen in Bruno Schulz' ‚Zimtläden‘“, in: Gerhard Bauer, Robert Stockhammer (Hg.): *Möglichkeitssinn. Phantasie und Phantastik in der Erzählliteratur des 20. Jahrhunderts*, Wiesbaden 1999, S. 184–199; Jörg Schulte: *Eine Poetik der Offenbarung. Isaak Babel, Bruno Schulz, Danilo Kiš*, Wiesbaden 2004, hier insbes. das Kap. V. „‚Die große Kronik des Kalendars‘ – Bruno Schulz“, S. 132–178; Hans Brittnacher: „Bruno Schulz, ein galizischer Phantast“, in: Kerstin Schoor, Ievgeniia Voloshchuk, Borys Bigun (Hg.): *Blondzhende Stern. Jüdische Schriftstellerinnen und Schriftsteller aus der Ukraine als Grenzgänger zwischen den Kulturen in Ost und West*, Göttingen: Wallstein 2020, S. 209–222.

55 Bruno Schulz: „August“ [Sierpień] (1933), in: Ders.: *Die Zimtläden*, aus dem Polnischen von Doreen Daume, München 2008, S. 9–25, hier S. 11. Vgl. auch die polnische Ausgabe: Bruno Schulz: *Sklepy cynamonowe. Sanatorium Pod Klepsydrą*, Warszawa 2002.

56 Schulz: „August“ [Sierpień] (1933), a.a.O., S. 11.

57 Ebd.: S. 15.

> Auf diesen Gartenschultern war die liederliche weibische Üppigkeit des Augusts bis in die stillen Klüfte der mächtigen Kletten ausgeufert und hatte sich mit haarigen Blattblechen und wuchernden Zungen fleischigen Grüns breitgemacht. Dort sperrten die wulstigen Klettenungetüme [*pałuby łopuchów*] ihre Glotzaugen auf, wie breit hingehockte, von den eigenen, wahnsinnig gewordenen Röcken halb aufgefressene Weibsbilder. [...] Doch auf der anderen Seite des Zaunes, hinter diesem Rückzugsort des Sommers, wo sich die Idiotie des verblödeten Unkrauts ausgebreitet hatte, befand sich ein wild von Disteln überwucherter Abfallhaufen. Niemand wußte, daß gerade hier der diesjährige August seine große heidnische Orgie feierte. Auf diesem an dem Zaun gelehnten, mit Holunder bewachsenen Abfallhaufen stand das Bett der schwachsinnigen Tłuja. So wurde sie von uns allen genannt.[58]

Das Erleben des Augustsommers wird bei Schulz als üppige amoralische und geschlechtliche Verführung geschildert und Tłuja als Teil dieser Natur vorgestellt. Wie das sinnlich beschworene, wilde Unkraut die menschlichen Ordnungen überwuchert, so bricht Tłuja mit ihrem freizügigen Verhalten in das geregelte Leben der Stadt ein. Tłuja ist hier ein Substitut von ‚Pałuba'. ‚Pałuba' fungiert bei Schulz als Metapher für etwas Gestaltloses, für einen neuen Kosmos, eine andere Wirklichkeit. Später wird es in Opposition zur ‚Form' als ‚Materie' bezeichnet und damit eine kreative bzw. künstlerische Dimension erhalten. In diesem Bestreben, die ‚Form' zu zerlegen und andere Ordnungen anzuerkennen, besteht die positive Wende des ‚Pałuba'-Begriffs im Werk von Bruno Schulz. Diese Umkehrung wird im weiteren Lauf der Geschichte vollzogen.

Im Zentrum der Erzählung *Die Heimsuchung* [Nawiedzenie] steht die Vaterfigur Jakub. Seitens seiner Familie wird er für krank gehalten, denn er lebt in seiner eigenen Welt, in einer anderen Wirklichkeit: „Wir rechneten einfach nicht mehr mit ihm, so weit hatte er sich von allem entfernt, was menschlich und was wirklich war. Knoten für Knoten löste er sich von uns, Punkt für Punkt verlor er die Verbindung zur menschlichen Gemeinschaft."[59] Wie Tłuja, die außerhalb einer Ordnung steht, wird auch der Vater von der Umgebung isoliert. „Bald erwies sich seine Translokation in die beiden Dachzimmer, die als Rumpelkammern gedient hatten, als notwendig."[60] In den Augen seiner

58 Ebd.: S. 14f.

59 Bruno Schulz: „Die Heimsuchung" [Nawiedzenie] (1933), in: Ders.: *Die Zimtläden*, a.a.O., S. 26–39, hier S. 38f. Vgl. auch: „Mein Vater schwand langsam dahin, er welkte vor unseren Augen". Ebd.: S. 34. Siehe auch: „Damals bemerkten wir alle, wie der Vater von Tag zu Tag schrumpfte – wie eine Nuß, die in ihrer Schale vertrocknet." Ebd.: S. 35.

60 Bruno Schulz: „Die Vögel" [Ptaki] (1933), in: Ders.: *Die Zimtläden*, a.a.O., S. 40–49, hier S. 48. An einer anderen Stelle wird die Existenz des Vaters mit einem „Kehrichthäufchen" verglichen: „Das, was von ihm noch übrig war, das bißchen sterbliche Hülle und

Familie ist er daher „ein gebrochener Mann, ein König der Verbannung, der Thron und Herrschaft verloren hatte“[61]. Für seinen Sohn – Józef – ist er jedoch ein Magier und Zauberer, der „die verlorene Sache der Poesie“[62] verteidigt. Im Unterschied zum Rest der Familie ist Józef in der Lage, die Perspektive des Vaters einzunehmen.

Zurückgezogen in der Wirklichkeit seiner Träume formuliert Jakub in einer Rede, die von der Umgebung als Zeichen seines Wahnsinns empfunden wird, ein Manifest. In ihm erklärt er das Unvollständige, Formlose, das ‚Pałuba‘-Ähnliche zur eigentlichen Normalität. Damit liefert er ein Programm einer anderen Ästhetik der Moderne:

> Zu lange haben wir unter dem Terror der unerreichbaren Vollkommenheit des Demiurgen gelebt. [...] Wir wollen nicht mit ihm konkurrieren. [...] Unsere Kreaturen werden keine Helden aus vielbändigen Romanen sein. Ihre Rollen werden kurz und lapidar. [...] Unsere Geschöpfe werden gewissermaßen provisorisch. [...] Wenn es Menschen werden sollen, dann geben wir ihnen zum Beispiel nur eine Gesichtshälfte, einen Arm und ein Bein, und zwar genau das für ihre Rolle benötigte. Es wäre Pedanterie, sich um ein zweites Bein zu kümmern, das nicht von Belang ist. [...] Das wird eine Welt nach unserem Gusto. Der Demiurg war in bewährte, vollkommene und komplizierte Materialien verliebt – bei uns hat der Trödel Vorrang. [...] Es ist [...] unsere Liebe zur Materie an sich, zu luftiger und poröser Materie. [...] Wir lieben ihr Knirschen, ihre Widerspenstigkeit, ihre ungetüme [*pałubistą*] Plumpheit.[63]

Das Prinzip des neuen Erzählens entsteht unter Berufung auf die Nutzlosigkeit, Vorläufigkeit und Vereinzelung der Dinge. Man muss keine Handlung breit ausmalen, es reicht, in kurzen Episoden Figuren in wenigen Strichen zu umreißen und neue mögliche Welten tentativ zu skizzieren. Offensichtlich

---

die Handvoll unsinniger Marotten – das alles hätte eines Tages ebenso unbemerkt verschwinden können wie das graue Kehrichthäufchen, das sich in der Ecke ansammelte und das Adela jeden Tag zum Abfall hinaustrug.“ Schulz: „Die Heimsuchung“ [Nawiedzenie] (1933), a.a.O., S. 39.

61 Schulz: „Die Vögel“ [Ptaki] (1933), a.a.O., S. 49.

62 Bruno Schulz: „Schneiderpuppen“ [Manekiny] (1933), in: Ders.: *Die Zimtläden*, a.a.O., S. 50–62, hier S. 50.

63 Bruno Schulz: „Traktat über die Schneiderpuppen oder Das zweite Buch Genesis“ [Traktat o manekinach albo Wtóra Księga Rodzaju] (1933), in: Ders.: *Die Zimtläden*, a.a.O., S. 63–70, hier S. 66. Das Schneiderpuppen-Motiv wird in vier Erzählungen verfolgt: „Die Schneiderpuppen“ [Manekiny], „Traktat über die Schneiderpuppen oder Das zweite Buch Genesis“ [Traktat o manekinach albo wtóra Księga Rodzaju], „Traktat über die Schneiderpuppen. Fortstezung“ [Traktat o manekinach. Ciąg dalszy] und „Traktat über die Schneiderpuppen. Schluß [Traktat o manekinach. Dokończenie]“.

gilt dieses Erzählprinzip auch für *Die Zimtläden*.[64] Denn Schulz' Erzählungen haben keine Pointe und keinen Schluss, die Narration bricht einfach ab. Es gibt auch keine dramatischen Elemente, kaum Handlung und keine durchgängig präsenten Protagonisten. Viel mehr folgt die Erzählstruktur einer Traumlogik, bei der sich die einzelnen Elemente verselbständigen und jeweils neue Wirklichkeiten evozieren.

Sein dichterisches Programm präzisiert Schulz in seinem 1936 erschienenen literarisch-philosophischen Essay „Die Mythisierung der Wirklichkeit" [Mityzacja rzeczywistości] mit der Erklärung, dass die Funktion der Literatur sei, die „ursprünglichen Mythen zu regenerieren"[65]. Dies sei dann möglich, wenn das Wort aus dem Zwang der Anpassung an allgemeingültige Bezeichnungen befreit und eigenen Gesetzen überlassen werde. Nur so könne das Wort erneut Sinn erlangen und seine ursprüngliche Bedeutungsfülle reaktiviert werden:

> Am Anfang war das Wort. Was unbenannt ist, existiert für uns nicht. Etwas zu benennen bedeutet, es in einen universalen Sinn einzubeziehen. [...] Das Wort in seiner alltäglichen, heutigen Bedeutung ist nur noch ein Bruchstück davon, das Rudiment einer früheren, allumfassenden, integralen Mythologie.[66]

Schulz zufolge kann nur die Dichtung den verlorenen Sinn der Worte wiederherstellen, nicht aber indem sie eine Repristination des Mythos propagiert, sondern indem die schöpferische Erfindungskraft und Kombinationslust der kindlichen Phantasie und des Traumes das Wort ungeahnte Verbindungen eingehen lässt. Der Sinn des Wortes erschöpft sich nach Schulz nicht in seiner lexikalischen Bedeutung und kommunikativen Funktion, vielmehr komme es gerade darauf an, aus der Alltagskommunikation auszusteigen und jenseits des planen Verständnisses neue Welten zu erschließen: Denn „das Leben des Wortes besteht darin, daß es sich nach tausend Verbindungen dehnt und streckt, wie der zerstückelte Leib der Schlange in der Legende, deren Einzelteile einander in der Dunkelheit suchen."[67] Die Überschreitung des gewöhn-

---

64 Jerzy Jarzębski: „Schulz i dramat tworzenia", in: Małgorzata Kitowska-Łysiak, Władysław Panas (Hg.): *W ułamkach zwierciadła. Bruno Schulz w 110 rocznicę urodzin i 60 rocznicę śmierci* [In Bruchteilen eines Spiegels. Bruno Schulz am 110. Geburtstag und am 60. Todestag], Lublin 2003, S. 9–17.

65 Vgl. Bruno Schulz: „Die Mythisierung der Wirklichkeit" [Mityzacja rzeczywistości] (1936), in: Ders.: *Die Zimtläden*, a.a.O., S. 193–197, hier S. 194.

66 Ebd.: S. 193.

67 Ebd.: S. 194.

lichen Sprachgebrauches und die Erzeugung „neuer Spannungen“[68] begründe die dichterische Wirkung.[69]

Solche Wirkungen erfährt Jakub in seinen Träumen. In den von den Träumen erdichteten psychischen Nebenräumen wird die Materie als eine Kraft tätig, die verschiedene (nicht alltägliche) Beziehungen eingeht. Gerade aufgrund ihrer Unvollkommenheit hat die Materie das Potential, unendlich umgestaltet zu werden – sie erlaubt eine permanente Transformation der Wirklichkeit: „Materie ist das passivste und wehrloseste Wesen im Kosmos. Jeder kann sie kneten und formen, sie fügt sich jedem.“[70] Die „luftige“ und „poröse“ Faktur der Materie steht im Gegensatz zum glatten, bereits formierten, d.h. fertigen Werk, das seine wahre Gestalt verleugnet. Um das wahre Wesen der Materie zu enthüllen, muss die Form ‚entformt‘, aufgelöst werden, Unform werden, und die Unform zur neuen Form werden. Im Zuge seiner Apologie des Trödels, also von Gegenständen, die ihre perfekte Form verloren haben, fordert Jakub schließlich die Erschaffung eines neuen Menschen nach dem Bild und Gleichnis eines Mannequins.[71] Mit seiner Beschwörung der unvollkommenen Welt des Trödels setzt Schulz um, was der Titel seiner Erzählung ankündigte, das biblische Buch der Genesis unter den Voraussetzungen der Moderne weiterzuschreiben.

Die imaginierten Wirklichkeiten des Vaters werden im Laufe der Erzählung immer bestimmender, wirken auf diesen zurück und führen zu seinen zahlreichen Metamorphosen in verschiedene Tierarten (vgl. Kap. 3.2.1).[72] Seine Verwandlungen sind jedoch nicht nur Ausdruck einer schöpferischen Freiheit, nicht nur ein Ausbrechen aus den vorgegebenen Formen, sondern sie haben zugleich auch eine selbstzerstörerische Dimension. Diese wird in seinen Tendenzen zu masochistischen Praktiken deutlich (vgl. Kap. 3.2.2). Allmählich

68 Ebd.: S. 197.

69 Schulz schreibt auch der Wissenschaft eine ähnliche Funktion wie der Poesie zu: „Doch auch die Wissenschaft ist nichts anderes als das Erreichen eines Welt-Mythos, denn der Mythos liegt schon in den bloßen Elementen, und wir können aus dem Mythos nicht heraus. Die Poesie gelangt zum Sinn der Welt *anticipando*, deduktiv, auf der Grundlage großer und kühner Abkürzungen und Annäherungen. Die Wissenschaft strebt eben dorthin, und zwar induktiv, methodisch, wobei sie das ganze Erfahrungsmaterial berücksichtigt. Im Grunde wollen Poesie und Wissenschaft auf ein und dasselbe hinaus.“ Ebd.: S. 196.

70 Schulz: „Traktat über die Schneiderpuppen oder Das zweite Buch Genesis“ [Traktat o manekinach albo Wtóra Księga Rodzaju] (1933), a.a.O., S. 64.

71 Andreas Schönle: „‚Sklepy cynamonowe‘ Brunona Schulza: apologia tandety“ [„Die Zimtläden“ von Bruno Schulz: Die Apologie des Trödels], in: Małgorzata Kitowska-Łysiak (Hg.): *Bruno Schulz. In Memoriam 1892–1942*, Lublin 1992, S. 59–77.

72 Vgl. Elisabeth Goślicki-Baur: *Die Prosa von Bruno Schulz*, Frankfurt am Main 1975, hier insbes. das Kap. „Die Flucht des Vaters“, S. 71–84.

wird die Figur des Vaters selbst zum ‚Pałuba'-Geschöpf und beginnt insofern Tłuja zu ähneln, doch im Unterschied zu ihr ist sich Jakub seiner Andersartigkeit im Klaren. Daher stellt er die zugleich auf den Text selbst metareflexiv beziehbare Frage:

> Ahnt ihr den Schmerz, das stumme, eingesperrte Leid, das in die Materie eingeschmiedete Leid dieses Ungetüms [*pałuba*], das nicht weiß, warum es ein solches ist und warum es in der gewaltsam aufgezwungenen Form verbleiben muß, die eine Parodie ist?[73]

Die konventionellen Formen des alltäglichen Lebens haben für Jakub ihre Wahrheit verloren, sie sind zu Parodien auf einstmals gültige Ordnungen erstarrt, aus denen auszubrechen, nicht möglich ist. Was nicht zusammenpasste, wurde gewaltsam passend gemacht. „Grenzfomen, dubiose und problematische Formen"[74], die in der Natur durchaus vorkommen, haben in der Menschenwelt keine Geltung:

> Wer weiß – sagte er [Jakub] – wie viele leidende, verkrüppelte, fragmentarische Erscheinungsformen des Lebens es gibt, etwa das künstlich zusammengeleimte, mit Nägeln grob zurechtgezimmerte Leben der Schränke und Tische oder das des gekreuzigten Holzes, der stillen Märtyrer grausamer menschlicher Erfindung. Die fruchtbaren Transplantationen fremder und sich hassender Baumarten, die zu einer einzigen unglücklichen Persönlichkeit zusammengeschmiedet werden.[75]

Jakub lehnt neue Ordnungen ab. Doch jedes Ausbrechen aus dem strengen Kanon der Werte und den aufgezwungenen Formen des Lebens, des Denkens und des Verhaltens setzt bei ihm den unfassbaren, von den Ordnungen aber eingesperrten ‚Pałuba'-Schmerz frei, der zum eigentlichen Schöpfer neuer Welten wird, in denen der Schmerz, die Natur, die Fülle, das Chaos und die Sexualität in all ihren Verheißungen und Schrecken nicht mehr verdrängt werden. Nun sind viele Welten möglich, die parallel, nebeneinander existieren,

73 Bruno Schulz: „Traktat über die Schneiderpuppen. Fortsetzung" [Traktat o manekinach. Ciąg dalszy] (1933), in: Ders.: *Die Zimtläden*, a.a.O., S. 71–75, hier S. 72.

74 Bruno Schulz: „Traktat über die Schneiderpuppen. Schluß" [Traktat o manekinach. Dokończenie] (1933), in: Ders.: *Die Zimtläden*, a.a.O., S. 76–84, hier S. 81.
Jakub erkennt, dass in der Natur diverse, von der Norm abweichende Gestalten möglich sind: Er „prüfte aufs neue die unendliche Palette von Formen und Schattierungen, welche die vielgestaltige Materie angenommen hatte. Ihn faszinierten die Grenzformen, dubiose und problematische Formen […]". Vgl.: Ebd.

75 Schulz: „Traktat über die Schneiderpuppen. Schluß" [Traktat o manekinach. Dokończenie] (1933), a.a.O., S. 50.

die ihre eigenen Wahrheiten und ihre eigenen Formen haben. An die Stelle restriktiver Erzählordnungen wie das Handlungskorsett, den Spannungsbögen und die dramaturgische Gestaltung rückt nun das poetische Konzept des ‚Paluba'-Ungetüms als Abfolge pulsierender Metaphern und gleitenden Metonymien, die das Unvorstellbare nicht begreifbar, aber sinnlich erfahrbar machen. Es kommt also auch bei Schulz entscheidend darauf an, wie erzählt wird. Die visuelle Sprache, die permanent sich wandelnden Metaphern und Bilder dynamisieren die Darstellung. Wieder triumphiert die Form über den Inhalt, doch ist diesmal die Form nicht äußerlich den Dingen übergestülpt, sie ist nicht Konstruktionsraster wie bei Irzykowski, sondern entsteht aus dem Zerfall, sie ist dynamisch und zentrifugal. Als transitorische Verknüpfung einzelner Elemente erzeugt sie eigene Wirklichkeiten als bewegliche Geflechte in ständiger Transformation, – nicht also die Konstruktion der Wirklichkeit, wie bei Irzykowski, sondern ihre lebendige unmittelbare Erfahrung bestimmt die Form des Erzählens.[76]

Schulz' Erzählsammlung *Die Zimtläden* [Sklepy cynamonowe] wurde seitens der zeitgenössischen Literaturkritik positiv aufgenommen. Konstanty Toczyński (1906–1942) reagierte auf das Werk euphorisch: „Endlich etwas Neues, Originelles, endlich eine frische Anstrengung in eine andere Richtung als die traditionelle Spurrille des polnischen Romans."[77] Der Schriftsteller und Maler Stanisław Ignacy Witkiewicz (1885–1939) rezensierte Schulz' Werk gleich zweimal. In dessen Schreibstil meinte er eine versteckte Philosophie zu entdecken, die diesen in die Nähe des von ihm sehr geschätzten Philosophen Hans Cornelius rücke, da auch Cornelius die unmittelbare Erfahrungswirklichkeit, in welcher Denken und Sinne ungetrennt zusammenspielen, zum Ausgangspunkt genommen hatte. Bereits Witkiewicz betonte, dass Schulz nicht wie Irzykowski eine schematisch-formale, sondern eine qualitative, lebendige Aneignung der Wirklichkeit mit ästhetischen Mitteln realisiere: „Die Erfahrungen der Vaterfigur, die an der Grenze des Körpers und Geistes verlaufen, legen ein Zeugnis für eine Einheit zweier scheinbar klar voneinander getrennter Welten ab, die in der psychologischen Terminologie gleich

---

76 Man vergleiche hierzu die Diskussion um den analogen Unterschied von Flecks dynamischem und Chwisteks eher konstruktivistischem Modell pluraler Wirklichkeiten in Kapitel 5.

77 Vgl. Konstanty Troczyński: „Sklepy Cynamonowe Brunona Szulca" [Die Zimtläden von Bruno Schulz], in: *Dziennik Poznański* [Posener Tageszeitung] 101 (1934), S. 2, auch in: Ders.: *Prace krytycznoliterackie* [Kritischliterarische Arbeiten] (1998), hg. v. Stanisław Dąbrowski, S. 157–158, hier S. 157. [Übersetzung S.W.] Vgl. das Original: „Nareszcie coś nowego, oryginalnego, nareszcie świeży wysiłek w innym kierunku aniżeli w tradycyjne koleiny powieści polskiej."

ausgedrückt werden können, in der Sprache der Qualität (der Elemente der Qualität von Cornelius). [...] Ich glaube, dass ohne diese verdeckte Philosophie Schulz nicht imstande wäre, seinen Zauberstil zu entwickeln, der uns direkt [...] in eine andere Dimension der Wirklichkeitsverständnis versetzt."[78]

In einem Interview mit Witkiewicz nennt Schulz aber einen anderen Grund für die Entwicklung seiner Poetologie, nämlich die in der Erinnerung schlummernden Bilder, die bereits in der Kindheit entstehen, und um die herum der Sinn der Welt aufgebaut wird. Sie seien ein Programm, ein eisernes Kapital des Geistes, welches die Grenzen des schriftstellerischen Schaffens eines Künstlers markiere. Zu solchen Bildern zählte z.B. für Schulz Goethes Ballade *Der Erlkönig*. In ihr schließe der Vater das Kind in seine Armen, um es vor der Naturgewalt zu schützen, doch für das Kind seien die Arme des Vaters durchsichtig: „Es gibt gewissermaßen Inhalte, die für uns vorbestimmt sind. [...] Ich rezipierte Goethes Ballade im Alter von 8 Jahren mit ihrer ganzen Metaphysik. Trotz des halbwegs verstandenen Deutsch ahnte ich den Sinn und zutiefst erschüttert weinte ich, als meine Mutter die Ballade vorlas."[79] Die mythische Wirklichkeitserfahrung des Kindes steht bei Goethe gleichberechtigt neben der aufgeklärten Sicht des Vaters auf die Natur, und diese Doppelung der Perspektive regiert auch das erzählerische Werk von Bruno Schulz, ohne dass diese Standpunkte jedoch einander polar gegenübergestellt würden.

So scheint in den *Zimtläden* [Sklepy cynamonowe] für den Erzähler Józef die Traum-Wirklichkeit seines Vaters genauso real zu sein, wie die seiner Familie, doch stehen sich nicht – wie im *Erlkönig* – verschiedene Weltsichten einander gegenüber. Nur auf der Oberfläche erscheinen die Perspektiven

---

78 Stanisław Ignacy Witkiewicz: „Twórczość literacka Brunona Schulza" [Das literarische Schaffen von Bruno Schulz], in: *Pion* [Die Vertikale] 34 (1935), S. 2–3 und 35 (1935), S. 4–5, hier S. 3. [Übersetzung S.W.] Vgl. das Original: „Doświadczenia ojca na pograniczu ciała i ducha dają wyraźne świadectwo poczucia jedności istotnej tych dwóch światów, pozornie o rozdzielonych, a wyrażalnych jednolicie w terminologii psychologicznej, w języku jakości (elementów jakości Corneliusa). [...] Twierdzę, że bez tej ukrytej filozofii Schulz niebyłby w stanie stworzyć swego czarodziejskiego stylu, przenoszącego nas bezpośrednio [...] w inny wymiar pojmowania rzeczywistości."

79 Stanisław Ignacy Witkiewicz: „Wywiad z Brunonem Schulzem" [Interview mit Bruno Schulz], in: *Tygodnik Illustrowany* [Illustirerte Wochenschrift] 17 (1935), S. 321–323, hier S. 322. [Übersetzung S.W.] Vgl. das Original: „Są treści niejako dla nas przeznaczone. [...] Tak recypowałem balladę Goethego w wieku 8 lat z jej całą metafizyką. Poprzez nawpół zrozumiałą niemieczczyznę pochwyciłem, przeczułem sens i wstrząśnięty do głębi płakałem, gdy ją matka czytała." Vgl. auch die Übersetzung von Mikolaj Dutsch und Josef Hahn im Brief von Bruno Schulz an Stanisław Ignacy Witkiewicz, in: Bruno Schulz: *Die Wirklichkeit ist Schatten des Wortes. Aufsätze und Briefe*, München/Wien 1992, S. 89–93, S. 90.

getrennt, eigentlich gehen sie aber ineinander über, verändern sich, es kommt zu einem unaufhörlichen Wechsel von Perspektiven. Darin scheint Schultz' poetologisches Konzept zu bestehen, dass alle Formen der Existenz ihren Platz in der Ordnung der Welt besitzen. In seinen Worten:

> Die Substanz der damaligen Wirklichkeit ist im Zustand einer unaufhörlichen Fermentation, einer Keimung eines verborgenen Lebens. Es gibt keine toten, harten und begrenzten Gegenstände. Alles geht über ihre Grenzen hinaus, dauert nur einen Augenblick in einer bestimmten Gestalt, um sie gleich bei der ersten Gelegenheit zu verlassen. [...] Die Wirklichkeit nimmt bestimmte Gestalten nur zum Schein, zum Spaß an. Jemand ist ein Mensch und jemand anders ist eine Kakerlake, diese Gestalt [...] ist nur eine Rolle für einen Augenblick, eine Oberhaut, die gleich abgelegt wird. [...] Das Leben der Substanz beruht auf der Abnutzung von unzähliger Zahl der Masken. Diese Wanderung der Formen ist das Wesen des Lebens.[80] Ein Netzwerk in ständiger Fluktuation.[81]

3.2.1 *Ästhetische Korrespondenzen I: Bruno Schulz und Franz Kafka*

Schulz' schriftstellerisches Konzept, mehrere imaginäre Wirklichkeiten zu schaffen, die fließend ineinander übergehen, wird vor allem in den Metamorphosen deutlich, die die Vaterfigur durchläuft. Es sind Verwandlungen in verschiedene Tiere, meistens in einen Vogel – bevorzugt in einen Kondor. Aber der Vater kann auch die Gestalt einer Kakerlake annehmen, was mehr als eine bloße Reminiszenz auf Franz Kafkas Erzählung *Die Verwandlung* (1912) darstellt. Bekanntlich verwandelt sich darin der Protagonist Gregor Samsa in ein Ungeziefer. Dadurch wird er von seinem sozialen Umfeld isoliert und geht schließlich, als seine Familienmitglieder ihn nicht mehr ertragen können, elend zugrunde. Der intertextuelle Verweis auf Kafkas Erzählung bezieht sich also auf das Motiv der Verwandlung und deren Folgen, aber auch auf eine bestimmte Spielart der Phantastik, weshalb die Forschung immer wieder die

---

80 Witkiewicz: „Wywiad z Brunonem Schulzem" [Interview mit Bruno Schulz], a.a.O., S. 323. [Übersetzung S.W.] Vgl. das Original: „Substancja tamtejszej rzeczywistości jest w stanie niezmiennej fermentacji, kiełkowanie utajonego życia. Nie ma przedmiotów martwych, twardych, ograniczonych. Wszystko dyfunduje poza swoje granice, trwa tylko chwilę w pewnym kształcie, ażeby go w pierwszej sposobności opuścić. [...] Rzeczywistość przybiera pewne kształty tylko dla pozorou, dla żartu, dla zabawy. Ktoś jest człowiekiem, a ktoś jest karakonem, ale ten kształt [...] jest tylko rolą na chwilę przyjętą, tylko naskórkiem, który za chwilę zostanie zrzucony. Życie substancji polega na zużywaniu niezmiernej ilości masek. Ta wędrówka form jest istotą życia." Vgl. auch die Übersetzung von Mikolaj Dutsch und Josef Hahn, in: Schulz: *Die Wirklichkeit ist Schatten des Wortes*, a.a.O., S. 91f.

81 Fleck: *Entstehung und Entwicklung einer wissenschaftlichen Tatsache* (1935), a.a.O., S. 85.

eine große Nähe der beiden Autoren notiert hat.[82] Beide Schriftsteller unterscheiden sich jedoch sowohl in ihrem Schreibstil als auch in ihrer Poetik stark voneinander, da bei Schulz das weltenerzeugende Schöpfertum letztlich über allen bitteren Sarkasmus und Selbstkasteiung triumphiert. Es sind daher weitere Differenzierungen nötig.

Die Unterschiede treten zutage, wenn man die Metamorphosen der Protagonisten näher vergleicht: Jakubs Verwandlungen in einen Vogel sind eine Reaktion auf die „vor Kälte und Langeweile hart gewordenen Tage“[83], sie ermöglichen eine Flucht vor der Alltäglichkeit in Parallelwelten und Nebenwirklichkeiten, während Gregor Samsas Verwandlung die Essenz des nichtigen Lebens demonstriert, ohne einen Ausweg offen zu lassen.

Die Verwandlungen Jakubs resultieren (am Anfang) aus seiner Faszination für die Naturwelt und ihre Gesetze. Sein „leidenschaftliches Interesse für Tiere“[84] manifestiert sich in der Einrichtung einer Vogelzucht, die „das Experimentieren in nicht erprobten Daseinsregistern“[85] möglich macht. Der Vater wünscht sich, neue Wesen ins Leben zu rufen und so seine Macht zu erproben. Damit wird er zum Konkurrenten des Demiurgs. Das von ihm geschaffene Reich wird jedoch vernichtet, als das Dienstmädchen Adela das Fenster öffnet und alle Vögel entfliehen. Erschrocken ahmt Jakub das Verhalten der Vögel nach und versucht mit ihnen davon zu fliegen.[86]

---

82 Die Forschung blickt meist exklusiv auf die Beziehung von Schulz und Kafka und berücksichtigt nicht den Lemberger Kontext, der für die Art und Weise von Schulz' Kafka-Rezeption jedoch prägend ist. Zwischen Bruno Schulz und Franz Kafka wurden immer wieder biographische Korrespondenzen beobachtet: Beide Schriftsteller wurden in der Habsburgermonarchie geboren, Kafka im Jahre 1883 in Prag, Schulz 1892 in Drohobycz, beide waren jüdischer Abstammung und durchlebten eine von einem starken Vaterkomplex geprägte Kindheit. Hinzu kommen die mehrmalige Ver- und Entlobung, die Angst vor den Zwängen bürgerlicher Konventionen, die existenzielle Hingabe an die Literatur und die späte Anerkennung. Vgl. Małgorzata Kitowska: „Franz Kafka – Bruno Schulz: Symptomy obsesji“ [Franz Kafka – Bruno Schulz. Symptome der Obsession], in: *Twórczość* [Das Schaffen] 2 (1985), S. 130–133. Eine eingehende Unterschuchung der ästhetischen Korrepondenzen zwischen Kafka und Schulz, die auch Schulz' Übersetzungen vergleichend analysierte, steht noch aus.

83 Schulz: „Die Vögel“ [Ptaki] (1933), a.a.O., S. 41.

84 Ebd.: S. 43.

85 Ebd.: S. 41.

86 Vgl. auch Jakubs Verwandlung in einen Geier: „Manchmal kletterte er auf die Gardinenstange und nahm eine starre Pose ein, in Symmetrie zu dem großen, ausgestopften Geier, der dem Fenster gegenüber an der Wand befestigt war. Und in dieser Starre, zusammengekauert, mit vernebeltem Blick und listig grinsend, verharrte er stundenlang, um plötzlich, wenn irgendwer hereinkam, mit den Armen wie mit Flügeln zu schlagen und wie ein Hahn zu krähen.“ Schulz: „Die Heimsuchung“ [Nawiedzenie] (1933), a.a.O., S. 36f.

> Einmal, im Verlauf des Großreinmachens, erschien Adela unerwartet im Vogelstaat meines Vaters. [...] Rasch entschlossen öffnete sie das Fenster und wirbelte mit dem Schrubber die ganze Vogelmasse auf. Eine höllische Wolke aus Federn, Flügeln und Geschrei erhob sich. [...] Entsetzt versuchte mein Vater, sich armschwingend zusammen mit der Vogelschar in die Lüfte zu erheben.[87]

Jakubs Metamorphose ist kein einmaliger Vorgang; anders als die endgültige Verwandlung von Gregor Samsa ereignet sich seine Verwandlung mehrfach[88] und kann widerrufen werden. Vor allem vollziehen sich die Verwandlungen der Hauptfigur bei Schulz nicht buchstäblich, sondern manifestieren sich als Identifikationen mit anderen Lebewesen, denen der Vater gleichen und sich anverwandeln will. In den Augen des Erzählers – des kleinen Józef – ist der Vater ein Künstler, da er solche Verwandlungen selbst herbeiführt. Józef akzeptiert die imaginierte Welt des Vaters und mehr noch: er glaubt an sie. Die phantastische Perspektive des Vaters ist somit zugleich seine Perspektive.

Durch diese formale Bestätigung des schöpferischen Ideals des Vaters wird die destruktive Tendenz, die etwa mit einer Verwandlung in eine Kakerlake einhergeht, zwar gemildert, gleichwohl wird der Preis des Schöpfertums schonungslos beziffert: Jakub regrediert mit seiner Verwandlung in eine Kakerlake auf die tiefste Entwicklungsstufe der Tiere, seine offenbar voranschreitende Depression paart sich mit einer Lust zur Selbstzerstörung. Die Missbilligung seitens seiner Familie, die Zerstörung des Vogelstaates und mithin seiner Realität führt schließlich bei ihm zur ausweglosen Entfremdung. Jakobs Metamorphosen geraten außer Kontrolle und verselbständigen sich. Die Regression vollzieht sich in mehreren Schüben: Zunächst ekelt er sich vor dem Aussehen der Kakerlaken, dann wird er aktiv und versucht sie auszurotten, was ihm nicht gelingt. Nun kapituliert er und reagiert mit Mimikry, d.h. er nimmt die Gewohnheiten der Insekten an, und bekommt sogar Flecken auf seiner Haut. Jetzt wird er, wie Gregor Samsa, zum Außenseiter und wird schließlich von seiner Familie als ein Ungeziefer betrachtet und wie eine lästige Plage behandelt:

---

87 Schulz: „Die Vögel" [Ptaki] (1933), a.a.O., S. 48f.

88 Renate Lachmann spricht hier von einer Polymetamorphose. Vgl. Renate Lachmann: „Dezentrierte Bilder. Die ekstatische Imagination in Bruno Schulz' Prosa", in: *Psychopoetik. Beiträge zur Tagung „Psychologie und Literatur", München 1991*, Sonderband des *Wiener Slawistischen Almanachs* 31 (1992), S. 399–438. Vgl. auch: Rolf Fieguth: „Bruno Schulz und seine heimliche Kritik an Kafka", in: German Ritz, Gabriela Matuszek (Hg.): *Recepcja literacka i proces literacki. O polsko-niemieckich kontaktach literackich od modernizmu po okres międzywojenny* [Literarische Rezeption und literarischer Prozess. Zu den polnisch-deutschen literarischen Wechselbeziehungen vom Modernismus bis in die Zwischenkriegszeit], Kraków 1999, S. 243–269.

> Das Verhalten meines Vaters hatte sich verändert. [...] Den ganzen Tag über hielt er sich in Ecken, in Schränken oder unter dem Federbett versteckt. Nicht selten sah ich ihn, wie er gedankenversunken seine Hände betrachtete und die Konsistenz seiner Haut und seiner Fingernägel prüfte, auf denen sich immer wieder schwarze Flecken zeigten, schwarz glänzende Flecken, wie Kakerlakenpanzer. [...]
>
> Ich sah ihn spät nachts im Licht einer auf dem Fußboden stehenden Kerze. Mein Vater lag nackt auf der Erde, übersät mit den schwarzen Flecken seines Totems, [...] alle Viere ausgestreckt, besessen von einer faszinierenden Aversion, die ihn ins Innerste ihrer verschlungenen Wege gezogen hatte. Mein Vater schob sich mit den viergliedrigen, komplizierten Bewegungen eines seltsamen Rituals vorwärts, in dem ich mit Entsetzen eine Imitation des Zeremoniells der Kakerlaken erkannte.
>
> Seit dieser Zeit verleugneten wir unseren Vater. Seine Ähnlichkeit mit einer Kakerlake trat jeden Tag deutlicher hervor – mein Vater hatte sich in eine Kakerlake verwandelt.[89]

Józef ist Zeuge der Verwandlung des Vaters in eine Kakerlake, d.h. die Wirklichkeit des Vaters ist für ihn auch diesmal real, sie wird im schlichten Indikativ bestätigt. Dennoch weigert er sich, den Vater als Kakerlake zu akzeptieren und glaubt weiterhin fest daran, dass der Vater sich gegen den Anschein eigentlich in einen Kondor verwandelt hat:

> „Ich bin mir sicher, daß er der Kondor ist". Meine Mutter sah mich durch ihre Wimpern hindurch an. „[...] Ich habe dir schon gesagt, daß dein Vater als Commis voyageur durch das Land reist, du weißt doch, daß er manchmal nachts heimkommt, um noch vor dem Morgengrauen weiterzufahren.[90]

Die Mutter vertritt – ähnlich wie die Vaterfigur im *Erlkönig* – die Position der Vernunft. Sie liefert eine rationale Erklärung für die Abwesenheit des Vaters, der übrigens wie Gregor Samsa den Beruf des Handelsreisenden ausüben soll. Doch ist ihre aufgeklärte Sicht nur eine Binnenperspektive innerhalb der phantasmagorischen Pluralität der Wirklichkeiten im Erzählkosmos der *Zimtläden* und wird entsprechend nicht privilegiert.

Sein dichterisches Programm entfaltete Schulz noch einmal anlässlich der 1936 erschienenen polnischen Übersetzung von Kafkas Roman *Der Prozeß* (1925), zu der er ein Nachwort schrieb. Zwar hat er Übersetzung mit seinem Namen signiert, sie wurde aber von seiner damaligen Verlobten Józefina Szelińska angefertigt. Da Schulz in den literarischen Kreisen bekannter

89 Bruno Schulz: „Die Kakerlaken" [Karakony] (1933), in: Ders.: *Die Zimtläden*, a.a.O., S. 149–156, hier S. 154f.

90 Ebd.: S. 156.

war, schien es für die Aufnahme und Verbreitung von Kafkas Werk auf dem polnischen Buchmarkt erfolgversprechender, Schulz als Übersetzer anzugeben.[91]

In seinem Nachwort unterstrich Schulz vor allem die Macht poetischer Magie, die die Erschaffung einer parallelen Wirklichkeit möglich macht: „In diesem Sinn ist Kafkas Methode, die Schaffung einer parallelen, doppelgängerischen, stellvertretenden Wirklichkeit, eigentlich ohne Vorbild. Er erreicht den doppelgängerischen Charakter seiner Wirklichkeit mittels einer bestimmten Art von Pseudorealismus."[92] Dies sei nur möglich, wenn man ein ironisches Verhältnis zur vorgegebenen Wirklichkeit einnehme. Kafka gelinge es, die Seriosität dieser Wirklichkeit bloßzustellen. Damit markierte Schulz aber auch zugleich die Differenz, die sein Werk von dem Kafkas trennt: Nicht der ironische Pseudorealismus, sondern die Realität des Phantastischen ist sein eigenes Credo.

Es war keineswegs zufällig, dass ausgerechnet im Lemberger Raum die Kafka-Rezeption in Polen Bahn brechen konnte.[93] Als weiterer wichtiger Mittler fungierte dabei der Übersetzer, Lyriker und Essayist Izydor Berman (1898–1942).[94] Auch Berman war Jude und er hatte ein untrügliches Gespür für literarische Qualität. Bereits 1927 hatte er in einer Rezension den visionären Stil Kafkas anhand von dessen *Amerika*-Roman gerühmt, und er übersetzte im gleichen Jahr als Schulz' „Prozess-Ausgabe" auf Polnisch erschien, Kafkas Erzählband *Der Landarzt* (1936). Zuvor hatte Berman auch Max Brods *Zauberreich der Liebe* (1932) und Joseph Roths *Hotel Savoy* (1933), *Rechts und links* (1933) und *Tarabas* (1934) ins Polnische übertragen. Später folgten die Übersetzungen von Roths *Die Geschichte von der tausendundzweiten Nacht* (1937) und Brods Roman *Annerl* (1939).

---

91 Vgl. Włodzimierz Bolecki, Jerzy Jarzębski, Stanisław Rosiek (Hg.): *Słownik schulzowski* [Schulz-Wörterbuch], Gdańsk 2003, S. 169–170.

92 Bruno Schulz: „Nachwort zum ‚Prozeß' von Kafka" (1936), in: Ders.: *Die Wirklichkeit ist Schatten des Wortes*, a.a.O., S. 242–246.

93 Vgl. dazu weiterführend: Christian Prunitsch: „Zur Kafka-Rezeption in Polen", in: Steffen Höhne, Ludger Udolph (Hg.): *Franz Kafka. Wirkung und Wirkungsverhinderung*, Wien/Köln/Weimar 2014, S. 187–197.

94 Izydor Berman (1898–1942) war ein jüdischer Lyriker, Essayist, Rezensent und Satiriker. Er studierte Germanistik in Lemberg, arbeitete für polnische und jüdische Zeitungen und Zeitschriften. Er wurde von den Nazis im Janowski-Lager in Lemberg ermordet. Vgl. Martin Pollack: „Jüdische Übersetzer, Autoren und Kritiker als Mittler zwischen der deutschen und polnischen Literatur", in: *Trans. Internet-Zeitschrift für Kulturwissenschaften*: http://www.inst.at/trans/15Nr/03_5/pollack15.htm (letzter Zugriff: 28.08.2017).

An Kafka faszinierte ihn dessen „Logik des Wunderbaren", die er 1936 ungemein scharfsichtig als eine Transgression der Wirklichkeit beschrieb: „Der sachliche Bericht wächst unversehens ins Ungewöhnliche hinüber und beginnt uns zu beunruhigen. Kafkas Prosa wachsen mythische Flügel. Es erfasst uns gleichsam eine schreckliche Magie."[95] Berman erkannte auch früh den Rang von Schulz' Prosa und rezensierte dessen *Sanatorium zur Sanduhr* positiv, was Schulz dankbar notierte.[96]

Berman hatte als hervorragender Kritiker und Übersetzer eine Schlüsselrolle im Denkverkehr der Lemberger Literaten inne, denn durch ihn verknoten sich in deren Netzwerk die Linien von Schulz, Roth, und Wittlin. Vor allem aber muss man festhalten, dass Lemberg durch Schulz und Berman zu dem Haupteinfallstor für die Rezeption von Kafka in Polen wurde. Es liegt auf der Hand, dass es die besondere Offenheit der Lemberger Moderne für das Experimentieren mit Wirklichkeitsentwürfen war, die diese Aufnahme von Kafkas Werk entscheidend begünstigte, durch die sie wiederum selbst einen weiteren Radikalisierungsschub erhielt.

3.2.2 *Ästhetische Korrespondenzen II: Bruno Schulz und Leopold von Sacher-Masoch*

Die Verwandlungen der Vaterfigur Jakub in den *Zimtläden* haben auch eine masochistische Note. Dessen mit jedem Kapitel manifester werdender Wunsch, von einer Frau erniedrigt zu werden, tritt immer in Verbindung mit dem Dienstmädchen Adela auf. Über die sexuellen Anspielungen wird eine deutliche Spur zu Sacher-Masoch gelegt.

Diesem Themenkomplex in Schulz' Erzählungen geht ein um 1920 entstandener Bilderzyklus voraus, der den Titel *Das Buch vom Götzendienst* [Xięga Bałwochwalcza][97] trägt.[98] Während der Arbeit am Zyklus erklärte

---

95 Izydor Berman: „Proza Franz Kafki", in: *Skamander* 69/69 (1936), S. 179–187, zitiert nach: Prunitsch: *„Zur Kafka-Rezeption in Polen"*, S. 189. Vgl. auch: Izydor Berman: „Nowele Kafki", in: *Chwila* [Die Weile], Lwów 1932, Nr. 4684; Izydor Berman: „Franciszek Kafka", in: *Miesięcznik Żydowski* [Jüdische Monatsschrift] 7/8 (1932).

96 Bruno Schulz: *Księga listów* [Das Buch der Briefe], Kraków 1975, S. 102 u. 144f.

97 Die richtige Schreibweise wäre ‚Księga' satt ‚Xięga'. Mit dem orthographischen Bruch greift Schulz die Schreibpraxis der polnischen Futuristen auf, die sich einer vereinfachten, lautgleichen Orthographie bedienten. Das Wort ‚Księga' bedeutet ein großes, ungewöhnliches Buch, wie z.B. die Bibel. Als ‚Księga' bezeichnet der Protagonist Józef in der Erzählung „Der Frühling" das Briefmarkenalbum seines Freundes Rudolf, das ihm Einblick in fremde exotische Länder gewährt (vgl. Kap. 4.2.3).

98 Die Graphiken entstanden zwischen 1920–1922 mit der Technik ‚cliché verre' (Glasklischeedruck), die als Vorform der Photographie gilt und vom Maler Pierre Corot

Schulz, er fertige Illustrationen zu Leopold von Sacher-Masochs Novelle *Venus im Pelz* an.[99] Sacher-Masoch stammte aus dem galizischen Lemberg, von seinem Namen kommt bekanntlich der Begriff ‚Masochismus'.[100] In seinem 1870 erschienenen Buch lernt der Protagonist Severin von Kusimski in einem Karpatenbad die junge und reiche Witwe Wanda von Dunajew kennen, die ihm als „perfektes Weib"[101] für die Erfüllung seiner sexuellen Phantasien erscheint.

Schulz' Grafiken[102] stellen just solche sklavenhaft unterworfenen Männer dar, die zu Füßen einer Frau liegen oder vor ihr knien (Abb. 11 und 12). Der Frau wird gehuldigt, sie wird gleichsam als Göttin verehrt. Hingegen sind die Körper der Männer oft als deformiert dargestellt. Ein unzertrennliches Attribut in Schulz' Grafiken sind die entblößten weiblichen Füße oder Füße in Pantöffelchen mit Absatz.[103] Mit seinen Darstellungen der Frau steht Schulz im Kontext

---

entwickelt wurde. Dabei wird die Zeichnung mit einem Nagel oder Kratzeisen auf einer Emulsion, die auf Glas aufgetragen wurde, geritzt. Durch das Abreiben der Emulsion mit Schleifpapier erhält man graue Töne. Mit diesem so vorbereiteten ‚cliché' können in Tee- oder Kaffeesatz vorgetönte Abzüge auf Fotopapier gefertigt werden. Diese Technik ist sehr aufwendig und nicht für eine Massenproduktion geeignet. Vgl. dazu: Małgorzata Kitowska: „Xięga Bałwochwalcza – grafiki oryginalne (cliché verre) Brunona Schulza" [Das Buch von Götzendienst. Originalgraphiken von Bruno Schulz], in: *Biuletyn Historii Sztuki* [*Bulletin der Kunstgeschichte*] 4 (1981), S. 401–410.

99 Bruno Schulz: *Xięga bałwochwalcza* [Das Buch vom Götzendienst], hg. v. Jerzy Ficowski, Warszawa 1988, S. 5–6.

100 Die Novelle *Venus im Pelz* wird meist auf das in ihr beschriebene sexuelle Verhalten des Protagonisten reduziert, das später im psychiatrischen Sprachgebrauch als „masochistisch" gekennzeichnet wird. Erstmalig taucht der Begriff 1886 im Werk des Psychiaters Richard von Krafft-Ebing auf, der den „Masochismus" als eine selbstquälerische sexuelle Perversion definiert und somit die in *Venus im Pelz* beschriebene Tat pathologisiert. Vgl. Robert Jütte: „Perversion oder Krankheit? Masochismus aus medizinhistorischer Sicht", in: Marion Kobelt-Groch, Michael Salewski (Hg.): *Leopold von Sacher-Masoch. Ein Wegbetreiber des 20. Jahrhunderts*, Hildesheim/Zürich/New York 2010, S. 34–159.

101 Leopold von Sacher-Masoch: *Venus im Pelz*, Frankfurt am Main 1968 (1870), S. 28.

102 Zum Verhältnis von graphischem Werk und Prosa bei Schulz siehe die aktuelle Studie von Anna Juraschek: „Die Rettung des Bildes im Wort: Bruno Schulz' Bild-Idee in seinem prosaischen und bildnerischen Werk. Schnittstellen/Studien zum östlichen und südöstlichen Europa, Göttingen 2016. Vgl. auch: Paolo Caneppele: *Die Republik der Träume. Bruno Schulz und seine Bilderwelt*, Graz 2010.

103 Stanisław Ignacy Witkiewicz schrieb hierzu: „Das Unterjochungsmittel der Männer durch die Frau ist bei ihm [Schulz] das Bein, dieser schrecklichste Teil des weiblichen Körpers. Mit den Beinen quälen, stoßen und bringen seine Frauen verkümmerte, in ihrer erotischen

der Wiener Sezession, die ein dämonisches Frauenbild prägte, von dem eine faszinierende Bedrohung ausging.[104]

Des Motivs des weiblichen Fetischs und der weiblichen Dominanz bedient sich Schulz auch in seinen Erzählungen. In diesem Sinne findet hier eine mediale Grenzüberschreitung statt. Von Jakub adoriert wird Adela zu seiner Domina, sie durchschaut Jakubs erotische Obsessionen und weiß, ihre Macht über ihn zu behaupten:

> Wenn sie mit jungen, forschen Bewegungen den Schrubber über den Fußboden schob, so ging das schier über seine Kräfte. Dann traten Tränen aus seinen Augen, ein leises Lachen zog sich über sein Gesicht und sein ganzer Körper wurde von wonnevollen orgasmischen Spasmen geschüttelt. Seine Kitzligkeit grenzte an Wahnsinn. Es genügte, dass Adela den Zeigefinger auf ihn richtete und eine Kitzelbewegung ausführte, und schon floh er in Panik türenschlagend durch alle Zimmer, um sich schließlich bäuchlings aufs Bett fallen zu lassen und sich, allein unter dem Einfluß des inneren Bildes, gegen das es sich nicht wehren konnte, in konvulsivischem Gelächter zu winden. Somit hatte Adela nahezu unbegrenzte Macht über ihn.[105]

Qual gedemütigte, erniedrigte und in dieser Erniedrigung die höchste, schmerzliche Wollust empfindende Mißgeburten von Männern – zu düsterer, ohnmächtiger Raserei. Seine Graphiken sind Poeme über die Grausamkeit der weiblichen Beine." Vgl. Stanisław Ignacy Witkiewicz über Bruno Schulz, in: Bruno Schulz: *Die Wirklichkeit ist Schatten des Wortes*, S. 343–346, hier S. 344. Vgl. dazu auch: Małgorzata Kitowska-Łysiak: „Bruno Schulz – ‚Xięga Bałwochwalcza': wizja – forma – analogie" [Bruno Schulz – „Das Buch vom Götzendienst": Vision – Form – Analogie], in: Dies. (Hg.): *Bruno Schulz. In Memoriam 1892–1942*, Lublin 1992, S. 133–151; Andrzej Sulikowski: „Bruno Schulz i kobiety. O motywach nie tylko z ‚Xięgi Bałwochwalczej'" [Bruno Schulz und die Frauen. Über die Motive nicht nur aus dem „Buch vom Götzendienst"], in: Małgorzata Kitowska-Łysiak (Hg.): *Bruno Schulz. In Memoriam 1892–1942*, Lublin 1992, S. 179–195; Beata A. Bieniek: *Bruno Schulz' Mythopoesie der Geschlechteridentitäten: Der Götzenblick im Gender-Spiegel*, Berlin 2019.

104 Lisa Fischer, Emil Brix (Hg.): *Die Frauen der Wiener Moderne*, München 1997. Dieser Einfluß erstreckte sich auch auf die ukrainische Literatur der Moderne, siehe dazu: Tamara Hundorova: „Die ‚Femme Fatale' und die Spuren der Wiener Moderne im Werk ukrainischer Autoren von der Jahrhundertwende bis Ende der 1920er Jahre", in: Vera Faber, Dmytro Horbachov, Johann Sonnleitner (Hg.): *Österreichische und ukrainische Literatur und Kunst. Kontakte und Kontexte in Moderne und Avantgarde*, Frankfurt am Main 2016, S. 95–109.

105 Schulz: „Die Vögel" [Ptaki] (1933), a.a.O., S. 42f.

Abb. 11 Bruno Schulz: *Undula bei den Künstlern* (1922)[106]

Abb. 12 Bruno Schulz: *Noch einmal Undula* (1920–1922)[107]

106 Aus: *Bruno Schulz. Republika marzeń. Katalog* [Republik der Träume. Katalog], Warszawa 1992, S. 103.

107 Ebd.: S. 102.

Das zunächst harmlose Spiel zwischen Jakub und Adela bekommt spätestens dann einen destruktiven Charakter, wenn Adela durch ihr Erscheinen in Jakubs Vogelzimmer die von ihm geschaffene Welt zerstört. Mit wenigen Bewegungen des Schrubbers vernichtet sie seine Wirklichkeit, das Reich, in dem er regierte. Wie im Bild so im Text emanzipieren sich die Frauenvisionen und schwingen sich gänzlich zur Herrschaft auf:

> Jetzt schob sie sich auf dem Stuhl eine Spanne weit nach vorn, hob den Saum des Kleides, streckte langsam den mit schwarzer Seide überzogenen Fuß vor und richtete ihn auf wie ein kleines Schlangenmaul. [...] Er [...] sank plötzlich in sich zusammen, er kniete ein und wand sich. Doch vielleicht war er nur gegen einen anderen ausgetauscht worden. Dieser andere saß steif und hochrot mit gesenkten Lidern da. [...] Adelas aufgerecktes Schühchen bebte leicht und glitzerte wie das Zünglein einer Schlange. Er erhob sich langsam mit gesenkten Lidern, tat einen Schritt nach vorne wie ein Automat und fiel auf die Knie.[108]

Adela schüchtert Jakub ein. Vom selbstbewussten Redner, der sich zum Demiurg ernennt und eine neue Ordnung begründet, wird er zum durch eine Frau manipulierbaren Objekt.

Verglichen mit der Sacher-Masochs Novelle haben die Selbst-Erniedrigungen Jakubs doch eine andere Pointe. Der Traum Severins wird in der erzählten Realität wahr: Wanda quält ihn, treibt ihn an seine körperlichen wie seelischen Grenzen, behandelt ihn wie einen Sklaven. Doch das ist eine Inszenierung, die auf eine vereinbarte Art verläuft. Die Unterwerfung wird hier vom Mann konstruiert und die Frau dabei als ein ausführendes Instrument, als Projektiv der männlichen Phantasie benutzt. Keineswegs ist diese Novelle ein Dokument, das die Herrschaft der Frau über den sich ihr unterwerfenden Mann bezeugt.[109]

Durch die Pathologisierung des imaginierten Spiels und die Verbindung des Namens des Autors mit einer im Lehrbuch klassifizierten Perversion verselbständigt sich das Phänomen des Masochismus in der Rezeption und in der kulturellen Konstruktion. In der kollektiven Phantasie der Wiener Leser gibt es am äußersten Rand Europas sexuelle Exzesse, peitschende Frauen und sich an ihren eigenen Qualen delektierende Männer.[110] Dieses Klischeebild wird

108 Schulz: „Trakt über die Schneiderpuppen oder das zweite Buch Genesis“ [Traktat o manekinach albo Wtóra Księga Rodzaju] (1933), a.a.O., S. 69f.

109 Albrecht Koschorke: *Leopold von Sacher-Masoch. Inszenierung einer Perversion*, München 1988, hier insbes. 84–101.

110 Die von Sacher-Masoch kalkuliert eingesetzte sexuelle Imagination amalgamiert sich bei seinen westlichen Lesern in Wien mit deren Klischeevorstellungen vom Leben an der Außengrenze Europas. Der Masochismus wurde als eine bei den slawischen Völkern

virulent und beeinflusst die weitere Entwicklung der Lemberger Literatur. Damit wird dem Übergang vom 19. ins 20. Jahrhundert der Boden bereitet und – im Werk von Bruno Schulz – die vermeintlich klare Trennung zwischen dem Imaginierten und Realen aufgelöst. Die Welt der Imagination bekommt ihr eigenes Recht, sie wird als mythisierte Wirklichkeit gar als eigentliche, der Alltagswirklichkeit überlegene Wirklichkeit propagiert.

Auf der formalen Ebene verändert sich damit alles. Sacher-Masoch bediente sich noch konventioneller Formen des Erzählens, mit linearer Handlungsführung und geschlossenem Erzählrahmen, die Freiheiten nahm er sich auf der inhaltlichen Ebene. Bei Schulz greifen diese auf die Form über, seine Erzählungen folgen einer Traumlogik, in der sich die einzelnen Elemente verselbständigen und jeweils neue Wirklichkeiten evozieren.

3.2.3 *Ästhetische Korrespondenzen III: Bruno Schulz und Joseph Roth*

Der Denkverkehr der Lemberger Literaten bezog auch zeitweilig sich vor Ort aufhaltende Schriftsteller ein, so auch Joseph Roth.[111] Die Verbindung zwischen Roth und Schulz lief über Berman, der Roth auf das Werk von Schulz hingewiesen und ihre Bekanntschaft vermittelt hatte.[112] Berman zählte als Übersetzer zu jenen Akteuren, die eher unsichtbar waren und dennoch das Schwungrad des Denkverkehrs in Lemberg in Gang hielten (vgl. Kap. 3.2.1). Begeistert von Schulz' Erzählungen bemühte sich Roth, deren Übersetzung ins Deutsche zu vermitteln, doch diese Initiative scheiterte. Der 1939 von Roth beauftragte Übersetzer Saul Fryszman emigrierte nach Palästina und führte den Auftrag nicht aus.[113]

---

auftretende Störung des sexuellen Triebs betrachtet. Vgl. Leon Wachholz: *Sacher-Masoch i masochizm. Szkic literacko-psychiatryczny* [Sacher-Masoch und der Masochismus. Eine literarisch-psychiatrische Skizze], Kraków 1907. Vgl. auch: Janis Augsburger: *Masochismen. Mythologisierung als Krisen-Ästhetik bei Bruno Schulz*, Erlangen 2008, S. 194–199.

111 Zur polnischen Rezeption Roths siehe die Bibliographie in: Irena Bartoszewska, Krzysztof A. Kuczyński: „Materiały do recepcji Josepha Rotha w Polsce (1919–1999)“ [Materialien zur Rezeption von Joseph Roth in Polen], in: *Acta Universitatis Lodziensis. Folja Germanika* 3 (2002), 129–136.

112 Siehe dazu: Marc Sagnol: „Les lieux de Bruno Schulz: Drogobytch et Truskawiets“, in: *Les Temps Modernes* 1 (2005) 629, S. 151–178, auch unter: http://www.cairn.info/revue-les-temps-modernes-2005-1-page-151.htm (letzter Zugriff: 14.07.2017); ders.: „Confins de Galicie“, in: *Les Temps Modernes* 2 (2013) 673, S. 37–75, auch unter: http://www.cairn.info/revue-les-temps-modernes-2013-2-page-37.htm (letzter Zugriff: 19.07.2017).

113 Schulz' Erzählungen wurden erst in den 1960er Jahren ins Deutsche übersetzt. Vgl. Bolecki, Jarzębski, Rosiek (Hg.): *Słownik schulzowski* [Schulz-Wörterbuch], a.a.O., S. 291f. Vgl. ferner: Shalom Lindenbaum: „W poszukiwaniu uznania. Bruno Schulz a Joseph Roth“ [Auf der Suche der Anerkennung. Bruno Schulz und Joseph Roth], in: *Twórczość* [Das Schaffen] 3 (1979), S. 137–139.

Die Beziehung zwischen den Werken von Schulz und Roth ist am deutlichsten anhand des zweiten Bandes mit Erzählungen zu greifen, den Schulz 1937 unter dem Titel *Das Sanatorium zur Sanduhr* [Sanatorim Pod Klepsydrą] veröffentlicht hatte,[114] denn in ihnen erhält Schulz' Auseinandersetzung mit der Wirklichkeit noch eine zusätzliche historisch-politische Dimension.

In der Erzählung *Der Frühling* [Wiosna] fordert Jakubs Sohn Józef das Ausbrechen aus der von ihm als langweilig empfundenen sozialen Ordnung, doch diesmal hat er die politische Ordnung der Habsburgermonarchie in Visier. Sein galizisches Städtchen ist in seiner Alltagswirklichkeit ganz und gar von deren Eintönigkeit geprägt, doch der anbrechende Frühling wird für Józef zum Vorboten des Widerstands gegen die allgemeine Lähmung.

Schulz' retrospektiver Blick von polnischer Seite auf die untergegangene Habsburgermonarchie ist frei von jedweder Verklärung oder Wehmut. Er unterscheidet sich dadurch erkennbar von der Art und Weise, wie Joseph Roth – auch er war ja ein galizischer Autor – die K.-u.-K.-Monarchie in der Phase ihres Untergangs schilderte und dabei ihre Welt etwa im Roman *Radetzkymarsch* (1932), vor allem aber in der Erzählung *Die Büste des Kaisers* (1934), mythisierte.[115]

In Schulz' Erzählung *Der Frühling* [Wiosna] entdeckt Józef beim Betrachten der Briefmarkensammlung seines Freundes, dass die Welt nicht allein aus der ihn unmittelbar umgebenden Wirklichkeit besteht, sondern es noch viele exotische Länder gibt, die ganz andere Wirklichkeiten verheißen. Die staunenerregende Vielfalt der bunten Landschaften, die ungewöhnlichen Tiere und Pflanzen, die auf den Briefmarken aus fernen Kontinenten abgebildet sind, steht im auffälligen Kontrast zu den heimischen Marken, denn diese zeigen alle immer nur ein und dasselbe Motiv und zwar den Kopf von Franz Joseph I.:

> Die Welt war damals von Franz Joseph I. begrenzt. Auf jeder Briefmarke, auf jeder Münze und auf jedem Stempel bestätigte sein Bildnis die Unabänderlichkeit der Welt, das unantastbare Dogma ihrer Eindeutigkeit. So ist die Welt, und außer dieser kann es für dich keine andere geben – das verkündigte das Siegel mit dem kaiserlich-königlichen Greis. Alles andere ist Hirngespinst, wilde

114 Vgl. Janusz Golec: „Heimatverlust und Heimatkonstruktionen im Schaffen von Joseph Roth und Bruno Schulz", in: Ders.: *Jüdische Identitätssuche. Studien zur Literatur im 19. und 20. Jahrhundert*, Lublin 2009, S. 49–66.

115 Wilhelm von Sternburg: *Joseph Roth. Eine Biographie*, Köln 2009, S. 133–135; Heinz Lunzer, Victoria Lunzer-Talos: *Joseph Roth. Leben und Werk in Bildern*, Köln 2009, S. 192–201. Ein weiterer Vergleich mit Andrzej Kuśnewiczs *Lektion in einer toten Sprache* böte sich hier, da in dieser Erzählung aus polnischer Sicht das Schickal eines österreichischen Offiziers geschildert wird, der an einem Außenposten in Ostgalizien stationiert ist.

> Anmaßung und Usurpation. Franz Joseph I. hatte sich über alles gelegt und bremste die Welt in ihrem Wachstum.[116]

Die Welt, die der Kaiser Franz Joseph I. repräsentiert, ist in Józefs Augen erstarrt und verengt, vor allem setzt sie sich selbst als absolut, lässt keine anderen Welten neben sich gelten und verhindert jedwede Veränderung. Das Habsburgerreich erscheint so als die „einzig mögliche Welt ohne Illusion und ohne Romantik"[117] und Franz Joseph I. als „ein mächtiger und trauriger Demiurg"[118], der die „Welt ins Regelwerk der Prosa, in die Pragmatik der Langeweile"[119] hineinzwängt.

Über das Briefmarkenmotiv ergibt sich eine auffällige intertextuelle Beziehung zur Darstellung von Franz Joseph I. in Joseph Roths *Radetzkymarsch*, auf die Schulz direkt zu referieren scheint, um ihr eine sarkastische Wende zu geben:

> Allmählich bekam der Allerhöchste Kriegsherr das gleichgültige, gewohnte und unbeachtete Angesicht, das seine Briefmarken und seine Münzen zeigten. Sein Bild hing an der Wand des Kasinos, eine merkwürdige Art von einem Opfer, das ein Gott sich selber darbringt. Seine Augen – früher einmal hatten sie an sommerliche Ferienhimmel erinnert – bestanden nunmehr aus einem harten, blauen Porzellan. Und war es immer noch der gleiche Kaiser! Daheim, im Arbeitszimmer des Bezirkshauptmanns, hing dieses Bild ebenfalls. Es hing in der großen Aula der Kadettenschule. Es hing in der Kanzlei des Obersten in der Kaserne. Und hunderttausendmal verstreut im ganzen weiten Reich war der Kaiser Franz Joseph, allgegenwärtig unter seinen Untertanen, wie Gott in der Welt.[120]

Einen dazu spiegelverkehrten Blick auf die galizische Wirklichkeit hatte der Protagonist von Roths Erzählung *Die Büste des Kaisers* (1935) Franz Xaver Morstin geworfen. Morstin ist ein begeisterter Bürger des multinationalen habsburgischen Kaiserreichs,[121] Roth schildert in ironischer Distanz seinen begrenzten Kosmos: „Wie jeder Österreicher jener Zeit liebte Morstin das Bleibende im unaufhörlich Wandelbaren, das Gewohnte im Wechsel und das

---

116 Bruno Schulz: „Der Frühling" [Wiosna] (1937), in: Ders.: *Das Sanatorium zur Sanduhr*, aus dem Polnischen von Doreen Daume, München 2011, S. 44–138, hier S. 57.

117 Ebd.: S. 57.

118 Ebd.: S. 94.

119 Ebd.: S. 94.

120 Joseph Roth: *Radetzkymarsch*, Marbach am Necker 1953 (1932), S. 64.

121 Janusz Golec: „Assimilation oder Isolation? Joseph Roths ‚Die Büste des Kaisers' und Bruno Schulz' ‚Der Frühling'", in: Tadeusz Namowicz, Jan Miziński (Hg.): *Literatur im Kulturgrenzraum. Zu einigen Aspekten ihrer Erforschung am Beispiel des deutsch-polnischen Dualismus*, Lublin 1992, S. 41–56.

Vertraute inmitten des Ungewohnten. So wurde ihm das Fremde heimisch, ohne seine Farbe zu verlieren, und so hatte die Heimat den ewigen Zauber der Fremde."[122] Nach dem Verfall der Habsburgermonarchie vermag sich Morstin nicht mit der neuen Ordnung und den neu entstandenen Nationalstaaten abzufinden, doch er entwickelt Techniken, um mit dem Wandel umzugehen. Das Unbehagen an der Gegenwart verstärkt zwar sein Heimweh nach der Vergangenheit, nährt seine Sehnsucht nach der durch die alte Welt einstmals garantierten Stabilität, doch sein Konservatismus erlaubt ihm, das alte Idealbild als noch weiterlebend in die Gegenwart hineinzuprojizieren und zugleich der Tradition einen magischen Reiz zu verleihen. Morstin verklärt nostalgisch den alten Zustand, färbt ihn um, gleicht das Fremde den eigenen Wünschen an und das Eigene wird in ein fremdes Licht getaucht. Diese Vermittlung wird Schulz' Józef gerade nicht mehr vornehmen, er sucht die Flucht ins Fremde als Ausweg aus der ihm unerträglich gewordenen Realität. Mit dem Eintauchen in die abenteuerliche Briefmarkenwelt eröffnen sich ihm hinter den engen Grenzen seiner bisherigen Welt unbekannte Horizonte. Das Album wird ihm zum Schlüssel zu einer anderen Erfahrung der Wirklichkeit:

> Heute habe ich mich wieder in Rudolfs Briefmarkenmappe vertieft. Was für ein wundersames Studium! Der Text ist voll mit Randbemerkungen, Anspielungen, Fingerzeigen und zweideutigem Schillern.[123] […] Mit der Briefmarkenmappe in der Hand las ich diesen Frühling. War sie denn nicht der große Kommentar dieser Zeit, Grammatik der Tage und Nächte? Dieser Frühling deklinierte sich durch sämtliche Kolumbiens, Costa Ricas und Venezuelas, denn Mexiko, Ecuador oder Sierra Leone ist ja im wesentlichen nichts anderes als ein erdachtes Spezifikum, eine Verschärfung des Weltgeschmacks, ein auserlesenes und äußeres Extrem, eine Sackgasse des Aromas, in die sich die Welt verrannt hat, bei ihrem Versuch, an ihre Grenzen zu stoßen und auf allen Tasten gleichzeitig zu spielen.[124]

Die Briefmarkenwelt ermöglicht Józef die Begrenztheit seiner bisherigen Welt zu erkennen, und nun auch die Natur anders zu „lesen". Dieser vielstimmige „Kommentar" auf eine einsilbige Welt hilft ihm, in eine andere Wirklichkeit zu wechseln. Doch im Traum holt ihn die nüchterne Realität des Kaisers ein. Józef träumt, dass man ihn wie seinem Namensvetter Josef K. aus Kafkas Roman *Der Prozess* (1925) beschuldigt, verhaftet und anklagt und ihm nun aber den Prozess wegen unerlaubter Träume macht. Es kommt zu einem Traumverhör:

---

122 Joseph Roth: „Die Büste des Kaisers" (1935), in: Ders.: *Die Erzählungen*, Köln 2009, S. 283–310, hier S. 286.

123 Schulz: „Der Frühling" [Wiosna] (1937), a.a.O., S. 70.

124 Ebd.: S. 83.

„Sind Sie Józef N.?"
„Ja", antwortete ich erstaunt.
„Haben Sie vor einiger Zeit den Standardtraum des biblischen Józef geträumt?"
„Kann sein ..." [...]
„Wissen Sie, dass dieser Traum an höchster Stelle bemerkt und streng kritisiert worden ist?"
„Ich bin nicht verantwortlich für meine Träume", sagte ich.
„Und ob Sie das sind! Im Namen Seiner Kaiserlichen und Königlichen Hoheit, Sie sind verhaftet!"
Ich lächelte. „Wie langsam die Maschinerie der Gerechtigkeit ist. Die Bürokratie Seiner Kaiserlichen und Königlichen Hoheit ist ein wenig schwerfällig."[125]

Ein Traum im Traum, in welchem auch noch der große Traumdeuter, der im Gefängnis sitzende biblische Joseph beschworen wird. Doch die langsamen bürokratischen Mechanismen verlieren in der volatilen Welt des Traums bei Schulz ihre Macht und sein Józef N. entgeht dem Schicksal von Josef K..

Die Wanderung durch die Träume ist zugleich ein Hinabsteigen in eine psychische Welt, die für Schulz verworren wie „Baumwurzeln [ist], wenn sich unter dem Rasen allzuviel Vergangenheit, Romane von früher und uralte Geschichte angesammelt, [...] unartikulierter Brei und das atemlose Dunkel, das jedem Wort vorangeht, angehäuft haben."[126] Der Weg ins Unbewußte, zum Kern der Dinge, reaktiviert in der Tiefe der Psyche mythische Kräfte.[127] Diese

125 Ebd.: S. 138.

126 Ebd.: S. 74.

127 Auch in der Erzählung *Edzio* beschreibt Schulz die unbewussten Mechanismen eines Traumes. Ähnlich wie bei Freud wird das Ich als Instanz aufgefasst, die nicht Herr im eigenen Hause ist. Schulz stellt sich die innere Struktur der Psyche wie die Architektur eines Hauses mit vielen Zwischen-, Neben- und Kellerräumen vor: „Nur für nicht Eingeweihte ist eine Sommernacht Erholung und Vergessen. Kaum sind die Tätigkeiten des Tages beendet, kaum möchte sich das überarbeitete Gehirn zurückziehen und vergessen, beginnt eine ziellose Geschäftigkeit, das kunterbunte, gewaltige Durcheinander einer Julinacht. Alle Wohnungen des Hauses, alle Zimmer und Erker sind von Stimmengewirr erfüllt, die Leute gehen hin und her und ein und aus. In allen Fenstern stehen Schirmlampen auf den Tischen, sogar die Korridore sind hell erleuchtet, und die Türen gehen in einem fort auf und zu. Ein weitschweifiges, chaotisches, halb ironisches Gespräch verheddert sich in ständigen Mißverständnissen und verzweigt sich in allen Waben dieses Bienenstocks. Im Obergeschoß weiß man nicht genau, was die im Parterre gemeint haben, und man sendet Gesandte mit eiligen Instruktionen. Diese Kuriere eilen durch alle Wohnungen, treppauf und treppab, auf ihrem Weg ruft man sie immer wieder für neue Aufträge zurück, und sie vergessen ihre Instruktionen. Und ständig gibt es etwas zu ergänzen, ständig bleibt irgendeine Angelegenheit im Unklaren, und dieses ganze Gewusel, bei dem gelacht und gescherzt wird, führt zu keiner Lösung." Bruno Schulz: „Edzio" (1937), in: Ders.: *Das Sanatorium zur Sanduhr*, a.a.O., S. 234–244, hier S. 240f.

Kräfte reichen tiefer in die Vergangenheit als das uralte von Roth beschworene Habsburgerreich selbst. Wie bei Freud ist hier der Traum eine *via regia* ins Unbewusste, die in das chaotisch wilde Reich unterhalb der ordnenden Welt der Begriffe und ihrer diskursiven Logik hineinführt. Schulz' Traumapotheose reformuliert, psychologisiert und mythisiert erkennbar Irzykowskis ‚Pałuba'-Konzept.

3.3 Figurierte Wirklichkeiten: Debora Vogels Theorie der Montage

Eine weitere Verbindungslinie von Irzykowskis Werk zur Literatur der Lemberger Moderne führt zur jüdischen Schriftstellerin und Philosophin Debora Vogel (1900–1942),[128] die gleich an mehreren Lemberger Diskussionszirkel teilnahm und eine eigenständige künstlerische Antwort auf das Problem der Vielheit der Wirklichkeiten fand, – und dies wiederum unter Rückgriff auf das ‚Pałuba'-Motiv.

In der Geschichte der Lemberger Moderne wird ihr jedoch meist nur eine Nebenrolle zugewiesen.[129] Stets wird sie im Zusammenhang mit Bruno Schulz erwähnt, mit dem sie während der Entstehungszeit von dessen Prosaband *Die Zimtläden* (1933) befreundet gewesen war.[130] Ihr eigenes literarisches Werk wird hingegen seltener thematisiert und innerhalb seiner Zeit verortet.[131]

---

128 Zur Biographie von Debora Vogel vgl.: Hermann Simon, Irene Stratenwerth, Ronald Hinrichs: *Lemberg. Eine Reise nach Europa*, Hamburg 2007, hier S. 199–204; Lutz C. Kleveman: *Lemberg. Die vergessene Mitte Europas*, Berlin 2017, hier S. 89–95.

129 Zur jüdischen Literatur in der Moderne vgl. einführend: Michael A. Meyer: *Jüdische Identität in der Moderne*, Frankfurt am Main 1992; Armin A. Wallas (Hg.): *Jüdische Identitäten in Mitteleuropa. Literarische Modelle der Identitätskonstruktion*, Tübingen 2002; Armin Eidherr: *Sonnenuntergang auf eisig-blauen Wegen. Zur Thematisierung von Diaspora und Sprache in der jiddischen Literatur des 20. Jahrhunderts*, Wien 2012, hier insbes. S. 140–152.

130 Debora Vogel und Bruno Schulz lernten sich 1930 in Zakopane bei Stanisław Ignacy Witkiewicz kennen. Seitdem standen sie in engem Kontakt. Vgl. Jerzy Ficowski: „Prehistoria i Powstanie ‚Sklepów Cynamonowych'" [Die Vorgeschichte und Entstehung der „Zimtländen"], in: Ders.: *Regiony wielkiej herezji i okolice. Bruno Schulz i jego mitologia* [Regionen der großen Häresie und der Umkreis], Kraków 1975, S. 56–64; Joanna Wysocka: „Debora Vogel – Zapomiana przyjaźń Brunona Schulza" [Debora Vogel – vergessene Freundschaft von Bruno Schulz], in: *Dekada Literacka* [Literarische Dekade] 31 (1991), S. 4 und 11.

131 Zum schriftstellerischen Werk von Debora Vogel vgl. die Monographie von: Karolina Szymaniak: *Być agentem wiecznej idei. Przemiany poglądów estetycznych Debory Vogel* [Der Agent der ewigen Idee sein. Die Wandlungen der ästhetischen Anschauungen von Debora Vogel], Kraków 2006. Vgl. auch: Sylwia Werner: „Between Philosophy and Art: The Avant-Garde Work of Debora Vogel", in: *East European Jewish Affairs* 49 (2019) 1, S. 20–41; Dies.: „Zwischen Philosophie und Kunst. Das avantgardistische Werk von Debora Vogel",

Als Philosophin und Schülerin von Kazimierz Twardowski, des Begründers der mächtigen Lemberg-Warschau-Schule für philosophische Logik (vgl. Kap. 5), war sie Mitglied des tonangebenden wissenschaftlichen Kollektivs. Als Dichterin gehörte sie den Lemberger Künstlerzirkel an, stand im engen Kontakt mit Stanisław Ignacy Witkiewicz, Leon Chwistek und – wie bereits erwähnt – Bruno Schulz,[132] sowie mit der avantgardistischen Gruppe „Artes", welche kubistische und surrealistische Tendenzen verfolgte. Ihr Hauptvertreter Henryk Streng wird später Vogels Prosaband *Akazien blühen* (1935) mit Zeichnungen versehen, Vogel wiederum seinem Werk einen bedeutenden Essay widmen.[133]

Das Spektrum der ästhetischen Konzeptionen, die sie für ihr eigenes Werk produktiv aufnahm, war groß und umfasste die internationale Moderne; es reichte vom Kubismus zu Kasimir Malewitsch und Wassily Kandinsky, von John Dos Passos bis zu Schriftstellern wie Rudolf Brunngraber und Kurt Schwitters.[134] Inspiriert davon entwickelte sie für ihr Schreiben eine eigene Technik, die sie Montagen nannte.[135] Innerhalb der Lemberger Kunstbewegung verschob sich damit mehr und mehr der Fokus vom Inhalt auf die nun immer abstrakter aufgefasste Form. Wie für Schulz, Chwistek und Witkiewicz ist für ihr Schaffen

in: Kerstin Schoor, Ievgeniia Voloshchuk, Borys Bigun (Hg.): *Blondzhende Stern. Jüdische Schriftstellerinnen und Schriftsteller aus der Ukraine als Grenzgänger zwischen den Kulturen in Ost und West*, Göttingen 2020, S. 129–152.

132 Jerzy Ficowski: „Prehistoria i powstanie ‚sklepów cynamonowych'" [Die Vorgeschichte und Entstehung der „Zimtländen"], a.a.O., S. 56–64.; Bolecki, Jarzębski, Rosiek (Hg.): *Słownik schulzowski* [Schulz-Wörterbuch], a.a.O., S. 404.

133 Vgl. Debora Vogel: „Henryk Streng – der konstruktivistische Maler" (1937), in: Dies.: *Die Geometrie des Verzichts*, a.a.O., S. 459–461.

134 Zum Werk von Debora Vogel im internationalen Kontext vgl. Anna Maja Misiak: „Debora Vogel (1900–1942), eine vergessene Exponentin der jiddischen literarischen Moderne im Schatten von Bruno Schulz", in: *Neue Züricher Zeitung* 30.8.2008, unter: https://www.nzz.ch/im_schatten_von_bruno_schulz-1.819164 (letzter Zugriff: 06.05.2017); Dies.: „Das Wort als Linie und Farbe. Rezeption der Avantgarde-Kunst in der jiddischen Dichtung Debora Vogels", in: Caspar Battegay, Barbara Breysach (Hg.): *Jüdische Literatur als europäische Literatur. Europäizität und jüdische Identität*, München 2008, 230–244; Dies.: „‚Bänklein aus Nebel, Luft und Stroh'. Paris in den Schundballaden", in: Thomas Hunkeler, Edith Anna Kunz (Hg.): *Metropolen der Avantgarde / Métropoles des avant-gardes*, Bern 2011, S. 75–91; Dies.: „Debora Vogel. Denk-Räume im literarischen Schaffen von Debora Vogel", in: *Sinn und Form*, unter: https://sinn-und-form.de/?tabelle=leseprobe&titel_id=6850 (letzter Zugriff: 09.05.2017).

135 Vgl dazu: Karolina Szymaniak: *Być agentem wiecznej idei* [Der Agent der ewigen Idee sein], a.a.O., Kraków 2006; Annette Werberger: „Nur eine Muse? Die jiddische Schriftstellerin Debora Vogel und Bruno Schulz", in: Ingrid Hotz-Davies, Schamma Schahadat (Hg.): *Ins Wort gesetzt, ins Bild gesetzt. Gender in Wissenschaft, Kunst und Literatur*, Bielefeld 2007, S. 257–286.

auch das Zusammenspiel von Bildender Kunst und Literatur charakteristisch, obgleich in anderer Hinsicht, denn sie selbst zeichnete oder malte nicht.

Vogel schrieb ihre Texte in jiddischer Sprache. Das Jiddische hatte sie im erwachsenen Alter erlernt, ihre ersten Gedichte entstanden auf Polnisch und Deutsch. Das Schreiben auf Jiddisch hatte für sie eine identitätsstiftende Rolle, sie verstand sich als Botschafterin des jüdischen Modernismus in Polen.[136]

Vogel entwickelte eine experimentelle Ästhetik, die sie in theoretischen Texten begründete und in ihrem schriftstellerischen Werk umsetzte. An ihrem Werk lässt sich zeigen, wie produktiv eine Künstlerin die seinerzeit kursierenden Konzeptionen aus Wissenschaft, Philosophie und Kunst in das eigene Schaffen aufnahm und ihnen eine eigenständige Wendung gab.

3.3.1 *Kunst als Erkenntnis: Debora Vogel liest Hegel*

Debora Vogels künstlerische Entwicklung lässt sich in mehrere Phasen teilen. Die erste Phase ist von der Beschäftigung mit Hegels Ästhetik geprägt,[137] der Vogel ihre 1927 abgeschlossene Dissertation widmete.[138] Ihre Leitthese war, dass wenn man Hegels Dialektik kunstphilosophisch analysiere, sich dann zeige, dass er nicht nur der Philosophie, sondern auch der Kunst einen besonderen Erkenntniswert zuspreche. Eine solche Lesart versteht sich keineswegs von selbst. Zwar hatte Hegel in den *Vorlesungen über die Ästhetik* (1837) die Kunst als Erkenntnisform bestimmt, doch als eine, die primär im Modus der Anschauung verbleibe und daher gegenüber der Philosophie defizitär sei.[139] Für Vogel aber war der Kunst auch nach Hegel eine der Philosophie analoge Erkenntnisfunktion zuzuschreiben und das System der ästhetischen Formen mit dem System der Begriffe vergleichbar. Hierbei argumentiert Vogel

---

136 Vgl. Debora Vogels Korrespondenz mit dem Dichter und Essayisten Aaron Glanz Leyeles (1889–1966), insbes. den Brief vom 23. Mai 1939, in: Dies.: *Die Geometrie des Verzichts*, a.a.O., S. 564.

137 Barbara Sienkiewicz: „Hegel, fotomontaż i literatura. O prozie Debory Vogel" [Hegel, Fotomontage und Literatur. Über die Prosa von Debora Vogel], in: *Kresy. Kwartalnik literacki* [Grenzland. Literarische Vierteljahresschrift] 26 (1996) 2, S. 76–85.

138 Vgl. die Personalakte von Debora Vogel, in: Archiv der Jagiellonen-Universität, Sign. 2394. Auch: Debora Vogel: „Znaczenie poznawcze sztuki u Hegla i jego modyfikacje u J. Kremera" [Die erkenntnistheoretische Bedeutung der Kunst bei Hegel und ihre Modifikation bei J. Kremer], in: *Polska Akademia Umiejętności. Sprawozdania z czynności posiedzeń za rok 1927* [Polnische Akademie der Künste. Berichte aus dem Jahr 1927] 32 (1927) 1, S. 10–11; dies.: „Der Erkenntniswert der Kunst bei Hegel und ihre Modifikation beim polnischen Denker Joseph Kremer", in: *Bulletin international de l'Academie Polonaise des Sciences et des Lettres* (1927) 1–3, S. 41–44.

139 Georg Wilhelm Friedrich Hegel: *Vorlesungen über die Ästhetik*, Bd. XIII, Frankfurt am Main 1986 (posthum erschienen 1837, gehalten 1821–1829), hier S. 127–144.

polyperspektivisch, womit sie Hegels Entwicklungsdenken gleichsam stillstellt. Sie war davon überzeugt, dass Hegel zufolge jedes Erkenntnissystem eine eigenständige Wirklichkeit ausbilde, und umgekehrt, dass innerhalb einer gegebenen Wirklichkeit die ihr adäquate Erkenntnis bestimmt werde. Solange der Gegenstand der Erkenntnis nicht erkannt ist, sei er ein „Absolutum". Mit dem Bestimmen des Gegenstands werde das Erkenntnissystem vollständig. Vogels Pointe ist nun, dass im Bereich der Kunst aber nie eine vollständige Erkenntnis erreicht werden könne, und die Kunst auch nicht, wie Hegel wollte, von der Philosophie überboten und aufgehoben werden könne. Es gebe keine Entwicklung des Geistes von der Stufe der Anschauung über die Stufe der Vorstellung bis zum Begriff, sondern alle Stufen seien gleichberechtigt. Man könne nicht eine anschauliche Erkenntnis in eine sprachliche Erkenntnis überführen, ohne dass dabei Entscheidendes verloren ginge. Daher sei auch Hegels berüchtigte Rede vom „Vergangenheitscharakter der Kunst" verfehlt. Sie konstatiert:

> 1. Man kann unmöglich ein Erkenntnissystem durch ein anderes ersetzen, sofern ein jedes einen spezifischen vom Bestimmungstypus abhängigen Inhalt des Absoluten und somit eine andere Wirklichkeit enthält. 2. Man kann unmöglich ein System durch ein anderes fortsetzen der Tatsache gegenüber, daß jedes System eine vollständige Erkenntnis enthält, also zur letztmöglichen Definition des Absolutum gelangt. [...] Diese Behauptung besagt – wenn wir sie auf das Problem vom Ende der Kunst anwenden – daß von einem absoluten Aufhören des Erkennens durch sinnliche Form, wo eine begriffliche möglich ist, nicht gesprochen werden kann.[140]

Vogels Punkt ist insofern korrekt, als dass Hegel tatsächlich nur davon spricht, dass die „Kunst nach der Seite ihrer höchsten Bestimmung für uns ein Vergangenes"[141] sei, also natürlich auch nach der Antike weiter existiere. Doch für Hegel ist die Kunst seiner Zeit nicht mehr die bestmögliche Erscheinungsform des Absoluten und dieser Herabstufung widerspricht Vogel. Kunst sei nicht nur hinsichtlich ihrer Geschichte unabschließbar, sie sei überhaupt ein offenes System, in dem verschiedene Formen gleichberechtigt wie in einem Roman (Handlungsverläufe, Szenen, Dialoge etc.) inkorporiert werden können und allesamt ihren Beitrag zur Erkenntnis der Wirklichkeit leisten. Dieses Erkenntnisprogramm wird sie später als Simultaneität bezeichnen: die Gleichzeitigkeit von Vielheit in einem Raum (vgl. Kap. 3.3.4).

---

140 Vogel: „Der Erkenntniswert der Kunst bei Hegel und ihre Modifikation beim polnischen Denker Joseph Kremer" (1927), a.a.O., S. 43.

141 Hegel: *Vorlesungen über die Ästhetik*, a.a.O., S. 24.

Indem Vogel der Kunst eine Erkenntnisfunktion zusprach, geriet sie in Lemberg in Opposition zur philosophischen Schule Twardowskis, die die Position des logischen Empirismus verfocht und sich zum Ziel gesetzt hatte, durch Klarheit des Ausdrucks und Präzision in der Argumentation der Philosophie eine strikt logische und wissenschaftliche Ausrichtung zu geben. Metaphysische, ästhetische und kulturelle Denkansätze wurden als irrationale oder zumindest nebulöse Tendenzen bekämpft, metaphorischen und anderen ästhetischen Ausdrucksweisen eine Erkenntnisfunktion abgesprochen. Dies erklärt womöglich, warum Vogel ihr Promotionsverfahren nach Krakau verlegte und es nicht in Lemberg (wo sie bei Kazimierz Twardowski und Kazimierz Ajdukiewicz studiert hatte) zum Abschluss brachte.[142] In Krakau bekam sie nur ein *Rite* für ihre Dissertation. Sie ließ sich davon aber nicht beirren und begann von nun an mit den Mitteln der Kunst auf ingeniöse Weise zu demonstrieren, dass es ästhetische Erkenntnisweisen gibt, die der philosophischen Erkenntnis überlegen sind. Analog zu Twardowski und seinen Schülern, die die Philosophie formal-logisch auszurichten trachteten, versuchte sie dies zu erreichen, indem sie auch der Kunst eine analytische Orientierung gab, diese aber entgegen Twardowskis Lehren anschaulich konkret werden ließ. Entwicklungslogische Darstellungen z.B. von Protagonisten im Rahmen einer Romanhandlung oder der Ausdruck von Gefühlen in der Lyrik lehnt sie zugunsten einer neuen Sachlichkeit ab, die das Wirkliche als anschauliches Geflecht von Tatsachen präsentiert. Die Wirklichkeit wird erfasst, indem ihr geometrischer Kern durch ästhetische Verfahren herausgeschält wird. Man kann nicht genug die Originalität und argumentative Überzeugungskraft von Vogels ästhetischer Theorie betonen. Doch es gilt nun, auch den praktischen Nachweis ihrer Gültigkeit zu erbringen.

---

142 Vogel begann ihre Promotion an der Jan-Kazimierz-Universität Lemberg, doch 1924 wechselte sie an die Jagiellonen Universität Krakau, wo sie die Arbeit an ihrer Dissertation unter der Leitung von Władysław Rubyczyński fortsetzte. Ihre zunächst ausschließlich Hegel gewidmete Arbeit musste sie auf Weisung des neuen Doktorvaters um den polnischen Philosophen Józef Kremer erweitern. Sie erhielt letztendlich den Titel: „Der Erkenntniswert der Kunst bei Hegel und ihre Modifikation durch Józef Kremer. Vgl. Szymaniak: *Być agentem wiecznej idei* [Der Agent der ewigen Idee sein], a.a.O., S. 81. 1929 ließ sich Vogel in Philosophie als Lehramt bei Twardowski prüfen. Sie fiel in der Prüfung durch. Vgl. Kazimierz Twardowski: *Dzienniki* [Tagebücher], 2 Bde, Warszawa/Toruń 1997, hier Bd. 2, S. 59.

3.3.2 *Die Geometrisierung der Kunst*: Tagfiguren. Gedichte (*1930*)

Einen ersten Versuch, ihre neue Ästhetik umzusetzen, unternahm Vogel in ihrem 1930 in jiddischer Sprache unter dem Titel *Tagfiguren* [Tog-Figuren][143] erschienenen Lyrikband. „Meine Gedichte" – so erklärt sie in der Einleitung zu diesem Band – „verstehe ich als Versuch eines neuen Stils in der Dichtung, und ich sehe darin eine Entsprechung zur modernen Malerei. Das Vereinfachen der scheinbaren Vielfalt von Ereignissen, deren Reduktion auf einige einfache, kantige, sich wiederholende Gesten: Monotonie und kühle Statik knüpfen bewußt an den analytischen Kubismus an."[144] Der analytische Kubismus nimmt, wie der Terminus impliziert, eine Analyse des Darzustellenden vor und führt dafür den jeweiligen Gegenstand auf seine abstrakten Grundformen zurück. Es soll also innerhalb der Dichtung eine ähnliche Kunstrevolution vollzogen werden wie zuvor in der Malerei. Dafür muss auch die durch Sprache konstituierte Wirklichkeit analysiert und zerlegt und ihre Grundformen identifiziert werden. Vogel nimmt hierfür das Wortfeld der Geometrie ins Visier und entlehnt diesem als Material Begriffe wie Rechteck, Quadrat und Kreis – und kombiniert sie mit Farbprädikaten. Der Einsatz von Zahlwörtern verstärkt den Effekt der Statik und Monotonie weiter. Der poetische Text thematisiert und interpretiert so seine eigenen Verfahren und seine Verfasstheit beständig selbst, und wird so metareflexiv.

Einige Beispiele mögen Vogels Poetologie verdeutlichen, das erste stammt aus dem Gedicht *Tagfigur* [tog figur]:

> Ein graues Rechteck.
> Ein zweites. Ein Drittes.
> Siebenmal öffnet sich das Blechrechteck.[145]

Farben und Formen gestalten die Zeit als Raum im Gedicht *Weiße Vierecke* [vayse firekn]:

> Wochen weißer Farbe.
> Drei Monate mit weißen Tagvierecken.
> Jedes Jahr kommen jene drei Monate

143 Der Band *Tagfiguren. Gedichte* (1930) enthält insgesamt vier Gedichtzyklen: *Rechtecke* (1924), *Häuser und Straßen* (1926), *Müde Kleider* (1925–1929) und *Blech* (1929).

144 Debora Vogel: „Vorwort zu Tag-Figuren" (1930), in: Dies.: *Die Geometrie des Verzichts*, a.a.O., S. 19–20, hier S. 19.

145 Debora Vogel: „Tagfigur" [tog figur] (1930), in: Dies.: *Die Geometrie des Verzichts*, a.a.O., S. hier S. 23. Vgl. das Original: „a groer rekhtek. / a tsveyter. a driter. / zibn mol zikh der blekh-rekhtek. / gele zun. Royte zun. / fun eyn zayt, fun der tsveyter zayt: / a tog-rekhtek hot zikh geshlosn." Ebd.: S. 22.

mit sieben abgezählten Tagen pro Woche.
[...]
Siebenmal kommt das Tagviereck.
Wiederum fragt man.
Zum siebtenmal fragt man:
Wozu soll man Füße heben, Hände heben.[146]

Die bildkünstlerischen Techniken werden wiederum explizit mit dem Gedicht *Radierung Herbst* [radirung harbst] in eine literarische Form überführt:

In die graue Zinkplatte der Welt
eingeritzt mit Kaltnadel
graue Striche der Quadrate:
drei, vier fünf Hausschächtelchen.[147]

Ein gleichförmiger Rhythmus im Stakkato der Farben prägt das Gedicht *In Fenstern* [in fenster]:

Um sechs Uhr morgens öffnen sich
rote, gelbe, weiße Fensterläden.
Um sechs Uhr abends schließen sich
farbige Fensterläden.
[...]
In flachen Glasscheiben der Mittage
werden gelbe und weiße Gesichter zu Rechtecken:
und Menschen haften im viereckigen Rahmen der Tage.[148]

Räume, Farben, Handlungen, Zeitabläufe transponiert Vogels Gedicht in geometrische Formen. Durch die Geometrisierung der Welt setzt sich Vogel in ihren Gedichten besonders intensiv mit dem Problem der Zeit auseinander,

146 Debora Vogel: „Weiße Vierecke" [vayse firekn] (1930), in: Dies.: *Die Geometrie des Verzichts*, a.a.O., hier S. 29. Vgl. das Original: „vokhn fun vaysn kolir. / dray khadoshim mit vayse togfirkn. / ale yor kumen yene dray khadoshim / mit zibn getseylte teg in a vokh. [...] zibn mol kumt der tog-firek. / vider fregt men / tsum zibetn mol fregt men: / tsi vos fis heybn hent heybn." Ebd.: S. 28.

147 Debora Vogel: „Radierung Herbst" [radirung harbst] (1930), in: Dies.: *Die Geometrie des Verzichts*, a.a.O., hier S. 45. Vgl. das Original: „in der groer tsinkplate fun der welt / shteyen ayngekritst mit kalter nodl / groe shtrekh fun kvadratn: dray fir finf hayzer-shakhtlekh." Ebd.: S. 44.

148 Debora Vogel: „In Fenstern" [in fenster] (1930), in: Dies.: *Die Geometrie des Verzichts*, a.a.O., hier S. 47. Vgl. das Original: „zeks a zeyger fri tseefnen zikh / royte, gele, vayse fenster-lodens. / zeks a zeyger ovent geyen tsu / kolirte fenster-lodens. [...] in flakhe gloz-shoybn fun mitogn / vern gele un vayse penemer rekteckn: un mentshn klebn arayn in a firekiker rem di teg." Ebd.: S. 46.

zugleich reflektiert sie das Verhältnis von Mensch und Architektur. Indem sie die Semantik, die Bedeutung der Worte zugunsten der Form zurücktreten lässt, einfache Worte verwendet, die einem Schema folgen, erzeugt sie den Eindruck von Eintönigkeit. Dabei haben die Rechtecke die Funktion, die Zeit in basale, immer gleich und einfach strukturierte Sequenzen zu zerlegen, deren monotone Kombination den schematischen Ablauf des Tages wiedergibt. Rechteckig sind die Tage, Häuser und Straßen, die Menschen gleichen „Leibklötzen“[149]. Ähnlich stehen auch die Quadrate, die aus gleich langen Seiten bestehen, für die Unveränderbarkeit und immer gleich ablaufende Handlungen des Alltags. Unbeweglichkeit, Langeweile und Ruhe werden zudem durch die wiederkehrenden Farben Weiß, Grau und Gelb vermittelt. Die Erfahrung des Lebens verdichtet sich im gleichförmigen Wiederkehren von Zahlen, Figuren und Farben, also in der monotonen Abfolge abstrakter Formen. So gelingt es Vogel, mit sprachlichen Mitteln die Wirklichkeit auf ihre Grundlinien, auf einfache abstrakte Formen zurückzuführen, die Zeit wird stillgestellt. Ihr Programm ist dezidiert antiromantisch.

Der Gedichtband *Tagfiguren* [Tog-Figuren] blieb in Lemberg weitgehend unbeachtet. Der jüdische Dichter, Literaturkritiker und Redakteur Ber Schnaper[150] (1906–1936) nahm Vogels Werk deshalb zum Anlass, um den Zustand jiddischer Literatur zu diskutieren. In seinem 1930 erschienenen Text „In offene Karten. Über Dichtung, Konjunktur und Schablone“ konstatierte er:

> Das Buch *Tagfiguren* ist ein Experiment, ein poetisches Pendant zu neuen Formen in der heutigen Malerei, ein gewagter und gelungener Versuch einer neuen Art Dichtung. Bemerkenswerterweise wird das Buch gerade als solcher Versuch übergangen bzw. wütend abgestoßen. […] Wenn man heute zwanzig junge jiddische Dichter aus Polen versammelt und sie unter einem Namen herausgibt, so kann man eine Wette eingehen, daß sogar ein großer Kenner nicht merken würde, dass die Gedichte verschiedene Väter haben. So wenig unterscheiden sich die Autoren voneinander, so minimal differenziert sind Stoff, Form und Stil. Die junge Gedichtindustrie arbeitet heute nicht ins Blaue. Man weiß, was der Markt verlangt, und das liefert man. Gehört es sich „beschreibend“

149 Vgl. Debora Vogel: „Die zwölfte Stunde des Tages“ [di tsvelfte sho in tog] (1930), in: Dies.: *Die Geometrie des Verzichts*, a.a.O., hier S. 37. Auf Jiddisch: „layb-kletser“. Ebd.: S. 36.

150 Ber Schnaper gehörte zusammen mit Debora Vogel, Rachel Auerbach, Rachel Korn, Nochem Bomse, Israel Aschendorf, David Kenigsberg, Ber Horowitz, Schmuel Jakob Imber einer jiddischen Lemberger Avantgardegruppe an, die sich nach ihrer Zeitschrift „Zuschtajer“-Gruppe nannte. Diese Gruppe verfocht ein ästhetisches Bildungsprogramm, das die experimentelle Literatur für die Befreiung des Geistes einzusetzen forderte. Siehe dazu: Simon, Stratenwerth, Hinrichs (Hg.): *Lemberg: eine Reise nach Europa*, a.a.O., S. 200; Carrie Friedman-Cohen: *Yiddisch Literature in Galicia: Tsushtayer – Lemberg 1929–1932*, Jerusalem 2008.

> zu sein, werden alle „beschreibend", gehört es sich „proletarisch" zu sein, werden alle von heute auf morgen „proletarisch" – es lebe die Konjunktur! Es lebe der weiße Terror allgemeiner Dogmen![151]

Schnaper urteilt schonungslos: Die jungen jiddischen Dichter gehen kein Risiko ein, sie sperren sich vor neuen experimentellen Schreibstilen, passen sich an die etablierten Schablonen an, ihre Dichtung sei konformistisch und austauschbar. Im Unterschied dazu habe Vogel den Mut, „der breiten Konjunkturstraße nicht zu folgen"[152], und ihren eigenen Weg zu gehen. Sie zeige, dass auch die auf Jiddisch schreibenden Dichter sich der Moderne öffnen könnten, würden sie sich nicht den Moden unterwerfen.

Im gleichen Jahr 1930 beschreibt auch Vogel selbst in ihrem Essay „Der Mut einsam zu sein", wie schwierig es sei, „sich von jeglichem konventionellen Inhalt zu befreien"[153]. Die Einsamkeit, die den Künstler oft sogar sein Leben lang begleitet, lohne sich aber insofern, weil es „keinen Gedanken gibt, der nicht irgendwo und irgendwann einen zweiten Menschen finden würde, der ihn aufheben und verstehen wird"[154].

1931 veröffentlicht Debora Vogel dann unter dem Titel „‚Weiße Wörter' in der Dichtung" ihr eigenes poetisches Manifest. Sie fordert, bei literarischen Beschreibungen die einfachsten Worte – die sie als „weiße" Worte bezeichnet – einzusetzen, um die erzählte Wirklichkeit auf ihre elementarsten Strukturen zu reduzieren. Unter Berufung auf Irzykowskis 1929 unter dem Titel *Der Kampf um den Inhalt* [Walka o treść] erschienenen Literaturmanifest, das eigentlich „Kampf und die Form" hätte heißen können, da ihm die Form als eigentlicher Inhalt galt – schlägt sie vor, den metaphorischen Stil abzulehnen, da dessen barock-ornamentaler Charakter nicht den wahren Kern der Wirklichkeit treffe.[155] Die metaphorische Schreibweise sei ein misslungener Versuch, schablonenhafte Beschreibungen der Welt zu überwinden, der Einsatz von Metaphern erschwere unnötig die Darstellung der Wirklichkeit

---

151 Ber Schnaper: „In offene Karten. Über Dichtung, Konjunktur und Schablone. (Randbemerkungen zu einem neuen Gedichtband)" (1930), in: Debora Vogel: *Die Geometrie des Verzichts*, a.a.O., S. 571–572, hier S. 571f. Vgl. auch: Ber Schnaper: „in ofene karten. Vegn dikhtung, koniunktur un shablon (oyfn rand fun a nay bikhl poezie)", in: *der morgen* 4 (1930), 1121, S. 11.

152 Schnaper: „In offene Karten. Über Dichtung, Konjunktur und Schablone", a.a.O., S. 572.

153 Debora Vogel: „Der Mut einsam zu sein" (1930), in: Dies.: *Die Geometrie des Verzichts*, a.a.O., hier S. 480–482, hier S. 481. Vgl auch: Debora Vogel: „der mut tsu zayn eynzam", in: *der morgen* 4 (1930) 1223, S. 7–8.

154 Vogel: „Der Mut einsam zu sein" (1930), a.a.O., S. 482.

155 Vgl. Karol Irzykowski: „Zdobnictwo w poezji. Rzecz o metaforze" [Die Ornamentik in der Poesie. Das Problem der Metapher], in: Ders.: *Walka o treść* [Der Kampf um den Inhalt], a.a.O., S. 13–85.

und die Rezeption von Literatur. Ähnlich wie in der Malerei sich die Form als Kombination von Elementen der physikalischen Wirklichkeit erschöpft habe und heute keine ästhetischen Gefühle mehr wecke, so würden zwangläufig auch in der Literatur Metaphern durch beständigen Gebrauch immer mehr abgenutzt. Vogel verweist auf die Kunsttheorie der „reinen Form" von Stanisław Ignacy Witkiewicz, die zu begründen versuchte, dass nur durch den Bruch mit der Wirklichkeitsmimesis ein besonderer Zugang zur Kunst – ihre ‚reine Form' und mithin die „ästhetische Zufriedenheit"[156] erreicht werden könne (vgl. Kap. 4.7). Vogel teilt Witkiewiczs Auffassung des Begriffs der ‚Form', und verteidigt diese gegen Missverständnisse, wie sie unter anderem durch Irzykowski aufkamen, der ‚Form' als den eigentlichen ‚Inhalt' bezeichnete und so beide Begriffe zusammenfallen ließ.[157] Witkiewiczs Theorie der ‚Reinen Form' widmet sie daher einen eigenen Text, in dem sie sein Anliegen klarstellt und aufzeigt, inwiefern sein eigenes schriftstellerisches Werk diesem Konzept verpflichtet ist. Entstehen müsse die Dichtung der kühlen Statik:

> Die moderne Malerei weist eine Haupttendenz auf: Sie führt die Wirklichkeit auf die letzte Schicht des Tatsächlichen zurück, auf das Skelett der Dinge. [...] Dinge existieren nach dem Prinzip der Grenze und des Gleichgewichts bzw. der Statik. [...] Deshalb wurde der konkrete Stoff oft auf das Minimum der Stofflichkeit beschränkt, auf die geometrische Figur. [...] So präparierte man aus der Welt der Gegenstände die „reine Form" (gereinigt von fleischlicher und chaotischer Vielfalt, reduziert auf das Minimum der Lebensmaterie). [...] Parallel zur Theorie der statischen Faktizität und Sachlichkeit in der Plastik muß noch die Theorie einer neuen Dichtung der Statik erfunden werden.[158]

---

156 Stanisław Ignacy Witkiewicz: „Über die reine Form" (1931), in: Romana Schuler, Goschka Gawlik (Hg.): *Zwischen Experiment und Repräsentation. Der neue Staat. Polnische Kunst 1918–1939*, Ostfildern 2003, S. 308–311. Vgl. auch: Ders.: „O czystej formie" [Über die reine Form], *Głos plastyków* [Die Stimme der Künstler] 2 (1931) 10–12.

157 „Als paradox erwies sich die Konzeption der ‚Reinen Form' im Moment des Zusammenfallens bzw. des Gleichsetzens der Bedeutungen der Begriffe ‚Form' und ‚Inhalt'. [...] So wurde sie [die reine Form] an einigen Stellen in Karol Irzykowskis Buch (*Der Kampf um den Inhalt*) behandelt. In der Tat: Wenn die Form der Inhalt eines Kunstwerks ist, dann kann man sagen, dass der Inhalt die Form ist. Und schon sind die Formel und das Rezept fertig. Doch dass der Inhalt des Kunstwerks nicht im Sinne des Lebensinhalts zu verstehen ist, wird in dieser Formel vergessen." Vgl. Debora Vogel: „Pozycja Stanisława Ignacego Witkiewicza we współczesnej kulturze polskiej" [Stanisław Ignacy Witkiewiczs Position in der gegenwärtigen polnischen Kultur], in: *Pomost* [Die Brücke] 1 (1931), S. 1–5. Auch in: *Ogród* [Der Garten] 1 (1994), S. 213–219, hier S. 215. Zum Verhältnis von Debora Vogel und Stanisław Ignacy Witkiewicz vgl.: Janusz Dengler: „Debora Vogel i Witkacy", in: *Ogród* [Der Garten] 7 (1994) 1, S. 208–212.

158 Debora Vogel: „‚Weiße Wörter' in der Dichtung" (1931), in: Dies.: *Die Geometrie des Verzichts*, a.a.O., S. 411–419, hier S. 411f. Vgl. auch: Debora Vogel: „‚vyse verter' in der dikhtung", in: *tsushtayer* 3 (1931) 3, S. 42–48.

Und weiter:

> In dieser Hinsicht lohnt es sich, die Klassifizierung des polnischen Kritikers Karol Irzykowski näher zu betrachten. Er unterscheidet zwischen der „großen" und der „kleinen" Metapher. Er sagt: „Wenn ein Dichter seinen metaphorischen Drang stillen will, muß er das nicht mittels Metaphern im kleinen Maßstab tun, da auch andere Mittel und dichterische Formen vorhanden sind, die das Metaphorische erhalten. [...] Die Schlichtheit eines Stils und der Verzicht auf das Bildnerische [...] kann auch zu einem neuen Effekt werden."[159]

In ihrem Kampf gegen die Metaphern und mit dem Ideal formal-abstrakter Klarheit steht Vogel interessanterweise den Philosophen der Lemberg-Warschau-Schule nahe, die die Position des logischen Empirismus vertraten und die Klarheit und Präzision des Ausdrucks forderten. Sie versucht im Bereich der Kunst zur Klarheit vorzustoßen, indem sie mittels ihrer Montagetechnik ungegenständliche und monotone Formen konkret visualisiert und ihre Relationen zueinander sichtbar macht. Das Begreifen der formalen Struktur der Wirklichkeit vollzieht sich also über die Anschauung und nicht durch die logische Analyse der Sprache. Die geometrische Grundstruktur, die im Modus der Anschauung erfasst wird, ist die Bedingung der Wirklichkeitserkenntnis und nicht das logische Gerüst der Sprache, welches die Philosophen als formales Fundament der Erkenntnis behaupten.

3.3.3 *Die Realisierung der „Statik der kühlen Form"*: Schneiderpuppen. Gedichte (*1934*)

In ihrem zweiten 1934 ebenfalls in jiddischer Sprache erschienenen Band *Schneiderpuppen* [Manekinen][160], führt Vogel ein weiteres literarisches Experiment durch. Ähnlich wie in ihrem ersten Band *Tagfiguren* [Tog-Figuren] arbeitet sie auch hier mit geometrischen Motiven und Formen und setzt die Zahlwörter ein, durch deren monotonen Rhythmus sie den linearen Zeitablauf stillstellt. Die Wiederholung des immer Gleichen lässt die Zeit zyklisch erfahren.[161] Als Urheber der Monotonie werden die moderne Technik und Industrie ausgemacht. Im Zentrum der Darstellung stehen nun die visuellen und akustischen Eindrücke einer Stadt, durch die Züge und Straßenbahnen fahren, die optische Wirkung der Werbung und nicht zuletzt – wie der Titel des Bandes verrät – die Wahrnehmung von in Schaufenstern der Modegeschäfte

159 Vogel: „‚Weiße Wörter' in der Dichtung" (1931), a.a.O., S. 415.

160 Der Band *Schneiderpuppen. Gedichte* (1934) enthält insgesamt drei Gedichtzyklen: *Schneiderpuppen* (1930–1931), *Trinklieder* (1930–1932) und *Schundballaden* (1931–1933).

161 Hierin zeigen sich auffällige Parallelen zu Bruno Schulz Erzählung *August* [Sierpień], vgl. Kap. 3.2.

stehenden menschenähnlichen Puppen. Offensichtlich spielt Vogel damit auf Schulz' „Traktate über die Schneiderpuppen" an, die kurz zuvor in seinem Band *Die Zimtläden* [Sklepy cynamonowe] (1933) erschienen. Zudem experimentiert sie mit der Typographie, indem sie die Schriftart und -größe ändert. Zum Beispiel im Gedicht *IV*:

> Und rote und blaue Straßenbahnen
> bringen müde Passagiere zurück
> in flache Häuser, in denen man wohnt:
> jeder unter seiner Nummer.
> Erste Haltestelle. Zweite Haltestelle. Dritte.
> Breite Gasse … Lange Gasse … Gartengasse …
> Gartengasse … Lange Gasse … Breite Gasse …
> Erste Haltestelle. Zweite Haltestelle. Dritte.[162]

Aus dem Gedicht *Schneiderpuppen* [manekinen]:

> Drei runde Puppen aus rosa Porzellan
> lächeln verloren hinter Glasscheiben,
> als ob trauriges Blech, als ob Papier lächelte.
> Sie heben einen rosa Arm
> Sie heben einen zweiten rosa Arm
> Sie heben den ersten Arm …
> Sie zeigen blaue Rüschenkleider:
> Dieses Jahr ist Blau in Mode …[163]

Aus dem Gedicht *Stadtgroteske Berlin* [shtot-groteske berlin]:

> Violett ist schwül wie ein vertanes Leben
> und wie verspielte Dinge phantastisch
> und den ganzen Abend und die ganze Nacht
> kreist Violett an einer grauen Mauer.
> Die orangene Werbung an der zweiten Wand
> öffnet sich mit breiten Boulevards

---

162 Debora Vogel: „IV" (1934), in: Dies.: *Die Geometrie des Verzichts*, a.a.O., S. 181. Vgl. das Original: „un tramvayes royte un bloe / firn op mide parshoynen / in dem flakhn hoyz vu men voynt: / itlekhn unter zayn numer. / BRAYTE-GAS … LANGE-GAS … GARTN-GAS … / GARTN-GAS … LANGE-GAS … BRAYTE-GAS … / ersthe statsie. tsveyte statsie. srite." Ebd.: S. 180.

163 Debora Vogel: „Schneiderpuppen" (1934), in: Dies.: *Die Geometrie des Verzichts*, a.a.O., S. 197. Vgl. das Original: „dray lalkes kaylekhdike fun roze portselay / shmeykhlen unter gloz-shoybn farloyrn / vi troyerik blekh volt geshmeykhlt, vi papir / hoybn oyf eyn rozn orem / hoybn oyf dem tsveytn rozn orem / hoybn oyf dem ershtn orem … / prezentirn bloe royshndike kleyder: hay yor iz der ble-kolir in mode …" Ebd.: 196.

ähnlich wie altbekannte Städte und Häuser,
denen man sich nicht entziehen kann.
Bis uns eine Zitronenlandschaft erfrischt
mit der gläsernen Kühle des Verzichts
mit der Klugheit von Rechtecken und Kuben –
In violett orangenrot zitronengelb
Sind verzwickte Schicksale geschrieben:

Ufa-Film

Hotel Stadt Lemberg

= Ufa =

geschrieben mit violetten schwülen Buchstaben
Und nichts mehr ist geschrieben
Mit der Farbe verspielter Dinge …[164]

Vogels Gedichte versuchen den Einsatz der Metaphern konsequent zu reduzieren. Ihr Kampf gegen den beschreibenden, metaphorischen Stil nimmt in diesem Band zudem eine gesellschaftskritische Wende. Denn in ihrem Nachwort zu *Schneiderpuppen* [Manekinen] erklärt Vogel, dass der kubistische Stil, wie auch sie ihn zuerst vertrat, immer konstruktivistischer geworden sei, um dann in sein Gegenteil umzuschlagen und schließlich in eine neue Synthese zu münden. Um diesen Dreischritt (These-Antithese-Synthese) zu begründen, beruft sie sich abermals auf Hegels *Ästhetik:*

> Die Dialektik des Inhalts entwickelte sich nach dem herrlichen Hegelschen Gesetz:
> THESE: der raue Schematismus des Lebens; die Kühle und die heroische Monotonie; die monotone Rechteckfigur als Zeichen und Symbol des Lebensrhythmus; Stimmungen und Ereignisse, die man am genausten mit den Namen geometrischer Figuren bezeichnet und die den Sinn von Figuren enthalten: Urschemen der Kreisform und des Rechtecks. (Die physischen Transpositionen dieser zwei Prinzipien sind: Dynamik – das Warten – die mit dem Bild der elliptischen Linie verbundene Veränderung. Statik – die Stile vom Maß – das Unveränderbare samt der Monotonie der Wiederholung, samt dem Symbol der Rechteckfigur).

164 Debora Vogel: „Stadtgroteske Berlin" (1934), in: Dies.: *Die Geometrie des Verzichts*, a.a.O., S. 209–210, hier S. 209. Vgl. das Original: „fiolet iz dushne vi a farloyrn lebn / un vi a farshpilte zakh fantastish / un a gantsn ovnt un a gantse nakht / krayzt fiolet oyf a groer moyer. / un di marantsene reklame oyf a tsveyter vant / tseefnt zikh mit vayte prospektn / glaykh altbakante shtet un hayder / ven men kon fun zey inergets nisht avekgeyn. / biz es kilt unz op a tsitrongele landshaft / mit der glezerner kilkayt fun fartsikhtn / mit der klugshaft fun rekhtekn un kubn – / in fiolet marantsroyt tsitrongel / geshribn shteyn farplonterte mazoles: / UFA–FILM / Hotel City Lemberg / =Ufa= /steyt geshribn in fioletene dushne oyses / un mer gornisht steyt nisht geshribn / mit der farb fun farshpilte zakhn …" Ebd.: 208.

> Ein solches Lebensschema entspricht dem kubistischen Stil. Die Fortsetzung des Kubismus ist der Konstruktivismus. Das Hauptproblem wird hier das Aufdecken von entgegengesetzten Tendenzen des Lebens. Die Grenze zwischen dem maschinell-mechanischen und dem fleischlich-lebendigen Prinzip wird überschritten und verwischt. Daraus folgt eine Stimmung des Statischen mit einem Hauch der Wunderkraft.
> ANITHESE: Die Tragik der Monotonie und des Rechteck-Urschemas. Der blinde Wirbel der Dinge; der blinde Seelenwirbel, in dem sich zwei entgegengesetzte und einander ausschließende Möglichkeiten letztlich als unrealisierbar erweisen, denn keine von ihnen bringt Glück.
> SYNTHESE: Die Rehabilitation des Erreichbaren und des Möglichen – des „Lebens". Gemeint ist hier die Rehabilitation der Monotonie wie auch des Schunds und Tands als Stoff aller wesentlichen Ereignisse.[165]

Die Dialektik von Leben und abstrakter Kunst soll sich offenbar analog zur Hegel'schen Dialektik von Leben und Wissenschaft vollziehen. Stufen der Kunst und die zu ihnen gehörenden Kunstformen entsprechen Stadien des Geistes bzw. der gesellschaftlichen Entwicklung. Zuerst plädiert Vogel dafür, das Leben auf seine abstrakten Schemata, seine geometrischen Formen zurückzuführen. Die allgemeinsten Prinzipien, bei Hegel Sein, Nichts und Werden, kehren bei Vogel wieder als Statik und Dynamik, wobei Hegels Vorstellungen von organischer Entwicklung verabschiedet und als simultanes Widerspiel entgegengesetzter Tendenzen des Lebens selbst begriffen wird. Besonderes Augenmerk legt Vogel auf das Verhältnis von Leben und Maschine, – letztere ist für Hegel der Inbegriff des Toten. Nach Vogels Überzeugung ist diese Grenze in der modernen Kunst verwischt, das Mechanische erscheine gleichsam beseelt und das Lebendige konstruiert. Diese Spannung schlage dann in ihre Antithese, weil die gewonnene Einheit von Form und Leben nur als eine monotone zu haben ist, und darin liege ihre Tragik. Doch sei eine Synthese möglich, wenn die Monotonie umgewertet und das scheinbar Alltägliche, Gewöhnliche als das Wesentliche der Wirklichkeit erkannt werde.

Um den Hegel'schen Hintergrund von Vogels Verständnis der Kunst scheint auch Ber Schnaper zu wissen, der ihren zweiten Band ebenfalls rezensierte. Er konstatierte:

> Es gibt keine andere Dichterin, deren Gedichte so sehr einer Erklärung bedürfen wie die von Debora Vogel. [...] In eine Reihe von Konstruktionen aus gewöhnlichen und einfachen oder „weißen Wörtern" [...] versucht Vogel, ihr Weltbild festzuhalten, in dem alles Zahl, Maß und Berechnung ist. Auf ihre äußerste Faktizität reduziert ist dort die Vielfalt und Buntheit dessen, was wir „unser

165 Debora Vogel: „Nachwort zu ‚Schneiderpuppen'" (1934), in: Dies.: *Die Geometrie des Verzichts*, a.a.O., S. 294–295.

> Leben" nennen, nichts mehr als nur eine Beigabe, ein „Überbau" zum einzigen tatsächlichen und bestehenden Lebensschema: zur Monotonie! Die Monotonie, so heißt es, ist das Unveränderliche und Unbewegliche, also das Stabile und Statische des Lebens. Sie täuscht nur vor, diese Vielfalt und Fülle von Dingen und Ereignissen, von Tatsachen und Geschehen, die sich auf der statischen Lebensbühne abspielen. Diese sind in Wirklichkeit stark beschränkt und stabil und wiederholen sich sehr beständig, und das ewige Vibrieren verschafft uns die Illusion von Vielfalt und Buntheit, von Bewegung und Geschehen – die Illusion der Dynamik.[166]

Schnaper erkennt in Vogels Gedichten einen Kampf gegen die Täuschungen und Illusionen einer monoton gewordenen Welt, die uns Vielfalt und Lebendigkeit nur noch vorgaukelt. Im Versuch, die Prinzipien der modernen Malerei innerhalb der Literatur umzusetzen, sieht er schließlich Vogels besonderes Verdienst. Statik kennzeichne den Bereich der Bildenden Kunst, Dynamik hingegen werde durch das Wort ausgedrückt. Die Aufgabe wäre nun „durch Dynamik das Statische auszudrücken"[167]. Daher fragt er: „Wird Debora Vogel Tote beleben? Ihre zwei Gedichtbände sollten beweisen, daß eine solche Art Lyrik möglich ist."[168] Das ist der Ausgangspunkt für Vogels dritten Band.

3.3.4 *Montierte Wirklichkeiten*: Akazien blühen. Montagen (*1935*)

Das poetische Prinzip der Montage entwickelt Vogel in ihrem dritten (und letzten) Band *Akazien blühen* [Akazies blien / Akacje kwitną] weiter, der 1935 auf Jiddisch und 1936 auf Polnisch (in eigener Übersetzung) erschien.[169] Diesmal widmet sie sich der Prosa.[170] Das Buch wurde – im Unterschied zu ihren

166 Ber Schnaper: „Die Lyrik kühler Statik" (1935), in: Debora Vogel: *Die Geometrie des Verzichts*, a.a.O., S. 573–576, hier S. 573. Vgl. auch: Ber Schnaper: „di lirik fun kile statik", in: *literarishe bleter* 12 (1935) 40, S. 642f.

167 Schnaper: „Die Lyrik kühler Statik" (1935), a.a.O., S. 576.

168 Ebd.: S. 575.

169 Der Band *Akazien blühen. Montagen* enthält drei Zyklen mit Erzählungen: *Blumengeschäfte mit Azaleen* (1933), *Akazien blühen* (1932) und *Der Bau der Bahnstation* (1931). Die jiddische Ausgabe erschien in der chronologischen Reihenfolge. Vgl. Karolina Szymaniak: „Posłowie. Atom nieodłączalny smutku. Na marginesie montaży Debory Vogel" [Nachwort. Ein Atom der unzertrennlichen Wehmut. Am Rande der Montagen von Debora Vogel], in: Debora Vogel: *Akazje kwitną. Montaże* [Akazien blühen. Montagen] Kraków 2006, S. 149–176; hier S. 164.

170 Vgl. Laura Rescio: „„I znowu kwitną akacje ...'". Interpretacje nader niefortunnej ‚niepowieści' Debory Vogel ‚Akacje kwitną" [„Und wieder blühen Akazien." Interpretationen eines misslichen Nicht-Romans von Debora Vogels „Akazien blühen"], in: *Poznańskie Studia Polonistyczne* [Posener Polonistische Studien] 4 (1997), S. 211–230; Małgorzata Pater: „Narrator nieobecny? Struktura narracji w utworze Debory Vogel ‚Akacje kwitną. Montaże'" [Ein abwesender Erzähler? Die Erzählstruktur in Debora Vogels Werk ‚Akazien

früheren Lyrikbänden – weder mit einer Einleitung noch mit einem Nachwort versehen, war dafür aber mit Zeichnungen des jüdischen Avantgardemalers Henryk Streng [Marek Włodarski] (1903–1960) illustriert (z.B. Abb. 13 und 14). Vogel kommentiert Strengs Illustrationen später selbst in einem eigenen Essay.[171] Dabei hebt sie an Strengs Zeichentechnik vor allem den Einsatz von geometrischen Elementen wie Zylinder und Kegel hervor. Seine Zeichnungen seien keine „getreuen Textwiedergaben"[172], doch realisiere er in einem anderen Medium was sie mit Worten zu sagen versucht habe. Einige Beispiele sollen Vogels Schreibweise in ihrem Prosawerk aufzeigen und die Kontinuität ihres Konzeptes verdeutlichen.

Gleich in der ersten Erzählung, die den schlichten Titel *Die Straßen und der Himmel* [Ulice i niebo] trägt, führt Vogel vor, wie sich das neue Erzählen als Negation des traditionellen konstituiert. Konventionelle Formen werden zunächst beschworen, dann aber verabschiedet. Realisiert wird eine Poetik des Verzichts, die durch textimmanente Reflexionen kommentiert wird:

> An diesem Tag spiegelten die Straßen den Himmel. Und der Himmel war grau und warm. [...]
>
> Alle, die sich an jenem Tag auf den Straßen befanden, verzehrten sich einfach nach einer unverhofften Begegnung. [...]
>
> Schließlich ergriff die Menschen eine unbeholfene und unerklärliche Sehnsucht nach einem Roman, lang und ausführlich, mit einer genauen Darstellung des Schicksals eines Helden, auch wenn das altmodisch wäre.
>
> Ein solcher Roman sollte unbedingt mit folgenden Worten anfangen: „An jenem Tag ...", „An einem grauen Tag mit Straßen wie graue süße Meere ... ging die Straße entlang L. – ein Herr in hellem Mantel und mit schwarzer Melone – und rechnete mit seinem bisherigen Leben ab ..."
>
> In solchem Stil sollte der Roman gehalten sein, und mit ungefähr solchem Inhalt sollte alles anfangen in der Romanze, nach der man sich jetzt so plötzlich und unwiderruflich sehnte.
>
> Darum ging es eben: Wie könnte das Leben verlaufen, was könnte das ganze gewöhnliche Leben lang passieren, und wie könnten Menschenschicksale aus dem Nichts entstehen.[173]

---

blühen'], in: *Roczniki Humanistyczne* [Humanistische Jahrbücher] 57 (2009) 1, S. 115–143; Katarzyna Migdał: „Awangardowe oblicze realizmu. Montaż literacki Debory Vogel" [Das avantgardistische Anlitz des Realismus], in: *Zeszyty Naukowe Uniwersytetu Jagiellońskiego* [Wissenschaftliche Hefte der Jagiellonen-Universität] 2 (2011) 1, S. 7–34.

171 Vgl. Debora Vogel: „Henryk Streng – der konstruktivistische Maler" (1937), in: Dies.: *Die Geometrie des Verzichts*, a.a.O., S. 459–461. Vgl. auch: Debora Vogel: „Henryk Streng – malarz konstruktywizmu", in: *Nasza Opinja* [Unsere Meinung] 5 (1937) 96, S. 6.

172 Vogel: „Henryk Streng – der konstruktivistische Maler" (1937), a.a.O., S. 461.

173 Debora Vogel: „Die Straßen und der Himmel" [Ulice i niebo] (1935), in: Dies.: *Die Geometrie des Verzichts*, a.a.O., S. 325–326, hier S. 325.

Vogel beschreibt den traditionellen Roman als Wunschprodukt leerer Sehnsüchte. Statt die Leere mit Illusionen zu füllen, solle nun die Erfahrung der alltäglichen Langeweile zur Form einer neuen Art des Erzählens werden, ein Erzählen, das die Monotonie des Alltags aufnimmt und zu seinem Prinzip macht. Dramatische Elemente, die Handlung, die Psychologie der Figuren, überraschende Wendungen und nicht zuletzt Naturbeschreibungen spielen keine Rolle mehr. Die Erzählweise wird unpersönlich, sachlich, monoton, und die dargestellte Welt ent-individualisiert. Diese Negation ist also der zweite Schritt, die Antithese. Dann aber wird die Monotonie selbst ins Positive gewendet, sie wird zum produktiven Prinzip und als Hoffnung für ein neues Schreiben entdeckt, – die Synthese, das dritte Prinzip der Hegel'schen Dialektik tritt nun endlich auch in der Kunst zutage:

> In den meeresgrauen Straßen begann indessen tatsächlich eine neue, von vielen noch nicht wahrgenommene Romanze des gewöhnlichen Lebens.
>
> Die Straßen in dieser Romanze rochen nach Elastizität, nach Glas und nach Gehen. Sie rochen nach etwas Ungewöhnlichem: nach Härte und Rundsein der Gegenstände.
>
> In den Straßen verhärtete sich der Raum, wie die leimige und liederliche Masse, zu merkwürdigen Dingen, zu allerlei Rundungen und Ebenen, hauptsächlich in Weiß und Grau. […]
>
> Und vorhanden sind hier solche Dinge wie: kugelige, quadratische und rechteckige Ebenen. (In der gewöhnlichen Terminologie sind es: Kleider, Möbel, Asphalte und Menschen.)
>
> Die Menschen in diesem Roman leben wiederum von solchen Dingen wie weiße, graue bzw. kolorierte Flachheit und Kugelförmigkeit. Sie warten darauf wie auf ein einmaliges Abenteuer.
>
> Das erste Kapitel dieser Romanze begann ungefähr folgenderweise: „Im grauen Himmel standen die Mauern, weiß wie Atlas. Die Mauern standen und sahen wie Lack und Papier aus. Die Straßen entlang gingen Menschen: die Figuren herausgenommen und herausgesucht aus einer Romanze namens Leben.[174]

Die Wirklichkeit wird im neuen Roman aus geometrischen Formen und Farbflächen konstruiert. Es gibt hier keinen individuellen Protagonisten, keine Expression von Gefühlen, sondern nur eine Masse, Figuren ohne Gesichter, die mechanischen Gesetzen unterworfen sind, Menschen als statistische Größen (Abb. 13) – dennoch warten sie auf Abenteuer, – das Warten (obwohl es vergeblich ist) ist das eigentliche Ereignis dieser Romanze, oder anders formuliert: Das Abenteuer ist die statische Form.

174 Vogel: „Die Straßen und der Himmel" [Ulice i niebo] (1935), a.a.O., S. 326.

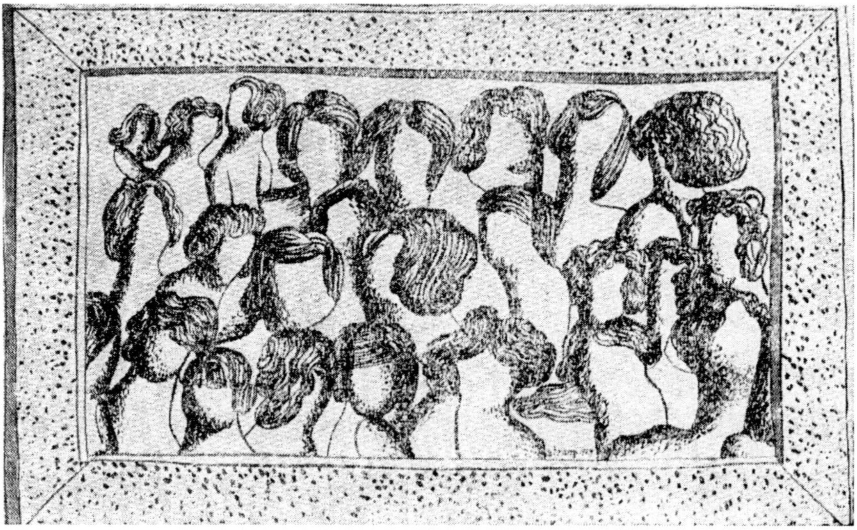

Abb. 13 Henryk Streng [Marek Włodarski]: Illustration zum Buch *Akazien blühen* (1935)[175]

In der Erzählung *Die Soldaten marschieren* [Żołnierze maszerują] wird die Monotonie durch die Wiederholung des synchronen Marschierens der Soldaten vermittelt, in der die mechanisch ablaufende Bewegung den Eindruck von Lebendigkeit erzeugt und zugleich stillstellt. Die schematisierte Form der Bewegung hat zudem die Funktion, die Wirklichkeit in einem engen und festen Rahmen wiederzugeben. Durch diese Rahmungen wird die Wirklichkeit geometrisiert und in diesem geometrisierten Raum lässt sich eine Vielheit von Ereignissen gleichzeitig darstellen. Dieses Konzept nennt Vogel ‚Simultaneität', – es ist das Hauptprinzip ihres Montageverfahrens:

> Auf den Straßen marschieren Soldaten. Sie marschieren in großen Rechtecken, bekleidet mit Uniformen in hellblauem Grau, im Grau eines warmen Tages ohne Sonne. Um auf den hellblauen Soldatenuniformen gibt es vier Knöpfe – blankgeputzt vier Knöpfe, genau kugelrund. Die Soldatenmenschen stehen senkrecht stramm. Jetzt geht das linke Bein nach oben, jetzt das Rechte. Jetzt kehrt jedes Bein wieder getrennt unter einem steifen geraden Winkel auf den Asphalt zurück. Und plötzlich scheint es, als dächten sie mit diesen Beinen; als dächten sie mit den im Marsch versunkenen Beinen über etwas Kantiges und Flaches nach; vielleicht über das Ereignis dieses Gehens in großen hellblauen Rechtecken aus Soldatenuniformen und blankgeputzten Knöpfen? […]
>
> Dieses hellblaue Rechteck marschierender Soldaten half in diesem Sommer „zum Leben zurückzukehren". So sehr ähnelte das Geschehen dem Leben selbst.

175 Aus: Debora Vogel: *Akazje kwitną. Montaże* [Akazien blühen. Montagen], a.a.O., S. 40.

Nacheinander blühten auf: Jasmin, Akazie, zuletzt Linde. […] All das wurde durch das hellblaue Soldatenrechteck verursacht: Es erfüllte die Rolle des Glücks in jenem Jahr ohne Fliegen und ohne Hitze.[176]

Abb. 14 Henryk Streng [Marek Włodarski]: Illustration zum Buch *Akazien blühen* (1935)[177]

Vogels Prinzip der Simultaneität beruht darauf, verschiedene Ereignisse auf derselben Ebene parallel zu behandeln und so das übliche narrative Strukturschema einer Geschichte außer Kraft zu setzen. Die Soldaten marschieren, während die Akazien blühen. Die Bewegungen der Soldaten werden mit der Farbe und Form ihrer Uniformen synchronisiert. Die Hierarchie der Dinge wird aufgehoben. Große Ereignisse werden genauso wichtig wie die bislang marginalen. Der neue Lebenswert heißt: Banalität.

In der Erzählung *Man braucht neue Rohstoffe* [Nowe produkty są potrzebne] greift Vogel sowohl auf Irzykowskis ‚Pałuba'-Begriff als auch auf Schulz' Motiv der ‚Materie' zurück und reflektiert beide im Hinblick auf das Verhältnis

176 Debora Vogel: „Die Soldaten Marschieren" [Żołnierze maszerują] (1935), in: Dies.: *Die Geometrie des Verzichts*, a.a.O., S. 334–336, hier S. 335f.

177 Aus: Debora Vogel: *Akazje kwitną. Montaże* [Akazien blühen. Montagen], a.a.O, S. 27.

von Mensch und Technologie. Die neue Materie ist nicht wie bei Schulz der illusionäre Stoff, mit dem man die Träume füllt, sondern die Sehnsüchte versteinern zu konkreten und gewöhnlichen Dingen, welche die alten Stoffe ersetzen. Genau an dieser Stelle, wenn es um die Materialisation eines ungreifbaren Gefühlszustands geht, wird dem ‚Materie'-Begriff die adjektivische Form von ‚Pałuba' vorangestellt. Die deutsche Übersetzung (von Anna Misiak) wählt etwas unglücklich dafür das Wort „puppenhaft":

> Die Sehnsucht ist ein klebriger Stoff der Lebensangelegenheiten.
>
> Und genau so wie aus dem Leben beschloß man, klebrige, zügellose Stoffe voller weicher Gelüste aus der Produktion auszuschließen.
>
> Ersetzt wurden sie durch große Tropfen von verdichtetem Grau, unterschiedlich schwer und gestimmt: Es gab hier das leichte und melancholische Grau des Betons und das starke Maschinengrau des Eisens; den elastischen Stahl und das phantastische Blech, das nur das möchte, was es gibt. Schließlich das Glas, ein unbeholfener Tropfen einer großen, farblosen und schon kühlen Träne. [...]
>
> Die puppenhafte [*pałubiasta*] Materie der Welt trat in die vollkommenste Etappe des Lebens ein: in das für ihr Schicksal entscheidende Zeitalter der künstlichen Formen.[178]

In der Welt von Vogels Erzählerin sind die menschlichen Tränen ersetzt durch flüssigen Beton und geronnenes Glas. Die erstarrte Welt der künstlichen Formen, bewegungslos und grau hat ihre eigene Melancholie, im Verzicht auf Illusionen scheint hier die neue Vollkommenheit zu bestehen. Zugleich aber verweist die Melancholie, die den Dingen dennoch anhaftet, auf den Verlust ehemaliger Erfahrungsmöglichkeiten in der neuen künstlichen Welt. Das ‚Pałuba' bzw. ‚Materie'-Motiv erhält in Vogels Werk erkennbar eine gesellschaftskritische Komponente.

In *Neue Schneiderpuppen gehen* [Nowe manekiny idą] setzt sich Vogel mit der Rolle des Menschen in der neuen Welt auseinander. Anders als in Bruno Schulz' *Traktate über die Schneiderpuppen* [Traktaty o manekinach], auf den sie sich direkt bezieht, und dessen Schneiderpuppen Produkte der Kultur sind, tote Objekte, die dem menschlichen Leben zwar ähneln, aber eben nicht leben, macht Vogel keinen Unterschied zwischen Menschen und Schneiderpuppen.[179] Für sie sind Menschen lebendige Schneiderpuppen. Es gibt – aus

178 Debora Vogel: „Man braucht neue Rohstoffe" [Nowe produkty są potrzebne] (1935), in: Dies.: *Die Geometrie des Verzichts*, a.a.O., S. 357–358.

179 Vgl. Barbara Sienkiewicz: „Wokół motywu manekina. Bruno Schulz i Debora Vogel" [Um das Schneiderpuppe-Motiv. Bruno Schulz und Debora Vogel], in: Małgorzata Kitowska-Łysiak, Władysław Panas (Hg.): *W ułamkach zwierciadła. Bruno Schulz w 110 rocznicę urodzin i 60 rocznicę śmierci* [In Scherben eines Spiegels. Bruno Schulz am 110. Geburtstag und am 60. Todestag], Lublin 2003, S. 381–409.

der ästhetischen Optik betrachtet – keinen Unterschied zwischen ihnen. Die Puppen haben Seelen, die Menschen sehen wie aus Porzellan aus, ihre Seelen sind stofflich:

> Derzeit entdeckte man auch in den Menschen die Seele der Stoffe:
> Die Seele des unbeholfenen Porzellans.
> Die Seele des Papiers und des Holzes.
> Die Seele des Eisens. Die Seele des Blechs.
> Gleichzeitig gingen Puppen auf die Straßen der Stadt hinaus, verschiedene Puppenentwürfe. Da war es ein Frauenkopf mit einem Tropfen Zügellosigkeit, alles wie auf Bestellung. […]
> In diesen Puppen war sogar die Melancholie in harten, gleichmäßigen Linien aufgepresst: in Augenbrauen, kalligraphiert mit schwarzem Henna; in Lippen, abgezirkelt mit Lippenstift der Marke „Kameleon"; in 2 symmetrischen rosa Flecken auf den Backen.[180]

Die Menschen laufen durch die Straßen wie Schneiderpuppen, alle gleich geschminkt, – seriell gefertigt, ohne individuelle Identität.

Die ent-individualisierte Wahrnehmung der Welt in *Akazien blühen* [Akazies blien / Akacje kwitną] stieß in Lemberg ebenfalls auf scharfe Kritik seitens jiddischer Rezensenten. Ihr unermüdlicher Unterstützer Ber Schaper lebte zu diesem Zeitpunkt nicht mehr. Vogel stand daher zunächst alleine an der Frontlinie im Kampf um die abstrakte Kunst und die Kritik an ihrem Werk ähnelt jener, die Irzykowski aufgrund seiner formalen Romankonstruktion drei Jahrzehnte früher erfahren hatte.

So zeigte sich der jiddische Schriftsteller Eliezer Blum *alias* Alquit (1896–1963) von dem neuen poetologischen Stil Vogels aufs Äußerste irritiert: „Im ganzen Buch werden Sie keinen einzigen Menschennamen finden, keinen Menschen, der einen Namen bräuchte. Nur einmal ist Vogel ein Name beinahe rausgerutscht; sie ließ die Initiale ‚L' übrig, so als wäre es ein Spott."[181] Der Mensch sei für Vogel anonym, seine Einstellung zum Leben negativ. Deshalb reduziere sie die Menschen auf Schneiderpuppen und schwere spazierende Torsi. Ihr größter Verdienst sei jedoch die Nähe zur modernen Malerei. „Die Autorin sieht die Wörter eher, als daß sie sie hört."[182]

---

180 Debora Vogel: „Akazien blühen. Montagen: Neue Schneiderpuppen gehen" [Nowe manekiny idą] (1935), in: Dies.: *Die Geometrie des Verzichts*, a.a.O., S. 358–359.

181 B. Alquit [Eliezer Blum]: „Moderne Prosa" (1935), in: Debora Vogel.: *Die Geometrie des Verzichts*, a.a.O., S. 585–588, hier S. 587. Vgl. auch: B. Alquit [Eliezer Blum]: „moderne prose", in: *in zikh* 16 (1935) 17, S. 132–135.

182 B. Alquit [Eliezer Blum]: „Moderne Prosa" (1935), a.a.O., S. 588. Vgl. dazu auch: Debora Vogel: „Antwort auf. B. Alquits Besprechung von ‚Akazien'" (1936), in: Dies.: *Die Geometrie*

Der Literaturkritiker Joschue Rapoport verglich Vogel böse mit einem im engen Laufrad eingesperrten Eichhörnchen, das sich nicht vorwärts bewegt, sondern stets auf der gleichen Stelle tritt. Ihr zweiter Band sei mit dem ersten identisch, und ihr dritter Band ähnle stark dem ersten und zweiten. Für ihn ist ihr literarisches Experiment gescheitert:

> Es ist schade, daß Debora Vogel ihre Begabung in einem engen Kreis bestimmter Kunstideen einsperrte und diese mit einer Sturheit bedient, die bei einer anderen, fruchtbareren Arbeit eingesetzt werden sollte. Das menschliche Wort dazu zu zwingen, sich nur geometrisch-malerisch zu verhalten wie auch das Leben auf Rohstoffe und primitive Linien zu reduzieren, ist Sisyphusarbeit. [...] Laborexperimente werden doch gemacht, um im Leben fruchtbare Wirkung zu erzielen. Sollten sie sich als lebensuntüchtig erweisen, muß man sie beenden."[183]

Offenkundig fehlte dem Rezensenten jedwede Kenntnis der neueren Entwicklungen in den Künsten der internationalen Moderne oder er lehnte diese aus weltanschaulichen Gründen ab. Ein Verständnis für die artistischen Formexperimente brachte er nicht auf.[184]

Polnische Rezensenten monierten bei Vogel vor allem die Nähe zu Bruno Schulz' kurz zuvor erschienenem Band *Die Zimtläden* [Sklepy cynamonowe]. Die einflussreiche Schriftstellerin Zofia Nałkowska (1885–1954), die eine wichtige Förderin von Bruno Schulz gewesen war, schrieb: „Es ist eine dermaßen sonderbare literarische Haltung, daß sie beinahe unglaubwürdig zu sein scheint. Man vermutet Schulz (da es hier auch „Schneiderpuppen" gibt)."[185]

Der Essayist Marian Promiński (1908–1971) bezweifelte, dass die Schreibtechnik Vogels zu überpersönlichen Wahrheiten führe und monierte, dass „sich das Leben und seine Berechtigung in der Kunst nicht allein durch Farbe, geometrische Formen, Gefühlsetiketten, Pappe, Kleber und Make-up

---

des Verzichts, a.a.O., S. 589–590; B. Alquit: „Antwort auf Debora Vogels Brief" (1936), in: Debora Vogel: *Die Geometrie des Verzichts*, a.a.O., S. 590–591.

183 Joschue Rapoport: „Wie ein Eichhörnchen im Laufrad" (1936), in: Debora Vogel: *Die Geometrie des Verzichts*, a.a.O., S. 591–593, hier S. 593. Vgl. auch: Joschue Rapoport: „vi a vevirke in rod", in: *shoybn* (1936) 4, S: 37ff.

184 Immerhin hob der Dichter J. Weisman hervor, dass Vogels Buch innerhalb der jüdischen Literatur eine neue Möglichkeit des Schreibens aufzeige, obgleich zwischen ihr und der modernen Dichtung ein Abgrund liege, den sie nicht zu überschreiten vermocht habe. Vgl. J. A. Weisman: „Debora Vogel und ihre ‚Monotonie'" (1936), in: Debora Vogel: *Die Geometrie des Verzichts*, a.a.O., S. 583–584.

185 Zofia Nałkowska: „Akazien blühen" (1936), in: Dies.: *Die Geometrie des Verzichts*, a.a.O., S. 597. Vgl. auch: Zofia Nałkowska: „Debory Vogel ‚Akacje kwitną'", in: *Studio* (1936) 2, S. 62.

erschöpfend darstellen läßt"[186]. Allerdings lobte er Vogels Kenntnisse der bildenden Kunst.

Eine vernichtende Rezension schrieb der Literaturkritiker Emil Breiter (1886–1943), der Vogel einen Mangel an Persönlichkeit und schriftstellerische Naivität vorwarf: „Die Autorin pflegt die unerträglichste Art des Schreibens: eine ernstgemeinte Trivialliteratur, die sich von der gewöhnlichen Trivialliteratur dadurch unterscheidet, daß sie sich einer eigenen Theorie bedient, durch die Intellektuelle getäuscht werden können. Von der Schreibkunst unterscheidet sich die erstgemeinte Trivialliteratur durch die Schreibunfähigkeit."[187]

Angesichts der vielen negativen Reaktionen entschließt sich nun Bruno Schulz, Vogels Band zu rezensieren. Seine Besprechung scheint die einzig positive zu sein. Er erklärt die Unterschiede zwischen seiner und Vogels Schreibtechnik und entzieht so dem Plagiatsvorwurf die Grundlage. Zugleich betont er die Radikalität von Vogels Buch und lobt den mit ihren ästhetischen Verfahren konsequent vollzogenen Bruch mit den konventionellen Form- und Erzählprinzipien des traditionellen Romans. Dass Vogel sich nicht mit individuellen Schicksalen und Charakteren beschäftige, ermögliche gerade eine neue Art des Schreibens, die wiederum neue Wahrnehmungen eröffne. Vogel brauche dafür keinen realistischen Stoff: „In ihrem Buch gibt es keinen individuellen Helden, es gibt hier eine anonyme Menge Puppen, Schneiderpuppen aus Friseurvitrinen, Passanten mit steifen Melonen, Maniküren und Kellner, die ins Triebwerk der Stadt, ins ‚Flanieren' verwickelt sind. Es sind geschichtslose und Identitätsfreie Figuren."[188] Vogels Art zu schreiben sei nah an der modernen Malerei: „Die Reduktion des Menschen auf einen Spielstein, auf eine mechanische Figur, auf einen Knauf mit der Melone hat die Autorin mit der konstruktivistischen, von der modernen Kunst aufgezwungenen Vision der Welt gemein."[189] Um keine Zweifel zu lassen, wie sehr sich Vogels Werk von seinem unterscheidet, attestiert Schulz Vogel eine psychologische Art, die Wirklichkeit darzustellen, die er als „weiblich" charakterisiert: „Es ist ein Buch, mit dem man sich nicht vertraut macht, und es ist äußerst weiblich; weiblich

---

186 Vgl. Marian Promiński: „Akazien blühen" (1936), in: Debora Vogel: *Die Geometrie des Verzichts*, a.a.O., S. 597–598, hier S. 598. Vgl. auch: Marian Promiński: „Akacje kwitną", in: *Sygnały* [Signale] 4 (1936) 15, S. 8.

187 Emil Breiter: „Debora Vogel. ‚Akazien blühen. Montagen'" (1936), in: Debora Vogel: *Die Geometrie des Verzichts*, a.a.O., S. 599–600, hier S. 599. Vgl. auch: Emil Breiter: „Debora Vogel. Akacje kwitną. Montaże", in: *Wiadomości Literackie* [Literarische Nachrichten] (1936) 11, S. 4.

188 Bruno Schulz: „Akazien blühen" (1936), in: Debora Vogel: *Die Geometrie des Verzichts*, a.a.O., S. 601–605, hier S. 602. Vgl. auch: Bruno Schulz: „Akacje kwitną" [Akazien blühen], in *Nasza Opinja* [Unsere Meinung] (1936) 72, S. 9.

189 Schulz: „Akazien blühen" (1936), a.a.O., S. 602.

in Empfindungsart und in psychischer Materie, wie auch weiblich in seinem vegetativen Rhythmus, in der kosmischen Extraktion von Pulsen, Perioden und Fluktuationen eines mit Rhythmus aller Dinge verbundenen Wesens"[190]. Sollte jemand eine Analogie zu seinem Werk sehen, zeuge dies von keinem tiefen Verständnis von Vogels Werk.

Betrachtet man Vogels Werk nicht aus der lokalen Froschperspektive ihrer meisten Kritiker, sondern im internationalen Kontext, wird deutlich, wie stark sie avantgardistische Strömungen der Moderne, insbesondere den Kubismus adaptierte und zu ganz eigenen künstlerischen Schöpfungen transformierte. Es greift auch zu kurz, den ästhetischen Rang ihrer Gedichte und ihrer Prosa nur über einen Vergleich mit Bruno Schulz zu bestimmen. Vogel kannte zwar Schulz' Schaffen gut, doch die entscheidenden Anregungen und Vorbilder bezog sie aus anderen Quellen. In ihrem 1935 unter dem Titel „Der Dialektik-Roman" [Romans djalektyki] erschienen Artikel gab sie an, dass ein großes Vorbild für sie der österreichische Schriftsteller Rudolf Brunngraber (1901–1960) war, dessen 1932 erschienener Roman *Karl und das zwanzigste Jahrhundert* ihr Konzept der Simultaneität vorwegnahm.

Der Roman steht kritisch-programmatisch zur Tradition des bürgerlichen Entwicklungsromans. Dargestellt wird exemplarisch das Leben eines durchschnittlichen Menschen namens Karl Lakner im Kontext seiner Epoche. Von Interesse ist hier also nicht das Individuum als Individuum, sondern nur insofern es den statistischen Durchschnittswerten seiner Zeit entspricht. Die Geschichte wird chronologisch berichtet und stets durch Fakten, Daten, Informationen aus dem Bereich der Wirtschaft, Technik und Politik unterbrochen und unterfüttert. Die Einschübe liefern historische Quellen, reale Ereignisse werden z.B. in Form von genrefremden Textsorten wie Zeitungsberichte, wissenschaftliche Texte, Politikerreden, Werbeslogans präsentiert und zu einem Panorama der Zeit zusammenmontiert. Zugleich wird in einem gleichberechtigten Handlungsstrang das Schicksal Karl Lakners, dessen Leben im Getriebe des Kapitalismus scheitert, nüchtern geschildert.[191]

---

190 Ebd.: S. 603.

191 Vgl. dazu: Christoph Fuchs: „Rudolf Brunngraber (1901–1960)", in: *Literatur und Kritik* 32 (1997), S. 317–18, 103–109; Evelyne Polt-Heinzl: „Das Kommando der Dinge oder Was ein Bimmerling lernen kann. Überlegungen zu Rudolf Brunngrabers Arbeitslosenroman ‚Karl und das 20. Jahrhundert' (1932)", in: Fausto Cercignani (Hg.): *Studia austriaca* III (1995), S. 45–63; Edwin Rollett: „Rudolf Brunngraber", in: *Wort in der Zeit* 6 (1960), S. 3, 7–15; Wendelin Schmidt-Dengler: „Statistik und Roman – Über Otto Neurath und Rudolf Brunngraber", in: Friedrich Stadler (Hg.): *Arbeiterbildung in der Zwischenkriegszeit: Otto Neurath – Gerd Arntz*, Wien 1982, S. 119–124; Sylwia Werner: „Montierte Zeit. Synchronizität und Simultaneität in Rudolf Brunngrabers Roman ‚Karl und das zwanzigste

In ihrer Analyse dieses Romans hebt Vogel an dieser Montagetechnik das zeitgleiche Darstellen von Elementen und Ereignissen hervor, die verschiedenen Ordnungen angehören, um so die Geschichte als ein verworrenes Knäuel von Ursachen und Folgen erscheinen zu lassen. Ihrer Auffassung nach gelang es Brunngraber, einen gesellschaftlichen Gesamtprozess darzustellen, ohne in die Falle zu tappen, ein Ereignis hervorzuheben. Der allgemeine gesellschaftliche Prozess (und nicht das Individuum) sei hier der eigentliche Held. Bei ihrer Analyse bedient sich Vogel wieder der Kategorien Hegels, die sie allerdings pluralisiert. Es gilt nicht mehr die eine Entwicklung des Geistes in seinen verschiedenen Manifestationen einzufangen, sondern die Vielfalt und Buntheit des Tatsächlichen ohne Zweckgerichtetheit mit literarischen Mitteln auszubreiten:[192]

> Aus dieser Auslegung der Geschichte als Sammlung von Heldentaten und deren Konsequenzen ergab sich die Tatsache, daß der historische Roman nach alter Art das Lebhafte der Geschichte, die Buntheit von Tatsächlichem und Banalem, das „Romanhafte" der historischen Vorgänge nicht schilderte. Erst eine spezifische Auslegung, eine Reduktion der Geschichte auf ihren Zentralaspekt der Produktion und auf ihren Zentralmotor des Kapitals erlaubte es, ihre Buntheit ans Licht zu bringen. [...] Bei einer solchen Geschichtsdeutung werden Menschen nur zu Hegelschen „Geschäftsträgern des Schicksals", und nur als solche sind sie für einen Romanschriftsteller interessant. In diesem Sinne geschichtlich ist Brunngrabers Roman *Karl und das zwanzigste Jahrhundert*. [...] Zugunsten des Lebens an sich, das immer schwierig und vielfältig ist, wurde hier auf die Elastizität und Schlichtheit der Begriffe verzichtet, die sich für gewisse Zwecke sehr leicht biegen und beliebig vereinfachen bzw. überspringen lassen. Dank dieser Methode ist es gelungen, die Aktualität als Kunstwerk in Worte zu fassen, was aus gewissen Gründen nicht so einfach ist, wie es scheint.[193]

In Anlehnung an Brunngrabers Erzählprinzip entsteht Vogels Werk *Akazien blühen* [Akazies blien / Akacje kwitną] und – in einem zweiten Schritt nutzt sie ihn zur Vollendung ihrer Theorie der Montage. In ihrem Essay „Die Montage als literarische Gattung" [di literarishe gatung montazsh] fasst sie als Hauptprinzip ihrer eigenen Poetologie zusammen, dass das Kennzeichen ihrer Montagen der Maschinenrhythmus sei, in dem einzelne Situationen direkt

---

Jahrhundert' (1932)", in: *Zeitschrift für deutsche Philologie* 141 (2022) 2, S. 193–204; Karl Ziak: „Der unbekannte Brunngraber", in: *Die Zukunft* 15–16 (1971), S. 52–56.

192 In dieser Rezension setzt sich Vogel zudem mit der „Wandlungsfähigkeit des eigenartigen Wesens, ‚Zeit' genannt" auseinander, die Thomas Mann in seinem Roman *Der Zauberberg* vorgeführt hatte.

193 Vgl. Debora Vogel: „Der Dialektik-Roman" (1935), in: Dies.: *Die Geometrie des Verzichts*, a.a.O., S. 438–444, hier S. 438f. Vgl. auch: Debora Vogel: „Romans djalektyki", in: *Przegląd Społeczny* [Gesellschaftliche Rundschau], 9 (1935) 10, S. 243–247.

nacheinander folgen, d.h. ohne einen Übergang oder eine Fortsetzung, die den „Tapetenwechsel abrundet“[194]. Wie im Leben leere Räume zwischen einzelnen Situationen vorkommen, so lasse auch eine Montage leere Zwischenräume zu. Eine Handlung finde dabei nicht statt, den Platz des Plots übernehme in der Montage die Zeit, jenen des individuellen Helden ein anonymer Mensch als Stellvertreter des gesellschaftlichen Kollektivs. „Der eigentliche Held der Montage“ sei daher „das Leben mit seiner Dialektik.“[195] Die dafür geeignete Darstellungsform sei eine Reportage, welche eine Beschreibung der Dinge aus der nahen Perspektive erlaube. Der Polyperspektivismus verschiedener Nahsichten und Polyphonie kollektiver Stimmen erzeugt eine Welt der Simultaneität, in welcher „die abseitigen, ‚kleinen‘ Ereignisse genauso wichtig sind wie die ‚großen‘, heroischen Lebenslinien.“[196] Der neue Roman soll der Fotomontage entsprechen und die traditionelle Hierarchisierung der Dinge aufheben. Die Beschreibungen werden als Collagen dargeboten, die Autorin montiert vorgefertigte Bilder, sie wird, im Sinne Walter Benjamins, zur Produzentin ihres technisch geprägten Werks.[197] Nicht zuletzt betont Vogel die Aktualität der Thematik und damit die soziale bzw. die gesellschaftskritische Funktion einer Montage.

Die Theorie und literarische Praxis der Montage ergeben sich für Debora Vogel zwingend aus der Analyse der aktuellen Zeit, die Montage hat somit zugleich eine kulturdiagnostische Funktion. Die Wahl der Montage als literarische Schreibweise offenbart jedoch auch noch eine weitere Dimension, die mit ihrer Situation als jüdische Schriftstellerin zusammenhängt. Für die neue Wirklichkeit gibt es in ihren Augen keine adäquatere Form des Schreibens.

In einem ihrer letzten Essays „Lemberger Judentum. Ein Beitrag zur Monographie des Judenviertels in Lemberg“ [Lwowska Juderia. (Ekspozycja do monografii żydowskiego Lwowa)] von 1937 stellt Vogel eine Verbindung zwischen ihrer ästhetischen Praxis und dem Alltagsleben in Lemberg her. Ausgehend von der Darstellung der Topographie der Stadt, die aus einem „in zwei Halbkreisen gefassten, […] ornamentgeschmückten“[198] Zentrum und dem das

194 Vgl. Debora Vogel: „Die Montage als literarische Gattung“ (1937), in: Dies.: *Die Geometrie des Verzichts*, a.a.O., S. 426–432, hier S. 426. Vgl. auch: Debora Vogel: „di literarishe gatung montazsh“, in: *bodn* 4 (1937) 3–4, S. 99–105.

195 Vogel: „Die Montage als literarische Gattung“ (1937), a.a.O., S. 427.

196 Ebd.: 430.

197 Vgl. Walter Benjamin: „Der Autor als Produzent. Ansprache im Institut zum Studium des Faschismus in Paris am 27. April 1934“, in: *Gesammelte Schriften*, Bd. 2, Teil 2, hg. v. Rolf Tiedemann und Hermann Schweppenhäuser, Frankfurt am Main 1982, S. 683–701.

198 Debora Vogel: „Lemberger Judentum. Ein Beitrag zur Monographie des Judenviertels in Lemberg“ (1937), in: Dies.: *Die Geometrie des Verzichts*, a.a.O., S. 462–467, hier S. 462f. Vgl.

graue Judenviertel einschließenden Rand besteht, der „nur einen Halbkreis bildet“[199], schildert sie die jeweils vorherrschende Atmosphäre und Architektur und verdeutlicht so den Unterschied zwischen den beiden Stadtteilen. Das Zentrum symbolisiere die Dynamik, „das Dehnbare“[200]; der Rand stehe für die Statik, das „Erstarrte“[201]. Die vom jüdischen Viertel ins Zentrum führenden Straßen werden einzeln beschrieben, d.h. nicht nur eine Straße steht im Vordergrund, sondern alle Straßen werden gleich berücksichtigt. Je näher die Straßen dem Zentrum kommen, desto mehr passen sich ihre Häuser dem Zentrum an und verlieren durch das Renovieren ihrer Fassaden ihren Charakter. Man kann dies als eine Kritik an der Assimilation mancher Juden an die polnische Kultur deuten. Der Wandel im Stadtzentrum ist jedenfalls einer, der zur Normierung führt, und an den sich anzupassen einen Verlust an Erkenntnis des Besonderen bedeutet.

> Links an der Sonnenstraße drückt sich die lärmige und unruhige „in die weite Welt“ hinausführende Kasimirstraße, und dahinter liegen eng daran die letzten Seufzer des Judenviertels: etwas breitere und bequemere, aber auch dementsprechend abgestumpfte und banale Straßen. Es sind sogar nicht allzu banale, nur noch durchschnittlich „renovierte Straßen“, die durch ihr Verputztsein ihre eigene Seele verloren haben und jetzt – nutzlos, verwirrt und unentschieden – Regelmäßigkeit nachzuahmen, Normalität vorzutäuschen versuchen. […] Wozu braucht man diesen Putz? Er hilft sowieso nichts und erschwert nur, die eigentliche Seele der Häuser zu entziffern.[202]

Diese Beschreibung lässt sich auch als Selbstcharakteristik lesen. Vogel verzichtet in ihrer Kunst auf Ornament und Putz, trotzt der Kritik ihrer Rezensenten. Vor die Wahl gestellt zwischen dem bunten, dynamischen Zentrum und der nüchternen, ungeschminkten Peripherie der Stadt positioniert sie ihr eigenes Werk am Rand bei den Außenseitern, fern ab von der Mainstreamliteratur und den Modethemen.

Vogels literarische Experimente zählten in Lemberg zu den radikalsten in der Zwischenkriegszeit. Sie nahm frühere Entwicklungen der Avantgarden aus den europäischen Metropolen auf, brachte diese nach Lemberg, um dort ihnen eine eigentümliche Ausprägung zu geben, lokale Erfahrungen und Moderne souverän verschränkend.

---

auch: Debora Vogel: „Lwowska Juderia. (Ekspozycja do monografii żydowskiego Lwowa)“, in: *Almanach i Leksykon Żydostwa* [Almanach und Lexikon des Judentums], Lwów 1937.

199 Vogel: „Lemberger Judentum“ [Lemberger Judentum] (1937), a.a.O., S. 462.

200 Ebd.: S. 462.

201 Ebd.

202 Ebd.: S. 466.

3.4 Form und Formel: Leon Chwisteks ästhetischer Konstruktivismus und die europäische Moderne

Zu den zentralen Figuren der Lemberger Kunst- und Wissenschaftsszene gehörte der Maler, Schriftsteller, Mathematiker und Philosoph Leon Chwistek (1884–1944). Parallel zum Studium der Mathematik und Philosophie an der Jagiellonen-Universität in Krakau hatte er von 1902 bis 1904 (zusammen mit Stanisław Ignacy Witkiewicz) die dortige Akademie der Schönen Künste besucht. Seine Doppelbegabung in der Wissenschaft und Kunst empfand er jedoch zunächst als Widerspruch.[203] Allmählich vermochte er aber seine Interessen sowohl in seiner künstlerischen Praxis als auch in der Theorie zusammenzuführen. Dies gelang ihm gleichsam durch eine Verwissenschaftlichung der Kunst (infolge einer Privilegierung der abstrakten Form) und durch eine Ästhetisierung der Theorie (mit der Annahme pluraler Wirklichkeiten in seiner auf der formalen Logik gegründeten Wissenschaftsphilosophie). Formale Logik und Abstraktion in der Kunst entsprechen in ihrem reduktionistischen Ansatz einander. Doch Chwistek führt die Logik nicht nur auf ein einziges formales Gerüst zurück, wie z.B. Carnap (vgl. Kap. 5.4), sondern fächert sie in verschiedene logische Systeme auf. So wie in seiner abstrakten Malerei in einem Bild simultan verschiedene Wirklichkeitsebenen präsent sind, so postuliert seine Wissenschaftsphilosophie mehrere Welten mit einem je anderen logischen Aufbau. Die vierte dieser Welten kennzeichnet er als ‚futuristische Wirklichkeit' (vgl. Kap. 4.1), und meint damit jedoch nicht die Kunstrichtung – den Futurismus, sondern allgemein alle neuen Kunstexperimente.[204] Wie Ludwik Fleck mit seiner Denkstiltheorie (vgl. Kap. 2.2), Karol Irzykowski mit seinem Experimentalroman und seiner Verbindung von Futurismus und Schach (vgl. Kap. 3.1), Debora Vogel mit ihrer Geometrisierung der Poesie (vgl. Kap. 3.3) oder Roman Ingarden mit seinem phänomenologischen Ansatz (vgl. Kap. 4.4), offeriert also auch Chwistek ein Scharnier, das Forschungspraxis und ästhetische Experimente, Formalismus und Formismus, Wissenschaft und Kunst miteinander auf einer Metaebene verbindet.

Chwistek kam erst 1930 nach Lemberg, um den bisher von Kazimierz Twardowski geleiteten Lehrstuhl für philosophische Logik an der

---

203 „Am meisten quält mich" – notierte Chwistek in seinem Tagebuch – „die ständige Kollision zwischen Wissenschaft und Kunst, ich habe Angst, eine Persönlichkeitsspaltung zu erleiden." Vgl. Chwisteks Notiz vom 13.10.1902, zitiert nach: Karol Estreicher: *Leon Chwistek. Biografia artysty (1884–1944)* [Leon Chwistek. Die Biographie des Künstlers (1884–1944)], Kraków 1971, S. 19.

204 Vgl. dazu: Przemysław Strożek: „Polish responses to Italian Futurism. 1917–1923", in: *International Yearbook of Futurism Studies*, Berlin/Boston 2011, S. 85–109, hier S. 95.

Jan-Kazimierz-Universität zu übernehmen. Doch bereits früher übte er mit seinen theoretischen und künstlerischen Konzepten einen großen Einfluss auf die in Lemberg geführten Debatten um die avantgardistische Kunst aus. Vor allem stellte er mit der 1917 von ihm mitbegründeten Kunstströmung des Formismus[205] die Weichen für die Entwicklung der künstlerischen Moderne vor Ort und prägte so das kulturelle Leben der Stadt. Anders als in Krakau gab es in Lemberg keine Akademie der Schönen Künste, das Interesse an der modernen Kunst und die Offenheit für das Neue war in der Vorkriegszeit noch gering. Im Kapitel 3.1 wurde deutlich, welche Ablehnung einem radikalen Experimentator wie Karol Irzykowski seinerzeit noch entgegenschlug. In der Bildenden Kunst war die Lage nicht anders: Geschätzt wurde nur die klassische Kunst. Versuche, neue künstlerische Konzepte einzuführen, stießen daher zunächst auf heftigen Widerstand. Bereits 1913 hatte Herwarth Walden – der Begründer der Zeitschrift *Der Sturm* – in Lemberg eine Ausstellung der avantgardistischen Kunst organisiert und in ihr Arbeiten von Wassily Kandinsky, Oskar Kokoschka, Aleksiej Jawlensky, Hans Richter, César Klein u.a. gezeigt. Die Ausstellung wurde von den Lemberger Kunstkritikern negativ besprochen.[206]

205 Die Gruppe wurde 1917 in Krakau begründet und wirkte zunächst unter dem Namen der „Polnischen Expressionisten". Zu den ersten Mitgliedern der Gruppe zählten neben Chwistek: Tytus Czyżewski, Zbigniew und Andrzej Pronaszko, Stanisław Ignacy Witkiewicz, Henryk Gotlieb und Konrad Winkler. In Lemberg wurde der Formismus von Ludwik Lille, Zofia Vorzimmerówna, Stanisław Matusiak und Zygmunt Radnicki vertreten. Vgl. Małgorzata Geron: „Formiści w lwowskim środowisku artystycznym (1918–1922)" [Formisten im künstlerischen Milieu Lembergs], in: *Acta Universitatis Nicolai Copernici* 54 (2013), S. 461–486.

206 Unter den Rezensenten waren: Celina Stoińska, Artur Schröder und Władysław Kozicki. Die Besprechungen belegen den vorherrschenden Konservatismus des Lemberger Establishments und eine Orientierungslosigkeit gegenüber der modernen Kunst. Vgl. *Katalog wystawy futurystów, kubistów i ekspresjonistów* [Ausstellungskatalog der Futuristen, Kubisten und Expressionisten], Lwów 1913. Vgl. auch: Celina Stoińska: „Chwila wśród ‚futurystów'" [Eine Weile unter den Futuristen], in: *Kronika Powszechna* [Allgemeine Chronik] 32 (1913) 9, S. 529; Artur Schröder: „Majaki. (Wystawa kubistów, futurystów, ekspresjonistów, owalistów itd.)" [Phantasmen. (Ausstellung der Kubisten, Futuristen, Expresionisten, Ovalisten usw.)], in: *Gazeta Lwowska* [Lemberger Zeitung] 1 (1913), S. 4; Władysław Kozicki: „Nowe prądy w sztuce współczesnej. Z powodu lwowskiej wystawy ekspresjonistów" [Neue Strömungen in der Gegewartskunst. Wegen der Lemberger Ausstellung der Expressionisten], in: *Słowo Polskie* [Polnisches Wort] 368 (1913), S. 4. Ferner vgl.: Przemysław Strożek: *Marinetti i futuryzm w Polsce 1909–1939: Obecność – kontakty – wydarzenia* [Marinetti und der Futurismus in Polen 1909–1939: Präsenz – Kontakte – Ereignisse], Warszawa 2012, hier S. 45–51; Dazu die Rezension von Luigi Marinelli: „Marinetti i futuryzm w Polsce" [Marinetti und Futurismus in Polen], in: *International yearbook of futurism studies*, Berlin/Boston, 4 (2014), S. 36–43. Die Künstler indes suchten nicht nur den Anschluss an die europäische Avantgarde und nicht

Man kann das Wirken Chwisteks daher nicht bedeutsam genug einschätzen, er brachte die Wende zur Abstraktion und schlug so eine erste stabile Brücke zwischen ästhetischer und wissenschaftlicher Moderne.[207]

Inspiriert vom Expressionismus, Kubismus und Futurismus wurde der Formismus in Opposition zum Naturalismus und Symbolismus gegründet.[208] Eine zentrale Rolle spielten dabei die Begriffe des Stils und der Form. Entscheidend seien dabei weniger die verhandelten Sujets, sondern die Kompositionsweise eines Bildes, d.h. die Farben und mehr noch die geometrischen Formen. Die Verfechter des Formismus zielten mehrheitlich darauf ab, einen nationalen Stil in der Kunst zu entwickeln, welcher die einheimischen Traditionen und mithin die folkloristischen Motive mit den Strömungen europäischer Avantgarden kombiniert.[209] Chwistek indes opponierte gegen die Vorstellung eines nationalen Stils. Zur gleichen Auffassung wird auch in den 1930er Jahren Ludwik Fleck gelangen und sie in der Kontroverse mit dem Medizinhistoriker Tadeusz Bilikiewicz damit begründen, dass nicht alle Mitglieder einer Nation miteinander in Denkverkehr stehen und daher auch keinen gemeinsamen Denkstil ausbilden können (Kap. 6.2.4).

Die Gruppe stellte ihre Aktivitäten 1922 ein, ihre Konzepte strahlten jedoch in Lemberg noch lange weiter. So entstand in Anlehnung an den Formismus 1929 die avantgardistische Gruppe ‚Artes'.[210] Auch außerhalb der Bildenden

---

zuletzt an Waldens Sturm-Projekt, sondern brachten in diese „den polemischen Geist des Konstruktivismus" ein. Vgl. Lidia Głuchowska: „Polnische Künstler und ‚Der Sturm': Enthusiasten und Polemiker: nationale und transnationale Narrative des postkolonialen Avantgarde- und Modernediskurses", in: Andrea von Hülsen-Esch, Gerhard Finckh (Hg.): *Der Sturm: Zentrum der Avantgarde*, Bd. 2., Wuppertal 2012, S. 455–482. Siehe auch: Antje Birthälmer: „Osteuropäische und belgische Konstruktivisten", in: Antje Birthälmer, Gerhard Finckh (Hg.): *Der Sturm: Zentrum der Avantgarde*, Bd. 1., Wuppertal 2012, S. 293–314. Zur polnischen Avantgarde überhaupt siehe: Zofia Baranowicz: *Polska awangarda artystyczna 1918–1939* [Polnische künstlerische Avantgarde 1918–1939], Warszawa 1979.

207 Sabine Flach spricht gar von einem ‚abstract turn', der als ‚missing link' Künste und Wissenschaften in der Moderne zu verbinden begann. Vgl. Sabine Flach: *Die Wissenskünste der Avantgarden. Kunst, Wahrnehmungswissenschaft und Medien 1915–1930*, Bielefeld 2016, hier Kap. II.

208 Chwistek definierte den Formismus als den „Versuch, einen neuen Stil auf Basis der Begriffe des Realismus und der Schönheit zu schaffen, die sich aus der Erfahrung der Kubisten, Futuristen und Expressionisten entwickelt hatten." Vgl. Leon Chwistek: „Formizm" [Der Formismus] (1919), in: Ders.: *Wielość rzeczywistości w sztuce i inne szkice literackie* [Die Vielheit der Wirklichkeiten in der Kunst und andere literarische Skizzen], Warszawa 1960, S. 94–99, hier S. 99.

209 Vgl. einführend: Piotr Rypson: *Der Raum der Worte. Polnische Avantgarde und Malerbücher 1919–1990*, Wolfenbüttel 1991.

210 Zur Gruppe „Artes" vgl. die Akte des Verbandes „Artes" aus dem Staatlichen Bezirksarchiv Lemberg, Sign. 1/54/1477 und 110/4/543. Vgl. auch: http://culture.pl/pl/tworca/artes

Kunst wirkte die Gruppe stark. Von den Lemberger Literatinnen und Literaten rekurrierten vor allem Debora Vogel und Stanisław Jerzy Lec in ihren Gedichten durch den Einsatz von autonomen Farbprädikaten und geometrischen Wörtern auf die moderne abstrakte und kubistische Malerei (vgl. Kap. 3.3).[211]

In der Wissenschaftstheorie war es vor allem Fleck, der auf die futuristische Kunst anspielte, um zu erklären, dass ähnlich wie bei der ersten Begegnung mit den avantgardistischen Bildern auch der Erkenntnisprozess naturwissenschaftlicher Phänomene aufgrund vorherrschender Denkstile zunächst blockiert sein kann und neue Sehweisen erst durchgesetzt werden müssen, was nur gelingt, sofern sich neue kollektive Denkstile zu formieren vermögen (vgl. Kap. 4.2). Auch bei der Aufnahme des Futurismus bedurfte es entsprechend nicht einzelner Vertreter und Verfechter,[212] sondern es musste nach und nach eine neue Wahrnehmungs- und Darstellungsweise etabliert werden.[213]

(letzter Zugriff: 02.05.20017). Ferner siehe: Tadeusz Hollender: „Artystyczny Lwów przez okulary pogodnego filozofa. Wywiad ‚Awangardy' z Prof. Drem Leonem Chwistkiem" [Das künstlerische Lemberg durch die Brille eines fröhlichen Philosophen], in: *Awangarda* [Die Avantgarde] 1 (1933) 4, S. 2.

211 Vgl. zum Hintergrund: Michael Fleischer: „Die polnische Lyrik der Moderne", in: Hans Joachim Piechotta, Ralph-Rainer Wuthenow (Hg.): *Die Literarische Moderne in Europa. Bd. 2: Formationen der Literarischen Avantgarde*, S. 214–222, hier insbes. 216ff; Markus Eberharter: *Der poetische Formismus Tytus Czyżewskis. Ein literarischer Ansatz der Frühen polnischen Avantgarde und sein mitteleuropäischer Kontext*, München 2004; Peter Drews: *Die slawische Avantgarde und der Westen. Programme der russischen, polnischen und tschechischen Avantgarde und ihr europäischer Kontext*, München 1983; Heinrich Olschowsky (Hg.): *Der Mensch in den Dingen. Programmtexte und Gedichte der Krakauer Avantgarde*, Leipzig 1986. Kamila Pawlikowska, Justyna Stępień: „Between Reputation and Homage: European Influences On The Polish Poetic And Visual Avant-Garde (1918–1925)", in: Selena Daly, Monica Insinga (Hg.): *The European Avant-Garde: Text And Image*, Cambridge 2012, S. 171–187; Beata Śniecikowska: „Poetic Experiments in Polish Futurism: Imitative, Eclectic Or Original?", In: *International Yearbook Of Futurism Studies* 2 (2012), S. 171–200.

212 Der polnische Futurist Bruno Jasieński hatte eine Lemberger Kaufmannstochter geheiratet und war daher zeitweilig in der Stadt. Er war es, der als Korrespondent ab Oktober 1925 aus Paris für in Lwów erscheinenden Zeitungen *Wiek Nowy* [Neues Jahrhundert], *Kurier Lwowski* [Lemberger Kurier] und Gazeta Poranna [Morgenzeitung] berichtete und so die Lemberger Leser über die neuen Kunstentwicklungen informierte, das Lemberger Bürgertum aber auch in der illustrierten Monatsschrift *Winnica* [Weinberg] attackierte. Wegen angeblicher Gotteslästerung bei einer seiner Dichterlesungen in Lemberg wurde er dort verklagt. Vgl. u.a. Kasper Pfeifer: Emancypacyjny projekt pierwszej polskiej awangardy [Das emazipatorische Projekt der ersten polnischen Avantgarde], in: *Pamiętnik Literacki* [Das literarische Tagebuch] 1 (2021), S. 5–20; Anatol Stern: *Bruno Jasieński*, Warszawa 1969.

213 Irzykowski schildert in seinem 1921 erschienenen Essay „Futurismus und Schachspiel" die Entwicklung wie folgt: „Wir sind Zeugen einer sehr intensiven Vermehrung der Elemente der Kunst. Diese Vermehrung setzte schon vor einigen Jahrzehnten ein,

1933 kam schließlich Filippo Marinetti nach Lemberg.[214] Der Anlass war die Aufführung seines Stücks *I Prigionieri* (1925), das 1932 auf Polnisch (unter dem Titel *Jeńcy* – die Gefangenen) erschien. Die Inszenierung wurde von einem prominenten Vertreter der avantgardistischen Kunst und dem Mitbegründer der Formismusbewegung – Andrzej Pronaszko – vorbereitet. Dabei berief er sich auf die Idee der Simultaneität und schuf drei sich parallel abspielenden Szenen, die miteinander verbunden waren. Dies begeisterte Marinetti sehr. *I Prigionieri* [Die Gefangenen] war das erste futuristische Drama, das in Polen aufgeführt wurde.[215]

Marinettis Auftritt in Lemberg trug der Stadt viel publizistische Aufmerksamkeit ein. Allerdings traf er sich nicht mit der avantgardistischen Gruppe „Artes", die politisch links orientiert war, sondern wurde von Repräsentanten des konservativen – nationale Tendenzen vertretenden, künstlerischen Milieus Lembergs empfangen.[216] Chwistek lernte ihn aber kennen. In dieser Zeit war er nicht mehr als Künstler, sondern als Professor für mathematische Logik tätig.

---

doch etappenweise; in letzter Zeit scheint es, als habe das Tempo dieses Prozesses zugenommen. In der Musik gab es zuvor bloß die Neuerungen Wagners, jetzt kehrt man nicht bloß zurück zu früheren Tonarten, zu früheren Instrumenten, sondern man versucht auch Vierteltöne einzuführen, was eine wahre Revolution ist, da es der Musikalität der Menschen außerordentliche Forderungen stellt. Ein Piano mit Vierteltönen wird sich gegenwärtig sicherlich nicht einbürgern und Konzerte auf einem solchen würden eine kurzfristige Sensation sein, aber allein in einem solchen Versuch wurzelt bereits der Futurismus." Vgl. Irzykowski: „Futurismus und Schach", https://de.chessbase.com/post/karol-irzykowski-literat-und-schachspieler/6 (letzter Zugriff: 12.04.2017).

214 Vgl. „Marinetti w Polsce" [Marinetti in Polen], in: *Głos Poranny* [Die Morgenstimme] 71 (1933), S. 10; „Marinetti we Lwowie. Wywiad z dyrektorem W. Horzycą" [Marinetti in Lemberg. Interview mit dem Direktor W. Horzyca], in: *Kurier Poranny* [Morgenkurier] 81 (1933), S. 8; Jadwiga Gamska-Łempicka: „Wieczór Marinettiego" [Marinettis Abend], in: *Gazeta Lwowska* [Lemberger Zeitung] 73 (1933), S. 5. Siehe auch: Małgorzata Lisowska: „Teatr lwowski w latach 1918–1939" [Lemberger Theater in den Jahren 1918–1939], in: *Semper Fidelis* 24 (1995), S. 20–23. Ferner vgl.: Günter Berghaus (Hg.): *Handbook of International Futurism*, Berlin/Boston 2018; Lili Weissweiler: *Futuristen auf Europa-Tournee: Zur Vorgeschichte, Konzeption und Rezeption der Ausstellungen futuristischer Malerei (1911–1913)*, Bielefeld 2015.

215 Das Stück wurde zum ersten Mal 1925 in Rom aufgeführt, dann 1929 in Prag, schließlich 1932 in Lemberg. Vgl. den Vortrag von Przemysław Strożek „Marinetti in Lviv or what happened on March, 11–12, 1933" am 27. April 2018 am Center for Urban History of East Central Europe in Lemberg, siehe unter: https://www.youtube.com/watch?v=NYV6nB-_Y_8 (letzter Zugriff: 05.10.2019)

216 Filippo Marinetti: *Jeńcy* [I Prigionieri], Lwów 1932 (It. 1925); Vgl. auch: A. Maliszewski: „Marinetti we Lwowie i jego ‚Jeńcy'" [Marinetti in Lemberg und seine ‚Gefangenen'", in: *Kurier Lwowski* [Lemberger Kurier] 73 (1933), S. 2.

Mit Marinettis Triumph in Lemberg erhielt jedoch auch sein künstlerisches Werk und die ihr zugrundeliegende Ästhetik ihre nachträgliche Bestätigung.

3.4.1 *Chwisteks bildkünstlerische Visionen der Stadt der Zukunft*

Anders als es das futuristische Programm Marinettis fordert, dominiert in Chwisteks Kunst und Ästhetik weniger der Dynamismus, sondern die Konstruktion. Der konstruktivistische Grundzug seines künstlerischen Schaffens durchzieht auch seine theoretischen Schriften und manifestiert sich in seiner Vorliebe für die Architektur, die sich sowohl in seiner Malerei als auch in architekturtheoretischen Schriften und literarischen Visionen niederschlug. Über die Architektur stellt er den Anschluss an die internationale Moderne her.

Zu den zentralen Themen, mit denen sich Chwistek in seinem künstlerischen Werk befasste, gehören die Darstellungen moderner Großstädte.[217] Seine Großstadtimaginationen manifestieren sich vor allem in der Malerei. Bereits 1917 präsentierte er auf der ersten Ausstellung der Formisten in Krakau zwei Bilder zum Thema „Stadt". Die Rezensionen waren positiv[218], Chwistek sei „sehr originell und stark in seinen zwei Ölkompositionen der ‚Stadt'".[219] Im nächsten Jahr – 1918 – wanderte die Ausstellung nach Lemberg,[220] wo sie hingegen heftige Kontroversen auslöste. Um die Öffentlichkeit meritorisch auf die neue Kunstrichtung vorzubereiten, erschien in der Zeitung *Gazeta Wieczorna* [Die Abendzeitung] eine Reihe von Texten zum Thema „Expressionismus in der plastischen Kunst",[221] die aber auf Widerstand seitens der etablierten

217 Chwistek hielt sich in Paris zwischen 1913 und 1914 auf. Dort lernte er unter anderen Pablo Picasso, Louis Marcousse und Chaim Soutine kennen. Die Entwicklung moderner Kunstrichtungen wie Kubismus, Orphismus und Futurismus konnte er unmittelbar mitverfolgten. In Paris entstanden seine ersten avantgardistischen Werke, über die er schrieb: „Ich machte einige futuristische Versuche, die meinen Bekannten gut gefielen. […] Ich verabschiedete mich von der Renaissance." Diese Arbeiten sind leider verschollen. Vgl. Leon Chwistek: „Moja walka o nową formę w sztuce" [Mein Kampf um die neue Form in der Kunst] (1935), in: Ders.: *Wybór pism estetycznych* [Auswahl ästhetischer Schriften], hg. v. T. Kostyrko, Kraków 2004, S. 239f.

218 Vgl. das Verzeichnis des Katalogs: *Katalog I Wystawy ekspresjonistów polskich* [Der erste Katalog der Ausstellung der polnischen Expressionisten], Kraków 1917, S. 2.

219 Stanisław Mróz: „Wystawa ‚ekspresjonistów' polskich" [Die Ausstellung der polnischen ‚Expressionisten'], in: *Nowości Ilustrowane* [Illustrierte Neuheiten] 48 (1917), S. 8.

220 Die Gruppe trat zunächst unter den Namen der polnischen Expressionisten auf. Vgl. das Verzeichnis des Katalogs: *Katalog Wystawy grafiki polskiej i ekspresjonistów polskich* [Der Katalog der Ausstellung der polnischen Graphik und der polnischen Expressionisten], Lwów 1918, S. 14.

221 Der Vorschlag kam von Stanisław Przybyszewski, Roman Zrębowicz und Jan Bołoz-Antoniewicz. Vgl. den Brief an die Gesellschaft der Freunde der Schönen Künste in Lemberg vom 13. Dezember 1917, in: Bibliothek des Ossoliński-Instituts in Wrocław, Akte der TPSP, sign. 7447 I, k. 489–492. Hierzu siehe z.B.: „O ekspresjoniźmie" [Über den Expressionismus], in: *Gazeta Wieczorna* [Die Abendzeitung] (1918) 4274 (vom 26. Juli),

Kunstkritik stoßen. Die moderne Kunst sei Barbarei, sie deformiere die Wirklichkeit, die Malweise der avantgardistischen Künstler zeuge von Mängeln beim künstlerischen Handwerk.[222] In die Debatte schaltete sich Chwistek ein: In der ersten Nummer der von ihm mitherausgegebenen Zeitschrift *Formiści* [Formisten] attackierte er die „Feinde des Formismus und ihre Psychologie" mit dem Vorwurf, dass die Lemberger Rezensenten aus reinem Unvermögen, die neue Kunst zu verstehen, negativ urteilten: „Es ist unsere Pflicht festzustellen, dass die Unfähigkeit, ein für andere verständliches Werk zu verstehen, nicht als Maßstab für seinen Wert gelten kann, sondern von der Unbeholfenheit und Faulheit des betreffenden Hirns zeugt."[223]

Welche zwei Bilder Chwisteks in dieser Lemberger Ausstellung 1918 gezeigt wurden, ist nicht bekannt, denn beide Werke sind verschollen. Sein Biograph Karol Estreicher berichtet aber, dass nach Chwisteks eigener Aussage die ausgestellten Bilder den 1918 in der Zeitschrift *Maski* [Masken] abgedruckten Zeichnungen ähneln würden.[224] Auch diese Zeichnungen existieren nur in Form von Reproduktionen (z.B. Abb. 15 und Abb. 16). Es dominieren in ihnen

---

S. 5; „Nasza ankieta o ekspresjoniźmie" [Unsere Umfrage über den Expressionismus], in: *Gazeta Wieczorna* [Die Abendzeitung] (1918) 4275 (vom 27. Juli), S. 10.

222 Zu den Gegnern der modernen Kunst gehörten Kazimierz Chłędowski, Władysław Kozicki, Leon Piniński, Artur Schröder und Władysław Witwicki. Unterstützt wurde die neue Strömung von Stanisław Przybyszewski, Roman Zrębowicz und Jan Bołoz-Antoniewicz. Vgl. „Ankieta ‚Gezety Wieczornej'. Ekspresjonizm w sztuce plastycznej" [Die Umfrage der ‚Abendzeitung'. Expressionismus in der plastischen Kunst], in: *Gazeta Wieczorna* [Die Abendzeitung] (1918) 4276 (vom 28. Juli), S. 1–9, darin die Artikel von: Jan Bołoz-Antoniewicz: „Impresjonizm – Ekspresjonizm" [Impressionismus – Expressionismus], S. 1–3; Kazimierz Chłędowski: „Futuryzm – zjawiskiem przemijającem!" [Futurismus – vergängliches Phänomen], S. 4; Władysław Kozicki: „O tzw. ekspresjoniźmie ‚polskim'" [Über den sogenannten „polnischen" Expressionismus], S. 4–5; Leon Piniński: „Ekspresjonizm – epigonem modernistycznych pomysłów" [Expressionismus – Epigone modernistischer Ideen], S. 5; Stanisław Przybyszewski: „Ideowy przekrój ekspresjonizmu" [Ideenüberblick des Expressionismus], S. 6; Artur Schröder: „Chorobliwe majaczenie, a nie życiodajny prąd" [Krankmachendes Irrereden, aber keine lebensspendende Elektrizität], S. 7–8; Władysław Witwicki: „Kult nieudolności plastycznej szkodzi kulturze ogólu" [Der Kult der plastischen Unfähigkeit schadet der Kultur der Allgemeinheit], S. 8; Roman Zrębowicz: „Na drogach do czytsego przyszłego stylu" [Auf dem Weg zum reinen Zukunftsstil], S. 8–9.

223 Leon Chwistek: „Wrogowie formizmu i ich psychologia" [Die Feinde des Formismus und ihre Psychologie] (1919), in: Ders.: *Wielość rzeczywistości w sztuce i inne szkice literackie* [Die Vielheit der Wirklichkeiten in der Kunst und andere literarische Skizzen], Warszawa 1960, S. 89–93, hier S. 93. [Übersetzung S.W.] Vgl. das Original: „Jest naszym obowiązkiem stwierdzić, że niezdolność zrozumienia utworu zrozumiałego dla innych nie może być brana za miarę jego wartości, świadczy natomiast wymownie o nieudolności lub lenistwie odnośnego mózgu."

224 Vgl. Estreicher: *Leon Chwistek*, S. 160. Vgl. *Maski* [Masken] 2 (1918), S. 36 und *Maski* [Masken] 10 (1918), S. 197. Siehe auch: Leon Chwistek: „Twórcza siła formizmu", in: *Głos Plastyków* [Die Stimme der Künstler] 8–12 (1938), S. 6–10.

geometrische Figuren, wie Rechtecke, Kegel und Halbkreise, aus denen die Häuser zusammengesetzt werden, die zusammengeballt in die Höhe drängen und die Form von Türmen annehmen – ein Motiv, das noch später wichtig wird.[225] Dies kommt umso mehr durch den Einsatz von Schwarz-Weiß-Kontrasten zum Vorschein: Denn die in weiß erscheinende Stadt hebt sich vor einem dunkeln Hintergrund mit einer schwarzen Mauer ab.

Abb. 15
Leon Chwistek, *Stadt* [Miasto] (1918)

Chwisteks erste Stadtdarstellung wirkt zunächst wenig modern oder gar futuristisch, sie weist jedoch Ähnlichkeiten zu Alfred Kubins Beschreibung der nach Außen durch einen Wolkenvorhang abgeschotteten Traumstadt „Perle" in dessen phantastischem Roman *Die andere Seite* auf. Dieser Roman war bereits 1909 in Leipzig erschienen, zu dieser Zeit studierte Chwistek in Wien und verfolgte die neuen Entwicklungen in Kunst und Literatur im deutschsprachigen Raum. In *Die andere Seite* wird aus der Perspektive des Protagonisten, eines

225 Mit dem Turm-Motiv spielt Chwistek möglicherweise auf die Darstellungen des Eiffel-Turms von Robert Delaunay (1885–1941) an, die er während seines Aufenthalts in Paris von 1913 bis 1914 sehen konnte. Siehe dazu: Małgorzata Geron: „Wizja miasta w twórczości Leona Chwistka" [Die Vision der Stadt im Schaffen von Leon Chwistek], in: *Acta Universitatis Nicolai Copernici* 39 (2010), S. 59–84, S. 64.

Abb. 16 Leon Chwistek, *Brunnen* [Studnie] (1918)

Zeichners, eine dystopische Stadtschilderung entworfen, die zunehmend apokalyptische Züge annimmt:

> Patera [der Herrscher von Perle] hegt einen außerordentlich tiefen Widerwillen *gegen alles Fortschrittliche.* [...] Das Reich wird durch eine Umfassungsmauer von der Umwelt abgegrenzt und durch starke Werke gegen alle Überfälle geschützt. Ein einziges Tor ermöglicht den Ein- und Austritt und macht die schärfste Kontrolle über Personen und Güter leicht.[226]

Perle ist die Hauptstadt eines in Asien liegenden Traumreichs, sie liegt im ewigen Dämmerlicht, die Wirklichkeitsebenen verschwimmen, so dass unklar ist, welche Welt die reale Welt ist.[227] Insbesondere, wenn der Erzähler

226 Alfred Kubin: *Die andere Seite. Ein phantastischer Roman*, München 1975 (1909), S. 9. [Hervorhebung S.W.]

227 Zu Kubin siehe bezüglich der hier verhandelten Fragen weiterführend: Clemens Brunn: *Der Ausweg ins Unwirkliche. Fiktion und Weltmodell bei Paul Scheerbart und Alfred Kubin*, Hamburg 2010; ders.: „Der Wille zum Machen. Anmerkungen zu Kubins Nietzsche-Rezeption und zu seiner Philosophie einer Ästhetisierung der Welt durch die schöpferische Wirklichkeitsflucht", in: Peter Assmann (Hg.): *Alfred Kubin und die*

im Traumreich zu träumen beginnt, gehen im Traum Schein und Wirklichkeit ineinander über.[228] Kubin illustrierte seinen Roman selbst mit Federzeichnungen, deren virtuose Chiaroscuro-Technik[229] ganz offensichtlich in formaler Hinsicht ein ästhetisches Vorbild für Chwisteks Graphik war (Abb. 17).

Abb. 17
Alfred Kubin: Darstellung des Traumreichs „Perle" (1909)[230]

Phantastik. Ein aktueller Forschungsrundblick, Wetzlar 2011, S. 151–184. Zur formalen Analyse des Bildprogramms: Christoph Brockhaus: „Rezeptions- und Stilpluralismus. Zur Bildgestaltung in Alfred Kubins Roman ‚Die andere Seite'", in: *Pantheon* 32 (1974) 3, S. 272–288. Zu Kubin und die Moderne: Jon Hughes: „Modernity and Ambivalence in Alfred Kubin's ‚Die Andere Seite'", in: *Austrian Studies* 15 (2007), S. 80–95.

228 Vgl. dazu: Anneliese Hewig: *Phantastische Wirklichkeit. Interpretationsstudie zu Alfred Kubins Roman „Die andere Seite"*, München 1967.

229 Es lässt sich Kubins Werk nicht eindeutig einer bestimmten Kunstströmung zuordnen, seine Phantastik nimmt nicht nur den Expressionismus, sondern auch den Surrealismus vorweg. Vgl. dazu: Brigitte E. Jirku: „Alfred Kubins ‚Die andere Seite' als Vorbote des Surrealismus", in: *Modern Austrian Literature* 28 (1995) 1, S. 31–54.

230 Aus: Kubin, *Die andere Seite*, a.a.O., S. 222.

Auch andere in *Maski* [Masken] erschienene Zeichnungen Chwisteks haben die Stadt zum Motiv: Mit der Zeichnung *Der Dom* [Katedra] (1918) entwirft er ein gotisches Bauwerk, unter dem Titel *Brunnen* [Studnie] (1918) zeichnet er wiederum die Innenarchitektur eines Palastes, in dem aus Brunnensäulen Milch strömt (Abb. 16). Im Hintergrund ist die Kontur einer orientalischen Stadt zu sehen. Diese Zeichnung ist insofern wichtig, weil sie eine Illustration zu Chwisteks erstem Roman *Kardynał Poniflet* [Kardinal Poniflet] (1907–1914) war (vgl. Kap. 3.4.)[231], der bedauerlicherweise nie erschien, da er vom Autor selbst vernichtet wurde.[232]

Mit einem weiteren Schritt aber versetzt Chwistek den Betrachter in eine modern-futuristische Welt. Aus den gotischen Türmen des Krakauer Rathauses werden – wie auf dem Bild *Parade zum 3. Mai auf dem Krakauer Markt* [Defilada 3-go maja na Rynku Krakowskim] (1919) zu sehen ist – Wolkenkratzer. Noch konsequenter entwickelt Chwistek seine Vision moderner Architektur im Bild *Die Stadt* [Miasto] von 1919 (Abb. 18). Hier wird ein dunkelblaues Hochhaus vor einem in verschiedene Farbzonen – Rot, Gelb und Grün – aufgeteilten Hintergrund dargestellt. Dies potenziert den Eindruck einer fantastischen Konstruktion. Chwistek arbeitet in dieser Zeit seine Zonen-Theorie – den Strefismus – aus und beginnt diese in der Praxis zu erproben (vgl. Kap. 4.1 und Kap. 8.4).[233]

1920 fand in Lemberg die zweite Ausstellung der Formisten statt. Unter den präsentierten Werken befand sich Chwisteks Bild *Die Fabrikstadt* [Miasto fabryczne] (1920) (Abb. 19), das nicht nur das Ideal einer modernen

---

231 Der Handlungsort ist vermutlich Paris. Am 26. September 1912 notiert Chwistek: „Heute Abend bin ich dichterisch eingestimmt, um ‚Poniflet' zu schreiben. Die Stadt um die es gehen wird, wird Paris sein." Vgl. Estreicher: *Leon Chwistek*, S. 314. [Übersetzung S.W.] Vgl. das Original: „Dzisiaj wieczorem naprawdę jestem rozpoetyzowany i myślę tylko o tym, żeby pisać ‚Ponifleta'. To miasto, o które choziło, to będzie po prostu Paryż."

232 Nur einige Notizen zu diesem Buch blieben erhalten. Auf Drängen seiner Frau Olga Steinhaus, die wohl nicht zu Unrecht der Meinung war, dass der Roman zu viele persönliche Details über sie enthalte, vernichtete Chwistek 1919 das Manuskript. Eine der Hauptfiguren heißt Olga Owen, sie wird als eine schöne, doch zugleich faule und schwerfällige Frau dargestellt, in die sich ein Patriarch der christlichen Kirche namens Poniflet verliebt. Beide herrschen über eine Traumstadt, die schließlich untergeht. Die surrealistische Handlung besteht aus einer Abfolge weder logisch noch chronologisch miteinander verbundener Ereignisse und teils sich widersprechender Situationen. Mit seiner inkonhärenten Erzählführung knüpft Chwistek womöglich an die Romantechnik seines Freundes Stanisław Ignacy Witkiewicz an, denn eine solche aus losen Geschehnissen bestehende Handlung kennzeichnet auch dessen 1910, also unmittelbar zuvor erschienenen Roman *622 Stürze des Bung oder Das dämonische Weib* [622 upadki Bunga, czyli Demoniczna kobieta].

233 Vgl. dazu auch: Józef Grabski: „Leon Chwistek und sein ‚Strefismus' in der Malerei", in: *Alte und moderne Kunst* (1977), S. 48–52.

Abb. 18 Leon Chwistek: *Stadt* [Miasto] (1919)

Abb. 19 Leon Chwistek: *Fabrikstadt* [Miasto fabryczne] (1920)

Fabrikarchitektur entwarf, sondern darüber hinaus ein Konzept für die zukünftige Stadtorganisation offerieren sollte. Zu sehen sind verschlungene Straßen und Brücken, über die Autos rasen. Durch die mit Schwung geführten Linien und Verwischungen bunter Lichter wird der Eindruck der Geschwindigkeit erzeugt. Mit weiteren Visionen einer industrialisierten Metropole auf den Bildern *Die Zugüberführung* [Wiadukt z pociągami] (1920) sowie *Die Türme* [Wieże] (1920) vollzog Chwistek endgültig den Anschluss an den italienischen Futurismus.[234]

234 Ähnliche Vorstellungen einer Zukunftsstadt, in der verschiedene Verkehrszonen (Bahn, Autos und Fußgänger) miteinander verbunden werden, kann man in der 1912–1914 entstandenen Zeichnungsserie *La Cittá Nuova* des italienischen futuristischen Architekten Antonio Sant'Elia (1888–1916) wiederfinden. Vgl. Małgorzata Geron: *Formiści. Twórczość i programy artystyczne* [Formisten. Das Werk und das künstlerische Programm], Toruń 2015, S. 301. Siehe auch: Antonio Sant'Elia: „Manifest der futuristischen Architektur", in: Christa Baumgarth (Hg.): *Geschichte des Futurismus*, Reinbek bei Hamburg 1966 (it. 1914), S. 217–221. Darin: „Wir fühlen, daß wir nicht mehr die Menschen der Kathedralen, der Paläste und der Versammlungssäle sind, sondern wir sind die Menschen der großen Hotels, der Bahnhöfe, der breiten Straßen, der riesigen Tore, der überdachten Märkte, der erleuchteten Tunnels, der schnurgeraden Autobahnen, der heilsamen Stadtsanierungen.
Wir müssen die futuristische Stadt wie einen riesigen, lärmenden Bauplatz planen und erbauen, beweglich und dynamisch in allen ihren Teilen, und das futuristische Haus wie

Die Ausstellung wurde weitgehend ignoriert, stieß aber zumindest bei zwei Kritikern, die ausführliche Rezensionen verfassten, auf positives Interesse. Der Kunsthistoriker Eleazar Byk (1881–1924) nahm Chwisteks Bilder zum Anlass, um die Grundprinzipien des Formismus, Eindrücke durch Farben und Linien zu vermitteln, zu erläutern. Zugleich kritisierte er die Haltung jener Kunstkritiker, die die moderne Malerei ablehnen, sie demonstrierten damit in seinen Augen ihre Hilflosigkeit angesichts der avantgardistischen Kunst: „Die Werke von L. Chwistek, die auf den ersten Blick als Rebusse erscheinen, sind nach der näheren Betrachtung nicht so rätselhaft und skurril. […] Vor unseren Augen stehen Wohnhäuser, öffentliche Gebäude, ihre Frontons, Fassaden und Innenräume zugleich, […] Straßen, Pflaster, Gleise, Straßenbahne, Wägen usw. Das alles verknüpft sich im Kopf des Künstlers zu einer Vision, in der der Trubel des Stadtlebens, sein unruhiger und nervöser Puls den Ton angeben."[235] Der Kunsttheoretiker Jan Bołoz-Antoniewicz wiederum erinnerte in seiner Besprechung daran, wie sich die Form in der Malerei über Epochen hinweg veränderte, um dann den Formismus innerhalb der kunsthistorischen Tradition einzuordnen. Als Vorläufer dieser Strömung sah er die Werke von Ferdinand Hodler, Cézanne und Gauguin. Weitere Ausstellungen der Formisten in Lemberg fanden 1921 und 1922 statt.

3.4.2 *Chwisteks literarische Traumstädte und ihr Bezug auf Paul Scheerbart*

Seine mit den Mitteln der Malerei entworfenen Visionen der modernen Stadtarchitektur nimmt Chwistek in seinem literarischen Werk auf und entwickelt sie weiter. Dabei dominiert anders als in vielen Großstadtromanen der Zeit, wie etwa in Alfred Döblins *Berlin Alexanderplatz* (1929), der die realen sinnlichen Eindrücke der neuen Großstadtwahrnehmung mitsamt ihrer Geräuschkulisse wiederzugeben versucht, das Interesse am formalen Entwurf, an der

---

eine gigantische Maschine. […] Dieses Haus aus Zement, Glas und Eisen, ohne Malerei und ohne Skulpturen, das nur die angeborene Schönheit seiner Linien und seiner Formen ziert, das außerordentlich häßlich in seiner mechanischen Einfachheit und so hoch und so breit wie erforderlich ist, nicht wie es die Vorschriften der Baubehörde befehlen, dieses Haus muss sich am Rande eines lärmenden Abgrundes erheben: der Straße, die sich nicht mehr wie ein Fußteppich auf dem Niveau der Portierslogen dahinzieht, sondern die mehrere Geschosse tief in die Erde hinabreicht, und diese Geschosse werden für die erforderlichen Übergänge durch Metall-Laufstege und sehr schnelle Rolltreppen verbunden sein." S. 220.

235 Eleazar Byk: „Na nowych drogach sztuki. (Z powodu II. wystawy formistów i ‚Buntu' poznańskiego)" [Auf dem neuen Weg zur Kunst. (Wegen der zweiten Ausstellung der Formisten und des Posener „Widerstands"], in: *Wiek Nowy* [Neues Jahrhundert] (1920) 5711, S. 3; 5712, S. 3; 5713, S. 3; 5714, S. 3; 5715, S. 3; 5718, S. 3; 5719, S. 3–4.

Konstruktion einer imaginierten Architektur. Chwistek bleibt als Künstler immer Philosoph und Logiker, er ist rationalistischer Konstruktivist imaginärer Welten, vorzugsweise von futuristischen Städten.

In einem ebenfalls nicht veröffentlichten Text-Fragment aus dem Jahr 1920, das den bezeichnenden Titel *Die Stadt der Formisten* [Miasto formistów][236] trägt, formulierte Chwistek die Idee, dass die geraden Linien der Häuser durch Bögen ergänzt werden sollen, um so die Wiederholbarkeit der Form und damit die Monotonie in der Architektur zu vermeiden. Offensichtlich schlägt sich hier die von ihm zuvor in der Malerei neu gefundene Formensprache bei der Darstellung von Architektur nieder. Der Text entstand während der Wirkungszeit der Formisten-Gruppe, die Handlung spielt aber etwa 30 Jahre später, also in der zweiten Hälfte des 20. Jahrhunderts. Es ist also eine Science-Fiction-Erzählung, die eine Stadt namens ‚Neues Krakau' [Nowy Kraków] darstellt, deren architektonische Besonderheiten aus der Sicht zweier Freunde beschrieben werden, die durch die Stadt spazieren und dabei die originellen technologischen Konstruktionen bewundern. Die Geschichte beginnt auf einem Bahnhof, der von einer Glaskuppel überwölbt wird, und von dem ein Laufband – „ein beweglicher Bürgersteig" – herausgeht, der die Menschen zur Stadt transportiert. Die Stadt besteht aus mit Glasdächern bedeckten Palästen aus Eisen oder Stahlbeton, deren Konstruktion und Anordnung die utopische Vision einer lichtdurchfluteten Zukunftsstadt entstehen läßt:

> Die Paläste, an denen wir vorbeigehen, wecken in meinem Begleiter Bewunderung [...]. Keine Spur von alten, starren, senkrechten, mit Schablonen rechteckiger Fenster bedeckten Wänden. An deren Stelle treten Bögen aus Stahlbeton, die wie durch die Kraft einer unterirdischen Explosion mit Schwung vom Fundament bis zur Spitze geschleudert werden. Durch die weit ausgeschnittenen Glaskuppeln der Dächer fließt Sonnenlicht, das in einem kontinuierlichen Strom von den oberen Stockwerken bis ins Erdgeschoß fällt und die Innenräume dieser Häuser erhellt.
>
> Wir gehen an einer Reihe von Luxusvillen aus Glas und Messing vorbei, die an venezianische Spiegel erinnern, wir steigen über riesige Verkehrsadern empor, die von einem die Sinne verwirrenden Wirbel aus Automobilen, Straßenbahnen und beweglichen Bürgersteigen erfüllt sind [...]. Schließlich befinden wir uns auf einer der gläsernen Flächen eines mehrstöckigen Hauses. [...] Es ist ein wahrer Wolkenkratzer, der aber mit seiner Form nicht an die alten amerikanischen Kolosse erinnert. Breit an der Basis, verjüngt er sich oben, um in der Mitte in drei ungleiche Flügel aufzubrechen, von denen der mittlere wie eine senkrechte Wand nach oben steigt, während der andere in einem großen Bogen von der Spitze bis zum Fundament fällt; der Seitenflügel hingegen hängt im spitzen Winkel über der Grundfläche herab und nutzt bewusst die Gesetze der Statik

236 Der Text liegt als Manuskript in Leon Chwisteks Nachlass vor: Towarzystwo Przyjaciół Sztuk Pięknych [Die Gesellschaft der Freunde der schönen Künste] in Krakau. Die Auszüge aus dem Text-Fragment zitiert auch Karol Estreicher: *Leon Chwistek*, a.a.O., S. 168.

> aus. Das Ganze macht den Eindruck einer übernatürlichen Kristallrose von wilder Leichtigkeit.[237]

Unverkennbar sind hier die Bezüge auf Paul Scheerbart und seine 1914 veröffentlichten Glasarchitekturvisionen[238], in denen er einen neuen Lebensstil propagierte, der auf Konstruktionen aus Glas gründete:[239]

---

237 Estreicher: *Leon Chwistek*, a.a.O., S. 168. [Übersetzung S.W.] Vgl. das Original: „Pałace, które mijamy, wzbudzają zachwyt w moim towarzyszu […]. Nie ma śladu po starych, sztywnych, pionowych ścianach pokrytych szablonami prostokątnych okien. W ich miejsce pojawiają się krzywizny żelbetu, wyrzucone z fundamentów na górę z impetem, jakby siłą podziemnej eksplozji. Światło słoneczne przepływa przez szeroko wycięte szklane kopuły dachowe, wpadając nieprzerwanym strumieniem z najwyższych kondygnacji na parter i oświetlając wnętrza tych domów. Mijamy szeregi will luksusowych ze szkła i mosiądzu, przypominające weneckie zwierciadła, wznosimy się ponad olbrzymie arterie ruchu, wypełnione mącącym zmysły wirem automobilów, tramwai i ruchomych chodników. […] Znajdujemy się w końcu na jednej z szklanych powierzchni wielopiętrowego domu. […] Jest to prawdziwy drapacz nieba, nie przypominający jednak kształtem dawnych olbrzymów amerykańskich. Rozszerzony u podstawy, zwęża się ku górze, ażeby od pięter środkowych rozbiec się na trzy nierówne skrzydła, z których środkowe wznosi się jedną ścianą pionową w górę, podczas gdy druga opada olbrzymim łukiem od szczytu do fundamentów, boczne zaś skrzydła zwieszają pod kątem ostrym nad poziomem, wyzyskując w sposób celowy prawa statyki. Całość robi wrażenie nadprzyrodzonej, kryształowej róży, mającej wielką lekkość."

238 Das Motiv der aus Kristall bzw. Glas gebauten Häuser wird in Polen etwas später noch von einem weiteren bedeutenden Schriftsteller aufgenommen, und zwar von Stefan Żeromski im Roman *Vorfrühling* [Przedwiośnie] (Warschau 1924). Im ersten Teil des Romans, der den Titel „Gläserne Häuser" trägt, erzählt der Protagonist Seweryn Baryka, der mit seiner Familie in Baku lebt, seinem Sohn Cezary von seiner polnischen Heimat. Dabei berichtet er von einer wunderbaren Maschine, die bei der Herstellung von Häusern verwendet wird: „Diese Maschine produziert Glas, das sich für Träger und Balken eignet. […] Aus der flüssigen Masse werden Balken, Tafeln, Keile hergestellt, die nach vorgegebenem architektonischem Plan gegossen werden. Der Käufer bekommt ein fertiges einstöckiges Haus aus Glas mit genau abgepaßten Wänden und Trägern, die binnen einer Stunde montiert werden, samt Fußböden, Decken und einem Plattendach. Landhäuser dieses Typs […] haben keine Öfen. Im Winter fließt Warmwasser durch die Hohlwände und umspült jedes Zimmer. An der Decke drehen sich gläserne Ventilatoren, die die Temperatur auf der gewünschten Höhe halten und ständig frische Luft zuführen." (S. 81) Interessanterweise werden die von Żeromski beschriebenen technologischen Erfindungen bzw. Lösungen immer im sozialen Kontext gedacht. Im Vordergrund stehen das Wohl und die Gesundheit der Menschen: „Jedes Dorf soll eine gemeinschaftliche Heiz- und Kühlanlage haben. […] Heute noch hat jedes Haus seinen Brunnen, der oft verschmutzt und schlecht gebaut ist. Trotzdem hat inzwischen der erhöhte Verbrauch von abgekochtem Wasser bewirkt, daß ansteckende Krankheiten weniger häufig wurden." (Stefan Żeromski: *Vorfrühling*, Frankfurt am Main 1994 (poln. 1924), S. 84) Als Cezary Baryka schließlich das freie Polen erreicht findet er kein einziges jener gläsernen Häuser. Die Darstellung seines Vaters erweist sich als Trug. Vgl. dazu: Friedrich Cain: „Moderne errichten. Über Experimente

> Unsere Kultur ist gewissermassen ein Produkt unserer Architektur. Wollen wir unsere Kultur auf ein höheres Niveau bringen, so sind wir [...] gezwungen, unsere Architektur umzuwandeln. Und dieses wird uns nur dann möglich sein, wenn wir den Räumen, in denen wir leben, das Geschlossene nehmen. Das aber können wir nur durch die Einführung der Glasarchitektur, die das Sonnenlicht und das Licht des Mondes und der Sterne nicht nur durch ein paar Fenster in die Räume läßt – sondern gleich durch möglichst viele Wände, die ganz aus Glas sind – aus farbigen Gläsern.[240]

Chwistek konnte mit Scheerbarts Entwürfen leicht in Berührung kommen, dessen Schriften nicht zuletzt durch die Zeitschrift *Der Sturm* weit verbreitet waren. Auch die von Bruno Taut hierzu geschaffenen architektonischen Modelle waren vielerorts (z.B. bei den Werkbund-Ausstellungen und der auf Wanderschaft gehenden 24. Kunstausstellung der Sturm-Galerie) zu sehen.[241]

Wie präsent Tauts Architekturmodelle in Lemberg waren, bezeugt wiederum Karol Irzykowski, der offensichtlich Chwisteks Adaptionen derselben vor Augen hatte, als er in seinem Essay „Futurismus und Schach" [Futuryzm a szachy] (1921) schrieb:

> In der Architektur finden wir die interessanten Ideen des deutschen Architekten Taut: er reichte Projekte von ziemlich kleinen Tempeln bzw. Zukunftshäusern ein, aber auch von Plastiken und Überarbeitungen von Bergen im Geiste einer höheren Schönheit, von Umgestaltungen von Flüssen und Seen, von Umgestaltungen des gesamten Weltkreises und späterhin der Sterne. Folglich ist dies kosmische Architektur und gleichzeitig das krasseste Beispiel für expressionistischen Subjektivismus: wir gewöhnten uns daran, die ursprüngliche Schönheit der Natur als Maßstab für die Schönheit in der Kunst zu nehmen, ein

---

in der Stadt Warschau (1918–1927), in: Stiegler, Werner (Hg.): *Laboratorien der Moderne*, a.a.O., S. 253–288.

Überhaupt ist das Motiv der Kristallstadt natürlich älter und bildet seit der Romantik einen Traditionsstrang aus, der mit Scheerbart und Taut seinen Höhepunkt in der Moderne findet. Vgl. dazu: Bernd Nicolai: „Kristallbau und kristalline Baukunst als Architekturkonzepte seit der Romantik", in: Matthias Frehner, Daniel Spanke (Hg.): *Stein aus Licht. Kristallvisionen in der Kunst*, Bielefeld/Berlin 2015, S. 42–51.

239 Vgl. zum Kontext: Francesco Dal Co: *Figures of Architecture and Thought: German Architecture Culture. 1880–1920*, New York 1990. Zu Scheerbart insbes.: Hans-Michael Speier: „Paul Scheerbart: ‚Lesabendio: Ein Asteroiden-Roman.' Kosmische Komposition und visionäre Architektur", in: Winfried Freund, Hans Schumacher (Hg.): *Spiegel im dunklen Wort. Analysen zur Prosa des frühen 20. Jahrhunderts*, Frankfurt am Main 1983, S. 97–130. Einige Romane Scheerbarts wurden von Kubin illustriert, so etwa sein Science-Fiction-Roman: *Leseabéndio. Ein Asteroiden-Roman* (1913).

240 Paul Scheerbart: *Glasarchitektur und Glashausbriefe*, München 1988 (1914), S. 7.

241 Bruno Taut: *Alpine Architektur*, Hagen 1919, unter: http://digi.ub.uni-heidelberg.de/diglit/taut1919a (letzter Zugriff: 06.10.2019).

> Maßstab der unbewußt an allen unseren Urteilen haftet, aber hier getraut sich menschlicher Geist, dieser Schönheit sein Recht aufzuzwingen.[242]

Einige Modelle Tauts wurden tatsächlich realisiert,[243] und Chwisteks eigener utopischer Entwurf eines Zakopaner Hotels (Abb. 20) erinnert mit seinen geschwungenen Formen frappant an Tauts Kölner Glaspalast und an dessen Zeichnungen aus seinem Buch *Alpine Architektur* (1919) (Abb. 21).[244] Durch mehr Licht, Farbe und neue Formen wird hier die Natur und künstlerische Schöpfung miteinander verbunden; dadurch sollte die Selbstbefreiung aller Menschen jenseits nationaler Schranken befördert werden.

Die Skizze *Das Projekt des Hotels in Zakopane* [Projekt hotelu w Zakopanem] (Abb. 20) erscheint 1921 in Chwisteks Artikel „Das Problem der zeitgenössischen Architektur" [Zagadnienia współczesnej architektury]. Sie präsentiert eine aus einigen miteinander verbundenen Blöcken bestehende und auf Kegeln fußende mehrstöckige Konstruktion, die mit vielen geräumigen Veranden und Loggien ausgestattet und mitten in der Natur platziert ist. Dieses Projekt sollte exemplarisch den krummlinigen Stil realisieren und zugleich das Formenspektrum für die Darstellung eines vertikal ausgerichteten Wolkenkratzers erweitern. Mit seinem Entwurf verfolgte Chwistek drei Ziele: Erstens sollte auf einem kleinen Raum eine große Zahl von Menschen untergebracht werden. Zweitens galt es, sanitäre Anlagen zu installieren, um die hygienischen Bedingungen zu verbessern. Drittens zielte der Bruch mit den in der Architektur dominierenden geraden Linien darauf, die deprimierende Wirkung monotoner Bauten zu bekämpfen. Eine gleichförmige architektonische Umgebung führe zur Schädigung des Nervensystems:

> Die Reform beruht darauf, die Überlastung der Grundfläche durch den Einsatz von senkrechten Linien zu vermeiden. Die Stadt besteht aus riesigen, 60-stöckigen Prismen, in die jeweils circa zehntausend Menschen hineinpassen. Zwischen diesen Gebäuden befinden sich umfangreiche Gärten mit Sportanlagen. Auf den

---

242 Vgl. die Übersetzung von Thomas Lemanczyk: https://de.chessbase.com/post/karol-irzykowski-literat-und-schachspieler/6 (letzter Zugriff: 06.10.2019). Siehe auch: Irzykowski: „Futuryzm a szachy" [Futurismus und Schach] (1921), a.a.O., S. 89–98, hier S. 94. Inwieweit Chwistek auch den architekturpolitischen Sozialutopien Tauts und Scheerbarts verpflichtet ist, wäre eigens zu untersuchen.

243 Vgl. dazu: Leo Ikelaar: *Paul Scheerbart und Bruno Taut: Zur Geschichte einer Bekanntschaft. Scheerbarts Briefe der Jahre 1913–1914 an Gottfried Heinersdorff, Bruno Taut und Herwath Walden*, Bielefeld 1996; Karl-Heinz Knupp: *Die Architekturphantasien Paul Scheerbarts, ihre Herkunft und ihre Nachwirkung. Ein Beitrag zum Verhältnis von Literatur und Architektur zur Jahrhundertwende*, Hamburg 1977.

244 https://www.museumderdinge.de/ausstellungen/wanderausstellungen/wanderausstellung-das-glashaus-von-bruno-taut (letzter Zugriff: 11.10.2019).

> Dächern sind Blumengeschäfte, Restaurants usw. platziert. [...] In den Stockwerken unter dieser Ebene befinden sich Wasserleitungen, Abwasserkanäle und eine U-Bahn.[245]

Chwisteks Projekt hatte – wie er selbst betonte – keinen illusorischen Charakter, sondern „es war mit Blick auf die Bedürfnisse des heutigen Bauwesens realistisch gedacht".[246] Insbesondere wollte er mit seiner urbanistischen Konzeption auf die gesellschaftspolitische Situation nach dem 1. Weltkrieg reagieren. Der von seinen Mitstreitern in der Formismusbewegung vertretenen Meinung, einen auf Volkskunst fußenden, nationalen Stil zu entwickeln, stand er allerdings kritisch gegenüber (vgl. Kap. 3.4) und stellte sich vielmehr mit klaren Worten in die internationale Tradition der sozialutopischen Visionen der Bauhaus-Architekten: „Ein bewusstes Streben danach, die eigene Kultur der europäischen entgegenzustellen, [...] beweist den Mangel an Ambitionen."[247] Die internationale Ausrichtung, die Chwistek von einem neuen Stil forderte, meinte er mit dem Konzept der krummlinigen Form in der Architektur zu erreichen. Der Streit um den nationalen und nicht-nationalen Stil in der Kunst führte schließlich – wie bereits oben erwähnt – zum Zerfall der Formistenbewegung.

Die Forderung nach einem nicht-nationalen Kunststil kommt umso mehr in der Komposition *Zakopane in New York* [Zakopane w Nowym Jorku] (1922) zum Ausdruck. Hier wird in der Mitte einer mit krummen Linien wiedergegebenen Berglandschaft (der Hohen Tatra) ein aus rechteckigen Blöcken bestehender Wolkenkratzer platziert (Abb. 22). Durch verschiedene Farben und Formen wird das Bild in Zonen geteilt, was Chwisteks Konzept der Vielheit der Wirklichkeiten entspricht, insofern die unterschiedlichen Bereiche auch verschiedenen Wahrnehmungsmodi zugeordnet sein sollen (vgl. Kap. 4).[248]

---

245 Leon Chwistek: „Zagadnienia współczesnej architektury" [Das Problem der zeitgenössischen Architektur], *Nowa sztuka* [Neue Kunst] 1 (1921) 1, S. 10–16, hier S. 13. [Übersetzung S.W.] Vgl. das Original: „Reforma polega na usunięciu przeładowania poziomu przez wyzyskanie lini pionowej. Miasto składa się z olbrzymich graniastosłupów 60-piętrowych, z których każdy może pomieścić około 10 tysięcy osób. Pomiędzy tymi gmachami znajdują się obszerne place-ogrody z urządzeniami przeznaczonemi dla sportu itp. Na dachach umieszczone są kawiarnie, restauracje itp. [...] Piętra znajdujące się pod tym poziomem zawierają rury wodociągowe, kanały, metro itp."

246 Ebd.: S. 16. [Übersetzung S.W.] Vgl. das Original: „pomyślany jest realnie na podstawie rzeczywistych potrzeb dzisiejszego budownictwa."

247 Ebd. [Übersetzung S.W.] Vgl. das Original: „Świadome dążenie do przeciwstawienia kulturze europejskiej naszej własnej, [...] jest dowodem pewnego rodzaju braku ambicji."

248 Siehe dazu: Stefan Konstańczyk: „Od formizmu do strefizmu. Ewolucja poglądów estetycznych Leona Chwistka" [Vom Formismus zum Strefismus. Die Evolution der ästhetischer Anschauungen Leon Chwisteks], in: *Słupskie Studia Filozoficzne* [Stolper Philosophische Studien] 8 (2009), S. 13–29.

Abb. 20 Leon Chwistek: *Projekt eines Hotels in Zakopane* [Projekt hotelu w Zakopanem] (1921)

Abb. 21 Bruno Taut: *Der Glas-Pavillon* (1914)

Chwistek schöpfte seine Ideen aus verschiedenen Quellen. Sein Konzept der Stadt im krummlinigen Stil knüpft vor allem an die sozialutopischen Architekturvisionen von Scheerbart und Taut an, doch auch an neuere Entwicklungen in den USA. Chwistek war nie in den USA, wo man in Städten wie Chicago oder New York Wolkenkratzer baute. Informationen darüber erschienen aber damals regelmäßig in der Presse. Die Zeitschrift *Świat* [Die Welt] brachte Nachrichten über „das hervorragendste Hotel der Welt“[249] namens ‚Pennsylvania‘, das in New York errichtet wurde. In ihm befanden sich drei Restaurants, Cafés, Konferenz- und Bankettsäle, Schwimmbadhallen und es gab auch einen Garten auf dem Dach; dies könnte Chwistek als Vorbild für sein Projekt gedient haben. In den *Nowości Ilustrowane* [Illustrierte Neuheiten] wurde wiederum New York als ein Ort beschrieben, in dem „Seltsamkeiten und Wunder der Architektur und Technik jeden Ankömmling gleich zu Beginn überwältigen. Auf den beiden Seiten des Broadways erheben sich außergewöhnlich riesige Gebäude: die Börse, das Rathaus, das Gericht, das

249 Vgl. „Najdoskonalszy hotel świata“ [Das wundevollste Hotel der Welt], in: *Świat* [Die Welt] 7 (1922), S. 10–11.

Abb. 22 Leon Chwistek: *Zakopane in New York* [Zakopane w Nowym Jorku] (1922)

Columbia College und die prachtvollen Paläste der New Yorker Tagespresse."[250] Das *Tygodnik Ilustrowany* [Das Illustrierte Wochenblatt] veröffentlichte eine Fotographie, die das seinerzeit höchste Gebäude der Welt, ein fünfzigstöckiges Haus, zeigte.[251] Außerdem gab es natürlich häufig Wolkenkratzer im Kino zu sehen, etwa in den Filmen *Metropolis* und *King Kong*.

Chwisteks kühne Visionen einer Zukunftsstadt stehen offensichtlich im Kontext internationaler Architekturreformprojekte und vermitteln diese in Lemberg.[252] Seine modernistischen Großstadtvisionen sprengten jedoch den Rahmen des Vorstellbaren und es wundert nicht, dass sie, als Chwistek ihnen eine sozialutopische Ausrichtung gab, noch heftigere Diskussionen auslösten.

---

250 Vgl. „Trzechsetlecie New Jorku" [300 Jahre New York], in: *Nowości Ilustrowane* [Illustrierte Neuheiten] 28 (1923), S. 8.

251 Vgl. „Najwyższy dom na świecie" [Das höhste Haus in der Welt], in: *Tygodnik Ilustrowany* [Illustrierte Neuheiten] 18 (1923), S. 298. Siehe auch: Leon Chwistek: „Zagadnienia współczesnej architektury" [Das Problem der Gegenwartsarchitektur], in: *Nowa Sztuka* [Neue Kunst] 1 (1921), S. 10–16; ders.: „Nowa poezja polska" [Neue polnische Poesie], in: *Nowa Sztuka* [Neue Kunst] 2 (1921).

252 Zu untersuchen wäre auch noch die Verbindung Chwisteks zu sozialen Bauhaus-Utopien, etwa jenen von Ludwig Hilberseimer.

3.4.3 *Die Vision einer sozialen Stadt in Chwisteks Roman* Die Paläste Gottes (*1933/34*)

Eine noch weiterreichende intermediale Entgrenzung einer Stadtutopie vollzieht sich in Chwisteks Roman *Pałace Boga* [Die Paläste Gottes] (1933–1934),[253] in dessen Zentrum das Thema der sozialen Ungerechtigkeit in der modernen Gesellschaft steht. Chwistek verknüpft nun seine Vision einer idealen Stadtarchitektur explizit mit einem idealen politischen System und vollzieht so den Übergang von formalen Fragen der Kunst zu ideologischen Programmen, von der Ästhetik zur Ethik und zur Politik.

Wie in Chwisteks erstem Romanfragment *Kardinal Poniflet* [Kardynał Poniflet] (1907–1914) heißt die Hauptfigur in *Pałace Boga* [Die Paläste Gottes] Irydion Poniflet. Das Schicksal des Protagonisten ist aber im zweiten Buch ein anderes, obgleich es Überschneidungen gibt und Chwistek abermals auf Kubins Roman *Die andere Seite* anspielt (vgl. Kap. 3.4.2). In *Pałace Boga* [Die Paläste Gottes] ist Poniflet ein selbstgefälliger, eitler Mensch, ein „Metropolit aller slawischen Kirchen"[254], der nicht nach Gottes Geboten lebt, sondern ein unchristliches Leben führt und alle sieben Todsünden begeht: „Das große Bedürfnis, sich der Menschheit zu opfern, versank in körperlicher Leidenschaft, unmenschlichem Hochmut, Furcht vor der Armut, Eitelkeit, Fresssucht, übermäßigem Trinken, unangebrachter ritterlicher Geste und krankhafter Eifersucht."[255] In einem „mit Perlen, Diamanten und Smaragden gespickten Kleid"[256] predigt Poniflet über die Paläste Gottes, die in seiner Vorstellung als ein riesiges architektonisches Bauwerk, das viele Übergänge und Räume hat, erscheinen:

> Die Paläste Gottes haben keine Grenzen, sie besitzen mehr Galerien und Säle als sie ein Sterblicher zählen kann. Selbst wenn es unsterbliche Menschen gibt, können sie nicht die Größe von Gottes Palästen begreifen. Deshalb sind jene

---

253 Michał Mrugalski: „Die Macht der Gewohnheit. Der mathematische und ästhetische Formalismus von Leon Chwistek im Kampf gegen die Phänomenologie und die Langeweile", in: *Die Welt der Slaven* 61 (2016) 1, S. 164–190.

254 Leon Chwistek: *Pałace Boga. Próba rekonstrukcji* [Die Paläste Gottes. Versuch einer Rekonstruktion], hg. v. Ludwik Bogdan Grzeniewski, Warszawa 1979, S. 47. [Übersetzung S.W.] Vgl. das Original: „metropolita wszechsłowiańskiej cerkwi".

255 Ebd.: S. 48. [Übersetzung S.W.] Vgl. das Original: „Wielkie pragnienie poświęcenia się dla ludzkości utonęło w namiętności cielesnej, w pysze nieludzkiej, w obawie przed nędzą, w próżniactwie, w żarciu i piciu nadmiernym, w niewczesnym geście rycerskim i chorobliwej zazdrości."

256 Ebd.: S. 49. [Übersetzung S.W.] Vgl. das Original: „najeżony perłami, diamentami i szmaragdami".

Wesen am glücklichsten, die dort für immer verweilen, denn sie langweilen sich nicht, weil sie stets von einem Gemach zum nächsten gehen.[257]

Die Schilderung des Palastes weist erkennbar Entsprechungen zu Chwisteks früherer Vision der Stadt der Moderne auf, deren krummliniger Architekturstil einer monotonen Wirkung auf die Bewohner vorbeugen soll.

Chwistek fertigte zu seinem Roman ebenfalls Illustrationen an.[258] Das Aquarell *Poniflets Gärten* [Ogrody Ponifleta], das 1937 entstand (Abb. 23), stellt zum Beispiel einen turm-förmigen Baukomplex dar, der von vielen Bäumen umgeben ist. Wieder soll die moderne Architektur eine Symbiose mit der Natur eingehen, doch diesmal wird nicht einfach ein Bauwerk in die Natur gestellt und Zonen durch Farbkontraste scharf geschieden, sondern über die krummen Linien und blass-sanfte Farbübergänge vollzieht sich nun eine graduell abgestufte organische Verbindung von Architektur und Natur.[259]

Die Handlung nimmt eine Wende als Poniflet während der Predigt von der Bettlerin und Kurtisane Konchita aufgefordert wird, seinen Palast zu verlassen und mit in den Abgrund zu kommen, dorthin also, wo die Armen leben. Poniflet lässt sich auf dieses Experiment ein und begibt sich so auf eine alptraumhafte Reise in die Stadt, welcher dem nächtlichen Gang des Protagonisten von Kubins Roman *Die andere Seite* gleicht:

> Nachts durch die Gassen Perles zu wandern war eine Qual. Hier taten sich schauerliche Abgründe für geschärfte Sinne auf. Aus den vergitterten Fenstern und Kellerlöchern klagte und stöhnte es in allen Tonarten. Hinter halb geöffneten Türen hörte man ein gepreßtes Ächzen, so daß man unwillkürlich an Erdrosselungen und Verbrechen denken mußte.[260]

---

257 Ebd.: S. 55. [Übersetzung S.W.] Vgl. das Original: „Pałace Boga nie mają granic, posiadają więcej galeryj i sal niż ich naliczyć może człowiek śmiertelny. Jeśli są ludzie nieśmiertelni, nie są też w stanie objąć umysłem ogromu Pałaców Boga. Dlatego najszczęśliwsze są te istoty, które mogą przebywać w nich na stałe, nigdy bowiem nie znudzą się, przechodząc do coraz to innych komnat.“

258 Siehe dazu: Geron: „Wizja miasta w twórczości Leona Chwistka“, a.a.O.

259 In diesem Kontext ist auch das Bild *Mężczyzna za kierownicą* [Ein Mann hinter dem Steuer] zu nennen, das in derselben Zeit entstand und das einen Autofahrer in einem Kabriolet darstellt. Es nimmt Bezug auf eine Passage aus Chwisteks Roman, in der geschildert wird, wie „die vornehmsten Reichen der Himmelblauen Stadt [...] in ihren kostbaren Hispano-Suizas auf feuchten Asphalten [...] vorbeieilen“ Ebd.: S. 59. Der im zitierten Auszug genannten Automarke wurde zuvor im 1925 erschienenen Bestseller-Roman *L'Homme à l'Hispano* von Pierre Frondaie gehuldigt, welcher 1927 unter dem Titel *Człowiek z auta* [Der Mann aus dem Auto] ins Polnische übersetzt wurde. Vermutlich spielt Chwistek auf diesen Text ironisch an.

260 Kubin: *Die andere Seite*, a.a.O., S. 89.

Schockiert vom Leiden der Menschen erlebt Poniflet eine Metamorphose.[261] Von nun an widmet er sich der sozialen Arbeit und entwirft schließlich ein politisches Programm, in dem er Gleichheit und Gerechtigkeit fordert: „Poniflet strebte nach einer radikalen sozialen Umwälzung. [...] Es ging ihm darum, dass es keine erniedrigende und keine sich über einen anderen Menschen erhebende Arbeit gibt."[262] Chwisteks Roman wandelt sich in ein ethisch-politisches Manifest.

Abb. 23
Leon Chwistek: *Poniflets Gärten*
[Ogrody Ponifleta] (1937)

261 Poniflets Verwandlung vollzieht sich in sieben nach den Todessünden benannten Kapiteln. Jeder Sünde wurde ursprünglich eine Stadt als Ort der Handlung zugeordnet: „Die Stadt des Hochmuts: Krakau, die Stadt der Völlerei: London, die Stadt des Neids: Warschau, die Stadt der Wollust: Zakopane, die Stadt der Habgier: Paris, die Stadt der Trägeit: Wien, die Stadt des Zorns: Berlin." Estreicher: *Leon Chwistek*, a.a.O., S. 323.

262 Ebd.: S. 60.

Obwohl mehrfach angekündigt, sind *Pałace Boga* [Die Paläste Gottes] nie erschienen.[263] Es existieren nur Auszüge, lose Fragmente, weshalb der jeweilige Kontext der von Poniflet im Abgrund gesammelten Erfahrungen nicht immer klar ist. Doch auch wenn man nicht weiß, wie einzelne Reflexionen des Protagonisten oder des Erzählers zur Rolle der Stimmung bei der Durchsetzung von Ideen oder zu kollektiven Denkzwängen zu bewerten sind, so finden sich hier doch Gedanken, die später bei Chwisteks Freund Ludwik Fleck zu einer Theorie des Denkstils und Denkkollektivs ausgearbeitet werden. So stellt Poniflet z.B. fest:

> Die Macht philosophischer und gesellschaftlicher Theorien hängt nicht von Argumenten, sondern von Gefühlszuständen, von Blindheit und Sturheit ab. Ideen sind flüssige Gebilde und lassen sich nicht nach Belieben zurechtbiegen.[264]

Und weiter:

> Poniflet ringt mit der metaphysischen Frage, ob die Gesellschaft die Individuen hervorbringt oder ganz umgekehrt. […] Das Gefühl einer theoretischen Abhängigkeit von der gesellschaftlichen Meinung ist mit der geistigen Knechtschaft identisch."[265]

Poniflet findet am Ende des Romans den Tod, – man verbrennt ihn wegen seiner ketzerischen Ansichten. Seine Ideen setzen sich aber durch: „Dunkelheit und Verbrechen beugten sich ihrem Bann und schämten sich ihrer. Sie

---

263 Chwistek hatte seinen Roman mehrfach in der Zeitung *Wiadomości Literackie* [Literarische Nachrichten] angekündigt: „Ich bereitete ein Manuskript eines Romans zum Druck vor." Oder: „Das Erscheinen der *Paläste Gottes* verschiebt sich. Man muss einige zu scharfe Formulierungen mildern. Ich habe mir einen Ausbruch erlaubt." Oder: „Ich rechne damit, dass dank der Intervention der Freunde *Die Paläste Gottes* im Herbst – nach der Durchführung einiger Streichungen – herauskommen werden." Vgl. Leon Chwistek: „W pracowniach polskich pisarzy" [In der Werkstätten der polnischen Schriftsteller], in: *Wiadomości Literackie* [Literarische Nachrichten] 49 (1932), 52 (1933), 22 (1935), 13 (1936), 19 (1937). Chwistek verließ Lemberg 1941 kurz vor dem Einmarsch der deutschen Truppen, womöglich ging hierbei das Manuskript verloren. Vgl. dazu: Estreicher: *Leon Chwistek*, a.a.O., S. 321f.

264 Chwistek: *Pałace Boga* [Die Paläste Gottes], a.a.O., S. 62. [Übersetzung S.W.] Vgl. das Original: „Siła teoryj filozoficznych i społecznych nie jest zależna od argumentów, ale od stanów uczuciowych, od zaślepienia i uporu. Idee są utowrami płynnymi i można nagiąć je do naszych zachcianek tak bardzo, jak tylko my sami zechcemy."

265 Ebd.: S. 68. [Übersetzung S.W.] Vgl. das Original: „Poniflet zmaga się z metafizycznym zagadniemiem, czy społeczeństwo tworzy indywidualności, czy też jest wprost przeciwnie. Poczucie zależności teoretycznej od opinii społeczeństwa jest identyczne z niewolą duchową."

zogen sich zurück und verstummten, und begannen sich in Elemente aufzulösen. Sie wurden öde und stinkend und hingen auf dumme Weise durch wie Bananenschalen."[266] Chwistek bedient sich auch hier einer drastischen Metaphorik und frappierender Vergleiche, die den dargestellten Situationen Farbigkeit und Geruch verleihen.

Das Romanfragment ist ein intermediales Schreibexperiment, das Chwisteks frühere bildkünstlerische und essayistische Versuche anhand des Leitmotivs der Traumstadt aufgreift und überbietet. Die chronologische Rekonstruktion dieses Motivs lässt eine Evolution erkennen: Von den praktischen Vorschlägen für das neue Bauen, über theoretische Konzeptionen für das moderne Leben, bis zu politischen Veränderungsvorschlägen. Doch immer geht es darum, auf der Basis von Form-Experimenten die Struktur vorhandener Wirklichkeiten zu erfassen, deren Formensprache zu erweitern, um so neue Wirklichkeiten zu entwerfen, die Alternativen zur bestehenden Realität aufzeigen. Auch wenn vieles Fragment geblieben ist und das literarische Schaffen Chwisteks nicht den gleichen Rang wie sein bildkünstlerisches und philosophisches Werk erreicht, so ist es gleichwohl Teil einer kühnen Vision des Zusammenspiels der Künste und Wissenschaften zur Durchsetzung moderner ästhetischer und gesellschaftspolitischer Visionen.

3.5 Mythos und Wirklichkeit des Krieges in Józef Wittlins Roman *Das Salz der Erde* (1935)

Der Schriftsteller und Übersetzer Józef Wittlin (1896–1976)[267] ist ein weiterer bedeutender Repräsentant der Lemberger Moderne. Auch er war kein Solitär, sondern wie kaum ein anderer durch das Lemberger Milieu geprägt und zugleich auf vielfache Weise mit der internationalen Literatur der Moderne verbunden. Als Erzähler war er weniger radikal als Karol Irzykowski oder Chwistek, sein Werk steht eher der melancholischen Prosa Bruno Schulz' und Joseph Roths nahe.

Das literarische Galizienbild war lange von einseitigen Darstellungen aus der Perspektive Wiens geprägt, wie sie etwa Karl Emil Franzos (1848–1904) vorgelegt hatte. Eine erste Hinterfragung dieser dominierenden Sichtweise

266 Ebd.: S. 145. [Übersetzung S.W.] Vgl. das Original: „Ciemnota i zbrodnia ugięły się pod ich urokiem i zawstydziły się same siebie. Cofnęły się i zamilkły, i zaczęły rozkładać się na elementy. Stały się nudne i śmierdzące i zwisały głupkowato jak łupiny bananów."

267 Vgl. Anna Frajlich (Hg.): *Between Lvov, New York and Ulysses' Ithaca: Józef Wittlin – poet, essayist, novelist*, Toruń 2001; Zoi Yurieff: *Józef Wittlin*, Warszawa 1997; Dies.: *Joseph Wittlin*, New York 1973.

erfolgte durch Joseph Roth (1894–1939), der durch eigene Erfahrungen Galizien gut kannte. Vor allem aber war es Józef Wittlin, der mit seinem Roman *Das Salz der Erde* (1935) spätere Einsichten postkolonialistischer Theorien vorwegnahm.

Józef Wittlin wurde zunächst als Übersetzer von Homers *Odyssee* (1924) bekannt. Er übersetzte aber auch das *Gilgamesch-Epos* (1922) und Gedichte unter anderem von William Carlos Williams und Alberto Saaba. Mit seinen Übersetzungen der Poesie von Richard Dehmel und Rainer Maria Rilke, sowie von Hermann Hesses Roman *Der Steppenwolf* (1929), vor allem aber der Werke von Joseph Roth *Hiob* (1931), *Zipper und sein Vater* (1931), *Die Geschichte eines einfachen Mannes* (1937), *Beichte eines Mörders* (1937) und schließlich *Die Kapuzinergruft* (1939) avancierte Wittlin zum wichtigen Vermittler der deutschen Literatur in Polen. Als sein literarisches Hauptwerk gilt der Roman *Das Salz der Erde*,[268] der 1935 als erster Teil einer unvollendet gebliebenen Trilogie veröffentlicht und gleich in 12 Sprachen übersetzt wurde.[269] Die deutsche Fassung des Buches erschien 1937 mit einem Vorwort von Joseph Roth.[270]

Wie andere Autoren der Lemberger Moderne, z.B. Bruno Schulz, wirft auch Wittlin in seinem Roman einen kritischen Blick auf die Galizienpolitik des Kaisers Franz Joseph I. Im Zentrum des Geschehens steht ein einfacher Bahnarbeiter namens Piotr Niewiadomski, der zum Kriegsdienst einberufen wird. Die Handlung spielt aber nicht an der Front, es werden weder Schlachten noch Gräuel beschrieben, viel mehr interessiert sich Wittlin für die Situation des Menschen im Getriebe der Mechanismen des Krieges und seiner bürokratischen Regeln.

Wittlin entwickelt hierfür ein besonderes Erzählverfahren:[271] Der Geschichte von Piotr Niewiadomski geht ein Prolog voraus, in dem sich gleich zu Beginn ein Ich-Erzähler zu erkennen gibt. Er gibt an, zwischen einfachen Menschen zu leben, die die Lokalzeitungen lesen, sie sind „gewöhnliche Leute: Barbiere,

---

268 Neben dem Roman *Das Salz der Erde* schrieb Wittlin auch Gedichte. Sein erster Band *Hymnen* (1920) war der Kriegsthematik gewidmet. Danach folgten die Essaybände *Aus den Erinnerungen eines ehemaligen Pazifisten* (1930) und *Etappen* (1933). Nach dem 2. Weltkrieg erschien sein Erinnerungsband *Mein Lemberg* (1946; dt. 1994).

269 Die Trilogie sollte den Titel *Die Geschichte vom geduldigen Infanteristen* tragen. Fertig gestellt wurde nur der erste Band *Das Salz der Erde*, vom zweiten Band gibt es nur ein Fragment, das die Überschrift *Ein gesunder Tod* trägt, der dritte Band Teil existiert nicht.

270 Joseph Roth: „‚Das Salz der Erde'. Vorwort" (1937), in: Ders.: *Werke: 3. Das journalistische Werk. 1929–1939*, Köln 1994, S. 769–770.

271 Włodzimierz Maciąg: „‚Sól ziemi' – Wittlina" [„Das Saltz der Erde" von Wittlin], in: *Życie Literackie* [Das literarische Leben] 29 (1956) 234, S. 3; Bogusław Bakuła: „‚Sól ziemi' Wittlina w naukowym opracowaniu" [„Das Saltz der Erde" von Józef Wittlin in wissenschaftlicher Bearbeitung], in: *Teksty drugie: teoria literatury, krytyka, interpretacja* [Zweite Texte: Literaturtheorie, Kritik und Interpretation] 5–6 (1994) 29–30, S. 164–170.

Schuster, Eisenbahner, Strassenbahnschaffner, Eisengießer, Büroangestellte, Kellner, Bauern. Ja Bauern. [...] Sie sahen, hörten, lasen in ihren Blättchen, betrachteten die bunten Ansichtskarten. Ich selbst sah, hörte, las vielleicht."[272] Die Geschichte speist sich offenbar aus den Zeitungslektüren, aus dem Hörensagen und den daraus sich bildenden kollektiven Vorstellungen der einfachen Menschen. Der Erzähler fungiert als deren Medium. Er scheint zwar allwissend, doch was er weiß, verdankt er – „vielleicht" – Lektüren, sicher dem Gesehenen und Gehörten. Am Ende des Romans wird die Erzählform offengelegt, indem der Leser direkt angesprochen und die Geschichte als mündliche Überlieferung an die Nachwelt ausgewiesen wird: „Und wundere dich nicht, Enkel, Urenkel, dem ich diese Geschichte erzähle"[273]. Damit wird die Handlung in einen mythischen Raum versetzt und der Erzähler zum Sprachrohr der Geschichte, er wird zum homerischen Erzähler und der Roman zum Epos.[274]

Während Bruno Schulz erzählerisch die Wirklichkeit mythisiert, stellt Wittlin das Erzählen selbst in die Tradition des Mythos. Doch er schreibt keinen alten Mythos fort, sondern entwirft eine neue Sage unter den Bedingungen der Gegenwart, insofern er das epische Erzählen durch Humor immer wieder ironisch bricht oder durch Erzählerkommentare als fiktional entlarvt.[275]

Die Erzählung setzt im Präteritum ein, das später den gesamten Roman weitgehend dominieren wird. Im Prolog aber wechselt das Erzähltempus unvermerkt zunächst ins historische Präsens, dann ins szenische Präsens.[276] Dialoge werden eingestreut und so das Geschehene unmittelbar vergegenwärtigt, um

272 Józef Wittlin: *Das Salz der Erde*, aus dem Polnischen von Izydor Berman, in: Ders.: *Die Geschichte vom geduldigen Infanteristen*, Frankfurt am Main 1986 (poln. 1935, dt. 1937), S. 15–293, hier S. 16.

273 Wittlin: *Das Salz der Erde*, a.a.O., S. 221. Manchmal wendet sich der Erzähler direkt an den Protagonisten: „Piotr, Piotr, wie wirst du jetzt aussehen". Ebd.: S. 280.

274 Łukasz Tischner: „‚Sól ziemi', czyli tęsknota do eposu" [„Das Salz der Erde", also die Sehnsucht nach dem Epos], in: *Pamiętnik Literacki* [Das literarische Tagebuch] 103 (2012) 1, S. 87109. Nicht von ungefähr hat man Wittlin den „polnischen Homer" genannt: Vgl. Zygmunt Kubiak: „Polski homeryda. Posłowie" [Der polnische Homer. Nachwort], in: Józef Wittlin: *Sól ziemi* [Das Salz der Erde], Warszawa 1988, S. 252–270.

275 Vgl. Katarzyna Szewczyk-Haake: „O ironii jako figurze retorycznej i postawie moralnej (z odniesieniem do Wittlina i Kierkegaarda)" [Über die Ironie als einer rhetorischen Figur und der moralischen Haltung (mit dem Bezug auf Wittlin und Kierkegaard], in: *Przestrzenie teorii* [Räume der Theorie] 24 (2015), S. 13–29.

276 Vgl. z.B. „In diesem Augenblick begann die Dämmerung die Konturen der alten Porträts mit einem grauen Schleier zu überziehen und sie zu vergrößern. Die Porträts wuchsen, wuchsen, wuchsen bis sie mit den Tapeten und Täfelungen des prächtigen Saales in ein einziges Grau verschmolzen. [...] Ein Lakai tritt ein. Er entzündet das elektrische Licht in den kristallenen Kronleuchtern. Aber nicht alle Birnen, denn seine Majestät verträgt kein

dann jedoch wieder in das gewohnte Erzähltempus des Präteritums überzugehen, wobei durch gelegentliche Erzählerkommentare in Klammern eine weitere Distanzierung vom Erzählten erfolgt. Sobald die Geschichte anhebt, beginnt der Erzähler häufig die Perspektiven zu wechseln, er taucht immer wieder in Form der erlebten Rede in die Binnensicht der Protagonisten ein, um verschiedene Blicke auf die Wirklichkeit zu werfen. Er ist nicht personal fassbar, sondern Medium vieler Stimmen.

Piotr begreift die wahrgenommene Wirklichkeit nicht, aus seiner Sicht ist die Welt wunderbar, mythisch. Er gerät aber zunehmend in Situationen, die ihn bzw. seine Weltordnung irritieren. Die Diskrepanz zwischen der mythisierten Wirklichkeit des Protagonisten und dem ironischen Kommentar des Erzählers wird immer größer. Die Kluft zwischen dem subjektiven Vertrauen des Protagonisten in die Ordnung der Welt und dem vom Erzähler geschilderten Weltlauf, bringt schließlich die Absurdität der habsburgischen Wirklichkeit zum Vorschein. Verstärkt wird das durch den Einsatz expressionistischer Stilmittel wie kühner Metaphern, Metonymien und Periphrasen,[277] die das Irrationale der jeweiligen Situation erfahrbar machen. Einige Beispiele sollen nun Wittlins Schreibtechnik erläutern:

---

starkes Licht. Mit zitternder Hand setzt der Kaiser seine Brille auf." Wittlin: *Das Salz der Erde*, a.a.O., S. 19.

277 Vgl. z.B. „Die wachgebliebene Stadt aber kochte von Leben. Gleichgültig gab sie ihren mächtigen Leib den nächtlichen Lüsten hin. In billigen Buden trank sie zufrieden Limonade und aß Knackwürste. Oder sie vergeudete ihre Überschüsse in den kostspieligen Palästen ausgesuchter Freuden." Wittlin: „Das Salz der Erde", a.a.O., S. 24. Vgl. auch: „Von Mund zu Mund ging die Neuigkeit. Die Münder nagten, kauten, sogen an ihr, kneteten sie, zerrieben sie, bis auf einmal eine Million Lippen ein Wort aufs Pflaster ausspuckte wie eine bittere Mandel. Der Krieg erfüllte alle Kaffeehäuser, Bars, Restaurants." Ebd.: S. 26. Vgl. auch: „Die verschwitzten, schäumenden, trunkenen Nummern, die Köpfe, Hände, Füße und Rümpfe ziehen breit nach Osten und Süden, von Ost nach West, von Süd nach Nord, irgendeine fremde Sucht zu befriedigen, irgendeinen fremden Ruhm zu mehren. Zum Turnier der eigenen Qual, des Hungers, des Fiebers ziehen die gesunden, kräftigen Lungen, Herzen, Mägen aus – zu Tausenden, zu Zehntausenden, zu Hunderttausenden, in alle Richtungen der Welt." Ebd.: S. 33. Vgl. dazu: Krystyna Jakowska: „Język i sposób narracji w ‚Soli ziemi' Wittlina jako środki wprowadzenia ukształtowań ekspresjonistycznych w obrębie powieści realistycznej" [Sprache und Erzählweise in Wittlins „Das Salz der Erde" als Mittel für die expressionistische Gestaltung im Rahmen eines realistischen Romans], in: Artur Hutnikiewicz i Helena Zaworska (Hg.): *O prozie polskiej XX wieku* [Über die polnische Prosa des 20. Jahrhunderts], Wrocław 1971, S. 151–182; Dies.: „‚Sól ziemi' Wittlina a ekspresjonistyczna literatura o wojnie" [Wittlins „Das Salz der Erde" und die expressionistische Literatur über den Krieg], in: *Pamiętnik Literacki* [Das literarische Tagebuch] 63 (1972) 2, S. 51–85; Maria Kłańska: „Der Expressionismus in Galizien", in: Klaus Amann, Armin A. Wallas (Hg.): *Expressionismus in Österreich. Die Literatur und die Künste*, Wien/Köln/Weimar 1994, S. 353–375.

1) Piotr Niewiadomski wird als einfacher Mann dargestellt, gleichwohl gibt der Erzähler dessen Gedanken in einer gehobenen Sprache wieder und kommentiert sie beständig. Dabei wertet er nicht, sondern er zeigt an, dass Piotrs Gedanken sich einer eingeschränkten Perspektive verdanken. Piotr ist ein Analphabet, der trotz seiner vierzig Jahre nicht links von rechts unterscheiden kann.[278] Er kommt aus einer niedrigen sozialen Schicht, seine Mutter war Huzulin, Piotr entstammt also aus ukrainischer Urbevölkerung, die sowohl von österreichischer als auch polnischer Seite unterdrückt wurde. Seinen Vater kannte er nicht – dies verrät auch sein Name – denn Niewiadomski heißt ‚Unbekannt', „diesen Namen gab man Kindern, deren *pater incertus est*"[279]. Außerdem ist Piotr infolge einer ererbten Syphilis körperlich entstellt. Die Welt, in der Piotr lebt, hat eine klare Ordnung. Er arbeitet bei der Bahn, wo er auf der kleinen Station Topory-Czernielitza die Güterzüge mit Waren belädt. Es schmerzt ihn, dass er keine Uniform, und nicht einmal eine Kappe mit den kaiserlichen Insignien tragen darf:

> Kaiserliche Menschen waren mit dem Monogramm gezeichnet wie kaiserliche Schnupftücher, kaiserliche Gabeln und Löffeln, damit sie niemand stehle, verkaufe oder versetze. Piotr war ein Kaiserlicher. Niemals verließ ihn das Bewußtsein, wem er diene. Nur scheinbar schleppte er Lasten für Gutsbesitzer, nur scheinbar bediente er Juden, die in dieser Gegend mit Getreide und Kartoffeln handelten. In Wirklichkeit schleppte er alles für den Kaiser. Dafür bezahlte ihn der Kaiser und schützte ihn durch besondere Gesetze. [...] Und doch beschlichen Piotr zuweilen Zweifel, ja eine dunkle Bitternis drang manchmal in sein Herz. Warum sollte er nicht eigentlich eine kaiserliche Kappe tragen wie andere Eisenbahner? [...] War er vielleicht nur ein gemeiner Küchenlöffel, der nicht zum großen Staatsservice gezählt wird?[280]

Piotrs geistige und soziale Einfachheit hindert ihn daran, die Mechanismen der habsburgischen Welt, in der die Menschen wie er wie Leibeigene Kaisers behandelt werden, zu durchschauen. Obgleich er im Elend lebt, meint er, „in Wirklichkeit" einer höheren Macht zu dienen, die seinem Dasein einen Sinn verleihe. Indem der Erzähler die Situation aus der Innensicht des Protagonisten in Form der erlebten Rede schildert, führt er unmittelbar vor, wie die staatlich propagierte Weltauffassung auch die Vorstellungswelt jener sozialen Klassen prägt, die die von der Habsburgermonarchie besetzten Gebiete bewohnten.

---

278 „Rechts oder links? Mit dieser Frage berühren wir die schmerzlichste Stelle in Piotrs Niewiadomskis Seele. Trotz seiner vierzig Jahre – wußte er nicht, es war nun mal so, wo die rechte und wo die linke Seite war." Wittlin: *Das Salz der Erde*, a.a.O., S. 117f.

279 Ebd.: S. 39.

280 Ebd.: S. 42f.

2) Ein weiteres Merkmal des Erfolgs, die k.-u.-k.-Weltsicht in den Köpfen der Untertanen zu verankern, manifestiert sich in Piotrs bedingungslosem Vertrauen in die habsburgische Bürokratie. Begeistert von der Ordnung des Verwaltungssystems, erkennt er nicht die mit ihm einhergehende Entindividualisierung des Menschen. Der Erzähler hingegen wird nicht müde, die bürokratischen Vorgänge und Piotrs Fleiß zu verspotten. Das Pathos des Helden wird mit der objektiven Banalität der Verhältnisse konfrontiert und dies zeitigt komische Effekte:

> Piotr Niewiadomski gehörte zum Jahrgang 1873. Er selbst wußte nichts davon; denn er verstand sich nicht auf Zahlen, aber die Gemeinde wußte es. Die Gemeinde weiß alles. Die Gemeinde führte ebenfalls Bücher und Rubriken, in denen für ewige Zeiten mit Tinte eingetragen wurde, wann wer auf diese Welt gekommen ist oder aus ihr gegangen ist.[281]

Für Piotr ist die Behörde eine Autorität, die mehr über ihn weiß, als er über sich selbst. Er glaubt an das Gute der Institution. Unfähig das Ordnungssystem der Behörde und ihre Zwecke zu durchschauen, erkennt er in der Kontrolle des Staates über seine Bürger nur die Fürsorglichkeit des Kaisers.
3) Piotr glaubt sogar an die Allmächtigkeit des Kaisers, dem er übernatürliche Kräfte zuschreibt. Er spürt des Kaisers gottgleiche Macht unmittelbar, obwohl dieser als Person nie in seiner konkreten Lebenswirklichkeit erschien: „Der Kaiser ist in den Lüften, unsichtbar wie Gott, den auch niemand mit eigenen Augen gesehen hat."[282] Nach Piotrs Überzeugung, steht der Kaiser im Bunde mit Gott, mit dem er eine regelrechte Geschäftspartnerschaft eingegangen ist, um über die ganze Welt zu herrschen: „Denn Gott und Kaiser sind immer zusammen. [...] Der Kaiser macht mit Gott verschiedene Geschäfte, deswegen hat er das Recht, dem Menschen das Leben zu nehmen, das Gott ihm geborgt hat."[283] Die Grenze zwischen Gott und Kaiser ist fließend, manchmal lassen sie sich gar nicht mehr unterscheiden und verschmelzen miteinander:

> Plötzlich schaute Kaiser Franz Joseph Piotr Niewiadomski an. Er schaute vom Kreuz herunter, das auf dem Hemd des Gendarmen an einem rot-weißen Bändchen hing. [...] Wer in so einer Stunde nicht freiwillig dem Kaiser gehorcht, der vom Kreuz ruft, dem wird Jesus Christus am Tag des Jüngsten Gerichts nicht verzeihen.[284]

---

281 Ebd.: S. 58.
282 Ebd.: S. 103.
283 Ebd.: S. 66f.
284 Ebd.: S. 66.

Was sich in Piotrs Kopf verknotet, ist das Resultat der allgemeinen Propaganda, welche die Allianz von Kaisertum und katholischer Kirche bei der Rechtfertigung des Krieges betrieb. Der Erzähler spricht das nicht explizit aus, doch zeigt die Macht der Ideologie anhand ihrer Folgen für Piotrs Denken. „Es denkt" in Piotr, könnte man mit Fleck sagen. Das geht so weit, dass Piotr unter Berufung auf Gott und Kaiser es für legitim hält, dass Menschen ihr Leben für diesen Krieg opfern. Gehorsam folgt er daher dem kaiserlichen Befehl: „‚Nun werde ich zum Militär gehen'! sagte Niewiadomski laut."[285] Auch wenn die Roman-Trilogie nicht vollendet wurde, so ist durch den Prolog klargestellt, dass Piotr am Ende einen solchen sinnlosen Heldentod für den Kaiser sterben wird.

4) Piotr ist ein treuer Diener des Kaisers und dieser Dienst ist der höchste Zweck seines Lebens. Im Unterschied zu vielen traditionellen Helden der polnischen Literatur ist sein nationales Bewusstsein wenig ausgeprägt. Er freut sich über die Einberufung zum Krieg, wähnt sich auserwählt, und glaubt, der allmächtige Kaiser habe sein Auge auf ihn gerichtet. Die von ihm nicht durchschauten politischen Hintergründe und das Kalkül des Krieges, werden erst durch ironische Kommentare des Erzählers deutlich, der jedoch die Kluft zwischen subjektiver Wahrnehmung und objektivem Geschehen nicht überbrückt, sondern die Ebene des Protagonisten und die eigene ineinander übergehen lässt:

> So ist es also? Der Kaiser weiß von meiner Existenz? Er weiß, daß in der Gemeinde Topory-Czernielitza, im Bezirk Śniatyn, auf der Linie Lemberg-Czernowitz-Itzkany, der Träger Piotr Niewiadomski, der Sohn Wasylinas, lebt und ihm treu seit zwanzig Jahren dient? Er kennt mich also, der Kaiser? Er braucht mich, deswegen schreibt er mir: Herr? Herr Piotr Niewiadomski! Ein schönes Wort! Und Piotr sah den Kaiser, wie er in Wien in seiner Kanzlei sitzt, hinter einem großen Tisch mit goldenen Kanten, und Briefe schreibt an alle Huzulen. An „die Herren" Huzulen.[286]

5) Nach seiner Musterung gerät Piotr in den Strudel des militärischen Drills und auch diesen schildert der Erzähler klar und deutlich als Instrument, um die Menschen auf ihren Gebrauchswert für militärische Zwecke zu reduzieren:

> In jenen Tagen wurden die Körper der Männer gewogen und gemessen. Man sortierte sie nach Gattungen, man klaubte sie aus wie Kartoffeln, wie Früchte, vom Baum des Lebens geschüttelt. Man nahm sie in Massen: schockweise,

285 Ebd.: S. 67.
286 Ebd.: S. 69.

> zentnerweise, waggonweise, und warf alles weg, was ungeraten war, verdorben, krank. Denn groß war seit dem letzten Krieg die Saat an menschlichen Körpern.[287]

Die Logik der Unterdrückungs- und Selektionsmechanismen, die Wittlins Erzähler ebenso drastisch wie luzide beschreibt, gemahnt an das Kalkül der späteren Vernichtungsmaschinerie der Nationalsozialisten. Es ist eine exemplarische Analyse des Kalküls instrumenteller Vernunft im Dienste staatlicher Profitgier. Die zahlreichen Vergleiche, die den Text durchziehen, verwenden Bilder aus dem religiösen Bereich (z.B. „Baum des Lebens“), verschränken diese jedoch mit anderen aus der alltäglichen Warenproduktion. Ganz verfehlt wäre aber, dahinter eine religiös-belehrende Absicht zu erkennen.[288] Vielmehr sollen die unmenschlichen Vorgänge möglichst präzise beschrieben werden. Das mythische Erzählen ist vielmehr der neue Realismus. Dieser tritt immer wieder offen zutage, wenn der Erzähler mitteilt, was seinem Protagonisten in seiner beschränkten Wahrnehmung entgeht:

> Piotr Niewiadomski wußte nicht, daß sie [die Ärzte] nur deswegen auf die Augen achteten, weil sie sich überzeugen wollten, ob seine Augen das Ziel sehen, auf das sie zielen sollen. Wenn die Herren seine Ohren prüften, so nur, um festzustellen, ob sie die Kommandorufe und Detonationen unterscheiden werden. Hier waren die Hände nur so viel wert, wie sie tragen konnten. Am wichtigsten waren die Füße. Ihr Los war das Marschieren. [...] Auch untersuchte man die Zähne, wegen des harten Kommißbrotes und des Zwiebacks.[289]

Der Erzähler analysiert schonungslos die in der Habsburgermonarchie praktizierte Reduktion des Menschen auf ihre Nützlichkeit. Ihre Organe sind nichts als Rohstoffe, sie selbst nur Kanonenfutter für den vom Kaiser geführten Krieg. Es wird nicht nur die Geschichte von Piotrs Assimilation an das habsburgische Reich erzählt, sondern überdies aufgezeigt, wie die am äußeren Rand des österreichischen Herrschaftsgebiets angesiedelte ethnische Minderheit der Huzulen kolonialisiert wird, indem man sich ihrer Körper bemächtigt und

---

287 Ebd.: S. 71. Vgl. Renata Makarska: „Zwischen dem Privaten und dem staatlichen Menschen. Die Mechanisierung des Menschen und der Exzess der Freiheit in Józef Wittlins und Andrzej Bobkowskis Kriegsnarration“, in: Natalia Borissova, Sussi K. Frank, Andreas Kraft (Hg.): *Zwischen Apokalypse und Alltag. Kriegsnarrative des 20. und 21. Jahrhunderts*, Bielefeld 2009, S. 115–131.

288 Vgl. dagegen: Elisabeth Kosakowska: „The War as a Myth. The Analysis of a Development of the religious Imagery in Joseph Wittlin's Salt of the Earth“, in: Anna Frajlich (Hg.): *Between Lvov, New York and Ulysses' Ithaca: Józef Wittlin – poet, essayist, novelist*, Toruń 2001, S. 61–72.

289 Wittlin: *Das Salz der Erde*, a.a.O., S. 94.

zudem noch ihre Gedanken beherrscht. Die Unterdrückung des huzulischen Volks geht noch weiter als all das, was in fernen Kolonien mit fremden Völkern geschehen ist. Die Huzulen stehen hier exemplarisch für die Unterwerfung jener sozialen Klassen, die die von der Habsburgermonarchie besetzten Gebiete bewohnen, die schließlich auf ihre konsequente Vernichtung abzweckt: Die Züge „mit Ladungen für den Kaiser“[290] fahren „in Angelegenheiten des Kaisers nach Ungarn“[291]. Denn der Kaiser „muß den Krieg gewinnen. Fährt doch ein ganzer Zug mit Huzulen dem Kaiser zu Hilfe.“[292] Dies tun Huzulen wie Piotr nicht aus Zwang, sondern aus Überzeugung, wodurch die ganze Perversität der österreichischen Machtpolitik zum Vorschein kommt.
6) Eine weitere Episode zeigt das besonders deutlich: Piotr wird für kriegstauglich befunden und zum Soldaten ausgebildet. Er bekommt eine Uniform und ein Gewehr, lernt, dass „man nur in einer Uniform einen Menschen töten darf, und nur in der Banderole, in staatlicher Verpackung sozusagen, ist der Tod für den Kaiser gültig. Der Kaiser besaß nämlich das Monopol nicht nur für Tabak und Salz, sondern auch für das Töten der Menschen.“[293] Die Uniform macht ihren Träger zum Repräsentanten der staatlichen Macht und gibt diesem die Lizenz zum Töten. Die Verstaatlichung des Todes verleiht dem Töten einen vom Staat garantierten Sinn. Der Soldat wird zu einem symbolischen Vertreter der staatlichen Macht, sein Ich verschiebt sich metonymisch auf die äußeren Insignien der Macht, die von nun an seine Identität ausmachen.

> Vor Piotr Niewiadomski öffneten sich Magazine mit allem, was ihm vom Kaiser gebührte. Ein Soldat besteht aus einer Bluse, einer Hose, einem Mantel, aus Schuhen, einem Gewehr, einem Koppel, zwei Patronentaschen, Bajonett, Tornister, Brotsack, einem Spaten oder einer „Beilpicke“, einem Eßgeschirr, einer Feldflasche, zwei Decken, einer Zeltbahn, aus einer großen Menge Lederriemen – und aus sich selbst. Nun, und einer Kappe. Ohne Kappe ist er fast ein Krüppel, ist er wie eine Lampe ohne Schirm, wie ein Stengel ohne Blüte.[294]

Jede Uniformierung ist eine Entindividualisierung, das liegt im Wesen der Sache. Wittlins Roman beschreibt die Folgen dieser Entmenschlichung mit äußerster Hellsicht, indem er den sozialpsychologischen Mechanismus offenlegt, durch welchen Uniformierte zu Mördern werden. Sie töten nicht als

290 Ebd.: S. 169.
291 Ebd.: S. 170.
292 Ebd.: S. 172.
293 Ebd.: S. 275.
294 Ebd.: S. 277.

Individuen, sondern sind ausführende Organe ihres Staates, versteckt hinter Uniformen.

Piotr Niewiadomski steht exemplarisch für ein Individuum, das in den Wirbel des Krieges gerät und diesem zum Opfer fällt. Er ist einer von vielen namenlosen Menschen, unbekannten Opfern des Krieges, die durch die Erzählung, durch die Sprache der Dichtung, aus dem Grab geholt werden und eine Geschichte bekommen. Dies wird am Ende des Prologs in Form eines Gedichts formuliert:

> Unbekannt bleibt der erste Mensch, der in diesem Kriege das Leben verlor
> Unbekannt bleibt der Mensch, der ihn erschlug
> Unbekannt bleibt der letzte Mensch, der in diesem Kriege gefallen ist.
> Mein Wort hebt ihn aus der Erde, in der er liegt: er wird mir diese Ausgrabung verzeihen. Unbekannt bleibt der unbekannte Soldat.[295]

Entsprechend folgt nach dem Prolog kein historischer Kriegsroman, sondern erzählt wird das exemplarische Schicksal eines unbekannten Soldaten. Piotr Niewiadomski – „Piotr Unbekannt" – wird einen sinnlosen Heldentod für den Kaiser sterben.

Mit dem die Bibel zitierenden Titel *Das Salz der Erde* erinnert Wittlin daran, dass die Würde des Menschen verloren gehen kann. Christus umschrieb die Aufgabe seiner Jünger, die sie in der Welt haben, mit den Sätzen: „Ihr seid das Salz der Erde. Wenn nun das Salz nicht mehr salzt, womit soll man salzen? Es ist zu nichts mehr nütze, als dass man es wegschüttet und lässt es von den Leuten zertreten" (Matthäus, 5:13). Salz ist essentiell, der Körper braucht es, es macht auf einfache Weise Speisen genießbar und es hat die Eigenschaft, Nahrung zu konservieren und vor Fäulnis zu bewahren. Salz ist das, was die Existenz des Menschen ermöglicht und die Welt vor der Verderbnis schützt. Piotr ist in seiner Einfachheit und Gutgläubigkeit wie das Salz der Erde. Seine Naivität bewahrte ihn vor destruktiven Einflüssen der Zivilisation. Für Wittlin vertritt er daher die reine, natürliche Menschlichkeit. Was Wittlin in seinem Roman zu vermitteln versuchte, ist – wie Joseph Roth im Vorwort zur

295 Ebd.: S. 36. Neben dem Roman *Das Salz der Erde* schrieb Wittlin auch Gedichte. 1920 erschien der Gedichtband *Hymny* [Hymnen], in denen er die Erfahrungen des polnisch-ukrainischen Krieges im Jahre 1918–1919 verarbeitet hatte, ohne jedoch die Partei für ein Land ergriffen zu haben. Im Gedicht *Bestattung eines Feindes* stellt z.B. der lyrische Held fest, dass der gefallene „Feind" im Grunde sein Bruder ist, ein einfacher Bauernsohn aus der gleichen Gegend. In der *Hymne von einem Löffelsuppe* will das lyrische Ich einen letzten Dienst seinem toten „Feind" erweisen, indem es ihm einen Löffel warmer Suppe anbietet, die sich der erfrorene Soldat von dem Tode gewünscht hatte und nicht bekam. So demaskiert Wittlin das heroische Ausmaß des Krieges.

deutschen Fassung des Buches schrieb – „die Fähigkeit, das Einfache zu adeln, das scheinbar Niedere zu erheben“[296].

3.5.1 *Die Rezeption von Józef Wittlins* Das Salz der Erde

Mit der Veröffentlichung des Romans wurde Wittlin zunächst in Polen und dann auch international bekannt. Als erster rezensierte das Buch der Literaturwissenschaftler Kazimierz Wyka (1910–1975), der vor allem der formalen Seite des Werks jedoch zunächst mit einer gewissen Skepsis begegnete, doch ihr nach näherem Zusehen auch Positives abzugewinnen vermochte: „Der Grund für die formale Ermüdung des Romans sind seine künstlerischen Mängel. Diese Mängel weiß sich aber Wittlin zum Vorteil zu machen. […] Er beseitigt sie, indem er das Erzählerische betont.“[297] In dieser Konzentration auf die Form sieht Wyka aber die Gefahr, dass Überdruss aufkommen könne: „‚Das Salz der Erde‘ ist gut in einer Prise, doch wer weiß, ob es nicht das ganze Werk verleiden wird.“[298]

Im Gegensatz dazu lobte der prominente Schriftsteller Tadeusz Breza (1905–1970) den künstlerischen Wert des Romans. Zudem betonte er seine pazifistische, antistaatliche Botschaft. Wittlin schreibe über den Unsinn des Krieges, indem er sich des Humors bediene und dieser sei „das Salz des *Salzes der Erde*“[299].

In demselben Jahr – 1935 – schrieb der Literaturkritiker Ludwik Fryde (1912–1942) einen Bericht über die durch den Kreis der Polonisten veranstaltete Diskussion zu Wittlins Roman. Obwohl das Interesse am Buch sehr groß war, wurde es kritisiert. Als unzureichend galt die ideologische Seite des Werks. Der Schriftsteller solidarisiere sich allzu sehr mit dem Helden, der ein einfacher Mann sei, wodurch das Bild der Wirklichkeit verzerrt werde. Der Krieg bestehe nicht nur aus bürokratisch-militärischem Apparat, sondern habe auch gesellschaftliche Folgen, die der Autor nicht berücksichtige.[300]

---

296 Roth: „‚Das Salz der Erde‘. Vorwort“ (1937), a.a.O., S. 770.

297 Kazimierz Wyka: „Józef Wittlin, ‚Powieść o cierpliwym piechurze. Sól ziemi‘. Powieść. Warszawa 1935“ [Józef Wittlin. Die Geschichte vom geduldigen Infanteristen. Roman. Warschau 1935], in: *Droga* [Der Weg] 14 (1935) 11, S. 998–1000, hier S. 999. [Übersetzung S.W.] Vgl. das Original: „U podstawy tego nowego zużytkowania formalnego leży niewątpliwy brak artystyczny. Lecz z braku tego Wittlin umiał uczynić zaskakującą zaletę […] kładąc nacisk na opowiadanie.“

298 Ebd.: S. 1000. [Übersetzung S.W.] Vgl. das Original: „‚Sól ziemi‘ – dobra w jednej szczypcie, kto wie, czy nie zniechęci w całej grodzi.“

299 Vgl. Tadeusz Breza: „Piękna książka Józefa Wittlina. Powieść o cierpliwym piechurze“ [Ein schönes Buch über den geduldigen Infanteristen], in: *Kurier Poranny* [Morgenkurier] 59 (1935) 344, S. 3–4.

300 Ludwik Fryde: „Dyskusja o ‚Soli ziemi‘“ [Die Diskussion über „Das Salz der Erde“], in: *Pion* [Die Vertikale] 48 (1935) 113, S. 8. Vgl. auch: Ludwik Fryde: „O prozie Wittlina“ [Über die

Ausführlich besprach auch das Buch der berühmte Romancier Jerzy Andrzejewski (1909–1983), der es mit anderen Kriegsromanen verglich, und dabei feststellte, dass es frei von „unverdauten Erlebnissen, Missklängen und hysterischen Beschwörungen“[301] ist. Zugleich aber gab er zu, zu bedauern, dass Wittlin nur ein Gesicht des Krieges darstellte, dem er alles unterordnete.

1936 erhält Wittlin den Preis des Verlags und der Zeitschrift *Wiadomości Literackie* [Literarische Nachrichten]. Zur Jury, die über die Preisvergabe entschied, gehörten die renommierten Schriftsteller Jarosław Iwaszkiewicz, Antoni Słonimski und Kazimiera Iłłakowiczówna. Neben Wittlins *Das Salz der Erde* wurden Zofia Nałkowskas *Die Schranke* [Granica, 1935] und Maria Kuncewiczównas *Die Fremde* [Cudzoziemka, 1936] für den Preis nominiert. Obwohl Wittlins Buch für das Beste des Jahres befunden wurde, erhielt es auch viel Kritik. Einige Merkmale des Romans, die später bei den ausländischen Lesern besondere Anerkennung fanden, lösten bei den polnischen Rezensenten gemischte Gefühle aus. Gelobt wurde „das hohe Formniveau“, „die Arbeit am polnischen Satz“ und „der redliche schriftstellerische Kraftakt“[302]; kritisiert wurde aber der Inhalt. Die ideologische Einstellung, die der Erzähler vertrete, stehe im Widerspruch zur Idee des nationalen Patriotismus. Das Buch erinnere an eine Übertragung aus dem Österreichischen, es sei „außerpolnisch“[303].

Diese Kritik musste Wittlin verletzen, und er reagierte entsprechend mit einem „Kurzen Kommentar zum ‚Salz der Erde‘“ (1936). Zwar räumte er am Anfang ein, dass „es ihm nicht richtig erscheine, eigene Werke zu kommentieren, vor allem diese, die breit und meistens auch lobend in der Presse besprochen wurden“[304], um dann dennoch auf die Einwände seiner Kritiker einzugehen:

> Ich bekenne ganz offen (wenn der Leser das selbst nicht bemerkte), dass für mich jeder Krieg ein moralisches und gesellschaftliches Problem darstellt. […] Kann man die private Moral einer höheren Moral unterordnen: einer nationalen,

---

Prosa von Wittlin], in: *Ateneum* 3 (1939), auch in: Ludwik Fryde: *Wybór pism krytycznych* [Auswahl der kritischen Schriften], hg. v. Andrzej Biernacki, Warszawa 1966, S. 393–410.

301 Jerzy Andrzejewski: „Szary człowiek i ‚sól ziemi‘“ [Der graue Mensch und „Das Salz der Erde“], in: *Prosto z Mostu* [Direkt ins Gesicht] 2 (1936) 3, S. 7.

302 Vgl. „Józef Wittlin podwójnym laureatem nagrody wydawnictwa i nagrody imienia czytelników ‚Wiadomości Literackich‘“ [Józef Wittlin – der Verlags- und Leserpreisträger der „Literarischen Nachrichten“], in: *Wiadomości Literackie* [Literarische Nachrichten] 6 (1936), S. 1. [Übersetzung S.W.] Vgl. das Original: „wysoka klasa formy“, „praca nad polskim zdaniem“, „rzetelny wysiłek pisarski“.

303 Ebd. [Übersetzung S.W.] Vgl. das Original: „pozapolski“.

304 Józef Wittlin: „Mały komentarz do ‚Soli ziemi‘“ [Kleiner Kommentar zum „Salz der Erde“], in: *Wiadomości Literackie* [Literarische Nachrichten] 6 (1936) 638, S. 2.

> einer staatlichen oder einer Klassenmoral? Existiert überhaupt eine kollektive Moral? [...] Es scheint mir fast sicher zu sein, dass sich die Moral eines Menschen nicht mit der Moral eines Bürgers versöhnen lässt. Es sind zwei verschiedene Elemente, die unaufhörlich gegeneinander kämpfen.[305]

Wittlin erklärt, dass die ideologischen Schwächen, die die Kritiker monierten, keine Mängel seien, sondern ein Teil eines literarischen Projektes, dessen Ziel es ist, den Krieg aus der Perspektive seiner Wirkung auf das Individuum, und nicht auf die ganze Nation aufzuzeigen. Dargestellt wurde ein Mensch, der wider seine Natur auf einen Menschen schießen muss, den man seinen Feind nannte.

Wittlins Roman wurde prompt in andere Sprachen übersetzt, zuerst 1937 ins Deutsche.[306] Das Buch erschien in Amsterdam, die Übersetzung besorgte Izydor Berman (1898–1942).[307] Noch vor dem Erscheinen der deutschen Übersetzung von *Das Salz der Erde* veröffentlichte Alfred Döblin in der *Pariser Tageszeitung* eine lobende Besprechung, in der er Piotr Niewiadomski einen „polnischen Soldaten Schweijk"[308] nannte.[309] Zudem betonte er den antiideologischen und antipatriotischen Charakter von Wittlins Roman:

---

305 Ebd. Vgl. auch: Marjusz Dawn: „Rozmowa z Józefem Wittlinem" [Das Gespräch mit Józef Wittlin], in: *Wiadomości Literackie* [Literarische Nachrichten] 6 (1936) 638, S. 2. [Übersetzung S.W.] Vgl. das Original: „Wyznaję więc otwarcie (o ile czytelnik sam tego nie zauważył), że dla mnie każda wojna jest przede wszystkim zagadnieniem moralnym i społecznym. [...] Czy moralność prywatną można poddać jakiejś wyższej moralności: narodowej, państwowej, klasowej, i czy w ogóle taka zbiorowa moralność istnieje? [...] Wadaje mi się rzeczą prawie pewną, że moralność jednostki, a więc człowieka nie daje się pogodzić z moralnością obywatela. Są to dwa obce sobie żywioły."

306 Madeleine Rietra: „Joseph Roth und Józef Wittlin. Zur Entstehung der deutschen Übersetzung ‚Das Salz der Erde' und deren Bedeutung für den Erfolg von Wittlins Roman ‚Sól ziemi'", in: *Neophilologus* 101 (2017) 1, S. 109–118. Rietra berichtet, dass Wittlin mit Bermans Übersetzung nicht zufrieden war. Joseph Roth redagierte die Übersetzung.

307 Vgl. Martin Pollack: „Ein Charlie Chaplin des Erten Weltkriegs", in: Joseph Wittlin: *Das Salz der Erde*. Aus dem Polnischen von Izydor Berman. Mit einem Nachwort von Martin Pollack, Frankfurt am Main 2014, S. 260–269. Siehe auch die Aufsätze Bermans zu Joseph Roth: Izydor Berman: „Proza Józefa Rotha" [Joseph Roths Prose], *Miesięcznik Żydowski* [Jüdische Monatsschrift] 6 (1933); ders.: Spotkania z Józefem Rothem" [Treffen mit Joseph Roth], *Nowy Dziennik* [Neue Tageszeitung], 23. Januar 1937, S. 8; ders.: „Joseph Roth i Ernst Toller", in: *Sygnały* [Signale] 72 (1939), S. 2.

308 Alfred Döblin: „Ein polnischer ‚Soldat Schweijk'. Zu Joseph Wittlins Roman ‚Das Salz der Erde'", in: *Pariser Tageszeitung* 50 (1936) 139, S. 4. Auch in: Alfred Döblin: *Kleine Schriften IV*, hg. v. Anthony W. Riley und Christina Althen, Düsseldorf 2005, S. 77–81.

309 Döblin und Wittlin waren miteinander befreundet. Dies erklärt womöglich, warum Döblin Wittlins Roman rezensierte, noch bevor die deutsche Übersetzung erschien. Ihr Briefwechsel hat sich jedoch nicht erhalten. Ein Zeugnis ihrer engen Beziehung sind die gegenseitigen Rezensionen. Wittlin besprach Döblins Amazonas-Roman, Döblin

> Man wird von keiner der abgeleiteten Ideologien des Tages in dem Buch belästigt. Der Autor begnügt sich mit seiner „Sorge um menschliche Dinge". Ein natürliches, schönes, ziviles, unheroisches Verhältnis. Ein Antiphrasenbuch, Antitheaterbuch. Ein Stiller im Lande spricht. Die Trilogie vom „geduldigen Infanteristen" wird eine polnische Parallele zum tschechischen Schweijk bilden.[310]

Wittlins Buch *Das Salz der Erde* ist – ähnlich wie Jaroslav Hašeks Schelmenroman *Der brave Soldat Schwejk* – ein Anti-Kriegsroman.[311] Doch anders als Schwejk, der sich mit List und Witz durchs Leben schlägt und der sich vor dem Kriegseinsatz zu drücken versucht, möchte Wittlins Piotr seinem Kaiser dienen, und er gehorcht seinen Befehlen; er ist kein Schelm, sondern steht in der Tradition des positiven reinen Toren, der sich nicht darüber im Klaren ist, dass sein Denken und Handeln anderen komisch erscheinen.

1937 erschienen – neben der deutschen – die dänische, tschechische und russische Übersetzung, 1939 folgten Übersetzungen ins Englische, Französische, Italienische, Schwedische, Ungarische, Kroatische, Spanische und Hebräische. Im selben Jahr wurde das Buch für den Nobelpreis nominiert.[312]

Die englischsprachige Übersetzung, die zunächst 1939 in London,[313] und dann 1941 in den USA erschien, löste enthusiastische Reaktionen aus. Der

---

rezensierte *Das Salz der Erde*. Vgl. Józef Wittlin: „Epopeja Döblina o Indianach" [Döblins Epos über die Indianer], in: *Wiadomości Literackie* [Literarische Nachrichten] 38 (1938), S. 3. Vgl. ergänzend: Marion Brandt: „Die Handschriften zu Alfred Döblins ‚Reise in Polen'", in: *Jahrbuch der deutschen Schillergesellschaft*, 51 (2007), S. 49–69; Andreas Lawaty: „Wittlin and german Literature. Friends in an unfriendliy World", in: Anna Frajlich (Hg.): *Between Lvov, New York and Ulysses' Ithaca*, a.a.O., S. 147–155.

310 Döblin: „Ein polnischer ‚Soldat Schweijk'", a.a.O., S. 4.

311 Vgl. Irmela von der Lühe: „Kriegserfahrung und Raumwahrnehmung eines ‚einfachen Mannes': Zu Wittlins Roman *Das Salz der Erde* (1935)", in: Małgorzata Dubrowska, Anna Rutka (Hg.): *Reise in die Tiefe der Zeit und des Traums. (Re-)Lektüren des ostmitteleuropäischen Raumes aus österreichischer, deutscher, polnischer und ukrainischer Sicht*, Lublin 2015, S. 29–41.

Ewa Wiegandt sieht die Gründe für den Wittlinischen Pazifismus unter anderem in seiner Herkunft aus dem multinationalen Ostgalizien und in seiner Einstellung zum Begriff des Vaterlandes, die anders sei als bei den Dichtern aus anderen polnischen Gebieten. Vgl. Ewa Wiegandt: *Niepokoje literatury. Studia o prozie polskiej XX wieku* [Unruhen der Literatur. Studien zur polnischen Prosa des 20. Jahrhunderts], Poznań 2010.

312 Vgl. Joanna Rzepa: „‚Sól ziemi' Józefa Wittlina: O recepcji ‚pozapolskiej' powieści" [„Das Salz der Erde" von Józef Wittlin: Über die Rezeption des außerpolnischen Romans], in: *Przekładaniec* [Die Kunterbunte] 27 (2013), S. 186–200. Vgl. auch: Alice-Catherine Carls: „Józef Wittlin's Passages through France", in: Anna Frajlich (Hg.): *Between Lvov, New York and Ulysses' Ithaca*, a.a.O., S. 157–175.

313 „O ‚Soli ziemi' w Anglji" [Über „Das Salz der Erde" in England], in: *Wiadomosci Literackie* [Literarische Nachrichten] 36 (1939) 828, S. 7.

Schriftsteller John Davys Beresford (1873–1947) rezensiert Wittlins Roman im *The Times Literary Supplement* und bemerkt, dass die Figur Piotr Niewiadomski Mitleid und Sympathie bei den Lesern hervorrufe.[314] Der Literaturwissenschaftler Arthur Pruden Coleman (1897–1974) betonte hingegen in *The Saturday Review*, dass nicht nur Wittlins positive Figuren Mitleid bei den Lesern wecken, sondern auch diese, die den Kriegsmechanismus in Gang setzen.[315] N. L. Rothman stellte (ebenfalls in *The Saturday Review*) fest, dass der Roman sich durch eine schriftstellerische Objektivität und die vollständige Absenz von Hass auszeichne.[316] Auf den humoristischen Effekt der Handlung wies in *Books Abroad* der sozialistische Schriftsteller Franz Carl Weiskopf (1900–1955) hin, der als aus Prag stammender, deutschsprachiger und jüdischer Exilant ein besonderes Gespür für Wittlins Roman mitbrachte. Seiner Auffassung nach werden durch den Einsatz der Ironie selbst die tragischsten Situationen komisch, ohne dabei die Grenze zur Banalität zu übertreten.[317]

1943 erhielt Wittlin für sein Buch den Preis von der American Academy of Arts and Letters sowie den Preis des National Institutes of Arts and Letters.

---

314 John Davys Beresford: „Novels of the Week. ‚Salt oft he Earth' by Joseph Wittlin", in: *Times Literary Supplement* (3. Juni 1939), S. 325.

315 Coleman setzt sich zudem mit dem Namen ‚Niewiadomski' – ‚Unbekannt' – auseinander: „Who is Peter? He is the Unknown Soldier. […] But what sort of being was this Unknown Soldier? Nobody can say. Nobody knows. He was as unknown humanly as if he had never existed within a human frame or drawn a human breath." Arthur Pruden Coleman: „Joseph Wittlin. Giant of Polish Letters", in: *The Saturday Review* (2. August 1941), S. 10–11, hier S. 10.

316 Rothman verglich zudem Wittlins Roman mit John Dos Passos' Trilogie *U.S.A.*, die 1938 erschien. Sie besteht aus drei Romanen: *The 42nd Parallel* (1930), *1919* (1932) und *The Big Money* (1936): „Readers of John Dos Passos's ‚1919' will remember ‚The Body of an American', that fierce and magnificent sketch which closes the volume. It is collective impression of the Unknown Soldier, skimming the surface oft he nation for ist effect. Now we have a more deliberate, more concentrated study oft hat same mock-heroic figure, nameless man whom every nation celebrates. Withoutthe brilliance and poetry which give such impact to Dos Passos's short piece, Wittlin is tracing a larger likeness which in the end […] may prove to be a definitiv portrait." N. L. Rothman: „‚Salt oft he Earth' by Joseph Wittlin", in: *The Saturday Review* (4. September 1941), S. 12. Dos Passos ist auch für Debora Vogel ein wichtiges ästhetisches Vorbild (s. Kap. 3.3).

317 „Joseph Wittlin is a master of intensive characterization. Gifted with an endless love fort he distressed and heavy laden, fort he „little man", he knows how to bring his hero unforgettably before the reader. […] He is possessed of a delicate humor which brightens even the most tragic moments without ever growing banal." Franz Carl Weiskopf: „Joseph Wittlin. ‚Salt of Earth'", in: *Books Abroad* 16 (1942) 2, S. 153.

3.5.2 *Die Entmythisierung der habsburgischen Wirklichkeit in Joseph Roths* Radetzkymarsch *(1932)*

Die Freundschaft zwischen Józef Wittlin und Joseph Roth wurde häufig als Seelenverwandtschaft beschrieben.[318] Über die persönliche Beziehung hinaus zeigt sich ihre Nähe auch in ihren Werken, die sich mit dem Untergang des Habsburgermythos befassen. Vor allem zwischen Wittlins Roman *Das Salz der Erde* (1935) und Roths drei Jahre früher erschienenem Buch *Radetzkymarsch* (1932), dessen Handlung ebenfalls in Galizien zu Beginn des 1. Weltkriegs spielt, lassen sich viele Korrespondenzen aufweisen.[319]

Ähnlich wie bei Wittlin wird zuvor bei Roth zunächst die Wirkmacht des Mythos der Habsburgermonarchie vorgeführt, um anschließend deren unaufhaltsamen Verfall zu schildern.[320] Während in Wittlins Roman die Demythisierung synchron durch die Diskrepanz zwischen einem Helden, für den der Mythos lebendig und einem Erzähler, für den er bloßer Schein ist, erfolgt, vollzieht sich in Roths Roman ein Entzauberungsprozess über drei Generationen.

---

318 Beide Schriftsteller stammten aus Ostgalizien, hatten in Lemberg und Wien studiert und sich freiwillig im Ersten Weltkrieg für den Kriegsdienst gemeldet. In seinen Erinnerungen an Joseph Roth schrieb Wittlin: „Ich hatte viele Freunde im Leben, aber nur Joseph Roth nannte mich Freund seiner Seele." Vgl. Józef Wittlin: „Erinnerungen an Joseph Roth", in: *Joseph Roth und die Tradition. Aufsatz- und Materialiensammlung*, hg. v. David Bronsen, Darmstadt 1975, S. 17–26. Vgl. auch: Hubert Orłowski: „Joseph Roth und Józef Wittlin oder das ungleiche Dioskurenpaar", in: Fridrun Rinner und Klaus Zerinschek (Hg.): *Komparatistik. Theoretische Überlegungen und südosteuropäische Wechselseitigkeit. Festschrift für Zoran Konstantinović*, Heidelberg 1981, S. 443–448; Roman Dziergwa: „Zur Rolle der deutschsprachigen Literatur in der Essaayistik Józef Wittlins aus den Jahren 1918–1939", in: *Studia Germanica Posnaniensia* 24 (1999), S. 161–171; Wilhelm von Sternburg: *Joseph Roth. Eine Biographie*, Köln 2009, hier insbes. S. 141–145; Maria Kłańska: „Paris und Frankreich in Leben und Werk des polnischen Dichters Józef Wittlin. Mit vergleichendem Blick auf Joseph Roth", in: Gerhard R. Kaiser, Erika Tunner (Hg.): *Paris? Paris! Bilder der französischen Metropole in der nicht-fiktionalen deutschsprachigen Prosa zwischen Hermann Bahr und Joseph Roth*, Heidelberg 2002, S. 419–439; Barbara Surowska: „Eine vergessen Freundschaft. Józef Wittlin und Joseph Roth", in: Aneta Jachimowicz: *Gegen den Kanon. Literatur der Zwischenkriegszeit in Österreich*, Frankfurt am Main/Bern/Wien 2017, S. 139–156.

319 Von den Parallelen zur oben bereits besprochenen Erzählung *Die Büste des Kaisers* ganz zu schweigen (Vgl. Kap. 3.2.3).

320 Vgl. dazu auch: Stefan H. Kaszyński: „Die Mythisierung der Wirklichkeit im Erzählwerk von Joseph Roth", in: *Literatur und Kritik* 243/244 (1990), S. 137–143; ders.: „Die Götterdämmerung in Galizien. Zur geschichtsmythologisierenden Rolle der Romane von Joseph Roth, Józef Wittlin und Julian Stryjkowski", in: Ders. (Hg.): *Galizien, eine literarische Heimat*, Poznań 1987, S. 55–64; Werner G. Hoffmeister: „‚Eine ganz bestimmte Art von Sympathie' – Erzählhaltung und Gedankenschilderung im ‚Radetzkymarsch'", in: David Bronsen (Hg.): *Joseph Roth und die Tradition*, Darmstadt 1978, S. 163–180.

Roths Hauptfigur ist Carl Joseph von Trotta, ein junger Soldat und Enkel des Helden von Solferino. Sein Leben steht, wie auch das seines Vaters – des Bezirkshauptmanns Franz Freiherr von Trotta – im Lichte der Heldentat seines Ahnherrn, der in der Schlacht bei Solferino das Leben des Kaisers Franz Joseph gerettet hatte, indem er sich vor ihn warf und die für diesen bestimmte Kugel abfing. Daraufhin wurde die Familie Trotta in den Adelstand erhoben: „Die Trottas waren ein junges Geschlecht. Ihr Ahnherr hatte nach der Schlacht bei Solferino den Adel bekommen. Er war Slowene. Sipolje – der Name des Dorfes, aus dem er stammte – wurde sein Adelsprädikat."[321]

Wie Piotr Niewiadomski stammen also auch die Trottas ursprünglich aus einer Grenzprovinz der Habsburgermonarchie, und auch sie kommen aus der Klasse der Bauern. Das Gefühl der Zugehörigkeit zum österreichischen Volk ist aber beim Bezirkshauptmann Trotta so groß, dass er misstrauisch und überheblich auf die slawischen Völker und Provinzen herabblickt. Für ihn gibt es einen zivilisatorischen Unterschied zwischen dem östlichen und westlichen Teil der Habsburgermonarchie. Vor seiner Fahrt nach Galizien malt er sich die Gefahren aus, die dort auf ihn lauern können:

> Er hatte ungewöhnliche Vorstellungen von der östlichen Grenze der Monarchie. Zwei seiner Schulkollegen waren wegen peinlichen Verfehlungen im Amt in jenes ferne Kronland versetzt worden, an dessen Rändern man wahrscheinlich schon den sibirischen Wind heulen hörte. Bären und Wölfe und noch schlimmere Ungeheuer, wie Läuse und Wanzen, bedrohten dort den zivilisierten Österreicher. Die ruthenischen Bauern opferten heidnischen Göttern, und grausam wüteten gegen fremdes Hab und Gut die Juden. Herr von Trotta nahm seinen alten Trommelrevolver mit.[322]

Roths von Trotta nimmt also die zu Wittlins Piotr komplementäre Perspektive ein – in ihm artikulieren sich die Distanz auch zu jenen Volksgruppen, der die eigene Familie entstammte, das ehemals Vertraute ist nun fremd und unheimlich geworden. Der als ideal propagierte Vielvölkerstaat entpuppt sich als eine hierarchisch aufgebaute Struktur von Relationen zwischen Metropole und Provinz, Zentrale und Peripherie.

Der Mythos der Habsburgermonarchie, der im Hause Trottas betriebene Kaiserkult, ist so stark, dass Carl Joseph zum Militär geht, obwohl er selbst weder Nationalbewusstsein noch eine patriotische Überzeugung ausgebildet hat. Die Entmythisierung der habsburgischen Wirklichkeit erfolgt dann über die Demontage der Figur des Kaisers, der einerseits als Regent eines großen

321 Roth: *Radetzkymarsch*, a.a.O., S. 5.

322 Ebd.: S. 138.

Staates, „gütig und groß, erhaben und gerecht"[323] gezeigt wird, andererseits als hilfloser Greis, dem die Macht über sein Reich entglitten ist: „Der Kaiser war ein alter Mann. Er war der älteste Kaiser der Welt. [...] Seine hellen und harten Augen sahen seit vielen Jahren verloren in eine verlorene Ferne [...] und blickten geradeaus auf jenen zarten, feinen Strich, der die Grenze ist zwischen Leben und Tod, auf den Rand des Horizontes."[324] Die Diskrepanz zwischen dem allmächtig scheinenden und tatsächlich unbeholfenen Kaiser tritt sukzessive immer deutlicher zutage:

> Die Nacht war blau und rund und weit voller Sterne. Der Kaiser stand am Fenster, mager und alt, in einem weißen Nachthemd und kam sich sehr winzig vor, im Angesicht der unermesslichen Nacht. Der letzte seiner Soldaten, die von den Zelten patrouillieren mochten, war mächtiger als er. Der letzte seiner Soldaten! Und er war der Allerhöchste Kriegsherr! Jeder Soldat schwor bei Gott, dem Allmächtigsten. Hinter dem goldbestirnten Blau des Himmels verbarg er sich, der Allmächtige – – unvorstellbar! Seine Sterne waren es, die da am Himmel glänzten, und Sein Himmel war es, der sich über die Erde wölbte, und einen Teil der Erde, nämlich die österreichisch-ungarische Monarchie, hatte Er Franz Joseph den Ersten zugeteilt. Und Franz Joseph der Erste war ein magerer Greis, stand am offenen Fenster und fürchtete, jeden Augenblick von seinen Wächtern überrascht zu werden.[325]

Die Entzauberung des Mythos wird sowohl aus der Perspektive des Erzählers als auch der Figuren vorgeführt. Im körperlichen Zerfall des Kaisers spiegelt sich die Kondition der Habsburgermonarchie, der allmähliche Verlust der bestehenden Ordnung, der langsame Korrosionsprozess habsburgischer Werte und Normen.[326]

Die Ähnlichkeiten zu Wittlins ironischem Kaiserporträt aus *Das Salz der Erde* sind leicht erkennbar.[327] Gleich im Prolog wird Franz Joseph I. als „Kaiser von Gottes Gnaden, apostolischer König von Ungarn, König von Böhmen, König von Dalmatien, Kroatien und Slavonien, König von Galizien und Lodomerien, König von Illyrien, Erzherzog von Ober- und Niederösterreich, Großherzog von Krakau, Großherzog von Siebenbürgen, Herzog von Lothringen, Kärnten, Krain, Bukowina, Ober- und Niederschlesien, gefürsteter

323 Ebd.

324 Ebd.: S. 195.

325 Ebd.: S. 198.

326 Adolf D. Klarmann: „Das Österreichbild im ‚Radetzkymarsch'", in: David Bronsen (Hg.): *Joseph Roth und die Tradition*, Darmstadt 1978, S. 153–162.

327 Wojciech S. Wocław: „W żywiole ironii ... O bohaterach ‚Soli ziemi' Józefa Wittlina" [Über das Element der Ironie ... Über die Protagonisten Wittlind „Das Salz der Erde"], in: *Konteksty Kultury* [Kulturkontexte] 7 (2011), S. 22–34.

Graf auf Habsburg und Tirol, Markgraf von Mähren, König von Jerusalem usw. usw."[328] tituliert. Im krassen Gegensatz zur Fülle seiner Titel wird er sodann als ein buckliger, sich auf einem Stock stützender Greis beschrieben, dem aus den Ohren Klümpchen grauer Watte herausfallen. Militärisch ist er nicht mehr auf dem neusten Stand und hängt von seinen Beratern ab:

> Der Kaiser bittet um Entschuldigung: er hat lange keine Manöver mitgemacht. An seinen Augen ziehen die alten Köpfe der Veteranen von Novarra vorbei, von Mortara und von Solferino, die Panduren und Radetzky ... Verschämt wendet er sich an den Kriegsminister, so wie ein Schüler an seinen Lehrer: „Vielleicht könnten Sie es mir in Erinnerung bringen, Exzellenz, wieviel Soldaten ich habe?"[329]

Der Kaiser erscheint in seinen Räsonnements als unfähig, die historische Situation einzuschätzen, seine Entscheidungen hängen vom Urteil der anderen ab. Er ist insofern manipulierbar. Er weiß zwar, was ein Krieg bedeutet, doch er tut nichts, um ihn zu vermeiden, er unterschreibt die Kriegsproklamation und resümiert: „Wenn ich mich nicht irre ... Blut wird fließen!"[330]

Die Demaskierung des untergehenden und unrettbar verlogen gewordenen Kaisermythos wird bei Wittlin zwar ähnlich wie früher bei Roth vollzogen, die daraus resultierenden Folgen werden dann aber auf sehr unterschiedliche Weise aufgezeigt. Während bei Wittlin die Hauptfigur den Kaiser nicht durchschaut, sind bei Roth die Protagonisten dazu durchaus in der Lage. Im *Radetzkymarsch* erkennt z.B. der polnische Graf Wojciech Chojnicki illusionslos, dass der Zerfall der Monarchie in viele Nationalstaaten unaufhaltsam ist. Hierfür macht er die innere Politik und den Kaiser persönlich verantwortlich: „Ungläubig, spöttisch, furchtlos und ohne Bedenken pflegte Chojnicki zu sagen, der Kaiser sei ein gedankenloser Greis, die Regierung eine Bande von Trotteln, der Reichsrat eine Versammlung gutgläubiger und pathetischer Idioten, die staatlichen Behörden bestechlich, feige und faul."[331]

Die Zerrüttetheit der Habsburgermonarchie kommt besonders deutlich im Gespräch mit dem Bezirkshauptmann von Trotta zum Vorschein, den Chojnicki kennenlernt, während er dessen Sohn in Galizien besucht. Österreichischer Mythos und polnischer Realismus treffen direkt aufeinander:

> „Und warum, Pardon! – wäre es genau so überflüssig, dem Vaterland zu dienen, wie Gold zu machen?" „Weil das Vaterland nicht mehr da ist." – „Ich verstehe

328 Wittlin: *Das Salz der Erde*, a.a.O., S. 18.
329 Ebd.: S. 21.
330 Ebd.: S. 23.
331 Roth: *Radetzkymarsch*, a.a.O., S. 122.

> nicht!" – sagte Herr von Trotta. „Ich hab' mir's gedacht, daß Sie nicht verstehen!" sagte Chojnicki. „Wir alle leben nicht mehr!" [...] Mit großer Anstrengung brachte Herr von Trotta noch die Frage zustande: „Ich verstehe nicht! Wie sollte die Monarchie nicht mehr da sein?" „Natürlich" erwiderte Chojnicki, „wörtlich genommen: besteht sie noch. Wir haben noch eine Armee" – der Graf wies auf den Leutnant – „und Beamte" – der Graf zeigte auf den Bezirkshauptmann. „Aber sie zerfällt bei lebendigem Leibe. Sie zerfällt, sie ist schon verfallen! Der Greis, dem Tode geweiht, von jedem Schnupfen gefährdet, hält den alten Thron, einfach durch das Wunder, daß er auf ihm noch sitzen kann. Wie lange noch, wie lange noch? Die Zeit will uns nicht mehr!"[332]

Ideologisch mag das Reich noch Bestand haben, seine tragenden Institutionen sind jedoch bereits so verrottet, dass es nur noch eine Frage der Zeit ist, bis das ganze Gebäude einstürzt. Es sind im *Radetzkymarsch* nicht wie nur jene Protagonisten, die wie bei Wittlin an den Außengrenzen des Reiches dessen schleichenden Untergang wahrnehmen, sondern auch unter den Repräsentanten der alten Welt, – den Adligen, den Soldaten und Beamten setzt sich die Einsicht durch, dass das alte System sich überlebt hat und mit ihm auch der eigene Stand.[333] Der ungeheuerliche Satz „Wir alle leben nicht mehr"[334] muss von Trotta im Mark erschüttern, die Zuversicht, die Wittlin noch bei den einfachen Menschen als ungebrochen darstellt, ist Roths Figuren genommen, der Habsburgermythos unwiederbringlich verloren.

3.5.3 *Die Mythisierung der Stadt. Poetisierung der Wirklichkeit bei Karl Emil Franzos, Joseph Roth, Alfred Döblin, Józef Wittlin und Ludwik Fleck*

Der Schilderung galizischer Wirklichkeit im *Radetzkymarsch* ging Roths Artikelreihe „Reise durch Galizien" voraus, die er 1924 im Auftrag der *Frankfurter Zeitung* geschrieben hatte. Diese Berichte sind für den Galiziendiskurs maßgebend, denn sie veränderten das bis dahin vorherrschende negative Bild dieser Region,[335] für das insbesondere Karl Emil Franzos (1848–1904) verantwortlich gewesen war.[336]

---

332 Ebd.: S. 145.

333 Georg Lukács: „‚Radetzkymarsch'" (1939), in: Fritz Hackert: *Kulturpessimismus und Erzählform. Studien zu Joseph Roths Leben und Werk*, Bern 1967, S. 147–151.

334 Roth: *Radetzkymarsch*, a.a.O., S. 145.

335 Telse Hartmann: *Kultur und Identität. Szenarien der Deplazierung im Werk Joseph Roths*, Tübingen/Basel 2006, hier insbes. S. 66–77; Stéphane Rilling: „Galizische Städtebilder in Joseph Roths Werken", in: Stéphane Pesnel, Erika Tunner, Heinz Lunzer, Victoria Lunzer-Talos (Hg.): *Joseph Roth – Städtebilder. Zur Poetik, Philologie und Interpretation von Stadtdarstellungen aus den 1920er und 1930er Jahren*, Berlin 2016, S. 119–136.

336 Vgl. dazu: Margarita Pazi: „Der Gefühlspluralismus im Werk Karl Emil Franzos", in: Stefan H. Kaszyński (Hg.): *Galizien, Eine literarische Heimat*, Poznań 1987, S. 77–113;

In seinem 1878 unter dem Titel *Aus Halb-Asien* erschienenen Reisebuch hatte Franzos die Frage nach der Grenze zwischen Europa und Asien gestellt, die für ihn zugleich die Grenze zwischen der europäischen Kultur und der Barbarei bedeutete. Diese Grenze verlaufe in Galizien und trenne „das gebildete Europa" von der „öden Steppe", „die europäische Humanität" von der „asiatischen Indolenz".[337] Der Grenzverlauf ist in seinen Augen klar, bei Lemberg fängt Asien an. Im Unterschied zu Mähren und der Bukowina, wo gepflegte Wälder, bestellte Felder, freundliche Häuser, aber auch Industrieanlagen und Fabriken von zivilisatorischer Entwicklung zeugen, sei Ostgalizien hoffnungslos rückständig. Gleich in der ersten Erzählung, die den Titel *Von Wien nach Czernowitz* trägt, erkundigt sich eine westliche Dame, die mit dem Zug in den Osten fährt, ob man die asiatische Grenze schon passiert habe:

> Es war hinter Lemberg. Der Zug wand sich durch ödes, ödes Heideland. Zuweilen war ein abscheuliches Hüttchen zu sehen; das modrige Strohdach stand dicht über der Erde auf: eine rechte Troglodyten-Höhle. Zuweilen ein Ochs vor einem Karren oder ein Haufe halbnackter Kinder. Und wieder die unendliche Öde der Heide, und der graue Himmel hing trostlos darüber. „Wir sind bereits in Asien", wiederholte sie mit größter Bestimmtheit.[338]

Die Welt hinter Lemberg wird für Franzos als „Asien" zum Inbegriff alles Unzivilisierten und Primitiven. Dieses Asien ist für das westliche Auge das ganz Andere, das Fremde, zu dem keine Beziehung mehr aufgebaut werden kann.

Kłańska: *Problemfeld Galizien in Deutschsprachiger Prosa 1846–1914*, a.a.O., insbes. S. 73–89; W. G. Sebald: „Westwärts – Ostwärts: Aporien deutschsprachiger Ghettogeschichten, in: Ders.: *Unheimliche Heimat. Essays Zur Österreichischen Literatur*, Frankfurt am Main 2004, S. 40–64; Elisabeth Heid, Stephanie Weismann, Burkhard Wöller (Hg.): *Galizien. Peripherie der Moderne – Moderne Der Peripherie*, Marburg 2013; Anna De Berg: *Nach Galizien. Entwicklung der Reiseliteratur am Beispiel der Deutschsprachigen Reiseberichte vom 18. bis zum 21. Jahrhundert*, Frankfurt am Main 2010; Alois Woldan: „Galizien-Literatur – Texte und Kontexte", in: *Mythos Galizien. Katalog*, Wien 2015, S. 223–230.

337 Karl Emil Franzos: „Vorwort zu Aus Halb-Asien: Land und Leute des östlichen Europas", in: Ders.: *Aus Halb-Asien: Land und Leute des östlichen Europas*, Berlin 1919. Auch in: *Kritik und Dichtung*, Bd. 3., hg. v. Fred Sommer, New York/Frankfurt am Main 1992, S. 29–36.

338 Karl Emil Franzos: „Von Wien nach Czernowitz", in: Ders.: *Aus Halb-Asien: Land und Leute des östlichen Europas*, Berlin 1919. Auch in: *Kritik und Dichtung*, S. 45. Vgl. auch: „Die Glocke läutet zum dritten Male. Der Zug geht nach Lemberg ab. […] Einen trostloseren Anblick hat man kaum aus dem Coupé irgendeiner Bahn des Kontinents. Oede Heide, spärliches Gefilde, zerlumpte Juden, schmutzige Bauern. Oder irgendein verwahrlostes Nest und auf dem Bahnhofe ein paar gähnende Local-Honoratioren, einige Juden und einige andere Geschöpfe, denen man kaum noch den Titel Mensch zuwenden kann. Wer auf dieser Bahn bei Tage reist, wird vor Langeweile sterben." Ebd: S. 52.

In offensichtlicher Bezugnahme auf Franzos erinnert Roth in seiner Aufzeichnung *Land und Leute* daran, dass Galizien „in Westeuropa einen üblen Ruf“ habe, mit „Ungeziefer, Unrat, Unredlichkeit“ verbunden werde und durch „wohlfeilen und faulen Witz“ bekannt sei.[339] Nun aber entzieht Roth Franzos' Ex-Territorialisierung des europäischen Ostens und dessen Grenzziehung mit der ironischen Frage, ob tatsächlich „hier Europa aufgehört hätte?“[340], die Grundlage. Seine Antwort ist eindeutig:

> Nein, es hat nicht aufgehört. Die Beziehung zwischen Europa und diesem gleichsam verbannten Land ist beständig und lebhaft. [...] Galizien liegt in weltverlorener Einsamkeit und ist dennoch nicht isoliert; es ist verbannt, aber nicht abgeschnitten; es hat mehr Kultur als seine mangelhafte Kanalisation vermuten läßt; viel Unordnung und noch mehr Seltsamkeit.[341]

Wie die ganze Region, so liege auch „Lemberg, die Stadt“ nicht fernab der Zivilisation, auch wenn zunächst sie dem Reisenden als schmutzig, laut und rückständig erscheinen möge. Dieser Eindruck weiche jedoch schnell, denn in Roths Augen erscheint Lemberg vor allem als eine moderne Stadt, in der mehrere Völker, Ethnien, Religionen und Sprachen konfliktfrei zusammenleben. Nicht zuletzt seien auch die aktuellen literarischen Neuerscheinungen aus England und Frankreich, die in den Buchhandlungen ausliegen, Indizien dafür, dass die Stadt zu Europa gehöre. Während also für Franzos die Heterogenität Lembergs, seine Vielfalt, das Nebeneinander von verschiedenen Kulturen, ein heilloser Zustand ist, den man schnell durch die Assimilation an den Westen überwinden soll, mildert Roth in seiner Beschreibung die Gegensätze und Konflikte zwischen den Bevölkerungsgruppen und wendet die

---

339 Joseph Roth: „Reise durch Galizien. Leute und Gegend“ (1924), in: Ders.: *Werke II. Das Journalistische Werk 1924–1928*, Köln 1989, S. 281–285, hier S. 280. Vgl. Georg Schmid: „Der Text als generative Instanz des Phantasmas. Karl Emil Franzos und Joseph Roth – Brennpunkte in einem elliptischen Feld“, in: Stefan H. Kaszyński (Hg.): *Galizien, eine literarische Heimat*, Poznań 1987, S. 35–53; Detlef Ignasiak: „Karl Emil Franzos und Joseph Roth als galizische Schriftsteller: Bemerkungen zur Problematik der literarischen Landschaft“, in: Stefan H. Kaszyński (Hg.): *Galizien, eine literarische Heimat*, Poznań 1987, S. 65–75; Jewgenija Woloschtschuk: „Die ukrainische Welt in Essayistik und Prosa Joseph Roths“, in: *Joseph Roth – Zur Modernität des melancholischen Blicks*, hg. v. Wiebke Amthor und Hans Richard Brittnacher, Berlin/Boston 2012, S. 151–164.

340 Ebd.: S. 284. Vgl. auch: Krzysztof Lipiński: „Die ‚fremde‘ Heimat. Polen in den Reiseberichten Joseph Roths“, in: Ders.: *Auf der Suche nach Kakanien. Literarische Streifzüge durch eine versunkene Welt*, St. Ingbert 2000, S. 103–114.

341 Roth: „Reise durch Galizien. Leute und Gegend“ (1924), a.a.O., S. 285.

Vielfalt ins Positive. Er hebt stattdessen die „polyglotte Farbigkeit“[342] Lembergs hervor, die der Stadt ihre Lebendigkeit verleihe.[343]

Um das Bild der Stadt in all seinen Facetten zu zeichnen, zitiert Roth lokale Anekdoten und Legenden, er erzählt von Aberglauben und Sitten, beschreibt das Klima und porträtiert die Menschen. Es sind die alltäglichen und die besonderen Stimmungen der Stadt, die er einzufangen versucht. Lemberg ist für ihn erfahrene Wirklichkeit, und um diese literarisch einzufangen, genügt es nicht einfach Informationen und Daten über die Realia mitzuteilen. Roth entwirft ein eigenes literarisches Ideal der Geschichtsschreibung einer Stadt, das die traditionelle Form der Reisebeschreibung weit hinter sich zurücklässt, in dem sie Raum für die Imagination des Möglichen schafft, welches erst ein Verstehen des Wirklichen erlaubt:[344]

> Es ist eine große Vermessenheit, Städte beschreiben zu wollen. Städte haben viele Gesichter, viele Launen, Tausend Richtungen, bunte Ziele, düstere Geheimnisse, heitere Geheimnisse. Städte verbergen viel und offenbaren viel, jede ist eine Einheit, jede eine Vielfalt, jede hat mehr Zeit als ein Berichterstatter, als ein Mensch, als eine Gruppe, als eine Nation. Die Städte überleben Völker, denen sie ihre Existenz verdanken, und Sprachen, in denen ihre Baumeister sich verständigt haben. Geburt, Leben und Tod einer Stadt hängen von vielen Gesetzen ab, die man in kein Schema bringen kann, die keine Regel zulassen. Es sind Ausnahmegesetze.
>
> Ich könnte Häuser beschreiben, Straßenzüge, Plätze, Kirchen, Fassaden, Portale, Parkanlagen, Familien, Baustile, Einwohnergruppen, Behörden und Denkmäler. Das ergäbe ebensowenig das Wesen einer Stadt, wie die Angabe einer bestimmten Anzahl von Celsiusgraden die Temperatur eines Landstriches vorstellbar macht. (In Berlin friert man schon bei plus 15 Grad Celsius.) Man müsste die Fähigkeit haben, die Farbe, den Duft, die Dichtigkeit, die Freundlichkeit der Luft mit Worten auszudrücken; das, was man aus Mangel einer treffenden Bezeichnung mit dem wissenschaftlichen Begriff ‚Atmosphäre‘ ausdrücken muß.[345]

Roth stellt sich die Stadt als einen lebendigen, vielstimmigen Organismus vor, der sich ständig wandelt und die jeweiligen Einwohner überdauert, dabei

---

342 Joseph Roth: „Reise durch Galizien. Lemberg, die Stadt“ (1924), in: Ders.: *Werke II. Das Journalistische Werk 1924–1928*, Köln 1989, S. 285–289, S. 287.

343 Vgl. dazu: Alexander Spieth: *Politisch sehn, falsch sehn. Anmerkungen zu Joseph Roths Legitimismus*, Tübingen 2009.

344 Vgl. dazu: Lukas Waltl: „Die ‚*große Vermessenheit*, Städte beschreiben zu wollen‘. Ambivalenzen in Joseph Roths fiktionalen und journalistischen Städtebildern“, in: Stéphane Pesnel (Hg.): *Joseph Roth – Städtebilder: Zur Poetik, Philologie und Interpretation von Stadtdarstellungen aus den 1920er und 1930er Jahren*, Berlin 2015.

345 Roth: „Reise durch Galizien. Lemberg, die Stadt“ (1924), a.a.O., S. 285.

ein gutes Gedächtnis besitzt, in dem nicht nur Ereignisse, sondern auch Stimmungen, Stile, Anschauungen, Geheimnisse und Gerüchte, Traditionen, Sprüche und Bräuche archiviert werden – Atmosphärisches aus einem Zwischenreich, das weder in nüchternen Sätzen protokolliert werden kann noch sich in historischen Berichten dokumentieren lässt. Die besondere Wirklichkeit, der sich beständig wandelnde Mythos der Stadt Lemberg, muss immer wieder neu durch Poesie und melancholische Ironie aus dem eigenen Erleben heraus geschaffen und erschrieben werden. Nur mit der poetischen Sprache lässt sich die Eigenart einer Stadt, ihre erfahrene Wirklichkeit vermitteln.

Von besonderer Aktualität ist Roths neuer Ansatz auch für heutige Alteritätsdiskurse. Er setzt sich entschieden dafür ein, nie von fixen Gegebenheiten auszugehen, sondern die Wandelbarkeit der Welt als Grundvoraussetzung anzuerkennen. Dies wirkt sich jedoch auch auf den Beobachterstandpunkt aus: Der Reisende, der in ein ihm unbekanntes Land kommt, hat nie einen neutralen Blick und sicheren Stand und spiegelt er dies dennoch vor, wird er nur erstarrte, pseudo-objektive Zerrbilder entwerfen. Diese Betrachtungen Roths sind nicht zuletzt auch deswegen in unserem Kontext von eminenter Bedeutung, da sie den Zusammenhang zwischen scheinbar neutraler Beobachtung, wie sie nicht zuletzt der logische Empirismus der Lemberg-Warschau-Schule als Erkenntnisfundament fordert, und einem verfehlten Umgang mit dem Fremden herstellt. Wenn man nicht in der Lage ist, lebendige Beziehungen zur Welt aufzunehmen, muss dies fatale Auswirkungen auf das interkulturelle Verstehen haben. Geradezu sensationell sind hier Roths Überlegungen zum Beobachterstandpunkt im Zusammenhang seines Essays über „Die weißen Städte" (1925):

> Alle Reisebücher sind von einem stupiden Geist diktiert, der nicht an die Veränderlichkeit der Welt glaubt. Innerhalb einer Sekunde aber ist jedes Ding durch tausend Gesichter verwandelt, entstellt, unkenntlich geworden. Man berichtet über Gegenwart mit historischer Sicherheit. Man spricht über ein fremdes Volk, das lebt, wie über eines, das in der Steinzeit gestorben ist. Ich habe Reisebücher über einige Länder gelesen, in denen ich gelebt habe (und die ich so gut kenne wie meine Heimat und die alle vielleicht meine Heimat sind). Wie viele falsche Berichte sogenannter ‚guter Beobachter'! Der ‚gute Beobachter' ist der traurigste Berichterstatter. Alles Wandelbare begreift er mit offenem, aber starrem Aug'. Er lauscht nicht in sich selbst. Das aber müßte er. Er könnte dann wenigstens von seinen Stimmen berichten. Er verzeichnet die Stimme einer Sekunde in seiner Umgebung. Aber wer weiß nicht, daß andere Stimmen ertönen, sobald er seine Horcherstellung verlassen hat. Und ehe er's niederschreibt, ist die Welt, die er kennt, nicht mehr dieselbe.[346]

346 Joseph Roth: „Die weißen Städte", in: Ders.: *Aus Europa. Reportagen 1919–1939*, Altenmünster 2016, S. 190–195.

Vermeintlich objektive, neutrale faktenbasierte Beobachtungen führen zu falschen Beschreibungen, da sie wirklichkeitsfremde Abstraktionen vornehmen und Momentaufnahmen verabsolutieren. Mit daran Schuld hat die Beschreibungssprache, insofern sie die Illusion nährt, dass sich die Wirklichkeit einer Stadt mit Protokollsätzen erfassen ließe, in denen die Worte die Dinge eindeutig bezeichnen. Roth erweist sich hier als Erbe der Sprachskepsis der literarischen Moderne in der Tradition Fritz Mauthners, aber er gerät auch unversehens in die Nähe von Ludwiks Flecks Kritik an einer wirklichkeitsfremden Wissenschaft, die wähnt, sich von ihrer kulturellen Bedingtheit frei machen zu können und in ihrem Sich-Absolutsetzen es nicht mehr vermag, sich in fremde Denkstile hineinzuversetzen:

> Und ehe wir ein Wort niederschreiben, hat es nicht mehr dieselbe Bedeutung. Die Begriffe, die wir kennen, decken nicht mehr die Dinge. Die Dinge sind aus den engen Kleidern herausgewachsen, die wir ihnen angepasst haben. Seitdem ich in feindlichen Ländern gewesen bin, fühle ich mich in keinem einzigen mehr fremd. Ich fahre niemals mehr in die „Fremde". Welcher Begriff aus einer Zeit der Postkutsche! Ich fahre höchstens ins „Neue". Und sehe, daß ich es bereits geahnt habe. Und kann nicht darüber „berichten". Ich kann nur erzählen, was in mir vorging und wie ich es erlebte.[347]

Doch damit nicht genug: Roths Reportage über das polyphone Lemberg nimmt zudem die Idee eines vereinten Europas vorweg, denn in ihr wird ein Szenario der kulturellen Integration entworfen, in der die Grenzlinien zwischen den gleichwohl unterschiedlichen Gruppen und mannigfachen Denkstilen verblassen: „Alle Trennungsstriche sind mit schwacher, kaum sichtbarer Kreide gezogen. Es ist die Stadt der verwischten Grenzen."[348]

Dass dies ein utopischer Entwurf, eine poetische Mythisierung Lembergs ist, wird deutlich, wenn man zum Vergleich das Lembergbild heranzieht, welches Alfred Döblin (1878–1957) im gleichen Jahr 1924 in seinem Buch *Reise in Polen*[349] zeichnet. Wie Roth hebt auch Döblin in seiner Beschreibung der Stadt die ethnische und kulturelle Vielfalt hervor, allerdings wertet er sie anders. Er beobachtet, dass die in Lemberg lebenden Bevölkerungsgruppen – Polen, Ukrainer und Juden nicht zusammen, sondern nebeneinander leben. In seinen Augen grenzen sie sich voneinander ab. Für Döblin ist Lemberg keine

347 Ebd.

348 Roth: „Reise durch Galizien. Lemberg, die Stadt" (1924), a.a.O., S. 289.

349 Alfred Döblin: *Reise in Polen*, München 1987 (1924), darin das Kapitel: „Lemberg", S. 179–225.

„Stadt der verwischten Grenzen"[350], sondern ein Ort extremer Segregationen.[351] Die feindliche Atmosphäre sei überall spürbar: In den ukrainischen Zeitschriften weisen weiße Spalten auf die Zensur durch die polnischen Behörden hin; die Lemberger Universität wird von Ukrainern nicht besucht, weil diese um die eigene ukrainischsprachige Hochschule kämpfen. Döblin interessiert sich nicht für die kulturelle, sondern für die soziale Lage der Stadt, hingegen hat Roths Beschreibung viel mehr einen kulturprogrammatischen Charakter: Die Geschichte Europas – so könnte man Roths Intention verstehen – darf nicht ohne Lemberg geschrieben werden, und die Geschichte Lembergs nicht ohne das Ideal seiner gelebten Vielfalt. Wenn Döblins Schilderung zutrifft, so fungiert Lemberg bei Roth offenbar als utopischer Gegenentwurf zum gescheiterten Habsburgerreich.

Auf welche Weise man die Geschichte einer Stadt wie Lemberg erzählen kann, diese Frage stellte sich auch Józef Wittlin (1896–1976). In seinem Buch *Mein Lemberg* [Mój Lwów], das in polnischer Sprache 1946 erschien, entwirft auch er ein Bild vom Lemberg der Zwischenkriegszeit. Dabei ist ihm bewusst, dass das Erinnern nicht kontrollierbar ist, dass im Versuch, sich im Rückblick der Vergangenheit zu bemächtigen, sich in der Verklärung auch bittere Erinnerungen einstellen. Das Gedächtnis schafft nachträglich die Wirklichkeit um:

> Es scheint, als gäbe es nichts Angenehmeres, als in den warmen Fluten der Erinnerung zu baden, sich bei den verschlossenen Jahren einzuschmeicheln. Doch ist das eine irreführende Seligkeit. Denn plötzlich tauchen aus der Tiefe der Erinnerung Monster an die Oberfläche des Bewußtseins, die wir lieber vergessen hätten. Auch lauert auf den Erinnerungsschreiber eine hundertmal schlimmere Gefahr, als es die Selbstverherrlichung ist. [...] [Nicht Lemberg vermissen wir nach vielen Jahren Trennung, sondern uns in Lemberg. Es gibt auch keinen gefährlicheren Fälscher der sog. Wirklichkeit als das Gedächtnis. Es] verfälscht alles, Menschen, Landschaften, Geschehnisse sogar das Klima.[352]

Im Gedächtnis des Erzählers ist die Geschichte seines Lebens in der Stadt keineswegs neutral aufbewahrt. Die Erinnerung verfährt höchst selektiv, sie tendiert zur Verklärung und verleiht Ereignissen besondere Bedeutung, indem

350 Roth: „Lemberg, die Stadt" (1924), a.a.O., S. 289.

351 Larissa Cybenko: „Das Galizien der Zwischenkriegszeit in den literarischen Reisebeschreibungen von Joseph Roth und Alfred Döblin", in: *Der literarische Zaunkönig* 2 (2013), S. 28–40.

352 Vgl. Józef Wittlin: *Mein Lemberg* [Mój Lwów], Frankfurt am Main 1994 (1946), S. 7. Die in eckigen Klammern gekennzeichneten Sätze fehlen in der deutschen Übersetzung von Klaus Staemmler.

sie alles in Bezug auf das Ich setzt. Die Erinnerung verfärbt, beschönigt, erfindet, ist nicht der Vergangenheit, sondern der Gegenwart verpflichtet. Wittlin kannte offenbar Freuds Konzeption eines aktiven Gedächtnisses, demzufolge das Erinnern nicht einfach nur aufruft, was im Gedächtnis gespeichert ist, sondern das Gedächtnis selbst bereits aktiv an der Entstellung der Eindrücke arbeitet, so dass das Erinnern immer bereits vom Gedächtnis verfälschte Wirklichkeitsbilder vorfindet.[353] Die unberechenbare und unkontrollierbare Maschinerie des Gedächtnisses bestimme das Denken und das Erinnern. Die Erinnerung täusche jedoch zwangsläufig, und somit sei jedes Aufzeichnen von Erinnerungen unvermeidlich fiktional, eine ‚wahre' Erinnerung gebe es nicht. Seine Betrachtungen ergänzt Wittlin daher um einen Vorschlag:

> Folglich sollten wir jedes von unserer Erinnerung wiedergegebene Bild der Welt auch als Wirklichkeit anerkennen. Als die Wirklichkeit unserer Seele. Dann aber wird es gleichgültig, ob Lemberg wirklich war, wie es unsere Erinnerung zeigt, oder anders.[354]

Wenn wir also die historische Wirklichkeit nie anders haben als ein schöpferisches Produkt unserer Erinnerung, dann gibt es viele gleichberechtigte historische Wirklichkeiten und man muss die Pluralität akzeptieren. Zwangsläufig

353 Vgl. dazu auch folgende Zitate aus Freuds Werken: „[Der Analytiker] hat das Vergessene aus den Anzeichen, die es hinterlassen, zu erraten oder richtiger ausgedrückt, zu konstruieren. […] Seine Arbeit der Konstruktion oder, wenn man es so lieber hört, der Rekonstruktion, zeigt eine weitgehende Übereinstimmung mit der des Archäologen, der eine zerstörte und verschüttete Wohnstätte oder ein Bauwerk der Vergessenheit ausgräbt. […] Wie der Archäologe aus stehengebliebenen Mauerresten die Wandungen des Gebäudes aufbaut, aus Vertiefungen im Boden die Anzahl und Stellung von Säulen bestimmt, aus den im Schutt gefundenen Resten die einstigen Wandverzierungen und Wandgemälde wiederherstellt, genauso geht der Analytiker vor, wenn er seine Schlüsse aus Erinnerungsbrocken, Assoziationen und aktiven Äußerungen des analysierten zieht." Sigmund Freud: „Konstruktionen in der Analyse" (1937), in: Ders.: *Schriften zur Behandlungstechnik*, Frankfurt am Main, S. 394–406, hier S. 397. Vgl. auch: „Oft genug gelingt es nicht, den Patienten zur Erinnerung des Verdrängten zu bringen. Anstatt dessen erreicht man bei ihm durch korrekte Ausführung der Analyse eine sichere Überzeugung von der Wahrheit der Konstruktion, die therapeutisch dasselbe leistet wie eine wiedergewonnene Erinnerung." Ebd., S. 403. Ferner vgl. „Die unklare innere Wahrnehmung des eigenen psychischen Apparates regt zu Denkillusionen an, die natürlich nach außen projiziert werden und charakteristischerweise in die Zukunft und in ein Jenseits. Die Unsterblichkeit, Vergeltung, das ganze Jenseits sind solche Darstellungen unseres psychischen Inneren … Psycho-Mythologie." Sigmund Freud: „Totem und Tabu. Einige Übereinstimmungen im Seelenleben der Wilden und der Neurotiker" (1912/13), in: Ders.: *Kulturtheoretische Schriften*, Frankfurt am Main 1974, S. 287–444, hier S. 289.

354 Wittlin: *Mein Lemberg*, a.a.O., S. 7.

werden sich die vielen verschiedenen Erzählungen von einer Stadt nie zu einem kohärenten Gesamtbild fügen. Nicht zuletzt deshalb spricht Wittlin im Titel seines Buches von ‚seinem Lemberg', benutzt ein Possessivpronomen, um zu betonen, dass das seine eigene Wahrnehmung ist, eine von vielen Wahrnehmungen der Stadt. Diese Wahrnehmung gilt seiner Kindheit- und Jugendzeit. Um sie zu rekonstruieren, erinnert er an Gebäude, Straßen, Cafés und Parks, Gerüche, Stimmen, Geräusche und Lichter – an das Alltägliche also, das sich einer faktenorientierten Geschichtsschreibung entzieht.

Die Heterogenität der Stadt spiegelt sich nicht zuletzt in der multiethnischen Zusammensetzung ihrer Bevölkerung. Dabei ist Lemberg für Wittlin ähnlich wie für Joseph Roth ein Ort des Zusammenhalts, eine Stätte der Integration, ein gemeinsamer Nenner für verschiedene Völker, Religionen, Kulturen:

> Bałaban, Korniakt, Mohyła, Boim – was ist das für eine buntscheckige Mischung! Das eben ist Lemberg. Vielfältig, gemustert, blendend wie ein orientalischer Teppich. Griechen, Armenier, Italiener, Sarazenen, Deutsche verlembergern unter den polnischen, ruthenischen und jüdischen Einheimischen, sie verlembergern gründlich.[355]

Wie bei Roth fungiert auch bei Wittlin die Darstellung der politisch-gesellschaftlichen Situation Lembergs als Idealbild.[356] Wittlins Position neigt aber stärker jener Roths zu, wenngleich er dessen Schilderung der Stadt als wiedergefundenen Kindheitstraum nicht ungebrochen teilt. Frei vom Zwang zur Homogenisierung werde im Lemberg der Zwischenkriegszeit ein Kosmopolitismus gelebt. Das multiethnische und multikonfessionelle Leben lasse sogar die Deutschen „verlembergern". Die Stadt Lemberg stifte für ihre Bewohner eine besondere Form von Identität. Sie vereine die unterschiedlichen Kulturen ohne ihre Verschiedenheit zu nivellieren, sie stiftet Einheit in der Vielfalt und bewahrt die Vielfalt in der Einheit.

Dass Geschichte nicht als Abfolge von Fakten und Ereignissen aufzufassen ist, die der Historiker rekonstruiert,[357] sondern immer wieder neu entworfen

---

355 Ebd.: S. 43.

356 Vgl. dazu: Irmela von der Lühe: „Die Stadt der Heiterkeit'. Lemberg als Erinnerungsort bei Józef Wittlin", in: Hrystina Djakiv (Hg.): *Toposy kultur spohadiv*, Lwiw 2008, S. 7–18; Dies.: „Die Gewalt der Zerstörung und die Poesie der Erinnerung. Jozef Wittlins ‚Mein Lemberg'", in: Kerstin Schoor, Stefani Schüler-Springorum (Hg.): *Gedächtnis und Gewalt. Nationale und transnationale Erinnerungsräume im östlichen Europa*, Göttingen 2016. S. 83–94, auch unter dem Titel: „‚Die Stadt der Heiterkeit'. Lemberg als Erinnerungsort bei Józef Wittlin", in: Hrystina Djakiv (Hg.): *Toposy kultur spohadiv*, Lwiw 2008, S. 7–18.

357 Hayden White: *Auch Klio dichtet oder Die Fiktion des Faktischen Studien zur Tropologie des historischen Diskurses*, Stuttgart 1986 (1978); ders.: *Metahistory. Die historische Einbildungskraft im 19. Jahrhundert in Europa*, Frankfurt am Main 1991 (1973).

wird, ist eine Auffassung, die Joseph Roth und Józef Wittlin mit vielen anderen Lemberger Autoren teilen.[358] Man kann sogar sagen, dass das Wissen um die Fiktionalität historischer Darstellungen nicht nur ein Signum der Lemberger Moderne war, sondern dass dieses Wissen sich dort in besonders konsequenter Form ausbildete, insofern es sich auch auf Bereiche erstreckte, die gemeinhin davon ausgenommen sind und sogar die Historiographie vermeintlich harter naturwissenschaftlicher Tatsachen erfasst. Aus der Einsicht Ludwik Flecks, dass auch wissenschaftliche Tatsachen nicht einfach als Fakten vorliegen, sondern eine Geschichte haben, dass sie sozial und kulturell bedingt sind, folgt, dass wie in der Literatur auch in der Wissenschaftsgeschichte Mechanismen der nachträglichen Verklärung im Spiel sind, wenn die Entdeckungsgeschichte wissenschaftlicher Tatsachen erzählt wird. Die nur dem Anschein nach objektiver Rekonstruktion einer Entstehungsgeschichte wissenschaftlicher Phänomene wird zurückgewiesen zugunsten eines Konzeptes pluraler Konstruktionen, die unterschiedlichen Denkstilen folgen. Faktoren wie Schulbildung, Zeitgeist, Moden, Stimmungen oder Machtzwänge beeinflussen die Geschichte eines wissenschaftlichen Phänomens. Die Wissensgenese ist daher in Flecks Augen ein unentwirrbar komplexer Vorgang voller Kontingenzen und Brüche, so dass jede Rekonstruktion nur imaginäre Idealbilder der Erkenntnisprozesse zeichnen kann, die der lebendigen Erfahrung der chaotischen wissenschaftlichen Praxis nicht entsprechen. Die relativistische Geschichtsschreibung erreicht mit Fleck in Lemberg ihren Höhepunkt:

> Es ist sehr schwer, wenn überhaupt möglich, die Geschichte eines Wissensgebietes richtig zu beschreiben. Sie besteht aus vielen sich überkreuzenden und wechselseitig sich beeinflussenden Entwicklungslinien der Gedanken, die alle erstens als stetige Linien und zweitens in ihrem jedesmaligen Zusammenhange miteinander darzustellen wären. Drittens müßte man die Hauptrichtung der Entwicklung, die eine idealisierte Durchschnittslinie ist, gleichzeitig separat zeichnen. Es ist also, als ob wir ein erregtes Gespräch, wo mehrere Personen gleichzeitig miteinander und durcheinander sprachen, und es doch einen gemeinsamen herauskristallisierenden Gedanken gab, dem natürlichen Verlaufe getreu, schriftlich wiedergeben wollten. Wir müssen die zeitliche Stetigkeit der beschriebenen Gedankenlinien immer wieder unterbrechen, um andere Linien einzuführen; die Entwicklung aufhalten, um Zusammenhänge besonders

358 Stanisław Lem schrieb sein Erinnerungsbuch über Lemberg – *Das Hohe Schloss* – in den 1960er Jahren, doch ist seine Poetik der Erinnerung stark von den und im Lemberg der 1920er und 30er Jahre entwickelten konstruktivistischen Geschichtskonzeptionen geprägt. Vgl. Stanisław Lem: *Das Hohe Schloß* [Wysoki Zamek, 1966], Frankfurt am Main 1990. Vgl. dazu: Sylwia Werner: „Zufall und Ordnung in den Romanen *Die Untersuchung* und *Das hohe Schloß* von Stanisław Lem", in: Jurij Murasov und Sylwia Werner (Hg.): *Science oder Fiction? Stanisław Lems Philosophie der Technik und Wissenschaft*, Paderborn 2017, S. 77–96.

> darzustellen; vieles weglassen, um die idealisierte Hauptlinie zu erhalten. Ein mehr oder weniger gekünsteltes Schema tritt dann an Stelle der Darstellung lebendiger Wechselwirkung.[359]

Die wissenschaftliche Wirklichkeit ist – Fleck zufolge – ein sich permanent veränderndes Gewebe aus Linien, die sich verbinden, überschneiden und verknoten, doch je nach Denkstil werden bestimmte Muster als Netz sichtbar, als Ideal herauspräpariert und fixiert, andere mögliche Verbindungen bleiben im Hintergrund (oft für immer) verborgen (vgl. Kap. 2.2). Flecks Kritik an der Reduktion der heterogenen Prozesse auf ein bestimmtes Erklärungsschema trifft sich mit all jenen literarischen Konzeptionen wie sie in diesem Kapitel vorgestellt wurden, insofern, als alle die Auffassung einer objektiven Wirklichkeit zurückweisen und stattdessen das schöpferische Entwerfen vieler Wirklichkeiten in Vergangenheit und Gegenwart treten lassen. Das phantasievolle Entwerfen von Vergangenheiten im Erinnerungsprozess dient Schulz, Vogel, Roth und Wittlin ebenso wie Fleck als Modell dafür, wie wir überhaupt Wirklichkeit entwerfen, also auch die gegenwärtige wissenschaftliche, soziale und kulturelle Wirklichkeit. Es gibt viele Wirklichkeiten und jede ist mit Phantasie durchwirkt. Um sie zu erschließen, bedarf es ebenso ästhetischen wie wissenschaftlichen Sinns. Es zeichnet die Lemberger Moderne aus, das in ihr Wissenschaft und Kunst sich einander annähern, ja ineinander übergehen, insofern sie das Bewußtsein teilen, immer nur fiktionale Wirklichkeiten zu entwerfen, die allerdings die für uns gültigen Wirklichkeiten sind.

---

359 Fleck: *Entstehung und Entwicklung einer wissenschaftlichen Tatsache* (1935), a.a.O., S. 23.

KAPITEL 4

Der kunstphilosophische Denkverkehr

Leon Chwistek – Ludwik Fleck – Tadeusz Kotarbiński – Roman Ingarden – Leopold Infeld – Stanisław Ignacy Witkiewicz – Karol Irzykowski

Die im vorigen Kapitel geschilderten Auseinandersetzungen der Lemberger Literaten mit dem Problem der pluralen Wirklichkeiten standen in enger Wechselwirkung mit den zeitgleichen Diskussionen im Bereich der Kunstphilosophie zum Verhältnis von Ästhetik und Moderne.[1] Die Gemengelage war unübersichtlich: Es stritten sich Künstler mit Philosophen, Wissenschaftler äußerten sich zu kunsttheoretischen Problemen, die Kontroversen wurden in diversen Medien ausgetragen: in Traktaten, Romanen und in der Malerei.

Zu klären ist daher, inwiefern die dort zirkulierenden ästhetischen und wissenschaftlichen Leitideen in Reaktion aufeinander entwickelt wurden bzw. inwiefern die ästhetischen Konzeptionen von Leon Chwistek, Ludwik Fleck, Roman Ingarden, Leopold Infeld, Stanisław Ignacy Witkiewicz und Karol Irzykowski in Wettbewerb zueinander ausformuliert wurden. Denn was alle diese sehr unterschiedlichen Ansätze eint, ist dass sie um die gleiche Frage kreisen: Wie verändert sich durch die Pluralisierung der Wirklichkeit in der Moderne der Status von Wirklichkeit und wie lassen sich diese Veränderungen am besten beschreiben und erklären? Zum Vorschein treten hierbei die Allianzen und Konkurrenzen, Austausch- und Ausgrenzungsstrategien, die in Lemberg die Durchsetzung neuer Denkstile und Schreibformen möglich machten.

4.1 Die Theorie der ‚Vielheit der Wirklichkeiten' von Leon Chwistek

Der Lemberger Denkverkehr verlief im Feld der philosophischen Ästhetik auf vielen verschlungenen Pfaden, auf denen sich viele unterschiedliche Spuren kreuzten. Eine erste Fährte führt zur Theorie von Leon Chwistek (1884–1944). Als Professor für mathematische Logik und avantgardistischer Maler (vgl. Kap. 3.4) gehörte er zu den einflussreichsten und zugleich umstrittensten

1 Sylwia Werner: „Der Streit um die ‚Wirklichkeit'. Kunsttheoretische und -philosophische Konzeptionen in der Lemberger Moderne", in: Stiegler, Werner (Hg.): *Laboratorien der Moderne*, a.a.O., S. 217–233.

 | DOI:10.30965/9783846767092_005

Protagonisten der Lemberger Kunst- sowie Wissenschaftsszene.[2] Chwistek verfolgte sowohl künstlerische als auch theoretische Denkansätze, das Zusammenspiel beider mündete bei ihm in eine modernistische Theorie der ‚Vielheit der Wirklichkeiten'. Dabei ging er davon aus, dass die Welt sich uns nicht einheitlich darbietet, sondern in verschiedene Wirklichkeiten zerfällt, die aus unterschiedlichen Perspektiven erkannt werden müssen. Zu dieser polyperspektivischen Weltkonzeption gelangte er zunächst aus inner-ästhetischen Problemstellungen heraus. 1918 schlug er vor, dass man ein Kunstwerk in verschiedene Zonen [poln. *strefy*] aufteilen solle, die durch Form, Komposition und Farben exakt gekennzeichnet sind und demonstrierte diese Separierung sogleich praktisch durch seine Malerei.[3] Mit jeder Zone, die deutlich von der anderen abgegrenzt ist, werde jeweils eine andere Wirklichkeit transparent (Abb. 24).

Hier wird also die Kunst zum Experimentierfeld der polyperspektivischen Wirklichkeitserkenntnis, da sie es ermöglicht, unterschiedliche Wirklichkeitsebenen simultan zu präsentieren und im Modus der Anschauung differentiell zu erkennen. In seiner Kunsttheorie unterschied Chwistek zwischen vier Grundtypen der Wirklichkeit. Jedem Wirklichkeitssystem entspreche dabei eine Richtung der Malerei: Seiner Auffassung nach gebe es: (1) den Primitivismus, der die Dinge naiv wiedergibt, (2) den Realismus (mit dem Naturalismus), (3) den Impressionismus und (4) den Futurismus. Unverkennbar ist diesem Konzept eine Steigerung implizit, denn der Futurismus verkörpert die höchste

---

2 In Polen ist Leon Chwistek vor allem als Künstler bekannt. Seine Bilder hängen in den Nationalmuseen von Warschau, Krakau und Wrocław (Breslau), seine wissenschaftlichen Theorien wurden hingegen nur selten in der Nachkriegszeit rezipiert: Vgl. dazu z.B.: Kazimierz Pasenkiewicz: „Analiza i krytyka teorii wielości rzeczywistości" [Die Analyse und Kritik der Theorie der Vielheit der Wirklichkeiten], in: *Studia Filozoficzne* [Philosophische Studien] 28 (1962) 1, S. 65–93; Jacek Jadacki: „Leona Chwistka poglądy na sztukę" [Leon Chwisteks Ansichten über die Kunst], in: *Studia estetyczne* [Ästhetische Studien] 10 (1973), S. 97–110; Witold Kalinowski: „Od logistyki do teorii kultury. Wielość rzeczywistości Leona Chwistka" [Von der Logik zur Kulturtheorie. Die Vielheit der Wirklichkeiten von Leon Chwistek], in: *Studia z dziejów estetyki polskiej 1918–1939* [Studien zur Geschichte der polnischen Ästhetik 1918–1939], Warszawa 1975, S. 224; Jacek Jadecki: „O poglądach filozoficznych Leona Chwistka" [Über die philosophischen Ansichten von Leon Chwistek], in: *Studia i Materiały z Dziejów Nauki Polskiej* [Studien und Materialien aus der Geschichte der polnischen Wissenschaft] 1 (1986) 1, S. 109–133; Karol Chrobak: *Niejedna rzeczywistość* [Nicht eine Wirklichkeit], Kraków 2004; Piotr Surma: „Teoria rzeczywistości Leona Chwistka" [Die Theorie der Wirklichkeiten von Leon Chwistek], in: *Rocznik Historii Filozofii Polskiej* [Jahrbuch der Geschichte der polnischen Philosophie] 6 (2013), S. 81–126.

3 Vgl. Leon Chwistek: „Wielość rzeczywistości w sztuce" [Die Vielheit der Wirklichkeiten in der Kunst] (1918), in: Ders.: *Wielość rzeczywistości w sztuce i inne szkice literackie* [Die Vielheit der Wirklichkeiten in der Kunst und andere literarische Skizzen], Warszawa 1960, S. 24–50.

Abb. 24 Leon Chwistek: *Fechten* [Szermierka] (1919)[4]

und reflektierteste Form. Anders formuliert: Je höher man in der Hierarchie aufsteigt, desto mehr entfernt man sich von der alten Forderung, Kunst solle möglichst getreu die Wirklichkeit nachahmen. Wirklichkeitstreue ist nur auf einer Ebene Kriterium ästhetischer Wahrheit, auf den anderen Ebenen regieren andere inner-ästhetische Maßstäbe.

In seinem nächsten Traktat zur Wirklichkeitstheorie aus dem Jahr 1921 dehnte Chwistek seine Vorstellung pluraler Wirklichkeiten in der Kunst auf andere Wissensgebiete aus und betrat damit das Terrain der philosophischen Erkenntnis- und Wissenschaftstheorie.[5] Hierbei ging er von der Relativität des Erkennens aus: Das empirische Wissen sei nicht vollständig und absolut gültig, sondern hänge davon ab, wie die Wirklichkeit erfahren werde, also von verschiedenen Arten der Erfahrbarkeit des Wirklichen. Jeder Art der Erfahrung entspreche eine andere Wirklichkeit und nur innerhalb derer erhielten

4 Chwisteks Bild *Fechten* [Szermierka] (1919) entstand nach einem Duell mit Säbel um die Ehre seiner Frau Olga Steinhaus. Chwistek blieb dabei unverletzt, sein Gegner, der Maler Władysław Dunin-Borkowski, hätte jedoch beinahe sein Ohr verloren. Das Bild hängt heute im Nationalmuseum in Krakau.

5 Vgl. Leon Chwistek: „Wielość rzeczywistości" [Die Vielheit der Wirklichkeiten] (1921), in: Ders.: *Pisma filozoficzne i logiczne* [Philosophische und logische Schriften], Warszawa 1963, S. 30–105.

Wahrheit und Falschheit ihren Sinn. Wiederum unterschied Chwistek vier Typen der Wirklichkeit: (1) die Wirklichkeit der Dinge (eine allgemeine Wirklichkeit), (2) die physikalische Wirklichkeit (die in den Naturwissenschaften konstruiert wird), (3) die Wirklichkeit der Eindrücke (eine psychologische Wirklichkeit) und (4) die Wirklichkeit der Vorstellungen (eine visionäre Wirklichkeit). Diese Wirklichkeiten können gleichberechtigt nebeneinander existieren und ein Individuum kann zwischen ihnen hin und her wechseln.

In Lemberg war Chwistek der erste, der das Konzept einer Pluralität von Wirklichkeiten einführte. Er wandte sich damit gegen die dort dominierende philosophische Strömung, – die sich um Kazimierz Twardowski gruppierende Lemberg-Warschau-Schule – die in Anlehnung an die Programmschriften des Wiener Kreises und in der Nachfolge Franz Brentanos den logischen Empirismus weiterentwickelte (vgl. Kap. 5). Ihre Anhänger glaubten, mit Hilfe der Logik und in begrifflicher Klarheit den Aufbau der Wirklichkeit objektiv rekonstruieren zu können. Einer der wichtigsten Mitglieder dieser Schule – Tadeusz Kotarbiński – attackierte prompt Chwisteks Konzept der vier Wirklichkeiten. Seiner Auffassung nach stehen Chwisteks Wirklichkeiten nicht nebeneinander, sondern in Widerspruch zueinander. Vor allem aber warf er Chwistek vor, verschiedene Bereiche der Philosophie, wie Ethik, Ästhetik und Metaphysik sowie die Theorie der Erkenntnis miteinander zu vermischen. Das ganze Werk gleiche einem „halbtheoretischen Kaleidoskop“[6], es herrsche dort „der Reiz der Zufälligkeit, wie in einem wilden Park“, „oft weiß man nicht“ – so weiter Kotarbiński – „wovon die Rede ist. Man kann es so oder auch anders verstehen, wie wenn man eine Konturenzeichnung betrachtet und nicht weiß: ist das eine Mönchskapuze oder ein Adlerkopf?“[7]

Die Spannungen zwischen Chwistek und der Lemberg-Warschau-Schule wurden darüber hinaus durch die Rivalität um den an der Jan-Kazimierz-Universität Lemberg zu besetzenden Lehrstuhl für mathematische Logik verschärft. Chwistek konkurrierte gegen einen später höchst prominent werdenden Vertreter der Lemberg-Warschau-Schule – den Logiker Alfred Tarski – und setzte sich dabei durch. Den Ausschlag gab ein Gutachten Bertrand Russells. Er kannte Chwisteks Arbeiten gut, da Chwistek seine mit logischen Axiomata begründete Wirklichkeitstheorie auf Russells Typenlehre

6 Tadeusz Kotarbiński: „Leon Chwistek: Wielość rzeczywistości“ [Leon Chwistek. Die Vielheit der Wirklichkeiten], in: *Przegląd Warszawski* [Warschauer Rundschau] (1922) 6, S. 426–428, hier S. 428. [Übersetzung S.W.] Vgl. das Original: „pół teoretycznym kalejdoskopie“.

7 Ebd.: S. 426 und 427. [Übersetzung S.W.] Vgl. das Original: „urok przypadkowości, jak w dzikim parku“, „częstokroć niewiadomo, o czem właściwie mowa: można tak rozumieć, można inaczej, ot jak kiedy patrzę na konturowy rysunek i nie wiem, czy to kaptur mnicha czy głowa orła.“

aufgebaut hatte und mit ihm im intensiven Briefkontakt stand.[8] Tarski hingegen kannte Russell nicht.[9] Trotz der Widerstände Twardowskis und seiner Schüler übernahm Chwistek 1930 den neu gegründeten Lehrstuhl.[10]

---

8 Leon Chwistek: „Zasada sprzeczności w świetle nowszych badań Bertranda Russella" [Das Widerspruchsprinzip im Lichte der neusten Forschungen Bertrand Russells], *Rocznik Akademii Umiejętności* [Jahrbuch der Akademie der Künste], Kraków 1912, S. 270–334 und die Rezension dazu: Kazimierz Ajdukiewicz: „Leon Chwistek. Zasada sprzeczności w świetle nowszych badań Bertranda Russella" [Leon. Chwistek. Das Widerspruchsprinzip im Lichte der neusten Forschungen Bertrand Russells], in: *Ruch Filozoficzny* [Philosophische Bewegung] 7 (1914), S. 173–176; Leon Chwistek: „Über die Antimonien der Prinzipien der Mathematik", *Mathematische Zeitschrift* 14 (1922), S. 236–243.

9 Im Dezember 1929 schrieb Bertrand Russell an den Vorsitzenden der Kommission Professor Eustach Żyliński: „I know the work of Dr Chwistek and think very highly of it. The work of Mr Tarski I do not at the moment remember and do not have access to it at present. In these cricumstances, I can only say that in choosing Dr Chwistek you will be choosing a man who will do you credit, but I am not in a position to compare his merits with those of Mr. Tarski". Vgl. dazu Chwisteks Personalakte: Das Staatliche Bezirksarchiv Lemberg, Sign. 26/5/1983, S. 52–57.

10 Über die Besetzung der Professur für mathematische Logik mit Chwistek notiert enttäuscht 1930 Kazimierz Twardowski in seinen *Tagebüchern*: „Heute habe ich erfahren [...], dass der Rat entgegen dem Gutachten von Leśniewski, Kotarbiński und Łukasiewicz sowie gegen mein Gutachten Chwistek statt Tarski auf den Lehrstuhl für Logik berufen hat. Hat hier nicht die Tatsache eine entscheidende Rolle gespielt, dass Chwistek der Schwager von Professor Steinhaus ist?" Und weiter: „Ich hatte eine gute Nase, als ich gegen seine [Chwisteks] Habilitation im früheren Fachbereich für Philosophie – trotz beständigen Drucks von Steinhaus, dem Schwager Chwisteks, Widerspruch erhoben hatte! Was hat das aber gebracht? Heute ist Chwistek Professor für Logik im Fachbereich für Naturwissenschaften und bringt Schlamm in die Köpfe der Jugend." Vgl. Kaziemierz Twardowski: *Dzienniki* [Tagebücher], 2. Bde, Warszawa/Toruń 1997, hier Bd. 2, S. 112 und 358. [Übersetzung S.W.] Vgl. das Original: „Dowiedziałem się dzisiaj [...], że Rada wbrew opini Leśniewskiego, Kotarbińskiego i Łukasiewicza oraz wbrew mojej opinii, na katedrę, którą zamierza stworzyć dla logiki, zaproponować uchwaliła nie Tarskiego, lecz Chwistka, Czy nie odegrał tu roli decydującej fakt, że Chwistek jest szwagrem Profesora Steinhausa?" Und weiter: „Dobry miałem nos, sprzeciwiając się jego [Chwistka] habilitacji na dawnym Wydziale Filozoficznym, mimo ustawicznego naporu Steinhausa, szwagra Chwistka! Ale cóż to pomogło? Dziś Chwistek [jest] Profesorem logiki na Wadziale Matematyczno-Przyrodniczym i zamula głowy młodzieży."

Laut des Protokolls war Steinhaus an der Berufung von Chwistek nicht direkt beteiligt. Die Berufungskommission bestand u.a. aus dem Mathematiker Stefan Banach und den Physikern Stanisław Loria sowie Eustach Żyliński. Zu den Gutachtern zählten neben Kazimierz Twardowski die Philosophen Kazimierz Ajdukiewicz und Jan Łukasiewicz. Vgl. Chwisteks Personalakte aus dem Staatlichen Bezirksarchiv Lemberg, darin: Berichte und Protokolle der Berufungskommission, Sign. 26/5/1983, S. 156–161 und 176–177. Ferner vgl. Anita Burdman Feferman, Solomon Feferman: *Alfred Tarski. Życie i logika* [Alfred Tarski. Leben und Logik], Warszawa 2009, hier S. 91–92.

4.2 Ludwik Flecks Begriff der ,Wirklichkeit' und Chwisteks pluralistische Theorie

Chwisteks pluralistische Wirklichkeitstheorie konnte in Lemberg – nicht zuletzt auch aufgrund der Dominanz der philosophischen Schule Twardowskis – lange nicht Fuß fassen, im Ausland wurde sie jedoch (vor allem von Émile Meyerson, Moritz Schlick und nicht zuletzt Bertrand Russell) begrüßt.[11] Die ersten positiven Rezensionen kamen in Polen erst in den 1930er Jahren und stammten bezeichnenderweise aus den Federn der Literaten Tadeusz Boy-Żeleński und Karol Irzykowski, wobei letzterer eine frühere Kritik revidierte.[12] Es scheint, dass nur der junge Mikrobiologe – Ludwik Fleck (1896–1961), der Ende der 1920er Jahre seine ersten erkenntnistheoretischen Texte schrieb und selbst nach philosophischem Austausch über den Begriff der Wirklichkeit suchte, Chwisteks Konzept zu schätzen wusste. Angesichts der in Lemberg seinerzeit die wissenschaftliche Diskussion bestimmenden Lemberg-Warschau-Schule, überrascht es nicht, dass Fleck seine Wissenschaftstheorie zuerst außerhalb der philosophischen und wissenschaftstheoretischen Zirkel das Licht der Öffentlichkeit erblicken ließ. Auffällig ist dabei, dass er sich dafür ausgerechnet die Frage nach der ,Vielheit der Wirklichkeiten' zum Thema wählte. Analog

11 Vgl. dazu Chwisteks Personalakte aus dem Staatlichen Bezirksarchiv Lemberg, darin: Auszüge aus den Briefen von ausländischen Gelehrten u.a. von Bertrand Russell und Moritz Schlick, Sign. 26/5/1983, S. 173–174. Vgl. auch die Autobiographie von Mark Kac: *Enigmas of Chance. An Autobiography*, New York 1985, S. 20–47.

12 Tadeusz Boy-Żeleński: „Zmysły ... Zmysły ..." [Sinne ..., Sinne ...], Warszawa 1932, S. 5–11. Ferner siehe auch: Tadeusz Boy-Żeleński: *Erinnerungen an das Labyrinth. Krakau um die Jahrhundertwende*, Leipzig/Weimar 1979. Karol Irzykowski, der zunächst Chwisteks Theorie kritisierte, korrigierte sich später in einem Nachtrag: „Aus Kampflust habe ich Chwisteks Werk ungerecht behandelt. Ich habe mich nur damit befasst, was er über die Poesie sagt, und das sind die schwächsten Passagen. Herrn Chwistek hat damals die entsprechende historisch-literarische Ausbildung gefehlt, er kannte die betreffenden Probleme nur oberflächlich. Seine Konzeption der ,Vielheit der Wirklichkeiten' scheint mir aber heute noch beachtenswert, sie beinhaltet zukunftsträchtige Ideen. Seine Art zu philosophieren, ist faszinierend". Vgl. Karol Irzykowski: „Na Giewoncie Formizmu" [Auf dem Giewont des Formismus] (1922), in: Ders.: *Słoń wśród porcelany. Studja nad najnowszą myślą polską* [Der Elefant im Porzellanladen. Studien zu den neusten Überlegungen in Polen], Warszawa 1934, S. 109–137, hier S. 136–137 (ergänzte Fassung). „Giewont" ist der Name eines Berges in der polnischen Tatra, zu dessen Gipfelkreuz gepilgert wird. [Übersetzung S.W.] Vgl. das Original: „W zapale bojowym nie potraktowałem dzieła p. Chwistka sprawiedliwie. Zająłem się tylko tem, co on mówi o poezji, a to są ustępy najsłabsze. P. Chwistkowi brak było wówczas odpowiedniego wykształcenia historyczno-literackiego, znał dotyczące problemy powierzchownie. Atoli jego koncepcja czterech rzeczywistości wydaje mi się jeszcze dziś godną uwagi, są w niej rzeczy naprawdę przyszłościowe. Sam przykład tego filozofowania jest fascynujący."

zu Chwisteks relativistischer Position forderte er in seinem 1929 prominent in der Fachzeitschrift *Die Naturwissenschaften* gedruckten Aufsatz „Zur Krise der ‚Wirklichkeit'" die Existenz einer von der Erfahrung unabhängigen, also absoluten Wirklichkeit zurückzuweisen, und stattdessen die Pluralität vieler Wirklichkeiten anzuerkennen. Flecks Text ist offenkundig doppelcodiert. Zum einen ging es ihm um eine Auseinandersetzung mit einem im gleichen Organ zuvor erschienenen Artikel Kurt Riezlers „Die Krise der Wirklichkeit" (1928),[13] zum andern trat Fleck in eine Debatte ein, die sich gerade in Lemberg zugespitzt hatte. Wie zuvor Chwistek postuliert Fleck die legitime Koexistenz verschiedener Wirklichkeitsperspektiven und den möglichen Wechsel von einer Wirklichkeit in eine andere. Kotarbińskis Vorwurf an Chwistek, dass die von ihm angenommenen Wirklichkeiten einander widersprächen (und somit nicht gleichzeitig existieren könnten), wird von Fleck zugleich stillschweigend aufgenommen und explizit entkräftet.

> Jedes denkende Individuum hat also als Mitglied irgendeiner Gesellschaft seine eigene Wirklichkeit, in der und nach der es lebt. Jeder Mensch besitzt sogar viele, zum Teil einander widersprechende Wirklichkeiten: die Wirklichkeit des alltäglichen Lebens, eine berufliche, eine religiöse, eine politische und eine kleine wissenschaftliche Wirklichkeit. Und verborgen eine abergläubisch-schicksalhafte, das eigene Ich zur Ausnahme machende, persönliche Wirklichkeit. Jedem Erkennen, jedem Erkenntnissystem, jedem sozialen Beziehungseingehen entspricht eine eigene Wirklichkeit.[14]

In Lemberg musste man also genau verstehen, wer der eigentliche Adressat von Flecks Ausführungen war. Indem Fleck die Koexistenz verschiedener Denkstile nun auch wissenschaftstheoretisch begründet, kommt er der pluralistischen Konzeption Chwisteks argumentativ zu Hilfe. Die Stoßrichtung von Flecks Argumentation war jedoch eine andere, denn sein Ziel war es, aufzuzeigen, dass die Wirklichkeitsauffassung in den Naturwissenschaften und der Medizin

---

13 Kurt Riezler: „Die Krise der ‚Wirklichkeit'", in: *Die Naturwissenschaften* 16 (1928) 37–38, S. 705–712. Zum Hintergrund vgl.: Otto Gerhard Oexle: „‚Wirklichkeit' – ‚Krise der Wirklichkeit' – ‚Neue Wirklichkeit'. Deutungsmuster und Paradigmenkämpfe in der deutschen Wissenschaft vor und nach 1933", in: Frank-Rutger Hausmann (Hg.): *Die Rolle der Geisteswissenschaften im Dritten Reich 1933–1945*, München 2002, S. 1–20; Ders.: „Krise des Historismus – Krise der Wirklichkeit. Eine Problemgeschichte der Moderne", in: Ders. (Hg.): *Krise des Historismus – Krise der Wirklichkeit Wissenschaft, Kunst und Literatur 1880–1932*, Göttingen 2007, S. 11–116; Hans-Jörg Rheinberger: „Zur Historizität wissenschaftlichen Wissens: Ludwik Fleck und Edmund Husserl", in: Oexle (Hg.): *Krise des Historismus*, a.a.O., S. 359–373.

14 Ludwik Fleck: „Zur Krise der ‚Wirklichkeit'" (1929), in: Ders.: *Denkstile und Tatsachen*, a.a.O., S. 52–69, hier S. 48.

grundsätzlich sozial und kulturell bedingt ist. Zur Untermauerung seiner Position griff er unter anderem auf die moderne Quantenphysik zurück, der zufolge eine objektive Beschreibung von Eigenschaften und Gesetzmäßigkeiten atomarer Phänomene nicht möglich sei, da die Beobachtung selbst bereits die beobachteten Teilchen mit der Apparatur beeinflusst. Was Fleck jedoch über das Postulat der Quantenmechanik hinausgehend aufzuzeigen versuchte, war, dass nicht nur die einzelne Beobachtung eines Forschers durch seine Messgeräte beeinflusst wird, sondern dass diese Beobachtung ein Teil eines sozialen und kulturellen Bezugsystems ist, welches ebenfalls die Beobachtung einfärbt. Wie Joseph Roths Reisender, der das Neue einer unbekannten Stadt lebendig erfährt, ist auch Flecks wissenschaftlicher Beobachter, Subjekt wie Objekt innerhalb eines Kräftefeldes von kulturellen Wechselwirkungen. Um aufzuzeigen, wie die Aneignung des Fremden während des Erkenntnisprozesses naturwissenschaftlicher Phänomene an einen bestimmten Denkstil gekoppelt ist und durch dazu nicht passende neue Phänomene irritiert wird, bediente er sich eines Beispiels aus der futuristischen Kunst, also just jener Richtung der Malerei, die prominent durch Chwistek in Lemberg repräsentiert wurde:

> Wer erstmalig vor etwas Neuem steht, etwa einem futuristischen Bild […] oder auch zum ersten Male vor dem Mikroskop „weiß nicht, was er sehen soll". Er sucht nach Ähnlichkeiten mit dem Bekannten, übersieht eben das Neue, Unvergleichliche, Spezifische. Auch er muß erst sehen lernen.[15]

Mitte der 1930er Jahre erschien in Lemberg Chwisteks philosophisches Hauptwerk unter dem markanten Titel *Die Grenzen der Wissenschaft* [Granice nauki]. Abermals ging Chwistek dem Verhältnis zwischen den Naturwissenschaften und der Wirklichkeit nach, – eine Brücke von seinem kunstphilosophischen Programm zur Wissenschaftstheorie schlagend. Hierbei stellte er die Bedeutung der psychologischen Wirklichkeit heraus, die von den Eindrücken, Vorstellungen, Erinnerungen, Erlebnissen, aber auch Visionen und Träumen abhängt. Um zu betonen, wie sehr der Wahrnehmungsprozess durch äußere Einflüsse, psychologische Faktoren und Erwartungen determiniert ist, stützt er sich auf dieselbe Stelle im Werk Flecks, in der dieser ein gerichtetes Sehen und Denken als unabdingbar für das Erkennen diagnostizierte. Für Chwistek war Fleck offenbar ein willkommener Bündnispartner, ihre Schriften sind dialogisch aufeinander bezogen. Unter Berufung auf Fleck stellte Chwistek fest:

15 Ebd.: S. 53.

> Die Eindrücke sind im großen Maße von den Vorstellungen abhängig. […] Um sich davon zu überzeugen, genügt es zu beobachten, wie sich die Wahrnehmungsfähigkeit unter dem Einfluss von Erinnerungen oder Hinweisen, die uns andere Personen geben, allmählich entwickelt: Dort, wo es darum geht, unter ungewohnten Umständen, z.B. unter dem Mikroskop, etwas Neues zu sehen, sind wir so lange ratlos, bis wir nicht wissen, was wir sehen sollen.[16]

Zeitgleich zu Chwisteks Werk erschien 1935 im Schweizer Benno Schwabe Verlag Flecks Monographie *Entstehung und Entwicklung einer wissenschaftlichen Tatsache*. Am Beispiel der Geschichte der Wassermann-Reaktion zeigte Fleck hier auf, wie es zu denkstilgemäßen Begriffsbildungen innerhalb eines Forscherkollektivs kommt und welche stilkonformen Wahrnehmungsprozesse einer Mikroskopbeobachtung und wissenschaftlichen Abbildungen zugrunde liegen (vgl. Kap. 2.2). Seine Kritik an der Auffassung einer von sozialen und kulturellen Faktoren emanzipierten Wissenschaft brachte er auf die Formel: „In der Naturwissenschaft gibt es gleichwie in der Kunst und im Leben keine andere Naturtreue als die Kulturtreue".[17]

Genau dies nahm Chwistek auf, als er in seiner unter dem Titel „Ein interessantes Buch" [Ciekawa książka] (1936) erschienenen Rezension von Flecks Werk schrieb, er wisse nicht, ob sich Fleck dessen bewusst sei, „daß seine Untersuchungen eine kolossale Bedeutung für die Kunsttheorie haben"[18]. Die wissenschaftlichen Denkstile würden verschiedenen Kunststilen gleichen, die je nach Schule und Tradition jeweils unterschiedliche Beobachtungsweisen und Interpretationsvariationen vermitteln. Auch die in der Malerei auf dem Bild wiedergegebene Wirklichkeit sei ein denkstilgemäßes Schema, das nicht der Naturtreue, sondern der Kulturtreue entspreche. Selbst eine Photographie führe zu Irrtümern. Wie in der Wissenschaft finde auch in der Kunst eine Schematisierung der Natur statt, die dem jeweiligen kulturellen Kontext entspreche:

---

16 Leon Chwistek: „Granice nauki. Zarys logiki i metodologii nauk ścisłych" [Die Grenzen der Wissenschaft. Eine Skizze der Logik und der Methodologie der Naturwissenschaften] (1935), in: Ders.: *Pisma filozoficzne i logiczne* [Philosophische und logische Schriften], a.a.O., S. 211–232, hier. S. 227. [Übersetzung S.W.] Vgl. das Original: „Wrażenia zależne są w wysokim stopniu od wyobrażeń. […] Żeby się o tym przekonać, wystarczy zwrócić uwagę na stopniowy rozwój zdolności spostrzegania pod wpływem wykorzystania wspomnień i wskazówek udzielanych nam przez innych ludzi. Dość powiedzieć, że tam, gdzie idzie o zobaczenie czegoś nowego w warunkach, do których nie przywykliśmy, np. przez mikroskop, nie potrafimy dać sobie rady, dopóki nie będziemy wiedzieli, co mamy zobaczyć."

17 Vgl. Fleck: *Entstehung und Entwicklung einer wissenschaftlichen Tatsache* (1935), a.a.O., S. 48.

18 Leon Chwistek: „Ein interessantes Buch" [Ciekawa książka] (1936), in: Fleck: *Denkstile und Tatsachen*, a.a.O., S. 606–611, hier S. 608.

> Ich hatte die Gelegenheit, einen großartigen botanischen Atlas [...] zu sehen. Es zeigt sich, dass die Zeichnungen so angefertigt werden müssen, dass der Botaniker anhand ihrer die Pflanze wiedererkennen kann. [...] Dies kann man nicht machen, ohne sich den vorherrschenden Konventionen zu unterwerfen. Indem Dr. Fleck darüber schreibt, betont er die in dieser Hinsicht auftretende Analogie zwischen Wissenschaft und Kunst.[19]

In Flecks Denkstil-Lehre sah Chwistek die Bestätigung seiner eigenen konstruktivistischen Theorie zur Existenz verschiedener ästhetischer und wissenschaftlicher Wirklichkeiten. Eine Analogie zwischen Wissenschaft und Kunst lässt sich allerdings im Hinblick auf Flecks Epistemologie nur mit Vorsicht behaupten. Zwar ist für Fleck ein Denkstil ein kulturelles Konstrukt, doch den Teilnehmern eines Kollektivs erscheint er als evident und nicht als artifiziell. Für Fleck gilt die Wissenschaft, weil auch sie soziokulturelle Konstruktion ist, als Kunst, doch als eine Kunst die sich selbst nicht als Kunst weiß, sondern die ihre Fiktionalität nicht durchschaut, weil sie auf dem Glauben an die Evidenz und Objektivität ihrer Schöpfungen fußt. Gleichwohl ist Fleck für Chwistek ein wichtiger Zeuge, den er in einem anderen Konflikt als Unterstützer aufrufen kann. Chwistek beginnt, die im Lemberger Denkverkehr zirkulierenden Positionen zu werten, indem er sie der Moderne oder Antimoderne zuschlägt. Fleck zählt in seinen Augen offenkundig zu jenen Theoretikern, deren Konzeption mit der Kunst der Moderne kompatibel ist. Der Kampf um die richtige Wissenschaftstheorie wird zu einem Kampf um die Moderne. Auf diesem Schlachtfeld erwächst Chwistek aber nun ein neuer starker Gegner: Roman Ingarden.

4.3 Die Chwistek-Ingarden-Kontroverse (Phase I)

Neben Chwistek und Fleck gehörte der Philosoph Roman Ingarden (1893–1970) zu den wenigen Intellektuellen in Lemberg, die unabhängig von den Regeln der Twardowski-Schule eine eigene philosophische Position ausgearbeitet hatten. Wie er später bilanzierte, führte „der überwiegende Einfluss der österreichischen Schule" – gemeint ist der logische Positivismus –

> zu einem fast völligem Ausschluß jener philosophischen Richtungen, die um die Jahrhundertwende auf verschiedenen Wegen eine Renaissance der Philosophie suchten, wie z.B. der Neukantianismus in seinen verschiedenen Gestaltungen, die Phänomenologie, Bergson, der Pragmatismus, Dilthey und die sogenannte

19 Ebd.

> geisteswissenschaftliche Philosophie. [...] Keine von diesen damals sich mächtig entwickelnden philosophischen Richtungen konnte in Lemberg Fuß fassen.[20]

Im Unterschied zu Chwistek (und Fleck) stand Ingarden im engen Kontakt mit der Lemberg-Warschau-Schule. Mit Kazimierz Twardowski und Kazimierz Ajdukiewicz gab er die berühmte Zeitschrift *Studia Philosophica* heraus.[21] Er gehörte zudem dem Vorstand der von Twardowski begründeten „Polnischen Philosophischen Gesellschaft" an.[22] Schließlich wurde er – nach vielen Jahren der Tätigkeit als Gymnasiallehrer[23] – in der Nachfolge von Twardowski zum Professor für Philosophie an die Jan-Kazimierz-Universität Lemberg berufen.[24] Mit Chwistek, der in Lemberg zur selben Zeit ebenfalls eine Professur für Philosophie inne hatte, trug er einen erbitterten Streit aus:[25] Es

---

20 Roman Ingarden: „Wandlungen in der philosophischen Atmosphäre in Polen", in: *Slavische Rundschau* 4 (1937), S. 224–233.

21 Vgl. hierzu die Sitzungsprotokolle der Redaktion der Zeitschrift *Studia Philosophica* für die Jahre 1933–1936. Zu den Redaktionsmitgliedern gehörten: Kazimierz Twardowski, Kazimierz Ajdukiewicz, Roman Ingarden und ab 1934 Izydora Dąmbska, die dann später mit Fleck eine Kontroverse ausficht. In den Sitzungen wurde u.a. festgelegt, wer zur Zusammenarbeit eingeladen wird. In der ersten Linie waren es die Philosophen Jan Łukasiewicz, Tadeusz Kotarbiński, Władysław Tatrkiewicz, Alfred Tarski und Stanisław Leśniewski. Ferner wurden auch Władysław Witwicki und Leon Chwistek genannt. Siehe: Das Zentrale Historische Staatsarchiv der Ukraine in Lemberg, Sign. 712/1/39.

22 Vgl. die Akten der Polnischen Philosophischen Gesellschaft in Lemberg: Das Zentrale Historische Staatsarchiv der Ukraine in Lemberg, Sign. 712/1/8.

23 Nach seinem Studium der Philosophie (Hauptfach), Mathematik und Physik (Nebenfächer) in Lemberg, Göttingen, Wien und Freiburg und der an der Universität Freiburg erfolgten Promotion zum Thema „Intuition und Intellekt bei Henri Bergson" arbeitete Roman Ingarden von 1918 bis 1933 als Gymnasiallehrer in Lublin, Warschau, Toruń (Thorn) und schließlich in Lemberg. Seine Anträge auf die Reduzierung des Lehrdeputats wurden jedes Mal abgelehnt. 1933 erfolgte der Ruf auf die Professur an der Jan-Kazimierz-Universität Lemberg. Vgl. dazu Ingardens Personalakte: Das Staatliche Bezirksarchiv Lemberg, Sygn. 26/5/768, S. 262–263.

24 Der erste Versuch, Roman Ingarden auf die Professur für Philosophie in Lemberg zu berufen, scheiterte. Aus finanziellen Gründen sollte die vakante Professur nicht mehr besetzt werden. Nachdem die Philosophen Kazimerz Twardowski und Kazimierz Ajdukiewicz gemeinsam mit dem Physiker Leopold Infeld dem Ministerium für Hochschulwesen die bildungspolitische Notwendigkeit der Berufung ausführlich begründet hatten, gelang endlich die Besetzung des Lehrstuhls. Vgl. dazu Roman Ingardens Personalakte: Das Staatliche Bezirksarchiv Lemberg, Sygn. 26/5/768, S. 150–154.

25 Die von Ingarden vertretene Richtung der Philosophie stieß nicht nur bei Chwistek, sondern auch bei vielen Vertretern der Lemberg-Warschau-Schule auf Unverständnis. In seinem Gutachten (für das Berufungsverfahren) schrieb Tadeusz Kotarbiński: „Tiefe Überzeugungsunterschiede erschweren es mir, die Vorzüge vieler Arbeiten von Ingarden zu verstehen und adäquat zu bewerten" (197). Auch Władysław Tatarkiewicz teilte Ingardens Position nicht: „Obwohl ich persönlich die philosophische Position, welche

ging dabei um Konzeptionen der Wirklichkeit. Denn Chwisteks Konzept der ‚Vielheit der Wirklichkeiten' stand in Widerspruch zu der von Ingarden vertretenen phänomenologischen Ontologie, die sich zum Ziel setzte, eine von der individuellen Betrachtungsweise unabhängige, apriorische Erkenntnis der Wirklichkeit zu begründen, welche eine für alle Menschen gemeinsame unmittelbare Erfahrung garantiere.[26] Anders formuliert: Die phänomenologische Schule strebte an, eine Philosophie analog zur Naturwissenschaft zu entwickeln, in der der zu untersuchende Gegenstand unabhängig von verschiedenen Betrachtungsweisen in seiner Seinsweise stets gleich bestimmt und erkannt werden kann. Ingarden skizzierte seine ersten Überlegungen bereits 1919 in der Arbeit „Die Bestrebungen der Phänomenologen" [Dążenia fenomenologów]. Die Situation der polnischen Philosophie, die er nach seiner Rückkehr aus Göttingen und Freiburg, wo er bei Edmund Husserl studierte, vorfand, sei – wie Ingarden in einem Brief an die Redaktion von *Przegląd Filozoficzny* [Philosophische Rundschau] bekennt – für die Entstehung der Schrift ausschlagegebend gewesen.[27] Ingarden zeigte sich entsetzt über die in Polen vorherrschende Ignoranz gegenüber den aktuellen Entwicklungen in der westeuropäischen Philosophie, womit er vor allem die neuen Tendenzen in der deutschen Phänomenologie meinte. Ähnlich wie Husserl ging Ingarden davon aus, dass das Erkennen nicht durch das bloße Wahrnehmen eines Gegenstands erklärt werden kann, vielmehr müsse, dessen Gestalt bzw. sein Wesen erschaut werden:

> Wir zielen viel mehr darauf, den Gegenstand unmittelbar zu erkennen und dem Leser die Gewinnung dieser Erkenntnis zu erleichtern. Es handelt sich hier um ein neues Verhältnis zur Wirklichkeit, um einen direkten Verkehr mit ihr.[28]

Dr. Ingarden annimmt, nicht teile, bewundere ich trotzdem die in seinen Schriften zum Vorschein kommenden Vorzüge, wie etwa die Fähigkeit zum abstrakten Denken und die Vielseitigkeit philosophischer Interessen" (196). Vgl. Roman Ingardens Personalakte, darin: die Unterlagen der Berufungskomission: Das Staatliche Bezirksarchiv Lemberg, Sign. 26/5/768, S. 196–198.

26 Vgl. Roman Ingardens Habilitationsschrift: *Über die Stellung der Erkenntnistheorie im System der Philosophie*, Halle 1925.

27 Der Artikel „Die Bestrebungen der Phänomenologen" [Dążenia fenomenologów] erschien ursprünglich in der Zeitschrift *Przegląd Filozoficzny* [Philosophische Rundschau]. Der Brief an die Redaktion wurde von den Herausgebern der deutschen Edition zitiert. Vgl. den Kommentar von Rolf Fieguth und Włodzimierz Galewicz in Ingardens *Gesammelten Werken*, Bd. 3, Tübingen 1999, S. 270.

28 Roman Ingarden: „Die Bestrebungen der Phänomenologen" [Dążenia fenomenologów] (1919), in: Ders.: *Gesammelte Werke. Schriften zur frühen Phänomenologie*, Bd. 3, hg. von Rolf Fieguth und Włodzimierz Galewicz, Tübingen 1999, S. 92–217, hier S. 147.

Zwischen Chwistek und Ingarden entspann sich Anfang der 1920er Jahre eine jahrelang heftig geführte Kontroverse, die tiefe Einblicke in die Kämpfe um die moderne Ästhetik und die Bestimmung neuer künstlerischer Ausdrucksmittel, aber auch interessante Einsichten über die Entstehungsphase der phänomenologischen Literaturtheorie und Literaturontologie eröffnet.[29] Den Auftakt des Streites machte Ingardens Rezension von Chwisteks Schrift „Die Vielheit der Wirklichkeiten" [Wielość rzeczywistości], die 1922 in *Przegląd Filozoficzny* [Philosophische Rundschau] erschien.[30] Im Unterschied zu Kotarbiński kritisierte Ingarden nicht nur die systematischen und logischen Prämissen, sondern auch die Methode, die Chwisteks Wirklichkeitstheorie zugrunde lag. Seine Kritik ist schonungslos, sein Urteil vernichtend, wenn er konstatiert: „Die konstruktivistische Methode" versagt. […] Ein genaueres Überdenken zeigt ihre „völlige Nichtigkeit"[31]. Die auf logischen Axiomen aufgebaute pluralistische Theorie Chwisteks sei argumentativ nicht begründbar. „Statt eines Axiomen-Systems bekommen wir" – so Ingarden – „vier. Es würde uns eins – dafür ein gutes – völlig genügen."[32] Darüber hinaus sei Chwisteks Kritik an Husserl, der die absolute Wirklichkeit durch bewusstseinsimmanente Intuitionen zu erkennen glaubte, „trüb" und „oberflächlich". Überhaupt sei

29 Zu Ingardens starker Wirkung auf die nachfolgende Literaturtheorie siehe insbesondere: René Wellek: „The Theory of Literary History", in: *Travaux du cercle linguistique de Prague* 6 (1936), 179–191; Ders.: *Four Critics: Croce, Valery, Lukacs, Ingarden*, Washington 1981; Wolfgang Kayser: *Das sprachliche Kunstwerk. Eine Einführung in die Literaturwissenschaft*, Bern 1948, S. 17; Werner Strube: „Die Grenzen der Literatur oder Definitionen des Literaturbegriffs", in: Simone Winko, Fotis Jannidis und Gerhard Lauer (Hg.): *Grenzen der Literatur. Zu Begriff und Phänomen des Literarischen*, Berlin/New York 2009, S. 45–77.

30 Aus dem Brief an Kazimierz Twardowski geht hervor, dass Ingarden nicht vorhatte, Chwisteks Buch zu rezensieren: „Nachdem die Rezension von Professor Kotarbiński in *Przegląd Warszawski* [Warschauer Rundschau] erschien, die ich vollkommen unterschreibe, ist es schade, dass ein so minderwertiges Buch weitere Rezensionen in verschiedenen Fachzeitschriften hervorruft." Vgl. Nachlass von Kazimierz Twardowski: Brief von Roman Ingarden vom 2. Mai 1922, Archiv der Polnischen Akademie der Wissenschaften Warschau, Sign. III-306.

31 Roman Ingarden: „Leon Chwistek. Wielość rzeczywistości" [Leon Chwistek. Die Vielheit der Wirklichkeiten], in: *Przegląd Filozoficzny* [Philosophische Rundschau] 25 (1922) 3, S. 451–468, hier S. 466. [Übersetzung S.W.] Vgl. das Original: „Tak więc ‚metoda konstrukcyjna' zawodzi. […] Bliższe zastanowienie się nad nią okazuje jej całkowitą nicość." Die Polemik ist neuerdings als Pdf online zugänglich: Roman Witold Ingarden, Leon Chwistek: Polemika Romana Witolda Ingardena z Leonem Chwistkiem (teksty źródłowe) [Polemik zwischen Roman Witold Ingarden und Leon Chwistek], in: *Ruch Filozoficzny* 76 (2020) 1, S. 105–133.

32 Ingarden: „Leon Chwistek. Wielość rzeczywistości" [Leon Chwistek. Die Vielheit der Wirklichkeiten], a.a.O., S. 466. [Übersetzung S.W.] Vgl. das Original: „Miast jednego, otrzymujemy aż cztery układy aksjomatów. Wystarczyłby nam zupełnie jeden a dobry."

„die Art und Weise, wie der Autor in einem wissenschaftlichen Werk andere Arbeiten und Methoden kritisiert, völlig unzulässig."[33]

Ingardens kritischer Essay war der Auftakt zu einer hartnäckigen Polemik zwischen den beiden Philosophen, die zuweilen ins persönlich Verletzende ging. In seiner Antwort unter dem Titel „Eine kurze Abrechnung mit Herrn Roman Ingarden, dem Doktor der Universität Freiburg" [Krótka rozprawa z panem Roman Ingardenen, doktorem uniwersytetu fryburskiego] (1922) nannte Chwistek ihn „einen fleißigen Schüler Husserls"[34] und verspottete den „schulpathetischen Ton"[35] der Rezension. Zu den von Ingarden erhobenen Vorwürfen gegen die konstruktivistische Methode äußerte sich Chwistek allerdings kaum, sondern stellte nur knapp fest, dass die Anhänger Husserls über die philosophische Logik mit stimmungsvoller, literarischer Sprache sprächen, statt Lösungen konkreter Probleme vorzuschlagen. Es wundert daher nicht, dass Ingarden in seiner Replik erklärte: „In Zukunft werde ich nur auf solche ‚Abrechnungen' antworten können, die sich mit Inhalten und nicht mit meiner Person beschäftigen."[36] Obwohl dieser Text von Chwistek unbeantwortet blieb, rezensierte Ingarden „Die Vielheit der Wirklichkeiten" [Wielość rzeczywistości] 1923 in der Zeitschrift *Ruch Filozoficzny* [Philosophische Bewegung] ein weiteres Mal. Nun kritisierte er die von Chwistek vorgeschlagenen Wirklichkeitstypen noch härter und gelangte zum Urteil, dass sie „aufgrund ihrer Vieldeutigkeit weder für wissenschaftliche noch für praktische Zwecke zu gebrauchen sind"[37]. Vielmehr gebe es eine für alle gemeinsame Wirklichkeit, die nur verschiedene Aspekte aufweise und: „Um den besonderen Charakter der Wirklichkeit zu entdecken, nutzt uns die

33 Ebd.: S. 458. [Übersetzung S.W.] Vgl. das Original: „Sposób krytykowania, zastosowany przez autora wobec cudzych prac i metod, jest w dziele naukowym zupełnie niedopuszczalny."

34 Leon Chwistek: „Krótka rozprawa z panem Romanem Ingardenem, doktorem uniwersytetu fryburskiego" [Eine kurze Abrechnung mit Herrn Roman Ingarden, Doktor der Universität Freiburg], in: *Przegląd Filozoficzny* [Philosophische Rundschau] 25 (1922) 4, S. 541–544, hier S. 541. [Übersetzung S.W.] Vgl. das Original: „pilnym uczniem prof. Husserla".

35 Ebd.: S. 541. [Übersetzung S.W.] Vgl. das Original: „w tonie szkolnego patosu".

36 Roman Ingarden: „Uwagi do ‚Krótkiej rozprawy itd.'" [Anmerkungen zur ‚Kurzen Abrechnung' usw.], in: *Przegląd Filozoficzny* [Philosophische Rundschau] 26 (1923), S. 100–104, hier S. 100. [Übersetzung S.W.] Vgl. das Original: „To też w przeszłości bedę mógł odpowiadać tylko na takie ‚rozprawy', które zajmują się memi twierdzeniami, a nie osobą."

37 Roman Ingarden: „Leon Chwistek. ‚Wielość rzeczywistości, Kraków 1921" [Leon Chwistek. Die Vielheit der Wirklichkeiten, Krakau 1921], in: *Ruch Filozoficzny* [Philosophische Bewegung] 7 (1923) 7, S. 99–101, hier S. 99. [Übersetzung S.W.] Vgl. das Original: „nieprzydatne ani dla celów naukowych, ani praktycznych z powodu swej wieloznaczności."

‚konstruktivistische Methode' nichts. […] Wir müssen diesen Charakter selbst finden, entdecken – und nicht konstruieren, wenn unsere Arbeit den Wert einer wahren Erkenntnis haben soll."[38] Ingarden meint, dass die Wirklichkeit an sich vielfältig ist und dies gälte es zu entdecken. Wir konstruieren nicht viele Welten auf vielfältige Weise, sondern wir legen eine einzige vielfältige Welt aus.

Wie stellt sich aber Ingarden vor, dass ein Gegenstand trotz seiner Vielfältigkeit von vielen Erkenntnissubjekten als ein und derselbe erkannt werden kann, bzw. welche Kriterien müssen erfüllt werden, damit die Identität des Gegenstands intersubjektiv wahrgenommen werden kann?

4.4 Roman Ingardens Theorie des *Literarischen Kunstwerks*

1931 erschien Ingardens bedeutendes Buch, das seinen Ruhm bis heute begründet: *Das literarische Kunstwerk*. Es ist der Klassiker einer ontologischen Kunstbetrachtung im 20. Jahrhundert, welche exemplarisch die „Wesensanatomie" eines besonderen Gegenstands, nämlich eines literarischen Kunstwerks vorführt.[39]

Was ist damit gemeint? Ingarden zufolge kommt es darauf an, dasjenige am literarischen Kunstwerk zu bestimmen, was sein Wesen notwendig ausmacht, also was an ihm identisch bleibt, trotz mannigfacher Lektüren. Wir sehen, wie Ingarden nun seine Antwort auf Chwisteks Postulat pluraler Welten für die Literaturtheorie fruchtbar macht, indem er an einem spezifischen Beispiel das Verhältnis von Einheit und Mannigfaltigkeit detailliert analysiert. Die Wesensstruktur des literarischen Kunstwerkes sei nicht einheitlich aufgebaut, sondern erweise sich als ein aus vier heterogenen Schichten konstituiertes Gebilde. Zu unterscheiden seien: (1) die Schicht der sprachlichen Lautgebilde, die das sprachliche Gefüge von Worten und Sätzen des literarischen Werkes sichtbar

---

38 Ebd.: S. 101. [Übersetzung S.W.] Vgl. das Original: „Do wykrycia szczególnego charakteru rzeczywistości nie przyda się na nic ‚metoda konstruktywna'. […] Charakter ów jest czemś, co my musimy znaleźć, odkryć, nie zaś konstruować, – o ile oczywiście robota nasza ma mieć wartość prawdziwego poznania." Vgl. auch dazu: Chwisteks Entgegnung in „Zastosowanie metody konstrukcyjnej do teorii poznania" [Anwendung der konstruktivistischen Methode auf die Erkenntnistheorie] (1923), in: Ders.: *Pisma filozoficzne i logiczne* [Philosophische und logische Schriften], a.a.O., S. 106–117.

39 Zu den Entstehungsumständen des *Literarischen Kunstwerks* vgl. Roman Ingardens Personalakte in: Das Staatliche Bezirksarchiv Lemberg, Sign. 26/5/768, S. 83. Darin befindet sich ein Antrag vom 29.03.1927 auf die Genehmigung eines Forschungssemesters zwecks einer Reise nach Deutschland und Frankreich, um mit dortigen Forschern direkt in Kontakt zu kommen. Der Antrag wurde bewilligt.

macht. Nimmt man sie ins Visier, kann die Rolle, welche Rhythmus, Reim und Tempo des Satzes, d.h. seine Melodie und seine Stimmungsqualitäten für ein literarisches Werk spielen, erkannt werden;[40] (2) die zentrale Schicht der Bedeutungseinheiten, die die gedanklich-logischen Bestandteile des literarischen Werks enthält, also den Sinn der Sätze und der Satzzusammenhänge;[41] (3) die Schicht der schematisierten Ansichten, in welchen die im Werk dargestellten Gegenstände verschiedener Art zur Erscheinung gelangen. Hierbei ist nach Ingarden strikt und klar zwischen realen Gegenständen, auf die sich die Sätze beziehen, und fiktiven Gegenständen, die innerhalb der dargestellten Wirklichkeiten des Kunstwerks auftreten, zu unterscheiden. Man dürfe beide nicht vermengen: „Oft werden die Strukturen und Eigentümlichkeiten der realen Gegenstände mit einer natürlichen Selbstverständlichkeit auf die dargestellten Gegenständlichkeiten ohne weiteres übertragen, so daß die Besonderheiten der letzteren übersehen werden"[42], und (4) die Schicht der dargestellten Gegenständlichkeiten, „welche in den durch die Sätze entworfenen intentionalen Sachverhalten dargestellt werden".[43]

Jede von diesen Schichten führt ein besonderes Material und eigene ästhetische Qualitäten in das Werk ein. Die Schichten spielen zusammen und verbinden sich zu einem organischen Ganzen. Das Kunstwerk ist somit ein Ensemble vielfältiger Relationen und Funktionen, die so komplex sind, dass sie nicht mehr vollständig zu erfassen und zu bestimmen sind. Daher weist es Unbestimmtheitsstellen auf, die im Leseprozess stets durch immer neue, d.h. je nach individuellen Lektüren und psychischen Erlebnissen entwickelten Konkretisationen ausgefüllt werden. Diese Konkretisationen gilt es – Ingarden zufolge – vom literarischen Werk abzugrenzen, um seine Grundstruktur

---

40 Vgl. Roman Ingarden: *Das literarische Kunstwerk*, Tübingen 1972 (1931), S. 30f. Eine Fortsetzung von Ingardens literaturtheoretischen Studien erfolgte 1937 in polnischer Sprache, sie ist auf Deutsch erschienenen im Band: *Vom Erkennen des literarischen Kunstwerks*, Tübingen 1968. Vgl. dazu die Rezensionen von: Stefan Szuman: „Nowa książka prof. R. Ingardena: Roman Ingarden ‚O poznawaniu dzieła literackiego'" [Ein neues Buch von Professor R. Ingarden „Vom Erkennen des literarischen Kunstwerks"], in: *Przegląd Współczesny* [Gegenwärtige Rundschau] 62 (1937) 184–185, S. 283–290; Zygmunt Łempicki: „Roman Ingarden, ‚O poznawaniu dzieła literackiego', Lwów 1937", [„Vom Erkennen des literarischen Kunstwerks"], in: *Pamiętnik literacki: czasopismo kwartalne poświęcone historii i krytyce literatury polskiej* [Das literarische Tagebuch: Vierteljahresschrift für Geschichte und Kritik der polnischen Literatur] 35 (1938) 1, S. 279–287. Weiterführend vgl. auch: Eckhard Lobsien: *Das literarische Feld. Phänomenologie der Literaturwissenschaft*, München 1988, S. 11–32.

41 Vgl. Ingarden: *Das literarische Kunstwerk*, a.a.O., S. 61f.

42 Ebd.: S. 229.

43 Ebd.: S. 270f.

erkennen und beschreiben zu können. Dazu gehören nicht nur die Vorbilder für die im literarischen Werk auftretenden Gegenstände und Sachverhalte, sondern auch die subjektiven Reflexionen des Lesers, „vor allem aber [...] der Autor selbst samt allen seinen Schicksalen, Erlebnissen und psychischen Zuständen“[44], die zur Entstehung des Kunstwerks führen:

> Die wesensmäßige Struktur des literarischen Werks liegt darin, daß es ein aus mehreren heterogenen Schichten aufgebautes Gebilde ist. Die einzelnen Schichten unterscheiden sich untereinander 1. durch das für jede von ihnen charakteristische Material [...], 2. durch die Rolle, die jede von ihnen sowohl den anderen Schichten gegenüber wie in dem Aufbau des ganzen Werkes spielt. Trotz der Verschiedenheit des Materials der einzelnen Schichten bildet aber das literarische Werk kein loses Bündel von zufällig nebeneinandergereihten Elementen, sondern einen organischen Bau, dessen Einheitlichkeit gerade in der Eigenart der einzelnen Schichten gründet. [...] Die Verschiedenheit des Materials und der Rollen (bzw. Funktionen) der einzelnen Schichten macht es zugleich, daß das ganze Werk nicht ein eintöniges Gebilde ist, sondern einen ihm wesentlichen polyphonen Charakter trägt.[45]

Für Ingarden ist das literarische Kunstwerk ein mehrschichtiges und mehrstimmiges Gebilde, das zusammengesetzt eine interne Harmonie ergibt und somit als ein in sich geschlossenes einheitliches Gefüge fungiert und als solches metaphysische Qualitäten freisetzt, wie z.B. das Erhabene. Diese Mehrstimmigkeit ist daher nicht mit Konzepten des polyphonen Romans zu verwechseln, wie man sie von Bachtin kennt, wo sich aus fremden Stimmen ein intertextuell offener Text bildet. Wenn man so will, hat Ingarden noch eine konservative Auffassung von einem Roman als einem organischen und harmonischen Gebilde. Hier liegt auch der Hauptunterschied zu Chwisteks auf den ersten Blick ähnlich erscheinenden 4-Schichten-Theorie des Kunstwerks. Für Chwistek entsprechen die vier Schichten vier verschiedenen Wirklichkeitszugängen, für Ingarden sind es aber ontologische Schichten des Kunstwerks selbst, die von den Lesern bei der Lektüre je unterschiedlich aktualisiert werden. Für Chwistek zerfällt die Welt in verschiedene Perspektiven, für Ingarden werden die verschiedenen Perspektiven im Kunstwerk harmonisch vereint.

Die Kritik seitens der zeitgenössischen Literaturtheorie war teilweise scharf.[46] Herbert Cysarz (1896–1985), der damals an der Deutschen Universität

44 Ebd.: S. 19.

45 Ebd.: S. 25f.

46 Zur Rezeption von Ingardens Theorie siehe: Jørgen Sneis: *Phänomenologie und Textinterpretation. Studien zur Theoriegeschichte und Methodik der Literaturwissenschaft*, Berlin/Boston 2018; Rolf Fieguth: „Rezeption contra falsches und richtiges Lesen? Oder

Prag Professor für Germanistik war und als erster Ingardens Buch rezensierte, befand, dass die von Ingarden vorgeschlagene Aufteilung des literarischen Werks in vier verschiedene Schichten dessen ästhetische Gegebenheit zerstöre: „Was sein Buch" – so Cysarz sarkastisch – „an eigentlichen Kunstwerten erfasst, das verhält sich vorerst zum Kunstwerk, wie sich – es gibt hier nur ein Gleichnis – zum gezeugten Kind der nasse Fleck verhält. Vorläufig phänomenologisiert Ingarden nur den nassen Fleck."[47]

Zu Hilfe kam Ingarden der Philosoph und Husserl-Schüler Herbert Spiegelberg (1904–1990). In der *Zeitschrift für Ästhetik und allgemeine Kunstwissenschaft* pochte er nachdrücklich darauf, dass es nicht das Ziel von Ingardens Arbeit gewesen sei, wertästhetische Fragen zu behandeln, sondern die Struktur des literarischen Werks zu erfassen. Spiegelberg kommt zum Urteil: „An dieser mit aller Deutlichkeit ausgesprochenen Zielsetzung des Verfassers geht die kürzlich in der *Deutschen Literaturzeitung* erschienene Besprechung durch H. Cysarz völlig vorbei."[48]

Die positive Aufnahme von Ingardens Buch durch die deutsche Literaturwissenschaft erfolgte spät. Kurz vor dem Ausbruch des 2. Weltkriegs erschien 1939 in der *Deutschen Vierteljahrsschrift für Literatur und Geistesgeschichte* eine Rezension von Günther Müller (1890–1957) „Über die Seinsweise von Dichtung".[49] Mit Beifall referierte er Ingardens Theorie, vor allem begrüßte er

Mißverständnisse mit Ingarden", in: *Sprache im technischen Zeitalter* 37–40 (1971), S. 142–159; *Fenomenologia Romana Ingardena. Wydanie specjalne ‚Studiów Filozoficznych'*, [Die Phänomenologie Roman Ingardens. Spezialausgabe der ‚Philosophischen Studien'], Warszawa 1972. Henryk Markiewicz: „Das Werk Roman Ingardens und die Entwicklung der Literaturwissenschaft", in: Alexander Flaker, Viktor Žmegač (Hg.): *Formalismus, Strukturalismus und Geschichte. Zur Literaturtheorie und Methodologie in der Sowjetunion, ČSSR, Polen und Jugoslawien*, Kronberg 1974, S. 221–246; Włodzimierz Galewicz, Elisabeth Ströker, Władysław Stróżewski (Hg.): *Kunst und Ontologie. Für Roman Ingarden zum 100. Geburtstag*, Amsterdam/Atlanta 1994; Eckhard Lobsien: *Schematisierte Ansichten. Literaturtheorie mit Husserl, Ingarden, Blumenberg*, München 2012. Siehe auch weiterführend: Schamma Schahadat: „Die Warschauer und Vilnaer Polonistik in der Zwischenkriegszeit: Der Eintritt ins europäische literaturtheoretische Feld", in: Stiegler, Werner: *Laboratorien der Moderne*, a.a.O., S. 235–252.

47 Herbert Cysarz: „Roman Ingarden (Lemberg): ‚Das Literarische Kunstwerk. Eine Untersuchung aus dem Grenzgebiet der Ontologie, Logik und Literaturwissenschaft', Halle 1931'", in: *Deutsche Literaturzeitung* 34 (1931), S. 1595–1599, hier S. 1599.

48 Herbert Spiegelberg: „Roman Ingarden, ‚Das literarische Kunstwerk. Eine Untersuchung aus dem Grenzgebiet der Ontologie, Logik und Literaturwissenschaft, Halle 1931'", in: *Zeitschrift für Ästhetik und allgemeine Kunstwissenschaft* 25 (1931), S. 379–387.

49 Günther Müller: „Über die Seinsweise von Dichtung", in: *Deutsche Vierteljahrsschrift für Literatur und Geistesgeschichte* 1 (1939) 17, S. 137–152.

die Einführung literaturgeschichtlicher Grundbegriffe und die Reinigung der im literarischen Werk geschilderten Welt von der empirischen Wirklichkeit.

Ingardens Buch fand in Deutschland trotz der Rezensionen in führenden Fachzeitschriften zunächst wenig Resonanz,[50] konnte dann aber später nach dem Ende der Nazi-Herrschaft sowohl der werkimmanenten Literaturinterpretation als auch der logisch-linguistischen und rezeptionsästhetischen Literaturtheorie den Weg bereiten helfen.[51]

In Polen hingegen sorgte es sofort für eine von schwungvollem Angriffsgeist geleitete Diskussion. Denn in Chwisteks Augen stand Ingardens Konzeption des literarischen Werks in Widerspruch zur modernen Literatur. Dies war für ihn die Gelegenheit durch ein Duell die eigene Reputation zu befördern. Seine Besprechung des *Literarischen Kunstwerks* ließ nicht lange auf sich warten.[52]

4.5 Die Chwistek-Ingarden-Kontroverse (Phase II)

Mit seiner 1932 in der Krakauer philosophischen Zeitschrift *Kwartalnik Filozoficzny* [Die Philosophische Vierteljahresschrift] unter dem Titel „Die Tragödie der verbalen Metaphysik“ [Tragedia werbalnej metafizyki] publizierten Studie revanchierte sich Chwistek für Ingardens früheren Verriss seiner Wirklichkeitstheorie. Zwar behauptete er, sein Anliegen sei, eine „sachliche, ohne

---

50 Vgl. auch die kurze Rezension von Hermann Noack: „Über Arbeiten am Felde der Ästhetik und Kunstwissenschaften“, in: *Deutsche Vierteljahrsschrift für Literatur und Geistesgeschichte* 10 (1932), S. 164–165. Günter Müller war 1939 selbst bereits Repressionen seitens der Nazis ausgesetzt.

51 Vgl. Gerhard F. Probst: „Gattungsbegriff und Rezeptionsästhetik“, in: *Colloquia Germanica* 10 (1976/77) 1, S. 1–14; Wolfgang Iser: *Die Appellstruktur der Texte. Unbestimmheit als Wirkungsbedingung literarischer Prosa. Konstanzer Universitätsverlag*, Konstanz 1971; ders.: *Der Akt des Lesens. Theorie ästhetischer Wirkung*, München 1976.

52 Vgl. auch die Rezensionen von: Leopold Blaustein: „Roman Ingarden: ‚Das literarische Kunstwerk. Eine Untersuchung aus dem Grenzgebiet der Ontologie, Logik und Literaturwissenschaft‘“, Halle, Max Niemeyer Verlag 1931“, in: *Przegląd Humanistyczny* [Humanistische Rundschau] 5 (1931) 4–5, S. 452–456; ders.: „Roman Ingarden: ‚Das literarische Kunstwerk. Eine Untersuchung aus dem Grenzgebiet der Ontologie, Logik und Literaturwissenschaft‘“, in: *Ruch Filozoficzny* [Philosophische Bewegung] 13 (1937) 5, S. 98–102; Zygmunt Łempicki: „Dzieło literackie. Struktura i wygląd“ [Literarisches Kunstwerk. Struktur und Aussehen], in: *Wiadomości literackie* [Literarische Nachrichten] 3 (1932); Tadeusz Grabowski: „Fenomenologia w krytyce literackiej“ [Phänomenologie in der literarischen Kritik], in: *Myśl Narodowa* [Nationaler Gedanke] 12 (1932) 25, S. 356–357; Tadeusz Juliusz Kroński: „Roman Ingarden: ‚Das Literarische Kunstwerk. Eine Untersuchung aus dem Grenzgebiet der Ontologie, Logik und Literaturwissenschaft‘“, in: *Przegląd Filozoficzny* [Philosophische Rundschau] 36 (1933) 4, S. 387–391.

persönliches Element“[53] belastete Diskussion mit den Phänomenologen zu führen, schmähte dann aber die „schwere“, „trübe“, „unfassbare“, „von Sprachtumoren volle“ deutsche Philosophie. Gemeint waren Husserl und seine Schüler, Ingarden eingeschlossen. Ingardens Glaube an die intersubjektive Bestimmbarkeit des Sinns einzelner Sätze im literarischen Werk sei illusorisch. Das literarische Werk bliebe – so Chwistek – nicht konstant, es habe also keine einheitliche Wesensstruktur, viel mehr verändere es sich im Lektüreprozess vieler Leser permanent. Man müsse folglich das literarische Werk auf seine mannigfachen Konkretisationen zurückführen und seine Fiktionalität anerkennen, also genau das tun, was Chwistek selbst in seiner eigenen Theorie gefordert hatte. Ferner warf er Ingarden vor, in seinen Untersuchungen die moderne experimentelle Literatur nicht einzubeziehen. Ingarden sehe die Aufgabe der Kunst nur darin, das Gefühl der (gerade erlebten) Wirklichkeit zu verstärken und ihr Wesen als einen vollkommen bestimmbaren Gegenstand zu betrachten.[54] Die avantgardistische Prosa und Poesie strebe jedoch danach, neue Eindrücke zu vermitteln und sich dabei von der Sinnbedeutung der Worte und Sätze sowie der Gegenständlichkeit zu befreien, um eine Intensivierung der Kunsterfahrung zu ermöglichen:

> Dr. Ingarden muß damit rechnen, dass diejenigen, die in der lyrischen Poesie etwas mehr als ästhetische Zufriedenheit und Rührung suchen, sie für Meisterwerke halten. Die Kunst insgesamt und die Poesie insbesondere können sich in eine kraftvolle Droge wandeln, die manchmal stärker als Opium oder Kokain wirkt. […] Wenn Dr. Ingarden in der Literatur Schiller vorzieht und Thomas Mann als die Spitze des Modernismus zitiert, verwundert es nicht, dass er auf diesem Wege die Drogensphäre der Kunst nicht erreicht und nicht über die Allgemeinplätze, die keinen modernen Künstler beschäftigen, hinausgeht.[55]

---

53 Leon Chwistek: „Tragedia werbalnej metafizyki. Z powodu książki dra Romana Ingardena ‚Das literarische Kunstwerk‘“ [Die Tragödie der verbalen Metaphysik. Aus Anlaß des Buches von Dr. Ingarden ‚Das literarische Kunstwerk‘], in: *Kwartalnik Filozoficzny* [Philosophische Vierteljahresschrift] 10 (1932) 1, S. 46–76, hier S. 49. [Übersetzung S.W.] Vgl. das Original: „rzeczowej, pozbawionej elementu osobistego dyskusji“.

54 Chwisteks Argumentation verläuft hier analog zur oben vorgestellten Kritik Joseph Roths an der bloßen Beschreibung einer vermeintlich unveränderlichen Wirklichkeit.

55 Chwistek: „Tragedia werbalnej metafizyki“ [Die Tragödie der verbalen Metaphysik], a.a.O., S. 67f. [Übersetzung S.W.] Vgl. das Original: „Dr Ingarden powinien się liczyć z tem, że są ci, którzy w poezji lirycznej szukają czegoś więcej, jak zadowolenia estetacznego czy wzruszenia. Sztuka wogóle, a liryka w szczególności może zamienić się w narkotyk potężny, działający nieraz o wiele silniej niż opium lub kokaina. […] Jeśli Dr Ingarden wysuwa w literaturze na pierwszy plan Schillera, a jako szczyt modernizu cytuje Tomasza Manna, to nic dziwnego, że na tej drodze nie dociera się do sfery narkotyku sztuki i nie wychodzi się poza ogólniki, które żadnego nowożytnego artysty zająć nie potrafią.“

Chwisteks Vorwürfe gegen Ingardens Ästhetik galten bislang in der Forschung als unerwidert. In der Tat findet sich keine Gegenpublikation. In Ingardens Nachlass aber hat sich ein unpubliziertes Manuskript unter dem Titel: „Anmerkungen zur ‚Tragödie der verbalen Metaphysik' von Professor Leon Chwistek" [Uwagi do „Tragedii werbalnej metafizyki" Prof. Leona Chwistka] erhalten. Ingarden reagierte darin verärgert, vor allem über die „wenig sachliche Diskussion"[56] und den persönlichen Ton, den Chwistek angeblich vermieden hatte. Er warf ihm vor, unpräzise zu sein und pauschal über die Phänomenologie zu urteilen. Die futuristische Literatur habe er nicht zitiert, da sein Buch nicht über den ästhetischen Wert des literarischen Werks befinden wolle, sondern grundsätzlichere Probleme beleuchte, die vorrangig zu klären seien. Diese reichlich dünne Argumentation stellte Ingarden selbst offenbar nicht zufrieden, jedenfalls wurde sie nicht publiziert. Doch die Kritik Chwisteks scheint ihn weiter beschäftigt zu haben. Sie gab den Anlass für eine weitere Diskussion.

1934 reagiert Ingarden nun doch auf Chwisteks Vorwurf, indem er ausdrücklich zu avantgardistischen Textexperimenten Stellung bezieht. Diese sind für ihn: „Ein Grenzfall des literarischen Werks" [Graniczny przypadek dzieła literackiego].[57] Diesen Text veröffentlicht er in *Wiadomości Literackie* [Literarische Nachrichten], also in einer Zeitschrift, die ein zentrales Organ der Avantgardeliteratur war und zu deren engsten Mitarbeitern der für seine Lautgedichte berühmte polnische Lyriker Julian Tuwim zählte. Ingarden fragt, inwiefern dessen Gedichte, die lediglich einen flüchtigen „nebelhaften Urstoff" für emotionale Stimmungen, aber keine konkreten Gegenstände schildern, als eine „Deformation" der dargestellten Wirklichkeit aufzufassen seien. Die „Deformation" manifestiere sich laut Ingarden als eine Entstellung des Baus der im literarischen Werk verwendeten Sätze und deren semantischen Inhalte. Von den „normalen" literarischen Werken unterscheiden sich aus solchen Sätzen bestehende dadurch, dass sie viele „scheinbare Wörter"[58] haben, d.h. „neugeschaffene Lautungen, die keine Bedeutung haben. Diese Neubildungen sind aber in ihrer Lautung so gestaltet, dass sie entweder die erkennbare

56 Roman Ingarden: „Uwagi do ‚Tragedii werbalnej metafizyki' Prof. Leona Chwistka" [Bemerkungen zur ‚Tragödie der verbalen Metaphysik' von Prof. Leon Chwistek], in: Das Archiv der Polnischen Akademie der Wissenschaften (PAN) und der Polnischen Akademie der Fertigkeiten (PAU) Kraków, Sign. K III–26/86/2. [Übersetzung S.W.] Vgl. das Original: „bardzo mało rzeczowej dyskusji".

57 Roman Ingarden: „Ein Grenzfall des literarischen Werks" [Graniczny przypadek dzieła literackiego], in: Ders.: *Gegenstand und Aufgaben der Literaturwissenschaft*, Tübingen 1976, S. 102–109. Zuerst auf Polnisch erschienen in *Wiadomości Literackie* 11 (1934).

58 Ebd.: S. 104.

Umformung normaler Wörter […] sind, oder aber wenigstens in ihrem Bau durch entsprechend gewählte Endungen an [eine] Sprache erinnern."[59] Ingarden näherte sich diesem Problem an Beispielen von Gedichten der beiden polnischen Avantgardekünstler Stanisław Ignacy Witkiewicz[60] und Julian Tuwim, zudem zitierte er den deutschen Dadaisten Kurt Schwitters. Anhand von Tuwims *Słopiewnie* und Schwitters' Gedichten wollte er demonstrieren, dass seine Konzeption durchaus auch auf radikale Zeugnisse der literarischen Avantgarde angewendet werden kann. Die neugeschaffenen Wörter würden ja durch Reim, Rhythmus und Wortakzent eine (echte) Sprache nachahmen, so dass eine Ähnlichkeit mit der Lautschicht „normaler" literarischer Werke entstehe. Überdies behauptet Ingarden, dass die avantgardistische Lyrik nicht nur aus „bloßen Lautungen und phonetischen Charakteren"[61] bestehe, sondern auch eine – wenn auch eher läppische – ästhetische Erfahrung ermögliche:

> [Die Laut-Gedichte] sind zwar keine literarischen Werke im strengsten Sinne dieses Wortes, sie können aber wertvolle Kunstgebilde aus dem Grenzbereich der Literatur sein und uns ein ästhetisches Erlebnis vermitteln, obwohl sie immer nur liebenswerte Kleinigkeiten bleiben werden.[62]

Durch Tuwims und Schwitters Lautpoesie sah sich Ingarden genötigt, literarische Grenzfälle bedingt zu akzeptieren. Die Auflösung von traditionellen Werkvorstellungen durch die dadaistische Lyrik als neue charakteristische Form der ästhetischen Moderne *sui generis* anzuerkennen, vermochte er jedoch nicht.[63]

---

59 Ebd.

60 Ingarden bezieht sich zudem direkt auch auf Witkiewiczs Theorie der ‚reinen Form' aus den 1920er Jahren. Siehe dazu Kap. 4.7. Ferner siehe: Agnieszka Helena Hudzik: *Philosophie der Verführung in der Prosa der Moderne. Polnische und deutschsprachige Autoren im Vergleich*, Berlin/Boston 2018, S. 157.

61 Ingarden: „Ein Grenzfall des literarischen Werks" [Graniczny przypadek dzieła literackiego] (1934), a.a.O., S. 107.

62 Ebd.: S. 107f.

63 Deutlich höher bewertet er jedoch später die abstrakte Malerei in einem Aufsatz aus dem Jahr 1957. Vgl. Roman Ingarden: „Über die sogenannte ‚abstrakte' Malerei", in: Ders.: *Erlebnis, Kunstwerk und Wert: Vorträge zur Ästhetik 1937–1967*, Berlin/Boston 1967: „Trotz aller sich widersprechenden Ansichten über die abstrakte Malerei, die in den Kreisen der Betrachter herrschten und bis heute hier und da auftreten, darf man feststellen, dass die Art der Malerei heute, mehrere Jahrzehnte nach dem Erscheinen der ersten ‚abstrakten Bilder' (übrigens noch sehr verschiedener Typen) bewiesen hat, dass es in ihr Werke mit hohen künstlerischen Werten geben kann." Ebd.: S. 51. Es fehle jedoch an Verständnis für die Besonderheit der jeweiligen Werke: „Der Betrachter steht oft, auch wenn er schon geübt ist, solche Bilder zu erfassen, vor einem ‚abstrakten Bild' wie vor einem Rätsel, und der Titel macht ihn oft stutzig." Ebd.: S. 52.

Gleichwohl ignorierte er die Herausforderungen der Moderne nicht gänzlich, sondern versuchte deren Radikalität die Spitze abzubrechen, sie zu mildern, indem er die Polyphonie der Stimmen bzw. die Brüche zwischen Schichten in das Kunstwerk selbst hineinzog und offene Stellen (die Unbestimmtheitsstellen) zuließ, nicht aber so weit ging, von einem offenen Kunstwerk zu sprechen. Ferner pochte er darauf, dass man an der Prämisse der prinzipiellen Verstehbarkeit von Sätzen und Wörtern festhalten muss, denn anders wäre weder die Verständigung zwischen Menschen noch in der Wissenschaft möglich. Chwistek hingegen meinte, dass die Verständigung zwischen Menschen nur auf einer allgemeinen Ebene möglich sei,[64] die durch eine auf der sogenannten „reinen Grammatik" fußende und auf Ähnlichkeiten beruhenden Beschreibung der Wirklichkeit erreicht werde. Diese Verständigung endet, sobald man die allgemeine Ebene verlässt und sich auf die wechselhafte Wirklichkeit einlasse. Fleck wird hier sogar noch weiter als Chwistek gehen und die Möglichkeit einer Verständigung zwischen unterschiedlichen Kulturen als prinzipielles Problem aufwerfen, da in manchen Fällen die grammatischen Strukturen so unterschiedlich sein könnten, dass eine Verständigung nicht mehr gelingt. Daher forderte er eine vergleichende Denkstilforschung, die verschiedene Kultursysteme zueinander in Beziehung setzt und verwandte Begriffe miteinander vergleicht, und die die Inkommensurabilität von Denkstilen und somit die Grenzen des Verstehenkönnens zu akzeptieren bereit ist. Im Lichte dieser progressiven Ansätze, erscheint Ingardens Theorie ihrerseits als ein Grenzfall einer Ästhetik, die Kunstwerke ausgrenzt oder abwertet, welche sich nicht philosophischen Kriterien für eine adäquate Wirklichkeitsdarstellung unterwerfen.

64 „Für ewig werden uns die Phänomenologen der Kurzsichtigkeit oder sogar der Blindheit beschuldigen, und wir werden ihnen Naivität und Verblendung vorwerfen. Doch selbst dieser wichtige Streit soll unsere Überlegenheit bezeugen, denn niemand anders als eben wir stellen auf Schritt und Tritt fest, dass die Verständigung zwischen Menschen nur grob möglich ist und es keinen Ausdruckssinn unserer Sprache gibt, den alle erreichen müßten." Vgl. Chwistek: „Tragedia werbalnej metafizyki" [Die Tragödie der verbalen Metaphysik], a.a.O., S. 61f. [Übersetzung S.W.] Vgl. das Original: „Na wieki oskarżać nas będą fenomenolodzy o krótkowzroczność lub zgoła o ślepotę, a my oskarżać ich będziemy o naiwność i zaślepienie. Ale sam fakt tego ważnego sporu nich będzie wolno nam uznać jako dowód naszej wyższości, bo właśnie my, a nie kto inny, stwierdzamy na każdym kroku, że porozumienie między innymi ludźmi jest tylko zgrubsza możliwe, że niema takiego sensu wyrażeń naszego języka, do którychby wszyscy czy prędzej, czy później dotrzeć musieli."

4.6 Leopold Infelds „Kampf gegen die Metaphysik"

Chwistek bekräftigte seine Kritik an Ingardens Theorie noch einmal im Jahre 1935 in seinem philosophischen Hauptwerk *Die Grenzen der Wissenschaft* [Granice nauki]. Erneut attackierte er Ingardens Argument, dass man nicht auf das Postulat einer intersubjektiven Verstehbarkeit von Sätzen verzichten könne, weil es sonst keine ideale, für alle Menschen gemeinsame Wissenschaft geben würde. Diesmal aber fand er einen überraschenden Verbündeten: Der Physiker Leopold Infeld (1898–1968) nahm Chwisteks Buch zum Anlass, um gegen die in seinen Augen ‚metaphysische' Phänomenologie anzutreten. In der in hoher Auflage erscheinenden Tageszeitung *Gazeta Polska* [Polnische Zeitung], die sich politischen und gesellschaftlichen Themen widmete, veröffentlichte er einen Artikel unter dem Titel: „Der Kampf gegen die Metaphysik. Marginalien zum Buch von L. Chwistek" [Walka z metafizyką. Na marginesie książki L. Chwistka] (1935). Ziel war, ein breites Publikum über den in der Philosophie und Kunsttheorie ausgetragenen Streit um die Wirklichkeit zu unterrichten.

Dass Infeld für Chwisteks pluralistische Theorie Partei ergriff, wundert nicht: Als Anhänger der Relativitätstheorie kannte er die Probleme der Beschreibung wissenschaftlicher Phänomene und dieses Thema hatte bereits seine 1921 an der Jagiellonen-Universität Krakau verteidigte Dissertation behandelt.[65] Damals gehörte die Physik als Fach zur Philosophischen Fakultät, eine scharfe Trennung zwischen den natur- und geisteswissenschaftlichen Disziplinen gab es nicht. Dies erklärt womöglich Infelds Interesse an philosophischen und ästhetischen Fragen. In seiner Habilitationsschrift *Über die sogenannten Unschärferelationen in der Quantenmechanik* [O tzw. relacjach niedokładności w mechanice kwantowej], die er 1930 an der Jan-Kazimierz-Universität Lemberg einreichte, stellte er erneut das Kausalgesetz sowie dessen wissenschaftlichen Messmethoden in Frage.[66] Unter den Mitgliedern der Habilitationskommission war der neu berufene Professor Chwistek.[67]

65 Leoplod Infeld: „Fale świetlne w teorji względności" [Die Lichtwellen in der Relativitätstheorie], in: *Prace Matematyczno-Fizyczne* [Mathematisch-Physische Arbeiten] 32 (1922) 1, S. 33–67. Vgl. auch: Ders.: „Kausalgesetz und Quantenmechanik", in: *Zeitschrift für Physik* 57 (1929) 5–6, S. 411–415; ders.: „Kausalgesetz und Quantenmechanik. II", in: *Zeitschrift für Physik* 61 (1930) 9–10, S. 703–711.

66 Leopold Infeld: *O tzw. relacjach niedokladności w mechanice kwantowej i o ich związku z zagadnieniem pomiarów i przyczynowości* [Über die sogenannten Unschärferelationen in der Quantenmechanik und über ihre Beziehung mit dem Problem der Messungen und der Kausalität], Lemberg 1930.

67 Neben Chwistek waren u.a. auch die Mathematiker Stefan Banach und Hugo Steinhaus am Habilitationsverfahren von Infeld beteilligt. Das Protokoll, das den Ablauf des Verfahrens

Als Privatdozent war es Infeld nun möglich, eine Anstellung am Lehrstuhl für theoretische Physik zu bekommen. Seine bisherige Tätigkeit als Lehrer an jüdischen Provinzschulen gab er auf.[68] Auf Einladung von Albert Einstein ging er 1936 nach Princeton und setzte dort seine Arbeit an der Relativitätstheorie fort. Aus dieser Zeit stammt die gemeinsame Publikation *The Evolution of Physics*, die noch in demselben Jahr – 1938 – auf Deutsch unter dem Titel *Die Physik als Abenteuer der Erkenntnis* erschien (Einstein hielt diesen Titel für zutreffender, weil er „das psychologische und subjektive Moment in den Vordergrund stellt"[69]). Das von zwei Juden geschriebene Buch konnte nicht in Nazi-Deutschland erscheinen, daher wurde es in Holland veröffentlicht. Die zunehmende antisemitische Stimmung war auch womöglich der Grund, weshalb Infeld 1935 in der Presse gegen die Metaphysik, die „besonders in Deutschland blühte und von den Lehrstühlen verkündet wurde"[70], antrat. Einige ihrer Vertreter, wie Martin Heidegger, der wie Ingarden ein Schüler Husserls war, unterstützen offen die nationalsozialistische Politik Deutschlands. Aufmerksame Leser konnten daher in Infelds Text eine politische Absicht erkennen. Unter Berufung auf Chwistek erhob er gegen die Metaphysik schwere Vorwürfe:

> Es hat sich jemand gefunden, der Mut hatte, deutlich und überzeugend aufzuzeigen, wie illusorisch und leer, trüb und prätentiös diese metaphysischen Überlegungen sind. Dies ist umso wichtiger, weil der Angriff von jemandem kam, der offiziell einen Lehrstuhl für Philosophie inne hat [...] und zweifellos erstklassiger Fachmann auf diesem Gebiet ist. Chwistek tritt dagegen an, die Metaphysik als Wissenschaft zu betrachten und zeigt überzeugend auf, dass ihre Grundsätze logischen Kriterien nicht standhalten können.[71]

---

schildert, wurde von Chwistek verfasst. Hierbei notierte er auch seine eigenen Fragen an den Habilitanten. Diese galten der Bedeutunng der Einsteinschen Theorie für die Erkenntnistheorie sowie auch dem Verhältnis zwischen Einsteins und Machs Theorien. Infelds Antworten wurden leider nicht notiert. Vgl. Das Staatliche Bezirksarchiv Lemberg, Sign. 26/5/770, S. 27–28.

68 In seiner Autobiographie wies Infeld darauf hin, dass in den 1920er Jahren der Beruf des Lehrers für ihn als Juden die einzige Möglichkeit war, Geld zu verdienen. Vgl. Leopold Infeld: *Der Mann neben Einstein. Ein Leben zwischen Raum und Zeit*, Rostock 1999 (1964), S. 48. Vgl. auch: Eryk Infeld: „Leopold Infeld. Wspomnienia syna" [Leopold Infeld. Die Erinnerungen seines Sohnes], in: *Postępy Fizyki* [Fortschritte in der Physik] 62 (2011) 4, S. 154–176.

69 Albert Einstein, Leopold Infeld: *Die Evolution der Physik*, Berlin 1995 (1938), S. 18. Vgl. auch: Dies.: *Die Physik als Abenteuer der Erkenntnis*, Leiden 1938.

70 Leopold Infeld: „Walka z metafizyką. Na marginesie książki L. Chwistka" [Der Kampf gegen die Metaphysik. Marginalien zum Buch von L. Chwistek], in: *Gazeta Polska* [Polnische Zeitung] (27.6.1935), S. 2.

71 Ebd. [Übersetzung S.W.] Vgl. das Original: „Znalazł się ktoś, kto w sposób najzupełniej wyraźny i przekonywujący miał odwagę wykazać iluzoryczność i pustkę, mętność i

Um der Öffentlichkeit anschaulich zu demonstrieren, wie irreführend die „metaphysischen Überlegungen“ seien, verweist Infeld auf Hans Christian Andersens bekanntes Märchen *Des Kaisers neue Kleider*. Die Metaphysiker glichen den Betrügern, die vorgeben, dem Kaiser ein Gewand nähen zu können, das nur für kluge und ihres Amts würdige Menschen zu sehen sei. Die Begeisterung über die angeblich schönen Stoffe, die keiner – auch nicht der Kaiser selbst – sehen konnte, beruhte auf einer Täuschung, die dem durch die Metaphysiker betriebenen Schwindel vergleichbar sei. Eine Gefahr erkannte Infeld vor allem darin, dass die Metaphysiker durch „Unklarheiten, Verwischungen und pseudowissenschaftliche Terminologie“[72] die (wissenschaftliche) Sprache missbrauchen und so zu falschen Erkenntnissen gelangen.[73] Er konstatierte:

> Die Schädlichkeit der Metaphysiker fängt dann an, wenn sie behaupten, dass sie irgendetwas bewiesen haben, wenn sie Ergebnisse erzielen, die auf trüben Überlegungen und Prämissen gestützt sind und wenn sie versuchen, diese Ergebnisse auf die Naturwissenschaften und gesellschaftliche Fragen anzuwenden. [...] Chwistek zeigte auf, wie unglaublich langsam sogar in der Mathematik – der exaktesten aller Wissenschaften – ein Bruch mit den Denkgewohnheiten gelingt, und wie schwierig es auch hier ist, sich von Unklarheiten und Doppeldeutigkeiten, die das Verwenden der Alltagssprache mit sich bringt, zu befreien.[74]

---

pretensjonalność rozumowań metafizycznych. Jest to tem ważniejsze, że atak wyszedł od kogoś, kto oficjalnie piastuje katedrę filozofii [...] i jest niewątpliwie pierwszorzędnym fachowcem w tej dziedzinie. Chwistek występuje przeciwko traktowaniu metafizyki jako nauki i uzasadnia przekonywująco, że żadne z jej twierdzeń nie wytrzymuje kryteriów logicznych.“

72 Ebd. [Übersetzung S.W.] Vgl. das Original: „niejasności, zamazań i pseudonaukową terminologią“.

73 Zur Verbreitung und Typologie dieser Form von Metaphysikkritik mit Hilfe der Sprachanalyse siehe: Kevin Mulligan: „Genauigkeit und Geschwätz – Glossen zu einem paradigmatischen Gegensatz in der Philosophie“, in: Helmut Bachmaier (Hg.): *Paradigmen der Moderne*, Wien 1990, S. 209–237.

Infelds Kritik ähnelt sehr der Kritik Carnaps an Heidegger. Siehe: Rudolf Carnap: „Die Überwindung der Metaphysik durch die logische Analyse der Sprache“, in: *Erkenntnis* 10 (1932), S. 219–241. In Bezug auf das Klarheitsideal gibt also eine Allianz zwischen Infeld, Chwistek und der Lemberg-Warschau-Schule. Als begriffsvernebelnde deutsche Metaphysiker werden außer den Phänomenologen auch die Neukantianer und die Lebensphilosophen attackiert. Nach 1933 kam es in allen diesen Strömungen verstärkt zu einer nationalistischen Ausrichtung. Siehe dazu: Hans Jörg Sandkühler: *Philosophie im Nationalsozialismus*, Hamburg 2009; Wolfgang Fritz Haug (Hg.): *Deutsche Philosophen 1933*, Hamburg 1989.

74 Infeld: „Walka z metafizyką. Na marginesie książki L. Chwistka“, a.a.O., S. 2. [Übersetzung S.W.] Vgl. das Original: „Szkodliwość metafizyków zaczyna się wówczas, gdy utrzymują, że cokolwiek udowodnili, gdy uzyskują wnioski, oparte na tych mętnych

Mit Infeld schaltet sich spät eine überaus wirkmächtige Stimme in die von Chwistek bereits lange geführte Diskussion mit den als Anhänger der Metaphysik kritisierten Phänomenologen ein. Kurz vor der Ausreise in die USA sah Infeld sich offenbar gezwungen, die Öffentlichkeit vor der Leichtgläubigkeit und kritiklosen Akzeptanz angeblicher Autoritäten und Experten zu warnen, die metaphysisch verbürgte Gewissheiten versprechen.

4.7 Stanisław Ignacy Witkiewiczs Kritik an Chwisteks und Ingardens Kunsttheorien

Den Streit um die Wirklichkeit verfolgte auch der avantgardistische Maler, Photograph, Schriftsteller und Theoretiker Stanisław Ignacy Witkiewicz (1885–1939), auch als Witkacy bekannt.[75] Sowohl Chwistek als auch Ingarden kannte Witkiewicz persönlich. Mit Chwistek (und dem späteren Ethnologen Bronisław Malinowski, vgl. Kap. 7.2) ging er in Zakopane in die dieselbe Schule, auch ihre Studienzeit verbrachten sie gemeinsam im unter dem Einfluss des „Jungen Polen" [Młoda Polska] stehenden intellektuellen Milieu der Krakauer Bohéme. Doch die alte Freundschaft zerbrach: Chwistek, dessen Position in der Kunst immer stärker wurde, war für Witkiewicz nur noch ein Konkurrent (mit Malinowski zerstritt er sich 1914 während einer gemeinsamen Tropenreise nach Australien).

Unmittelbar nachdem Chwistek seine Wirklichkeitskonzeption öffentlich proklamiert hatte, formulierte Witkiewicz 1919 seine eigene, der Dichtung und Malerei gewidmete Theorie über die ‚reine Form'. Sein Grundpostulat war die Autonomie der Kunst.[76] Die Aufteilung eines Bildes in vier Wirklichkeitszonen, die nach Chwistek bestimmten Richtungen in der Malerei entsprechen, lehnte Witkiewicz ab und forderte, multiple (aber nicht unbedingt vier) Kunststile

rozumowaniach i przesłankach i gdy starają się wnioski te zastosować do nauk przyrodniczych i do zagadnień społecznych. […] Autor wykazuje, jak niezmiernie trudno i powoli nawet w matematyce, w tej najściślejszej z pośród nauk, dokonywa się zerwanie z nawykami myślenia i jak trudno i tutaj uwolnić się od tych niejasności i dwuznaczności, które wnosi z sobą użycie języka codziennego."

75 Tadeusz Kotarbiński, Jerzy Eugeniusz Płomieński (Hg.): *Stanisław Ignacy Witkiewicz. Człowiek i twórca* [Stanisław Ignacy Witkiewicz. Mensch und Künstler], Warszawa 1957.

76 Die Lösung von der Wirklichkeit beobachtet Witkiewicz aber auch in den Naturwissenschaften: „Wir müssen von sicheren Begriffen ausgehen, die sich nicht definieren lassen, und von sicheren ursprünglichen Behauptungen, die man nicht beweisen kann. So gehen die Naturwissenschaftler und die Physiker, Logiker und Mathematiker vor. Um so mehr kann ein Ästhetiker so vorgehen." Stanisław Ignacy Witkiewicz: „Über die reine Form" [O czystej formie] (1931), a.a.O., S. 309.

miteinander zu kombinieren, um so nicht zu einer Einheit im Erleben des Mannigfaltigen zu gelangen:[77]

> Warum darf ich nicht, wenn es um die Wirklichkeit geht, fünf oder sechs Wirklichkeiten auf einem Bild hinhauen? [...] Warum soll uns das Betrachten vielfältiger Wirklichkeiten nicht amüsieren? Warum darf ich nicht ein naturalistisches Köpfchen zwischen kubistischen Blumen hinschmeißen und das Kleid primitivistisch gestalten? Eine Synthese von vier Wirklichkeiten auf einer Leinwand! [...] Was für ein wunderbarer, völlig neuer ästhetischer Schauer, was für ein Mangel aufgrund deprimierender Langeweile und Steifheit! Ich darf es aber nicht tun, denn Chwistek befiehlt, eine langweilige Wirklichkeit nachzubilden. Warum? Das ist geradezu ein willkürliches Verbot eines alleinherrschenden Tyranns![78]

Witkiewicz warf Chwistek vor, Form und Wirklichkeit aufeinander zu beziehen, ohne zu begründen, welche Rolle die Wirklichkeit in Bildern spielt. Nur durch den Bruch mit der Wirklichkeit könne man die ‚reine Form' in der Kunst erreichen. Dies unterscheide Kunstwerke von anderen Gegenständen. Witkiewicz versucht seinen Begriff der ‚reinen Form' von naheliegenden Missverständnissen zu schützen, indem er ihn vom Form-Begriff der abstrakten Malerei abgrenzt und klarstellt, dass bei ihm das unmittelbare Gegeben-Sein der Formen im Zentrum steht: „Doch geht es hier nicht um die abstrakte Kunst, sondern um die unmittelbare Wirkung und nur die unmittelbar

---

77 Krystyna Kowalik: „Koncepcja procesu twórczego i percepcji dzieła sztuki w estetyce Stanisława Ignacego Witkiewicza" [Die Konzeption des Schaffensprozesses und die Perzeption des Kunstwerks in der Ästhetik von Stanisław Ignacy Witkiewicz], in: *Studia estetyczne* [Ästhetische Studien] 10 (1973), S. 121–133.

78 Stanisław Ignacy Witkiewicz: „Krytyka teorii sztuki Leona Chwistka" [Kritik der Kunsttheorie von Leon Chwistek], in: *Nowe formy w malarstwie i inne pisma estetyczne* [Neue Formen in der Malerei und andere ästhetische Schriften], Warszawa 2002 [1919–1921], S. 246–259, hier S. 251. [Übersetzung S.W.] Vgl. das Original: „Dlaczego bowiem, jeśli o rzeczywistość chodzi, nie mogę właśnie pięciu czy sześciu rzeczywistości łupnąć na raz na jednym obrazie? [...] Czemu nie ma nas bawić oglądanie rzeczywistości różnorodnej i czemu nie mogę kropnąć naturalistycznej główki wśród kubistycznych kwiatów, a suknię przy tym prymitwnie wystylizować? Synteza czterech rzeczywistości na jednym kawałku płótna. [...] Co za cudowny, całkiem nowy dreszcz estetyczny, co za brak deprymującej nudy i sztywności! I tego nie mogę zrobić, bo Chwistek każe odtwarzać jedną, nudną rzeczywistość. A dlaczego? Jest wprost dowolny zakaz samowolnego tyrana!" Vgl. auch: Stanisław Ignacy Witkiewicz: „Parę zarzutów przeciw futuryzmowi" [Ein Paar Einwände gegen den Futurismus], in: *Czartak. Miesięcznik literacko-artystyczny* [Czartak. Literarisch-künstlerische Monatsschrift] 1 (1922), S. 15–17 und „Dalszy ciąg polemiki z Leonem Chwistkiem" [Fortsetzung der Polemik mit Leon Chwistek] (1923), in: Ders.: *Teatr i inne pisma o teatrze* [Das Theater und andere Schriften über das Theater], S. 242–264.

wirkende, das heißt die erfühlte Form bezeichne ich als ‚reine Form'."[79] Werde diese erfahren, stelle sich „ästhetische Zufriedenheit"[80] ein. Form sei das, „was komplexen Gegenständen und Erscheinungen eine Einheit verleiht" und bezeichnet werden kann als „Verganzheitlichung der Vielheit der Elemente in eine Einheit."[81]

Auf diese Kritik reagierte Chwistek 1924 in der zweiten Fassung des Textes „Die Vielheit der Wirklichkeiten in der Kunst" [Wielość rzeczywistości w sztuce]. Chwistek bekräftigt abermals seine Auffassung, dass die Kunst in engem Bezug mit der Wirklichkeit stehe. Weder sei die Poesie von Sinn und Bedeutung frei noch könne die Malerei mit der Form des Gegenstands brechen. Auch hänge die Architektur von den Regeln des Stils ab, der sich in direktem Bezug auf die realen Gegebenheiten bilde. Die Frage der Form sei somit ohne einen Bezug auf die Wirklichkeit nicht zu denken:

> Stanisław Ignacy Witkiewicz ist der Ansicht, dass das Problem der Wirklichkeit für die Kunsttheorie ohne Bedeutung ist. [...] Im Gegensatz zu Witkiewicz bin ich der Meinung, dass der Begriff der Wirklichkeit mit der Frage der Kunst in ganz wesentlichem Maße verknüpft ist. [...] Tatsache ist, dass sämtliche Bilder und Skulpturen, die im Laufe der Geschichte geschaffen wurden, sowohl die Werke des Kubismus oder Futurismus wie diejenigen von Witkiewicz selbst, eine Zusammenstellung von Formen, Farbe und Richtungsspannungen bilden, die entweder aus einer ganz bestimmten Wirklichkeit (etwa aus älteren Kunstwerken) bereits bekannt ist oder sich sofort in einer ganz bestimmten Wirklichkeit lokalisieren lässt, und zwar unter einer Bezeichnung, die wir aus der Praxis kennen, wie Kopf, Akt, Landschaft, Stillleben und so weiter.[82]

Betrachtet man Witkiewiczs Bilder, scheint Chwisteks Argument, die Kunst könne sich nicht aus dem Kontext der Wirklichkeit befreien, zu überzeugen (Abb. 25).

Witkiewiczs Bilder huldigen nicht der abstrakten ‚reinen Form' oder der Farbflächenmalerei, sie bleiben gegenständlich, auch wenn die Linien und Farben dominieren, deren Wirkung allein für ihn die ‚reine Form' ausmacht.[83]

---

79 Stanisław Ignacy Witkiewicz: „Über die reine Form" [O czystej formie] (1931), a.a.O., S. 310.

80 Ebd.

81 Ebd.

82 Leon Chwistek: „Vielheit der Wirklichkeiten in der Kunst" (1924), in: Schuler, Gawlik (Hg.): *Zwischen Experiment und Repräsentation*, a.a.O., S. 97–110, hier S. 97f.

83 Vgl. dazu die Kontroverse zwischen Karol Irzykowski und Stanisław Ignacy Witkiewicz. Karol Irzykowski, „Treść i forma. Studium z literatury teorii poznania. Polemika ze Stanisławem Ignacym Witkiewiczem" [Inhalt und Form. Studie zur Literatur der Erkenntnistheorie. Polemik mit Stanisław Ignacy Witkiewicz], in: Ders.: *Walka o treść. Benjaminek* [Der Kampf um den Inhalt. Benjaminek], a.a.O., S. 88–127.

Abb. 25 Stanisław Ignacy Witkiewicz: *Die Versuchung des heiligen Antonius* [Kuszenie św. Antoniego] (1921/1922)

Eine weitere Aufgabe, die – Witkiewicz zufolge – die nach dem Ideal der ‚reinen Form' geschaffene Kunst zu erfüllen habe, sei ‚metaphysische Gefühle' auszulösen. Diese Gefühle seien von jenen zu unterscheiden, die im alltäglichen Leben vorkommen, wie etwa Liebe, Zorn oder Freude, die sich auf etwas Konkretes richten oder durch die Begriffe gegeben sind.[84] In der Phänomenologie spielt dieses Gerichtetsein, die Intentionalität von Gefühlen auf bestimmte Gegenstände eine zentrale Rolle, man könne sich Gefühle gar nicht anders vorstellen. Auf diese Definition wird später Ingarden in *Das literarische Kunstwerk* (1931) reagieren, – er nimmt sie zum Anlass um seine Anerkennung ‚metaphysischer Qualitäten' von Kunstwerken von Witkiewiczs ‚metaphysischen Gefühlen' abzugrenzen, indem er feststellt: „Witkiewicz versteht unter ‚metaphysischem Gefühl' das Erleben des Geheimnisses des Seins als Einheit in der Mannigfaltigkeit, das mit unseren ‚metaphysischen Qualitäten' nicht zu tun hat, sofern es überhaupt möglich ist, etwas ganz Bestimmtes unter dem ‚metaphysischen Gefühl' zu verstehen."[85]

84 Vgl. Stanisław Ignacy Witkiewicz: „Wstęp do teorii czystej formy w teatrze" [Einführung in die Theorie der reinen Form im Theater] (1923), in: *Nowe formy w malarstwie i inne pisma estetyczne* [Neue Formen in der Malerei und andere ästhetische Schriften], a.a.O., S. 263–282; ders.: „Metaphysische Gefühle" (1931), in: Schuler, Gawlik (Hg.): *Zwischen Experiment und Repräsentation*, a.a.O., S. 301–303.

85 Ingarden: *Das literarische Kunstwerk*, a.a.O., S. 314, Fn. 1.

Für Ingarden, der Witkiewicz durchaus schätzte,[86] sind ‚metaphysische Qualitäten'[87] primär ein atmosphärischer Faktor der sich als Einbruch in die Alltagsrealität zeigt und deren „tieferen Sinn" oder gar die „Urgründe des Seins" enthülle[88]. Jedoch kämen in „unserem gewöhnlichen, nach praktischen, alltäglichen, kleinen Zwecken orientierten und auf ihre Realisierung eingestellten Leben [...] sehr selten Situationen vor, in welchen diese Qualitäten offenbar werden."[89] Im literarischen Kunstwerk jedoch, bestünde „die wichtigste Funktion, welche die dargestellten gegenständlichen Situationen ausüben können [...] darin, daß sie bestimmte metaphysische Qualitäten zur Schau tragen, sie offenbaren. [...] Das literarische Kunstwerk erreicht seinen Höhepunkt in der Offenbarung der metaphysischen Qualitäten."[90] Für Ingarden ist es also kein Formerlebnis, sondern die besondere Weise einer Enthüllung des Seins, die im Kunstwerk nicht real, sondern in der Fiktion erfolgt. Realisierung werde nur „vorgetäuscht", dennoch sei ihre Seinsweise „qualitativ vollbestimmt".[91] Wir werden daher auch von einer in der fiktionalen Welt sich offenbarenden metaphysischen Qualität „‚gepackt', ‚hingerissen' und evtl. über das Niveau unseres täglichen Lebens erhoben", doch erlaube „ihre faktische Nichtrealität [...] eine gewisse Ruhe ihrer Erfassung und eine Distanz zwischen dem Leser und den konkretisieren metaphysischen Qualitäten".[92] Diese kontemplative Distanz, etwa wenn wir zwar von einer Tragödie erschüttert werden und dennoch sie ruhig betrachten können, scheint den Hauptunterschied zum Kultus der Unmittelbarkeit im Erleben der ‚reinen Form' bei Witkiewicz auszumachen.

---

86 „Trotz verschiedener Mängel der Ausführungen von Witkiewicz muß betont werden, daß sie manches Interessante und Wertvolle enthalten." Ebd.

87 Leopold Blaustein bemängelt in seiner Rezension von Ingardens Werk eine unklare Definition des Begriffs der ‚metaphysischen Qualitäten'. Vgl. Leopold Blaustein: „Roman Ingarden: ‚Das literarische Kunstwerk. Eine Untersuchung aus dem Grenzgebiet der Ontologie, Logik und Literaturwissenschaft'", Halle, Max Niemeyer Verlag 1931", in: *Przegląd Humanistyczny* [Humanistische Rundschau] 5 (1931) 4–5, S. 452–456, hier S. 453.

88 „Die [metaphysischen] Qualitäten [...] offenbaren sich gewöhnlich in komplexen und oft untereinander sehr verschiedenen Situationen, Ereignissen als eine spezifische Atmosphäre, die über den in diesen Situationen sich befindenden Menschen und Dingen schwebt und doch alles durchdringt und mit ihrem Lichte verklärt. [...] Mit ihrer Erscheinung ‚enthüllen sich' – wie Heidegger sagen würde – unserem geistigen Auge Tiefen und Urgründe des Seins, für die wir gewöhnlich blind sind und die wir im täglichen Leben kaum ahnen." Vgl. Ingarden: *Das literarische Kunstwerk*, a.a.O., S. 311f.

89 Ebd.: S. 311.

90 Ebd.: S. 313.

91 Ebd.: S. 314.

92 Ebd.: S. 314f.

Witkiewicz lernte Ingarden 1924 kennen. In dieser Zeit war Ingarden noch als Lehrer in Toruń (Thorn) tätig. Die umfangreiche Korrespondenz,[93] die die beiden bis zum Tode Witkiewiczs im Jahr 1939 führten,[94] stellt eine intensive Diskussion über die Existenz der realen Welt dar, die Ingarden in seinem Nachkriegswerk *Der Streit um die Existenz der Welt* entwickeln wird.[95]

In den 1930er Jahren malte Witkiewicz zwei Porträtbilder Ingardens, die ihn höchst konkret einmal als Sultan mit diamantbesetztem Turban (Abb. 26) und ein zweites Mal als protestantische Betschwester mit einer Haube (Abb. 27) darstellten. Ingarden soll wenig amüsiert gewesen sein, die kontemplative Distanz schien ihm diesmal nicht gelingen zu wollen.[96]

Abb. 26 Stanisław Ignacy Witkiewicz: *Roman Ingarden* (1935)

Abb. 27 Stanisław Ignacy Witkiewicz: *Roman Ingarden* (1939)[97]

93 Roman Ingarden, Stanisław Ignacy Witkiewicz: *Korespondencja filozoficzna* [Philosophische Korrespondenz], Warszawa 2002.

94 1937 widmete Witkiewicz Ingarden einen „Traktat über das Sein für sich selbst", der erst spät wiederentdeckt wurde. Vgl. dazu: Bohdan Michalski: „Nieznany traktat filozoficzny Stanisława Ignacego Witkiewicza dedykowany Romanowi Ingardenowi" [Ein unbekannter, Roman Ingarden gewidmeter philosophischer Traktat Stanisław Ignacy Witkiewiczs], in: *Pamiętnik Literacki: czasopismo kwartalne poświęcone historii i krytyce literatury polskiej* 93 (2002) 4, S. 215–241.

95 Roman Ingarden: *Der Streit um die Existenz der Welt*, Tübingen 1964 (1947).

96 Vgl. Ingarden, Witkiewicz: *Korespondencja filozoficzna* [Philosophische Korrespondenz], a.a.O., S. 27f.

97 Beide Abbildungen stammen aus dem Privatarchiv von Krzysztof Ingarden.

Auch die Anfang der 1930er Jahre von Ingarden und Chwistek geführte Debatte über die neue Literaturtheorie und die Rolle des avantgardistischen Werks nahm Witkiewicz wahr. In einer Reihe von Artikeln, eher Pamphlete, Schmähreden oder – wie er sie auf Deutsch nannte – eine „Einleitung in die allgemeine Chwistkologie"[98] kommentierte er ihren Streit (vgl. Kap. 4.3 und 4.5) und schlug sich dabei auf die Seite Ingardens. Die an Chwistek geübte Kritik nahm geradezu obsessive Züge an:

> Je zweite Woche wird Chwistek ein Pastetchen bekommen, das ihm gut tun wird. [...] Ich halte ihn für ein Ungeheuer (was diesen Titan und Dämon nur freuen wird) und werde ihn mit allen Kräften bekämpfen und zerstören. [...] Schon die Kritik an Ingardens Buch *Das literarische Kunstwerk* [...] unter dem Titel „Die Tragödie der verbalen Metaphysik" zeigt deutlich alle dämonischen und zerstörerischen Elemente des chwistekschen Intellekts auf.[99]

Chwistek tat diesmal das Beste, was er tun konnte, – er reagierte nicht. Dies reizte Witkiewicz aufs Äußerste. Seine Kritik an ihm verlagerte er nun in die fiktionale Welt seiner Romane und Dramen, in welchen er seine Protagonisten mit Chwistek oder auch über ihn sprechen ließ.

4.8 Karol Irzykowski als Kritiker der avantgardistischen Bewegung

Die neusten Entwicklungen in der avantgardistischen Kunst beobachtete auch der Schriftsteller und Literaturtheoretiker Karol Irzykowski (1873–1944). Selbst Pionier formaler Experimente (vgl. Kap. 3.1) blieb er gegenüber den neueren Tendenzen in der Avantgarde reserviert, da sie der Grundannahme

---

98 Stanisław Ignacy Witkiewicz: „Leon Chwistek – Demon intelektu" [Leon Chwistek – Ein Dämon des Intellekts], in: *Zet. Sztuka, Kultura, Sprawy Społeczne* [Zet. Kunst, Kultur, Soziale Angelegenheiten] 5 (1933) 29, S. 5.

99 Ebd.: S. 5. [Übersetzung S.W.] Vgl. das Original: „Co dwa tygodnie Chwistek będzie dostawał pasztecik, który mu świetnie zrobi. [...] Uważam go za potwora (z czego on, ten tyran i demon tylko cieszyć się będzie), którego zwalczać będę i niszczyć (wprost) wszelkimi siłami [...] Już krytyka książki Ingardena ‚Das literarische Kunstwerk [...] p.t. ‚Tragedia werbalnej metafizyki', wykazuje dostatecznie wszystkie demoniczne, niszczycielskie pierwiastki chwistkowego intelektu." Vgl. auch: Stanisław Ignacy Witkiewicz: „Parę słów laika o logistyce" [Einige Worte des Laien über die Logik], in: *Zet. Sztuka, Kultura, Sprawy Społeczne* [Zet. Kunst, Kultur, Soziale Angelegenheiten] 7 (1933) 31; ders.: „Polemika Chwistka z Ingardenem" [Die Polemik zwischen Chwistek und Ingarden], in: *Zet. Sztuka, Kultura, Sprawy Społeczne* [Zet. Kunst, Kultur, Soziale Angelegenheiten] 9 (1933) 33, 10 (1933) 34, 12 (1933) 36 und 14 (1933) 38; ders.: „Leon Chwistek – Demon intelektu. Znowu filozofia" [Leon Chwistek – Ein Dämon des Intellekts. Schon wieder die Philosophie], *Zet. Sztuka, Kultura, Sprawy Społeczne* [Zet. Kunst, Kultur, Soziale Angelegenheiten] 17–18 (1933) 41–42 und 19–23 (1934) 43–47.

eines universellen Rationalismus der Form entgegenliefen, insofern sie eine Vielheit miteinander inkompatibler Formwelten erschufen.[100] In seinem Essay „Futurismus und Schach" [Futuryzm a szachy] (1921) erklärte er jedoch die Malerei zu jener Gattung, in der sich die neue Entwicklung durch die explosionsartige Vermehrung der Formelemente zuspitze, wodurch sie zu einer philosophischen Kunst *par excellence* werde:[101]

> Von allen Künsten jedoch stellte die Malerei einen Rekord bezüglich der bewußten Vermehrung ihrer Elemente auf und wurde zur heutigen philosophischen Kunst

---

100 Irzykowski erkannte allerdings, dass der Lemberger Futurismus jenen Marinettis an Radikalität überbot. „Futurismus, das heißt – so verstehen wir hier diesen Begriff – Antizipieren der Zukunft, ein gewaltsames momentanes Hinauslehnen über die zwangsläufigen Etappen der Evolution und ein Blick auf das, was uns dort vielleicht erwartet. Dieser Futurismus ist eine Welle, die sehnsuchtsvoller oder interessanter als andere, über den Pegel schießt, um zumindest in sich selbst ein Endresultat zu erzielen. Offensichtlich hat dieser Futurismus nichts zu tun mit dem Futurismus Marinettis, der ein Äffchen Nietzsches, ein verspäteter Impressionist und ein Schreier veralteter Losungen ist; es geht auch nicht an, ihn mit einer bestimmten Technik aus der Malerei gleichen Namens zu vergleichen, obschon diese eines von vielen Details der hier besprochenen Richtung darstellt. Der gegenwärtige Futurismus versteht sich nicht mehr als eine Mode, sondern als ein psychologisches Bedürfnis: um über die eigene Zukunft zu sprechen – es dringt besser in den im geraden Stile Wells' verfaßten Antizipationen durch als in vielen ‚futuristischen'." Vgl. die Übersetzung von Thomas Lemanczyk: Irzykowski: „Futurismus und Schach" [Futuryzm i szachy] (1921), unter: https://de.chessbase.com/post/karol-irzykowski-literat-und-schachspieler/6 (letzter Zugriff: 06.10.2019).

Irzykowkis kritische Einstellung gegenüber Marinetti speist sich aus der Überzeugung, dass in der polnischen Literatur zuvor durch Wyspańskis Drama *Wyzwolenie* [Befreiung] (1903) weit radikalere Formexperimente durchgeführt worden waren, wie er einige Jahre später erläutert. Vgl. Karol Irzykowski: „Die geistige Lage in Polen", in: *Der Querschnitt* 7/5 (1927), S. 357–362, hier S. 358.

101 Der Film sei noch nicht soweit, könne aber später einmal die Malerei womöglich überholen, insbesondere wenn sich der Tonfilm entwickle: „Ist das Kino schon eine Kunst oder ist es erst dabei, eine zu werden? Der Streit darum bleibt fruchtlos. Gewiß ist, daß es künstlerische Elemente in sich trägt und daß es schon auf das Drama, die Lyrik und die Malerei einwirkte, indem es Verwirrung und Komplikationen in die Elemente dieser Künste brachte. Allein das Faktum der Geburt des Kinos verheißt, daß die zukünftige Technik der Kunst noch andere Überraschungen und Umwälzungen bringen kann – die man vorläufig als Barbarei bezeichnen wird, als Feinde der geordneten Tradition. Würde sich beispielsweise das Kino mit dem Grammophon verbinden, so zerstörte dies innerhalb weniger Jahre das gesamte Theater, aber nicht bloß das Theater, auch die gesamte geschriebene Literatur würde verarmen." Ebd. Irzykowski war früher Filmtheoretiker und schätzte vor allem den Zeichentrickfilm, da gerade die dortige Dominanz des Formalen den Film zur Kunstform erhebe. Vgl. dazu: Jörg Schweinitz: „Der Zeichenfilm als Bürge für den Kunstcharakter des Kinos. Kleine Einführung in Karol Irzykowskis Apologie aus dem Jahr 1924", in: *Montage AV. Zeitschrift für Theorie und Geschichte audiovisueller Kommunikation* 22 (2013) 2, S. 45–49.

> par excellence, die sich mit Experimenten aus der Theorie der optischen Erkenntnis beschäftigt. Wie wird der Gegenstand aussehen, wenn wir unsere gesamte Kenntnis seiner verdrängen, können wir uns vorstellen, wir würden ihm zum ersten Male sehen? Wie würde dann die ganze Welt aussehen? Wie sehen die Gegenstände in unserer Vorstellung, der Erinnerung und im Traum aus? Oder ein zweites Extrem: Wie sieht der Gegenstand aus, wenn wir ihn gemeinsam mit der gesamten Fülle der Gedanken und Gefühle betrachten, die in uns geweckt werden? Ein anderes Experiment wiederum ist die Verschmelzung verschiedener Momente auf einem Bild zu einem einzigen – gleichsam eine Behandlung der Zeit als Raum; oder ein unsymmetrisches Ornament, die Ambition, aus der Malerei optische Musik zu gestalten, in der unheimliche Linien, Punkte, Pläne und Konturen, eingeflochten gemäß einem optischen Kontrapunkt, spielen und singen sollen. Die Malerei, aus der Welt der Realität verdrängt durch die Fotographie, möchte nicht bloß ihre eigenen Mittel erweitern, sondern sie möchte in die Welt auch neue Sachen hineinsehen, sie bevölkern, bebauen und möblieren mit noch nicht dagewesenen Schöpfungen.[102]

Mit seiner Rede über die philosophische Kunst nimmt Irzykowski erkennbar Bezug auf Chwisteks Konzept der ‚Vielheit der Wirklichkeiten', in welchem die Welt der Vorstellungen durch den Futurismus vertreten wird. Irzykowski widmete dieser Theorie einen eigenen Essay „Auf dem Giewont des Formismus" [Na Giewoncie Formizmu] (1922), in dem er Chwisteks zentrales Ziel, einen Stil zu erschaffen, in dem die Überwindung des Inhalts durch die Form erfolgt, in Zweifel zieht. Chwistek vertrete eine rationale, „populäre Philosophie"[103], die er veredeln wolle, indem er sie in ein wissenschaftliches System zu integrieren versuche: „Der Autor ist angeblich ein ausgezeichneter Logiker, – schade, dass er sein Buch auf so eine unverständliche Weise geschrieben hatte und ich nur wenig daraus lernen konnte, obgleich es viele Informationen enthält."[104] In seiner Malerei habe sich Chwistek allzu sehr von den geometrischen Figuren hypnotisieren lassen, dies gleiche einem Paradoxon, da die verschiedenen Figuren nicht zueinander passen und einen Widerspruch provozieren. Dennoch ist Irzykowski der Meinung, dass in der Vorstellungswelt (d.h. der visionären Wirklichkeit, die durch den Futurismus repräsentiert wird) die Lösung vom Inhalt ausgeschlossen ist (vgl. Kap. 4.7). Die Form lasse sich nicht

102 Siehe die Übersetzung von Thomas Lemanczyk: Irzykowski: „Futurismus und Schach" [Futuryzm i szachy] (1921), unter: https://de.chessbase.com/post/karol-irzykowski-literat-und-schachspieler/6 (letzter Zugriff: 06.10.2019).

103 Irzykowski: „Na Giewoncie Formizmu" [Auf dem Giewont des Formismus] (1922), a.a.O., S. 130. [Übersetzung S.W.] Vgl. das Original: „filozofię popularną".

104 Ebd. [Übersetzung S.W.] Vgl. das Original: „Autor jest podobno znakomitym logikiem, europejskiej miary, ale szkoda, że swą książkę napisał w sposób tak nieprzystępny, że niewiele tylko mogłem się z niej nauczyć, choć wiadomości jest w niej bardzo dużo."

ohne Inhalt denken, ohne Inhalt könne keine Idee entstehen, denn die Form bilde sich anhand des Inhalts.

Irzykowski bedenkt in diesem Zusammenhang auch die Auswirkungen der Revolutionen in der Malerei auf die Poesie und warnt davor, die Syntax aufzubrechen: „Die Sprache ist ein gesellschaftliches Band; wer sie ohne Vertrag auflockert, ohne neue Konventionen verbindlich zu machen, der wird automatisch mit Unverständlichkeit bestraft. Kein Futurist versteht den anderen – das ist die erheiternde Seite dieser Angelegenheit."[105]

An diesem Punkt wird klar, warum Irzykowski die Malerei als philosophische Kunst bezeichnet hat. Dass Grundproblem, das von ihr in besonderem Masse aufgeworfen und von der Avantgarde in der Moderne überhaupt in den Raum gestellt wird, ist, inwiefern angesichts einer Pluralisierung der Wirklichkeiten eine einheitliche Weltbeschreibung noch möglich ist. Literaten wie Joseph Roth, Bruno Schulz und Józef Wittlin suchen nach neuen Erzählweisen, die dem Proteuscharakter der Wirklichkeit gerecht werden kann, aber auch die Kontroversen zwischen den Vertretern der Lemberg-Warschau-Schule in der Philosophie mit Fleck kreisen um das gleiche Problem wie die Kontroversen zwischen Chwistek, Ingarden, Witkiewicz und Irzykowski, nur eben im Feld der Wissenschaftstheorie. So wie etwa die Philosophin Izydora Dąmbska Flecks kulturalistischen Denkstil-Relativismus bekämpft, verteidigt auch Irzykowski vehement das Festhalten an allgemeinverbindlichen sprachlichen Ordnungen. Irzykowski ist in dieser Frage Rationalist, während Fleck das wechselseitige Nicht-Verstehen, das Irzykowski den Futuristen bescheinigt, sogar im Wissenschaftsbetrieb als alltägliche Praxis diagnostiziert und über die Differenz der Stile des Denkens in den einzelnen wissenschaftlichen Spezialgebieten erklärt.

Die Diskussion über die Pluralität der Wirklichkeiten zeigt, wie sich die Geschichte des Wissens zu dichten Knäueln verschlingt, wie ihre Dynamik sehr unterschiedliche und folgenreiche Konzepte in der Wissenschaftstheorie, Philosophie, Literatur und Kunsttheorie hervorbringt und wie diese durch theorieexterne kulturelle, soziale und politische Kontexte, durch Karrierestrategien und Animositäten geprägt werden. Die im Lemberg der Zwischenkriegszeit geführte Debatte um die richtige kunsttheoretische, literarische und -philosophische Auslegung der Wirklichkeit und die damit verbundene Entstehung neuer Konzepte spielte sich somit nicht in den Eiswüsten abstrakter Spekulationen ab, sondern fand in den heißen Gefechten des chaotischen Kunst- und Wissenschaftsdschungels Lembergs statt und wurde dabei durch Stimmungen, unbewusste Dynamiken, Fehden und Allianzen geprägt.

105 Siehe die Übersetzung von Thomas Lemanczyk: Irzykowski: „Futurismus und Schach" [Futuryzm i szachy] (1921), unter: https://de.chessbase.com/post/karol-irzykowski-literat-und-schachspieler/6 (letzter Zugriff: 06.10.2019).

KAPITEL 5

Der philosophische Denkverkehr

Kazimierz Twardowski – Roman Ingarden – Kazimierz Ajdukiewicz – Alfred Tarski – Izydora Dąmbska – Jan Łukasiewicz – Władysław Tatarkiewicz – Ludwik Fleck – Leon Chwistek – Moritz Schlick – Rudolf Carnap – Otto Neurath – Tadeusz Kotarbiński – Stanisław Ignacy Witkiewicz

Der Aufschwung der Philosophie in Lemberg ging mit dem Wirken des Brentano-Schülers Kazimierz Twardowski (1866–1938) einher, der 1895 aus Wien in die galizische Hauptstadt übergesiedelt war. Mit ihm begann die Formierung einer sich der philosophischen Logik, Semantik und Wissenschaftstheorie widmenden Schule, die später (aufgrund ihrer Ausdehnung) den Namen der Lemberg-Warschau-Schule erhielt. Die erste Periode der Schule dauerte bis zum Ende des 1. Weltkriegs (1895–1918), die zweite fiel in die Jahre der Zwischenkriegszeit (1918–1939).[1] Für meine Untersuchung ist vor allem die zweite Phase der Schule zentral, doch diese ist von der ersten im Hinblick auf die Herausbildung der Postulate für die moderne Philosophie schwer zu trennen. Daher wird im Folgenden auch kurz die epistemische Konfiguration der Gründungszeit der Schule geschildert.

Um eine Schule zu formieren, bedarf es attraktiver Leitideen, klarer Feindbilder und einer Mission, sowie Akteure, die in der Lage sind, die neue Bewegung institutionell zu verankern. Twardowski hatte die Vision, das organisatorische Talent und das nötige Charisma, um eine philosophische Gruppe zu einen und dauerhaft zusammenzuhalten.[2] Er verfolgte das ehrgeizige Ziel, eine sich durch

---

1 Vgl. einführend: Ryszard Jadczak: „O tzw. Szkole Lwowsko-Warszawskiej" [Über die sog. Lemberg-Warschau-Schule], in: *Acta Universitatis Nicolai Copernici. Filosofia* 11 (1990), S. 19–37; Roberto Poli: „Die logisch-philosophische Schule von Lemberg-Warschau", in: Schuler, Gawlik (Hg.): *Zwischen Experiment und Repräsentation*, a.a.O., S. 313–321; Łukasz Tomasz Sroka: „Filozofia" [Philosophie], in: Adam Redzik, Roman Duda, Marian Mudryj, Łukasz Tomasz Sroka, Wanda Wojtkiewicz-Rok, Józef Wołczański, Andrzej Kajetan Wróblewski (Hg.): *Academia Melitans. Uniwersytet Jana Kazimierza we Lwowie* [Academia Melitans. Jan-Kazimierz-Universität Lemberg], Kraków 2015, S. 603–616; Stefan Zamecki: *Koncepcja nauki w Szkole Lwowsko-Warszawskiej* [Die Konzeption der Wissenschaft in der Lemberg-Warschau-Schule], Wrocław/Warszawa/Kraków/Gdańsk 1977.

2 Um die Person Twardowskis ranken sich viele Geschichten. Seine Vorlesungen und Seminare erfreuten sich eines großen Andrangs, obwohl sie bereits um 7 Uhr begannen. Die hohen Ansprüche entmutigten die Studenten nicht; gut über 1000 Personen nahmen an seinen Vorlesungen teil. Twardowski scheint ein überaus engagierter Professor gewesen zu sein. Davon zeugen auch die vielen Beschwerdebriefe, die sich in seiner Personalakte finden,

 | DOI:10.30965/9783846767092_006

einen spezifischen Stil kennzeichnende nationale Philosophie zu entwickeln und sie neben den mächtigsten Philosophien der Welt zu positionieren. Hierfür mussten aber zunächst die organisatorischen Rahmenbedingungen geschaffen werden, denn an der Universität Lemberg gab es nicht einmal einen Studiengang für Philosophie. Die ersten Schritte erfolgten schnell. Bereits 1897 wurde an der Universität ein Philosophiestudium eingerichtet und 1904 rief Twardowski in Lemberg die „Polnische Philosophische Gesellschaft" ins Leben. In diesem Rahmen wurden zwei einflussreiche (und bis heute existierende) Zeitschriften *Ruch Filozoficzny* [Philosophische Bewegung] und *Przegląd Filozoficzny* [Philosophische Rundschau] gegründet, in denen über die Ausrichtung der polnischen Philosophie gestritten wurde.

Twardowskis missionarischer Enthusiasmus überzeugte sehr viele Philosophen, sich seiner Schule anzuschließen, – und wer dies nicht tat, wurde als Außenseiter in seinen Wirkmöglichkeiten marginalisiert. Vor allem in der Zwischenkriegszeit erreichte die um Twardowski versammelte Gruppierung eine alles bestimmende Position in der wissenschaftlichen Diskussion Lembergs. Herausgefordert durch Husserls Phänomenologie und den starken neukantianischen Strömungen in Deutschland, bei gleichzeitiger Abwehr der in Lemberg einflussreichen Lebensphilosophie Bergsons, präzisierten die Vertreter der Schule nach und nach ihre wichtigsten Postulate.[3] Die Forderung nach Klarheit der Definition und logischer Strenge in der Argumentation, sowie die Überzeugung, dass der Wahrheitsbegriff nicht relativiert werden dürfe, einte einen breiten Kreis von Kollegen und Schülern Twardowskis, die später auch einzeln sich einen Namen machten. Zu den einflussreichsten von ihnen zählten: Kazimierz Ajdukiewicz (1890–1963), Tadeusz Kotarbiński (1886–1981), Władysław Tatarkiewicz (1886–1980), Alfred Tarski (1901–1883),

z.B. Protestschreiben gegen veranstaltungsfreie Tage (etwa Samstage), gegen Lärm, aber auch gegen das Anbringen von religiösen Symbolen (wie Kreuzen) in Seminarräumen. Vgl. Kazimierz Twardowski: Personalakte, Staatliches Bezirksarchiv Lemberg (DALO), Sign. 26/5/1860, Bd. 2, S. 52, 63–66. Vgl. auch: Tadeusz Kotarbiński: „Styl pracy Kazimierza Twardowskiego" [Der Arbeitsstil Kazimierz Twardowskis], in: *Ruch Filozoficzny* [Philosophische Bewegung] 19 (1959) 1–2, S. 1–29; Kazimierz Ajdukiewicz: „Pozanaukowa działalność Kazimierza Twardowskiego" [Die außerwissenschaftliche Tätigkeit Kazimierz Twardowskis], in: *Ruch Filozoficzny* [Philosophische Bewegung] 19 (1959) 1–2, S. 29–35; Barry Smith: „Kasimir Twardowski: An Essay on the Borderlines of Ontology, Psychology and Logic", in: Klemens Szaniawski (Hg.): *The Vienna Circle and the Lvov-Warsow School*, Boston/London 1989, S. 313–373.

3 Siehe einführend: Max Bense: *Die Philosophie*, Frankfurt am Main 1951, hier insbes. Kap. „‚Die Moderne'", S. 17–21.

Jan Łukasiewicz (1878–1956) und Izydora Dąmbska (1904–1983).[4] Der Schule und ihrem Netzwerk gehörten schließlich über 70 Gelehrte an, gegen ihre Dominanz war in Lemberg kaum anzukommen.

Die Philosophie der Lemberg-Warschau-Schule war in ihrem Wissenschaftsanspruch dezidiert anti-historisch angelegt. Sie propagierte die wissenschaftliche Nüchternheit und den Kampf gegen Metaphysik, womit sie sich mit dem logischen Empirismus des Wiener Kreises traf.[5] In Lemberg entstand eine komplexe Konfliktlage, anhand derer sich gut studieren lässt, wie ein Denkkollektiv mit Hilfe einer Leitidee einen gemeinsamen Denkstil ausbildet. Nach der Phase offener Auseinandersetzungen mit konkurrierenden Ansätzen schließt sich der Denkstil ab, die Schule hat sich formiert. Andere wissenschaftstheoretische Positionen, wie etwa von Roman Ingarden, Leon Chwistek und Ludwik Fleck werden von nun an nicht mehr diskutiert, sondern ausgegrenzt. Im Laufe der Kontroversen hatten sich zunächst noch unterschiedliche Allianzen und Oppositionen ergeben. Später jedoch durch die nun scharf gezogene Trennung von Logik und empirischer Psychologie, also aufgrund der Einsicht, dass die psychologischen Gesetze des Denkens nicht mit den Gesetzen der Logik gleichzusetzen sind, transformierte sich der Denkstil der Lemberg-Warschau-Schule zu einem geschlossenen System, dessen innerlogische Zwänge keinen Blick für Anderes mehr zuließen.

Obwohl es im Laufe der Jahre der Lemberg-Warschau-Schule gelang, sich zu einem eigenständigen philosophischen Zentrum von großer Wirkmacht aufzuschwingen, hält sich bis heute das Bild, dass diese Schule lediglich eine Art Außenposten des Wiener Kreis war. Diese Darstellung wird den damaligen Verhältnissen nicht gerecht, da, obgleich Twardowski selbst in Wien ausgebildet wurde,[6] sich die Lemberg-Warschau-Schule früher und somit unabhängig vom Wiener Kreis und aus eigenen Motiven formierte und dann in regen

4 „Das Hauptmerkmal dieser Schule steckt im formal-methodologischen Bereich, es besteht im Streben nach größtmöglicher Präzision und Stringenz im Denken und dem Ausdrücken eines Gedankens sowie in der möglichst vollständigen Begründung dessen, was dieser Gedanke ausdrückt, aber auch in der Richtigkeit des Beweises". Kazimierz Twardowski: „Autobiografia filozoficzna" [Philosophische Autobiographie], in: *Przegląd Filozoficzny* [Philosophische Rundschau] 1 (1926), S. 19–33, S. 30. [Übersetzung S.W.] Vgl. das Original: „Zasadnicza cecha charakterystyczna tej szkoły tkwi w dziedzinie formalno-metodologicznej, polega mianowicie na dążeniu do możliwie największej precyzji i ścisłości w myśleniu i wyrażaniu myśli, jak również na możliwie wyczerpującym uzasadnieniu tego, co się głosi oraz na poprawności dowodu."

5 Jan Woleński: „The Lvov-Wasaw School and the Vienna Cirkle", in: Klemens Szeniawski (Hg.): *The Vienna Circle and the Lvov-Warsaw School*, Boston/London 1989, S. 443–453.

6 Zu Twardowskis früher Wiener Auseinandersetzung mit der Logik siehe: Arianna Betti, Venanzio Raspa (Hg.): *Kazimierz Twardowski. Logik. Wiener Logikkolleg 1894/95*, Berlin 2016.

Austausch mit dem Wiener Kreis trat. Sie bildete eine eigene bedeutende Keimzelle für den heute mittlerweile erfolgreich abgeschlossenen Siegeszug der analytischen Philosophie. Eine Revision dieser Vorgeschichte eröffnet daher überaus aufschlussreiche Einblicke in die Wissensgeschichte der Moderne.[7]

5.1 Die Suche nach einer nationalen Philosophie

Der Enthusiasmus, eine nationale Philosophie zu begründen, speiste sich aus der Erfahrung der Teilung Polens. Lemberg stand bis 1918 unter der Herrschaft der Habsburgermonarchie, von deren Zentren, allen voran aus Wien, bislang normalerweise die philosophischen Debatten vorgegeben wurden. Dies sollte sich ändern. Der Drang, eine eigene Identität in der Philosophie auszubilden, war also politisch motiviert, und dies erklärt, warum er so mächtig werden konnte.[8]

In der von Twardowski 1911 begründeten Zeitschrift *Ruch Filozoficzny* [Philosophische Bewegung] wurde eine Diskussion darüber angezettelt, welche konkreten Schritte unternommen werden müssten, um zu einer eigenen polnischen Philosophie zu gelangen.[9] Der Philosoph Henryk Struve (1840–1912) schlug hierzu in einem dreiseitigen programmatischen Beitrag „Ein kurzes Wort über die nationale Philosophie" [Słówko o filozofii narodowej polskiej] (1911) vor, einen aus dem Geist der Nation, seiner Kultur

---

7 Einen verdienstvollen Versuch, die Vorgeschichte der philosophischen Moderne in unterschiedlichen europäischen Zentren zu verfolgen, unternimmt der Sammelband: Roberto Poli (Hg.): *In Itinere: European Cities and the Birth of Modern Scientific Philosophy*, Amsterdam 1997.

8 Galizien erhielt 1867 die Autonomie und eine eigene Verfassung. Im Unterrschied zu anderen annektierten Gebieten Polens war die polnische Sprache in Galizien nicht verboten. Dies führte dazu, dass die polnische Kunst und Wissenschaft sich frei entwickeln konnte. Vgl. Kłańska: *Problemfeld Galizien in deutschsprachiger Prosa 1846–1914*, a.a.O., S. 8.

9 Vgl. dazu: Tomasz Mróz: *Filozofia polska czy filozofia w Polsce? Opinie pierwszych historyków filozofii* [Die polnische Philosophie oder die Philosophie in Polen? Meinungen führender Philosophiehistoriker], Zielona Góra 2009, unter: http://publikacje.uz.zgora.pl:7777/skep/docs/F18632/Kaszynski_s_35_44.pdf (letzter Zugriff: 25.07.2018); Jan Woleński: „Uwagi o kondycji filozofii w Polsce" [Bemerkungen über die Bedingungen der Philosophie in Polen], in: *Diametros* 1 (2004), S. 144–162; ders.: *Szkoła Lwowsko-Warszawska w polemikach* [Die Lemberg-Warschau-Schule in den Polemiken], a.a.O., hier insbes. S. 43–47; Zamecki: *Koncepcja nauki w Szkole Lwowsko-Warszawskiej* [Die Konzeption der Wissenschaft in der Lemberg-Warschau-Schule], a.a.O., hier S. 43–46; Coniglione, Poli, Woleński: *Polish Scientific Philosophy: The Lvov–Warsaw School*, a.a.O.

und Tradition resultierenden „einheitlichen Zug der nationalen Philosophie"[10] herauszubilden. Seiner Auffassung nach kommt der Philosophie, im Unterschied zu anderen Disziplinen, eine besondere Rolle zu, da sie von individuellen Eigentümlichkeiten der jeweiligen Nation stark abhänge. Anders als in der Mathematik, Physik oder Chemie, deren Inhalte keinen nationalen Charakter aufwiesen, sei die Entwicklung der Philosophie mit der Entwicklung der nationalen Geschichte unzertrennlich verbunden. Um ein nationales Bewußtsein in der Philosophie zu erreichen, ist es Struve zufolge notwendig, die „interne Kontinuität ihrer Entwicklung"[11] herauszustellen und dies erreiche man durch das Bilden von Zitierkartellen mit nationaler Agenda. Durch das Einbeziehen der Werke polnischer Philosophen im eigenen Text könne man eine starke Bindung, ein „Denk-Netzwerk"[12] aufbauen und so die kontinuierliche Entwicklung einer polnischen Philosophie fördern. Andernfalls spreche man nicht über die polnische Philosophie, sondern über die Philosophie in Polen. Struve konstatiert: „All zu oft geschah bei uns, dass ein junger Kollege auf das eigene Gebiet fremde Denkkeime übertrug, die er sorgfältig pflegte und dabei die eigenen völlig vergaß oder sie nur beiläufig berücksichtigte."[13] Struve bezweckte mit seinen Vorschlägen, die Eigenständigkeit der polnischen Philosophie zu profilieren, damit sie schließlich als gleichberechtigt zur deutschen, französischen oder englischen Philosophie anerkannt werden könne.

Zu diesem Thema bezog auch Twardowski in einer Replik „Noch ein kurzes Wort über die nationale Philosophie" [Jeszcze słówko o filozofii narodowej polskiej] (1911) Stellung. Er pflichtete Struve bei, dass eine „interne Kontinuität der polnischen Philosophie"[14] zu erreichen sei, wenn die einheimische Philosophie nicht durch die Einflüsse von außen dominiert werde. Denn,

> manchmal verdrängen die fremden Einflüsse den gerade erst begonnenen Strang der nationalen Philosophie und verhindern sogar sein Entstehen, seine ersten Schritte. Die fremden Einflüsse verschlingen die neue Philosophie und machen

10 Henryk Struve: „Słówko o filozofii narodowej polskiej" [Ein kurzes Wort über die nationale Philosophie], in: *Ruch Filozoficzny* [Philosophische Bewegung] 1 (1911) 5, S. 695–697, hier S. 696. [Übersetzung S.W.] Vgl. das Original: „jednolity pochód filozofii narodowej".

11 Ebd. [Übersetzung S.W.] Vgl. das Original: „wewnętrzej ciągłości jej rozwoju".

12 Ebd. [Übersetzung S.W.] Vgl. das Original: „sieci myśli".

13 Ebd.: S. 696f. [Übersetzung S.W.] Vgl. das Original: „Zbyt często u nas tak się działo, że nowy pracownik przenosił na swojski grunt obce ziarna myśli i pielęgnował je skrzętnie, o swojskich więc albo zupełnie zapominał, albo uwzględniał je tylko mimochodem."

14 Vgl. Kazimierz Twardowski: „Jeszcze słówko o filozofii narodowej polskiej" [Noch ein kurzes Wort über die nationale Philosophie], in: *Ruch Filozoficzny* [Philosophische Bewegung] 1 (1911) 6, S. 698–700, hier S. 698. [Übersetzung S.W.] Vgl. das Original: „wewnętrzną ciągłość filozofii polskiej".

> sie – statt sie zu beleben – von sich völlig abhängig. An die Stelle einer wohltuenden Wirkung auf die neue Philosophie tritt die Invasion fremden Denkens, die die Entwicklung der einheimischen Philosophie verhindert.[15]

Twardowski war daher überzeugt, dass man ein starkes Fundament braucht, auf dem die nationale Philosophie aufgebaut werden kann. Erst dann könne der fremde Einfluss ausgeglichen werden, ohne die einheitliche Philosophie abzuschwächen. Auch die deutsche, französische und englische Philosophie wirkten aufeinander ein und beeinflussten sich gegenseitig, ihr Fundament bleibe jedoch gleich und unterliege keiner Verformung. Man brauche also eine starke eigene Position, um mit anderen in Austausch treten zu können. Twardowski fragte, wie man ein solches Fundament konkret aufbauen könne, ohne sich von den positiven Einflüssen fremder Philosophien abzugrenzen und ohne die eigene, noch fragile Philosophie, zu unterdrücken. Sein Fazit war, dass man ein dichtes nationales Verbindungsnetz zwischen den einzelnen philosophischen Strömungen in Polen bilden müsse: Die verschiedenen philosophischen Denkansätze des eigenen Landes sollen sich gegenseitig ergänzen, überkreuzen und miteinander verbinden, „dann wird keine Invasion der fremden Philosophien auf die einheimische Philosophie möglich sein"[16]. Auch wenn Twardowski am Ende seines Artikels die Radikalität seiner Meinung abzuschwächen versucht, ist festzuhalten, dass er die Philosophie in dieser Hinsicht gerade nicht als universale Wissensdisziplin, sondern immer als national gefärbt betrachtet. Nicht die Methodologie oder das Wahrheitspostulat, auch nicht die Orientierung an der mathematischen Logik und dem Brentanismus, bilden also die Keimzelle der Schulgründung, sondern Struves Vision einer Vereinigung divergenter philosophischer Positionen im Zeichen ihrer beschworenen gemeinsamen polnischen Identität und die Frontstellung gegen alles vermeintlich Fremde.

Wie diese Schulbildung, die zunächst verschiedene Strömungen der Philosophie miteinander zu verbinden trachtete, dann tatsächlich umgesetzt wurde, wird noch darzustellen sein. Entscheidend scheint für die weitere Entwicklung jedenfalls das Eintreten des Logikers Jan Łukasiewicz (1878–1956) in

---

15 Ebd.: S. 699. [Übersetzung S.W.] Vgl. das Original: „Niekiedy jednak wpływy obce nie tylko tłumią rozpoczęty zaledwie pochód filozofii narodowej, lecz wprost nie pozwalają mu nawet powstać, pierwszych postawić kroków. Wtedy obce te wpływy, zamiast pobudzić i ożywiać własną myśl filozoficzną narodu, pochłaniają ją i zupełnie od siebie uzależniają. Miejsce dobroczynnego oddziaływania myśli obcej na własną zajmuje wtedy inwazja myśli obcej, nie dopuszczając rozwoju filozofii rodzimej."

16 Ebd. [Übersetzung S.W.] Vgl. das Original: „Wtedy żadna z filozofii obcych nie potrafi dokonać inwazji na niwy filozofii rodzimej."

die Debatte um die nationale Philosophie gewesen zu sein. Łukasiewicz unterschied in seinem 1915 in *Przegląd Filozoficzny* [Philosophische Rundschau] erschienenen Aufsatz „Über die Wissenschaft und Philosophie“ [O nauce i filozofii] zwischen einer wissenschaftlichen und einer nichtwissenschaftlichen Philosophie. Dabei gestand er nur der letzteren zu, national geprägt sein zu dürfen:

> Die Philosophie als eine Anschauung über die Welt und das Leben, die die nichtwissenschaftlichen Hypothesen zulässt und ein Gebilde der nicht nur intellektuellen Seite des menschlichen Verstands ist, sondern des *ganzen* Menschen mit seinem emotionalen Leben, ist nicht im engen Sinne des Wortes die Wissenschaft. Sie nimmt eine Stellung zwischen der Wissenschaft, Literatur und Religion ein. Aus diesem Grund kann man von einer *individuellen* oder *nationalen* Anschauung über die Welt und das Leben sprechen, man kann aber nicht von der *individuellen* und *nationalen* Wissenschaft sprechen.[17]

Łukasiewiczs Position separierte die Ideen einer wissenschaftlichen und nationalen Philosophie voneinander und bereitete so den Weg für das gemeinsame logisch-methodische Programm der Lemberg-Warschau-Schule. Womöglich nahm er damit den entscheidenden strategischen Zug vor, der es ermöglichte, nationalen Elan und logischen Fundamentalismus zugleich zu scheiden und zu verbünden.

Der Diskussion um die nationale Philosophie gab Twardowski 1918 in einem Beitrag „Über die Bedürfnisse der polnischen Philosophie“ [O potrzebach polskiej filozofii] nun eine gesellschaftspolitische Wendung. Auf Initiative einer wissenschaftlichen Stiftung, der sogenannten Mianowski-Kasse [Kasa Mianowskiego], wurde 1917 eine Umfrage über die Bedürfnisse der polnischen Wissenschaft durchgeführt. Die Antworten erschienen im ersten Band der neu begründeten Zeitschrift *Nauka Polska* [Polnische Wissenschaft]. Unter Berufung auf Struves Programm zur Schaffung einer „internen Kontinuität“[18] schlug Twardowski hier eine Reform der polnischen Bibliotheken vor, die darauf abzielte, die polnischen Bibliothekskataloge und das Fernleihesystem zu vernetzen, um systematisch alle polnischen philosophischen Werke bibliographisch zu erfassen. Die daraus entstehende Bibliographie sollte den wissenschaftlichen Austausch und die Bezugnahme auf die Texte anderer polnischer Philosophen erleichtern. Ferner sollte sich die polnische Philosophie durch die Etablierung einer eigenen Fachterminologie und das Verfassen akademischer

---

17 Jan Łukasiewicz: „O nauce i filozofii“ [Über die Wissenschaft und die Philosophie], in: *Przegląd Filozoficzny* [Philosophische Rundschau] 18 (1915) 2, S. 190–196, hier S. 195.

18 Struve: „Słówko o filozofii narodowej polskiej“ [Ein kurzes Wort über die nationale Philosophie] (1911), a.a.O., S. 696. [Übersetzung S.W.] Vgl. das Original: „wewnętrzej ciągłości“.

Lehrbücher vom Einfluss fremder Philosophien befreien. Die deutschen, englischen und französischen Lehrbücher seien einseitig geschrieben, jeder Autor befasse sich in erster Linie mit der Philosophie des eigenen Landes, die Lehrbücher seien somit parteiisch und national gefärbt, die polnische Philosophie und die polnischen Philosophen fänden dort keine Erwähnung. Twardowski forderte daher eine ‚objektive' Rekonstruktion der Geschichte der Philosophie, und diese Aufgabe obläge den polnischen Philosophen:

> Nur eine polnische Ausgabe kann die erwähnten Mängel fremder Lehrbücher vermeiden und gleichberechtigt die englische, französische und deutsche Philosophie berücksichtigen, und dabei eine bestimmte Stellung der polnischen Philosophie zuordnen. So soll dem Leser ein möglichst objektives Bild der Entwicklung der Philosophie dargestellt werden, ohne ihm einseitige und gleichzeitig fremde Sichtweisen aufzudrängen.[19]

Twardowski revidierte seine Begründungsstrategie, und so gelang es ihm, eine national polnische Historiographie der Philosophie als wissenschaftlich

19 Tadeusz Twardowski: „O potrzebach polskiej filozofii" [Über die Bedürfnisse der Philosophie], in: *Nauka Polska. Jej potrzeby, organizacja i rozwój* [Polnische Wissenschaft. Ihre Bedürfnisse, Organisation und Entwicklung] 1 (1918), S. 453–486, hier S. 472. [Übersetzung S.W.] Vgl. das Original: „Tylko polskie bowiem opracowanie potrafi ustrzec się od wspomnianych powyżej wad podręczników obcych i równomiernie uwzględniając filozofię angielską, francuską i niemiecką oraz wyznaczając odpowiednie miejsce filozofji polskiej, podać czytelnikowi możliwie objektywny obraz rozwoju filozofji i uniknąć narzucenia mu jednostronnych, a zarazem obcych punktów widzenia." Twardowskis Idee eines nationalen Lehrbuchs der Philosophie korrespondierte mit seiner allgemeinen Vision der philosophischen Ausbildung in Polen: „Die polnische Philosophie soll danach streben, keine Widerspiegelung der englischen, französischen oder deutschen Philosophie zu sein, sondern sich mit allen Kräften um die eigene Physiognomie bemühen und nicht unter dem einseitigen Einfluss der Philosophie einer der erwähnten Nationen stehen." Twardowski: „O potrzebach polskiej filozofii" [Über die Bedürfnisse der Philosophie] (1918), a.a.O., S. 483.

Auch Tadeusz Kotarbiński beteiligte sich an der Umfrage der Mianowski-Kasse. In seinem Artikel beklagte er vor allem die finanziellen Mängel, die seiner Auffassung nach dazu geführt hatten, dass die von Twardowski 1911 begründete Zeitschrift *Ruch Filozoficzny* [Philosophische Bewegung] 1914 eingestellt wurde (ab 1919 wurde die Zeitschrift wieder aufgelegt). Wie Twardowski hielt Kotarbiński es für nötig, dass man polnische Lehrbücher zur Geschichte der Philosophie und zur Logik verfasst. Überdies forderte er, dass die klassischen Werke der Philosophie (z.B. von Platon, Aristoteles, Locke und Hume) ins Polnische übersetzt werden. Vgl. Tadeusz Kotarbiński: „W sprawie potrzeb filozofii u nas" [Zur Frage, was die Philosophie bei uns braucht], in: *Nauka Polska. Jej potrzeby, organizacja i rozwój* [Polnische Wissenschaft. Ihre Bedürfnisse, Organisation und Entwicklung] 1 (1918), S. 443–452.

objektive erscheinen zu lassen. Der Antrieb also mag national sein, das Resultat sei dennoch – auch im Sinne von Łukasiewicz – wissenschaftlich allgemein.

Eine Folge davon war, dass trotz der antihistorischen Ausrichtung des philosophischen Programms der Schule aus den Federn der Schüler Twardowskis – insbesondere jener von Władysław Tatarkiewicz – umfangreiche einschlägige Publikationen zur Philosophiegeschichte entstanden, die unter der Berücksichtigung des polnischen Beitrags die gesamteuropäische Entwicklung darstellten, um so die Emanzipation der polnischen Philosophie vorzubereiten.[20]

Kritisch zum Thema der nationalen Philosophie äußerte sich jedoch der Philosoph Roman Ingarden (1893–1970). In seinem Aufsatz aus dem Jahr 1922 „Der Streit um das Wesen der Philosophie" [Spór o istotę filozofii] spottete er über die inkompetente Verwendung des Begriffs der ‚Philosophie', insbesondere in der Kombination ‚nationale Philosophie':

> Wenn man bei uns über die ‚Philosophie' spricht, hält man sie für etwas, das wesentlich mit der einen oder anderen psychischen Struktur verbunden ist, für einen Ausdruck dieser oder jener Einstellung des Individuums zur ‚Welt' – und mehr: man spricht sogar von einer ‚nationalen Philosophie'. Fordert man deren Entwicklung, so könnte man mit gleichem Recht von der ‚nationalen Mathematik' oder der ‚nationalen Zoologie' sprechen.[21]

Ingardens Spott über die Begriffsbildung ‚nationale Philosophie' ging also über Łukasiewiczs Bereichstrennung hinaus, der dieser Idee ja im nichtwissenschaftlichen Bereich einen Platz zuwies. Ingarden erntete mit seiner gänzlichen Ablehnung nationaler Charakteristiken scharfe Kritik.[22] Mit Struve und Łukasiewicz argumentierte man nun, dass die Philosophie nicht wie die Naturwissenschaften zu behandeln sei, da ihre Thesen vom nationalen Charakter abhängen.

---

20 Vgl. Władysław Tatarkiewicz: *Historia Filozofii* [Die Geschichte der Philosophie], 3 Bde., Lwów 1931 und Tadeusz Kotarbiński: *Elementy teorii poznania, logiki formalnej i metodologii nauk* [Elemente der Erkenntnistheorie, formalen Logik und der Methodologie der Wissenschaften], Lwów 1929.

21 Roman Ingarden: „Spór o istotę filozofii" [Der Streit um das Wesen der Philosophie], in: *Przegląd Warszawski* [Warschauer Rundschau] 4 (1922) 14, S. 161–172, hier S. 162. [Übersetzung S.W.] Vgl. das Original: „Jeśli mówi się u nas o ‚filozofii', to uważa się filozofię za coś istotnie związanego z taką lub owaką strukturą psychiczną, za wyraz tej lub owej postawy wobec ‚świata', ba – mówi się nawet o ‚filozofii narodowej', domaga się jej utworzenia, tak jakby z równą słusznością nie należało w takim razie mówić o ‚matematyce narodowej' lub ‚narodowej zoologji'."

22 Vgl. z.B. Bolesław Gawecki: „O filozofię narodową" [Über die nationale Philosophie], in: *Myśl Narodowa* [Nationales Denken] 6 (1926) 16, S. 244–245.

Auch Fleck nahm – obgleich nicht direkt – zum Thema der nationalen Philosophie eine kritische Haltung ein. Sein Denkstilkonzept, dem zufolge nur jene Mitglieder eines Kollektivs einen gemeinsamen Denkstil ausbilden, die miteinander in Denkverkehr stehen, entzieht der Position der Lemberg-Warschau-Schule die Basis für ihre Forderung einer nationalen Philosophie, denn über das Nationale lässt sich kein einheitlicher Stil begründen, da nicht alle Philosophen miteinander sich austauschen und es verschiedene philosophische Denkstile in Polen gibt, die sich nicht auf einen Nenner bringen lassen.[23]

Die Unterscheidung zwischen weltanschaulichen und wissenschaftlichen Bereichen des Denkens verlagert sich auf die Frage nach unterschiedlichen Arten des Denkens. Mit der Parteinahme für den klaren Denkstil obsiegt die antinationale Position und es ist genau diese Entscheidung, die den ‚übernationalen' Triumph der als nationale Vereinigung auftretenden, aber nurmehr nicht-national argumentierenden Lemberg-Warschau-Schule begründet. Gleichwohl werden weiterhin klare und unklare Denkstile mit nationalen Etiketten versehen und die alten Identitätskämpfe fortgeführt. Schließlich jedoch verselbständigt sich der logische Formalismus so sehr, dass die ursprünglichen Intentionen, die zu seiner Ausarbeitung geführt hatten, vollständig aus dem Blick geraten.

5.2 Der Streit um den klaren und unklaren philosophischen Stil

Die sich an diesen Problemzusammenhang anschließende Diskussion löste ein von Twardowski 1919 ebenfalls in *Ruch Filozoficzny* [Philosophische Bewegung] veröffentlichte Streitschrift „Über den klaren und unklaren philosophischen Stil" [O jasnym i niejasnym stylu filozoficznym] aus.[24] Für die

23 Noch in Flecks Kontroverse mit Bilikiewicz hallen die früheren Auseinandersetzungen um eine nationale Philosophie nach, wenn Fleck Versuche der politischen Instrumentalisierung der Wissenschaften mit beißendem Spott überzieht (vgl. 6.2.4). Vor dem Hintergrund der Mobilmachung gegen alles Fremde seitens der ersten Generation der Lemberg-Warschau-Schule erscheint vor allem aber Flecks Sympathie für die Ethnologie und seine Diskussion mit Dąmbska über das Fremde in einem neuen Licht (vgl. Kap. 7.4).

24 Vgl. dazu: Woleński: *Szkoła Lwowsko-Warszawska w polemikach* [Die Lemberg-Warschau-Schule in den Polemiken], a.a.O., hier insbes. S. 85–96; Joanna Zegzuła-Nowak: „Postulat niejasności w polemikach metafilozoficznych Kazimierza Twardowskiego" [Das Postulat der Unklarheit in den mataphilosophischen Polemiken], in: *Analiza i Egzystencja* [Analyse und Existenz] 16 (2011), S. 51–73; Ignacy Szczeniowski: „Wiedza niepojęciowa a Kazimierza Twardowskiego postulat jasności stylu filozoficznego" [Nicht-begriffliches Wissen und

philosophische Agenda seiner Schule ist dieser Text repräsentativ, denn es werden in ihm die logischen Regeln für die Bestimmung des Wahrheitsbegriffs festgelegt. Diskutiert wird vor allem, wie ein philosophischer Gehalt am besten begrifflich erfasst und objektiviert werden kann und woraus ein unklarer philosophischer Stil resultiert. Hierbei vertritt Twardowski die Überzeugung, dass die Unklarheit des philosophischen Stils nicht mit den Verständnisschwierigkeiten verwechselt werden dürfe, die durch die Komplexität der Probleme oder durch die Tiefe eines philosophischen Werks unvermeidlich hervorgerufen werden. Vielmehr sei die Ursache eines unklaren philosophischen Stils die unklare Denkweise des Philosophen:

> Ich neige zur Annahme, dass die fehlende Klarheit im Stil einiger Philosophen [...] der Trübheit und Unklarheit ihrer Denkweise entspricht. Dies würde heißen, dass die Klarheit des Denkens [...] und die Klarheit des Stils Hand in Hand miteinander gehen, dass wer klar denken kann, auch klar schreiben kann und von einem Autor, der nicht klar schreibt, müsste man annehmen, dass er nicht klar denken kann. [...] Es kann sein, dass einige Autoren die Unklarheit ihrer Gedanken nicht bemerken. [...] Denn auch ein von Geburt an blinder Mensch weiß selbst nicht, dass er nicht sieht, und wenn die anderen ihm sagen, was er nicht sehen kann, ist er sich dessen nicht bewusst. Gewiss bemerken auch die unklar denkenden Philosophen nie die Unklarheit ihrer Gedanken und somit nie die Unklarheit ihres eigenen Stils.[25]

Twardowski geht von der Prämisse aus, dass Denken und Sprache voneinander abhängen. Seine Kritik an der Unklarheit des philosophischen Stils gilt dabei einer bestimmten Richtung der Philosophie, nämlich der zeitgleich in Österreich und (durch Husserl) auch in Deutschland mächtig gewordenen

---

das Postulat der Klarheit des philosophischen Stils von Kazimierz Twardowskis], in: *Filozofia i nauka* [Philosophie und Wissenschaft] 2 (2014), S. 199–218.

25 Kazimierz Twardowski: „O jasnym i niejasnym stylu filozoficznym" [Über den klaren und unklaren philosophischen Stil], in: *Ruch Filozoficzny* [Philosophische Bewegung] 5 (1919/1920) 2, S. 25–27, S. 26. [Übersetzung S.W.] Vgl. das Original: „Stąd rodzi się przypuszczenie, że niejasność stylu niektórych filozofów [...] ma swe źródło w mętności i niejasności ich sposobu myślenia [...] i jasność myślenia szłaby ręka w rękę o tyle, że kto jasno myśli , ten by też jasno pisał, a o autorze niejasno piszącym należałoby sądzić, że nie umie jasno myśleć. [...] Być może, że niektórzy autorowie i wtedy nie umieją zauważyć niejasności swych myśli. [...] Wszak i ślepiec od urodzenia sam nie spostrzega, że nie widzi, nie umie sobie z tego zdać sprawy. Zapewne więc i filozofowie niejasno myślący nigdy nie spostrzegają niejasności swych myśli, a co za tym idzie, niejasności swego własnego stylu."

Phänomenologie. Denn, „insbesondere über die deutschen Philosophen sagt man, dass ihr Stil äußerst unklar ist."[26]

Roman Ingarden, ein Schüler Husserls, – der in Lemberg zu den wenigen Philosophen gehörte, die unabhängig von der philosophischen Schule der Logik eine eigene Position entwickelten, reagierte prompt auf Twardowskis Postulate. Ingardens ontologische Phänomenologie zielte darauf ab, den zu untersuchenden Gegenstand unabhängig von den verschiedenen individuellen Betrachtungsweisen in seiner Seinsweise zu bestimmen und zu erkennen.[27] Twardowskis Text forderte ihn heraus: In seiner Antwort weist Ingarden auf verschiedene Gründe hin, die zur Unklarheit eines philosophischen Werks führen können. Eine entscheidende Rolle spiele dabei der Wissensstand des Lesers, aber auch die Verwendung einer anderen Fachterminologie oder eines anderen Narrativs. In diesem Falle spreche man von einer scheinbaren Unklarheit des philosophischen Werks. Das Nicht-Verstehen des Textes resultiere also nicht aus dem unklaren Stil, sondern aus der mangelnden Kompetenz des Lesers im Bereich der Philosophie oder aus der anderen Sicht auf eine Fragestellung. In seiner Antwort greift Ingarden Twardowskis Metaphorik der Blindheit auf und konstatiert:

> Ein Philosoph befindet sich oftmals in einer ähnlichen Situation, wie ein Mensch, der einem Blinden von Farben erzählt. Wenn der Leser völlig blind ist, helfen keine Beschreibungen und Vergleiche. Sie werden für ihn immer unklar sein. Es kann aber sein, dass die Blindheit des Lesers partiell ist und dass sie durch eine bestimmte Sehweise hervorgerufen wurde.[28]

Die Debatte rührt hier an das erst von Fleck in aller Schärfe formulierte Problem des Missverstehens unter Vertretern unterschiedlicher Denkstile, doch erst Fleck wird es gelingen, genauer zu bestimmen, wann und weshalb partielle oder absolute Blindheit gegenüber fremden Denkstilen vorliegt. Vor diesem Hintergrund erscheint Flecks Denkstiltheorie als eine mögliche

---

26 Ebd.: S. 25. [Übersetzung S.W.] Vgl. das Original: „Zwłaszcza o filozofach niemieckich utarło się zdanie, że styl ich bywa wielce nieprzejrzysty."

27 Vgl. Ingarden: *Über die Stellung der Erkenntnistheorie im System der Philosophie*, a.a.O.

28 Roman Ingarden: „O jasnym i niejasnym stylu filozoficznym" [Über den klaren und unklaren philosophischen Stil], in: *Ruch Filozoficzny* [Philosophische Bewegung] 5 (1919/1920) 3, S. 45–48, hier S. 46. [Übersetzung S.W.] Vgl. das Original: „Filozof-autor znajduje się niejednokrotnie w podobnej sytuacji, jak człowiek opowiadający ślepemu o barwach. Jeśli ta ślepota była całkowitą, to żadne opisy i porównania nic nie pomogą. Będą one dla czytelnika zawsze niejasne. Może się jednak zdarzyć, że ślepota czytelnika nie jest całkowiata, lecz jest wywołana przez pewien sposób widzenia." Den Status des Lesers wird Ingarden später vor allem in seiner *Theorie des literarischen Kunstwerks* (1931) weiter problematisieren (vgl. Kap. 4.4).

alternative Lösung für die von den Lemberger Philosophen aufgeworfene Problemstellung, denn die Diskussionen kamen nie zur Ruhe.

Zur Frage des klaren und unklaren philosophischen Stils äußerte sich z.B. noch der Krakauer Philosoph Joachim Metallman, der Twardowskis Postulat, dass ein klares Denken zu einer klaren Sprache führt und *vice versa* ein klarer Ausdruck korrektes Denken anzeige, anzweifelte. Wie Ingarden wies er darauf hin, dass die Klarheit und Unklarheit eines Textes vom „Schreibtalent des Autors, seiner stilistischen Feinheit, der Komplexität des Problems, aber auch vom Leser"[29] abhängen:

> Selbst Newton, dem man schlecht die Klarheit des Denkens absprechen kann, konnte – wie Mach in der *Mechanik* aufzeigt – Wiederholungen und Tautologien, also eindeutig stilistische Unklarheiten bei seinen Definitionen und Regeln nicht vermeiden. [...] Wer also nicht klar schreiben kann, der denkt meist nicht zwangsläufig unklar.[30]

Gegen die Position von Ingarden und Metallman und für die These Twardowskis argumentierte wiederum Dawid Einhorn, dem zufolge fremde Gedanken als psychische Wirklichkeit immer unerkannt bleiben. Was erkennbar bleibt, ist die Auffassung dessen, was vom Autor ausgedrückt wird. „Kurzum: Aus der Sicht der wissenschaftlichen Philosophiegeschichte lässt sich die Unklarheit des Ausdrucks nicht von der Unklarheit des Denkens ablösen."[31]

Ingarden und Twardowski führten ihre Diskussion über den klaren und unklaren philosophischen Stil brieflich weiter.[32] In einem seiner Briefe kündigte

---

29 Vgl. Joachim Metallman: „O jasnym i niejanym stylu filozoficznym" [Über den klaren und unklaren philosophischen Stil], in: *Ruch Filozoficzny* [Philosophische Bewegung] 5 (1919/1920) 3, S. 43–44, hier S. 44. [Übersetzung S.W.] Vgl. das Original: „od jego talentu pisarskiego, od jego wyrobienia stylistycznego, od stopnia dojrzałości zagadnień, a nawet od czynników tak zewnętrznych, jak – czytelnik."

30 Ebd. [Übersetzung S.W.] Vgl. das Original: „Nawet Newton, któremu trudno odmówić jasności myślenia, nie ustrzegł się, jak Mach szczegółowo w ‚Mechnice' wykazuje, wielu powtarzań tautologii, więc niewątpliwie niejasności stylu, popełnianych w definicjach oraz zasadach. [...] Więc kto nie pisze jasno, ten – naogół – jeszcze niekoniecznie ‚niejasno' myśli."

31 Dawid Einhorn: „O jasnym i niejanym stylu filozoficznym ze stanowiska teoryi poznania i metodologii" [Über den klaren und unklaren philosophischen Stil aus der erkenntnistheoretischen und methodologischen Perspektive], in: *Ruch Filozoficzny* [Philosophische Bewegung] 5 (1920) 4–5, 71–74, hier S. 74. [Übersetzung S.W.] Vgl. das Original: „Słowem z punktu widzenia naukowej historyi filozofii niejasność wyrażenia się nie da się oderwać od niejasności myślenia."

32 Vgl. den Nachlass von Kazimierz Twardowski, Bibliothek IFIS PAN, Sign. III-306, K. 1–261. Vgl. auch. Ryszard Jadczak: „Jeszcze ‚O jasnym i niejasnym stylu filozoficznym' Kazimierza Twardowskiego" [Noch einmal „Über den klaren und unklaren philosophischen Stil" von

Ingarden einen weiteren Aufsatz in Reaktion auf den Text Einhorns an und bat Twardowski als Herausgeber der Zeitschrift *Ruch Filozoficzny* [Philosophische Bewegung], diesen als Beitrag im nächsten Heft aufzunehmen:

> Ich bedauere zutiefst, dass ich den Artikel nicht lesen konnte, bevor er abgedruckt wurde, damit meine Antwort in derselben Nummer wie der Artikel Herrn Einhorns erscheinen konnte. [...] Ich möchte Sie daher bitten, einige Seiten in der nächsten Nummer von *Ruch* zu reservieren, nicht um Herrn Einhorn zu antworten, sondern um den Lesern den wirklichen Wert seiner Argumente darzustellen.[33]

Ingardens Wunsch kam Twardowski nicht nach, da er die Fortsetzung der Debatte für zwecklos hielt. Ingarden konnte also seine Argumente nicht mehr in diesem Kontext öffentlich vorbringen, er erläuterte sie dennoch Twardowski in einem weiteren Brief.

In seiner Begründung kritisierte er Twardowskis Auffassung, dass „das Merkmal der Klarheit des Stils absolut sei"[34], denn ihm hingegen erscheine es als relativ. Twardowski widersprach dieser Auslegung seines Textes, was wiederum Ingarden dazu provozierte, seine Argumentation zu präzisieren, indem er sich ironischerweise des für die Lemberg-Warschau-Schule charakteristischen ‚klaren' formalistischen Sprachstils bediente:

> Wörtlich wurde das nicht in Ihrem Artikel gesagt. Doch man konnte ein solches Sachverständnis vermuten. Betrachten wir das Problem aus formaler Seite: Es geht darum, die Ursache (U) für das Merkmal (M) eines Gegenstands (S) zu

---

Kazimierz Twardowski], in: *Ruch Filozoficzny* [Philosophische Bewegung] 46 (1989) 3, S. 281–284.

Der Streit um die Klarheit und Unklarheit des Stils wurde nie gelöst. Rückblickend schildert z.B. Władysław Tatarkiewicz: „In den jungen Jahren quälte ich mich oft mit fremden, unklaren Büchern; Wenn ich jetzt etwas nicht verstehe, verzichte ich auf die Lektüre. Vielleicht verliere ich manchmal daran, doch öfter gewinne ich. Es gibt zum Glück noch genug klare Bücher zum Lesen." Vgl. Władysław Tatarkiewicz: „Zapiski do autobiografii" [Notizen zur Autobiographie], in: *Kwartalnik Historii Nauki i Techniki* [Vierteljahresschrift für die Geschichte der Wissenschaft und Technik] 21 (1976) 2, S. 193–247, hier S. 237.

33 Vgl. den Brief Ingardens an Twardowski vom 30. März 1920, aus: Bibliothek IFIS PAN, Sign. III-306, K. 30. [Übersetzung S.W.] Vgl. das Original: „Żałuję bardzo, iż nie było mi danem przeczytać artykuł zanim został wydrukowany, by odpowiedź mogła się ukazać w tym samym numerze, co artykuł p. Einhorna. [...] Prosiłbym więc Pana Profesora o zarezerwowanie mi kilku stron w natępnym numerze ‚Ruchu', nie tyle na odpowiedź p. Einhornowi, ile na ukazanie czytelnikowi istotnej wartości argumentów p. Einhorna.

34 Vgl. den Brief Ingardens an Twardowski vom 6. April 1920, aus: Bibliothek IFIS PAN, Sign. III-306, K. 32. [Übersetzung S.W.] Vgl. das Original: „cechę jasności stylu za cechę bezwzgędną."

> benennen. Wenn U die einzige Bedingung für die Zugehörigkeit M zu S sein soll und man nicht von anderen Bedingungen [...] spricht, muss man schlussfolgern, dass M – S *absolut* zukommt. [...] Setzen wir jetzt für S = ein philosophisches Werk, für M = die Unklarheit eines Werks und für U = die Unklarheit des Denkens des Philosophen-Autors ein. Immer, wenn (unabhängig von allen anderen Bedingungen) M – S zugewiesen wird, existiert U, und M ist ein absolutes Merkmal. [...] In meinem Artikel habe ich mich bemüht, auf die Bedingungen hinzuweisen, die vom Leser erfüllt werden müssen, damit M – S nicht zukommt. [...] Ich wollte damit betonen, dass bestimmte philosophische Werke besondere Fähigkeiten des Lesers erfordern, um klar zu sein. Es ging mir darum, zu zeigen, dass einige Werke für „unverständlich" gehalten werden, während sie nur „nicht verstanden" sind. Ich freue mich, dass auch Sie – Herr Professor – der Meinung sind, dass die Unklarheit des *Werks* ein relatives Merkmal ist. Vielleicht werden Sie es mir vorwerfen, nicht von vornherein angenommen zu haben, dass Sie dieser Meinung sind, denn die Richtigkeit liegt ja auf der Hand [...], doch andererseits lag die Vermutung nahe, dass Sie dafür argumentieren, dass die Unklarheit kein relatives Merkmal ist.[35]

Mit seiner letzten Bemerkung spielte Ingarden auf Twardowskis bereits im Jahr 1900 veröffentlichten Text „Über sogenannte relative Wahrheiten" [O tak zwanych prawdach względnych] an, in welchem dieser argumentiert hatte, dass relative Wahrheiten, d.h. solche Urteile, deren Wahrheitswert sich je nach Bedingungen und Umständen ändert, nicht als wahr gelten können. Von Wahrheit könne man nur dann sprechen, wenn sie absolut sei.[36] Twardowski

---

35 Vgl. den Brief Ingardens an Twardowski vom 2. Juni 1920, aus: Bibliothek IFIS PAN Warschau, Sign. III-306, K. 36. [Übersetzung S.W.] Vgl. das Original: „Dosłownie nie jest to powiedziane w artykule Pana Profesora. Jednakowoż sądzę, iż mógłbym mieć dane po temu, by przypuszczać takie postawienie sprawy. Rozważmy sprawę całkiem formalnie: Chodzi o podanie przyczyny (P) cechy (C) przedmiotu (S). Jeśli jedynym warunkiem przynależności C do S ma być P i nie mówi się przytem o warunkach innych [...], to należy wywnioskować, że C przysługuje S bez względu na wszelkie warunki. [...] Podstawmy teraz: S = dzieło filozoficzne, C = niejasność dzieła, P = niejasność myślenia filozofa autora. Jeżeli zawsze (bez względu na wszelkie inne warunki), gdy C przysługuje S, istnieje P, to jest cechą bezwzględną. [...] W artykuliku moim starałem się zwrócić uwagę na warunki, które musi spełnić czytelnik, by C nie przysługiwało S. [...] Chodziło mi przytem o podkreślenie, że zawsze szczególne dzieła filozoficzne wymagają szczególnych uzdolnień czytelnika, by były jasne. Chodziło mi o to, ponieważ spotykałem się bardzo często z faktem, iż pewne dzieła uważano za ‚niezrozumiałe', podczas gdy one były tylko ‚niezrozumiane'. Bardzo się cieszę, że co do tego, iż niejasność dzieła jest cechą względną jestem tego samego zdania, co Pan Profesor. Może mi wprawdzie Pan Profesor zarzucić, iż z góry mogłem założyć, że Pan Profesor nie może być innego zdania, gdyż słuszność jego leży jak na dłoni [...], lecz z drugiej strony wolno mi było przypuszczać, iż Pan profesor ma argumenty za tem przemawiające, że niejasność nie jest cechą względną."

36 „Absolute Wahrheiten heißen diejenigen Urteile, welche unbedingt ohne Rücksicht auf irgendwelche Umstände, also immer und überall wahr sind. Relative Wahrheiten

kritisierte entsprechend den Relativismus, da dieser nur das subjektive Wahrnehmen und Erkennen der Welt als möglich einräume:[37]

> Es gibt keine Urteile, die nur unter bestimmten Umständen und Bedingungen wahr wären und nach Änderung dieser Umstände und Bedingungen wahr zu sein aufhören und falsch würden; im Gegenteil, jedes wahre Urteil ist stets und überall wahr, woraus unmittelbar folgt, dass Urteile, die nicht immer und nicht überall, sondern nur unter bestimmten Bedingungen und Umständen wahr sein sollen, überhaupt nicht wahr sind, niemals wahr gewesen sind und niemals wahr sein werden. Die Anhänger der Theorie von der Existenz relativer Wahrheiten oder die sogen. Relativisten begründen ihre Lehre gewöhnlich in der Weise, dass sie Beispiele von Urteilen anführen, die nach ihrer Ansicht den Charakter relativer Wahrheiten besitzen.[38]

Ein wahres Urteil sei jedoch immer absolut und klar. Daraus folge jedoch nicht, wie Ingarden unterstellt, dass auch die Klarheit ein absolutes Merkmal sei, denn es können ja auch relative Urteile klar bzw. unwahr sein. Es resultiere der Relativismus vielmehr aus der Ungenauigkeit der Sprache.[39] Twardowski fordert daher, zwischen Urteilen und Aussagen (also den Urteilen ausdrückenden Sätzen) zu unterscheiden: Die Aussage sei ein verkürztes Urteil ohne Angaben zum jeweiligen Kontext. Sobald die Angaben vollständig vorliegen, werden die Aussagen zu einem Urteil, das man für wahr oder falsch (doch nie für relativ wahr) halten könne.[40] Der Wahrheitswert kommt somit dem Urteil, und nicht der Aussage zu. Seine Theorie verdeutlicht Twardowski am Beispiel des Satzes: „Es regnet". Diesen unklaren, weil viele Urteile zulassenden Ausdruck, gelte es

---

heißen dagegen solche Urteile, die wahr sind nur unter bestimmten Bedingungen, mit einem bestimmten Vorbehalt, dank bestimmten Umständen; solche Urteile sind also nicht immer und nicht überall wahr." Vgl. Kazimierz Twardowski: „Über sogenannte relative Wahrheiten" [O tak zwanych prawdach względnych] (1900), in: David Pearce, Jan Woleński (Hg.): *Logischer Rationalismus. Philosophische Schriften der Lemberg-Warschau-Schule*, Frankfurt am Main 1988, S. 38–58, hier S. 38.

37 Twardowski argumentiert, dass für Relativisten das Bild der Außenwelt eine Illusion oder gar eine Halluzination sei, es sei aber nötig zwischen der Vorstellungswelt und der Außenwelt unterscheiden zu können. Ebd.: S. 54.

38 Ebd.: S. 38f.

39 Twardowski wird auch noch später über den sorgsamen Umgang mit der Sprache, die Verwendung von Fremdwörtern etc. Artikel schreiben: Vgl. Kazimierz Twardowski: „Granice puryzmu" [Die Grenzen des Purismus], in: *Ruch Filozoficzny* [Philosophische Bewegung] 3 (1913) 8, S. 185–189.

40 „Soweit es sich aber um die Urteile selbst handelt, kann man vor relativer und absoluter Wahrheit nicht reden, denn jedes Urteil ist entweder wahr, und dann ist es immer und überall wahr, oder es ist nicht wahr und dann ist es niemals und nirgends wahr." Twardowski: „Über sogenannte relative Wahrheiten" [O tak zwanych prawdach względnych] (1900), a.a.O., S. 58.

zu präzisieren, wie etwa: „Am 1. März 1900 nach dem gregorianischen Kalender um 12 Uhr mittags nach mitteleuropäischer Zeit regnet es in Lemberg auf dem Schlossberge und in seiner Umgebung."[41] Oder die Aussage: „Die Wohnungen in Lemberg sind teuer" drücke allgemein eine Überzeugung aus, dass die Lemberger Wohnungen teuer zu sein pflegen, schließe jedoch das Vorhandensein billiger Wohnungen nicht aus: „Der strenge Ausdruck desselben wäre die Aussage: Die Wohnungen in Lemberg sind überwiegend teuer."[42] Die Klarheit oder Unklarheit des Stils wären demzufolge zunächst nur Merkmale auf der Aussageebene. Um zu urteilen, dass ein Stil klar ist, bedarf es der Angaben des jeweiligen Zwecks und Kontextes der Aussage, die Klarheit ist folglich kein absolutes Merkmal.

Dass Ingarden verweigert wurde, seine Kritik in Twardowskis Zeitschrift zu veröffentlichen, wirft ein bezeichnendes Licht auf jene Phase bei der Formierung der Lemberg-Warschau-Schule, in der sich ihr Denkstil abzuschließen beginnt. Die Grundüberzeugungen sind gefunden, es geht nun um Weiterentwicklung, Abrundung und Ausdifferenzierung des Programmes, die Diskussion abweichender Meinungen erscheint von nun an fruchtlos und somit unnötig.

Trotz meritorischer und methodologischer Differenzen stand Ingarden in engem Kontakt mit den Mitgliedern der Schule Twardowskis in Lemberg. Mit Twardowski und Ajdukiewicz gab er die berühmte *Studia Philosophica* heraus.[43] Er gehörte zudem zum Vorstand der von Twardowski begründeten „Polnischen Philosophischen Gesellschaft".[44] Schließlich wurde er 1933 in der Nachfolge von Twardowski zum Professor für Philosophie an die Jan-Kazimierz-Universität Lemberg berufen.

Twardowskis Forderung, die Unklarheiten der Sprache zu beseitigen, wurde stattdessen im Warschauer Kreis seiner Schule weiter radikalisiert und führte zu formalistischen Systembildungen. Die ursprünglichen Motive für die Schulgründung verblassten immer mehr und wurden schließlich vergessen. Mit Fleck könnte man diese Phase als jene beschreiben, in der die aktiven Koppelungen innerhalb eines Denkstils sich in passive umwandeln und nunmehr sich Denkzwänge ausbilden.

---

41 Ebd.: S. 43.

42 Ebd.: S. 44.

43 Vgl. hierzu die Sitzungsprotokolle der Redaktion der Zeitschrift *Studia Philosophica* für die Jahre 1933–1936. Neben Twardowski, Ajdukiewicz und Ingarden gehörte ab 1934 Izydora Dąmbska zu den Redaktionsmitgliedern der Zeitschrift. Siehe: Zentrales Historisches Staatsarchiv der Ukraine in Lemberg, Sign. 712/1/39.

44 Vgl. die Akten der Polnischen Philosophischen Gesellschaft in Lemberg, Zentrales Historisches Staatsarchiv der Ukraine in Lemberg, Sign. 712/1/8.

Jan Łukasiewicz (1878–1956), der Hauptakteur dieser Transformation war, verfolgte das Ziel, eine universalistische Auffassung der Philosophie logisch-systematisch zu begründen und dabei sogar die falsch, unklar oder mehrdeutig formulierten Probleme formal durch die Entwicklung einer nichtklassischen dreiwertigen Logik einzufangen, die außer „wahr" und „falsch" auch noch „unbekannt" oder „unbestimmt" als Wahrheitswert zulässt. Eine eindeutige und präzise Sprache könne also auch in diesen Bereichen durch eine an der mathematischen Logik angelehnte Methode garantiert werden.[45] Mit Łukasiewiczs dreiwertiger Logik wurde nicht nur der Zuständigkeitsbereich der Logik enorm erweitert, da nun auch zuvor ausgeschlossene vage Aussagen logisch beschrieben werden konnten, vor allem aber wurde damit auch Twardowskis Methode der semantisch-psychologischen Analyse verabschiedet, da nun eine scharfe Trennung zwischen Denkpsychologie und Logik vorgenommen wurde. Nun erscheint Twardowskis Methodologie plötzlich als eine Konfusion von empirischer Psychologie und Logik. Hier zeigt sich die Stärke von Flecks methodologischem Ansatz: Die ursprünglichen Präideen, die zur Gründung der Lemberg-Warschau-Schule führten, haben mit dem wissenschaftlichen Programm ihrer zweiten Generation nichts tun.

Angesichts der rasanten Entwicklung der polnischen Philosophie sah sich sogar Twardowski gezwungen, die ursprünglichen Motive und wissenschaftlichen Ideale der von ihm begründeten Schule in Erinnerung zu rufen und ihr einstiges Methodenprogramm zu verteidigen. Er veröffentlicht 1921 eine Polemik unter dem bezeichnenden Titel *Symbolomanie und Pragmatophobie*. Twardowski erwähnt hier Łukasiewicz nicht namentlich, doch es liegt nahe anzunehmen, dass er ihn, als einen der Hauptvertreter der mathematischen Logik im Visier hatte. Außerhalb der Lemberg-Warschau-Schule war es noch Leon Chwistek, der auf logischen Axiomen und deduktiven Schlüssen seine Wirklichkeitstheorie formulierte.

Twardowski kritisierte in seiner kleinen Streitschrift die exzessive Anwendung der mathematischen Logik in der Philosophie sowie die übermäßige Faszination für Symbole, die man anstelle von Worten einsetze. Symbole seien nur Mittel und Werkzeuge, die zwecks der Untersuchung eines Gegenstands oder eines Begriffs einzusetzen sind, sie hätten somit lediglich eine Hilfsfunktion:

---

45 Siehe z.B.: Jan Łukasiewicz: „O wartościach logicznych" [Über logische Werte], in: *Ruch Filozoficzny* [Philosophische Bewegung] 1 (1911), S. 52; ders.: *Die logischen Grundlagen der Wahrscheinlichkeitsrechnung*, Kraków 1913; ders.: „O pojęciu wielkości", in: *Przegląd Filozoficzny* [Philosophische Bewegung] 19 (1916), S. 1–70; ders.: „O pewnym sposobie pojmowania teorii dedukcji", in: *Przegląd Filozoficzny* [Philosophische Bewegung] 28 (1925), S. 134–136.

> Indem wir Symbole einsetzen, sehen wir von den sie symbolisierenden Begriffen und Gegenständen ab, wir sehen auch davon ab, dass Symbole überhaupt etwas symbolisieren; statt der Begriffe und Gegenstände haben wir vor uns ihre Symbole. Wir stellen diese Symbole auf verschiedene Weise dar und führen eine Reihe von Rechnungen durch, und kommen auf diesem Weg zu bestimmten Resultaten. Diese Resultate, die in einer symbolischen Gestalt erscheinen, benötigen aber eine Interpretation. [...] Man muss sich aus dem Reich der Symbole in die Welt der von ihnen symbolisierten Begriffe und Gegenstände begeben.[46]

Twardowski erkannte früh die Gefahren einer Verselbständigung des logischen Formalismus und warnte davor, sich allein mit der fiktionalen Welt der Symbole zu beschäftigen und dabei die Wirklichkeit zu vergessen. Es komme schließlich nicht nur darauf an, wie Zeichen zueinander logisch korrekt in Beziehung zu setzen sind, sondern darauf, dass die Zeichen etwas bezeichnen. Sich nur auf die Symbole und ihre formalen Relationen zu verlassen, könne zu falschen Resultaten führen, sie bedürften der Deutung und ihrer Überprüfung durch die Gegenstände der realen Welt. Der logische Symbolismus garantiere keine Unfehlbarkeit, jedoch gebe es Philosophen, die an die Unfehlbarkeit der symbolischen Logik glaubten. Komme es zu einer Unstimmigkeit zwischen den Resultaten, zu denen man durch die Verwendung von Symbolen gelangt mit den Überzeugungen, die von der Symbolik unabhängig sind, lehnen die Verfechter der symbolischen Logik diese Überzeugungen zu Gunsten der neu gewonnenen Ergebnisse ab:

> Sie sind sich aber selten dieser Unstimmigkeit bewußt, denn sie vergessen, dass die Symbole etwas symbolisieren [...]. Sie wagen nicht einmal, die in ein symbolisches Kleid gefassten Resultate zu interpretieren. Symbole [...], die ursprünglich ein Mittel zum Zweck waren, werden für sie zum Selbstzweck, zum Gegenstand der tiefsten Liebe und Quelle des größten intellektuellen Genusses.[47]

---

46 Kazimierz Twardowski: „Symbolomania i pragmatofobia" [*Symbolomanie und Pragmatophobie*], in: *Ruch Folozoficzny* [Philosophische Bewegung] 6 (1921) 1–2, S. 716–725, hier S. 716f. [Übersetzung S.W.] Vgl. das Original: „Operując następnie symbolami, abstrahujemy od symbolizowanych niemi pojęć i przedmiotów, abstrahujemy też od tego, że symbole wogóle coś symbolizują; zamiast pojęć i przedmiotów mamy przed sobą ich symbole, Symbole te w różny sposób zestawiamy i przedstawiamy, dokonując na nich szeregu działań, i dochodzimy tą drogą do pewnych rezultatów. Ale to rezultaty, występujące w postaci symbolicznej, wymagają interpretacji. [...] Trzeba z krainy symbolów przenieść się znowu w świat symbolizowanych przez nie pojęć i przedmiotów."

47 Ebd.: S. 2. [Übersetzung S.W.] Vgl. das Original: „Rzadko sobie jednak ową niezgodność jasno uświadamiają, albowiem zapominają o tem, że symbole coś symbolizują [...]. Nie kuszą się więc wcale o interpretację rezultatów ujętych w szatę symboliczną. Symbole [...]

Eine solche Haltung nannte Twardowski ‚Symbolomanie'. Die Abneigung gegen das, was die Symbole bezeichnen, die konkrete Lebenswirklichkeit, bezeichnete er als ‚Pragmatophobie'. Er konstatierte: „Die günstigste Grundlage für die Entwicklung der Symbolomanie und Pragmatophobie ist die Mathematik."[48] Diese Aussagen erstaunen, ist doch Twardowski als einer der Ahnherren einer mathematisch-orientierten Wissenschaftsphilosophie in die Hagiographie der Philosophiegeschichte eingegangen,[49] sie bezeugen jedoch den tiefen Riss zwischen dem Gründer und Wegbereiter der Lemberg-Warschau-Schule und seinen Schülern. Auch wenn es Twardowski nicht wahrhaben wollte oder konnte, die neue Entwicklung war nicht mehr aufzuhalten, seine Auffassungen hingegen obsolet geworden.

Sein Artikel löste unter den Mitgliedern der Lemberg-Warschau-Schule nicht einmal mehr eine Reaktion aus. Dies hatte Twardowski offenbar sehr überrascht, denn eine Notiz in seinem Tagebuch zeigt, dass er mit heftigem Widerspruch gerechnet hatte: „Heute [am 3. März 1921] schloss ich endlich meinen Artikel über die Symbolomanie und Pragmatophobie ab [...]. Dieser Artikel wird im Kreis der polnischen Symbolomanen böses Blut erzeugen."[50]

Außerhalb der Lemberg-Warschau-Schule wurde jedoch seine Initiative auf bezeichnende Weise begrüßt. Der Philosoph Ignacy Halpern (1874–1935) schrieb: „Ihr Brief über die Symbolomanie in ‚Ruch Filozoficzny' gefiel mir gut und ich schätze ihn als Ausdruck einer starken und mutigen Aktion, die zu weit gehenden Absichten in Ihrer Schule zu bändigen. Der Meister erwies sich größer als seine Schüler, die sich für seine Nachfolger halten, doch ihre Quelle längst verlassen haben."[51]

Noch in Twardowskis Todesjahr 1938 wird Roman Ingarden in seinem Nachruf just an diesen Text erinnern:

> Die logischen Untersuchungen, die sich vom Konkreten immer weiter entfernten und sich in immer höheren und immer stärker formalisierten Abstraktionen

będąc pierwotnie środkiem do celu, stają się dla nich same w sobie celem, przedmiotem gorącego umiłowania i źródłem wielkiej rozkoszy intelektualnej."

48 Ebd.: S. 3.

49 Dieses Bild wird auch revidiert in der umsichtigen Einleitung „Wissenschaftliche Errungenschaften von Kasimir Twardowski", in: Kasimir Twardowski: *Gesammelte deutsche Werke*, hg. v. Anna Brożek, Jacek Jadacki, Friedrich Stadler, Berlin 2017, S. VI-XXII.

50 Kazimierz Twardowski: *Dzienniki* [Tagebücher], Bd. 1. 1915–1927, Warszawa/Toruń 1997, S. 201. [Übersetzung S.W.] Vgl. das Original: „Dzisiaj nareszcie skończyłem artykuł o symbolomanii i pragmatofobii [...]. Artykuł ten narobi wiele złej krwi w gronie polskich symbolomanów."

51 Vgl. den Brief Ignacy Halperns an Twardowski vom 2. Mai 1921, aus: Bibliothek IFIS PAN Warschau, Sign. III-306, K. 10–279.

> bewegten, haben auch in Polen, und zwar unter den nächsten Schülern Twardowskis, Anhänger gefunden. Und nun hat Professor Twardowski, der als erster in Polen 1898 Vorlesungen über die neuen Versuche einer Umgestaltung der Logik gehalten hatte, in dieser neuen Tendenz eine Gefahr für diejenige Philosophie verspürt, die sich bemüht, die in ihr untersuchten Tatsachen vor allem zu verstehen. Er hat sich somit genötigt gesehen, sich der neuen Strömung entgegenzusetzen. Im Jahre 1921 hat er in der Zeitschrift *Ruch Filozoficzny* einen Aufsatz unter dem Titel „Symbolomani und Pragmatofobia" („Symbolomanie und Pragmatophobie") veröffentlicht. Die warnenden Worte, die er dort geäußert hat, sind heutzutage ebenso aktuell wie damals.[52]

Auch Ingarden war es bewusst, dass Twardowskis Warnungen vergeblich waren, er selbst war auch eines der Opfer des unaufhaltsamen Aufstiegs der an der mathematischen Logik orientierten wissenschaftlichen Philosophie. Aus seiner Sicht war es zu einer Spaltung der Lemberg-Warschau-Schule gekommen,[53] tatsächlich aber scheint es, dass sich im Denkverkehr dieser Schule eine kollektive Stimmung ausbildete, die zu einer verbindlichen Schließung des

52 Roman Ingarden: „Die wissenschaftliche Tätigkeit K. Twardowskis" [Działalność naukowa K. Twardowskiego, 1938], in: Ders.: *Gesammelte Werke. Schriften zur frühen Phänomenologie*, hg. v. Włodzimierz Galewicz, Tübingen 1999, S. 53–68, hier S. 67.

53 1936 benannte Roman Ingarden „Die Hauptrichtungen der polnischen Philosophie" anhand der Unterschiede im Forschungsprofil der Lemberger und Warschauer Schule. Seiner Auffassung nach führte die von Twardowski bevorzugte Ausrichtung der Forschung auf deskriptiv-psychologische, logische und formal-ontologische Probleme zu einer Einschränkung und letzlich zu einer allmählichen Spaltung: „Was bei Twardowski eine extreme wissenschaftliche Vorsicht und Zurückhaltung war, verwandelte sich bei den Logikern in Skepsis, manchmal sogar in Verachtung für die ganzen Bereiche der philosophischen Problematik. Was bei Twardowski die Sorge um die Exaktheit der Begriffsapparatur und die Richtigkeit der sprachlichen Formulierungen war, verwandelte sich später oft in die Analyse der Worte." Vgl. Roman Ingarden: „Główne kierunki polskiej filozofii" [Die Hauptrichtungen der polnischen Philosophie], in: *Studia Filozoficzne* [Philosophische Studien] 1 (1973), S. 9. Das Manuskript stammt aus dem Jahr 1936.

Auch Tadeusz Kotarbiński berichtet 1933 über „Die Hauptrichtungen und Tendenzen der Philosophie in Polen" [Główne kierunki i tendencje filozofii w Polsce] und benennt die unterschiedlichen Methodologien der Lemberger und Warschauer Philosophen bei der Analyse von Sinneseindrücken, die entweder von Vertretern der Logik mit einer Theorie der Begriffe und Sätze oder von Psychologen im Rahmen einer Lehre über die Vorstellungen und Urteile verfolgt werden. Vgl. Tadeusz Kotarbiński: „Główne kierunki i tendencje filozofii w Polsce" [Die Hauptrichtungen und Tandenzen der Philosophie in Polen] (1933), in: Ders.: *Wybór pism* [Die Auswahl der Schriften], 2 Bde, Warszawa 1958, hier Bd. 2, S. 737–739.

Kazimierz Ajdukiewicz nannte entsprechend in seinem 1934 auf dem Internationalen Treffen der Philosophen in Prag gehaltenen Referat nur noch die „Warschauer Schule" als jene, die das logische Programm verficht. Vgl. Kazimierz Ajdukiewicz: „Der logische Antiirrationalismus in Polen", in: *Erkenntnis* 5 (1935), S. 151–161.

Denkstils führte. Diese Tendenzen wurden intern verstärkt durch das Heilversprechen, eine universale Methode für die Lösung aller Probleme zu finden, die Rhetorik des Neuen, den Zauber einer einfachen Wissenschaftssprache mit einer schlagkräftigen Terminologie, sowie den Nimbus, einer Avantgarde anzugehören, die die Mission verfolgt, die Philosophie zu revolutionieren und auf logische Grundlagen zu stellen. Das neue Programm der wissenschaftlichen Philosophie verkündete Łukasiewicz 1927 auf dem 2. Kongress der Polnischen Philosophie in Warschau[54] und somit zwei Jahre vor der Veröffentlichung des Gründungsprogramms des Wiener Kreises. Es machte die polnische Philosophie weltweit bekannt.

5.3 Kazimierz Ajdukiewiczs Theorie des ‚radikalen Konventionalismus'

Twardowskis Diagnose, dass die Ungenauigkeit der Sprache verantwortlich für den Relativismus in der Wissenschaft sei, wurde in den 1920er und 30er Jahren angesichts der Relativitätstheorie zunehmend unplausibel. Nicht zuletzt durch den Einfluss des Wiener Kreises gab es in Lemberg Versuche, die sprachlichen Grundlagen der Epistemologie zu überdenken. Innerhalb der Lemberg-Warschau-Schule war es Twardowskis Schüler (und Schwiegersohn) Kazimierz Ajdukiewicz (1890–1963), der mit seiner Sprachtheorie auf die neusten Entwicklungen reagierte. In Anlehnung an Poincaré[55] entwickelte er in den 1930er Jahren die Theorie des ‚radikalen Konventionalismus'.

---

54 Vgl. Jan Łukasiewicz: „O metodę w filozofii" [Über die Methode in der Philosophie], in: *Przegląd Filozoficzny* [Philosophische Rundschau] 31 (1928), S. 3–5. Vgl. auch: Ders.: „Logistyka a filozofia" [Logisches und Philosophie], in: *Przegląd Filozoficzny* [Philosophische Rundschau] 39 (1936) 2, S. 325–326. In diesem Artikel schilderte Łukasiewicz seine Motive für die Ablehnung der traditionellen Arbeitsfelder der Philosophie und für die Beschäftigung mit der Logik: „Mein kritisches Urteil der bisherigen Philosophie ist die Reaktion eines Menschen, der nachdem er lange Philosophie studierte und viele verschiedene Bücher las, endlich mit einer wissenschaftlichen Methode in Berührung kam, und zwar nicht nur in der Theorie, sondern auch in der lebendigen und schöpferischen Praxis. Es ist die Reaktion eines Menschen, der persönlich diese Freude erfuhr, die die korrekte Lösung eines eindeutig formulierten wissenschaftlichen Problems gibt, und dass diese Lösung jederzeit mittels einer wissenschaftlichen Methode kontrolliert werden kann und von der man weiss, dass sie so und nicht anders sein muss und dass sie in der Wissenschaft für ewige Zeiten als ein dauerhaftes Ergebnis einer methodologischen Untersuchung gilt". Jan Łukasiewicz: „Logistyka a filozofia" [Logisches und Philosophie] (1936), in: Ders.: *Z zagadnień logiki i filozofii. Pisma wybrane* [Probleme der Logik und Philosophie. Augewählte Schriften], Warszawa 1961, S. 195–209, hier S. 202.

55 Mit seiner Theorie des „radikalen Konventionalismus" knüpft Ajdukiewicz an Henri Poincarés Konventionalismus an, dem zufolge wissenschaftliche Probleme erst dann

Ajdukiewicz zählt zu den ersten, die in Polen eine sprachanalytische Wende ohne Rückgriff auf die empirische Psychologie einleiteten. Seine Theorie zielte darauf ab, die Bedeutung der Sprache für die wissenschaftliche Erkenntnis zu erfassen und dabei aufzuzeigen, wie nicht das Wort, sondern der Satzzusammenhang die Bedeutung konstituiert. „Er hat" – so schrieb Ajdukiewicz in einem Überblicksartikel über sich selbst – „als erster auf polnischem Boden [...] die Idee einer streng formalistischen deduktiven Wissenschaft mit strukturellen (also von der Bedeutung der Worte abstrahierenden) Schlußregeln formuliert."[56] In seinem 1934 in der von Hans Reichenbach und Rudolf Carnap gegründeten philosophischen Zeitschrift *Erkenntnis* erschienenem Text „Sprache und Sinn" untersuchte Ajdukiewicz logische Relationen, die zwischen sprachlichem (oder schriftlichem) Ausdruck und dem durch ihn bezeichneten Gegenstand entstehen, um so den Sinn dieses Ausdrucks zu definieren. Dieser Sinn ist intersubjektiv, d.h. er hängt nicht vom individuellen Sprachgebrauch eines Menschen ab, sondern von Sprachkonventionen, gemäß derer sprachliche Zeichen oder Laute mit Sinn korreliert werden.[57] Denn, „eine Sprache wird nicht allein durch ihnen Wortschatz und die Regeln ihrer Syntax eindeutig charakterisiert, sondern auch durch die Art und Weise, in welcher den Worten und den Ausdrücken der Sprache ihr Sinn zugeordnet wird."[58] Diese Zuordnung bezeichnete er als „Sinngebung einer Sprache"[59]. Ajdukiewiczs Theorie gründete auf der Überzeugung, dass ein Gegenstand durch verschiedene Ausdrücke bezeichnet werden kann, die jeweils einen anderen Sinngehalt haben. Die Verwendung dieser Ausdrücke wird durch die Sinnregeln[60], die innerhalb einer Sprache als notwendig gelten,

---

gelöst werden können, wenn sie durch beliebige Konventionen in eine rationale Ordnung gebracht werden. Die Bedeutung der Erkenntnis hängt somit nicht allein von der Erfahrung, sondern auch von der Beständigkeit der Relationen innerhalb eines Erfahrungssystems ab. Für Ajdukiewicz sind diese Relationen logisch beschreibbar. Vgl. dazu: Schnelle: *Ludwik Fleck: Leben und Denken*, a.a.O., S. 139–169.

56 Kazimierz Ajdukiewicz: „Der logische Antiirrationalismus in Polen" (1935), in: Pearce, Woleński (Hg.): *Logischer Rationalismus. Philosophische Schriften der Lemberg-Warschau-Schule*, a.a.O., S. 30–37, hier S. 34f.

57 „Unter ‚Sinn des Ausdrucks' wollen wir viel mehr etwas Intersubjektives verstehen, das einem Sprachlaute in bezug auf eine Sprache, nicht aber in bezug auf ein menschliches Individuum zukommt." Vgl. Kazimierz Ajdukiewicz: „Sprache und Sinn", in: *Erkenntnis* 4, 1934, S. 100–138, auch in: Pearce, Woleński (Hg.): *Logischer Rationalismus. Philosophische Schriften der Lemberg-Warschau-Schule*, a.a.O., S. 147–175, hier S. 147.

58 Ebd.: S. 150.

59 Ebd.

60 In einem zeitgleich erschienenen Aufsatz erläutert Ajdukiewicz den Begriff „Sinnregel" folgenderweise: „Durch den Sinn, den die Ausdrücke in einer Sprache besitzen, sind aber gewisse Kriterien festgesetzt, nach welchen man sich bei dem Anerkennen und Verwerfen

festgelegt. In seinen Worten: „Der Sinn, den die Ausdrücke in einer Sprache besitzen, bestimmt gewissermaßen die Regeln ihres Gebrauches."[61] Die Aufstellung dieser Regeln diene dazu, Missverständnisse aufzudecken oder sie zu vermeiden. „Wer jene Regeln des Sinns nicht befolgt, beweist damit, daß er mit den Wortlauten, welche zur gegebenen Sprache gehören, nicht den ihn in jener Sprache zugeordneten Sinn verknüpft, daß er also sich nicht dieser Sprache, sondern einer gleichlautenden anderen bedient."[62]

Mit dem Wechsel des Sinns eines Ausdrucks verändere sich die Logik der Sprache und mithin die hergestellte Erkenntnis. Der Sprachwechsel ist somit immer mit einem Bedeutungswechsel verbunden. Dies kommt umso radikaler in seinem (ebenfalls 1934 in der *Erkenntnis* veröffentlichten) Manifest „Das Weltbild und die Begriffsapparatur" zum Ausdruck. Ajdukiewicz stellt heraus, dass

> alle Urteile, die wir annehmen, und die unser ganzes Weltbild ausmachen, durch die Erfahrungsdaten noch nicht eindeutig bestimmt sind, sondern von der Wahl der Begriffsapparatur abhängen, durch die wir die Erfahrungsdaten abbilden. Diese Begriffsapparatur können wir so oder anders wählen, wodurch unser ganzes Weltbild geändert wird. Dies soll heißen: So lange sich jemand einer bestimmten Begriffsapparatur bedient, so lange wird ihm die Anerkennung gewisser Urteile von den Erfahrungsdaten aufgezwungen. Dieselben Erfahrungsdaten zwingen ihn aber nicht absolut zur Anerkennung dieser Urteile, denn er kann zu einer anderen Begriffsapparatur greifen, auf deren Boden dieselben Erfahrungsdaten ihn nicht mehr zur Anerkennung jener Urteile zwingen, denn in der neuen Begriffsapparatur finden sich jene Urteile überhaupt nicht mehr vor.[63]

Das wissenschaftliche Weltbild hänge also von der Wahl der jeweiligen Sprache oder Begriffsapparatur[64] ab. Auch sei die ‚Wahrheit' immer sprachrelativ, es

---

der Sätze, die aus diesen Ausdrücken bestehen, richten muß, wenn man diesen Sinn nicht verletzen soll. Diese Kriterien wollen wir Sinnregeln der Sprache nennen." Vgl. Kazimierz Ajdukiewicz: „Die wissenschaftliche Weltperspektive", in: *Erkenntnis* 5 (1935), S. 22–30, auch in: Pearce, Woleński (Hg.): *Logischer Rationalismus. Philosophische Schriften der Lemberg-Warschau-Schule*, a.a.O., S. 198–203, hier S. 198.

61 Ajdukiewicz: „Sprache und Sinn" (1934), a.a.O., S. 151.

62 Ebd.: S. 156.

63 Kazimierz Ajdukiewicz: „Das Weltbild und die Begriffsapparatur", in: *Erkenntnis* 4 (1934), S. 259–287, auch in: Pearce, Woleński (Hg.): *Logischer Rationalismus. Philosophische Schriften der Lemberg-Warschau-Schule*, Frankfurt am Main 1988, S. 176–197, hier S. 176.

64 „Die Klasse aller Sinne, die irgendeinem Ausdruck zukommen, der in einer bestimmten geschlossenen und zusammenhängenden Sprache enthalten ist, nennen wir eine Begriffsapparatur. Zwei Begriffsapparaturen sind also entweder identisch oder sie sind einander elementenfremd." Ebd.: S. 178.

könne sie nur innerhalb einer Begriffsapparatur geben. Dem zufolge seien die Wahrheitsaussagen über Sätze nur innerhalb der eigenen Sprache möglich. Selbst wenn ein Satz, der in einer fremden Begriffsapparatur verfasst wurde, identisch mit dem eigenen sei, könne man nicht darüber entscheiden, ob das mit ihm verbundene Urteil wahr (oder falsch) sei. Eine Übersetzung von Sätzen aus einem wissenschaftlichen Weltbild in das andere sei nicht möglich. Die Sprache ist somit ein abgeschlossenes System.

Die Grundthese von Ajdukiewiczs ‚radikalem Konventionalismus' besteht also darin, dass es eine Vielheit der Weltbilder gibt, die gleichberechtigt nebeneinanderstehen.[65] Sie „sind verschieden, sie kollidieren aber nicht miteinander."[66]

Mit dieser These näherte sich Ajdukiewicz zeitweilig sowohl an Chwisteks Konzept der ‚Vielheit der Wirklichkeiten' (vgl. Kap. 4.1) als auch an Flecks kulturalistische Auffassung der Wissenschaft an (vgl. Kap. 2.2). Dies ergibt sich dadurch, dass Ajdukiewicz sich in dieser Zeit gegen die Position Twardowskis stellte, dem zufolge die wissenschaftliche Erkenntnis aus Urteilen bestehe, deren Wahrheits- oder Falschheitswert unveränderlich bleibt (vgl. Kap. 5.2), und sich auch gegen Carnap wendete.[67] Denn, wenn Ajdukiewicz zufolge

65 In einem Überblicksartikel für die *Erkenntnis* über verschiedene philosophische Strömungen in Polen stellt Ajdukiewicz seine eigene Theorie folgendermaßen dar: „Auf die Auffassung des Sinns gründet sich der radikale Konventionalismus, den Ajdukiewicz vertritt und welcher in der Behauptung besteht, daß das wissenschaftliche Weltbild bis in die letzten Einzelheiten konventionell ist und durch entsprechenden Wechsel der Begriffsapparatur (welche durch den Sinn der Ausdrücke der Sprache gebildet ist) geändert werden kann, wobei jedes dieser Weltbilder denselben Anspruch auf ‚Wahrheit' erheben darf." Vgl. Ajdukiewicz: „Der logische Antiirrationalismus in Polen" (1935), a.a.O., S. 35.

66 Ajdukiewicz: „Das Weltbild und die Begriffsapparatur" (1934), a.a.O., S. 189.

67 Ajdukiewiczs Texte „Sprache und Sinn" und „Das Weltbild und die Begriffsapparatur", die ursprünglich als ein Artikel publiziert werden sollten, geht eine Korrespondenz mit Rudolf Carnap, dem Herausgeber der Zeitschrift *Erkenntnis*, voraus, welcher Einwände gegen die Verwendung mancher Begriffe vorbrachte. Carnaps Auffassung nach weicht Ajdukiewiczs Begriff des ‚Sinns' zu weit vom üblichen Sprachgebrauch ab, viel besser eigne sich der von Carnap selbst verwendete Begriff ‚Gehalt'. Auch das Wort ‚sinngleich' scheine zu eng. Nicht einverstanden ist Carnap auch mit Ajdukiewiczs Meinung zur Nicht-Übersetzbarkeit' zweier Sprachen. Ihm zufolge sind zwei Sprachen ineinander übersetzbar, wenn man sie beide in Formeln ausdrücken kann, auch wenn sie sich durch andere Auswahl der Axiome des Satzkalküls unterscheiden. Carnap schlägt Ajdukiewicz vor, seine Terminologie zu präzisieren: „Ihre wichtigen und zum Teil überraschenden Resultate besagen gar nicht das, was sie auf den ersten Blick zu besagen scheinen, da sie auf einer Umdeutung der Wörter (‚sinngleich', ‚Sinn', ‚Übersetzbarkeit' usw.) beruhen. Der Leser wird auch nicht imstande sein, sich ihre Ergebnisse in seine gewohnte Terminologie zu übersetzen; dazu sind die Zusammenhänge kompliziert; so wird er die Ergebnisse

der Erkenntnisprozess von der Begriffsapparatur und damit der Sinngebung der Sprache abhängt, muss sich ja deren Einfluß auf das Urteil auswirken. In Konsequenz schließt er die Existenz einer universellen, für alle Weltbilder gemeinsamen Sprache aus und bestreitet die Möglichkeit der parallel in Wien von Carnap postulierten Einheitswissenschaft (vgl. Kap. 5.4.1):

> Wir glauben nicht, daß die Entwicklung der Wissenschaft eine Tendenz zur Universalsprache oder zum Universalsinngebiet aufweist. Die Entwicklung der Wissenschaft scheint im Gegenteil auf ein zusammenhängendes Weltbild hinzuzielen, das sich mit der Universalitätstendenz nicht verträgt. Ist dies wahr, so müssen wir zugeben, daß sich die Wissenschaft gewissermaßen Scheuklappen vor die Augen nimmt und nur solche Urteile in ihr System einschließt, welche nur einer und derselben Begriffsapparatur gehören, Urteile, die zu anderen Begriffsapparaturen gehören, beiseite lassend.[68]

Versteht man Ajdukiewicz auf diese Weise, kommt man zum Schluss, dass wissenschaftliche Konventionen die Anerkennung oder Ablehnung wissenschaftlicher Erkenntnisse bestimmen. Somit sind auch die Tatsachen von der gewählten Begriffsapparatur völlig determiniert und daher relativ zu den jeweiligen formallogischen, deduktiven Strukturen. Und es gibt „für den Erkenntnistheoretiker keine Möglichkeit, sich auf einen unparteiischen Standpunkt zu stellen, auf welchem er keine Begriffsapparatur dadurch bevorzugte, daß er sie zu seiner eigenen machte."[69]

Mit dieser Äußerung geht Ajdukiewicz sogar weiter als Fleck: Denn während Fleck in seinem Hauptwerk und mehreren Aufsätzen eine vergleichende, verschiedene Kultursysteme und ihre Wissensformen zueinander in Beziehung setzende Denkstilforschung fordert, ohne dabei einen bestimmten Denkstil zu favorisieren, glaubt Ajdukiewicz nicht daran, verschiedene Weltbilder unabhängig, d.h. von einem neutralen Standpunkt vergleichen zu können. Stärker als Ajdukiewicz betont jedoch Fleck, dass der Erkenntnisprozess von vielen undefinierbaren Faktoren, wie Stimmungen, Denkzwänge, Machtverhältnisse etc. determiniert ist. Die Sinngebung wird nach ihm durch den an soziale und kulturelle Bedingungen gekoppelten kollektiven Denkstil gesteuert.

---

als für ihn bedeutungslos liegen lassen." Ajdukiewicz blieb bei seiner Begrifflichkeit. Zu Carnaps Begriff ‚Gehalt' habe er kein Urteil, da er davon zu wenig wisse. Sein Verständnis der ‚Übersetzbarkeit' verbiete ihm, zwei axiomatische Systeme als übersetzbar aufzufassen. Anschließend lud Ajdukiewicz Carnap zu einem Gastvortrag nach Lemberg ein, – doch Carnap ist nie gekommen. Vgl. den Briefwechel zwischen Carnap und Ajdukiewicz vom 23. Januar, 19. März und 11. April 1933 aus dem Rudolf Carnap-Nachlass im Philosophischen Archiv der Universität Konstanz: Sign. RC 028-01.

68 Ajdukiewicz: „Das Weltbild und die Begriffsapparatur" (1934), a.a.O., S. 189.

69 Ebd.: S. 192.

Daher spricht Fleck in seinem Werk von der „Stilfärbung" der Begriffe und ihrer „stilbedingten Aura"[70]. Wie präsent Ajdukiewiczs Ideen bei Fleck sind, zeigt sich, wenn dieser sich explizit vom Konventionalismus abgrenzt:

> Es besteht eine stilgemäße Bindung aller – oder vieler – Begriffe einer Epoche, die auf ihrer gegenseitigen Beeinflussung beruht. Deshalb kann man von einem Denkstil sprechen, der den Stil jedes Begriffs bestimmt. Die Geschichte lehrt, daß es heftige Kämpfe um Begriffsdefinition geben kann. Dies beweist, wie wenig die logisch gleich möglichen Konventionen als gleichwertig empfunden werden. […] Berücksichtigt man diese allgemeinen kulturgeschichtlichen und speziellen erkenntnisgeschichtlichen Beziehungen, so wird der Konventionalismus bedeutend beschränkt. Anstelle der freien, rationalistischen Wahl treten genannte besondere Bedingungen auf.[71]

Eine weitere Parallele zwischen den Theorien von Ajdukiewicz und Fleck lässt sich darin erkennen, dass beide von der Inkommensurabilität verschiedener Sprachsysteme bzw. Denkstile ausgehen, die nebeneinander gleichberechtigt bestehen, auch wenn sich ihre Mitglieder nicht miteinander verständigen können. Ajdukiewicz kommt – wie man sieht – Flecks Theorie manchmal so nahe, dass man davon ausgehen muss, dass er seine Schriften sehr gut kannte, obgleich es keinen direkten Bezug auf Fleck in seinen Schriften gibt.[72]

---

70 Vgl. z.B. Ludwik Fleck: „Wissenschaft und Umwelt" (1939), in: Ders.: *Denkstile und Tatsachen*, a.a.O., S. 327–339, hier S. 331 u. 332. Vgl. auch: Fleck: *Entstehung und Entwicklung einer wissenschaftlichen Tatsache* (1935), a.a.O., S. 85, 131, 143, 144, 176, 179. Vgl. dazu auch: Teresa Grabińska: „Filozofia wiedzyKazimierza Ajdukiewicza i Ludwika Flecka" [Wissensphilosophie bei Kazimierz Ajdukiewicz und Ludwik Fleck], in: Teresa Grabińska, Mirosław Zabierowski (Hg.): *Roczniki Naukowe IV. Filozofia i metodologianauk* [Wissenschaftliche Jahrbücher IV. Philosophie und Methodologie des Wissens], Wałbrzych 2003, S. 13–29.

71 Vgl. Fleck: *Entstehung und Entwicklung einer wissenschaftlichen Tatsache* (1935), a.a.O., S. 15–16.

72 In der Bibliothek der Universität Warschau befindet sich ein Exemplar von Flecks *Entstehung und Entwicklung einer wissenschaftlichen Tatsache* (1935), das mit der Widmung an Kazimierz Ajdukiewicz versehen ist. Dies belegt, dass es einen direkten wissenschaftlichen Austausch zwischen ihnen gab. Clemens Knobloch hat jüngst andere mögliche Quellen für Flecks linguistische Betrachtungen genannt und insbesondere auf ähnliche Formulierungen in Studien von Karl Otto Erdmann hingewiesen. Clemens Knobloch: „Ludwik Fleck und die deutsche Sprachwissenschaft", in: *Zeitschrift für germanistische Linguistik* 47 (2019) 3, S. 569–596. Zudem kann er sich kaum vorstellen, dass Fleck ohne Kenntnis der Soziologie Karl Mannheims und Gustav Ichheisers seine Wissenschaftssoziologie habe formulieren können. Für die Fleck-Forschung ist immer zu begrüßen, wenn Hinweise auf bislang unbekannte Quellen gemacht werden. Zieht man den Lemberger Kontext hinzu, den Knobloch nicht kennt, wird leicht ersichtlich, dass Fleck innerhalb des Lemberger Milieus alle wichtigen Anregungen erhalten konnte, nicht zuletzt

Ajdukiewicz vertrat seine relativistische Theorie nicht lange. 1935 erschien in *Studia Philosophica* eine Arbeit von Alfred Tarski zum „Wahrheitsbegriff in den formalisierten Sprachen“ [Pojęcie prawdy w językach nauk dedukcyjnych], mit der Ajdukiewiczs Argumentation widerlegt wurde.[73] Tarski wies darin nach, dass sich in einer auf deduktiven Sinnregeln fußenden Sprache verschiedene Ausdrücke dieser Sprache angeben lassen, deren gegenseitiger Austausch ihre Sinnregeln nicht berührt. Hierbei ging er von einem Wahrheitsbegriff aus, der innerhalb einer Metasprache zu definieren sei, um so logische Widersprüche zu vermeiden. Ob die Aussage ‚wahr‘ oder ‚falsch‘ ist, wird entschieden, wenn die These bestimmte Eigenschaften erfüllt, d.h. wenn eine Korrespondenz zwischen der Aussage und Tatsache entsteht. Hierzu lieferte Tarski ein später kanonisch gewordenes Beispiel: „‚Es schneit‘ ist eine wahre Aussage dann und nur dann, wenn es schneit“[74]. Indem Tarski den Begriff der ‚Wahrheit‘ auf eine Metasprache bezieht, in der für wahre Aussagen immer dieselben Regeln gelten, entzieht er Ajdukiewiczs Theorie des Sinns, die zu Mehrdeutigkeiten führt, den Boden. Eine auf relativistische Aussagen zielende Sinnzuweisung schließt Tarski aus; zu behaupten, dass Urteile von der gegebenen Begriffsapparatur abhängen, sei unzulässig.

In der Folge distanzierte sich Ajdukiewicz von seiner konventionalistischen Position: Es sei nicht seine Absicht gewesen, die Relativität der Wirklichkeit zu propagieren. Viel mehr ginge es darum, das Phänomen vieler Wirklichkeiten

---

auch wissenschaftssoziologische Einsichten aus Szumowskis Medizin-Historiographie (siehe Kap. 6.2.3).

73 Tarskis Konzeption erschien zunächst 1933 in polnischer Sprache, doch war sie zuerst auf wenig Interesse gestossen. Vgl. Alfred Tarski: „Pojęcie prawdy w językach nauk dedukcyjnych“, in: *Prace Towarzystwa Naukowego Warszawskiego* [Arbeiten der Warschauer wissenschaftlichen Gesellschaft], Abt. III, Nr. 34, Warszawa 1933, S. 11–172. Vgl. auch: Ders.: „O pojęciu prawdy w odniesieniu do sformalizowanych nauk dedukcyjnych“ [Über den Wahrheitsbegriff in den formalisierten Sprachen], in: *Ruch Filozoficzny* [Philosophische Bewegung] 12 (1930), S. 210–211. Vgl. dazu auch die überaus positive Rezension von Tadeusz Kotarbiński: „W sprawie pojęcia prawdy“ [Zum Problem des Wahrheitsbegriffs], in: *Przegląd Filozoficzny* [Philosophische Bewegung] 37 (1934), S. 85–91.

74 Alfred Tarski: „Der Wahrheitsbegriff in den formalisierten Sprachen“, in: *Studia Philosophica* 1 (1935), S. 261–405, hier S. 269. Obgleich der Beitrag auf das Jahr 1935 datiert wurde, ist er *defacto* 1936 erschienen. Vgl. dazu die Rezension von Heinrich Scholz, in: *Deutsche Literaturzeitung* 58 (1937), S. 1914–1917. Siehe auch: Ernst Tugendhat: „Tarskis semantische Definition der Wahrheit und ihre Stellung innerhalb der Geschichte des Wahrheitsproblems im logischen Positivismus“, in: Gunnar Skirbekk (Hg.): *Wahrheitstheorien. Eine Auswahl aus den Diskussionen über Wahrheit im 20. Jahrhunderts*, Frankfurt am Main 1977, S. 189–223.

zu überprüfen und aufzuzeigen, dass es nur eine Wirklichkeit geben kann.[75] Von nun an wurde es noch einsamer um Fleck.

Mit Blick auf Flecks Epistemologie könnte man sagen, dass Ajdukiewiczs Theorie eine durch äußere Impulse erzeugte Phase der Unruhe markiert, in der sich ein Denkstilwandel ankündigt. Mit Tarskis Konzept wird diese Phase beendet, der Denkstil ist in eine neue verbindliche Form mutiert.

Tarski stellte seine Wahrheitstheorie 1935 auf dem Internationalen Kongress für wissenschaftliche Philosophie in Paris vor.[76] Neben Rudolf Carnap, der ihn hierzu ermutigt hatte,[77] nahmen u.a. Hans Reichenbach, Charles Morris, Phillip Frank und Otto Neurath an der Tagung teil. Aus Lemberg kamen Leon Chwistek, Tadeusz Kotarbinski und Kazimierz Ajdukiewicz. Tarskis Definition der ‚Wahrheit' stieß aber seitens des Wiener Kreises auf große Kritik, dessen Vertreter der Auffassung waren, es sei schwierig, den semantischen Wahrheitsbegriff mit einem strengen empirischen und antimetaphysischen Standpunkt zu vereinbaren, denn er könne von den Metaphysikern missdeutet und missbraucht werden.[78] Tarskis Theorie der ‚Wahrheit' avancierte gleichwohl zu den bis heute einflussreichsten sprachanalytischen Theorien im Bereich der Logik und Semantik.

---

75 Vgl. Kazimierz Ajdukiewicz: „Zagadnienie idealizmu w sformułowaniu semantycznym" [Das Problem des Idealismus in der semantischen Formulierung], in: *Przegląd Filozoficzny* [Philosophische Rundschau] 39 (1936), S. 334–336.

76 Anita Burdman Feferman, Solomon Feferman: *Alfred Tarski. Życie i logika* [Alfred Tarski. Leben und Logik], Warszawa 2009, hier insbes. S. 117–123. Siehe auch die englische Fassung: Anita Burdman Feferman, Solomon Feferman: *Alfred Tarski. Life and Logic*, Cambridge 2004.

77 „Als mir Tarski zum ersten Mal davon erzählte, daß er eine Wahrheitsdefinition aufgestellt hatte, nahm ich an, er dächte an eine syntaktische Definition logischer Wahrheit oder Beweisbarkeit. Ich war überrascht, als er sagte, er meine Wahrheit im üblichen Sinne, einschließlich zufälliger faktischer Wahrheit. Da ich ja nur in Ausdrücken einer synktatischen Metasprache dachte, fragte ich mich, wie es möglich sei, die Wahrheitsbedingung für einen so einfachen Satz wie ‚dieser Tisch ist schwarz' anzugeben. Tarski erwiderte: ‚Das ist einfach; der Satz – dieser Tisch ist schwarz – ist wahr, wenn und nur wenn dieser Tisch schwarz ist.' [...] Ich sagte ihm, daß alle die an wissenschaftlicher Philosophie und Sprachanalyse interessiert seien, dieses neue Instrument begeistert begrüßten. [...] Aber Tarski war skeptisch. [...] Ich versprach ihm, in meinem Manuskript und in der Diskussion auf dem Kongreß nachdrücklich auf die Bedeutung der Semantik hinzuweisen, und er war dann einverstanden, sein Manuskript vorzutragen." Rudolf Carnap: *Mein Weg in die Philosophie*, Stuttgart 1993 (1963), S. 94.

78 Vgl. ebd.: S. 95. Vgl. auch: Rudolf Carnap: *Alte Aufzeichnungen und Tagebuch. 1908–1920*, Box 81d, Folder 47, Rudolf Carnap Papers, 1905–1970, ASP.1974.01, Special Collections Department, University of Pittsburgh.

5.4 Zwischen Wien und Lemberg: Die Formierung der formalistischen Erkenntnistheorie

Die bisherige Rekonstruktion der epistemischen Konfigurationen der Lemberger Philosophie erlaubt nun den Blick für eine Revision des Wiener Kreises zu weiten. Der Wiener Kreis war eine aus Wissenschaftlern und Philosophen bestehende Gruppe, die das Ziel einte, ein einheitliches Modell zu entwerfen, das die auf der empirischen Basis gewonnenen Erkenntnisse eindeutig zu beschreiben erlaubt.[79] Damit stand der Wiener Kreis einigen Konzeptionen der Lemberg-Warschau-Schule nah. Zum regen Austausch kam es vor allem zwischen Kazimierz Ajdukiewicz, Rudolf Carnap und Otto Neurath sowie Izydora Dąmbska und Moritz Schlick.[80] Aber auch Leon Chwistek, der nicht zur Lemberg-Warschau-Schule gehörte, unterhielt intensive Kontakte zu Neurath und Schlick und war damit ein Bindeglied zwischen dem Wiener Kreis und Ludwik Fleck.[81]

Die Verbindungen und Wechselwirkungen zwischen dem Wiener Kreis und den in Lemberg wirkenden Philosophen sind äußerst komplex, – für den Zweck dieser Arbeit genügt es, sich exemplarisch nur auf die vom Wiener Kreis nach Lemberg übergreifenden Debatten um Protokollsätze zu konzentrieren, da diese ein zentrales philosophisches Kernproblem umkreisen.[82] Gezeigt

79 Vgl. dazu: „Einleitung der Herausgeber", in: Michael Stöltzner, Thomas Uebel (Hg.): *Wiener Kreis. Texte zur wissenschaftlichen Weltauffassung von Rudolf Carnap, Otto Neurath, Moritz Schlick, Philipp Frank, Hans Hahn, Karl Menger, Edgar Zilsel und Gustav Bergmann*, Hamburg 2009, S. IX-XCV. Vgl. auch: Friedrich Stadler: *Studien zum Wiener Kreis. Ursprung, Entwicklung und Wirkung des logischen Empirismus im Kontext*, Frankfurt am Main 1997; ders.: „Wien – Berlin – Prag. Zum Aufstieg der Wissenschaftlichen Philosophie", in: Rudolf Haller und Friedrich Stadler (Hg.): *Wien – Berlin – Prag. Der Aufstieg der wissenschaftlichen Philosophie. Zentenarien: Rudolf Carnap – Hans Reichenbach – Edgar Zilsel*, Wien 1993, S. 11–37.

80 Vgl. die umfangreiche Korrespondenz zwischen Ajdukiewicz, Carnap und Neurath sowie zwischen Dąmbska und Schlick im Philosophischen Archiv der Universität Konstanz, Neurath-Nachlass: Sign. Inv.-Nr. 213, 229,230; Carnap-Nachlass: Sign. RC 028-01; Reichenbach-Nachlass: Sign. HR 013-01, 013-39.

81 Der Mathematiker Marek Kac bestätigt in seinem autobiographischen Buch, dass Chwistek im engen Kontakt mit dem Wiener Kreis, und insbesondere mit Moritz Schlick stand: „As a philosopher, Chwistek was close to the Wiener Kreis (the Vienna Circle), the famous philosophical group in Vienna whose membership included such luminaries as Rudolph Carnap, Kurt Gödel and Moritz Schlick. I remember a lecture on philosophy by Chwistek on the day the news was received that Schlick had been assassinated by a deranged student. After bravely trying to eulogize his friend, Chwistek broke down and cried." Vgl. Mark Kac: *Enigmas of Chance. An Autobiography*, New York 1985, S. 43.

82 Jan Woleński: *Filozoficzna Szkoła Lwowsko-Warszawska* [Die Lemberg-Warscheu-Schule der Philosophie], Warszawa 1985, hier insbes. Kap. XV „Szkoła Lwowsko-Warszawska i

werden kann anhand dieser Diskussionen, wie in Wien aufgestellte Postulate in Lemberg zirkulierten, welche programmatische Differenzen es zwischen den beiden Gruppen gab und wie schließlich Fleck seine Erkenntnistheorie in dieser Gemengelage positionierte.

5.4.1 *Die Lemberg-Warschau-Schule und der Wiener Kreis*

Die erste Information über die Existenz des Wiener Kreises erschien in Polen 1929 in der Lemberger Zeitschrift *Ruch Filozoficzny* [Philosophische Bewegung]. In einer kurzen anonymen Notiz wird der Kreis als eine informelle Organisation bezeichnet, die „der wissenschaftlichen Weltauffassung dienen möchte und den Kontakt mit den Menschen verwandter Ansichten sucht."[83] 1929 hatten Hahn, Carnap und Neurath zuvor ein Manifest gegen ein „metaphysisches und theologisierendes Denken"[84] veröffentlicht, das „nicht nur im Leben, sondern auch in der Wissenschaft"[85] zunehme. Ihr Ziel war es, eine auf Empirismus, Positivismus und logischer Analyse fußende wissenschaftliche Philosophie zu begründen, die von jeder Art Metaphysik gereinigt sei.[86] Die Philosophie habe sich an den Naturwissenschaften zu orientieren. Zu stiften sei, eine Einheitswissenschaft, die alle Erfahrungsbegriffe auf eine schmale neutrale und von allen Menschen rational nachvollziehbare logische Basis zurückführt:[87]

---

inne kierunki filozoficzne" [Die Lemberg-Warschau-Schule und andere philosophische Richtungen], S. 296–305; ders.: „The Lvov-Warsaw School and the Vienna Circle", in: Klemens Szaniawski (Hg.): *The Vienna Circle and the Lvov-Warsow School*, Boston/London 1989, S. 443–453.

83 *Ruch Filozoficzny* [Philosophische Bewegung] 11 (1928–1929), S. 196. Diese Information wurde dem „Geleitwort" zur „Wissenschaftlichen Weltauffassung" – der programmatischen Schrift des Wiener Kreises entnommen: „Dieser Kreis hat keine feste Organisation; es besteht aus Menschen gleicher wissenschaftlicher Einstellung." Rudolf Carnap, Hans Hahn, Otto Neurath: „Geleitwort" (1929), in: Michael Stöltzner, Thomas Uebel (Hg.): *Wiener Kreis. Texte zur wissenschaftlichen Weltauffassung von Rudolf Carnap, Otto Neurath, Moritz Schlick, Philipp Frank, Hans Hahn, Karl Menger, Edgar Zilsel und Gustav Bergmann*, Hamburg 2009, S. 3–4, hier S. 3.

84 Vgl. Rudolf Carnap, Hans Hahn, Otto Neurath: „Wissenschaftliche Weltauffassung" (1929), in: Stöltzner, Uebel (Hg.): *Wiener Kreis. Texte zur wissenschaftlichen Weltauffassung*, S. 5–29, hier S. 5.

85 Ebd.

86 Friedrich Stadler: „Der Wiener Kreis – Versuch einer Typologie", in: Paul Kruntorad (Hg.): *Jour Fixe der Vernunft. Der Wiener Kreis und die Folgen*, Wien 1991, S. 23–41.

87 Vgl. Joachim Schulte, Brian McGuinness (Hg.): *Einheitswissenschaft*, Frankfurt am Main 1992.

> Die wissenschaftliche Weltauffassung ist nicht so sehr durch eigene Thesen charakterisiert als vielmehr durch die grundsätzliche Einstellung, die Gesichtspunkte, die Forschungsrichtung. Als Ziel schwebt die *Einheitswissenschaft* vor. Das Bestreben geht darin, die Leistungen der einzelnen Forscher auf den verschiedenen Wissenschaftsgebieten in Verbindung und Einklang miteinander zu bringen. Aus dieser Zielsetzung ergibt sich die Betonung der *Kollektivarbeit*; hieraus auch die Hervorhebung des intersubjektiv Erfaßbaren; hieraus entspringt das Suchen nach einem neutralen Formelsystem, einer von den Schlacken der historischen Sprachen befreiten Symbolik; hieraus auch das Suchen nach einem Gesamtsystem der Begriffe. Sauberkeit und Klarheit werden angestrebt, dunkle Fernen und unergründliche Tiefen abgelehnt. [...] Die wissenschaftliche Weltauffassung kennt keine unlösbaren Rätsel. In der Klärung von Problemen und Aussagen besteht die Aufgabe der philosophischen Arbeit. [...] Die Methode dieser Klärung ist die der logischen Analyse.[88]

Das Programm des Wiener Kreises erinnert mit seiner Forderung, eine Gruppe zu bilden, die die philosophische Sprache von unklaren Ausdrücken reinigt, an den Kampf um einen klaren philosophischen Stil der ersten Generation der Lemberg-Warschau-Schule (vgl. Kap. 5.2). Die vom Wiener Kreis vorgeschlagene Lösung, eine neutrale, intersubjektiv gültige und logisch formalisierte Sprache auszuarbeiten, wird hingegen erst in der zweiten Generation der Lemberg-Warschau-Schule umgesetzt. Dies erklärt womöglich, warum die Lemberg-Warschau-Schule im Wiener Manifest keine Erwähnung fand, obwohl in diesem andere analytische Traditionen vorgestellt wurden, und warum man bis heute in der Forschung die um Twardowski gebildete Formation als eine unter dem Einfluss des Wiener Kreises sich bildende Gruppe wahrnimmt, obgleich sie zur Zeit der Entstehung des Wiener Kreises bereits durch die zweite Generation vertreten war, d.h. über 30 Jahre bestand. Adäquater wäre von wechselseitigen Einflussverhältnissen zu sprechen, zumal wenn man in Rechnung stellt, dass Twardowski vor seiner Lemberger Zeit in Wien in den Jahren 1894–1895 Vorlesungen über Logik gehalten hat. Zu untersuchen wäre, ob es Kontakte zwischen den beiden Gruppen auch in der Zeit der frühen Zirkelbildungen in Wien gab, die bereits ab 1907 einsetzten.[89] Die Programmschrift des Wiener Kreises wurde in Lemberg jedenfalls sofort wahrgenommen und in der Folge kam es zu einem regen persönlichen Austausch zwischen Mitgliedern der beiden Gruppen: 1929 kam Karl Menger nach Warschau.[90] 1930

88 Carnap, Hahn, Neurath: „Wissenschaftliche Weltauffassung" (1929), S. 11f.

89 Zu den früheren Phasen des Wiener Kreises siehe: Stadler: *Studien zum Wiener Kreis*, a.a.O., S. 629–630.

90 Als Ergebnis dieses Treffens entstand die folgende Publikation: Karl Menger: „Eine elementare Bemerkung über die Struktur logischer Formeln", in: *Ergebnisse einer mathematischen Kolloquiums* 3 (1931), S. 22–23.

fuhr Alfred Tarski als erster nach Wien,[91] in demselben Jahr besuchte Rudolf Carnap Warschau[92] und Izydora Dąmbska ging nach Wien, um dort bei Moritz Schlick zu studieren.

Aus Dąmbskas Feder stammt auch der erste ausführliche Bericht über den Wiener Kreis, der bereits auf Gemeinsamkeiten und Differenzen zwischen den philosophischen Gruppen eingeht.[93] Ausgangspunkt ist Carnaps 1928 erschienenes Buch *Der logische Aufbau der Welt*, – ein Werk, das das gesamte Wissenssystem auf eigenpsychische Elementarerlebnisse zurückzuführen sucht. Auf dieser Basis soll ein Konstitutionssystem für Begriffe entworfen werden, also eine Art Stammbaum, der den Begriffen ihren Platz im Gesamtsystem zuweist. So könnten selbst die kompliziertesten Zusammenhänge logisch strukturiert werden. Dies gelte für alle Naturwissenschaften, denn überall gebe es dieselben Gesetze. Um Dąmbskas Bericht richtig einschätzen

---

91 In seiner Autobiographie schildert Carnap seine Begegnung mit den Mitgliedern der Lemberg-Warschau-Schule folgenderweise: „Der erste Kontakt zwischen dem Wiener Kreis und der Warschauer Gruppe ergab sich, als auf Einladung der mathematischen Fakultät Alfred Tarski im Februar 1930 nach Wien kam und mehrere Vorlesungen, hauptsächlich über Mathematik, hielt. Wir besprachen auch privat viele Probleme, die uns gemeinsam angingen. Ganz besonders interessierte mich, warum er solchen Nachdruck darauf legte, daß in logischen Untersuchungen bestimmte Begriffe, zum Beispiel die Widerspruchfreiheit von Axiomen, die Wahrscheinlichkeit eines Theorems in einem deduktiven System und dergleichen, nicht in der Sprache des Axioms ausgedrückt werden können, sondern nur in metamathematischer Sprache. Tarski hielt dann in userem Kreis eine Vorlesung über die Metamathematik des Aussagenkalküls. [...] Im November 1930 fuhr ich für eine Woche nach Warschau. Auf Einladung der „Warschauer Philosophischen Gesellschaft" hielt ich drei Vorlesungen, außerdem hatte ich viele persönliche Unterhaltungen und Gespräche. [...] Persönlich sprach ich vor allem mit Tarski, Lesniewski und Kotarbinski. [...] Lesniewski wie auch Kotarbinski beschäftigten sich seit vielen Jahren mit semantischen Problemen. [...] Ich fand, daß die polnischen Philosophen eine Menge gründlicher und fruchbarer Arbeit in der Logik und ihrer Anwendung auf Begründungsprobleme, vor allem zur Grundlegung der Mathematik, zur Erkenntnistheorie und zur allgemeinen Sprachtheorie geleistet hatten, deren Ergebnisse Philosophen allerdings in anderen Ländern so gut wie unbekannt geblieben sind." Vgl. Carnap: *Mein Weg in die Philosophie*, a.a.O., S. 47ff.

92 Während seines Aufenthalts in Warschau hielt Carnap drei Vorträge: Rudolf Carnap: „Psychologie in physikalischer Sprache", Vortrag gehalten am 27. November 1930 an der Universität Warschau, in: *Erkenntnis* 3 (1932) 1, S. 107–142; ders.: „Überwindung der Metaphysik durch logische Analyse der Sprache" (1932), a.a.O.; ders.: „Der tautologische Charakter des Schliessens", Vortrag gehalten anlässlich des 45. Treffens der epistemologischen Sektion der „Warschauer Philosophischen Gesellschaft".

93 Izydora Dąmbska: „Koło Wiedeńskie. Założenia epistemologiczne Koła i niektóre ich konsekwencje" [Der Wiener Kreis. Epistemologische Grundannahmen des Kreises und einige ihrer Konsequenzen], in: *Przegląd Współczesny* [Gegenwärtige Rundschau] 42 (1932) 125, S. 379–388.

zu können, muss man berücksichtigen, dass erstens Carnap sein frühes Hauptwerk in weiten Teilen bereits vor seiner Wiener Zeit geschrieben hatte und zweitens, dass es noch nicht dezidiert antimetaphysisch ausgerichtet war, sondern auch für Metaphysiken einen formalen Rahmen bereitstellte. Später hat sich Carnap deshalb von diesem Buch distanziert. Dieses Buch ist also nicht repräsentativ für zentrale Positionen des Wiener Kreises, wenngleich es diese durch das Formalisierungskonzept vorbereitet. Erst später sprach auch Carnap davon, dass man eine „Einheitswissenschaft" begründen solle,[94] als deren Universalsprache die Sprache der Physik dienen könne, da diese die intersubjektive Verständlichkeit garantiere.[95] In diesem Licht betrachtet, wundert es nicht, dass Dąmbska Carnaps Konzept für eine schwach begründete und allzu optimistische Prognose hielt:

> Wir befinden uns auf dem unsicheren Boden der Prophezeiung. […] Warum soll eigentlich die Physik andere Wissenschaften „aufsaugen", damit eine einheitliche Wissenschaft entstehen kann? Man würde eher vermuten, dass eine solche Wissenschaft die Wissenschaft über die Qualitäten oder Erlebnisinhalte sein wird. Doch den Wiener Philosophen zufolge kann eine solche Wissenschaft nicht existieren. Die Qualitäten und Inhalte sind – wie man weiss – nicht erkennbar. Erkennbar sind nur die Beziehungen, die zwischen ihnen herrschen.[96]

Dąmbska distanzierte sich von Carnaps Vorstellung der Einheitswissenschaft, in der die Erlebnisinhalte und Sinnesqualitäten auf Elementarsätze reduziert werden sollen. Interessant ist, dass sie Carnaps Verständnis der Psychologie als zu restriktiv empfand, obgleich sie später Fleck mit ähnlichen Argumenten zu Leibe rücken wird (vgl. Kap. 5.5). Auch in Bezug auf die Metaphysik vertrat sie noch eine andere Meinung als Carnap. Zwar lehnte sie auch metaphysische Konzeptionen ab, doch aus einem anderen Grund als er. Unter Berufung auf Schlick erklärte sie, dass aus der Sicht der logischen Empiristen die Metaphysik nicht als Wissenschaft anerkannt werden kann, da ihre Aussagen nur Scheinaussagen sind und man sie nicht auf Sinneseindrücke zurückführen könne.[97] Sie sind somit nicht verifizierbar. Für Dąmbska hingegen sind meta-

---

94 Rudolf Carnap: „Die physikalische Sprache als Universalsprache der Wissenschaft" (1932), in: Stöltzner, Uebel (Hg.): *Wiener Kreis. Texte zur wissenschaftlichen Weltauffassung*, S. 315–353.

95 Vgl. dazu: Wolfgang Stegmüller: „Der Wiener Kreis", in: Kruntorad (Hg.): *Jour Fixe der Vernunft*, a.a.O., S. 49–55.

96 Dąmbska: „Koło Wiedeńskie. Założenia epistemologiczne Koła i niektóre ich konsekwencje" [Der Wiener Kreis. Epistemologische Grundannahmen des Kreises und einige ihrer Konsequenzen] (1932), a.a.O., S. 384.

97 Vgl. Moritz Schlick: „Erleben, Erkennen, Metaphysik" (1926), in: Stöltzner, Uebel (Hg.): *Wiener Kreis. Texte zur wissenschaftlichen Weltauffassung*, a.a.O., S. 169–186; ders.: „Die

physische Aussagen unverstehbar, da ihre Ausdrucksweise unklar ist. Damit meint sie vor allem den semantischen Gehalt der Sätze und nicht – wie die logischen Empiristen und insbesondere Carnap – die Struktur der Syntax.[98] Später werden die logischen Empiristen (nicht zuletzt unter dem Einfluss der Lemberg-Warschau-Schule, und vor allem der semantischen Konzeptionen Tarskis) ihre eng formalistischen Kriterien auflockern.

Es sind insbesondere Carnaps 1932 erschienenen Überlegungen über „Die physikalische Sprache als Universalsprache der Wissenschaft",[99] die starke Wirkungen in Lemberg zeitigten. Carnap hatte seine Position hier revidiert, insofern nicht mehr eigenpsychische Phänomene, sondern intersubjektiv zugängliche physische Gegenstände die primären Bezugsobjekte für den Aufbau einer Universalsprache sind. Die Sprache der Physik liefert ihm hierfür das Modell. Sie soll zu einer Universalsprache weiterentwickelt werden, d.h. über die Physik hinausgehen. Gearbeitet wird dabei mit den sogenannten Protokollsätzen, d.h. solchen Sätzen, mit welchen die Wissenschaftler elementare Sinneseindrücke und Beobachtungen festhalten: „Die Protokollsätze sind etwa von der Art ‚jetzt Freude', ‚jetzt hier Blau, dort Rot', ‚Auf dem Tisch liegt ein roter Würfel'".[100] Die Protokollsprache ist eine Teilsprache der physikalischen Sprache, baue man auf dieser die Philosophie als Einheitswissenschaft auf, sei auch diese mitsamt ihrer Termini und Gesetze in physikalischer Sprache formulierbar. Die physikalische Sprache sei intersubjektivbar und somit Garant der wissenschaftlichen Kommunikation. Durch die Einführung einer solchen einheitlichen Sprache ließe sich die Zersplitterung der Wissenschaften auflösen. Die Vereinheitlichung beruht auf der Ableitung von Sätzen aus der Protokollsprache nach festzusetzenden Regeln sowie in der Festsetzung eines gemeinsamen Vokabulars und Syntax. Durch diese Formalisierung sei eine Methode gefunden, mit den Mitteln der modernen Logik exakte Analysen durchzuführen. Diese Logik ist eine symbolische Logik, weil sie nur auf der Grundlage künstlerischer, formaler Sprachen zur Geltung kommt. Damit vollzog Carnap innerhalb des Wiener Kreises und in der Philosophie überhaupt eine sprachphilosophische Wende. Seine Forderung, die wissenschaftlichen

---

Wende der Philosophie" (1930), in: Stöltzner, Uebel (Hg.): *Wiener Kreis. Texte zur wissenschaftlichen Weltauffassung*, a.a.O., S. 30–38.

98 Carnap: „Überwindung der Metaphysik durch logische Analyse der Sprache" (1932), a.a.O. Vgl. dazu vertiefend: Thomas Mormann: *Rudolf Carnap*, München 2000.

99 „Demgegenüber soll hier die Auffassung vertreten werden, dass die Wissenschaft eine Einheit bildet: alle Sätze sind in einer Sprache ausdrückbar, alle Sachverhalte sind von einer Art, nach einer Methode erkennbar." Carnap: „Die physikalische Sprache als Universalsprache der Wissenschaft" (1932), a.a.O., S. 315.

100 Ebd.: S. 323.

Sätze auf eine Protokollsprache zu gründen, löste zunächst im Wiener Kreis eine Debatte aus, die in Lemberg sogleich aufmerksam beobachtet und kritisch kommentiert wurde, – ich werde daher die wichtigsten Streitpunkte dieser Diskussion skizzieren.

Im Zentrum der Protokollsatzdebatte standen die Fragen, ob und vor allem mit welchen Mitteln sich ein sicheres empirisches Fundament der Erkenntnis aufstellen lässt und wie eine gemeinsame sprachliche Basis für den Übergang zwischen den einzelnen Wissenschaften zu finden ist.[101] Den Auftakt machte Neuraths in der Zeitschrift *Erkenntnis* veröffentlichter Text „Protokollsätze" (1932/33), in dem er Einwände gegen den von Carnap vorgeschlagenen Aufbau der wissenschaftlichen Sprache erhob. Carnaps Protokollsätze seien nicht präzise genug, die Einheitswissenschaft müsse vielmehr aus Realsätzen bestehen, d.h. Sätzen, die den Protokollanten und die Sinnesmodalität, die den empirischen Zugang gewährt, benennen. Die Protokollsätze sollen somit nicht nur einen intersubjektiv zugänglichen Tatbestand erfassen, sondern eine Subjekt-Objekt-Beziehung ausdrücken: „Ein vollständiger Protokollsatz könnte z.B. lauten: ‚Ottos Protokoll um 3 Uhr 17 Minuten: [Ottos Sprechdenken war um 3 Uhr 16 Minuten: (Im Zimmer war um 3 Uhr 15 Minuten ein von Otto wahrgenommener Tisch)]'"[102]. Sätze wie „‚Jetzt Freude' oder ‚jetzt roter Kreis' oder ‚Auf dem Tisch liegt ein roter Würfel'"[103] sind Neurath zufolge nicht vollständig, sie ähneln der Kindersprache. Carnap hingegen ging es darum, die empirische Grundlage der Erkenntnis mit elementaren Sätzen zu beschreiben. In seinem als Antwort auf Neuraths Einwände verfassten Artikel „Über Protokollsätze" (1932/33) erklärt er daher, dass sein Vorschlag den Vorzug habe, ein größeres System der Einheitlichkeit aufzubauen.[104] Grundsätzlich aber waren sowohl Neurath als auch Carnap derselben Ansicht, dass sich das Problem der Beschreibung einer empirischen Basis für die Erkenntnis lösen lässt, wenn sich die Wissenschaftler unter der Heranziehung der physikalischen Sprache auf bestimmte Kriterien für Protokollsätze einigen.[105]

---

101 Vgl. dazu: Thomas E. Uebel: „Zur Protokollsatzdebatte des Wiener Kreises", in: Kruntorad (Hg.): *Jour Fixe der Vernunft*, a.a.O., S. 159–178.

102 Otto Neurath: „Protokollsätze", in: *Erkenntnis* 3 (1932/33), S. 204–214, hier S. 207; Vgl. auch: Jakub Rajgrodzki: „Ogólnofilozoficzne i metodologiczne poglądy Ottona Neuratha" [Allgemeinphilosophische und methodologische Anschauungen Otto Neuraths], in: *Przegląd Filozoficzny* [Philosophische Rundschau] 39 (1936) 3, S. 287–297.

103 Ebd.: S. 208.

104 Rudolf Carnap: „Über Protokollsätze", in: *Erkenntnis* 3 (1932/33), S. 215–228.

105 Thomas E. Uebel: „Zur philosophischen Beziehung Carnap-Neurath", in: Haller, Stadler (Hg.): *Wien – Berlin – Prag. Der Aufsteig der wissenschaftlichen Philosophie*, a.a.O., S. 189–206.

Eine andere Position nahm hierzu Schlick ein, der gegen die Vereinheitlichung aller Wissenschaften war. In seinem Text „Über das Fundament der Erkenntnis" (1934) problematisierte er Carnaps und Neuraths Position, indem er fragte, ob es nicht vielmehr darauf ankomme, woher die einzelnen Sätze stammen und welches ihr Ursprung, ihre Geschichte sei.[106] Schlick spricht nicht von Protokollsätzen, sondern von Konstatierungen, an denen man – sofern man sie versteht – nicht zweifeln soll. Im Unterschied zu den Protokollsätzen seien die Konstatierungen von der Situation, in der sie ausgesprochen werden, nicht zu trennen, weshalb sie eben nicht kontextisoliert protokolliert werden könnten:

> Wenn ich die Konstatierung mache: ‚Hier jetzt blau', so ist sie nicht dieselbe wie der Protokollsatz: ‚M. S. nahm am soundsovielten April 1934 zu der und der Zeit an dem und dem Orte blau wahr', sondern der letzte Satz ist eine Hypothese und als solcher stets mit Unsicherheit behaftet. [...] In den Protokollsätzen ist immer von Wahrnehmungen die Rede (oder sie sind hinzudenken; die Person des wahrnehmenden Beobachters ist für ein wissenschaftliches Protokoll wichtig), in den Konstatierungen dagegen niemals. Eine echte Konstatierung kann nicht aufgeschrieben werden, denn sowie ich die hinweisenden Worte ‚hier', ‚jetzt' aufzeichne, verlieren sie ihren Sinn. Sie lassen sich auch nicht durch eine Orts- und Zeitangabe ersetzten."[107]

Neurath wiederum meinte, Schlicks Argumentation liege eine Verwechslung zugrunde. In seinem Text „Radikaler Physikalismus und ‚Wirkliche Wahrheit'" (1934) versucht er Schlicks Position zu korrigieren, indem er seine Konstatierungen als psychologische Ereignisse bezeichnet, unter deren Einfluss der Beobachter bestimmte Beobachtungssätze als Beschreibungen von Beobachtungsresultaten in einem Bericht formuliert. Hingegen würden die Protokollsätze direkt aufgestellt und seien daher nicht von psychologischen Elementen kontaminiert. In seinen Ausführungen bediene sich Schlick teleologischer Redewendungen und spreche von einer Mission, welche seine Konstatierungen zu erfüllen hätten. „Es sieht so aus, als ob wir hier letzten Resten zusammenhängender Metaphysik begegnen, nach deren Wegräumung wir es wohl nur noch mit diffusen metaphysischen Elementen in unserem

---

106 Vgl. Moritz Schlick: „Über das Fundament der Erkenntnis" (1934), in: Stöltzner, Uebel (Hg.): *Wiener Kreis. Texte zur wissenschaftlichen Weltauffassung*, a.a.O., S. 430–453, hier S. 435.

107 Ebd.: S. 451. Vgl. dazu auch: Bernd Philippi: „Protokollsätze versus Konstatierungen. Ein Kernproblem des Wiener Kreises", in: Moritz Schlick: *Philosophische Logik*, hg. v. Bernd Philippi, Frankfurt am Main 1986, S. I-XLI, hier insbes. S. II-IV.

Wissenschaftsbetrieb zu tun hätten."[108] Neurath wirft zudem Schlick vor, poetisch zu sein, wenn dieser z.B. über das „Licht der Erkenntnis"[109] spricht, nach dem der Wissenschaftler auf der Suche nach dem Fundament des Wissens strebe. „Man mag solche Lyrik schätzen" – konstatiert Neurath – „aber wer [...] im Dienste der Wissenschaft [einen] radikalen Physikalismus vertritt, wird keinen Anspruch darauf erheben, in diesem Sinne ein Philosoph zu sein."[110] Damit war der Kampf gegen die Metaphysik sogar innerhalb des Wiener Kreises gegen eines seiner prominentesten Gründungsmitglieder ausgerufen.

Schlick zeigte sich über diese Kritik überrascht. In seinem Text „Tatsachen und Aussagen" (1935) protestierte er, als „Metaphysiker und Dichter"[111] bezeichnet zu werden: „Ich bin angeklagt worden, behauptet zu haben, das Aussagen und Tatsachen verglichen werden können. Ich bekenne mich schuldig. Ich habe dies behauptet. Aber ich protestiere gegen meine Bestrafung: Ich weigere mich da zu sitzen, wo die Metaphysiker sitzen."[112] Schlick bekräftigte seine Position und versicherte, dass es ihm, wenn er über Aussagen spreche nicht um metaphysische Wesenheiten, sondern um empirische Gegenstände gehe, die man durch einen direkten Vergleich – also im Vorgang des Sprechens – anhand von Tatsachen überprüfen könne. Wenn er z.B. in seinem Baedeker lese, die Kathedrale von Salerno habe zwei Türme – er befand sich zu diesem Zeitpunkt an der amalfitanischen Küste – könne er doch diesen Satz mit der ‚Wirklichkeit' vergleichen, indem er die Kathedrale einfach anschaue und der Vergleich ihn dann überzeugen werde, dass die Aussage im Baedeker ‚wahr' ist. Warum sollte man Aussagen nur anhand von Aussagen und nicht anhand von Gegenständen prüfen können? Schließlich sei eine Kathedrale ein Gegenstand und für Gegenstände wie Kirchen, Bäume, Wolken etc. gebrauche er den Ausdruck ‚Wirklichkeit'.

Zudem bekräftigte Schlick abermals, dass die Protokollsätze kein geeignetes Mittel seien, die Wahrheit eines wissenschaftlichen Satzsystems eindeutig zu bestimmen: „Man darf nicht vergessen, das ein Satz (Wortreihe) niemals an und für sich sinnvoll oder unsinnig ist, sondern immer nur relativ zu den Definitionen und Regeln, die für die in ihm vorkommenden Worte festgesetzt

---

108 Otto Neurath: „Radikaler Physikalismus und ‚Wirkliche Wahrheit'" (1934), in: Ders.: *Wissenschaftliche Weltauffassung, Sozialismus und logischer Empirismus*, hg. v. Rainer Hegselmann, Frankfurt am Main 1979, S. 102–119, hier S. 118.

109 Ebd.: S. 119.

110 Ebd.

111 Moritz Schlick: „Tatsachen und Aussagen" (1935), in: Ders.: *Philosophische Logik*, hg. v. Bernd Philippi, Frankfurt am Main 1986, S. 223–229, hier 223.

112 Ebd.

wurden."[113] Mit der Betonung der Abhängigkeit des eine Tatsache feststellenden Satzes von seinem Sprachsystem und der Einführung des relativistischen Elements kommt Schlick der Fleckschen Position nahe. Es verwundert daher nicht, warum sich Fleck in dieser Zeit ausgerechnet an Schlick wendet, um ihn um Hilfe bei der Publikation seines Buches zu bitten (vgl. Kap. 5.4.2).

Auch Kazimierz Ajdukiewicz verfolgte in Lemberg den Streit um die Protokollsätze. Ähnlich wie Izydora Dąmbska distanzierte er sich von den in Wien vertretenen Positionen. In seinem oben bereits erwähnten Aufsatz „Der logische Antiirrationalismus in Polen", der im Jahr 1935 einen Überblick über die in Polen herrschenden philosophischen Strömungen gab[114], stellte er klar, dass keine der heimischen Positionen mit der im Wiener Kreis vertretenen Philosophie verwandt sei: „Direkte Anhänger des Wiener Kreises haben wir in Polen wohl nicht, d.h. ich kenne keinen polnischen Philosophen, der die sachlichen Thesen des Wiener Kreises sich zu eigen gemacht hätte."[115] Wieder also und gerade auch angesichts des Wiener Kreises wird auf der Eigenständigkeit der polnischen Philosophie insistiert. Eine Verwandtschaft zwischen der Lemberg-Warschau-Schule und dem Wiener Kreis sieht Ajdukiewicz dennoch vor allem in der methodologischen Grundeinstellung und der Auswahl der untersuchten Probleme. Zu Gemeinsamkeiten zählt er den Antiirrationalismus, der sich dazu verpflichtet, nur solche Sätze anzuerkennen,

113 Ebd.: S. 226.

114 Offenbar durchschauten die Wiener Philosophen die Lemberger Diskussionen nicht. Ajdukiewicz schrieb seinen Artikel auf den Wunsch des Wiener Kreises und präsentiert ihn zunächst 1934 als Referat auf einer Tagung in Prag. Ajdukiewicz war von Neurath dazu aufgefordert worden: „Ist es unbescheiden, wenn ich Sie bitte, dass Sie uns ausserdem ganz kurz und nur zur ersten Orientierung berichten, wie sich die uns verwandte Gedankenrichtung in Polen entwickelt hat. Wir sehen, dass früh vereinzelte positivistische Strömungen auftraten, wir sehen, dass der Einfluss von Brentano gerade über Lwow nach Warschau lief, wir sehen den Einfluss Freges, Russells, aber wir haben kein klares Bild von den Gruppen und ihren Verknüpfungen. Ich möchte Sie nicht belasten und rege das nur ganz sanft als Bereicherung unserer Tagung an." Brief Otto Neuraths an Kazimierz Ajdukiewicz vom 30. Juli 1934 aus dem Otto Neurath-Nachlass, Philosophisches Archiv der Universität Konstanz: Sign. Inv.-Nr. 213.

115 Ajdukiewicz: „Der logische Antiirrationalismus in Polen" (1935), a.a.O., S. 30. Dies bestätigt später Jan Łukasiewicz in seinem Text „Logistyka a filozofia" [Logisches und Philosophie] (1936), a.a.O.: „Zurecht sagte Kazimierz Ajdukiewicz, der über den logischen Antiirrationalismus in Polen schrieb, dass er keinen polnischen Philosophen kennt, der die sachlichen Thesen des Wiener Kreises als seine eigenen anerkennen würde. Wir sind, wie es scheint, zu nüchtern dafür." Ebd.: S. 207. [Übersetzung S.W.] Vgl. das Original: „Słusznie powiedział prof. Ajdukiewicz, pisząc o logistycznym antyracjonalizmie w Polsce, że nie ma żadnego filozofa polskiego, któryby rzeczowe tezy Koła Wiedeńskiego uznał za swoje własne. Jesteśmy, jak się zdaje, za trzeźwi na to."

die überprüfbar und beweisbar sind, die Forderung nach begrifflicher Klarheit und präziser Sprache sowie das Interesse an der symbolischen Logik.[116]

Nach dem Krieg verfasste Ajdukiewicz noch einen Artikel „Über den sog. Neopositivismus" [O tzw. neopozytywizmie] (1946), in dem er an die wichtigsten Postulate des Wiener logischen Empirismus erinnert und die Protokollsatzdebatte kritisch aufarbeitet. Seiner Auffassung nach kann die von Carnap und Neurath vertretene Meinung, dass die Bestimmung der Wahrheit von den Ergebnissen der Erfahrung abhängt, zum extremen Relativismus führen: „Derselbe Satz, der aufgrund heutiger Ergebnisse wahr wäre, könnte aufgrund morgiger Erfahrungen falsch sein."[117] Eine entscheidende Wendung gab laut Ajdukiewicz dieser Debatte Tarskis Artikel „Der Wahrheitsbegriff in den formalisierten Sprachen" [Pojęcie prawdy w językach nauk dedukcyjnych] (1935), in dem ein logisch-semantischer, d.h. in einer Metasprache formulierter Wahrheitsbegriff eingeführt wurde. Mit dieser Arbeit hatte Tarski zugleich auch Ajdukiewiczs Konzept des ‚radikalen Konventionalismus' widerlegt (vgl. Kap. 5.3):

> Das von Tarski erreichte Ergebnis zwang die Wiener zu einer Wendung in zweierlei Hinsicht: Erstens, sie mussten auf ihren relativistischen Wahrheitsbegriff verzichten, zweitens – sie mussten aufgeben, die Logik der Wissenschaft mit der logischen Syntax zu verbinden und neben der Syntax noch die Semantik als einen gleichberechtigten Zweig der Logik der Wissenschaft anerkennen.[118]

Einer Kritik unterzog Ajdukiewicz auch die Einstellung des Wiener Kreises zur Metaphysik. Die Annahme, dass die metaphysischen Sätze *per se* sinnlos

---

116 Auch Neurath erkannte daraufhin die Differenzen zwischen Wiener Kreis und Lemberg-Warschau-Schule an: „Es ist in Ordnung von einem ‚Wiener Kreis' und von einer ‚Lemberg-Warschauer-Schule' zu sprechen, die Polen bilden eine wirkliche Schule – im allerbesten Sinne. Wir arbeiten ja im Wiener Kreis auch in manigfacher Weise zusammen, aber ich würde fast sagen ‚arbeitsteilig', während bei Ihnen die Fortsetzung, Weiterführung usw. stärker entwickelt ist." Vgl. den Brief Otto Neuraths an Kazimierz Ajdukiewicz vom 27. November 1934 aus dem Otto Neurath-Nachlass, Philosophisches Archiv der Universität Konstanz: Sign. Inv.-Nr. 213.

117 Kazimierz Ajdukiewicz: „O tzw. neopozytywizmie" [Über den sogenannten Neopositivismus] (1946), in: Ders.: *Język i poznanie* [Sprache und Erkenntnis], Bd. 2, Warszawa 1965, S. 7–28, hier S. 20. [Übersetzung S.W.] Vgl. das Original: „To samo zdanie, które ze względu na dzisiejsze wyniki doświadczenia byłoby prawdziwe, mogłyby się stać fałszywe ze względu na wyniki jutrzejsze."

118 Ebd. [Übersetzung S.W.] Vgl. das Original: „Wynik osiągnięty przez Tarskiego zmusił więc Wiedeńczyków do odwrotu na dwóch odcinkach. Po pierwsze musieli zrezygnować ze swego relatywistycznego pojęcia prawdy, po drugie musieli przestać utożsamiać logikę nauki z syntaksą (składnią) logiczną i uznać obok syntaksy jeszcze i semantykę jako pełnoprawną gałąź logiki nauki."

seien, da sie sich nicht empirisch überprüfen lassen, sei zu radikal. Die Metaphysik sei traditionell ein Teil der Philosophie, der logische Empirismus vollziehe eine Amputation an ihrem Körper, erkenne dem abgetrennten Teil den wissenschaftlichen Status ab und schlage ihm der Dichtung zu.[119]

Obwohl Ajdukiewicz und Dąmbska sich in Frage der Metaphysik vom Wiener Kreis distanzierten, soll nicht der Eindruck entstehen, dass die Lemberg-Warschau-Schule Sympathien für metaphysische Systembildungen in der Philosophie hegte. Im Gegenteil: Vertreter pluralistischer Konzeptionen (wie etwa Chwistek und Fleck) waren in ihren Augen Metaphysiker, auch die phänomenologischen Fragen betrachteten sie als spekulativ und damit als metaphysisch. Darauf wies auch Roman Ingarden hin, der in einem sich den „Haupttendenzen des Neopositivismus" [Główne tendencje neopozytywizmu] (1936) widmenden Text die Einstellung des Wiener Kreises und der Lemberg-Warschau-Schule zur Metaphysik miteinander verglich. Er diagnostizierte, dass der Wiener Kreis eine sich aus der deutschen Philosophie speisende Gruppe sei, die in der Atmosphäre der Metaphysik entstand und daher ihre Spuren trägt, die Lemberg-Warschau-Schule hingegen aber sich nicht mit der Metaphysik auseinandersetzte.[120] Ingarden kritisierte zudem, dass die Neopositivisten nur den naturwissenschaftlichen Erfahrungsbegriff als die einzige das Wissen verifizierende Instanz anerkannten. Seiner Auffassung nach gebe es noch andere Erfahrungsformen, z.B. innere Erfahrungen oder Erfahrungen, die durch Kunstwerke und ästhetische Werte gewonnen werden. Den Neopositivisten gälten diese Erfahrungen aber nur als metaphysische Phänomene, die zu bekämpfen seien.

Als Bindeglied zwischen den Mitgliedern des Wiener Kreises und der Lemberg-Warschau-Schule fungierte auch Maria Kokoszyńska (1905–1981) und ihr Beispiel zeigt, dass Ingardens Gegenüberstellung zu schematisch war. Wie Dąmbska studierte sie bei Schlick und nahm an Sitzungen des Wiener Kreises

---

119 Vgl. ebd.: S. 28. Ajdukiewiczs Kritik bestätigte später noch Zygmunt Zawirski (1882–1948), der ebenfalls Vertreter der Lemberg-Warschau-Schule war: „Polnische Philosophen wurden von den Vertretern des logischen Positivismus so behandelt, als ob sie ihrem Standpunkt nahe stünden. Das war in gewissem Maße richtig, doch nicht ganz, denn die polnische Wissenschaftsphilosophie teilte nicht den wichtigsten Punkt des alten und neuen Positivismus. Das Wesen des Positivismus ist eine radikal anti-metaphysische Einstellung. Die polnische Wissenschaftstheorie hat jedoch aufgezeigt, dass einige Fragen der traditionellen Metaphysik zu einem gewissen Grad wissenschaftlich behandelt werden können." Zygmunt Zawirski: *O współczesnych kierunkach filozofii* [Über die gegenwärtigen philosophischen Richtungen], Kraków 1947, hier S. 6–7.

120 Vgl. Roman Ingarden: „Główne tendencje neopozytywizmu" [Die Haupttendenzen des Neopositivismus], in: *Marchłot* 2 (1936), S. 264–278, hier S. 269.

teil.[121] In ihren Texten schildert sie die Ansichten des Wiener Kreises, betont aber dabei die Verdienste ihrer Lemberger Kollegen, vor allem Ajdukiewiczs und Tarskis.[122] Insbesondere setzt sie sich sowohl mit dem Problem der Metaphysik als auch mit der Idee der Einheitswissenschaft auseinander. Den Aufstieg des logischen Empirismus sieht sie als Chance, sich der in Europa, vor allem in Deutschland stark werdenden Metaphysik zu widersetzen. Zudem erwähnt sie als erste in Lemberg den großen Einfluss Ludwig Wittgensteins', den er mit seinem *Tractatus logico-philosophicus* auf den Wiener Kreis ausgeübt hatte.[123]

Nach der Ermordung von Moritz Schlick 1936 beendete der Wiener Kreis seine Aktivität. Die Lemberg-Warschau-Schule blieb bis zum Ausbruch des 2. Weltkriegs aktiv.

5.4.2 *Ludwik Fleck und der Wiener Kreis*

Die in Wien geführten Debatten erlaubten also den Mitgliedern der Lemberg-Warschau-Schule, ihre eigenen Positionen zu präzisieren und die Differenzen gegenüber dem Wiener Kreis herauszuarbeiten. Auch außerhalb der Schule Twardowskis wurden in Lemberg Theorien entwickelt, die sich gegen die praxisferne Wissenschaftsphilosophie des Wiener Kreises wandten. Hierzu gehörte vor allem die Epistemologie Ludwik Flecks.

Mit seinem pluralistischen Wissenschaftsverständnis befand sich Fleck in Lemberg gegenüber der dort dominierenden Philosophen-Schule in einer Außenseiterposition, und wie seine spätere Diskussion mit Dąmbska zeigt

---

121 Kokoszyńska hielt sich zwischen November 1934 und April 1935 in Wien auf. An ihren Doktorvater Kaziemierz Twardwoski schrieb sie: „Nachdem ich am nächsten Tag an der Universität angekommen war, ging ich zu Schlicks Vorlesung. [...] Ich mag die Art, wie er Vorlesungen hält. Er spricht etwas lässig und emotionslos, aber klar und mit Humor. [...] Als ich mich nach der Vorlesung bei Prof. Schlick vorstellte, lud er mich zum ersten Treffen des Kreises nach über einem Jahr Pause ein, das am Abend desselben Tages stattfand. Natürlich habe ich an diesem Treffen teilgenommen." Brief Maria Kokoszyńskas an Kazimierz Twardowski vom 23. November 1934, Bibliothek der Universität Warschau und der Polnischen Akademie der Wissenschaften, Sign. Akt-K-02-1-16-004.

122 Vgl. insbes. Maria Kokoszyńska: „Filozofia nauki w Kole Wiedeńskim" [Die Wissenschaftsphilosophie des Wiener Kreises], in: *Kwartalnik Filozoficzny* 13 (1936) 502, S. 151–165 und 13 (1936) 503, S. 181–194; dies.: „W sprawie walki z metafizyką" [In der Angelegenheit des Kampfes gegen die Methaphysik], in: *Przegląd Filozoficzny* [Philosophische Rundschau] 41 (1938) 501, S. 9–24; dies.: „Bemerkungen über die Einheitswissenschaft", in: *Erkenntnis* 5/6 (1939), S. 325–335. Vgl. auch: Anna Brożek: „Maria Kokoszyńska: Between the Lvov-Warsaw School and the Vienna Circle", in: *Journal for the History of Analytical Philosophy* 5 (1917) 2, S. 18–36.

123 Brian McGuinness: „Wittgensteins Beziehungen zum Schlick-Kreis", in: Kruntorad (Hg.): *Jour Fixe der Vernunft*, a.a.O., S. 108–126.

(vgl. Kap. 5.5), vertrat er seine konträren Ansichten offensiv. Unterstützung erhoffte er eher in Wien zu finden, wo er sich an den Physiker und Philosophen Moritz Schlick (1882–1936) wandte, um den sich nach dessen Übernahme des Lehrstuhls für Naturphilosophie von Ernst Mach 1922 ein Kreis bildete, – der sogenannte Schlick-Zirkel, der später als Wiener Kreis bekannt wurde.[124] Neben Schlick, Carnap, Neurath und Hahn – gehörten zum Kreis auch die Philosophen Egdar Zilsel und Wilhelm Jerusalem (vgl. Kap. 7.3), die eher wissenssoziologisch orientiert waren. Womöglich glaubte Fleck deshalb, hier nicht auf eine weitgehend geschlossene Front der Ablehnung wie in Lemberg zu stoßen, zumal auch Schlick ein offener, beweglicher philosophischer Kopf war, der nicht zu Dogmatismus neigte. Fleck attackiert jedenfalls nirgendwo Schlick öffentlich, er wählt als Zielscheibe für seine Kritik vordringlich Carnap aus. Während er in der Dąmbska-Debatte (vgl. Kap. 5.5) grundsätzlich die Zweckmäßigkeit von Protokollsätzen bezweifeln wird, ist seine Strategie zuerst etwas anders ausgerichtet. Offenbar hatte auch Fleck die kontroversen Debatten um Protokollsätze verfolgt, denn er streicht bei seiner Kritik vor allem heraus, dass die Anhänger einer Einheitswissenschaft nicht einmal unter sich darüber einig sind, was unter Protokollsätzen zu verstehen sei und somit sich ihr Konzept selbst *ad absurdum* führe. Er nimmt diesen Kreis sogar als Exempel für seine Theorie, in der er aufzeigt, dass selbst innerhalb eines Denkstils kein gemeinsamer Nenner beim Versuch der exakten sprachlichen Wiedergabe von Beobachtungen zu finden sei. Vielmehr könne man feststellen, dass die Protokollsatzidee jeweils in Wien und Lemberg und zwischen den beiden Gruppen zu zirkulieren beginnt und dabei sehr divergente begriffliche und konzeptuelle Ausformungen erfährt.

Die Protokollsatzdebatte hatte sehr viele unterschiedliche Philosophen und Wissenschaftstheoretiker in regen Denkverkehr miteinander gebracht. Fleck beteiligte sich daran, indem er sein Buch *Entstehung und Entwicklung einer wissenschaftlichen Tatsache* (1935) gegen die Theorie des Logischen Empirismus ausgerichtet hatte, – allein schon durch dessen historischen und wissenssoziologischen Ansatz. Gleichwohl wandte er sich an Schlick, dem führenden Kopf dieser philosophischen Richtung, 1933 brieflich, um ihn um Unterstützung bei der Veröffentlichung seines Manuskriptes zu bitten, das ursprünglich den Titel *Analyse einer wissenschaftlichen Tatsache. Versuch einer vergleichenden Erkenntnistheorie* trug. Womöglich war ihm dabei sein Freund Leon Chwistek behilflich, der mit Schlick im engen Kontakt stand. Doch auch die internen Konflikte zwischen Schlick, Neurath und Carnap bezüglich der Frage nach dem

124 Vgl. einführend: Barry Smith: „Austrian orgins of logical Positivism", in: Klemens Szaniawski: *The Vienna Ciercle and the Lvov-Warsaw-School*, Boston/London 1989, S.19–53.

empirischen Fundament der Erkenntnis führten zur Annäherung zwischen Fleck und Schlick. So konnte Fleck durchaus damit rechnen, ein offenes Ohr zu finden, als er ihn in seinem Brief mit der Feststellung konfrontierte, dass „in der Erkenntnistheorie zumeist nicht die Erkenntnis, wie sie faktisch sich darbietet, untersucht werde, sondern ihr imaginiertes Idealbild, das der realen Eigenschaften entbehrt. [...] Der Satz, alle Erkenntnis entspringe den Sinneseindrücken, ist irreführend, denn die Mehrzahl der Kenntnisse aller Menschen stammt einfach aus den Lehrbüchern."[125] Dennoch – so Fleck weiter – seien nie zuvor „ernstliche Untersuchungen angestellt worden, ob das Mitteilen eines Wissens, seine Wanderung von Mensch zu Mensch, vom Zeitschriftenaufsatz zum Handbuch nicht prinzipiell mit besonders gerichteter Transformation verbunden ist."[126] Die Konsequenz sei, dass man bis heute nicht wisse, „wie weit ein Wissensbestand den Erkenntnisakt beeinflußt."[127] Endlich fänden sich „auch in der historischen Entwicklung des Wissens einige merkwürdige allgemeine Erscheinungen, wie z.B. die besondere stilmäßige Geschlossenheit jeweiliger Wissenssysteme, die eine erkenntnistheoretische Untersuchung fordern."[128] Was Fleck in seinem Brief an Schlick skizzierte, war ein Frontalangriff gegen die Vorstellung, man könne Erkenntnisakte neutral beschreiben und auf dieser Basis eine Wissenschaftstheorie aufbauen. Fleck insistierte darauf, dass man auch die unbewußt übernommenen Einstellungen aus der Tradition und der sozialen Umgebung mit einbeziehen müsse, denn dann erweise sich, dass selbst die sachlich begründeten Ergebnisse, Überprüfungsverfahren der Wissenschaften kulturell geprägt und insofern stilbedingt sind. Anders als die Mitglieder des Wiener Kreises, die ein ahistorisches Verständnis von Tatsachen hatten, vertrat Fleck also die Position, dass die Entstehungsgeschichte wissenschaftlicher Begriffe für die Erkenntnistheorie von zentraler Bedeutung ist. Betrachte man die wissenschaftliche Begriffsbildung unter Absehung von ihrer Genese, erhalte man eine fiktive, idealisierende Erkenntnistheorie. Sowohl die Gegenstände der Beobachtung, die vermeintlich gegebenen Tatsachen, als auch die Beschreibungen dieser Tatsachen stünden nie fix fest, sondern erhielten erst ihren Sinn innerhalb eines Untersuchungskontextes. Für Fleck gilt das als Tatsache, was der jeweilige Denkstil lokaler Denkkollektive festlegt. Ohne den Verweis auf ein Denkkollektiv und damit auf einen bestimmten Denkstil ist eine wissenschaftliche Untersuchung chimärisch.

125 Vgl. den Briefwechsel zwischen Ludwik Fleck und Moritz Schlick, in: Fleck: *Denkstile und Tatsachen*, a.a.O., S. 561–565, hier S. 561.

126 Ebd.: S. 562.

127 Ebd.

128 Ebd.

In seiner Antwort würdigte Schlick trotz der vorhandenen Unterschiede an Flecks erkenntnistheoretischer Position den „Gedankenreichtum, die Gelehrsamkeit, die Klugheit der Argumente und das hohe geistige Niveau des Ganzen".[129] Helfen könne er aber ihm bei der Publikation seines Buches nicht, dafür bräuchte man Gutachter aus dem Bereich der Medizingeschichte. Wie sich später zeigte, empfahl Schlick Flecks Buch dennoch dem Springer Verlag, der das Manuskript schließlich ablehnte.[130] Zu einem persönlichen Treffen zwischen Fleck und Schlick kam es nie. Infolge der antisemitischen Politik der polnischen Regierung verlor Fleck seine Anstellung als Arzt. Schlick wurde 1936 ermordet.

Während es zwischen Fleck und Schlick – bei all den methodologischen Differenzen – einige Gemeinsamkeiten gab, wie etwa die Ablehnung einer subjektzentrierten und fundamentalistischen Erkenntnistheorie sowie die Kritik am Universalismus im Kontext einer Einheitswissenschaft, ist die Differenz zu Carnap unüberbrückbar groß. Carnap wird für Fleck als Urheber der Protokollsatzdebatte zu einer der Hauptzielscheiben in seinem Buch[131] und seinen kleineren erkenntnistheoretischen Schriften. Denn Fleck bestreitet, dass ein objektives, feststehendes Fundament der Erkenntnis gefunden werden kann und es eine universell gültige wissenschaftliche Wahrheit gibt:

> Ebensowenig wie es ein „Alles" gibt, gibt es ein „Allerletztes", ein Fundamentales, aus dem sich die Erkenntnis logisch aufbauen ließe. Das Wissen ruht eben auf keinem Fundamente; das Getriebe der Ideen und Wahrheiten erhält sich nur durch fortwährende Bewegung und Wechselwirkung.[132]

Fleck geht davon aus, dass das Wissen Effekt einer permanenten Transformation von Ideen, Begriffen und Theorien ist, die aus verschiedenen Schulen und Traditionen entstammen. In seinen Augen verleitet das Programm der Einheitswissenschaft dazu, einen partikularen Standpunkt zu verabsolutieren und sei daher dogmatisch. Als dogmatisches System habe es sich fast schon selbst überlebt, ja die Kritik lohne sich gar nicht mehr, zumal sich Carnap selbst widerspreche:

---

129 Ebd.: S. 563.

130 Vgl. Fynn Ole Engler: „Koinzidenzen, Gestalten und Denkstile. Moritz Schlick und Ludwik Fleck über die Objektivität am Fundament der Erkenntnis und die Bedeutung der Wissenschaftsgeschichte", in: Moritz Schlick: *Ursprünge und Entwicklungen seines Denkens*, hg. v. Fynn Ole Engler und Mathias Iven, Berlin 2010, S. 339–386.

131 Vgl. Kristian Köchy: „Vielfalt der Wissenschaften bei Carnap, Lewin und Fleck. Zur Entwicklung eines pluralen Wissenschaftskonzepts", in: *Berichte zur Wissenschaftsgeschichte* 33 (2010), S. 54–80.

132 Fleck: *Entstehung und Entwicklung einer wissenschaftlichen Tatsache* (1935), a.a.O., S. 70.

> Das System von Carnap („Der logische Aufbau der Welt") wird vielleicht der letzte ernste Versuch sein, aus „Gegebenen", aus „unmittelbaren Erlebnissen" als letzten Elementen die „Welt" aufzubauen. Da Carnap bereits diesen Standpunkt selbst – etappenweise – verlassen hat (vgl. *Erkenntnis* Bd. II. S. 432), erübrigt sich dessen Kritik. In bezug auf seinen Standpunkt, der den Absolutismus der Protokollsätze schon verwirft (*Erkenntnis* Bd. III. S. 215), ist ihm noch eines zu wünschen: er möge die soziale Bedingtheit des Denkens endlich entdecken. Dann wird er vom Absolutismus der Denknormen frei werden, freilich aber auf die „Einheitswissenschaft" verzichten müssen.[133]

Auch in seinem zeitgleich in polnischer Sprache veröffentlichten Artikel „Über die wissenschaftliche Beobachtung und die Wahrnehmung im Allgemeinen" [O obserwacji naukowej i postrzeganiu wogóle] (1935) betont Fleck die Zwecklosigkeit von Carnaps Einführung einer Protokollsprache, da diese neue Forschungsfelder und Denkmöglichkeiten versperre. Der Text erschien in *Przegląd Filozoficzny* [Philosophische Rundschau] und damit in der seinerzeit wichtigsten philosophischen Zeitschrift in Polen, in der hauptsächlich die Mitglieder der Lemberg-Warschau-Schule ihre Texte publizierten. Fleck kritisiert Carnaps Programm, weil es reduktionistisch ist und streicht wiederum heraus, dass seine Theorie inkonsequent ist. Mehr noch: Der Denkstil des Wiener Kreises sei gegen seine eigenen Ansprüche in sich heterogen und pluralistisch:

> Ich halte es für zwecklos und unnötig, sich grundsätzlich mit diesem „atomistischen" Standpunkt auseinanderzusetzen. Die Anhänger des unmittelbar elementar Gegebenen diskreditieren sich selbst, indem sie sich untereinander nicht darüber verständigen können, was eigentlich als jene unmittelbar gegebenen Elemente angesehen werden soll. Was ist das für ein unmittelbar Gegebenes, was man derart suchen muß? Und in welcher Weise ist es unmittelbar gegeben, wenn man einen solchen Wortstreit um es führen muß? Es genügt, in der Zeitschrift *Erkenntnis* Band II (S. 432) und Band III (S. 215)[134] zu vergleichen, um sich davon zu überzeugen, wie sich Carnap mit seinen Protokollen (Protokollsätzen) verwickelt hat, und die völlige Fruchtlosigkeit der ganzen Sache festzustellen. Sie führt notwendigerweise entweder zum Dogmatismus oder zum Relativismus und gibt in beiden Fällen keine neuen Forschungsmöglichkeiten.[135]

Der sachliche Grund für Flecks Kritik ist in seinem ganz anderen Wissenschaftsverständnis zu sehen. Ihm zufolge ist die Wissenschaft nicht ausschließlich als eine Sammlung von Sätzen oder Satzsystemen zu begreifen, sondern

---

133 Ebd.: S. 121, Fn. 3.

134 Rudolf Carnap: „Die physikalische Sprache als Universalsprache der Wissenschaft", in: *Erkenntnis* 2 (1931), S. 432–465; Ders.: „Über Protokollsätze", in: *Erkenntnis* 3 (1932), S. 215–228.

135 Ludwik Fleck: „Über die wissenschaftliche Beobachtung und Wahrnehmung im Allgemeinen" [O obserwacji naukowej i postrzeganiu wogóle] (1935), a.a.O., S. 216.

als ein komplexes kulturelles Phänomen. Das Erkennen ist ein Resultat einer sozialen Tätigkeit, der Erkenntnisbestand von stilgemässen Zusammenhängen abhängig.

Naiv wäre es daher zu glauben, dass es isolierte Beobachtungen gibt, die durch Protokollsätze erfasst werden können, erst recht, wenn die Protokollsätze dann als Fundament für den Aufbau der Wissenschaften – wie es Carnap vorschwebte – dienen würden.

Die radikalen Folgen seines Denkstilpluralismus bringt Fleck hier anhand des Problems entfernter Denkstile luzide auf den Punkt, gerade indem er ihn mit der Protokollsatzdebatte verknüpft, und zwar wenn er konstatiert,

> daß zwei Beobachter, deren Denkstile weit genug voneinander entfernt sind, keine gemeinsamen Beobachtungsgegenstände haben, sondern jeder von ihnen im Grundsatz einen anderen Gegenstand beobachtet. Wenn es um die Protokolle ihrer Beobachtungen geht, kompliziert sich die Sache noch dadurch, daß sie andere Ausdrücke oder die gleichen Ausdrücke in anderer Bedeutung verwenden werden. Es kann also keine Rede davon sein, daß es möglich wäre, die Protokolle zwischen diesen Beobachtern im ganzen oder auch in irgendwelchen Teilen auszutauschen.[136]

Auch später noch, nach dem Krieg, hält Fleck an seiner Kritik an den Protokollsätzen fest und präzisiert sogar noch seine Kritik:

> Man kann keine Wissenschaft als „ein Satzsystem" verstehen, denn jede von ihnen ist eine verschlungene kulturelle Erscheinung, die man von der historischen, soziologischen, psychologischen Seite etc. untersuchen soll. In jeder Wissenschaft verändern sich ständig, Sätze und Begriffe, sowohl hinsichtlich des Inhalts als auch der Form. Man kann die Aussagenlogik von der Bezeichnungslogik nicht unterscheiden, denn die ganzen Sätze werden manchmal zu Bezeichnungen und die Bezeichnungen, unter bestimmten Umständen, zu Sätzen. Es existieren keine elementaren hinzufügbaren „Protokollsätze", denn jede einfachste Beobachtung ist von der logischen Seite eine verschlungene Hypothese, angelehnt an viele Grundkonzeptionen und Konventionen, d.h. unter identischen physikalischen Bedingungen wären immer verschiedene Aussagen über ein Beobachtungsresultat möglich. Von der methodologischen Seite ist jede Beobachtung eine Funktion des Denkstils, d.h. sie ergibt sich aus der Geschichte und Soziologie eines Denkkollektivs.[137]

---

136 Ebd.: S. 220.

137 Ludwik Fleck: „Diskussionsbeitrag zum Vortrag von Jerzy Łoś: ‚O możliwości badań metasystemowych języka fizykalnego' [Über die Möglichkeit metasystemischer Untersuchungen der physikalischen Sprache], in: *Sprawozdanie z działalności Towarzystwa Filozoficznego i Psychologicznego w Lublinie w latach 1945–1947 oraz uzupełnienie za rok 1948* [Bericht über die Aktivitäten der Philosophischen und Psychologischen Gesellschaft in Lublin in den Jahren 1945–1947], Lublin 1948, S. 65. [Übersetzung S.W.] Vgl. das Original: „Nie można żadnej nauki uważać wyłącznie za ‚system zdań', gdyż każda z nich

Fleck hat also durchaus versucht, mit den Vertretern des logischen Empirismus in Denkverkehr zu treten. Sein Angriff galt zunächst Carnap, später wandte er sich gegen die Lemberg-Warschau-Schule, womit er eine scharfe Reaktion provozierte. Die wird im folgenden Kapitel deutlich werden.

5.5 Ludwik Fleck und die Lemberg-Warschau-Schule

Außerhalb der Schule Twardowskis offerierte in Lemberg das 1918 von Leon Chwistek formulierte Konzept der ‚Vielheit der Wirklichkeiten' (vgl. Kap. 4.1) einen Ausgangspunkt für relativistische oder pluralistische Wissenschaftstheorien, nicht zuletzt für die Theorie des ‚Denkstils und Denkkollektivs' Ludwik Flecks (vgl. Kap. 4.2). Während aber Chwisteks pluralistische Konzeption – wenn auch kritisch – seitens der Lemberg-Warschau-Schule und auch international (z.B. durch Bertrand Russell) rezipiert wurde, wurde Flecks kulturalistische Wissenschaftssoziologie seinerzeit fast vollständig ignoriert. Es gab die Kryptorezeption durch Ajdukiewicz (vgl. Kap. 5.3) und eine einzige Kontroverse mit Izydora Dąmbska (Kap. 5.5), sonst fand seine Epistemologie in philosophischen Diskussionen keine Berücksichtigung.[138] Des Öfteren

jest zawiłym zjawiskiem kulturalnym, które trzeba rozpatrywać ze strony historycznej, socjologicznej, psychologicznej itd. Zmieniają się ustawicznie w każdej nauce zdania i pojęcia, tak co do treści jak i formy. Nie można odróżnić rachunku zdań od rachunku nazw, gdyż całe zdania stają się nieraz nazwami, a nazwy w pewnych okolicznościach stają się zdaniami. Nie istnieją żadne elementarne i dodawalne ‚zdania protokolarne', gdyż każda najprostsza obserwacja jest ze strony logicznej zawiłą hipotezą, opartą o liczne założenia lub umowy, także w identycznych warunkach fizykalnych zawsze możliwe byłyby różne wypowiedzi co do wyniku obserwacji. Ze strony metodologicznej, każda obserwacja jest funkcją stylu myślowego, t.j. wynika z historii i socjologii danego kolektywu myślowego."

138 Vgl. z.B. die Überblicksartikel von Tadeusz Kotarbiński: „Grundlinien und Tendenzen der Philosophie in Polen", in: Pearce, Woleński (Hg.): *Logischer Rationalismus. Philosophische Schriften der Lemberg-Warschau-Schule*, a.a.O., S. 21–29; Kazimierz Ajdukiewicz: „Der logische Antiirrationalismus in Polen" (1935), a.a.O., S. 151–161, auch in: Pearce, Woleński (Hg.): *Logischer Rationalismus*, a.a.O., S. 30–37; Kazimierz Ajdukiewicz: „Kierunki i prądy filozofii współczesnej" [Richtungen und Strömungen der Gegewartsphilosophie], in: Ders.: *Język i poznanie* [Sprache und Erkenntnis], 2 Bde, hier Bd. 1, Warszawa 1960, S. 249–263.

Selbst nach dem 2. Weltkrieg wurde Fleck in den Publikationen der Philosophen der Lemberg-Warschau-Schule nicht berücksichtigt; die abweichenden philosophischen Positionen von Roman Ingarden oder Leon Chwistek wurden indes als Teil der polnischen Philosophiegeschichte anerkannt. Vgl. Izydora Dąmbska: „Czterdzieści lat filozofii we Lwowie. 1898–1948" [Vierzig Jahre der Philosophie in Lemberg. 1898–1948], in: *Przegląd Filozoficzny* [Philosophische Rundschau] 64 (1948), S. 14–25; dies.: „Filozofia na Uniwersytecie Jana Kazimierza we Lwowie w latach 1918–1939" [Die Philosophie an wurde darüber spekuliert, ob das Übersehen oder Übergehen von Flecks Positionen seitens der Vertreter der Lemberg-Warschau-Schule biographisch und politisch motiviert war, denn als Jude war er aus vielen wissenschaftlichen Verbänden und universitären Einrichtungen ausgeschlossen.[139] Wahrscheinlicher scheint jedoch, dass Fleck von den Lemberger Philosophen als Fachfremder nicht ernst genommen wurde.[140] Als Mediziner war er in ihren Augen nur ein Laie, ein Hobby-Philosoph, der nicht stringent argumentieren konnte, die Bereitschaft, sich auf einen anderen Denkstil einzulassen, war seitens der Schulphilosophie gering. Umso vehementer forderte Fleck genau diese Anerkennung anderer Perspektiven als wissenschaftliche Grundhaltung ein. Während außerhalb Lembergs Moritz Schlick ihm zumindest mit wohlwollender Skepsis begegnete, blieb Flecks Kampf um die wissenschaftliche Anerkennung seiner Epistemologie durch die dominierenden Lemberger Philosophen seinerzeit vergeblich. Lediglich Chwistek, selbst ein Außenseiter, setzte sich mit seinen Ideen öffentlich auseinander.

Kazimierz Ajdukiewicz, der Fleck zeitweilig mit seinen Theorien nahestand, hatte sich mit seinem Einsatz für den Relativismus in Lemberg nicht durchsetzen können (vgl. Kap. 5.3). Sein Versuch, eine Diskussion über die sprachliche Bedingtheit der Wissenschaft, also über ihre kulturelle Determinierung einzuleiten, war innerhalb der Lemberg-Warschau-Schule schnell unterbunden worden. Deren Suche nach einer Lösung, den Skeptizismus zu überwinden, gab Fleck die Gelegenheit, seine Epistemologie erneut zu präsentieren.[141] Mit der Veröffentlichung seiner Schrift über „Das Problem der Theorie des

---

der Jan-Kazimierz-Universität in Lemberg in den Jahren 1918–1939], in: *Zeszyty Lwowskie* [Lemberger Hefte] 2 (1971), S. 76–90.

139 Vgl. Bogusław Wolniewicz: „Ludwik Fleck i filozofia polska“ [Ludwik Fleck und die polnische Philosophie], in: *Studia Filozoficzne* [Philosophische Studien] 5–6 (1982), S. 79–82; Michał Rydlewski: „Ludwik Fleck a Szkoła Lwowsko-Warszawska“ [Ludwik Fleck und die Lemberg-Warschau-Schule], in: *Ruch Filozoficzny* [Philosophische Bewegung] 69 (2012) 3–4, S. 623–648. Vgl. auch: Marcus Klingberg, Michael Sfard: *Der letzte Spion. Autobiographie*, Münster/Berlin 2014, hier S. 418.

140 Im Nachlass von Tadeusz Twardowski findet sich eine Notiz, die besagt, dass er in seiner Bibliothek einen Sonderdruck des 1935 in *Przegląd Filozoficzny* [Philosophische Rundschau] erschienenen Textes Flecks „Über die Beobachtung und Wahrnehmung im Allgemeinen“ [O obserwacji naukowej i postrzeganiu wogóle] besaß: http://archiwum.wfis.uw.edu.pl/bibfis/zasoby-i-zrodla/katalogi/katalog-kolekcji-ksiazek-odziedziczonych/ksiegozbior-prof-kazimierzatwardowskiego/nadbitki-prof-kazimierza-twardowskiego/ (letzter Zugriff: 12.12.1019).

141 Vgl. dazu: Karol Sauerland: „Suche nach Ordnung und Freude an der Vielheit. Der Staatspolitische Hintergrund der philosophischen Debatten im Polen der zwanziger und dreißiger Jahre“, in: Gangolf Hübinger (Hg.): *Europäische Wissenschaftskulturen und politische Ordnungen in der Moderne (1890–1970)*, München 2014, S. 123–141.

Erkennens" [Zagadnienie teorii poznawania] (1936) in *Przegląd Filozoficzny* [Philosophische Rundschau] situiert er seine Überlegungen direkt in diesen Diskussionskontext. Es ist – abgesehen von der auf Deutsch erschienenen Monographie *Entstehung und Entwicklung einer wissenschaftlichen Tatsache* (1935) – der ausführlichste Beitrag Flecks zur Debatte und er veröffentlicht ihn, wie zuvor auch den Text „Über die wissenschaftliche Beobachtung und die Wahrnehmung im Allgemeinen" [O obserwacji naukowej i postrzeganiu wogóle] (1935) auf Polnisch, seine Argumente sind diesmal direkt an die polnischen Philosophen adressiert. Die Möglichkeit, in einer strikt philosophischen Zeitschrift eine Studie zu veröffentlichen, die die Grundprinzipien des logischen Empirismus in Frage stellte, verdankte Fleck möglicherweise dem neuen Chefredakteur der Zeitschrift Władysław Tatarkiewicz (1886–1980), der an wissenschaftsphilosophischen Fragen interessiert war. Flecks Text musste nun doch eine Reaktion seitens der Lemberg-Warschau-Schule auslösen, er rief jedenfalls Izydora Dąmbska (1904–1983), eine Schülerin Twardowskis auf den Plan, mit der sich eine Kontroverse entspann, in der es um weit mehr ging, als – wie es vordergründig scheint – um Fragen der Ethnologie (vgl. Kap. 7.4).[142]

In „Das Problem der Theorie des Erkennens" [Zagadnienie teorii poznawania] (1936) stellt Fleck sein relativistisches Denkstilkonzept wunderbar anschaulich und im klaren philosophischen Stil dar. Im Unterschied zu vielen seiner Texte, die zwar ebenfalls sehr genaue Analysen des wissenschaftlichen Sprachgebrauchs enthalten, versucht Fleck hier seine Wissenschaftstheorie stärker sprachphilosophisch zu erläutern, offensichtlich im Bestreben, sich dem Lemberger Philosophenkollektiv durch eine andere Darstellungsweise und Annäherungen bei der Terminologie verständlicher zu machen. Diese Strategie für die Kommunikation mit anderen Denkkollektiven wird er zudem in seinem Text, wie gleich zu sehen sein wird, als propagandistisches Verfahren selbstreflexiv beschreiben.

Fleck beobachtet zunächst, dass Erkenntnistheoretiker gewöhnlich den Kardinalfehler begehen, von der konkreten Erkenntnissituation abzusehen,

142 Vgl. dazu: Birgit Griesecke: „Was machen normale Menschen, wenn sie nicht schlafen? Ludwik Fleck, Izydora Dąmbska und die ethnographische Herausforderung der frühen Wissenssoziologie", in: Egloff (Hg.): *Tatsache – Denkstil – Kontroverse*, a.a.O., S. 13–19; Krzysztof Szlachcic: „Konwencje, style myślenia i relatywizm. Kilka uwag o sporze I. Dąmbska – L. Fleck" [Konventionen, Denkstile und der Relativismus. Einige Bemerkungen über den Streit I. Dąmbska – L. Fleck], in: *Studia Philosophica Wratislaviensia* 1 (2006) 1, S. 27–45; Woleński: *Szkoła Lwowsko-Warszawska w polemikach* [Die Lemberg-Warschau-Schule in Polemiken], a.a.O., S. 193–194; Claus Zittel: „Die Entstehung und Entwicklung von Ludwik Flecks ‚vergleichender Erkenntnistheorie'", in: Chołuj, Joerden (Hg.): *Von der wissenschaftlichen Tatsache zur Wissensproduktion*, a.a.O., S. 439–462.

um stattdessen ein imaginäres neutrales epistemisches Subjekt zum Ausgangspunkt zu wählen, das jenseits historischer und sozialer Kontexte in seinen Erkenntnisakten „absolut, unveränderlich und allgemein"[143] agiere. Diesem fiktiven Erkenntnissubjekt werde dann unterstellt, dass es empirische Erfahrungen mache. Man vergesse jedoch dabei, dass es keine neutrale Erkenntnissituation gibt, in der ein allgemeines Subjekt allgemeine Erfahrungen mit der Welt macht, sondern es gebe nur konkrete Subjekte und deren empirische Erfahrungen seien immer geprägt von dem, was sie in ihrem Leben zuvor gelernt haben. Genau diesen Einfluß der Bildungsgeschichte des Einzelnen auf sein Erkennen habe die Erkenntnistheorie bislang ausgeblendet, gerade sie gelte es aber zu erforschen:

> Da sagt man z.B., daß die Quelle des Wissens des „Menschen" empirische Erfahrungen sind, und man denkt dabei nicht daran, daß bei uns in Europa die Quelle fast alles Wissens jedes Menschen seit langem ganz einfach das Buch und die Schule sind. Diese Bücher und diese Schulen entstammen wiederum Büchern und Schulen usw. Selbst wenn wir annehmen, daß dieser Weg letzten Endes seinen Anfang in irgend jemandes empirischen Erfahrungen nahm, so mangelt es doch bislang an seriösen Untersuchungen darüber, ob allein das Übermitteln des Wissens, seine Wanderung von Mensch zu Mensch, von der wissenschaftlichen Zeitschrift in ein Lehrbuch, seinen Inhalt nicht verändert, und insbesondere, ob es ihn nicht in irgendwie gerichteter Weise verändert.[144]

Flecks argumentative Strategie gegen den logischen Empirismus – und zwar sowohl der Wiener als auch der Lemberger Ausprägung – besteht darin, aufzuzeigen, dass dieser kein Empirismus, sondern ein Idealismus ist, weil er die sozialen Umstände des wissenschaftlichen Erkennens vernachlässige. Vielmehr konstruiere man eine vermeintlich „normale" Erkenntnissituation, in der ein fiktives Subjekt symbolisch den menschlichen Geist repräsentieren solle. An diesem Maßstab gemessen, könne alles, was anders ist und sich nicht in die „engstirnige Fiktion des ‚normalen Geistes'"[145] füge, entweder „lediglich als genial angebetet oder mitleidsvoll als wahnsinnig behandelt werden."[146] Flecks Soziologie des Erkennens will hingegen die jeweilige Entwicklungsgeschichte eines konkreten Denkens nachzeichnen, um im Anschluss die sich daraus ergebende Vielheit unterschiedlicher Denkstile vergleichend zu betrachten. Fleck kommt aus der wissenschaftlichen Praxis, seine Beispiele sind

143 Fleck: „Das Problem der Theorie des Erkennens" [Zagadnienie teorii poznawania] (1936), a.a.O., S. 260.

144 Ebd.

145 Ebd.: S. 261.

146 Ebd.

entsprechend erfahrungsgesättigt und er kann so den Wissenschaftsphilosophen vorführen, wie sehr sie sich von der konkreten wissenschaftlichen Lebenswelt mit ihren Theorien entfernten. Man kann theoretisch begründen, warum es eine universelle Verständigung geben muss, schaut man sich hingegen die reale Situation eines Forschers an oder blickt man in andere oder vergangene Kulturen, gelangt man zu einer vollkommenen anderen Ansicht: Es gibt somit viele verschiedene Denkstile, und manche, wie die archaischen Denkstile seien uns ganz fremd, doch dies berechtige uns nicht, den eigenen Denkstil zu verabsolutieren und andere Denkstile als Unsinn abzutun:

> Rationalität oder Irrationalität sind jedoch nicht Merkmale der Phänomene, sondern Beleg von Tauglichkeit oder Untauglichkeit der angewandten verstandesgemäßen Methoden. Daraus folgt also, daß wir bislang über keine tauglichen Methoden zur Untersuchung der genannten Phänomene verfügen.[147]

Mit der Problemstellung ist also auch die Aufgabe vorgegeben, eine neue Methode zu entwerfen, die in der Lage ist, die (auch in den Wissenschaften) konkret vorhandene Vielfalt von Denkstilen im Rahmen einer Theorie des Erkennens zu explizieren. Der erste Schritt ist nach Fleck,

> die Denkdifferenzierung der Menschen in Gruppen: Es gibt Menschen, die sich miteinander verständigen können, d.h. die irgendwie ähnlich denken, die gewissermassen derselben Denkgruppe angehören und Menschen, die sich nicht im mindesten einigen und miteinander verständigen können, als ob sie verschiedenen Denkgruppen (-gemeinschaften) angehörten. Naturwissenschaftler, Philologen, Theologen oder Kabbalisten können sich innerhalb ihrer Gemeinschaften ausgezeichnet verständigen, aber die Verständigung eines Physikers mit einem Philologen ist schwierig, mit einem Theologen sehr schwierig und mit einem Kabbalisten oder Mystiker unmöglich. Der Gegenstand des Gesprächs spielt keine entscheidende Rolle, denn sogar bei einem scheinbar identischen Gegenstand, z.B. in der Frage einer gewissen Krankheit oder eines Phänomens am Himmel, versteht der Physiker einen Biologen, verständigt sich aber nicht mit einem Theologen oder Gnostiker. Sie werden aneinander vorbei und nicht zueinander sprechen: Sie gehören einer anderen Denkgemeinschaft, also einem *Denkkollektiv* an, sie haben einen anderen *Denkstil*.[148]

Die „Divergenz der Denkstile“[149] führe dann dazu, dass sich die Mitglieder einer Denkgruppe untereinander solidarisieren und sich gegen andere Denkkollektive abschließen. Dies wirkt sich radikal auf die Kommunikation aus:

---

147 Ebd.: S. 262.
148 Ebd.: S. 263.
149 Ebd.

> Verständigung ist grundsätzlich nur innerhalb einer Gemeinschaft möglich, zwischen verwandten Gemeinschaften spielt sie sich schon mit gewisser Komplikation ab: der Austausch eines Gedankens zwischen den Gruppen ist immer mit seiner mehr oder weniger deutlichen Umänderung verbunden. Von einer Gruppe in die andere übergehend, ändern die Worte ihre Bedeutung, die Begriffe erhalten eine andere Stilfärbung, die Sätze einen anderen Sinn, die Anschauungen einen anderen Wert. Sind die Gruppen sehr voneinander entfernt, so kann der Gedankenaustausch ganz unmöglich sein, die Transformation eines Gedankens besteht dann in seiner völligen Vernichtung.[150]

Folglich lassen sich nicht, wie die Vertreter der Lemberg-Warschau-Schule und selbst auch Ajdukiewicz in seinem Konventionalismus annehmen, Sinn-stabile Aussagensysteme rekonstruieren, der Sinn einer Aussage ändert sich nicht einfach nur durch einen anderen Kontext, sondern bei Fleck ändert er sich permanent durch Transformation.[151] Die Erkenntnistheorie hat es mit wandelnden Phänomenen zu tun, und diese Dynamiken muss sie von nun an einfangen.

In einem zweiten Schritt komme es entsprechend darauf an, dass eine Erkenntnistheorie die „Tatsache" (sic!) anerkennt, „dass der Kreislauf eines Gedankens grundsätzlich immer mit dessen Umgestaltung verbunden ist."[152] Dies sei deswegen so, weil jeder Sprechakt von der Struktur der eigenen Sprache und den aktuell geltenden Konventionen der Wortverwendung abhängt:

> Wenn ich [...] eine Aussage, also eine Wortfolge bilde, so bin ich vor allem durch den Aufbau der Sprache gebunden, die ich benutze, durch die in dem Milieu geltenden Normen und Gebräuche, zu dem ich gehöre. [...] Jeder formulierte Gedanke, zum tatsächlichen Gebrauch bestimmt, trägt also ein Herstellerzeichen und eine Bestimmungsadresse. Ein formulierter Gedanke, eine Aussage, ist also (wenn man diese Bezeichnung hier gebrauchen darf) eine gerichtete vektorielle Größe. Ein alleinstehender Satz, ohne Herstellerzeichen und Bestimmungsadresse und auch ohne Rücksichtnahme auf jene sozialen Kräfte, die seine Richtung und seinen Kreislauf bestimmen, ist unvollständig und eignet sich nicht für Betrachtungen einer vernünftigen Wissenschaft vom Erkennen. Nur der Satz in seinem natürlichen Zusammenhang, also in seiner sozialen Umgebung innerhalb der Gesellschaft, enthält einen bestimmten Sinn; ein alleinstehender Satz kann unterschiedlich verstanden werden: Er kann vieldeutig oder sinnlos sein, abhängig vom Milieu des Empfängers.[153]

---

150 Ebd.: S. 267.

151 Zum Prinzip der ‚stillen Post' vgl. die Einleitung zum Band *Ludwik Fleck. Denkstile und Tatsachen*, hg. v. Sylwia Werner und Claus Zittel, a.a.O., S. 9–38, hier S. 20f.

152 Fleck: „Das Problem der Theorie des Erkennens" [Zagadnienie teorii poznawania] (1936), a.a.O., S. 267.

153 Ebd.: S. 267f.

Eine isolierte Analyse von Aussagesätzen, wie sie für die Sprachphilosophie auch der Lemberg-Warschau-Schule charakteristisch ist, trägt Fleck zufolge nichts zur Erhellung der realen Erkenntnissituationen und ihrer Kommunikationsverhältnisse bei. Wird ein Gedanke an ein anderes Kollektiv übermittelt, so werde er bei diesem „Versand"[154] möglichst an die Vorstellungswelt der Adressaten angeglichen, man nenne dies „Propaganda"[155]. Innerhalb des eigenen Denkkollektivs diene die Kommunikation der Wissenspopularisierung, der Information und der Legitimierung, wobei je nach Zweck und Empfänger andere kollektive Kräfte wirksam werden. In jedem Fall aber sei die Vermittlung des Wissens mit dessen Transformation verbunden und vom je nach Denkstil jeweils vorherrschenden Sprachgebrauch abhängig.[156] Die Wissensbestände und mithin wissenschaftliche Tatsachen hängen somit von der Art des Sprachgebrauchs ab, Sätze erhalten ihren Sinn gemäß den Denkstilen der Denkkollektive. Fleck beschreibt, was jeweils bei der Zirkulation von Sätzen durch diverse Kollektive unter dem Einfluß von sozialen Stimmungen und im Zuge von Kämpfen und Diskussionen mit diesen passiert, etwa wie sie als Schlagworte eingesetzt oder gänzlich in ihrem Sinn verkehrt werden.

Flecks dritter fundamentaler Punkt ist, „das Vorhandensein einer spezifischen historischen Entwicklung des Denkens, die sich weder auf eine logische Entfaltung der Denkinhalte noch auf ein einfaches Anwachsen der Einzelkenntnisse zurückführen lässt"[157] anzuerkennen.

Im Unterschied zu den Verfahren des logischen Empirismus, Erkenntnisprozesse mit Hilfe einer „rationalen Rekonstruktion" im Nachhinein so darzustellen, dass sie als zwingend logische Abfolge von Schritten nachvollziehbar sind, gilt es Fleck zu zeigen, dass starke irrationale Faktoren wie Stimmungen, mythische Vorstellungen und Glaubenssysteme die wissenschaftliche Forschung historisch prägten und auch heute noch prägen. Die besonderen Denkstile der Denkkollektive erzeugen bestimmte Bereitschaften, die Welt und ihre Phänomene so und nicht anders wahrzunehmen. Wer bei seinen Untersuchungen wissenschaftlicher Phänomene von der Kultur (Erziehung, Ausbildung und Tradition) absehe, werde zwangsläufig scheitern. Um „die

154 Ebd.: S. 268.

155 Ebd.

156 Vgl. Fehr: „Vielstimmigkeit und der wissenschaftliche Umgang damit. Ansätze zu einer Fleck'schen Philologie", in: Egloff (Hg.): *Tatsache – Denkstil – Kontroverse*, a.a.O.; Zittel: „Ludwik Fleck und der Stilbegriff in den Naturwissenschaften. Stil als wissenschaftshistorische, epistemologische und ästhetische Kategorie" (2011), a.a.O.; Sauerland: „Der Begriff des Denkstils bei Ludwik Fleck" (2017), a.a.O.

157 Fleck: „Das Problem der Theorie des Erkennens" [Zagadnienie teorii poznawania] (1936), a.a.O., S. 272.

Mannigfaltigkeit der Denkstile und Vielheit der Denkgemeinschaften in Betracht"[158] ziehen zu können, sei eine „vergleichende Wissenschaft"[159] nötig. Die Theorie des Erkennens müsse daher –

> psychologische, soziologische und historische Methoden umfassen. Ihr Gegenstand wird die Gesamtheit des Erkenntnislebens, dessen Organisation, zeitliche Fluktuationen und Entwicklungseigenheiten, lokale Merkmale, die Eigenheiten seiner mannigfachen Formen; sie untersucht die pädagogischen Methoden vom Standpunkt der Theorie des Erkennens, sie findet Anknüpfungspunkte an die Ökonomie, die Technik (den Apparat!), die Kunst und sogar an die Politik. Sie berücksichtigt schließlich die Mythologie und Psychiatrie.[160]

Schlick hatte bereits mit seinem Konzept der „Konstatierungen" versucht, den Entstehungskontext von Protokollsätzen mit einzubeziehen (vgl. Kap. 5.4.1); Fleck geht deutlich weiter und demonstriert seine Auffassung schließlich anhand eines für den logischen Empirismus typischen Aussagesatzes, – und dies ist ein schönes Beispiel für seine feine Ironie: „Der Satz ‚Jan hat das Phänomen P erkannt' ist unvollständig: Man muß ihm hinzufügen ‚im Denkstil S', eventuell noch ‚aus der Epoche E'. Träger und Schöpfer des Denkstils ist ein Denkkollektiv."[161]

Am Ende seines Textes nimmt Fleck explizit Bezug auf Jan Łukasiewiczs dreiwertige Logik, um klarzustellen, dass selbst diese Erweiterung nicht reiche, um den divergenten Denkstilen in ihrem dynamischen Wandel gerecht zu werden, da sie immer noch voraussetze, dass die angesichts verschiedener Aussagensysteme mögliche Unentscheidbarkeit auf jeweils für sich klar verständlichen Sätzen beruhe. Auch unbestimmte Wahrscheinlichkeitsurteile würden auf der Prämisse von klaren Alternativen gefällt:

> Diese Schwierigkeiten hat selbst die mehrwertige (Łukasiewicz, Post, Zawirski) oder Wahrscheinlichkeitslogik (Reichenbach) nicht gelöst, weil die logische Kalkulation nur in bezug auf gleichermaßen klare (verständliche) Sätze möglich ist, nicht jedoch, wenn unter anderem Sätze von unklarem Inhalt und unvergleichbare Begriffe ins Spiel kommen, d.h. Sätze, die in einem fremden Stil oder in einem sich gerade in einer Periode schnellerer Entwicklung befindlichen Stil ausgedrückt werden.[162]

158 Ebd.: S. 283.
159 Ebd.
160 Ebd.
161 Ebd.: S. 284.
162 Ebd.: S. 300, Fn 6.

Die prinzipielle Unvergleichbarkeit von Sätzen, also eine, die sich nicht logisch als Widerspruch oder durch den Wahrheitswert „unbestimmt" einfangen lässt, anzunehmen, ist die schärfstmögliche Form einer relativistischen Erkenntnistheorie. Wechselseitige Missverständnisse von Vertretern verschiedener Denkstile lassen sich nicht sukzessive durch Erläuterungen ausräumen, die Denkstile sind tatsächlich inkommensurabel, das heisst, es gibt für sie keinen gemeinsamen Maßstab, nicht einmal den der Logik.[163]

Die Antwort auf Flecks Provokation ließ nicht lange auf sich warten. Die Philosophin Izydora Dąmbska sah sich herausgefordert, Fleck zu antworten. In derselben philosophischen Zeitschrift *Przegląd Filozoficzny* [Philosophische Rundschau] attackierte sie 1937 seine kulturalistische Auffassung der Wissenschaft mit einem Beitrag zum Thema: „Ist die intersubjektive Ähnlichkeit der Sinneseindrücke eine unentbehrliche Voraussetzung der Naturwissenschaften?" [Czy intersubjektywne podobieństwo wrażeń zmysłowych jest niezbędnym założeniem nauk przyrodniczych?]. Diese Frage ist offensichtlich rhetorisch gestellt, der Aufsatz sucht von vornherein nach der Begründung für ein gemeinsames intersubjektives Fundament für die Wissenschaften, die Flecks Annahme, es könnten miteinander unvereinbare wissenschaftliche Denkstile koexistieren, widerlegen soll. Dąmbska geht in der Diskussion jedoch einen Schritt weiter, insofern sie nicht die gemeinsamen logischen oder grammatischen Strukturen ins Visier nimmt, sondern bereits die den sprachlichen Ausdrücken vorausgehenden Sinneseindrücke als primärere allgemeine Basis für das menschliche Erkennen postuliert. Überhaupt müsse es denkstilunabhängige Tatsachen geben, denn sonst könnten sich Wissenschaftler nicht auf die Experimente, Beobachtungen und Berechnungen anderer Forscher berufen. Intersubjektivierbares Erkennen und Verständigung seien nur denkbar, wenn es eine basale allgemeine Grundlage des wechselseitigen Verstehens gebe, die von allen Menschen geteilt werde:

> Normale Menschen sind unter gegebenen Wahrnehmungsbedingungen im Allgemeinen geneigt, die gleichen Behauptungen anzuerkennen. Für die Objektivität empirischer Sätze ist es nicht wesentlich, welche Eindrücke diese Menschen haben, was sie erleben, wenn sie diese Sätze anerkennen. [...] Darum auch scheint mir die vor Kurzem in *Przegląd Filozoficzny* von Dr. Fleck formulierte Ansicht falsch zu sein, daß es nur eine Sache des „Stils" des Denkens sei, ob man ein Empiriker oder ein Mystiker ist, und daß kein Stil von der Erkenntnistheorie bevorzugt werden dürfe.[164]

163 Ebd.

164 Izydora Dąmbska: „Ist die intersubjektive Ähnlichkeit der Sinneseindrücke eine unentbehrliche Voraussetzung der Naturwissenschaften?" [Czy intersubjektywne podobieństwo wrażeń zmysłowych jest niezbędnym założeniem nauk przyrodniczych?] (1937), in: Fleck: *Denkstile und Tatsachen*, a.a.O., S. 310–319, hier S. 315.

Dąmbska zufolge ist für die Möglichkeit naturwissenschaftlichen Erkennens erstens vorauszusetzen, dass die Menschen ähnliche Sinneseindrücke haben, und zweitens, dass sie unter den gleichen „normalen" Wahrnehmungsbedingungen empirische Sätze formulieren, mit denen sie sich über die Wirklichkeit verständigen können, und drittens sei es zudem eine biologische Notwendigkeit, dass alle Menschen sich in bestimmten Situationen gleich oder ähnlich verhalten, das Sich-Verständigen-Können sei somit eine Existenzbedingung: „Der Mensch würde gar nichts von der Welt, in der er lebt, wissen, er würde gar jämmerlich untergehen, wenn er aufhören würde, mit den empirischen Thesen konsequent zu rechnen".[165] Dąmbska vertraut dem empirischen Fundament der Erkenntnis. Für sie gehören alle Menschen einer gemeinsamen Welt an, die durch Naturgesetze verlässlich reguliert ist, und die folglich auch miteinander vergleichbare Beobachtungen dieser Welt machen werden:

> Die übereinstimmende Anerkenntnis bestimmter grundlegender empirischer Sätze durch die Menschen ist kein Werk des Zufalls, sondern eine Folge davon, dass die empirischen Wissenschaften nicht eine Traum- und Märchenwelt beschreiben, sondern eine Welt, wie sie sich den Menschen darstellt, während sie wach sind, richtig voraussehen, effektiv handeln und zusammenwirken. [...] Wer im empirischen Material eine Sache gestaltet, muß sich in seinen Tätigkeiten nach diesem Material richten. [...] Um hören zu können, muß man wissen, was die Naturgesetze sagen und wie sie es gebieten. Dieses Wissen geben uns empirische Sätze, und darin liegt ihr Vorzug, ihre Legitimation und ihr Geheimnis der intersubjektiven Allgemeingültigkeit.[166]

Fleck antwortete Dąmbska prompt. In seinem Text „In der Angelegenheit des Artikels von Frau Izydora Dąmbska in *Przegląd Filozoficzny*" [W sprawie artykułu p. Izydory Dąmbskiej w *Przeglądzie Filozoficznym*] (1937) stellte er gleich zu Beginn klar, dass über „normale Menschen" zu sprechen, eine „Chimäre, eine anachronische Schulfiktion"[167] sei. Je nach sozialer Rolle und Denkgemeinschaft gebe es sehr unterschiedliche ‚Normalitäten'. Fleck bestreitet also die empirische Basis von Dąmbskas Empirismus, „die Erfahrung"[168] (sic!) lehre vielmehr, dass ständig vermeintlich gleiche Beobachtungen sehr verschieden beschrieben werden, die Geschichte liefere eine Fülle an widersprüchlichen Beschreibungen von Beobachtungen derselben Geschehnisse

---

165 Ebd.: S. 316f.

166 Ebd.

167 Ludwik Fleck: „In der Angelegenheit des Artikels von Frau Izydora Dąmbska in *Przegląd Filozoficzny* (Jg. 40, Heft III)" [W sprawie artykułu p. Izydory Dąmbskiej w *Przeglądzie Filozoficznym* (R. 40, Zeszyt III)] (1937), in: Ders.: *Denkstile und Tatsachen*, a.a.O., S. 320–326, hier S. 321.

168 Ebd.: S. 320.

und Phänomene). In der Ethnologie treffe man man auf andere Wirklichkeitsauffassungen sogenannter „primitiver“ Völker, und Kinder nähmen die Welt auch anders war als Erwachsene. All das belege, dass Menschen die vermeintlich gemeinsame Wirklichkeit sehr unterschiedlich sehen und auffassen (vgl. Kap. 7.4). Damit Menschen gleiche Behauptungen aufstellen, muss man sie, „dafür eigens schulen oder sehr künstliche Laborbedingungen für die Wahrnehmung schaffen.“[169] Fleck konstatiert: „Wir setzen sie auf eine von uns bestimmte Schiene; kein Wunder, daß sie sich alle auf derselben Bahn bewegen. Indem wir eine Frage stellen, bestimmen wir zum großen Teil bereits die Antwort. Es kommt nur ein Echo unserer eigenen Behauptungen zu uns zurück“.[170] Diese Bemerkung zielte wohl auf die Titelfrage von Dąmbskas Artikel.

Fleck gibt seiner Kritik nun aber auch eine ideologiekritische Wende, indem er zwischen freien und unfreien Beobachtungsweisen unterscheidet, und diesmal nicht nur Carnap, sondern auch der Lemberg-Warschau-Schule Dogmatismus vorwirft. Dąmbska bleibe mit ihrer Argumentation alten Denktraditionen verhaftet. Eine „von traditionellen, heute bereits veralteten Vorurteilen freie Beobachtung“[171] lehre hingegen, dass Menschen in ihrer Alltagspraxis ganz andere Wirklichkeitsbilder als die Wissenschaften entwerfen, z.B. häufig auch abergläubisch sind, und sich nicht daran stören, dass dieser Irrationalismus mit ihren anderen Überzeugungen konfligiert: „Der praktische Mensch erkennt gleichzeitig mehrere in ihren Konsequenzen widersprüchliche Theorien an, bloß weil sie für ihn in bestimmten Bereichen bequem sind.“[172] Wenn eine Theorie nun aber durch ihren systematischen Aufbau beansprucht, alle diese unterschiedlichen Weltzugänge einheitlich zu beschreiben, werde sie wirklichkeitsfremd und dogmatisch. Es gelte daher, das Verhältnis von Theorie und Praxis anders zu fassen. Mit seiner Argumentation steuert Fleck auf den zentralen Punkt seiner Kritik am logischen Empirismus zurück, nämlich zu bestreiten, dass man Beobachtungen in Form von Protokollsätzen auffassen könne, um so zu verallgemeinerbaren Urteilen zu gelangen. Dąmbska privilegiere zu Unrecht die „Anwendbarkeit der Wahrnehmungssätze (und ihrer Konsequenzen)“[173], ihr Fehler sei, dass sie hierbei davon abstrahiere, wer konkret in welcher bestimmten Situation zu solchen Sätzen gelangt. Weil sie diese Sätze aus ihrem Entstehungszusammenhang reißt und isoliert

169 Ebd.
170 Ebd.
171 Ebd.: S. 321
172 Ebd.: S. 322.
173 Ebd.

behandelt, seien diese nichts anderes als eine „unzweckmäßige Fiktion“[174]. Man könne ohnehin „keinen Satz aussprechen, der nur ausschließlich Wahrnehmungsdaten beinhalten würde“.[175] Fleck geht sogar hier soweit, Dąmbska darüber zu belehren, dass „in den empirischen Wissenschaften [...] Wahrnehmungssätze gar keine grundlegende Rolle“[176] spielen. Somit könne man nicht wie Dąmbska „behaupten, daß ‚die empirischen Wissenschaften solch eine Welt beschreiben, wie sie sich den Menschen darstellt, wenn sie wachen und effektiv handeln‘, sondern man müßte diese Behauptung wie folgt modifizieren: In allen Kollektiven gibt es das gleiche Verhältnis zwischen Anschauungen und Taten, im allgemeinen Sinne nämlich eine Harmonie und in der konkreten Konfrontation eine Diskrepanz.“[177]

Flecks Ausführungen münden in ein für ihn untypisches Plädoyer für eine soziologisch orientierte vergleichende Denkstillehre, die gerade nicht die unterschiedlichen Perspektiven in einem universellen logischem Begriffssystem aufhebt, schon gar keine gemeinsame nationale Philosophie anstrebt, sondern die sich solche Gleichschaltungsbestrebungen gerade aufzulösen anschickt. Das Pathos, mit dem Fleck hier für seine Position streitet und das er in dieser Vehemenz erst später wieder in einem Aufsatz über „Crisis in Science“ (1960) aufbieten wird, zeigt, dass er in den Versuchen der Lemberg-Warschau-Schule, allgemein verbindliche Standards des Philosophierens festzulegen, eine politische Gefahr sieht. In seinen Augen ist Dąmbskas Normierung der Erkenntnistheorie im Zeichen des logischen Empirismus eine Form des intoleranten Dogmatismus, der eine Position verabsolutiert und anderen ihr Recht bestreitet:

> Man kann keine Absichten unabhängig von der Gesamtgestalt einer Kultur einer gegebenen Gesellschaft in einer bestimmten Epoche untersuchen. Der Ausgangspunkt muß eine Gemeinschaft zusammenlebender Menschen sein, und solch eine Methode führt vor allem anderen zu einer Soziologie des Denkens, die weil sie eine vergleichende Wissenschaft sein kann, die allgemeinsten Auffassungen umfaßt. In der Epoche, der wir uns nähern, der Epoche der Synthese und des Verschwindens von Partikularismen, wird sie unvermeidlich sein. Die Spezialisierung und die Differenzierung innerhalb der Gesellschaft wächst und wird weiter wachsen. Von einer bleibenden Wirkung der Versuche, den Menschen auf brutale Weise gleichzuschalten, kann keine Rede sein. Verständigung ist nur auf der Grundlage der Vergleichsmethode möglich: Nur so

174 Ebd.
175 Ebd.
176 Ebd.: S. 322f.
177 Ebd.: S. 324.

> schafft man das gemeinsame Denkkollektiv, frei durch Kritizismus und allgemein durch Toleranz.[178]

Keine philosophische Position habe einen privilegierten Zugang zur Natur, und durch keine Schulung, also auch nicht durch jene der Lemberg-Warschau-Schule, erwerbe man sich ein „absolutes Recht auf die Repräsentation des ‚menschlichen Verstandes', der von nun an die ‚Logik der Natur' [direkt] von Angesicht zu Angesicht sehen kann"[179]. Vielmehr habe man die unterschiedlichen Denkstile in ihrer historischen Entwicklung und kulturellen Vielfalt zu beschreiben und dabei zu lernen, andere, und darunter auch sehr entfernte, fremde Denkstile zu respektieren. Die Denkstillehre habe dadurch eine heuristische Funktion, sie befreie von „vielen veralteten Vorurteilen"[180] und enthülle neue Forschungsgebiete, was, so darf man hier ergänzen, die Lemberg-Warschau-Schule in Flecks Augen eher verhindert.

Ein weiterer Effekt der befreienden Funktion der Denkstillehre ist, dass sie neue Gebiete eröffnet. Wenn man Divergenzen von Wirklichkeitsauffassungen nicht mehr als logische Widersprüche darstellen kann, da sie miteinander inkommensurabel sind, muss sich eine Theorie des Erkennens um andere, z.B. hermeneutische oder ethnographische Methoden bemühen, insbesondere wenn sie mit fremden Denkstilen konfrontiert wird. Diesem Aspekt in der Fleck-Dąmbska-Kontroverse ist daher das folgende Kapitel gewidmet.

178 Ebd.: S. 324f.
179 Ebd.: S. 326.
180 Ebd.

KAPITEL 6

Der medizinphilosophische und -historische Denkverkehr

Tytus Chałubiński – Edmund Biernacki – Zygmunt Kramsztyk – Władysław Szumowski – Witold Ziembicki – Jakub Frostig – Ludwik Fleck – Tadeusz Bilikiewicz – Franciszek Groër

In vielen Lemberger Diskursen der Zwischenkriegszeit, insbesondere in der Lemberg-Warschau-Schule, führte die Auseinandersetzung mit skeptisch-relativistischen Positionen zu unterschiedlichen Transformationen der Denkstile. Dabei nahm die Entwicklung relativistischer Auffassungen ihren Ausgangspunkt in der rasant aufkommenden Medizin.[1] Unterstützt wurde die über die Fachgrenzen hinausdrängende Ausbildung eines insbesondere an der Bakteriologie[2] geschulten medizinschen Denkstils von der Strahlkraft des Rudolf-Weigl-Instituts, durch das sich Lemberg zur Hauptstadt der internationalen Serologie entwickelte. Obgleich Fleck also in den philosophischen Debatten nur eine marginale Rolle spielte, so ist er doch als einer der Hauptvertreter einer kulturalistischen Medizinhistoriographie für die Dynamiken in der Theoriebildung in anderen Bereichen mitverantwortlich. Es ist daher auch kein Zufall, dass er seinen ersten epistemologischen Text den Besonderheiten des medizinischen Denkens widmet, dessen Verständnis ihm zum theoretischen Fundament für die weitere Ausarbeitung und Erprobung seines Denkstilkonzepts in anderen Disziplinen und kulturellen Gebieten dienen wird.

Neben Fleck gab es auch andere Ärzte, die neben ihrer alltäglichen beruflichen Arbeit medizinphilosophische Konzeptionen entwarfen. Die

1 Zur Entwicklung medizinischer Konzeptionen in Europa vgl. Bożena Płonka-Syroka: „Problem przemian w medycynie europejskiej XVI-XIX w. w świetle wybranych koncepcji z zakresu metodologii historii nauki“ [Das Problem der Wandlungen in der europäischen Medizin des 16.–19. Jahrhunderts im Lichte der ausgewählten Konzeptionen aus dem Bereich der Methodologie der Wissenschaftsgeschichte], in: *Medycyna Nowożytna. Studia nad Historią Medycyny* [Medizin der Frühen Neuzeit. Studien zur Geschichte der Medizin] 4 (1997) 1–2, S. 5–38.

2 Zur bakteriologischen Revolution in der Moderne siehe: Georges Canguilhem: „Der Beitrag der Bakteriologie zum Untergang der ‚medizinischen Theorien‘ im 19. Jahrhundert“, in: Ders. (Hg.): *Wissenschaftsgeschichte und Epistemologie*, Frankfurt am Main 1979, S. 110–132; Philipp Sarasin, Silvia Berger, Mariane Hänseler, Myriam Spörri (Hg.): *Bakteriologie und Moderne. Studien zur Biopolitik des Unsichtbaren 1870–1920*, Frankfurt am Main 2007.

 DOI:10.30965/9783846767092_007

Verbindung der ärztlichen Praxis mit der wissenschaftlichen Theorie geht auf die Tradition der sogenannten Polnischen Schule der Medizinphilosophie zurück, die postulierte, dass das theoretische Wissen im Zusammenspiel mit der praktischen Beobachtung zu begründen sei.

Im Folgenden sollen einige der wichtigsten medizinphilosophischen Theorien kurz vorgestellt und dabei vor allem die im medizinischen Denken besonders schillernden Begriffe der Krankheit und der Wirklichkeit im Licht der damaligen Laborpraxis erläutert werden.

6.1 Die Formierung der Polnischen Schule der Medizinphilosophie

Wie Ilana Löwy in ihrer einschlägigen Studie zur Polnischen Schule der Medizinphilosophie[3] zeigte, gab es schon um 1900 in Polen Verfechter wissenschaftstheoretischer Positionen, die traditionelle Untersuchungsmodelle und Wissenschaftsauffassungen der Medizin innerhalb des eigenen Fachs hinterfragten und forderten, neue praxisorientierte Verfahren einzuführen, die nurmehr ästhetisch-philosophisch zu begründen seien. Zentraler Angriffspunkt war die Abstraktheit der traditionellen Begriffsbildung in der Medizin. So forderte z.B. Tytus Chałubiński (1820–1889), der ein Vertreter der sogenannten ‚älteren Schule der Medizinphilosophie' war, bereits 1874 die Auflösung des traditionellen Krankheitsbegriffs. Ihm zufolge ist jede Funktionsstörung des Organismus immer individuell und daher undefinierbar: „Die allgemeinen Krankheitsbilder sind niemals imstande alle Störungsformen auszuschöpfen. [...] Es gibt keine zwei Epidemien, die völlig gleich wären und auch keine zwei völlig identische Krankheitsfälle."[4] Daraus resultiere, daß es keine allgemeine

---

3 Vgl. dazu: Ilana Löwy: *Polska Szkoła Filozofii Medycyny. Od Tytusa Chałubińskiego do Ludwika Flecka* [Polnische Schule der Philosophie der Medizin. Von Tytus Chałubiński zu Ludwik Fleck], Wrocław/Warszawa/Kraków 1992; dies.: The Polish School of Philosophy of Medicine: From Tytus Chalubinski (1820–1889) to Ludwik Fleck (1896–1961), Dordrecht 1990.

Die Bezeichnung „Polnische Schule der Philosophie der Medizin" wurde erst 1917 mit dem Aufsatz von Władysław Szumowski. „Einige Worte über die polnische Schule der Philosophie der Medizin" eingeführt, in dem er an damals vergessene Arbeiten von Tytus Chałubiński, Edmund Biernacki, Władysław Biegański und Zygmunt Kramsztyk erinnerte. Vgl. Władysław Szumowski: „Parę słów o polskiej szkole filozoficznomedycznej" [Einige Worte über der polnischen Schule der Philosophie der Medizin], in: *Polski Miesięcznik Lekarski* [Polnische Ärztliche Monatsschrift] 5–6 (1917) 2, S. 290–303.

4 Vgl. Tytus Chałubiński: *Metoda wynajdywania wskazań lekarskich* [Die Methode der Findung medizinischer Identifikatoren], Warszawa 1874, S. 39. Vgl. auch: Ders.: *Zimnica. Studyum ze stanowiska praktycznego* [Sumpffieber. Ein Studium aus der praktischen Perspektive], Warszawa 1875. [Übersetzung S.W.] Vgl. das Original: „Żadne obrazy ogólne chorób nigdy

Therapie für die jeweilige Krankheit gibt, sondern es gebe so viele Therapien, wie es Krankheitsfälle gibt. Chałubiński protestierte gegen eine routinierte, schablonenhafte Betrachtung von Krankheiten. Für ihn war jede Krankheit individuell und einmalig, und ihre Eigenarten und Symptome damit nicht verallgemeinerbar. Damit wandte er sich gegen die holistischen Ideale, die im 19. Jahrhundert in der Medizin als Reaktion auf die durch neue Apparate ermöglichten zahlreichen Entdeckungen aufgekommen waren,[5] die aber – Chałubiński zufolge – keine Lösungen für die Therapien erbrachten. Für ihn soll die medizinische Forschung immer praktisch orientiert sein und eine direkte Anwendung in der Behandlung von Patienten finden können. Denn die Aufgabe des Arztes bestehe darin, zu heilen.

In der nächsten Generation, die den Namen der ‚mittleren Schule der Medizinphilosophie' bekam, ging Edmund Biernacki (1866–1911) noch einen Schritt weiter. Ihm zufolge gibt es keinen notwendigen Zusammenhang zwischen der Theorie einer Krankheit und ihrer Therapie. Man brauche gar kein medizinisches Wissen, um die richtige Therapie zu finden und um in der Praxis ein guter Arzt zu sein. Eine dank wissenschaftlicher Forschung gestellte Diagnose sei somit keine notwendige Bedingung, um eine Krankheit mit Erfolg zu behandeln. Dies gelte für die meisten Krankheiten: „Sehr oft gibt es weder eine direkte Beziehung zwischen der genauen Bestimmung der Krankheit und ihrer Behandlung, noch nimmt – mit anderen Worten – die heutige praktische Medizin den Standpunkt der mittelalterlichen Medizin an."[6] Theorie und Praxis laufen also auseinander.

Mit Zygmunt Kramsztyk (1849–1920), der ein Schüler von Chałubiński war, wird nun die medizinische Praxis als ein Handwerk aufgefasst, das weiterhin wie

nie są w stanie wyczerpać wszystkich form zaburzeń. [...] Nie ma dwóch epidemii zupełnie jednakowych i dwóch wypadków zupełnie identycznych."

5 Mit der Verbesserung des Mikroskops kam es zu neuen Errungenschaften auf dem Gebiet der Pathologie (z.B. durch die Forschungen zu Schädigungen der Körperzellen von Rudolf Virchow) und der Physiologie (z.B. mit Claude Bernards Entdeckung der Rolle der Bauchspeicheldrüse bei der Verdauung von Fetten, Hermann von Helmholz' Forschungen zu Sehnerven oder Carl Ludwigs Untersuchungen zum Blutdruck, die immer dringlicher die Frage aufwarfen, wie all die Einzelergebnisse in ein einheitliches theoretisches System integriert werden können).

6 Edmund Biernacki: *Co to jest choroba?* [Was ist die Krankheit?], Lwów 1905, S. 8. [Übersetzung S.W.] Vgl. das Original: „Bardzo często dokładne rozpoznanie choroby i jej leczenie nie przedstawiają związku bezpośredniego i ściślejszego – jeszcze, innymi słowami, współczesna medycyna praktyczna w niejednym względzie stoi na stanowisku medycyny średniowiecznej." Vgl. auch: Ders.: *Zasady poznania lekarskiego* [Regeln der ärztlichen Erkenntnis], Warszawa 1902; ders.: *Istota i granice wiedzy lekarskiej* [Das Wesen und die Grenzen des ärztlichen Wissens], Warszawa 1899.

eine Kunst auszuüben sei. Für ihn ist die Medizin keine Naturwissenschaft und dieses Selbstmissverständnis sei ein Grund für die Diskrepanz von Theorie und Praxis in der Medizin: „Man kann oft hören, dass die Zeit der Medizin als Kunst vorbei ist, dass sie sich in eine Wissenschaft verwandelte, als ob eine solche Verwandlung überhaupt möglich wäre."[7] Kramsztyk warnte davor, die Medizin zu verwissenschaftlichen.[8] Die Annahme, dass die Medizin eine Wissenschaft sei, führe zum Glauben, dass die rationale Begründung einer Therapie möglich sei. Eine Gefahr sah er auch darin, sich einfach auf die neusten Forschungserkenntnisse zu verlassen. Gegen eine solche unhinterfragte Akzeptanz von Modetherapien gründete er 1897 die Fachzeitschrift *Krytyka lekarska* [Ärztliche Kritik], die eine philosophische Grundlegung und Ästhetisierung der Medizin propagierte.[9] Es war weltweit das erste wissenschaftliche Journal, das der Kritik der Theorie und Praxis der Medizin gewidmet war. Dadurch konnte sich das kritische Denken bei Ärzten und mithin eine medizinphilosophische Anschauung in der Medizin entwickeln.

Die Polnische Schule der Medizinphilosophie trug nicht nur in Polen enorm zur Entwicklung eines neuen Paradigmas in der medizinischen Historiographie um 1900 bei. Ihre Vertreter waren jedoch trotz ihrer Skepsis gegenüber den Möglichkeiten der Verwissenschaftlichung in der Medizin noch nicht bereit, die positivistische Perspektive in der historischen Untersuchung ganz aufzugeben, denn sie glaubten nach wie vor an den medizinischen

7 Zygmunt Kramsztyk: *Szkice krytyczne z zakresu medycyny* [Kritische Skizzen aus dem Bereich der Medizin], Warszawa 1899, S. 120. [Übersetzung S.W.] Vgl. das Original: „Słyszeć można często, że okres medycyny jako sztuki przeminął, że z biegiem czasu, w miarę udoskonalenia się, zmieniła się ona w istotną naukę, jakby taka przemiana rzeczy, zgoła odmiennych, możliwa była." Ferner vgl.: Ders.: *Przyroda czy łacina?* [Natur oder Latein], Warszawa 1915. Vgl. dazu: Ilana Löwy: „From Zygmunt Kramsztyk to Ludwik Fleck: Medical Observations and the Construction of Clinical Facts", in: *The Polish Sociological Bulletin* 85 (1989), S. 39–48.

8 Ähnliche Position vertrat auch Władysław Biegański (1857–1917), der davor warnte, sich – wie in der deutschen Schule weniger für den Patienten, viel mehr aber für die Krankheit, den mehr oder wenigen interessanten Fall zu interessieren. Die Empathie für den Patienten, das Bemühen um sein Vertrauen lag gar nicht in den Aufgaben des Arztes.

9 Die Zeitschrift *Krytyka lekarska* [Ärztliche Kritik] widmete sich u.a. der Debatte um Reduktionismus versus Holismus in Biologie und Medizin, dem Problem der Klassifizierung von Krankheiten, viel Platz nahm auch die Geschichte der Medizin an, die – Kramszstyk zufolge – unabdingbar für das Verstehen der Disziplin war. Vgl. dazu: Zygmunt Kramsztyk: „O znaczeniu wiedzy historycznej" [Über das historische Wissen], in: *Krytyka Lekarska* [Ärztliche Kritik] 3 (1899) 9, S. 253–255. Das Erscheinen der Zeitschrift wurde nach zehn Jahren, also 1907 eingestellt, – vermutlich aus ökonomischen Gründen, nicht ausgeschlossen sind aber auch ethnische Gründe (Kramsztyk war Jude). Vgl. dazu: Ilana Löwy: „Medical Critique [Krytyka Lekarska]: a journal of medicine and philosophy – 1897–1907", in: *The Journal of Medicine and Philosophy* 15 (1990) 6, S. 653–673.

Fortschritt. Als Mediziner waren sie Relativisten, als Historiker und Philosophen aber noch Positivisten, vor allem aber vermochten sie nicht die von ihnen beklagte Kluft zwischen Theorie und Praxis durch eine eigene Theorie zu überwinden, die beide wieder vereint, denn sie kamen über die bloße Forderung nach philosophischer und ästhetischer Reflexion nicht hinaus. Wohin vor diesem Hintergrund die Entwicklung der Theorien gehen würde, kann man ahnen, – ihren Kulminationspunkt in Bezug auf die selbstkritische Befragung der theoretischen Grundlagen des eigenen Faches erlebte sie aber just in Lemberg in der Zwischenkriegszeit. Mit Fleck trat erstmals ein Denker auf den Plan, der eine Theorie vorlegen konnte, die auf die Erkenntnisskepsis und Grundlagenkrise der Medizin eine Antwort gab.

6.2 Die Lemberger Schule der Medizinphilosophie

Die Tradition, Theorie mit der Praxis zu verschränken und sie dabei zu reformulieren, wurde nach dem 1. Weltkrieg durch die sogenannte ‚jüngere Schule der Medizinphilosophie' fortgesetzt,[10] die in Lemberg in der Zwischenkriegszeit entstand und hauptsächlich von Władysław Szumowski (1876–1954), Tadeusz Bilikiewicz (1901–1980) und Ludwik Fleck (1896–1961) vertreten wurde. Ferner gehörten dazu Flecks Doktorvater Włodzimierz Sieradzki (1870–1941) und sein Arbeitskollege Witold Ziembicki (1874–1950). An der medizinischen Fakultät führte man gleich nach dem 1. Weltkrieg als neues obligatorisches Fach „Geschichte und Philosophie der Medizin"[11] mit dem Ziel ein, die Diskrepanz zwischen der theoretischen Ausbildung des Arztes und der in der

---

10 Wanda Wojtkiewicz-Rok: „Wydział Lekarski Uniwersytetu Jana Kazimierza we Lwowie w latach 1920–19", in: *Archiwum Historii i Filozofii Medycyny* [Archiv der Geschichte und Philosophie der Medizin] 58 (1995) 2, S. 133–139; dies.: „Źródła i materiały Wydziału Lekarskiego Uniwersytetu we Lwowie" [Quellen und Materialien der Medizinischen Fakultät der Universität Lemberg], in: *Archiwum Historii i Filozofii Medycyny* [Archiv der Geschichte und Philosophie der Medizin] 49 (1986) 4, S. 517–529.

11 Dies galt nicht nur für Lemberg. Auch in Krakau, Posen und Vilnius gründete man Lehrstühle für die Geschichte und Philosophie der Medizin. Seit 1920 galt das Fach „Geschichte und Philosophie der Medizin" als obligatorisch. Darüber hinaus entstand 1924 in Posen aus der Initiative der „Polnischen Gesellschaft der Freunde der Medizingeschichte" die (bis heute noch existierende) Zeitschrift *Archiwum Historji i Filozofji Medycyny* [Archiv der Geschichte und Philosophie der Medizin], die auf die Tradition der Polnischen Schule der Philosophie der Medizin zrückgreift. Vgl. dazu: Ilana Löwy: „From ‚Medical Critique' to the ‚Archives of the History and Philosophy of Medicine': The Institutionalization of the Polish School of the Philosophy of Medicine", in: Dies: *The Polish School of Philosophy of Medicine*, S. 163–183.

Medizin fortschreitenden Spezialisierung zu verringern und die Studierenden für die historische und kulturelle Bedingtheit medizinischer Auffassungen zu sensibilisieren. Angesichts der neuen Struktur des Medizinstudiengangs, die in der Zwischenkriegszeit entstand, verwundert es nicht, daß viele der Mediziner neben ihrem Beruf als praktizierende Ärzte epistemologische Theorien entwarfen, historiographische Studien schrieben oder gar – wie Franciszek Groër – nebenbei erfolgreiche Künstler waren.

6.2.1 *Ludwik Flecks Epistemologie als Antwort auf die Krise der Wirklichkeit in der Medizin*

Wendet man Flecks eigene Theorie auf ihn selbst an, so erkennt man, dass ausgehend von den wissenschaftsskeptischen Präideen der medizinhistorischen Schule in Polen eine diachrone Linie bis ins Lemberg der Zwischenkriegszeit führt und sich dort mit den zeitgleich im engeren Zirkel medizinhistorisch interessierter Serologen als auch mit den anderen, in dieser Arbeit vorgestellten Denkkollektiven zu einem Netz verwebt.[12] Es war der ideale Zeitpunkt und der richtige Ort, damit eine der radikalsten Wissenschaftstheorien entstehen konnte. Im Unterschied aber zur parallelen Schulbildung bei den Philosophen (vgl. Kap. 5) oder Mathematikern (vgl. Kap. 8) gab es hier also früher bereits eine Schule, die sich seit längerem formiert und einen Denkstil ausgebildet hatte, der aber mit dem Auftreten Flecks entscheidend transformiert und in andere Bereiche der Kultur und Wissenschaft exportiert wurde.

Seinen ersten Schritt machte Fleck 1926 mit seinem in der „Gesellschaft der Freunde der Medizingeschichte“[13] gehaltenen Referat zum Thema „Über

---

12 Vgl. Jaromir Jeszke: „Ludwik Fleck wobec paradygmatu polskiej historiografii medycznej“ [Ludwik Fleck angesichts des Paradigmas der polnischen Historiographie der Medizin], in: *Medycyna Nowożytna. Studia nad Kulturą Medyczną* [Medizin der Frühen Neuzeit. Studien zur Kultur der Medizin] 11 (2004) 1, S. 33–46; Bożena Płonka-Syroka: „Poglądy metodologiczne Flecka (1896–1961) i ich recepcja w literaturze światowej w latach 1935–1993“ [Fleck (1896–1961) methodologische Ansichten und deren Rezeption in der Weltliteratur in den Jahren 1935–1993], in: *Archiwum Historii i Filozofii Medycyny* [Archiv der Geschichte und Philosophie der Medizin] 57 (1994) 4, S. 497–512; dies.: „Ludwik Fleck, mikrobiolog, prekursor nowoczesnej metodologii historii medycyny“ [Ludwik Fleck, Mikrobiologe, Vorläufer der modernen Methodologie der Medizingeschichte], in: *Medycyna Nowożytna. Studia nad Historią Medycyny* [Medizin der Frühen Neuzeit. Studien zur Geschichte der Medizin] 1 (1993) 1, S. 47–82.

13 Die Gesellschaft der Freunde der Medizingeschichte war neben den Zentren in Krakau, Posen und Vilnius auch in Lemberg aktiv und wirkte in den Jahren 1925–1939. Zu den Mitgliedern der Lemberger Sektion, die von Flecks Lehrer, dem Medizinhistoriker Władysław Szumowski mitgegründet wurde und die rege Kontakte mit deutschen und französischen medizinhistorischen Gesellschaften pflegte, gehörten außer Fleck Franciszek Groër und Witold Ziembicki.

einige spezifische Merkmale des ärztlichen Denkens" [O niektórych swoistych cechach myślenia lekarskiego], das ein Jahr später in der Fachzeitschrift *Archiwum Historji i Filozofji Medycyny* [Archiv der Geschichte und Philosophie der Medizin] erschien. In diesem – lediglich 8 Seiten – kurzen Text stellte er keineswegs nur medizinhistorische Betrachtungen an, sondern analysierte wissenschaftstheoretisch den aktuellen Zustand der medizinischen Theoriebildung mit bisher unbekannter Konsequenz. Er verband also Wissenschaftsgeschichte, Wissenssoziologie und Wissenschaftstheorie zu einer neuen und kühnen Form von Epistemologie, in der keines dieser Gebiete isoliert betrieben werden darf. Fleck arbeitete zu diesem Zeitpunkt nicht an der Universität, sondern im bakteriologischen Laboratorium, sein Verständnis der Medizin resultierte also einerseits aus der Tradition der polnischen Schule der Medizinphilosophie, andererseits aus der eigenen Praxis. Zudem war er Schüler von Władysław Szumowski, der in Lemberg das Fach „Geschichte und Philosophie der Medizin" lehrte. Fleck wusste also um die Diskrepanz zwischen den praktischen und theoretischen Erkenntnissen in der Medizin.

Mit Blick auf die Geschichte der Medizin und die gegenwärtige Praxis erklärt Fleck in seinem Beitrag, dass die Medizin kein hartes Wirklichkeitsverständnis kennt, das als sicheres Fundament oder wenigstens als Anker für die Theoriebildung dienen könnte. Vielmehr habe sie einen fachspezifischen Denkstil, der sich gerade durch Fiktivität seiner Begriffe auszeichne.

Man braucht also eine Theorie, die diesem Umgang mit fiktiven Begriffen in der medizinischen Praxis Rechnung trägt, – nicht, indem sie deren Fiktivität als unwahr kritisiert, sondern indem sie die Funktionsweisen und Wirkungen dieser Begriffe in den jeweiligen historischen und sozialen Kontexten bestimmter Denkkollektive beschreibt.

Fleck beobachtet, dass Krankheiten von den Medizinern definiert werden, um chaotische Phänomene einheitlich zu konzeptualisieren und eine Heilungsmethode zu entwickeln. Die als Krankheit definierten Erscheinungen werden oft miteinander verglichen und in einen gemeinsamen Rahmen eingepasst. Dabei geht ihr individuelles Merkmal verloren. Fleck fragt daher, „auf welche Weise ist ein Gesetz für nicht gesetzmässige Phänomene zu finden? [...] Wie sind sie zu erfassen und was für Zusammenhänge sind anzunehmen, um einen rationalen Bereich zu erhalten?"[14] In Flecks Augen ist dies ein aussichtsloses Unterfangen, denn es gebe

14 Ludwik Fleck: „Über einige spezifische Merkmale des ärztlichen Dankens" [O niektórych swoistych cechach myślenia lekarskiego] (1927), in: Ders.: *Denkstile und Tatsachen*, a.a.O., S. 41–51, hier 41.

> keine genaue Grenze zwischen dem, was gesund ist und dem, was krank ist und nirgends trifft man wirklich ein zweites Mal auf dasselbe Krankheitsbild. [...] Die Aufgabe der Medizin ist, in diesem ursprünglichen Chaos irgendwelche Gesetze, Zusammenhänge, irgendwelche Typen höherer Ordnung zu finden. [...] Diese Typen, diese idealen, fiktiven Bilder, Krankheitseinheiten genannt [...], schafft das ärztliche Denken auf der einen Seite durch spezifisches, weitgehendes Abstrahieren, d.h. durch das Verwerfen einiger beobachteter Daten, auf der anderen Seite durch das ebenfalls spezifische Aufbauen von Hypothesen, d.h. durch das Vermuten nicht beobachteter Zusammenhänge. Wir bedienen uns dabei vor allem der statistischen Zusammenstellung und des Vergleichs vieler ähnlicher Phänomene, d.h. dessen was ich die statistische Beobachtung nennen möchte, die allein erlaubt, unter den vielen Individuen einen Typus zu finden.[15]

Fleck betont die Inkommensurabilität medizinischer Theorien, die aus dem unterschiedlichen Verständnis von Krankheitsphänomenen resultiere. Die einheitliche begriffliche Bestimmung einer Krankheit sei nicht möglich.[16] Er beschreibt die Medizin als eine prinzipiell unlogische und auf irrationalen Annahmen fußende Disziplin, die beständig Gesetze für nicht gesetzesmäßige Phänomene aufstellen will und sich dabei permanent selbst mißverstünde. Die auf induktiven Verfahren beruhenden medizinischen Diagnosen und terminologischen Abstraktionen seien „wissenschaftliche Fiktion[en]"[17], die nicht durch neutrale Beobachtung und Deduktion, sondern vielmehr durch intuitives Ahnen hervorgebracht werden. Daher gebe es in der Medizin im Unterschied zu den anderen Disziplinen so viele ‚Pseudo'- und ‚Para'-Bestimmungen von Einheiten (z.B. Typhus – Paratyphus oder Anämie – Pseudoanämie), die oft keine Gemeinsamkeit miteinander haben, außer denselben Symptomen. Häufig würden aber falsche Kausalketten gebildet, etwa von der bloßen Anwesenheit von Erregern auf eine Krankheit geschlossen, dabei könne es auch gesunde Träger von Krankheitserregern geben: „Nur eine Kombination von Symptomen, und zwar Aussehen, Habitus, der ganze *status praesens* des Kranken, entscheidet. Gerade die besten Diagnostiker sind am häufigsten nicht imstande, konkret anzugeben, wonach sie sich in der gegebenen Diagnose gerichtet haben."[18] Der Arzt steht oft vor atypischen Symptomen, die nicht unabhängig analysiert werden können, sondern man muss das ganze Bild anhand der Erfahrung erkennen. Oft höre man daher den Satz „In der Theorie

---

15 Ebd.: S. 41f.

16 Zur Begriffskritik in der Medizin vgl.: Ludwik Fleck: „Der moderne Begriff der Ansteckung und der ansteckenden Krankheit" [Współczesne pojęcie zakażenia i choroby zakaźnej] (1930), in: Ders., *Denkstile und Tatsachen*, a.a.O., S. 70–90.

17 Fleck: „Über einige spezifische Merkmale des ärztlichen Dankens" [O niektórych swoistych cechach myślenia lekarskiego] (1927), a.a.O., S. 47.

18 Ebd.: S. 43.

zwar unmöglich, in der Praxis kommt es aber vor“[19]. Dies ist – so glaubte hier noch Fleck – anders in den anderen Wissenschaften und ergänzt:

> In der Medizin tritt der in seiner Art einzigartige Umstand auf, daß je schlechter ein Arzt ist, um so „logischer“ seine Therapie ist. Denn scheinbar läßt sich in der Medizin fast alles als Beweis angeben, so daß wir bisher tatsächlich fast nichts aufgeklärt haben.[20]

Flecks Beobachtung, dass medizinische Diagnosen nicht logisch rekonstruierbar sind, sondern aus einem unklaren und undefinierbaren Prozeß hervorgehen, knüpft erkennbar an die Konzepte von Chałubiński und Biernacki an, auch wenn er sie nicht erwähnt. Sein Ziel war nicht, die Medizin zu kritisieren, weil ihre Praktiken und Theorien weiter auseinander liegen als – wie er hier noch meint – in anderen Disziplinen, sondern zu zeigen, wie sie zusammenspielen, um jeweils verschiedene Überzeugungssysteme zu errichten, deren suggestive Kraft dann doch überaus wirksam ist. Erfolgreiche Ärzte wissen darum und orientieren sich nicht an der realitätsfremden Logik, sondern therapieren auf der Basis von Empathie und Intuition. Flecks Beschreibungen lesen sich, als verfahre die damalige Medizin – allerdings mit Ausnahme ihres Bezugs auf statistische Methoden – noch weitgehend wie die des Paracelsus, als würden in ihr immer noch die gleichen Prinzipien gelten, die für die Praktiken der Renaissancemagier oder Wunderheiler charakteristisch waren und die man überwunden zu haben glaubte. Fortschrittsvorstellungen in der Medizin, wie sie etwa vom Paracelsus-Kenner Karl Sudhoff vertreten wurden, ersetzte Fleck somit hier durch eine Konzeption, die lediglich einen Wechsel verschiedener medizinischer Wissenskulturen annahm. Daher sei es nicht dramatisch, wenn unterschiedliche Ärzte bei einem Phänomen zu unterschiedlichen Befunden kommen, denn diese Verschiedenheit resultiert aus der Verschiedenheit des Blicks von Vertretern unterschiedlicher Denkstile, die Fleck in diesem Aufsatz noch als Denkstile von Individuen bestimmt. Jedoch wird er von diesem Zeitpunkt an immer stärker relativistische Konzeptionen aus der Ethnologie, Psychologie, Wissenssoziologie und Umweltbiologie rezipieren und nicht nur die Medizin, sondern auch andere Wissenschaften mit ethnologischen und psychologischen Termini beschreiben (vgl. Kap. 7). Auf diese Weise kristallisierte sich Flecks Theorie der Denkkollektive heraus, deren Mitglieder durch geteilte Praktiken und gemeinsame kulturelle Leitideen je spezifische Denkstile ausbilden, durch die ihnen je bestimmte Wirklichkeiten und deren Gegenstände als Tatsachen erscheinen.

---

19 Ebd.: S. 44.

20 Ebd.: S. 45.

In seinem nächsten epistemologischen Text, der 1929 unter dem Titel „Zur Krise der ‚Wirklichkeit'" erschien, weitete Fleck seine Theorie über die denkstilabhängigen Fakten auf andere Disziplinen aus. Der Anlass war die Entdeckung der Quantentheorie von Nils Bohr und Werner Heisenberg, womit in den 1920er Jahren das Weltbild der klassischen Physik in eine Krise geführt wurde (vgl. Kap. 4.2). Damit wird für Fleck der Monopolanspruch auf die Wirklichkeitsdeutung nicht nur in der Medizin, sondern überhaupt in den Naturwissenschaften aufgehoben und der Tatsachenbegriff in Relation zu einem Denkstil gesetzt. Die Annahme von denkstilunabhängigen Tatsachen wird nun als illusionär attackiert. Fleck beschreibt, wie sich im Erkenntnisakt immer zugleich das zu erkennende Objekt verändert: „Beobachten, Erkennen ist immer ein Abtasten, also wörtlich Umformen des Erkenntnisgegenstandes. Dies ist die tägliche Praxis der Wissenschaft."[21] Und diese tägliche Praxis sei im Wesentlichen eine kollektive Praxis und als zwangsläufig von sozialen und kulturellen Faktoren geprägt. In Konsequenz verabschiedete Fleck die Vorstellung einer neutral erkennbaren selbständigen physikalischen Realität: „Wir nähern uns der idealen ‚absoluten' Wirklichkeit nicht mal asymptotisch, denn unaufhörlich ändert, erneuert sie sich und entfernt sich in gleichem Masse von uns, wie wir vorwärtsschreiten."[22] Das vermeintlich „wirkliche" Bild eines wissenschaftlichen Phänomens gilt nach Fleck nur innerhalb einer Forschergruppe, eines Denkkollektivs. Dort führten die aktuell vorherrschenden Denkstile zu einem ‚Denkzwang', der bestimme, „was nicht anders gedacht werden kann, was vernachlässigt oder nicht wahrgenommen wird, und wo umgekehrt mit doppelter Schärfe zu sehen ist"[23]. Wissenschaftliche Laboratorien sind somit keine freien neutralen Denk-Räume, in denen verschiedene Denkweisen ausprobiert werden können, sondern in ihnen wird gemäß einem Denkstil eine Wirklichkeit erzeugt und ein Fortschrittsideal kreiert.

Indem Fleck die Vorstellung stürzte, dass die wissenschaftliche Wahrheit objektiv und immerwährend ist, sondern kulturbedingt, macht er die Wissenschaften zugleich zu einem Teil der Kultur. Die Wissenschaften interagieren mit den anderen Bereichen der Kultur, sie unterliegen dem kulturellen und sozialen Wandel, und um diese Dynamiken zu beschreiben, bedarf es einer kulturalistischen Methodologie. Flecks eigene Theorie ist von dieser kulturellen Bedingtheit keineswegs ausgenommen, sie entsteht just in dem Milieu, für das sie selbst die Theorie vorlegt und sie teilt in ihrer pluralistischen Grundannahme die Leitvorstellungen der anderen avantgardistischen Zirkel,

21 Fleck: „Zur Krise der ‚Wirklichkeit'" (1929), a.a.O., S. 59.
22 Ebd.: S. 61.
23 Fleck: *Entstehung und Entwicklung einer wissenschaftlichen Tatsache* (1935), a.a.O., S. 163.

die seinerzeit in Lemberg eine Vielheit von Wirklichkeiten propagierten, deren einzelne Welten sich nicht in wahrere und fiktive scheiden lassen.

6.2.2 *Der kulturalistische Wirklichkeitsbegriff in der Medizin bei Jakub Frostig*

Fleck hatte seine antiobjektivistische Wissenschaftstheorie zwar auf der Basis seiner Laborpraxis und in Einklang mit seiner medizinhistorischen Prägung entwickelt, doch wurde er dabei maßgeblich von relativistischen Wirklichkeitskonzeptionen bestärkt, die in Lemberg innerhalb der Ärzte-Community kursierten. Eine davon war die des Psychiaters Jakub Frostig (1896–1959). Frostig stand im engen Kontakt mit Kazimierz Twardowski, nahm regelmässig an den Sitzungen der „Philosophischen Gesellschaft" teil, wahrscheinlich kannte er auch Fleck, denn dessen Theorie der sozial- und kulturabhängigen Wissenschaft steht in offensichtlicher Nähe zu Frostigs Ideen. Dies wird gleich noch deutlich werden. Frostig war zudem mit Bruno Schulz befreundet, der ihm die als *Das Buch vom Götzendienst* [Xięga Bałwochwalcza] bekannte Mappe mit Zeichnungen geschenkt hatte (vgl. Kap. 3.2.2),[24] er kannte auch die Schauspielerin Irena Solska.[25] Frostig war somit ein Bindeglied zwischen verschiedenen Lemberger Gruppen und dadurch ein wichtiger Mittelsmann bei der Verbreitung neuer Ideen.

Als Psychiater interessierte er sich für irrationale Verhaltensweisen und stellte fest, dass obwohl diese für Beobachter unverständlich und unerklärbar erscheinen mögen, sie aus der subjektiven Perspektive gleichwohl als konsistent sich darstellen können. Der sogenannte gesunde Menschenverstand ist kein natürliches Fundament, sondern es wird durch die jeweilige

24 Leider weiß man vom Verhältnis zwischen Jakub Frostig und Bruno Schulz sehr wenig. Thomas Schnelle spricht von einer engen Freundschaft zwischen den beiden, ohne aber hierfür nähere Belege vorzulegen. Vgl. Robert Cohen, Thomas Schnelle (Hg.): *Cognition and Fact – Materials on Ludwik Fleck*, Berlin 1986, S. 8–9. Johannes Fehr sieht auch Bezüge zwischen Frostig und Wittlin, vgl. Fehr: „Und nichts als sie. Eine epistemologische Rhapsodie", in: Egloff, Fehr (Hg.): *Vérité, Widerstand, Development*, a.a.O.

In seinen Erinnerungen berichtet Paweł Zieliński, der Ehemann der Bildhauerin (und Freundin Debora Vogels) Magdalena Gross, dass er von Frostig kurz vor dessen Abreise in die USA 1938 die als *Das Buch vom Götzendienst* [Xięga Bałwochwalcza] betitelte Mappe erhielt, die Frostig von Bruno Schulz geschenkt bekommen hatte. Zieliński übergab die Mappe an die Schriftstellerin Zofia Nałkowska, die mit Schulz befreundet war und ihm bereits beim Herausgeben der *Zimtläden* [Sklepy cynamonowe] (1933) half. Vgl. Jerzy Ficowski: *Bruno Schulz: Listy, fragmenty. Wspomnienia o pisarzu* [Bruno Schulz: Briefe, Fragmente. Erinnerungen an den Schriftsteller], Kraków/Wrocław 1984, S. 65.

25 Natalia Yakubova: „Reclaiming the Actress's Authority over Theatre Creation: The Autobiography of Polish Actress Irena Solska (1875–1958)", in: *Aspasia* 2 (2008) 1.

Gemeinschaft festgelegt, was als normal gilt. Einzelne Abweichler erscheinen dann als irrational. Damit wandte er sich gegen die Position der Lemberg-Warschau-Schule, die das Urteilsvermögen des Menschen zu objektivieren versuchte. Dies wird auch später zum Streitpunkt zwischen Fleck und Izydora Dąmbska (vgl. Kap. 7.6).

In seinem 1924 bei der „Polnischen Philosophischen Gesellschaft" in Lemberg gehaltenen Referat über die „Analyse des Konzert-Lampenfiebers als ein Methodenbeispiel" [Analiza tremy koncertowej jako przykład metody] zeigte Frostig auf, dass die Ursachen für solche als irrational empfundene Verhaltensweisen im Unbewussten liegen. Die Hypnosetechnik von Sigmund Freud[26] bei der der Patient in (partiellen) Schlaf versetzt wird, ermögliche jedoch die im Gedächtnis entstandenen amnestischen Lücken zu rekonstruieren. Frostig wandte diese Methode auf seinen Patienten, einem Pianisten an, der aus Angst vor dem Auftritt die Noten vergaß.[27] Durch die Deutung eines hypnotischen

---

26 Arthur Allen meint, dass Frostig persönlich Sigmund Freud und Carl Gustav Jung gekannt habe. Vgl. Arthur Allen: *The fantastic laboratory of Dr. Weigl. How two brave scientists batteld typhus and sabotaged the nazis*, New York/London 2014, S. 55.

27 Frostig hielt das Referat am 13. Dezember 1924. Zwei Jahre später erschien es in *Polska Gazeta Lekarska* [Polnische Ärztliche Zeitung]. Vgl. Jakob Frostig: „Analiza tremy koncertowej jako przykład metody" [Analyse des Konzert-Lampenfiebers als ein Methodenbeispiel], in: *Polska Gazeta Lekarska* [Polnische Ärztliche Zeitung] 5 (1926) 16, S. 303–305 und 5 (1926) 17, S. 325–326.

Der Vorsitzende und zugleich der Begründer der „Polnischen Philosophischen Gesellschaft" war Kazimierz Twardowski. In seinen Tagebüchern erinnert er mehrfach an Frostig, auch an den betreffenden Vortrag: „Dr. Frostig eröffnete heute die Diskussion ‚Über das Unbewusste'. Ein seltsam trüber Kopf – dieser Frostig." Kazimierz Twardowski: *Dzienniki* [Tagebücher], 2 Bde, Warszawa/Toruń 1997, hier Bd. 1., S. 211. [Übersetzung S.W.] Vgl. das Original: „Dr Frostig zagaił dyskusję ‚O nieświadomości'. Dziwnie niejasna głowa ten Frostig."

Nach einem anderen Vortrag von Frostig notierte Twardowski am 22. Mai 1926: „Heute sprach Frostig als Arzt und spielte nicht einen Philosophen. Man konnte – manchmal sogar mit großem Interesse – seinen Ausführungen zuhören, obgleich die Art und Weise wie er vortrug – sowohl im Hinblick auf die Diktion als auch auf die Sprache – fatal war." Vgl. ebd.: S. 245. [Übersetzung S.W.] Vgl. das Original: „Dziś, gdy Frostig mówił jako lekarz i nie udawał filozofa, można było miejscami nawet z zacięciem – słuchać jego wywodów, choć sposób ich wygłaszania zarówno pod względem dykcji, jak pod względem językowym był fatalny."

Am 29. Mai 1926 lesen wir: „Dr. Frostig hielt den zweiten Teil seines Referats, dessen ersten Teil er vor einer Woche vorstellte. Da er heute u.a. die gemeinsame Grundlage einiger philosophischer Anschauungen und schizophrener Symptome aufzuzeigen versuchte, musste er philosophieren. Sein Referat fiel sehr schwach aus und an manchen Stellen sogar mehr als sehr schwach." Ebd.: S. 246. [Übersetzung S.W.] Vgl. das Original: „Dr Frostig wygłosił drugą część odczytu, którego I część wygłosił przed tygodniem. Ponieważ dzisiaj m.in. usiłował wykazać wspólne źródło pewnych poglądów filozoficznych i

Traums des Patienten gelang es ihm, die Ursachen für seine Spielblockade zu finden und schließlich eine Diagnose zu stellen. Worauf Frostig aber hinauswollte, ist zu demonstrieren, dass der Weg der Wissenschaft, die Wirklichkeit vom Traum zu scheiden und die im Unbewussten versteckten und verdrängten Erlebnisse unbeachtet zu lassen, in die Irre führt. Das Aufdecken komplexer psychischer Prozesse führe hingegen zum Verstehen der als irrational geltenden Reaktionen.

Mit dem Phänomen der unbewusst motivierten Reaktionen befasste sich Frostig auch in seinem 1929 erschienenen Buch *Das schizophrene Denken. Phänomenologische Studie zum Problem der widersinnigen Sätze*. Wie der Titel verrät, werden in dieser 87 Seiten langen Abhandlung keine klinischen Fallstudien präsentiert, sondern mit Hilfe der Husserlschen Phänomenologie und der Darstellungsart Bergsons eine neue Beschreibungsform psychischer Störungen ausgearbeitet und wahrnehmungstheoretisch begründet. So gelangte Frostig zu einer relativistischen Wirklichkeitskonzeption, die Flecks Theorie sehr ähnelt, obgleich er einen anderen Ausgangspunkt nahm.

Zunächst ging er davon aus, dass Sprache als kollektiv strukturiertes Kommunikationssystem zu verstehen sei. Wahrnehmungsgegenstände könnten in unterschiedlichen Situationen sehr verschieden aufgefasst werden, dennoch bleibe etwas an ihnen durchgehend erhalten, so verschieden sie auch in den jeweiligen Aktualisierungen erscheinen und gewertet werden. Zu unterscheiden seien daher die verschiedenen Erlebnisweisen eines Gegenstandes von dessen objektiven Wesensmerkmalen, die Frostig als ‚Struktur' bezeichnet. Die Struktur eines Gegenstandes sei – und hier zeigt sich die Nähe zu Ingardens Phänomenologie – „der Zusammenhang jener reinen Merkmale [...], die notwendig sind, damit ein objektiver Gegenstand als jenseits von unserem Erleben, als ‚seiend' gedacht werden kann."[28] Wie die Philosophen der Lemberg-Warschau-Schule will also auch Frostig eine reine Struktur von konfusen Erlebnissen scheiden, doch fasst er die reine Struktur nicht durch die logische Sprachanalyse, sondern durch die empirische Wahrnehmungspsychologie. Diese abstrakte Wesensstruktur eines Gegenstandes leite unsere auf die Wirklichkeit ausgerichteten Intentionen im Bewusstsein so, dass wir

objawów schizofrenicznych, więc wdał się w filozofowanie. Odczyt jego przedstawil się bardzo słabo, miejscami nawet gorzej niż słabo."

Am 15. Okober 1927 schrieb Twardowski erneut über Frostig: „Was für ein trüber Kopf und was für ein Sebstbewußtsein dabei! Was für ein Humbug!". Ebd.: 328. [Übersetzung S.W.] Vgl. das Original: „Co za mętna głowa, a przy tym co za pewność i co za blaga."

28 Jakub Frostig: *Das schizophrene Denken. Phänomenologische Studie zum Problem der widersinnigen Sätze*, Leipzig 1929, S. 19.

jeweils einen Wesenskern unter Abzug der Erlebnisinhalte mit einem sprachlichen Ausdruck bezeichnen. Die Erlebnisse können also verschieden sein, die intentionale Erkenntnis eines Gegenstandes beansprucht hingegen feststellen zu können, welche Merkmale einem Gegenstand ‚wirklich' zukommen. Darüber aber muss man sich verständigen können. „Die durch ein Wort angezeigte Struktur eines Gegenstands ist nur den Anderen dann verständlich, wenn diese Struktur bereits kollektiv fundiert wurde, wenn sie eine kollektive Geltung besitzt."[29]

Das Erkennen eines Gegenstandes ist also ein kollektives Unterfangen und auch das Festhalten des Erkannten muss den „Gliedern der Gruppe zugänglich und verständlich sein".[30] Damit ist aber keine Entscheidung darüber verbunden, ob der durch Abstrahieren von den Erlebnissen gewonnene, also kollektiv konstruierte Wahrnehmungsgegenstand wirklich existiert oder dem Verstand nur „vorgegaukelt"[31] wird. Jedoch sei ein sprachlicher Ausdruck nur nachvollziehbar, wenn er bereits über Generationen innerhalb einer gegebenen Gruppe in gemeinschaftlichen Erkenntnisakten und in „einem fortwährenden Einverständnis ihrer Mitglieder geschaffen worden ist"[32]. Neue Ausdrücke müssen so gewählt werden, dass sie in das „große geistige Netz, in das wir unsere Erlebnisse einfangen"[33], hineinpassen, – tun sie das nicht, werden sie als abnorm verworfen. Das Kollektiv agiert also normierend und tut dabei stets so, als sei es im Besitz eines absoluten Kriteriums für die Wahrheit. Es sei jedoch, so Frostig, „das ‚absolute Kriterium' ein Widerspruch in sich selbst"[34]. Kriterien sind immer relativ:

> Wir wissen, daß sich unsere Erkenntnis immer fort erweitert, daß die ethischen und ästhetischen Prinzipien einer Veränderung unterliegen, daß der gesunde Menschenverstand, unsere wohlstandserzeugende und lebenserhaltende Funktion, eine Resultierende aus der geographischen Lage, aus den ökonomischen Verhältnissen und aus der geistigen Organisationsstufe der gegebenen sozialen Gruppe darstellt. So ändert sich immerfort der Kollektivbestand der Gruppe und mit ihm ändern sich die Kriterien.[35]

Frostig ging also – und hierin nahm er Fleck vorweg – von kollektiv organisierten, sozialen Gruppen aus, die durch gemeinsame „Gesinnungen"

29 Ebd.: S. 20.
30 Ebd.: Fn. 1., S. 21f.
31 Ebd.: S. 21.
32 Ebd.: S. 22.
33 Ebd.
34 Ebd.: S. 23.
35 Ebd.: S. 23f.

und „Stimmungen" verbunden sind, die sich allerdings unkontrolliert wandeln und die in sozialen Interaktionen unterschiedliche Wirklichkeiten gestalten. Diese Wirklichkeiten können unabhängig voneinander existieren und mehr noch: man könne als Mitglied unterschiedlicher Gruppen in mehreren, sich gar widersprechenden Wirklichkeiten verkehren:

> Unter „Wirklichkeit" werden wir künftighin nicht jene Wirklichkeit verstehen, die der europäischen Gruppe im Wege einer wissenschaftlichen Erkenntnis sich als „absolut wahr" vorstellt. [...] Wir werden also *relativ* von vielen Wirklichkeiten sprechen und werden in einer Beschreibung die phänomenologischen Eigenschaften einer Wirklichkeit, wie sie sich etwa die Botokuden denken, in derselben Art aufzudecken versuchen, wie etwa jene Wirklichkeit, wie sie sich dem Durchschnittseuropäer, oder gar der Gesinnungsgruppe der Astrophysiker vorstellt. Wirklichkeit heißt also in unserer Untersuchung – die Wirklichkeit, wie sie einer Gruppe gegeben ist.[36]

Die Parallele zu Flecks bekannter Darlegung der Pluralität der Wirklichkeiten in seinem zeitgleich erscheinenden Aufsatz „Zur Krise der Wirklichkeit" (1929) ist so offensichtlich,[37] dass man davon ausgehen muss, dass die beiden zu dieser Zeit ihre Ideen im wechselseitigen Austausch entwickelten. Umso aufschlussreicher ist es, die Differenzen in den Blick zu nehmen.

Frostigs aus der Sicht der empirischen Psychologie gewonnene Definition pluraler Wirklichkeiten gerät an eine Grenze, wenn sie auf das Sprach- und Denksystem eines Schizophrenen bezogen wird und genau hier werden seiner Ansicht nach die entscheidenden Fragen aufgeworfen. Da ein an Schizophrenie erkrankter Mensch nicht fähig sei, soziale Interaktionen zu entwickeln, erscheinen seine Aussagen dem Kollektiv als „widersinnig". Schizophrene senden Signale, die vom Kollektiv nicht dechiffriert werden können. Frostig will nun die widersinnigen Sätze der Schizophrenen daraufhin untersuchen, ob sie sich ihrerseits auf eine Wesensstruktur von Gegenständen beziehen. Die phänomenologische Analyse erweise, dass die „widersinnigen Sätze" keinen Bezug auf kollektive Sinnsetzungen haben, grammatikalische Strukturen verletzen und im Wahrnehmungsfeld keine von der Sprachform signierten Gegenstände intentional setzen. Ein Schizophrener sei, obzwar er in einer sozial geprägten Wirklichkeit lebe, daher nicht fähig, gruppengerecht zu handeln, seine Urteile können nicht kollektiv-intentional zugeordnet werden, weshalb er aus der Wirklichkeit, der Kommunikation und dem Denkverkehr einer sozialen Gruppe ausgesperrt sei.

---

36 Ebd.: S. 24, Fn. 1.

37 Fleck: „Zur Krise der ‚Wirklichkeit'" (1929), a.a.O., S. 54f.

Dieses zentrale Problem eines aus der sozialen Wirklichkeit herausfallenden Schizophrenen greift Fleck in seinem oben genannten Text „Zur Krise der ‚Wirklichkeit'" (1929) auf.[38] Am Beispiel eines „widersinnigen Satzes" argumentiert er mit Frostig, dass sich die Wirklichkeit eines Geisteskranken zwar aus kulturell geprägten Begriffen zusammensetzt, aber keine Beziehung zu anderen Mitgliedern eines Kollektivs ausbilden kann:

> Auch der Schizophrene, dessen asozialer Augenblickswirklichkeit Aussprüche wie „1–2–3 das ist Apotheke, das ist Buchs, Rio de Janeiro" entspringen, gebraucht sozial entstandene Begriffe. Doch seine Wirklichkeit bleibt für andere – und wahrscheinlich auch für ihn selbst im nächsten Augenblicke – verschlossen.[39]

In der Isolation kann sich kein Denkstil ausbilden. Fleck verwendet im Unterschied zu Frostig den Stilbegriff und für ihn sind die Aktionen eines Kollektivs vorgängig und beschränken sich dabei keineswegs nur auf intentionale Akte des Bewusstseins. Unbewusste Denkzwänge führen zum stilkonformen Erkennen von Gegenständen, während für Frostig die Wesensstruktur des Wahrnehmungsgegenstandes unser intentionales Erkennen leitet. Genau diese Scheidung aber von subjektiven Erlebnissen und abstrahierten Strukturen vollzieht Fleck nicht mit. Das Erleben des Schizophrenen ist für vielmehr ein Exempel, das hier eine gemeinsame Erlebniswelt fehlt. Anders formuliert: Fleck teilt nicht den phänomenologischen Ansatz Frostigs, es gibt für ihn nicht die Erlebniswelt und die Wahrnehmungsgegenstände, die durch Subtraktion der Erlebnisse gewonnen werden. Für Frostig ist es das Erlebnis des Urteils, durch das „sich der Mensch seine mannigfachen Welten"[40] schafft, für Fleck aber werden die Gegenstände immer in der Erlebniswelt der Kollektive in Übereinstimmung mit den vorherrschenden Denkstilen in sozialen Praktiken konstituiert, in denen das Urteilen erst sehr spät einsetzt. Daher kann man auch nicht, wie Frostig es will, durch Introspektion den Erkenntnisakt erhellen, sondern nur durch die Beschreibung kollektiver Denkstile. Flecks Theorie ist hier in sich viel konsistenter, verdankt aber Frostig entscheidende Impulse. So übernimmt er außer dem Begriff des ‚Denkverkehrs' auch den Begriff des ‚Avisos' von Frostig – und formuliert ihn dabei zu ‚Widerstandsaviso' um, um so jenen Moment zu bezeichnen, in dem ein Forscher meint, er treffe auf etwas Festes, das er wiedererkennen könne und das die „Willkürlichkeit des

38 Vgl. dazu den Kommentar im Band: Ludwik Fleck: *Denkstile und Tatsachen*, a.a.O., S. 66, En. IV.

39 Fleck: „Zur Krise der ‚Wirklichkeit'" (1929), a.a.O., S. 54f.

40 Frostig: *Das schizophrene Denken* (1929), a.a.O., S. 44.

Denkens"[41], das „schöpferische Chaos der Gedanken"[42] hemmt und den Wahrnehmungsapparat auf ein bestimmtes Muster lenkt: „So entsteht die Tatsache: Zuerst ein Widerstandsaviso im chaotischen anfänglichen Denken, dann ein bestimmter Denkzwang, schließlich eine unmittelbar wahrzunehmende Gestalt."[43] Ein Aviso meint ja zunächst nur ein Anzeichen, in der Medizin ein Symptom, das eine Krankheit anzeigt, und dabei auf eine reale Ursache hinter dem Phänomen verweist. Fleck bezeichnet jedoch mit dem Begriff „Aviso" keinen objektiven Wahrnehmungsgegenstand, dessen Struktur mit jener unserer Sprache korreliert, sondern nur einen Moment im Prozess der Gegenstandskonstitution, die diesen zur denkstilgemäßen Tatsache gerinnen lässt. Für Frostig hingegen lenkt ein ‚intentionales Aviso' die Erkenntnis auf ein „ideales Gebilde". „Alles andere wird außer Acht gelassen, von allem Anderen sind wir bemüht zu abstrahieren, alles andere wird in ‚Klammer gesetzt'"[44]. Das Erkennen wird also bei Frostig immer intentional, also auf den Denkakt und seine Gerichtetheit bezogen, während Fleck diesen Abstraktionsprozess als Resultante kollektiver Gruppendynamiken auffasst. Gemeinsam ist aber beiden, dass sie die Annahme einer einzigen wahren Wirklichkeit zurückweisen, zugleich aber beschreiben, dass der Glaube an dieselbe, auf unreflektiert naive Weise das Selbstverständnis der Erkennenden prägt:

> Zu den Strukturen der Gegenstände gelangen wir auf dem Wege einer gerichteten Erkenntnis. […] In der Erkenntnis der naiven Denkweise ist der Glaube versteckt, daß der erkannte objektive Sachverhalt auch „wirklich" so ist, wie er erkannt wurde; der naive Verstand schreibt seinen Erkenntnissen einen absoluten Wert zu. Der empirische Gedankenweg muß aber von den absoluten Wahrheiten absehen. […] Ja er könnte sich eine absolute Erkenntnis gar nicht denken.[45]

Eine auffallende Parallele zeigt sich auch im Umgang mit dem Neuen, das in einen bestehenden Denkstil respektive bestehende Sprachstruktur integriert werden muss. Hier verweisen beide auf die Herausforderungen der Kunst der Moderne – Fleck auf futuristische Bilder, bei denen man erst lernen müsse, wie man sie betrachten kann, Frostig nennt Expressionismus, Futurismus und Kubismus, namentlich Herwath Walden und den „Sturm", Kandinsky, Marc, Picasso. Insbesondere Herwarth Walden dient Frostig als Kronzeuge.

---

41 Fleck: *Entstehung und Entwicklung einer wissenschaftlichen Tatsache* (1935), a.a.O., S. 132

42 Fleck: „Über die wissenschaftliche Beobachtung und Wahrnehmung im Allgemeinen" [O obserwacji naukowej i postrzeganiu wogóle] (1935), a.a.O., S. 227.

43 Ebd.: S. 124.

44 Frostig: *Das schizophrene Denken* (1929), a.a.O., S. 19.

45 Ebd.: S. 21.

Aus dessen Programmschriften zitiert er ausführlich Belegstellen für die Auffassung, dass es in der neuen Kunst nichts zu verstehen gebe. Mit der nichtgegenständlichen Kunst sei vielmehr auf eine Anpassung an kollektiv etablierte Strukturen verzichtet worden. Für Frostig sind die Künstler in dieser Hinsicht mit den Schizophrenen vergleichbar – genauer gesagt, greift er solche Vergleiche, die immer wieder angestellt wurden, auf, um zu präzisieren: „Nur im Negativen, im Verzicht auf das Kollektive sind sich Künstler und Irre ähnlich. [...] Aber beide sind unverständlich und nur im Wege der Intuition zu erfassen."[46]

Beide, Fleck wie Frostig, positionieren sich also mit ihren Theorien auch in den Diskussionen, die seinerzeit in den Künstlerkollektiven geführt wurden und schlagen Ansätze vor, von denen unklar bleibt, inwieweit sie von den Akteuren der „Artes"-Gruppe oder beispielsweise von Bruno Schulz und Debora Vogel aufgegriffen wurden, da keine direkten Zeugnisse einer Adaption vorhanden sind. Umgekehrt aber spielt für Frostigs Theoriebildung die Beschäftigung mit der Avantgardekunst eine wichtige Rolle.

Zusammenfassend könnte man sagen, dass Fleck und Frostig Verfechter der Pluralität der Wirklichkeit waren, die entschieden bestritten, dass es Kriterien gibt, nach denen diese Wirklichkeiten von einem höheren Standpunkt aus beurteilt werden könnten. Flecks Denkstillehre ist stärker sozialkonstruktivistisch, Frostigs Erkenntnispsychologie phänomenologisch ausgerichtet. Frostig wählt als Methode die Introspektion in das Bewusstsein von Individuen, Fleck favorisiert die Analyse des intrakollektiven Denkverkehrs, der den Denkstil der Einzelnen formt.[47] Wenn Frostig meint, einem „poesielosen, zwischen den Wolkenkratzern der New-Yorker Straßen erzogenen Amerikaner"[48] bliebe die Schönheit der Verse Goethes verschlossen, so ist dies lediglich einem Mangel an Einfühlung geschuldet. Fleck aber insistiert auf der Inkommensurabilität von Denkstilen, das heißt, dass dann die Sprache eines ganzen fremden Kollektivs den Mitgliedern des eigenen Kollektivs unverständlich wie die Sprache des Schizophrenen erscheint. Anders als Frostig interessiert sich Fleck daher nicht für die Divergenz eines Kollektivs von der Norm abweichenden Individuen, sondern für die Divergenzen zwischen Denkstilen. Daher eignet

46 Ebd.: S. 84. Eine Theorie der Lyrik als Exemplum der nicht-wirklichkeitsgerichteten Erlebnisinhalte der Kunst liefert Frostig in: Ebd.: S. 70ff.

47 Noch vor dem Krieg emigrierte Frostig in die USA, wo er umstrittene Techniken der Behandlung von Schizophrenen einführte, etwa durch Insulin- und Elektroschocks. Vgl. dazu: Esther Somerfield-Ziskind, „In Memoriam: Peter Jakob Frostig (1896–1959)", in: *American Journal of Psychiatry* 117 (1960) 5, S. 479–480.

48 Frostig: *Das schizophrene Denken* (1929), a.a.O., S. 71.

sich seine Theorie, und nicht die Frostigs, als Methode zur Untersuchung der Lemberger Wissenskultur.

6.2.3 *Medizin im Kontext der historisch-philosophischen Auffassung von Władysław Szumowski*

Wie radikal die Positionen von Frostig und vor allem von Fleck waren, wird deutlich, wenn man ihren medizinhistorischen Kontext beleuchtet.

Während Fleck und Frostig die Pluralität der Wirklichkeiten postulierten, bemühten sich führende Repräsentanten der Lemberger Medizinhistoriographie, wie etwa der Internist Władysław Szumowski und der Psychiater Tadeusz Bilikiewicz, ein allgemeines Kriterium zu finden, das verschiedene Wirklichkeits- und somit auch Krankheitsbilder unter einem übergreifenden Gesichtspunkt zu betrachten und zu beurteilen erlaubte. Die relativistischen Konsequenzen sozialhistorischer Untersuchungen unterschiedlicher medizinischer Weltbilder würden so abgefangen.

Władysław Szumowski (1875–1954),[49] der als Schüler von Kazimierz Twardowski unter dem Einfluß der Lemberg-Warschau-Schule stand, war davon überzeugt, dass es eine objektive Wahrheit gebe. Diese könne man jedoch nur aus der historischen Perspektive feststellen, da sie sich im Gang der Geschichte, im medizinischen Fortschritt, sukzessiv offenbare. Daher forderte er in seinem 1919 in der *Gazeta Lekarska* [Ärztlichen Zeitung] veröffentlichten Beitrag „Über das Studienfach ‚Geschichte und Philosophie der Medizin'" [O przedmiocie studyów lekarskich pod nazwą ‚historia i filozofia medycyny'], dasselbige als obligatorisch für das Studium der Medizin einzuführen. Überdies sollten unabhängige Institute für die Geschichte und Philosophie der Medizin entstehen.[50] Diese Postulate wurden erfüllt, was bezeugt, dass Szumowski großen kulturpolitischen Einfluss hatte. Szumowski lehrte fortan selbst das Fach „Geschichte und Philosophie der Medizin" in Lemberg, später übernahm er die Leitung eines Instituts in Krakau, das diesem Gebiet gewidmet war. 1935 veröffentlichte er das Lehrbuch *Die Geschichte der Medizin in philosophischer Auffassung*, in dem er systematisch diverse Krankheiten im kulturellen und philosophischen Kontext jeder Epoche mitsamt den religiösen und gesellschaftlichen Glaubenssystemen und den jeweils herrschenden philosophischen Doktrinen beschrieb. Sein im Vorwort offen ausgesprochenes

49 Vgl. dazu: Fryderyk Hechell: *Człowiek nauki jakim był. Opracował Waładysław Szumowski* [Wissenschaftler, der er war. Bearbeitet v. Władysław Szumowski] 2 Bde, Kraków 1939.

50 Władysław Szumowski: „O przedmiocie studyów lekarskich pod nazwą ‚historia i filozofia medycyny'" [Über das Medizinstudienfach ‚Geschichte der Philosophie der Medizin'], in: *Gazeta Lekarska* [Ärztliche Zeitung] 53 (1919) 11, S. 128–131.

Anliegen war, „den naturkundlichen, philosophischen und kulturellen Hintergrund darzustellen, aus dem die Medizin der jeweiligen Zeit hervorging, denn nichts in der Welt geschieht in der Isolation, sondern hat immer seinen Hintergrund und seine Ursachen".[51]

In seinem zweiten 1939 erschienenen Lehrbuch *Logik für Mediziner* warnt Szumowski davor, dem sogenannten „gesunden Menschenverstand"[52] zu vertrauen, der sich leicht täuschen lasse und so die Erkenntnisse verfälsche. Szumowski plädiert für einen „kritischen Realismus"[53], der der unmittelbaren Wahrnehmung misstraut, da diese häufig sich täusche. Jedoch ist diese Skepsis bei ihm nicht fundamental, sondern nur methodisch, denn man könne sich der eigenen Irrtumsanfälligkeit bewußt werden und deren Ursachen durchschauen, z.B. wenn die eigenen Erkenntnisakte allzu sehr von Wünschen und Emotionen geleitet werden:

> Die Täuschung tritt am häufigsten dann auf, wenn wir etwas im Affekt wahrnehmen. Der angehende Jäger, der unbedingt etwas erschießen möchte, sieht hinter dem sich leicht bewegenden Strauch schon einen Hasen und schießt – in den Strauch. [...] So könnte man sagen, daß die Ärzte sehr oft nicht das sehen, was ist, sondern das, was sie möchten, daß es wäre.[54]

Der Forscher solle, nach einer objektiven, d.h. vorurteilsfreien Erkenntnis streben, dabei kritisch auf seine Überzeugungen, Assoziationen und die ihn beeinflussenden Theorien reflektieren, um dann Tatsachen objektiv wahrzunehmen. Es gebe zwar soziale und historische Faktoren, die in den Erkenntnisprozeß

---

51 Władysław Szumowski: *Historia Medycyny filozoficznie ujęta* [Die Geschichte der Medizin in philosophischer Auffassung], Kęty 2008 (1935), S. 18. [Übersetzung S.W.] Vgl. das Original: „Starałem się przekazać zawsze tło przyrodnicze, filozoficzne i kulturalne, na którym wyrastała każdoczesna medycyna, albowiem nic na świecie nie dzieje się w oderwaniu, lecz zawsze ma swoje tło i swoje przyczyny."

Vgl. dazu: Ryszard W. Gryglewski: „Historia medycyny w ujęciu Władysław Szumowskiego" [Die Geschichte der Medizin in der Auffassung von Władysław Szumowski], in: *Kwartalnik Historii Nauki i Techniki* [Vierteljahresschrift der Geschichte der Wissenschaft und Technik] 54 (2009) 1, S. 79–94; Bożena Płonka-Syroka: (Rezension) „,Historia medycyny filozoficznie ujęta: podręcznik dla lekarzy i studentów z ilustracjami', Władysław Szumowski, Warszawa 1994" [Die Geschichte der Medizin in philosophischer Auffassung: Lehrbuch mit Illustrationen für Ärzte und Studenten, Władysław Szumowski, Warschau 1994], in: *Medycyna Nowożytna. Studia nad Historią Medycyny* [Medizin der Frühen Neuzeit. Studien zur Geschichte der Medizin] 2 (1995) 2, S. 139–143.

52 Władysław Szumowski: *Logika dla Medyków* [Logik für Mediziner] (1939), in: Ders.: *Filozofia medycyny* [Philosophie der Medizin], Kęty 2007, S. 189–269, hier S. 194.

53 Ebd.: S. 198.

54 Ebd.: S. 208.

hineinspielen, doch gelte es diesen dann von diesen Faktoren zu reinigen. Fleck teilt Szumowskis sozialhistorische Perspektive, und auch er wählt als Gegner den „gesunden Menschenverstand“[55], dessen feste Überzeugungen es zu brechen gilt. Doch ist in Flecks Augen es nicht möglich, den denkstilgebundenen Perspektivismus zu überwinden. Es gebe keine vorurteilsfreie Wissenschaft, sondern nur solche, die durch den Zwang der Tradition sowie gruppendynamische Prozesse, eine spezifische „Denkstimmung“[56], ein „Denkzauber“[57] und eine „Denksolidarität“[58] vollständig determiniert sei. Forscher werden bereits in ihrer Ausbildung gleichsam dressiert und ihre Erkenntnis von vornherein auf bestimmte Erkenntnisinhalte ausgerichtet:

> Der Forscher hat kein Bewußtsein der Auswahl, im Gegenteil, die Auswahl drängt sich ihm direkt und bindend auf, indem sie aus seiner Denkstimmung, aus dem Komplex seiner geistigen Bereitschaften, aus seinen Denkgewohnheiten hervorgeht – kurz gesagt: aus dem, was ich *Denkstil* nenne.[59]

Dem Forscher wird Fleck zufolge seine Arbeitsrichtung und seine psychische Einstellung unbewußt aufgezwungen, seine Assoziationen, die er während der Arbeit, der Beobachtung eines Phänomens hat, resultieren aus seiner kulturellen und sozialen Zugehörigkeit zum Denkkollektiv. Durch die Ausrichtung des Denkens und Wahrnehmens an einem das eigene Kollektiv formierenden Denkstile ist auch die Wissenschaft stilbedingt und folgt einem sozialen und ästhetischen Zwang. Stile kann man nicht durch rationale Argumentation oder aufklärende Einsicht überwinden. Durch diese Einführung des Begriffs des Denkstils und des kollektiven Stilzwangs unterscheidet sich Fleck markant von den anderen Lemberger Medizinhistorikern.

Szumowski wies in seinem Lehrbuch auf Flecks radikale Position hin, und räumte sogar ein, dass die Tatsachenwissenschaft viele subjektive Elemente enthalte, so dass man manchmal von einem besonderen Denkstil und einem

---

55 Fleck: *Entstehung und Entwicklung einer wissenschaftlichen Tatsache* (1935), a.a.O., S. 113 u. 116.

56 Vgl. Fleck: „Wie entstand die Bordet-Wassermann-Reaktion und wie entsteht überhaupt eine wissenschaftliche Entdeckung“ [Jak powstał odczyn Bordet-Wassermanna i jak wogóle powstaje odkrycie naukowe] (1934), a.a.O., S. 198 sowie ders.: „Über die wissenschaftliche Beobachtung und die Wahrnehmung im Allgemeinen“ [O obserwacji naukowej i postrzeganiu wogóle] (1935), a.a.O., S. 219.

57 Fleck: „Das Problem einer Theorie des Erkennens“ [Zagadnienie teorii poznawania] (1936), a.a.O., S. 285.

58 Fleck: *Entstehung und Entwicklung einer wissenschaftlichen Tatsache* (1935), a.a.O., S. 140.

59 Fleck: „Über die wissenschaftliche Beobachtung und die Wahrnehmung im Allgemeinen“ [O obserwacji naukowej i postrzeganiu wogóle] (1935), S. 219.

Denkkollektiv sprechen könne.[60] Er war aber nicht bereit, Flecks Theorie vollständig zuzustimmen und wies der Entdeckung der Wassermann-Reaktion, die Fleck zufolge mehr mit einer Kunst als mit einem sachlichen, vorurteilsfreien Verfahren gemein hat,[61] einen objektiven Status zu:

> Man muss zugeben, dass die Wassermann-Reaktion einen großen objektiven Wert besitzt. In diesem Falle, wie im Falle unseres ganzen ärztlichen Wissens gelangen wir zur objektiven Wahrheit. Ein Beweis dafür ist das Beherrschen der Natur (und mit ihr auch der Krankheit) durch den Menschen, die Fähigkeit, Ereignisse vorherzusehen und den Verlauf mancher Phänomene zu beeinflussen."[62]

6.2.4 *Medizingeschichte als Stilgeschichte: Die Kontroverse zwischen Ludwik Fleck und Tadeusz Bilikiewicz*

Mit seiner Denkstiltheorie geriet Fleck in Lemberg in Konflikt mit dem Medizinhistoriker und Psychiater Tadeusz Bilikiewicz (1901–1980).[63] Wie Fleck hatte auch Bilikiewicz den Stilbegriff für die Wissenschaftsgeschichte adaptiert, wie Szumowski jedoch war Bilikiewicz der Meinung, dass man sich dennoch in der Forschungspraxis von dem Einfluß der Kultur und der Tradition befreien könne. Dies führte schließlich zu einer intensiven Kontroverse (vgl. dazu das Kap. 8.5).[64]

---

60 Vgl. Szumowski: *Logika dla Medyków* [Logik für die Mediziner] (1939), a.a.O., S. 264. Szumowski bezog sich auf Fleck noch einmal in seinem 1947 erschienenen Buch *Dzieje filozofii medycyny, jej istota, nazwa i definicja* [Die Geschichte der Philosophie der Medizin, ihr Wesen, Name und ihre Definition]. Erklärt werden hier die Begrife des Denkstils und Denkkollektivs. Szumowski bezeichnet Flecks Beitrag zur Geschichte und Philosophie der Medizin als „schöpferisch". Vgl. Władysław Szumowski: *Dzieje filozofii medycyny, jej istota, nazwa i definicja* [Die Geschichte der Philosophie der Medizin, ihr Wesen, Name und ihre Definition] (1947), in: Ders.: *Filozofia medycyny* [Philosophie der Medizin], Kęty 2007, S. 19–72, hier S. 68.

61 Vgl. z.B.: „Auch die so ausgearbeitete und viel geübte Wassermann-Reaktion ist schließlich eine Kunst, deren Wert viel mehr davon abhängt, wer sie ausführt, als davon, nach welcher Methode sie ausgeführt wird." Fleck: „Zur Krise der ‚Wirklichkeit'" (1929), a.a.O., S. 56.

62 Szumowski: *Logika dla Medyków* [Logik für Mediziner] (1939), a.a.O., S. 265. [Übersetzung S.W.] Vgl. das Original: „Przyznać trzeba, że reakcja Wassermanna posiada dużą wartość obiektywną. W tym wypadku, jak i w całej naszej wiedzy przyrodniczo-lekarskiej, docieramy także do prawdy obiektywnej, dowodem czego jest zarówno w przyrodoznawstwie, jak w medycynie, stopniowe, wciąż wzrastające opanowywanie przyrody (w tym i choroby) przez człowieka, umiejętność przewidywania zdarzeń, umiejętność wpływania na przebieg niektórych zjawisk itd."

63 Zum biographischen Hintergrund vgl. Anna-Renata Karski: *Der polnische Psychiater Tadeusz Bilikiewicz (1901–1980) als Medizinhistoriker*, Leipzig 2003.

64 Vgl. zum Folgenden: Stefan Symotiuk: „Two Sociologies of Knowledge. L. Fleck – T. Bilikiewicz", in: *Kwartalnik Historii Nauki i Techniki* [Vierteljahresschrift der Geschichte

In seinem kurz vor dem Ausbruch des Krieges erschienenen Text „Wissenschaft und Umwelt“ [Nauka a środowisko] (1939) präzisierte Fleck die von ihm beobachtete Nähe zwischen Wissenschaft und Kunst hinsichtlich des Stilbegriffs. Ihm zufolge sei die Wissenschaft mit der Kunst nur auf der Ebene formierender Kategorien vergleichbar. Strukturelle Vergleiche, die die Wissenschaft und die Kunst eines Zeitalters auf gemeinsame Trends, oder einen „Zeitgeist“ zurückzuführen versuchen, lehnte er ab. Als abschreckendes Beispiel führte er die Behauptung des Physikers Erwin Schrödinger an, es gebe zwischen dem künstlerischen Milieu der Weimarer Republik und der Kunstströmung ‚Neue Sachlichkeit‘ einerseits und der modernen Physik andererseits eine strukturelle Ähnlichkeit.[65] Seine Kritik galt aber vor allem Bilikiewiczs 1932 veröffentlichtem Buch *Die Embryologie im Zeitalter des Barock und des Rokoko*, in welchem eine Analogie zwischen der durch den Drang nach individueller Freiheit im Leben ausgelösten Krise des Absolutismus im 18. Jahrhundert und der Entdeckung der Spermien in der Embryologie hergestellt wurde. Außerdem behauptete Bilikiewicz einen Zusammenhang zwischen der wachsenden Bedeutung der Frau in der Gesellschaft und der Entwicklung der Ovulismus-Lehre.[66] Fleck, der ja selbst bisher seitens der Apologeten reiner Wissenschaft kritisiert worden war, verurteilte nun selbst im Namen der Wissenschaft Bilikiewiczs Position. Bilikiewicz formuliere „oberflächliche

der Wissenschaft und Technik] 3 (1983) 4, S. 569–582; ders.: „Dwie socjologie wiedzy: Polemika Flecka z Bilikiewiczem“ [Zwei Soziologien des Wissens. Flecks Polemik mit Bilikiewicz], in: *Studia Filozoficzne* [Philosophische Studien] 10 (1983), S. 129–143; Zittel: „Ludwik Fleck und der Stilbegriff in den Naturwissenschaften“ (2011), a.a.O., hier insbes. S. 196–202 sowie seinen Kommentar in Fleck: *Denkstile und Tatsachen*, a.a.O., S. 335–339; ders.: „Ludwik Fleck and the concept of style in the natural sciences“, in: *Studies in East European Thought* 64 (2012) 1–2, S. 53–79; Sylwia Werner: „Denkstil – Paradigma – Avantgarde. Zum Verhältnis von Wissenschaft und Kunst in Wissenschaftstheorien Ludwik Flecks und Thomas Kuhns“, in: Andrea Sakoparnig, Andreas Wolfsteiner und Jürgen Bohm (Hg.): *Paradigmenwechsel. Wandel in den Künsten und Wissenschaften*, Berlin/Boston: 2014, S. 53–66; Eva Johach: „Was denkt im Individuum? Kollektivfiguren bei Ludwik Fleck, Tadeusz Bilikiewicz und Ludwig Gumplowicz“, in: *NTM Zeitschrift für Geschichte der Wissenschaften, Technik und Medizin* 22 (2014) 1–2, S. 111–132; Artur Koterski: „Tadeusz Bilikiewicz's Background in the Debate with Ludwik Fleck“, in: *Transversal: International Journal for the Historiography of Science* 1 (2016), S. 31–45. Ferner vgl.: Melinda B. Fagan: „Fleck and the Social Constitution of Scientific Objectivity“, in: *Studies in History and Philosophy of Biological and Biomedical Sciences* 40 (2009), S. 272–285; Sauerland: „Suche nach Ordnung und Freude an der Vielheit. Der staatspolitische Hintergrund der philosophischen Debatten im Polen der zwanziger und dreißiger Jahre“, a.a.O., hier insbes. S. 138f.

65 Erwin Schrödinger: *Über Indeterminismus in der Physik – Ist die Naturwissenschaft milieubedingt? Zwei Vorträge zur Kritik der naturwissenschaftlichen Erkenntnis*, Leipzig 1932.

66 Tadeusz Bilikiewicz: *Die Embryologie im Zeitalter des Barock und des Rokoko*, Leipzig 1932.

Phrasen“ und „wehmütige Reflexionen“, mit denen „die ‚gut erzogenen‘, also konservativen Gelehrten“ alle Entwicklungen einer Epoche zu verbinden versuchen und damit „ihre Augen vor dem Neuen [...] verschließen“.[67] Fleck warnte vor einem „intuitiven Erfühlen von Gemeinsamkeiten“[68], welches Schrödinger und Bilikiewicz praktizieren würden. Wer eine soziologische Analyse ausschließt, laufe Gefahr, „einer unfruchtbaren Ideologienlehre zu verfallen“.[69] Fleck stellte schließlich fest: „Glatte Flächen in der Architektur – leere, unausgefüllte Bereiche in der Wissenschaft: [...] Zu viel Literarisches und Beliebiges ist darin.“[70] Fleck warf Bilikiewicz eine zu weitgehende oder falsche Ästhetisierung der Wissenschaftstheorie vor, die nicht mehr erlaube, die Unterschiede zwischen den Denkstilen zu erkennen. Das Insistieren auf den Differenzen und – damit verbunden – auch auf den Grenzen des Verstehens anderer Denkstile ist für Fleck der entscheidende Punkt.

In seiner Antwort distanzierte sich Bilikiewicz von Flecks Konzeption und attackierte entsprechend seinen Begriff des Denkstils. Er stellte klar, dass es sein Anliegen gewesen war, den Einfluss der Umwelt auf den wissenschaftlichen Inhalt und nicht auf die Bedingungen der Erkenntnis aufzuzeigen. So könne man Epochenstile der Wissenschaft beschreiben, ohne jedoch die Wissenschaft ganz von diesen Stilen abhängig zu denken, da deren formale Verfahren und ihr Wahrheitsanspruch für sich gültig seien. Werde der Stilbegriffs in der Wissenschaft in einer Weise angewendet, wie dies Fleck vorschlägt, sei es unmöglich, „ein allgemeines Wahrheitskriterium festzulegen, stattdessen wird die Wahrheit nur als eine aktuelle Etappe eines Denkstils anerkannt.“[71]

---

67 Fleck: „Wissenschaft und Umwelt“ [Nauka a środowisko] (1939), a.a.O., S. 329.

68 Ebd.: S. 330.

69 Ebd.: S. 331. Angesichts des bevorstehenden Krieges kämpft Fleck umso mehr gegen die Politisierung der Wissenschaft und für das freie wissenschaftliche Denken: „Aus der Tatsache der soziologischen, gemeinschaftlichen Natur des Erkennens wurde zuerst die politische Parole eines sozialen, klassenbedingten Wissens gebildet und dann schuf die gegnerische politische Richtung den National- und den Rassengeist, um durch die Epochen einen weltanschaulichen Mythos weiterzuspinnen. [...] Da jedes Wissen von der Umwelt abhängig ist, muß folglich der Prozeß umgedreht werden: Zu der künstlich veränderten Umwelt muß ein passendes Wissen angefertigt werden. Denn es gibt sowieso keine objektive Wissenschaft! Also muß man schnell eine linke oder rechte, proletarische oder nationale Physik, Chemie usw. ‚machen‘. Zu den politisch nötigen, vorher feststehenden Ergebnissen werden wir die Beweise beschaffen. Wir werden eine Planwirtschaft für das Denken einführen, freies Schaffen wird durch bürokratische Zentren ersetzt, Propaganda wird an die Stelle des autonomen Durchdringens der Gesellschaft treten.“ Ebd.: S. 329.

70 Ebd.: S. 330.

71 Tadeusz Bilikiewicz: „Bemerkungen zum Artikel von Fleck ‚Wissenschaft und Umwelt‘“ [Uwagi nad artykułem Ludwika Flecka „Nauka a środowisko“] (1939), in: Fleck: *Denkstile und Tatsachen*, a.a.O., S. 340–352, hier S. 342.

Bilikiewicz zufolge kennzeichne zwar die Wissenschaft ein Schaffen, doch im Unterschied zur Kunst sei dies ein reines Nachschaffen, das immer einen Bezug zur absoluten Wirklichkeit behalte. Fleck sieht die Differenz zwischen der Wissenschaft und der Kunst darin, „daß die Kunst frei schafft, die Wissenschaft dagegen nur ‚nachschafft', indem sie etwas unabhängig Existierendes beschreibt, d.h. quasi mit Hilfe eines Zeichensystems klar nachbildet".[72] Die Unterschiede seien nur graduell. Die Sprache des Wissenschaftlers sei lediglich mehr als das Zeichensystem des Künstlers einer bestimmten wissenschaftlichen Tradition verpflichtet: „Die Zeichen, die er verwendet (Begriffe, Worte, Sätze), und die Art, wie er sie verwendet, sind detaillierter festgelegt, mehr vom Kollektiv abhängig, sozialer und traditioneller als die Zeichen des Künstlers".[73] Für Fleck ist auch die wissenschaftliche Kultur schöpferisch und die Forscher, die in ihr leben, bringen als Kollektive fiktive und stilvolle Gebilde hervor, die wissenschaftlichen Resultate seien daher abhängig von kulturellen Denkstilen. Bilikiewicz warf schließlich Fleck vor, daß er nichts von der Geschichte verstehe und verkenne, dass wissenschaftliche Fakten nicht beliebig konstruiert werden können.[74]

Was in der Kontroverse selbst unerwähnt blieb, doch vermutlich der Anstoß war, ist, dass ein Jahr zuvor, 1938, Bilikiewicz seine „Überlegungen über den ‚Sinn' der Geschichte" [Z rozważań nad ‚sensem' historii] veröffentlicht hatte, in denen er das Ideal einer wahren Rekonstruktion der Vergangenheit als Ziel historischer Untersuchungen problematisiert. Die Wiedergabe der historischen Wahrheit sei unmöglich, da die Verstandeserkenntnis zu unbeholfen sei und der Zusammenfassungen bedürfe:

> Das Leben ist kurz und keiner hat Zeit lange Abhandlungen zu lesen. Deshalb müssen diese Abhandlungen kurz und bündig verfaßt werden. Da der Autor die beschriebene Wirklichkeit zusammenfassen muß, entstellt er sie. Aber auch viel mehr! Aus dieser Zusammenfassung bleibt im Gedächtnis des Lesers nur eine Kurzform haften, die bestimmte Angaben, Kausalbeziehungen, eine allgemeine Charakteristik des Helden und den ebenso allgemein und schematisch erinnerten Hintergrund der Geschichte umfasst.[75]

---

72 Ludwik Fleck: „Antwort auf die Anmerkungen von Tadeusz Bilikiewicz" [Odpowiedź na uwagi Tadeusza Bilikiewicza] (1939), in: Ders.: *Denkstile und Tatsachen*, a.a.O., S. 355–360, hier S. 358.

73 Ebd.

74 Tadeusz Bilikiewicz: „Die Antwort auf die Replik von Ludwik Fleck" [Odpowiedź na replikę Ludwika Flecka] (1939), in: Fleck: *Denkstile und Tatsachen*, a.a.O., S. 361–363.

75 Tadeusz Bilikiewicz: „Z rozważań nad ‚sensem' historii" [Aus den Überlegungen über den ‚Sinn' der Geschichte], in: *Przegląd Współczesny* [Zeitgenössische Rundschau] 17 (1938), S. 114–126, hier S. 119. [Übersetzung S.W.]

Der Sinn der Geschichte bestehe auch nicht im praktischen Nutzen: „Wenn man das Ziel der Erziehung in den Vordergrund stellt, müßte man die Geschichte so korrigieren, verschönern, operieren und ergänzen, damit sie nicht von der Wirklichkeit – ihrer eigenen Mutter – erkannt wird. Die Lehrstühle für Geschichte müßte man dann mit Schriftstellern und Dichtern besetzen."[76] Dies erklärt, weshalb sich Bilikiewicz später mit solcher Verve in die Kontroverse mit Fleck begibt, denn er hat ihn im Verdacht, durch seine Historisierung von Denkstilen ein relativistisches Wissenschaftsverständnis zu vertreten, während ihm zufolge die Korrelationen zwischen Kultur und Wissenschaft zwar herausgearbeitet werden sollen, doch der objektive Charakter der Naturwissenschaften selbst davon unberührt bleiben müsse.

6.2.5 *Franciszek Groër als Vermittler von Photographie, Kunst und Medizin*

Fleck stand auch in unmittelbarer Nähe zum Künstler und Kinderarzt Franciszek Groër (1887–1965),[77] der sein Freund und ein wichtiger Förderer seiner Karriere war.[78] Groër war der einzige Professor der Lemberger Universität, der den Massenmord an den Lemberger Professoren im Sommer 1941 überlebte.[79] Als Musiker, Direktor des Lemberger Opernhauses, Autor von Operettenlibretti, vor allem jedoch als Photograph gehörte er zu den wichtigsten Kulturschaffenden in Lemberg. Wie Frostig war also auch Groër ein Vermittler zwischen den Lemberger Denkkollektiven der Kunst und der Wissenschaft.[80] Zu untersuchen wäre, inwiefern er auch die Repräsentanten

76 Ebd.: 121.

77 Vgl. dazu die Personalakte von Franciszek Groër im Archiv der Medizinischen Universität Lemberg sowie im Staatlichen Bezirksarchiv Lemberg, Sign. 26/5/499.

78 Groër schrieb nach Flecks Tod einen „Nachruf auf Ludwik Fleck" (1961), in: Fleck: *Denkstile und Tatsachen*, a.a.O., S. 643–647.

79 Vgl. dazu den Artikel von Stanisław Machowski: „Haniebny czyn hitlerowców we Lwowie" [Die schändliche Tat der Nazis in Lemberg], in: *Wieczór Wrocławia* [Breslauer Abend] (1.–3. Juli 1988), S. 7.

80 Vgl. Hugo Steinhaus: „Współpraca biologa i lekarza z matematykiem" [Die Zusammenarbeit des Biologen und Arztes mit dem Mathematiker], in: Helena Krukowska (Hg.): *Franciszek Groër: życie i działalność* [Franciszek Groer: Leben und Wirkung], Warszawa 1973, S. 54–56, hier S. 56. Hugo Steinhaus kommentierte zudem Groërs künstlerisches Engagament: „Das Bild von Franciszek Groër passte nicht in den Rahmen seiner wissenschaftlichen Arbeiten und seinem pädiatrischen Engagement. Seine Begabung überschritt sein medizinisches Wissen. So zeugen z.B. die hunderten seiner wunderbaren künstlerischen Photographien von seiner Sensibilität für die Schönheit der visuellen Welt. Er war Musikologe, leitete in den Jahren 1932–1933 das Lemberger Opernhaus, beherrschte wunderbar einige europäische Sprachen, was ihm den Titel eines Humanisten eintrug."

der Neuen Musik in Lemberg prägte.[81] Jedenfalls brachte er die moderne Kunstphotographie nach Lemberg und trug dort entscheidend zu deren Verbreitung bei.

Auf dem Gebiet der Kinderheilkunde beschäftigte er sich vor allem mit Tuberkulose, Masern, Diphtherie und Scharlach, z.B. beschrieb er als erster die Hämatologie der Masern. Daraufhin wurde ihm 1931 das den Masern gewidmete Kapitel im *Handbuch der Kinderheilkunde* anvertraut.[82] Diesen Themen widmete er etwa 200 Publikationen.

Bekannt wurde er auch durch seine Zusammenarbeit mit Mathematikern, vor allem mit Hugo Steinhaus, dessen Berechnungen er für die präzisere Bestimmung allergischer Reaktionen verwendete. Hierbei ging es darum, die Abhängigkeit der Reaktion vom Auslöserreiz zu definieren, d.h. die Menge des injizierten Tuberkulins mit der Größe der entstandenen Pustel zu vergleichen (vgl. Kap. 9.4).[83] Diese Art kontrollierter Herbeiführung von Krankheitserscheinungen ist heute als Pathergiephänomen bekannt.

Groër verband die Medizin nicht nur mit anderen wissenschaftlichen Disziplinen, sondern auch mit der Kunst. Sein starkes Engagement für die gesunde Ernährung von Kindern, verknüpfe er eng mit seinem photographischen Interesse. Er nahm Bilder von Kindern aus seiner Klinik auf, deren ästhetische Qualität den dokumentarischen Zweck ostentativ überstieg (Abb. 28). Der Propaganda des Gesundheitsschutzes diente auch eine Publikation mit dem bezeichnenden Titel „Die Schönheit im Krankenhaus" [Piękno w szpitalu][84], die parallel – 1939 – mit dem Ausstellungskatalog seiner Photographien erschien.[85] In der in Lemberg organisierten Ausstellung präsentierte Groër über 300 Photographien, die zwischen 1912 und 1939 angefertigt wurden. Neben den wissenschaftlichen und medizinischen Photographien stellte Groër Aufnahmen von Landschaften, Stadt und

Hugo Steinhaus: *Erinnerungen und Aufzeichnungen* [Wspomnienia i zapiski], 2 Bde., Dresden 2010, hier Bd. 1., S. 188.

81 In Lemberg waren die Schönberg-Schüler und Komponisten Józef Koffler, Tadeusz Majerski sowie der Pianist Eduard Steuermann aktiv. Siehe dazu: Luba Kyyanovska: „Schönberg-Rezeption in Lemberg/Lviv: eine hundertjährige Geschichte", unter: https://www.gko.uni-leipzig.de/fileadmin/user_upload/musikwissenschaft/pdf_allgemein/arbeitsgemeinschaft/heft19/1914_Kyyanovska.pdf (letzter Zugrif: 20.12.2019).

82 Franciszek Groër: „Masern", in: *Handbuch der Kinderheilkunde*, hg. v. Meinhard Pfaundler und Arthur Schlossmann, Bd. 2, Leipzig 1931, S. 195–245.

83 Vgl. z.B. Franciszek Groër: „Tuberkulose im Koordinatensystem der Allergie", in: *Zeitschrift für Kinderheilkunde* 56 (1934), S. 379–389.

84 Franciszek Groër: „Piękno w szpitalu" [Die Schönheit im Krankenhaus], in: *Medycyna i Przyroda* [Medizin und Natur] 3 (1939) 6, S. 22–43.

85 Franciszek Groër: *Wystawa fotografii* [Ausstellung der Photographien], Lwów 1939.

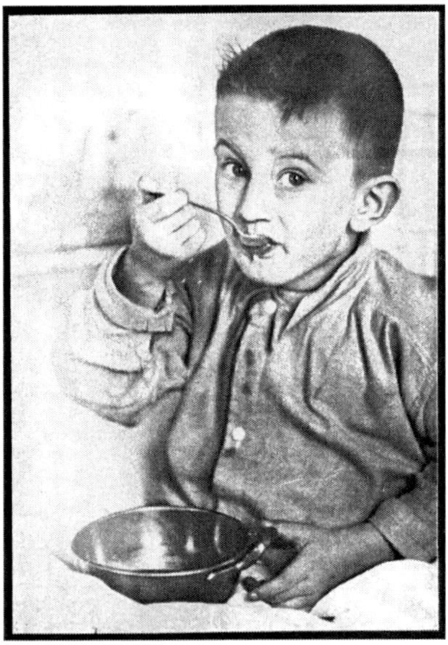

Abb. 28 Franciszek Groër: Studie aus der Klinik

Abb. 29 Franciszek Groër: *Lwów. Ulica Akademica*

Abb. 30 Franciszek Groër: *Früchte*

Abb. 31 Franciszek Groër: *Im Restaurantwaggon* (1937)

Architektur, Alltags- bzw. Genreszenen sowie Stillleben aus (Abb. 29–31). Bei der Herstellung der Bilder wandte er die seinerzeit moderne Bromdrucktechnik an. Die verschiedenen Töne einer Grundfarbe, die man bei diesem Verfahren erreicht, relativieren zeitlich wie räumlich die dargestellte Situation und verändern oder verfremden den beobachteten Gegenstand. Durch die Experimente mit Licht und der Retuschetechnik werden die Objekte manipuliert und es wird zusätzlich eine Distanz zur Realität hergestellt (Abb. 32 und 33). Im Vorwort zum Ausstellungskatalog erklärte Groër: „Wenn ein Künstler viele verschiedene Kameras und Linsen verwendet und sich verschiedener

Abb. 32 Franciszek Groër: *Im Garten I* (1925)

Abb. 33 Franciszek Groër: *Im Garten II* (1926)

Positivverfahren bedient, macht er es nur deshalb, weil er stets nach Wegen der treusten Wiedergabe – nicht der Wirklichkeit, die er photographiert, sondern des eigenen Erlebnisses sucht."[86] Wie Frostig und Fleck bestand also auch Groër auf der Unterscheidung zwischen erlebter Wirklichkeit und vermeintlich objektiver Wirklichkeit und es ist klar, dass in der medizinischen Diagnostik diese Differenzierung ein entscheidender Faktor ist, aber auch für die moderne Bakteriologie, da in ihr durch Photographien künstlich eingefärbter Präparate nicht die Wirklichkeit als solche, sondern zugerichtete Surrogate zur Forschungsgrundlage avancierten.

Entsprechend führte Groër vor, wie die Realitätswahrnehmung von den jeweils eingesetzten Apparaten und photographischen Techniken abhängt, – ein Gedanke, den später Fleck in seinen Aufsätzen über die Beobachtung und Wahrnehmung wissenschaftlicher Phänomene aufgreifen und anhand von Mikroskopbildern zu einem wissenschaftstheoretischen Argument schmieden wird.[87]

---

86 Franciszek Groër: „Vorwort", in: Ders.: *Wystawa fotografii* [Ausstellung der Phiographien] (1939), a.a.O. S. 5–6, hier S. 5. [Übersetzung S.W.] Vgl. das Original: „Jeżeli nawet twórca używa wielu różnych kamer i soczewek, a posługuje się różnorodną techniką pozytywową – to tylko dlatego, że szuka on ciągle dróg najwierniejszego oddania – nie rzeczywistści, którą fotografuje, lecz własnego przeżycia."

87 „Kurz kann man erwähnen, daß das wissenschaftliche Gerät, als Verwirklichung gewisser Ergebnisse des bestimmten Denkstils, das Denken automatisch in die Bahnen dieses Stils richtet. Messgeräte zwingen, einen solchen Einheitsbegriff zu verwenden, für den sie gebaut worden sind, mehr noch, sie zwingen, solche Begriffe anzuwenden, aus denen sie hervorgegangen sind. [...] Das Fernrohr macht es unmöglich, in den Wolken phantastische d.h. dem Wissenschaftlichen stilfremde Gestalten zu sehen, d.h., es richtet auf den wissenschaftlichen Stil aus, genauso wie geschmolzenes Wachs, ein Kartenspiel

Diese unmittelbare Nähe Groërs zur Kunst erklärt womöglich auch Flecks Bezugnahme auf zeitgenössische Künstler in einigen seiner epistemologischen Texten, denn die gestaltpsychologischen Überlegungen hätte Fleck auch ausschließlich anhand der von ihm sonst bevorzugten Abbildungen aus medizinischen Atlanten veranschaulichen können. In „Schauen, Sehen, Wissen" [Patrzeć, widzieć, wiedzieć] (1947) bringt Fleck z.B. eine Abbildung des Graphikers Bronisław Wojciech Linke (1906–1962), einem sehr engen Freund des Malers Stanisław Ignacy Witkiewicz (1885–1939). Linkes Bild trägt den markanten Titel *Ein Urmensch sähe einen keuchenden Drachen* (Abb. 34), offenbar weil das wahrgenommene fremde Objekt gemäß seinem Denkstil in ein vertrautes Bild umgewandelt wird (vgl. Kap. 7.6).[88]

Linke, der sich in Lemberg während des Krieges wegen seiner Hitler-Karikaturen verstecken mußte, war der Vertreter des ‚metaphorischen Realismus', einer Kunstrichtung, welche auf eine anschauliche, oft wörtliche Darstellung literarischer Metaphern zielte. Bekannt sind vor allem seine Antikriegsplakate, darunter der Zyklus *Die Steine schreien* [Kamienie krzyczą] (Abb. 35), der die Stadt Warschau in Schutt und Asche zeigt. Diese Bilder muten wie Illustrationen zu Flecks Texten an, etwa zu jener Stelle über kulturell bedingte Wahrnehmungsdifferenzen, in der Fleck sarkastisch bemerkt: „Es ist klar, daß nur ein Mensch aus unserer Gesellschaft ein „Haus" sieht, d.h. diese Gestalt in der ganzen Skala seiner möglichen Transpositionen heraus erkennt. Heute ist eine Situation möglich, in der ein Bewohner Warschaus ein Haus sieht, aber ein Bewohner New Yorks eine Ruine, einen Haufen Schutt."[89]

Flecks Wissenschaftstheorie speiste sich eindeutig aus der Lemberger Schule der Medizin, obgleich diese aus verschiedenen Köpfen zusammengesetzt war. Was sie alle verband, war die Überzeugung, daß nicht die Wissenschaft in ihrer papiernen Gestalt in den Blick genommen werden sollte, sondern der von der Kultur der Stadt geprägte Alltag in den Laboren und Arztpraxen, die wissenschaftspraktische Wirklichkeit also, die von den kulturellen Leitbildern der Zeit durchsetzt war. Dies befördert das kollektive Nachdenken über die soziale und ästhetische Dimension von Wissenschaft, genauer: das Nachdenken just

---

oder andere ähnliche Werkzeuge die Wahrsager auf ihren Denkstil ausrichten. Indem wir inmitten von Geräten und Einrichtungen leben, die sich aus dem heutigen wissenschaftlichen Denkstil herleiten, empfangen wir ständig objektive Anstöße, so und nicht anders zu denken." Fleck: „Das Problem einer Theorie des Erkennens" [Zagadnienie teorii poznawania] (1936), a.a.O., S. 297.

88 Dieses Beispiel weist eine frappierende Ähnlichkeit zu Aby Warburgs ethnographischem Bericht über die Mythologik im Erfassen fremder Phänomene durch Bilder auf, der zwar früher entstand, aber viel später veröffentlicht wurde. Vgl. Aby Warburg: *Das Schlangenritual. Ein Reisebericht.* Mit einem Nachwort von Ulrich Raulff, Berlin 1988.

89 Ludwik Fleck: „Schauen, Sehen, Wissen" [Patrzeć, widzieć, wiedzieć] (1947), in: Ders.: *Denkstile und Tatsachen*, a.a.O., S. 390–418, hier S. 399.

Abb. 34 Bronisław Wojciech Linke: *Ein Urmensch sähe einen keuchenden Drachen*

Abb. 35 Bronisław Wojciech Linke: *Die Steine schreien* (1946)

über diese Verbindung von sozialen und ästhetischen Faktoren in der Wissenschaftspraxis und deren Anteil bei der Konstruktion wissenschaftlicher Wirklichkeiten.

6.3 Das „phantastische Laboratorium" von Rudolf Weigl

Die Rede von Lemberg als Laboratorium der Moderne ist nicht nur metaphorisch zu verstehen, denn eine der Keimzellen für zahlreiche intellektuelle Entwicklungen in Lemberg war das Laboratorium für Flecktyphusforschung von

Rudolf Weigl (1883–1957). Fleck war Mitarbeiter von Weigl und während dieser Zeit in den Jahren von 1920–1921 an der Entwicklung des Flecktyphusimpfstoffs beteiligt. Man kann unterstellen, dass Flecks Erfahrungen in Weigls ungewöhnlichem Laboratorium seine antirealistische Wissenschaftstheorie maßgeblich prägte. Denn die Laborrealität war das Produkt zahlreicher ingeniöser Einfälle, künstlicher Zurichtungen und abenteuerlicher und zutiefst die Phantasie beeindruckender Methoden.[90]

Seine ersten Untersuchungen unternahm Weigl in der ca. 100 km von Lemberg entfernten Stadt Prömsel [Przemyśl], wo er von 1917–1921 das bakteriologische Laboratorium des Militärkrankenhauses leitete, das zunächst für die Habsburger, dann für den polnischen Staat als Forschungsstätte diente. Bis 1918 verlief in Prömsel [Przemyśl] die Grenze zwischen der Habsburgermonarchie und dem russischen Imperium und damit zwischen der westlichen und östlichen Kultur Europas. Danach wurde Prömsel [Przemyśl] polnisch. Weigl, der zum Teil Tscheche, zum Teil Österreicher und Pole war, verkörperte exemplarisch den in der damaligen Zeit zwischen verschiedenen Nationen und politischen Systemen lebenden Forscher. Als er 1921 einen Ruf auf die Professur für Allgemeine Biologie an der Universität Lemberg erhielt, zog mit ihm auch sein Laboratorium um. So wurde Lemberg zum Zentrum der Fleckfieberforschung.[91]

Fleck erhielt in Lemberg eine Assistentenstelle bei Weigl und just während dieser Zeit entstanden seine ersten medizinischen Fachaufsätze.[92] 1922

90 Die phantasievolle Vorgehensweise wurde zum Filmstoff, der allerdings aus der Läusefütterei eine surrealistische Horrorvision machte. Vgl. Andrzej Żuławskis Film *Der dritte Teil der Nacht* [Trzecia część nocy], 1971.

91 Zum Rudolf-Weigl-Institut siehe: Allen: *The fantastic laboratory of Dr. Weigl*, a.a.O., hier insbes. Kap. 2: „City on the Edge of Time, S. 41–60 und Kap. 3: „The Louse Feeders“, S. 61–78. Ferner vgl. Katharina Kreuder-Sonnen: *Wie man Mikroben auf Reisen schickt. Zirkulierendes bakteriologisches Wissen und die polnische Medizin*, Tübingen 2018, hier insbesondere Kap. 8.3: „Die Laus im bakteriologischen Labor in Hamburg, Włocławek und Lemberg“, S. 245–256 und Kap. 9.3: „Wie der Fleckfieberimpfstoff aus Lemberg zirkulierte“, S. 275–296; Stefan Kryński: „Rudolf Weigl (1883–1957)“, in: *Medycyna Doświadczalna i Mikrobiologia* [Die experimentelle Medizin und Mikrobiologie] 19 (1967) 3, S. 213–218; Zbigniew Stuchly (Hg.): *Zwyciężyć tyfus. Instytut Rudolfa Weigla we Lwowie* [Den Tiphus überwinden. Das Rudolf-Weigl-Institut in Lemberg], Wrocław 2001; Jadwiga Złotorzycka: „Profesor Rudolf Weigl (1883–1957) i jego instytut“ [Profesor Rudolf Weigl (1883–1957) und sein Institut], in: *Analecta* 7 (1998) 1, S. 165–181.

92 Ludwik Fleck: „O pewnej statystycznej okresowości przy durze powrotnym“ [Über bestimmte statistische Perioden bei Rückfalltyphus], in: *Polska Gazeta Lekarska* [Polnische Ärztliche Zeitung] 1 (1922), S. 271–273; Ludwik Fleck, Olgierd Kuratowski: „Oddziaływanie skóry w durze plamistym na odmieńca X_{19} i prątki pokrewne“ [Die Hautreaktion bei Fleckfieber durch Proteus X_{19} und verwandte Bazillen], in: *Medycyna Doświadczalna i Społeczna* [Die experimentelle und soziale Medizin] 1 (1923) 1–2, S. 98–105.

promovierte Fleck mit einer Arbeit zur Exanthinreaktion, in der er sich mit der Methode der Typhusdiagnostik, die durch eine subkutan verabreichte Typhus-Antigen-Suspension erfolgte, befasste.[93] 1923 verließ er die Universität und arbeitete im Krankenhaus, wo er in der Abteilung für die Innere Medizin die Leitung des bakteriologischen Laboratoriums übernahm. Ab dieser Zeit scheint er keinen Kontakt zu Rudolf Weigl mehr gehabt zu haben. Doch er behielt Kontakt zur Lemberger Universität, vor allem zum Internisten und Medizinhistoriker Witold Ziembicki (1874–1950), der dort eine Professur für Medizingeschichte bekleidete und mit dem er das Interesse für eine kulturalistische Wissenschaftsgeschichtsschreibung teilte. Ziembicki war für die soziokulturelle Orientierung von Flecks Epistemologie ausschlaggebend.[94]

Weigl war nicht der erste, der einen Flecktyphusimpfstoff herzustellen versuchte. Bereits vor dem 1. Weltkrieg – 1910 – wies der französische Arzt (und Mitarbeiter von Louis Pasteur) Charles Nicolle (1866–1936) nach, dass die Krankheit durch die in Kleidernähten und -falten lebenden Läuse übertragen wird. Der brasilianische Pathologe Henrique da Rocha Lima (1879–1956) beobachtete 1916, dass die Krankheit durch einen bestimmten Erreger, der sich im Läusedarm ansiedelt, ausgelöst wird. Zu Ehren zweier an Flecktyphus gestorbenen Forscher, dem Amerikaner Howard Taylor Ricketts (1871–1910)

93 Die Doktorarbeit wurde 1922 verteidigt und 1930 in Form eines Zeitschriftenbeitrags veröffentlicht: Vgl. Ludwik Fleck: „O odczynie egzantynowym“ [Über die Exanthinreaktion], in: *Wiadomości Lekarskie* [Ärztliche Nachrichten] 3 (1930) 10–11, S. 380–384.

94 Ziembicki veröffentliche eine bunte Mischung an Schriften zu diesem Themenfeld, darunter: *Z dziejów szpitalnictwa lwowskiego* [Aus der Geschichte des Lemberger Krankenhauswesens], Lwów 1925; *Zdrowie i niezdrowie Jana Sobieskiego* [Gesundheit und Nichtgesundheit von Jan Sobieski], Poznań 1931–1932; *Lekarz w pojęciu Hipokratesa* [Arzt im Sinne des Hippokrates], Poznań 1934. Siehe auch seine essayistische Schrift zur Musik: *Muzyka myśliwska* [Jagdmusik], Warszawa 1935. Zu Ziembickis Vita siehe Zbigniew Domosławski: „Ziembicki Witołd (1874–1950), lekarz, internista, historyk medycyny“ [Ziembicki Witołd (1874–1950), Arzt, Internist, Medizinhistoriker], in: *Słownik biograficzny polskich nauk medycznych XX wieku* [Biographisches Wörterbuch der polnischen Medizinwissenschaften des 20. Jahrhunderts], Warszawa 1995, S. 149–151; Wiktor Ziembicki: „Witold Ziembicki“, in: *Polski Tygodnik Lekarski* [Polnische ärztliche Wochenschrift] 6 (1951) 23–24, S. 737–741. Fleck unterhielt zu Ziembicki auch noch nach dem Krieg Briefkontakt. In diesem Briefwechsel finden sich private Bekenntnisse, die Flecks Isolation in der Nachkriegszeit schildern, so schreibt er z.B.: „Ich wurde übrigens ganz zum Philosophen, etwas in der Diogenes-Art, nur statt in einem Faß wohne ich in einem unmöblierten Zimmer. Ich freue mich aber, daß sich meine engsten Familienangehörigen, d.h. meine Frau und mein Sohn gerettet haben und bei mir sind. Den Krieg verbrachte ich in Konzentrationslagern, zuerst in Auschwitz, dann in Buchenwald, d.h. ich sah genau die Hölle und erwarte, daß mir diese Zeit beim Jüngsten Gericht von der Strafe abgezogen wird.“ Vgl. Ludwik Flecks Briefe an Witold Ziembicki, in: Fleck: *Denkstile und Tatsachen*, a.a.O., S. 566–573, hier S. 566.

und dem Tschechen Stanislau von Prowazek (1875–1915), nannte er den Erreger *Rickettsia Prowazeki*.

Seit der Entwicklung der Schutzimpfung gegen Milzbrand von Louis Pasteur (1822–1895) im Jahre 1881 wußte man, dass ein in einer minimalen Dosis verabreichter Krankheitserreger die Immunität herbeiführen kann. Das Problem mit Flecktyphus bestand darin, dass sein Erreger – *Rickettsia Prowazeki* – sich nicht auf einem künstlichen Nährboden züchten ließ. Hierfür benutzte Weigl 1918 in seinem Labor in Prömsel [Przemyśl] leicht mit Flecktyphus infizierbare Meerschweinchen.[95] Die in den Meerschweinchen erreichte Konzentration des Erregers erwies sich aber als zu schwach, um einen Impfstoff daraus herstellen zu können. Man benötigte daher eine große Menge an Rickettsienkulturen.[96] Weigl kam auf die geniale Idee, Läuse mit menschlichem Blut zu füttern und sie danach künstlich rektal mittels Pinzette, Papierstreifen und Spritze mit dem Erreger zu infizieren (Abb. 36). Um dies zu ermöglichen, begann Weigl in Lemberg im großen Stil Läuse zu züchten, aus deren Därmen er schließlich den Impfstoff gewann.

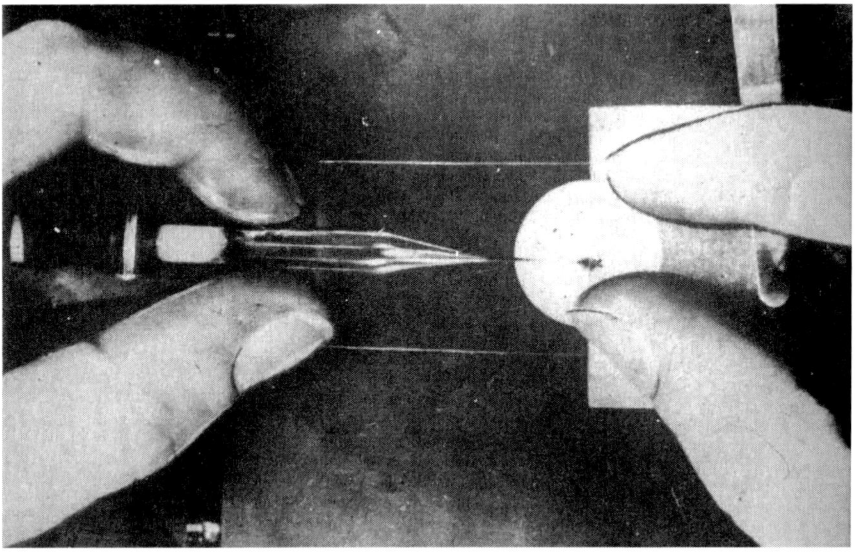

Abb. 36 Infizieren der Laus mit dem Erreger

95 Rudolf Weigl: „Badania nad Rickettsią Prowazeki" [Forschungen zu Rickettsia Prowazeki], in: *Przegląd Epidemiologiczny* [Epidemiologische Rundschau] 1 (1920), S. 4–17; ders.: „Untersuchungen und Experimente an Fleckfieberläusen. Die Technik der Rikettsia-Forschung", in: *Beiträge zur Klinik der Infektionskrankheiten und zur Immunitätsforschung* 8 (1920), S. 353–376.

96 Rudolf Weigl: „Über aktive Fleckfieberimmunität. Vorläufige Mitteilung", in: *Medizinische Klinik* 20 (1924), S. 1046–1049.

Dieses Verfahren beschrieb Weigl in seinem 1931 erschienenen Text über die „Methoden der aktiven Immunisierung gegen Flecktyphus" [Sposoby czynnego uodparniania przeciw durowi osutkowemu]:

> Es ist zu beachten, dass der Darm von gesunden Läusen immer vollkommen steril ist und keine Mikroben enthält. Der mit Flecktyphus infizierte Darm jeder Laus liefert uns ein winziges Tröpfchen einer dichten Suspension des Erregers. Es ist klar, dass diese Därme das idealste Material für die Herstellung des Schutzimpfstoffs darstellen, und das eben für den Menschen. Denn *Rickettsia Prowazeki* ist ein durch Läuse verbeitete Erreger, der beim Menschen den Flecktyphus hervorruft. [...] In größerem Maßstab konnten die Versuche an Menschen nicht durchgeführt werden, da es schwierig war, eine größere Anzahl von mit Flecktyphus infizierten Läusen zu bekommen. Alle diese Schwierigkeiten wurden durch die von mir eingeführte Methode überwunden, indem die Läuse künstlich rektal infiziert wurden. [...] Den Impfstoff fertigt man nicht aus den geriebenen ganzen Läusen an, sondern ausschließlich aus ihren steril herauspräparierten Därmen. Anschließend werden diese Därme gerieben und zu einer Suspension verarbeitet, dabei mit physiologischer Kochsalzlösung unter Zusatz von 0,5% Phenol verdünnt.[97]

Für seine Methode entwickelte Weigl spezielle Käfige für Läuse, die aus kleinen mit Gaze – einem feinmaschigen Tüll – umspannten Kästchen bestanden und an den Armen oder Beinen der Läusefütterer befestigt wurden (Abb. 37 und Abb. 38).[98] An einem Bein wurden bis zu 40 Käfige angebracht, eine Person

---

97 Rudolf Weigl: „Sposoby czynnego uodparniania przeciw durowi osutkowemu" [Methoden der aktiven Immunisierung gegen Flecktyphus], in: *Rozprawy Wydziału Lekarskiego* [*Abhandlungen der Medizinischen Fakultät*], Bd. 1, Kraków 1931, S. 1–23, hie S. 17f. [Übersetzung S.W.] Vgl. das Original: „Trzeba więc o tem pamiętać, że jelito wszy zdrowej jest zawsze zupełnie jałowe, nie zawiera żadnych zgoła drobnoustrojów. Jelito każdej wszy, zakażonej durem osutkowym, dostarcza nam więc jakgdyby malutką kropelkę gęstej zawiesiny zarazka. Jasną jest rzeczą, że jelita takie przedstawiają najidealniejszy wprost materiał do wyrobu szczepionki ochronnej, i to właśnie dla człowieka. Albowiem, jak już zaznaczyłem, Rickettsia Prowazeki wszy jest tym zarazkiem, który spowodowuje u człowieka zakażeniem durem osutkowym. [...] Na szerszą skalę, zwłaszcza na ludziach, próby te nie były i w ogóle nie mogły być przeprowadzone z powodu niedających się przezwyciężyć wtedy trudności otrzymania w znaczniejszej ilości wszy, zakażonych durem osutkowym. Wszelkie te trudności zostały jednak pokonane przez wprowadzony przeze mnie sposób stucznego zakażania wszy drogą wstrzykiwań przez odbyt. [...] Szczepionkę sporządza się u mnie nie z wszy roztartych w całości, ale wyłącznie z jałowo wypreparowanych jelit wszy. Jelita te rozciera się następnie i sporządza zawiesinę, odpowiednio rozcięczoną rozczynem fizjologicznym soli kuchennej z dodatkiem 0,5% fenolu."

98 Die Käfige wurden von der Zeichnerin und Illustratorin Hilde Sikora (1889–1974) entworfen. Vgl. dazu: Jean Lindenmann: „Women Scientists in Typhus Research During the First Half of the Twentieth Century", in: *Gesnerus* 62 (2005), S. 257–272.

konnte so 8000 bis 10000 Läuse an sich saugen lassen. Es war das erste Verfahren dieser Art.

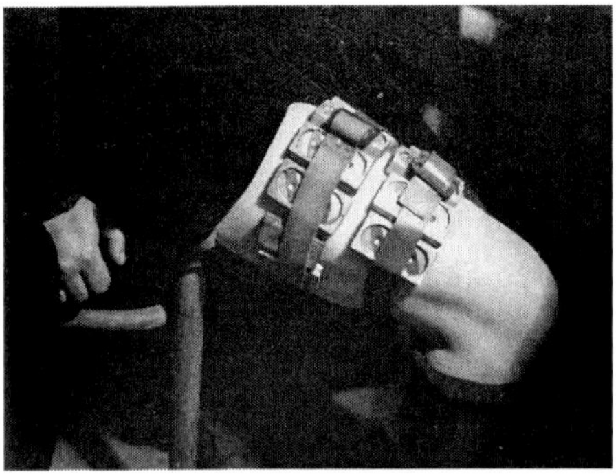

Abb. 37 Läusefütterung zwecks der Herstellung des Flecktyphusimpfstoffs

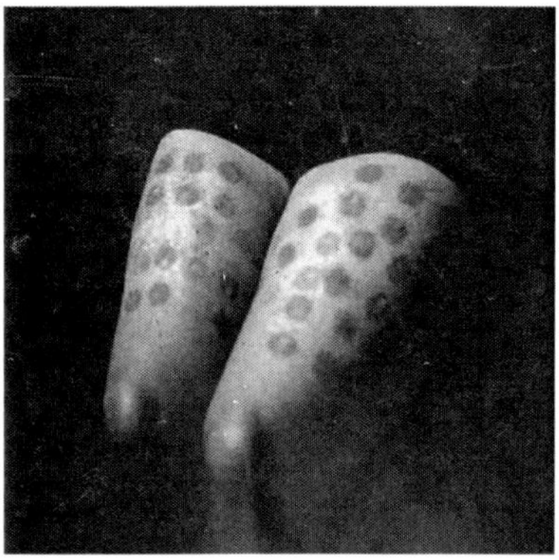

Abb. 38 Nach der Fütterung der Läuse

Weigls Impfmethode weckte weltweit großes Interesse. Die Entwicklung des Fleckfieberimpfstoffs machte sein Institut und mithin auch die Stadt zum Zentrum der modernen bakteriellen Forschung. Weder am Pasteur-Institut in Paris noch am Koch-Institut in Berlin, sondern am Weigl-Institut in Lemberg gelang die Entwicklung des Flecktyphusimpfstoffs. Die von Robert Koch (1843–1910) 1893 festgelegten Prinzipien der modernen Bakteriologie, denen zufolge ein Zusammenhang zwischen einem Mikroorganismus als Krankheitserreger und einer Infektionskrankheit auch dann hergestellt werden kann, wenn die Krankheit nicht ausgebrochen ist, wurden in Lemberg bestätigt. Durch die Verbesserung der technischen Verfahren konnte schließlich auch der Übergang vom Labor zur industriellen Massenproduktion beschritten werden.[99]

Um zu sehen, wie die Läuse künstlich infiziert werden können und man im Anschluss Impfstoff gewinnt, kamen Forscher aus Frankreich, Deutschland, China, Tunesien und den USA nach Lemberg. Für die Forscher aus anderen Lemberger Wissenschaftskollektiven bedeutete dies, dass auch sie von nun an als Akteure einer bedeutenden Wissenschaftsmetropole auftreten konnten.

Im Krieg bot das Institut Schutz für die dort als Läusefütterer arbeitenden Juden und Polen. Unter ihnen waren die Mathematiker Stefan Banach und Władysław Orlicz sowie der Schriftsteller Zbigniew Herbert.[100]

99 Vgl. Philipp Sarasin: *Anthrax. Bioterror als Phantasma*, Frankfurt am Main 2004.

100 Katarzyna Leszczyńska gibt an, dass auch Ludwik Fleck als Läusefütterer im Weigl-Institut gearbeitet hatte, bleibt aber den Nachweis hierfür schuldig. Vgl. Katarzyna Leszczyńska:

Weigls Untersuchungen zum Fleckfieberimpfstoff dauerten 20 Jahre, d.h. bis 1940. Parallel dazu arbeitete auch Fleck an der Entwicklung des Flecktyphusimpfstoffs. In den 1930er Jahren entwickelte er einen Hauttest zum Flecktyphusnachweis.[101] Seine Methode war zuverlässiger als der bislang angewendete Test von Edmund Weil (1879–1922) und Arthur Felix (1887–1956) – die sogenannte Weil-Felix-Reaktion, die oft falsche positive Resultate ergab und nur dann wirkte, wenn der Patient bereits mehrere Tage krank war. Während der deutschen Besatzung kehrte Fleck zur Flecktyphusforschung zurück: In seinem im Lemberger Ghetto eingerichteten Labor stellte er fest, dass das Antigen der Krankheit mit dem Urin abgesondert wird. Um eine stärkere Konzentration des Antigens im Urin zu erreichen, wurde die Probe in ein Vakuum bei einer Temperatur von 40°C gelegt. Anschließend wurde das Konzentrat dialysiert, d.h. von den Ballastsubstanzen gereinigt. Die ersten Tests, mit dem aus dem Urin ausgeschiedenen Antigen gegen Flecktyphus zu immunisieren, wurden an Meerschweinchen durchgeführt. Nach der Infektion mit *Rickettsia-Prowazeki* zeigten die geimpften Tiere keine Symptome der Krankheit: „Die Meerschweinchen, die mit dem Urinpräparat immunisiert worden waren, reagierten nicht auf die Injektion von Blut eines Kranken, während das Kontrollmeerschweinchen, das nicht immunisiert war, eine typische Fieberkurve aufwies."[102] Dies war der Ausgangspunkt für die Herstellung eines prophylaktischen Impfstoffs gegen Flecktyphus aus Urin.[103]

„Ludwik Fleck – zapomniany filozof" [Ludwik Fleck – der vergessene Philosoph], in: *Midrasz. Pismo Żydowskie* [Midrasz – Jüdische Schrift] 1 (2007), S. 36–47.

101 Ludwik Fleck, J. Hescheles: „Über eine Fleckfieber-Hautreaktion (die Exanthinreaktion) und ihre Ähnlichkeit mit dem Dicktest", in: *Klinische Wochenschrift* 10 (1931) 23, S. 107f.; dies.: „Über die Eigentümlichkeit der Exanthin-(Fleckfieberhaut-)Reaktion beim Menschen", in: *Zeitschrift für Immunitätsforschung und experimentelle Therapie* 79 (1933), S. 514–520.

102 Ludwik Fleck: „Untersuchungen zum Flecktyphus im Lemberger Ghetto in den Jahren 1941–1942" [Badania nad tyfusem plamistym w Getcie Lwowskim w latach 1941–1942], in: Ders.: *Denkstile und Tatsachen*, a.a.O., S. 505–514, hier S. 508. Vgl auch: Ders.: „Wie wir den Anti-Flecktyphusimpfstoff im Lemberger Ghetto hergestellt haben" [Jak produkowaliśmy szczepionkę przeciwtyfusową w Getcie Lwowskim], in: Ders.: *Denkstile und Tatsachen*, a.a.O., S. 521–525; Ders.: „Nowa metoda rozpoznawania tyfusa" [Neue Methode der Typhuserkennung], in: *Gazeta Żydowska* [Jüdische Zeitung] (27.05.1942).

103 Siehe dazu Flecks Bericht über die Herstellung des Fleckfieberimpfstoffs im Konzentrationslager Buchenwald und die Sabotageaktion gegen die deutschen Soldaten: Ludwik Fleck: „Zeugenaussage im IG-Farben-Prozeß", in: Ders.: *Denkstile und Tatsachen*, a.a.O., S. 499–504 sowie das Interview mit ihm: Jerzy Lutosławski: „Was ist die Leukergie? Wir sprechen mit Professor Fleck" [Co to jest laukergia? Rozmawiamy z prof. Fleckiem] (1950), in: Fleck: *Denkstile und Tatsachen*, a.a.O., S. 515–520, hier insbes. S. 516. Siehe auch: Klemens Barbarski: „Sabotaż w ampułce" [Eine Sabotage in der Ampulle], in: *Przekrój* [Querschnitt] 99 (1947), S. 16. Ferner vgl. Wanda Wojtkiewicz-Rok: „Społeczno-polityczne

Die Prägung von Flecks Denkstil durch das ‚phantastische' Weigl-Laboratorium ist kaum zu überschätzen. Den Aufstieg des Laboratoriums zu einer der weltweit führenden Produktionsstätten bakteriologischen Wissens hatte er hautnah miterlebt und so idealen Anschauungsunterricht erhalten, um seine Theorien über die Zirkulation von Laborergebnissen, die Rolle von Wissenschaftspropaganda und die Funktion von Heldengeschichten bei der Verbreitung von Wissen mit konkreten Erfahrungen zu sättigen. Nicht zuletzt wandert auch Flecks Terminologie aus dem Bereich der Bakteriologie in die Wissenschaftstheorie und verleiht ihr dort ein spezifisches Gepräge.

Denn die Art und Weise wie Fleck die Mutationen von Bakterienkulturen beschreibt, wurde ihm zum Modell, um die Entwicklung von Wissenschaftskulturen wie jene lebendiger Organismen zu verstehenen, in denen Kollektive Denkstile tragen, Ideen als Erreger fungieren, die andere anstecken oder gegen die sich Kollektive immunisieren, Begriffe Evolutionen durchlaufen und im Kreislauf der Gedanken zirkulieren.[104]

Die Geschichte der modernen Flecktyphusforschung fand nicht zufällig in Lemberg statt. Sie profitierte enorm aus der engen Verbindung zwischen den geistes- und naturwissenschaftlichen Disziplinen. Diese Verbindung führte auch dazu, dass alles was im Labor entdeckt wurde, sogleich aus der Sicht sehr unterschiedlicher Deutungssysteme beschrieben wurde. Denn abhängig davon, was jeweils als rational als Prämisse anerkannt wird, wird man andere in sich kohärente Beschreibungssysteme entwerfen und die betreffenden Krankheiten mit ihren zu beobachteten Symptomen unterschiedlich definieren. Entsprechend kam es zu einem Pluralismus von Krankheitsauffassungen, der wiederum wissenschaftstheoretische Probleme aufwarf, um die sich die Philosophen und Mediziner die Köpfe zerbrachen und aufgrund derer sie sich plötzlich in einem gemeinsamen Diskursfeld mit den Künstlern und Schriftstellern wiederfanden. Bei der Konzeptualisierung von Krankheiten, bei der Interpretation der eigenen Forschungstätigkeit rückten die Wissenschaftler nah an die Kunst, übernahmen aus ihr nicht nur Beispiele, sondern die fundamentale Einsicht, dass Wirklichkeit fiktional konstruiert wird.

---

zaangażowanie lekarzy lwowskich w pierwszej poł. XX. w." [Sozialpolitisches Engagement der Lemberger Ärzte in der ersten Hälfte des 20. Jh.], in: *Medycyna Nowożytna. Studia nad Kulturą Medyczną* [Medizin der Frühen Neuzeit. Studien zur Kultur der Medizin] 6 (1999) 2, S. 99–108.

104 Zu Flecks eigenem Stil vgl.: Zittel: „Ludwik Fleck und der Stilbegriff in den Naturwissenschaften" (2011), a.a.O., S. 202f. Zur Flecks Metaphorologie siehe auch: Eva Johach: „Metaphernzirkulation. Methodische Überlegungen zwischen Metaphorologie und Wissenschaftsgeschichte", in: Matthias Kroß, Rüdiger Zill (Hg.): *Im übertragenen Sinne. Metapherngeschichten in der Philosophie und den Wissenschaften*, Berlin 2011, S. 83–102.

KAPITEL 7

Der gestaltpsychologische und ethnologische Denkverkehr

Ludwik Fleck – Jan Dembowski – Bronisław Malinowski – Stanisław Ignacy Witkiewicz – Lucien Lévy-Bruhl – Wilhelm Jerusalem – Izydora Dąmbska – Tadeusz Bilikiewicz – Jakob Uexküll – Eric Hornbostel – Wolfgang Metzger – Ernst Haeckel

Dass in Lemberg verstärkt kulturrelativistische Positionen in Literatur, Wissenschaft und Kunst aufkamen, wirft auch Fragen nach den Bezügen zu den seinerseits aktuellen Tendenzen in der Soziologie, Psychologie und Ethnologie auf. So ist es kein Wunder, dass in Lemberg Diskussionen aufgegriffen wurden, die in Wien und Berlin während der 1920er Jahren in der Wissenssoziologie, Gestaltpsychologie und Kulturanthropologie geführt worden waren.[1] Und mehr: Sie erfuhren dort insbesondere durch Ludwik Fleck eine Erweiterung des Anwendungsbereichs, insofern soziologische, ethnologische, umweltbiologische und gestaltpsychologische Gesichtspunkte für die Beschreibung der lokalen sozialen und wissenschaftlichen Praktiken genutzt wurden.

Allerdings ist es schwierig festzustellen, auf welche Quellen genau Fleck zurückgreift, vor allem wenn es um die Verwendung seines ‚Gestalt'-Begriffs geht, denn er weist sie nur selten aus, oft bedient er sich nur einzelner Motive oder Begriffe, ohne sich mit der jeweiligen Theorie explizit auseinanderzusetzen. Auf die Hauptvertreter der Berliner Schule der Gestaltpsychologie – Max Wertheimer und Wolfgang Köhler – geht er nirgends direkt ein.[2] Hingegen erwähnt er Wolfgang Metzger, der die zweite Generation

1 Lothar Schäfer, Thomas Schnelle: „Einleitung. Ludwik Flecks Begründung der soziologischen Betrachtungsweise in der Wissenschaftstheorie", in: Ludwik Fleck: *Entstehung und Entwicklung einer wissenschaftlichen Tatsache* (1935), a.a.O., S. VII–XLIX; James Carifio, Rocco J Perla: „‚Not Just a Fleck' on the Epistemic Landscape: A Reappraisal of Ludwik Fleck's Views of the Nature of Scientific Progress and Change in Relation to Contemporary Educational and Social Issues", in: *Research in Science Education* 43 (2013) 6, S. 2349–2366.

2 Seine kulturalistische Theorie hat, wie die neuere Forschung bestätigt, mit den modernen gestaltpsychologischen Theorien weniger gemein, als es auf den ersten Blick scheint. Siehe dazu: Claus Zittel: „Ludwik Flecks Gestaltbegriff und sein Blick auf die Gestaltpsychologie seiner Zeit", in: *NTM – Zeitschrift für Geschichte der Wissenschaften, Technik und Medizin* 22 (2014), S. 9–29. Stärker im Kontext der Gestaltpsychologie verhaftet, wird Fleck gesehen von: Michael Hagner: „Sehen, Gestalt und Erkenntnis im Zeitalter der Extreme. Zur historischen Epistemologie von Ludwik Fleck und Michael Polanyi", in: Lena Bader, Martin Gaier, Falk Wolf (Hg.): *Vergleichendes Sehen*, München 2010, S. 575–595.

 | DOI:10.30965/9783846767092_008

der gestaltpsychologischen Schule vertritt. Die spektakulären Kippfiguren, in denen man entweder eine Vase oder ein Gesicht, einen Hasen oder eine Ente sieht, die die Gestaltpsychologen nutzen, um den Mechanismus der Wahrnehmung zu erläutern, kommen bei ihm nicht vor. Weit mehr als die psychologischen Gesetze der Gestaltwahrnehmung bei Individuen beschäftigt Fleck, wie die Prägung des kollektiven Auges durch die Sprache und Tradition erfolgt und so kollektives Wissen konstituiert wird. Daher greift er auf Beispiele aus der Ethnologie, Kulturanthropologie und Biologie zurück. Er zitiert den Musikethnologen Erich Hornbostel, den Umweltbiologen Jakob von Uexküll, den Ethnologen Lucien Lévy-Bruhl und den Soziologen Wilhelm Jerusalem. Erstaunlich wenig weiß man über Flecks psychologische, ethnologische und sozialwissenschaftliche Verflechtungen im Lemberger Kontext. Dabei bedient sich seine kulturalistische Epistemologie vieler aufschlussreicher Beispiele aus der Wahrnehmungstheorie des Biologen Jan Dembowskis und weist eine erstaunliche Nähe zur Kulturtheorie des Ethnologen Bronisław Malinowski auf.

Im Folgenden wird daher beleuchtet werden, inwiefern die antiindividualistische und antiobjektivistische Position Flecks in Auseinandersetzung mit den einschlägigen gestaltpsychologischen, ethnologischen, kulturanthropologischen und umweltbiologischen Theorien entwickelt und für sein Konzept der sozialen und kulturellen Bedingtheit von Wissenschaft umgeformt wurde.[3] Veranschaulicht werden soll, wie durch kollektives Denken, Sehen und Handeln bestimmte Glaubens- und Überzeugungssysteme etabliert werden und wie die Legitimierung und Rationalisierung von Wissen sozialpsychologisch erklärt werden können.

7.1 Jan Dembowskis verhaltensbiologische Wahrnehmungstheorie und Ludwik Flecks ‚Gestalt'-Begriff

Die von Fleck beobachtete Nähe der Wissenschaft zu kulturellen und sozialen Praktiken (vgl. Kap. 6.2.1) beschrieb in Lemberg zuvor der renommierte Biologe Jan Dembowski (1889–1963). Das Verhältnis zwischen Fleck und Dembowski verdient genauer betrachtet zu werden, denn in ihrem wechselseitigen Denkverkehr werden einige zentrale Motive von Flecks Theorie eingeführt und

3 Einführend vgl. dazu: Mitchell Ash: *Gestalt Psychology in German Culture 1890–1967. Holism and the Quest for Objectivity*, Cambridge 1995; Karl-Heinz Kohl: *Ethnologie – die Wissenschaft vom kulturell Fremden. Eine Einführung*, München 1993; Werner Petermann: *Die Geschichte der Ethnologie*, Wuppertal 2004.

zunehmend präzisiert.[4] Zwischen Fleck und Dembowski entwickelte sich also keine Kontroverse, sondern ein konstruktiver Dialog.[5]

In seinem 1927 in Lemberg gedruckten Text „Über die Poesie der Wissenschaft" hatte Dembowski die Bedeutung der „schöpferischen Phantasie"[6] des Forschers betont und dabei beschrieben, wie aus dessen kreativ entworfenen Visionen mühsam und allmählich immer konkretere Bilder herausgeschält werden müssen, die schließlich in Ordnungszusammenhänge gebracht werden, in denen sie als wissenschaftliche Gesetze figurieren:

> Fern von der Welt und ihrer lärmenden Angelegenheiten gibt sich der Forscher seinen Phantasien hin und seine Einbildungskraft zeichnet ihm noch undeutliche, vernebelte Bilder. Erst beginnt eine mühselige Sortierungs-, Verschiebungs- und Annäherungsarbeit an mitgebrachten Tatsachen, in denen der Forscher nach der Widerspiegelung seiner Phantasien sucht. Über der dichten Masse zahlreicher Phänomene schwebt eine Vision, eine ungreifbare, nicht-materielle Gestalt, deren Umriss wir eher erahnen als sehen. Es kommen neue Tatsachen, neue Zusammenhänge und die phantastische Gestalt hebt sich immer deutlicher vom Hintergrund ab. Plötzlich passiert ein Wunder: Die Gestalt bekommt Leben! Es wurde ein neues wissenschaftliches Gesetz geboren.[7]

Wie später Fleck, erkennt Dembowski, dass die Geschichte der Wissenschaft einen ästhetischen Ursprung hat, wobei Phantasie und Vision als Geburtshelfer

---

4 Ich beschränke mich hier vordringlich auf die Beziehungen zwischen beiden während der Zwischenkriegszeit, ziehe aber die Linie auch mit Blick auf die Fortsetzung der gemeinsamen Überlegungen zur Gestaltpsychologie noch weiter bis 1946. Nach 1945 werden neue Verbindungslinien geknüpft, etwa über die Monatszeitschrift *Życie Nauki* [Das Leben der Wissenschaft], die in den Jahren 1946–1953 in Krakau (bis 1949) und Warschau erschien und den gesellschaftspolitischen und wissenschaftstheoretischen Fragen zu den Wissenschaften gewidmet war. Hier treffen wir wieder auf das alte Netzwerk, denn es schrieben hier neben Fleck u.a. auch Leopold Infeld, Jan Dembowski, Izydora Dąmbska, Kazimierz Ajdukiewicz, und nun auch Stanisław Lem.

5 Vgl. dazu: Sylwia Werner: „Wissenschaft und Magie. Ethnologische und wahrnehmungspsychologische Motive in Ludwik Flecks Epistemologie", in: *NTM – Zeitschrift für Geschichte der Wissenschaften, Technik und Medizin* 22 (2014) 1–2, S. 31–48.

6 Jan Dembowski: „O poezji nauki" [Über die Poesie der Wissenschaft], in: Ders.: *Szkice bilogiczne* [Biologische Skizzen], Lwów 1927, S. 1–6, hier S. 4. [Übersetzung S.W.] Vgl. das Original: „twórcza fantazja".

7 Ebd.: S. 4f. [Übersetzung S.W.] Vgl. das Original: „Zdala od świata i jego zgiełkliwych spraw oddaje się tu fantazjom, a wyobraźnia rysuje mu niewyraźne, jeszcze zamglone obrazy. Dopiero rozpoczyna się żmudna praca nad sortowaniem, przesuwaniem i uzgadnianiem przyniesionych faktów, wśród których uczony poszukuje odbicia własnej fantazji. Ponad spiętrzoną masą różnorodnych zjawisk unosi się wizja, nieuchwytna, niematerjalna postać, której zarysy raczej przeczuwamy, niż dostrzegamy. Nowe fakty, nowe zestawienia, a fantastyczna postać odcina się coraz wyraźniej od tła. W pewnej chwili staje się cud: postać nabiera życia."

fungieren. Und mehr: Er scheint einige von Flecks späteren Beschreibungen des Wahrnehmens von Gestalten in der wissenschaftlichen Beobachtung und der wundersamen Epiphanie von gesetzesförmigen Tatsachen inmitten einer unklaren Vision vorwegzunehmen, die Fleck mit Hilfe des Begriffs des ‚Widerstandsavisos' zu fassen sucht (vgl. Kap. 6.2.2). Die – auch für Flecks Adaption gestaltpsychologische Einsichten – aufschlussreichste Passage findet sich in einem Aufsatz „Über die wissenschaftliche Wahrnehmung und die Beobachtung im Allgemeinen" [O obserwacji naukowej i postrzeganiu wogóle] (1935). Es ist vielleicht Flecks präziseste Beschreibung der Wahrnehmungsweise von Forschern im Labor, die *in nuce* seine Wissenschaftstheorie enthält, sie sei daher etwas ausführlicher zitiert. Der Unterschied zu Dembowski ist signifikant:

> Also spielt sich eine neue Beobachtung, d.h. eine Entdeckung, so ab, daß inmitten einer Epoche des Gleichgewichts eine gewisse intellektuelle Unruhe und Neigung zum Wechsel auftaucht: ein Chaos widersprüchlicher, einander abwechselnder Bilder. Das bis dahin feststehende Bild zerfällt in Kleckse, die sich zu verschiedenen, widersprüchlichen Gestalten formen. Aus anderen Gebieten, vorher abgetrennt oder vernachlässigt, schließen sich gewisse Motive an; historische, fast zufällige Zusammenhänge, verschiedene intellektuelle Überbleibsel und Relikte, häufig auch sogenannte Irrtümer und Mißverständnisse fügen von ihrer Seite andere Motive hinzu. In diesem schöpferischen Moment verkörpert sich in einem oder mehreren Forschern die geistige Vergangenheit und Gegenwart des gegebenen Denkkollektivs. Mit ihnen sind alle körperlichen und geistigen Väter, alle Freunde und Feinde. Jeder dieser Faktoren zieht zu seiner Seite, treibt voran oder bremst. Daher jenes schillernde Chaos. Von der Stimmungsspannung des Forschers hängt ab, ob ihm die neue Gestalt inmitten dieses Chaos als symbolische, grelle Vision erscheint oder auch als schwaches Aviso eines Widerstands, der die ungebundene, fast willkürliche Auswahl unter den sich abwechselnden Bildern bremst. In beiden Fällen muß man die neue Gestalt vor der Auflösung schützen: Man muß sie von dem absondern, was von nun an unwichtig, zufällig sein wird. Man muß ein gerichtetes Interesse schaffen, man muß feindliche Interessen zerstören. Man muß eine andere Denkbereitschaft schaffen und Menschen zu ihr erziehen. Wenn dies gelingt, werden alle, die an ihr teilnehmen, die neue Gestalt unmittelbar, direkt durch Augenschein sehen, wie wenn es eine vom Menschen unabhängige, einzige, ewige Wahrheit wäre. Erst die nächste Umstimmung erlaubt wahrzunehmen, daß sie stilgemäß bedingt und historisch determiniert zufällig war.[8]

Dembowski hatte den einzelnen Forscher ins Zentrum seiner Betrachtung gestellt, der gerade von der Welt isoliert in seiner Studierstube schöpferische

---

8 Fleck: „Über die wissenschaftliche Wahrnehmung und die Beobachtung im Allgemeinen" [O obserwacji naukowej i postrzeganiu wogóle] (1935), a.a.O., S. 232.

Eingebungen bekommt. Bei Fleck ist die schöpferische Situation eine ganz andere, – sie resultiert aus einer kollektiven Stimmungslage, auf die gerade die kulturellen und sozialen Prägungen formierenden Einfluss nehmen. Erst wenn die kollektive Wahrnehmung auf eine bestimmte Sichtweise getrimmt und alternative Interessen eliminiert wurden, wird für die Mitglieder des Kollektivs der Eindruck, Wissenschaft beschreibe objektiv die Wirklichkeit, zur unmittelbaren Gewissheit. Ein weiterer Unterschied zu Dembowski ist, dass Fleck diesen Vorgang nicht als rein geistigen Akt beschreibt, sondern auch die physischen Anstrengungen, die hierbei den Forschern abverlangt werden, hervorhebt.

Eine weitere Verbindung zwischen Dembowski und Fleck ergab sich 1939 durch dessen Rezension der drei wichtigsten epistemologischen Texte Flecks, darunter seiner Monographie. Für Fleck, der in Lemberg stets um die Anerkennung seiner wissenschaftlichen Thesen kämpfte, war die Stimme eines ebenfalls praktisch (in einem Labor) arbeitenden und damals in Polen höchst prominent werdenden Forschers wichtig.[9] In seiner Rezension hebt Dembowski Flecks Überlegungen zu kulturellen und sozialen Faktoren in der Tatsachenproduktion hervor und unterstützt dessen These, dass aufgrund der unbewußten Abhängigkeit des Forschers von seinem Denkkollektiv wissenschaftliche Resultate auf irrationalem Wege erzeugt werden: „Der Endpunkt der Arbeit" – so fasst er Flecks Einsichten zusammen – „ist ein künstliches Werk, das mit dem Ausgangspunkt genetisch, aber nicht logisch verbunden ist".[10] Dembowski greift Flecks Beispiele aus der bakteriologischen Praxis auf, um anhand der mikroskopischen Bilder und der für sie entwickelten Beschreibungssprache ihm beizupflichten, dass Forscher zu einem bestimmten Sehen, Denken und Handeln erzogen und ausgebildet werden. Kritisch fragt er jedoch, ob nicht auch Flecks „Ansichten und die Theorie denselben Gesetzen unterliegen, d.h. ein Ausdruck des Denkstils eines Kollektivs sind"[11] und somit ihrerseits relativ seien. Dennoch bekennt er am Ende, dass auch er dem gleichen Denkkollektiv wie Fleck angehöre. Vor allem aber hebt

9 Jan Dembowski wurde nach dem Krieg der erste Präsident der Polnischen Akademie der Wissenschaften und Sejmmarschal. Vgl. dazu den Kommentar der Hrausgeber in: Fleck: *Denkstile und Tatsachen*, a.a.O., S. 617f.

10 Jan Dembowski: (Rezension) „Ludwik Fleck: ‚Entstehung und Entwicklung einer wissenschaftlichen Tatsache', 1935; ‚Über die wissenschaftliche Beobachtung und die Wahrnehmung im Allgemeinen', 1935; ‚Das Problem einer Theorie des Erkennens', 1936" [Ludwik Fleck: „Powstanie i rozwój faktu naukowego", „O obserwacji naukowej i postrzeganiu wogóle", „Zagadnienie teorii poznawania"] (1939), in: Fleck: *Denkstile und Tatsachen*, a.a.O., S. 612–618, hier S. 613f.

11 Ebd.: S. 615.

er bereits als Flecks bedeutende Einsicht jene hervor, die später unter dem von Thomas Kuhn geprägten Schlagwort ‚Paradigmenwechsel' die Wissenschaftstheorie des 20. Jahrhunderts revolutionieren wird: Die Diskontinuität der wissenschaftlichen Entwicklung![12] Dembowski fasst Flecks Kritik am Ideal des beständigen Fortschreitens der Wissenschaften wie folgt zusammen:

> In der Wissenschaftsgeschichte war es immer wieder so, daß nach einer Periode des unerschütterlichen Glaubens an bestimmte Behauptungen – also in der Terminologie des Autors gesagt nach der klassischen Periode – die Periode der Unsicherheit, des Relativismus und des Skeptizismus folgte, die den Zusammenbruch des alten Systems bedeutete, doch in sich noch keinen Ansatz für das neue System ausgebildet hatte. Sie stellt nur einen Hintergrund dar, vor dem in einem bestimmten Moment eine neue Idee aufkommen kann. Diese Idee wird qualitativ anders als die alten Ansichten sein und wird einen überraschenden sowie unberechenbaren Gedankensprung darstellen, der die Menschen mitreißen und einen neuen Stil, die Erscheinungen zu erfassen, erzeugen wird.[13]

Fleck wiederum zitiert Dembowski zweimal und ebenfalls zustimmend, – zum ersten Mal im Artikel „Wissenschaft und Umwelt" [Nauka a środowisko] (1939), der zum Ausgangspunkt für die Kontroverse mit dem Psychiater Tadeusz Bilikiewicz wurde (vgl. Kap. 6.2.4 und Kap. 7.4). Hier beruft er sich auf eine Untersuchung Dembowskis über den Einfluss des Umfelds auf die Psychologie des Forschers, um seine eigene These, dass die wissenschaftlichen Fakten als Artefakte zu verstehen sind, mit weiteren Argumenten zu untermauern:

> Ich möchte an Jan Dembowskis anregenden Artikel über die „Evolutionstheorie in den biologischen Wissenschaften" erinnern, in dem der Verfasser aufzeigt, daß „die Wissenschaft nicht eine Treibhausblume ist, die in völliger Isolation von der Welt gezüchtet wird. Sie wird von Menschen geschaffen, die Gesellschaften angehören, und die wichtigen gesellschaftlichen Erscheinungen konnten daher nicht anders, als einen mächtigen und dauerhaften Einfluß auf die Psychologie der Menschen ausüben und folglich auf die Psychologie des Gelehrten."[14]

---

12 Vgl. Werner: „Denkstil, Paradigma, Avantgarde. Zum Verhältnis von Wissenschaft und Kunst in den Wissenschaftstheorien Ludwik Flecks und Thomas Kuhn", a.a.O., S. 58f.

13 Dembowski: (Rezension) „Ludwik Fleck: ‚Entstehung und Entwicklung einer wissenschaftlichen Tatsache' 1935; ‚Über die wissenschaftliche Beobachtung und die Wahrnehmung im Allgemeinen', 1935; ‚Das Problem einer Theorie des Erkennens', 1936" [Ludwik Fleck: „Powstanie i rozwój faktu naukowego", „O obserwacji naukowej i postrzeganiu wogóle", „Zagadnienie teorii poznawania"] (1939), a.a.O., S. 615f.

14 Fleck: „Wissenschaft und Umwelt" [Nauka a środowisko] (1939), a.a.O., S. 327f. Der von Fleck zitierte Artikel ist: Jan Dembowski: „Teoria ewolucji w naukach biologicznych" [Evolutionstheorie in den biologischen Wissenschaften], in: *Pamiętnik Warszawski* [Warschauer Tagebuch] 2 (1930) 3, S. 55–70, hier S. 64.

Das zweite Mal bezog sich Fleck auf Dembowski in seinem Text „Schauen, Sehen, Wissen“ [Patrzeć, widzieć, wiedzieć] (1947). Hier erwähnt er ihn zwar nicht namentlich, doch er greift Termini und Beispiele auf, die Dembowski kurz zuvor in seinem Buch *Tierpsychologie* (1946) verwendet hatte. Dembowski beschreibt dort unter Berufung auf die von der Berliner gestaltpsychologischen Schule formulierten Prinzipien des Gestaltsehens, wie die Wahrnehmung von Fischen, Bienen oder Affen funktioniert und vor allem, wie sie konditioniert werden kann. Zu diesem Zweck führt er Begriffe wie ‚Transposition‘, ‚positive‘ und ‚negative Gestalt‘ ein und bringt eigene Bildexempel für die Transposition von Buchstaben und Worten. Dembowski beobachtet, dass die durch die Tiere wahrgenommenen Dinge in ihrem Nervensystem so fest verankert bleiben, dass sie automatisch wiedererkannt werden, so dass sie wie bedingte Reflexe bzw. angeborene Reize fungieren: Ein Affe lernt den roten Knopf zu drücken, wenn sich dadurch die Tür seines Käfigs öffnet. So lernt der Fisch z.B. den Buchstaben ‚L‘ vom Buchstaben ‚R‘ zu unterscheiden, wenn mit dem Anblick von ‚L‘ stets eine Futterbelohnung und mit dem Anblick von ‚R‘ eine Strafe verbunden ist. Und mehr: In dem Moment, in dem der bedingte Reflex fixiert ist, wird der Buchstabe ‚L‘ zu einer Gestalt mitsamt aller ihrer ‚Transpositionen‘.[15] Die Konditionierung und Automatisierung der Verhaltensweisen der Tiere wie auch der Menschen ist bei Dembowski biologisch bedingt und demzufolge wird die ‚Transposition‘ zur ‚positiven Gestalt‘ physiologisch erklärt. Dembowski schildert zudem Experimente, die zeigen, wie das menschliche Auge Bilder um die jeweils fehlenden Teile vervollständigt. Das Auge schafft also eine „gute Gestalt“.[16] Für Dembowski ist diese „Fähigkeit der gestaltlichen Wahrnehmung universell“.[17]

Hier setzt Fleck an. Zwar bestreitet er nicht, dass die Gestaltwahrnehmung eine universelle Fähigkeit ist, doch was und wie als Gestalt gesehen und vervollständigt werde, sei kulturell relativ und hänge vom besonderen Denkstil der sozialen Kollektive ab:

> Wir schauen mit den eigenen Augen, aber wir sehen mit den Augen des Kollektivs Gestalten, deren Sinn und Bereich zulässiger Transpositionen das Kollektiv geschaffen hat. Wir sind geneigt, sie zu vervollständigen, im positiven und negativen Sinn, d.h. wir sehen nicht, daß gewisse Elemente fehlen, und wir erblinden gegenüber überflüssigen Zusätzen.[18]

---

15 Jan Dembowski: *Tierpsychologie*, Berlin 1955 (1946), S. 174.

16 Ebd.: S. 160.

17 Ebd.

18 Fleck: „Schauen, Sehen, Wissen“ [Patrzeć, widzieć, wiedzieć] (1947), in: Ders.: *Denkstile und Tatsachen*, a.a.O., S. 390–418, hier S. 400.

Während es also Dembowski darum geht, das Gestaltprinzip in der Tierpsychologie anzuwenden, um die Nerventätigkeit der Tiere zu untersuchen, d.h. ihre Wahrnehmung auf physiologische und motorische Funktionen zurückzuführen, bemüht sich Fleck, die Konditionierung der Wahrnehmung, insbesondere das Sehen von Ganzheiten in der Wissenschaft, sozialpsychologisch als kollektiven Sehzwang je bestimmter Kollektive zu definieren. Hierzu verwendet er ebenfalls den Terminus ‚Transposition', um vorzuführen, wie bei der Beobachtung von einzelnen Elementen diese denkstilgemäß zu einem Ganzen ergänzt werden bzw. wie die Beobachtung die Objekte erst konstituiert. Um aufzuzeigen, wie die wahrgenommene Gestalt an einen Denkstil angepasst wird, d.h. wie die kulturelle und kollektive Disposition, also die Bereitschaft zu einer bestimmten Wahrnehmung von Gestalten zustande kommt, bedient er sich exakt der aus dem Buch von Dembowski stammenden Beispiele von Buchstaben und Wörtern, die trotz ‚negativer Merkmale' wiedererkannt werden (Abb. 39 und Abb. 40):

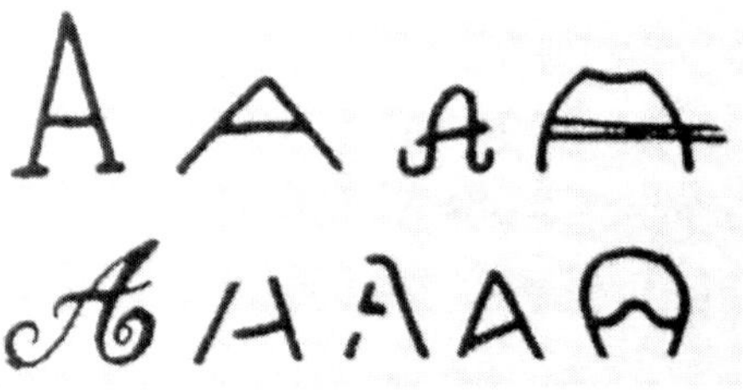

Abb. 39 Transposition des Buchstaben ‚A'.

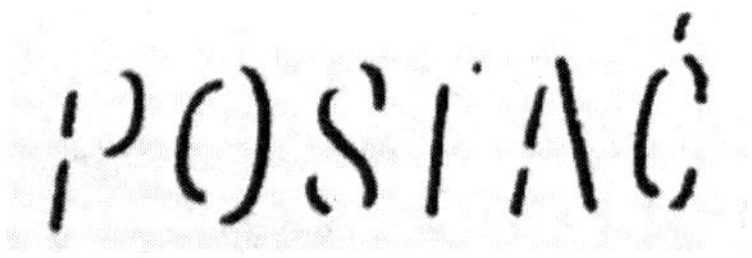

Abb. 40
Transposition des (polnischen) Wortes ‚Postać', d.h. ‚Gestalt'. Der Buchstabe ‚T' wird hier automatisch ergänzt, ansonsten liest man das Wort ‚posiać', d.h. ‚säen'. Fleck übernimmt beide Beispiele aus Dembowskis Buch *Tierpsychologie*.[19]

Fleck zeigt, wie Teilgestalten beim Akt der Wahrnehmung automatisch aufgrund des Vorwissens, d.h. der im Denken bereitliegenden Muster, vervollständigt werden. Diesen Vorgang hatte bereits Wolfgang Metzger (1899–1979) in seiner Theorie der *Gesetze des Sehens* (1936) beschrieben und dabei konstatiert:

> Kein Zweifel rührte an dem Grundsatz: was nicht im Netzhautbild vorkommt, kann auch im Sehen nicht vorkommen. Wo nehmen wir es aber her? Die Antwort lautete: Wir sehen es nicht; wir denken es bloß. Wir überlegen, welche von den

19 Vgl. Dembowski: *Tierpsychologie* (1955), a.a.O., S. 149 und 160 sowie Fleck: „Schauen, Sehen, Wissen" [Patrzeć, widzieć, wiedzieć] (1947), a.a.O., S. 395.

> in Betracht kommenden Möglichkeiten unter Berücksichtigung der Gesamtumstände und früherer Fälle die wahrscheinlichste ist.[20]

Ähnliches geschieht mit der Musik. Einige Musikelemente können – so Fleck – in andere Töne transponiert werden, dennoch bleibt die Melodie erhalten.[21] Auch diese Beobachtung machte zuvor Metzger, welcher schrieb:

> Hieraus folgt ohne weiteres, warum in bestimmten Fällen von ‚Transponierung' – z.B. bei der Drehung mancher gesehenen Figuren oder bei der Wiederholung einer Tonschrittfolge in anderer Höhenlage, aber unveränderte Tonart […] – die betreffenden Gebilde sich auffallend ändern, auch wenn die Gesamtheit der Beziehungen zwischen ihren einzelnen Teilen dieselbe bleibt.[22]

Das „stilgemäße Gestaltsehen"[23] vollzieht sich auch – Fleck zufolge – im Forschungsprozess. Mit Hilfe von Apparaten werden während der Beobachtung wissenschaftliche Entdeckungen bereits vorstrukturiert, in die jeweiligen Theoriehorizonte integriert und als Tatsachen fixiert. Innerhalb eines Denkkollektivs entstehe eine Bereitschaft für ein gerichtetes Sehen und Denken. Aus unklarem, anfänglichem Schauen entwickle sich allmählich die Fähigkeit, eine Gestalt wahrzunehmen. Mit dem Erwachen der Bereitschaft, bestimmte Gestalten wahrzunehmen, verliere man zugleich die Fähigkeit, andere wahrzunehmen. Das, welche Gestalten man sieht, hängt vom Subjekt und dessen Denkstil ab: „Das stilgemäße des Denkens erscheint in jeder Anwendung"[24].

---

20 Wolfgang Metzger: *Gesetze des Sehens*, Frankfurt am Main 1953 (1936), S. 3f.

21 „Ähnlich kann man eine Melodie in verschiedenen Tonarten abspielen, selbst so, daß sich alle Töne geändert haben, und dennoch bleibt die Melodie dieselbe." Fleck: „Schauen, Sehen, Wissen" [Patrzeć, widzieć, wiedzieć] (1947), a.a.O., S. 392.

22 Wolfgang Metzger: *Psychologie. Die Entwicklung ihrer Grundannahmen seit der Einführung des Experiments*, Leipzig 1941, S. 87.

Eine ähnliche Vorstellung der Bedeutungsverschiebung bei Worten hatte zuvor auch der Begründer der Grazer Schule der Psychologie – Alexius Meinong (1853–1920) – entwickelt: „Melodien und Figuren können häufig derart transponiert resp. verschoben werden, daß von den ursprünglichen Ton- resp. Ortsbestimmungen auch nicht eine erhalten bleibt." Alexius Meinong: „Zur Psychologie der Komplexionen und Relationen", in: *Zeitschrift für Psychologie und Physiologie der Sinnesorgane* 2 (1891), S. 245–265 und *Abhandlungen zur Psychologie*, Bd. 1, Leipzig 1929, S. 281. Über den Philosophen Kazimierz Twardowski, der wie Meinong ein Schüler Franz Brentanos war, konnten ebenfalls gestaltpsychologische Ideen nach Lemberg gelangen.

23 Fleck: *Entstehung und Entwicklung einer wissenschaftlichen Tatsache* (1935), a.a.O., S. 124f.

24 Ebd.: S. 138.

Wenn die Wahrnehmung und die Begriffe des Einzelnen mit jenen des Kollektivs vollkommen zusammenstimmen, schließt sich ein „Meinungssystem"[25] und es kommt zu einer „Harmonie der Täuschungen"[26], durch die die Mitglieder des Kollektivs nur noch das wahrnehmen, was vorherrschenden Anschauungen entspricht. Es stellt sich ein Evidenzgefühl ein, das dafür sorgt, dass die beobachteten Sachverhalte nun unmittelbar als objektiv vorliegende Tatsachen aufgefasst werden. Dies ist ein Gedanke, den Dembowski in seine Theorie einbaut und entsprechend modifiziert. „Das Gestaltprinzip umfaßt" – so resümiert er – „ein sehr verschieden geartetes System von Tatsachen, die sich in vollkommener Harmonie zueinander befinden. Sowohl in den seelischen Prozessen, wie in der Tätigkeit der Sinnesorgane, des Nervensystems und schließlich in den Entwicklungserscheinungen herrschen die gleichen Beziehungen."[27]

In der Frage, inwieweit die subjektgebundene Gestaltwahrnehmung überwunden werden kann, meint Fleck, dass zwischen fremden, einander inkommensurablen Denkstilen, eine Überbrückung nicht gelinge, aber innerhalb des eigenen Denkstils können etwa die Wahrnehmungsdifferenzen zwischen Fachmann und Laien durch Schulung verringert werden:

> Noch krasser tritt die Notwendigkeit, spezifisch zu schulen, gewisse Gestalten wahrzunehmen, z.B. in der Dermatologie hervor. Ein Laie auf diesem Gebiet, der irgendwo anders sogar ausgezeichnet beobachtet, sagen wir dazu: ein Fachmann in der Bakteriologie, unterscheidet und erkennt Hautveränderungen nicht. Er hört – zumindest anfangs – den Beschreibungen der Dermatologen wie ausgedachten Märchen zu, obwohl der beschriebene Gegenstand vor ihm steht. Es ist also notwendig, sich persönlich in der Wahrnehmung spezifischer Gestalten aus verschiedenen Wissensbereichen zu schulen, und man kann diese Gestalten nicht durch eine Beschreibung in den Ausdrücken irgendeiner allgemeinen Sprache eindeutig wiedergeben.[28]

Ein Fachmann in einem Gebiet ist jedoch zugleich ein Laie in den anderen, weshalb eine Kommunikation zwischen Fachleuten, deren Denkstile unterschiedliche Wahrnehmungsparadigmen ausgebildet haben, zu extremen Verzerrungen führe, da aufgrund des Gestaltwechsels hierbei

> praktisch jeder Gedankenkreislauf sowohl mit einer Stilisierung (Verstärkung) wie auch mit einer Umstilisierung (Verdrehung) verbunden ist. Gewisse Elemente

25 Ebd.: S. 40.
26 Ebd.: S. 40ff.
27 Dembowski: *Tierpsychologie* (1955), a.a.O., S. 173.
28 Fleck: „Über die wissenschaftliche Beobachtung und die Wahrnehmung im Allgemeinen" [O obserwacji naukowej i postrzeganiu wogóle] (1935), a.a.O., S. 212.

> des aktuellen Denkinhalts können also verfasserlos sein. Aus Verständigung und Mißverständnissen, aus mehrmaligen Umgestaltungen und Überarbeitungen wächst allmählich im sozialen Kreislauf ein Gebilde heraus, in dem nichts mehr aus den ursprünglichen Bestandteilen enthalten ist. Wie in jenem legendären Messer, an dem im Laufe der Jahrhunderte einmal der Griff, einmal die Klinge ausgewechselt wurden und das trotzdem weiterhin als „dasselbe" gilt, obwohl nichts mehr an ihm unverändert geblieben ist – außer einem gewissen, von ihm dargestellten symbolischen Wert.[29]

7.2 Die Umweltbiologie Jakob von Uexkülls und Ludwik Flecks ‚Umwelt'-Begriff

Fleck bezog sich auf die zeitgenössische Biologie noch in einem anderen Zusammenhang, und hierbei verlässt er seinen unmittelbaren Lemberger Kontext: Um aufzuzeigen, wie die Wahrnehmung mit der Umwelt zusammenhängt, griff er die pluralistische Theorie Jakob von Uexkülls (1864–1944) auf, der zufolge das Weltbild aus biologischen Gründen immer subjektbedingt ist. Uexküll war der Begründer der Umweltlehre in der Biologie. Während traditionell der Milieu-Begriff stärker die soziale Umgebung einfängt, ist sein Umwelt-Begriff weiter, denn er greift in die natürliche Umgebung aus; dies erlaubt Fleck, seine Kontextualisierung der Wissenschaft um die Erfahrung von unterschiedlichen Lebensräumen zu ergänzen. Dembowskis Tierpsychologie und Uexkülls Umweltbiologie eröffneten somit Fleck die Möglichkeit einer weiteren Perspektivierung der wissenschaftlichen Naturwahrnehmung.

Laut Uexküll ist jedes Subjekt von seiner eigenen Umwelt umschlossen, weshalb man nicht von einem Raum und einer Zeit sprechen könne, sondern von so vielen Räumen und Zeiten, wie viele Subjekte es gibt. Sein 1928 erschienenes Buch *Theoretische Biologie* führt Fleck in seiner Monographie stellvertretend für den biologischen Standpunkt auf und spielt es gegen das eingeschränkte physikalische Weltbild aus:

> Die Physik hat sich mit ihrem Glauben an die absolute Existenz einer objektiven Welt vollkommen festgefahren. [...] Demgegenüber behauptet der Biologe, daß es ebensoviele Welten gibt als Subjekte vorhanden sind, daß alle diese Welten Erscheinungswelten sind, die nur im Zusammenhang mit den Subjekten verstanden werden können.[30]

---

29 Fleck: „Das Problem der Theorie des Erkennens" [Zagadnienie teorii poznania] (1936), a.a.O., S. 271.

30 Ebd.: S. 138. Vgl auch: Jakob von Uexküll: *Theoretische Biologie* (1928), Frankfurt am Main 1973, S. 95f.

Für Uexkülls ist jedes Lebewesen ein Subjekt.[31] Fleck geht zwar so weit nicht, doch er teilt Uexkülls Grundauffassung, dass keine für alle Subjekte gemeinsame Wahrnehmungsgrundlage angenommen werden könne, da die beobachteten Merkmale immer vom subjektiven Standpunkt des Betrachters abhängen. Die ‚Merk- und Wirkwelten' der Lebewesen seien daher höchst verschiedenen. Der Einblick ins Weltbild eines fremden Subjekts bleibe uns daher solange verwehrt, wie wir nicht den Plan der Natur durchschauen:

> Die Sonne, die einen Mückenschwamm tanzen läßt, ist nicht die unsere, sondern eine Mückensonne, die ihr Dasein dem Mückenauge verdankt. Wir können von der Sonne nichts aussagen, bevor wir die Planmäßigkeit der Mückenwelt durchschaut haben.[32]

In Uexkülls relativistischer Wahrnehmungsauffassung sieht Fleck aber doch eine Tendenz, an eine holistische, objektive Welt zu glauben. Denn Uexküll zufolge bestehe das Universum aus vielen Subjekten und deren Umwelten, die durch Funktionskreise zu einem „planvollen Ganzen"[33] verbunden seien. Uexküll scheint jedoch keine hinter vielen Umwelten existierende Absolutheit des Universums anzunehmen; eher fordert er eine Untersuchung verschiedener Wahrnehmungsweisen und somit eine vergleichende Umweltforschung. Da alle Gegenstände jedem Subjekt anders erscheinen müssen, gibt es in Uexkülls Konzept keine absolute Wirklichkeit. Alle Wirklichkeit ist subjektive Erscheinung:

> Nehmen wir als Beispiel eine bestimmte Eiche und fragen wir uns, welches Umweltding wird sie in der Umwelt einer Eule, die in ihrem hohlen Stamm horstet – in der Umwelt eines Singvogels, der in ihren Ästen nistet – eines Fuchses, der unter ihren Wurzeln seinen Bau hat – eines Spechtes, der Jagd auf die Holzwürmer in ihrer Rinde macht – in er Umwelt eines solchen Holzwurmes selbst – in der Umwelt einer Ameise, die ihren Stamm entlang läuft usf. Schließlich fragen wir uns nach dem Schicksal der Eiche in der Umwelt eines Jägers, eines schwärmerischen jungen Mädchens, und eines nüchternen Holzhändlers. Die Eiche, eine in sich geschlossene Planmäßigkeit, wir auf den zahlreichen Umweltbühnen in immer neue Pläne miteingewoben, die aufzusuchen echte Naturforschung ist.[34]

31 Vgl. weiterführend: Aldona Pobojewska: „Die Subjektlehre Jacob von Uexkülls", in: *Sudhoffs Archiv* 77 (1991) 1, S. 54–71.

32 Uexküll: *Theoretische Biologie* (1928), a.a.O., S. 341.

33 Ebd.: S. 339. Vgl. auch: Fleck: *Entstehung und Entwicklung einer wissenschaftlichen Tatsache* (1935), a.a.O., S. 138.

34 Uexküll: *Theoretische Biologie* (1928), a.a.O., S. 339f.

In seiner späteren Studie (*Streifzüge durch die Umwelten von Tieren und Menschen. Bedeutungslehre*, 1934) veranschaulicht Uexküll anhand von Illustrationen von Franz Huth den Unterschied zwischen der Wahrnehmung einer Eiche durch einen Förster und durch ein Mädchen:

Abb. 41 Franz Huth: *Förster und Eiche*

Abb. 42 Franz Huth: *Mädchen und Eiche*[35]

Dass ein Fachmann und ein Laie die Wirklichkeit verschieden wahrnehmen, durchzieht sich als Leitmotiv durch Flecks Schriften.[36] Just dort, wo er sich auf Uexküll beruft, erläutert er die unterschiedlichen Wahrnehmungswelten von Berufsgruppen:

> Ein Sprung in der Wandbekleidung z.B. ist etwas ganz anderes für einen Zimmermann als für einen Maurer. Der Maler sieht nur die Oberflächenbeschädigung und behandelt sie dementsprechend, der Maurer denkt an das Gefüge der Mauer und hat die Tendenz auch praktisch tief in das Innere einzugreifen: das Stilgemäße ihres Denkens erscheint in jeder Anwendung.[37]

---

35 Jakob von Uexküll, Georg Kriszat: *Streifzüge durch die Umwelten von Tieren und Menschen. Bedeutungslehre.* Mit Zeichnungen von Franz Huth, Frankfurt am Main 1970 (1934), hier S. 95.

36 Vgl. z.B. Fleck: „Wie entstand die Bordet-Wassermann-Reaktion und wie entsteht eine wissenschaftliche Entdeckung im Allgemeinen?" [Jak powstał odczyn Bordet-Wassermanna i jak wogóle powstaje odkrycie naukowe] (1934), a.a.O., S. 199f; ders.: „Über die wissenschaftliche Beobachtung und die Wahrnehmung im Allgemeinen" [O obserwacji naukowej i postrzeganiu wogóle] (1935), a.a.O., S. 212, 217f., 223; ders.: „Zur Frage der Grundlagen der medizinischen Erkenntnis" (1935), in: Ders.: *Denkstile und Tatsachen*, a.a.O., S. 239–259, hier S. 250; ders.: „Das Problem der Theorie des Erkennens" [Zagadnienie teorii poznania] (1936), S. 268f., 296; ders.: „Wissenschaft und Umwelt" [Nauka a środowisko] (1939), a.a.O., S. 333; ders.: „Wissenschaftstheoretische Probleme" [Problemy naukoznawstwa] (1946), in: Ders.: *Denkstile und Tatsachen*, a.a.O., S. 371, 383–385; ders.: Schauen, Sehen, Wissen" [Patrzeć, widzieć, wiedzieć] (1947), a.a.O., S. 414.

37 Fleck: *Entstehung und Entwicklung einer wissenschaftlichen Tatsache* (1935), a.a.O., S. 137f.

Offensichtlich bestärkten Uexkülls Studien Fleck, nicht nur um die Umwelten des Labors zu beschreiben, sondern überhaupt die diversen Lebenswelten der Menschen in den Blick zu nehmen:

> Ein Passant, der auf irgendeinen Vorfall auf der Straße schaut, eine Person, die sich ein Kunstwerk im Museum anschaut, ein Gelehrter, der irgendein Naturphänomen untersucht, ein Soziologe, der den Erscheinungen des sozialen Lebens nachspürt, ein Arzt, der einen Kranken beobachtet, ein Bauer auf dem Feld, ein Handwerker in der Werkstatt – wir alle müssen lernen, die mehr oder weniger komplexen Gestalten unserer Welt zu sehen. Ein sehr wichtiger Umstand ist, daß wir mit dem Erwachen der Bereitschaft, bestimmte Gestalten wahrzunehmen, die Fähigkeit verlieren, andere wahrzunehmen. In demselben Museum sieht ein Künstler etwas völlig anderes als ein dort diensttuender Detektiv.[38]

Auch die bereits an anderer Stelle besprochene Illustration der unterschiedlichen Wahrnehmungsweisen einer Eisenbahn seitens eines Urmenschen (Vgl. Kap. 6.2.5, Abb. 34) veranschaulicht einerseits Uexkülls Lehre von den unterschiedlichen Merk- und Wirkwelten, andererseits überschreitet sie diese, aber durch die zusätzlich bei Fleck ins Spiel kommende ethnologische Perspektive.

In Flecks Augen kann es keine reine, das heißt auf biologische Umstände sich beschränkende Umweltforschung geben, sondern es müssen ebenso die sozialen, psychologischen und kulturellen Faktoren bei der Wahrnehmung mitberücksichtigt werden. Der biologische Relativismus in der Wirklichkeitswahrnehmung müsste in einen kulturalistischen Relativismus überführt werden. Hierfür wird Flecks Auseinandersetzung mit der zeitgenössischen Ethnologie bedeutsam.

7.3 Das Denken der „Primitiven" nach Lucien Lévy-Bruhl und Wilhelm Jerusalem – und Flecks Kritik

Die Analyse kollektiver Handlungen wurde lange vor Fleck gefordert, etwa von den Soziologen Ludwig Gumplowicz und Emile Durkheim.[39] Fleck zitiert

---

38 Fleck: „Schauen, Sehen, Wissen" [Patrzeć, widzieć, wiedzieć] (1947), a.a.O., S. 391.

39 Emile Durkheim: „Individuelle und kollektive Vorstellungen" (1898), in: Ders.: *Soziologie und Philosophie*. Frankfurt am Main 1976, S. 45–83; Ludwig Gumplowicz: *Grundriß der Soziologie*, Wien 1885. Vgl. weiterführend: Rainer Egloff: „Leidenschaft und Beziehungsproblem: Ludwik Fleck und die Soziologie", in: Bożena Chołuj, Jan C. Joerden (Hg.): *Von der wissenschaftlichen Tatsache zur Wissensproduktion: Ludwik Fleck und seine Bedeutung für die Wissenschaft und Praxis*, Frankfurt am Main 2007, S. 79–93; Surman, Mozetič (Hg.): *Dwa życia Ludwika Gumplowicza* [Die zwei Leben des Ludwig Gumplowicz. Textauswahl], a.a.O.

zwar Gumplowicz, orientiert sich aber mehr an den neueren wissenssoziologischen Theorien von Max Scheler, Georg Simmel, Lucian Levy-Bruhl und Wilhelm Jerusalem, wobei die beiden letztgenannten sich mit völkerpsychologischen, also ethnologischen Fragen beschäftigten. In *Entstehung und Entwicklung einer wissenschaftlichen Tatsache* (1935) fordert Fleck eine vergleichende Denkstilforschung, die verschiedene Kultursysteme zueinander in Beziehung setzt und verwandte Begriffe miteinander vergleicht. Hierbei knüpft er an die Konzeption von Lucien Lévy-Bruhl (1857–1939) – einem Schüler von Durkheim – an,[40] der in seinem Buch *Das Denken der Naturvölker* (1926) verschiedene Denkweisen der sogenannten „primitiven" Menschen miteinander verglichen und dabei unser ‚logisches' Denken zum ‚prälogischen' in Beziehung gesetzt hatte.[41] Obwohl Lévy-Bruhl aufzuzeigen versucht, dass das Studium der Kollektivvorstellungen der Urvölker dazu genutzt werden könne, auch in unserer „modernen" Wissenschaft den Einfluss von Kollektivvorstellungen zu erkennen, nimmt er schließlich doch eine qualitative Trennung zwischen einer modernen und einer primitiven Gesellschaft vor, voraussetzend dass das eigene wissenschaftliche Denken dem vermeintlich primitiven überlegen ist. Fleck geht hier weit darüber hinaus und zeigt anhand der Geschichte der Wassermann-Reaktion sowie der eigenen Forschungspraxis auf, dass auch das Denken eines „modernen" Forscherkollektivs ebenso unaufhebbar von kulturellen Praktiken, rituellen Handlungen, Mythen und Glaubenssystemen abhängt, wie das Denken der sogenannten „Primitiven". Auch unsere europäische Wissenschaft sei durch den Zwang der kulturellen Tradition sowie durch gruppendynamische Prozesse vollständig determiniert. Eine Trennung von präwissenschaftlich und wissenschaftlich existiere nicht absolut, sondern nur innerhalb der Sicht eines gegebenen Denkstils.[42]

---

40 Vgl. Griesecke: „Vergleichende Erkenntnistheorie. Einführende Überlegungen zum Grundkonzept der Fleckschen Methodologie", a.a.O.

41 Lucien Lévy-Bruhl: *Das Denken der Naturvölker*, Wien/Leipzig 1926 (1918). In seinen *posthum* erschienenen *Carnets* widerrief Lévy-Bruhl seine ursprünglichen Thesen. Vgl. Edward E. Evans-Pritchard: *Theorien über primitive Religionen*, Frankfurt am Main 1981 (1965), hier S. 122.

42 Dirk Werle: „Stil, Denkstil, Wissenschaftsstil. Vorschläge zur Bestimmung und Verwendung eines Begriffs in der Wissenschaftsgeschichte der Geistes- und Kulturwissenschaften", in: Lutz Danneberg, Wolfgang Höppner, Ralf Klausnitzer (Hg.): *Stil, Schule, Disziplin. Analyse und Erprobung von Konzepten wissenschaftsgeschichtlicher Rekonstruktion*, Frankfurt am Main 2005, S. 3–30; Zittel: „Ludwik Fleck und der Stilbegriff in den Naturwissenschaften", a.a.O.; Ernst Müller: „Stil, Wirklichkeit, Umwelt, Tatsache. Eine Gegenüberstellung von Begriffen Erich Rothackers und Ludwik Flecks", in: *Forum Interdisziplinäre Begriffsgeschichte* 1 (2012) 2, S. 83–90.

Diese Auffassung bekräftigt Fleck noch einmal in der Kritik am Wiener Philosophen Wilhelm Jerusalem (1854–1923), der in seiner 1924 erschienenen Schrift „Die soziologische Bedingtheit des Denkens und der Denkformen" einen Fortschritt bzw. einen Übergang vom „primitiven" zum „modernen" Denken beschreibt. Der „primitive" Mensch lebe in sozialer Gebundenheit und sei vollkommen von „Kollektivvorstellungen"[43] bestimmt. In seiner ersten Entwicklungsphase glaube er an Dämonen und Geister, und sei noch unfähig, objektiv zu denken. Langsam entwickle er sich zu einer selbständigen Persönlichkeit und befreie sich allmählich von seinen „Kollektivvorstellungen". Erreicht er diese Stufe, sei er imstande, theoretisch zu denken und objektive Vorstellungen zu projizieren. Fleck lehnt diese Überzeugung ab: Zwar kennt er den Wandel von Denkstilen, doch diese werden von ihm nicht als objektive Fortschritte angesehen, sondern der Eindruck des Fortschritts sei ebenfalls denkstilgebunden. Einen solchen Prozess der gegenseitigen Bestärkung innerhalb einer Gruppe nennt Jerusalem eine „soziale Verdichtung"[44] – ein Begriff, den Fleck übernehmen wird, um die Herausbildung eines gemeinsamen Denkstils durch einen regelmäßigen ‚Denkverkehr' zu beschreiben. Sowohl für Jerusalem als auch für Fleck ist jene „soziale Verdichtung"[45] eine Voraussetzung für die wissenschaftliche Erkenntnis, doch was Fleck bei Jerusalem moniert, ist dessen Überzeugung, es gebe die Objektivität wissenschaftlicher Tatsachen. In Europa habe sich, so Jerusalem, im Unterschied zu anderen Kulturkreisen eine sukzessive Befreiung oder Reinigung der Wissenschaft von außerwissenschaftlichen Faktoren ereignet, die weiter fortschreite. Sowohl Lévy-Bruhl als auch Jerusalem begehen somit in Flecks Augen – „so fördernd ihre Gedanken sind – einen charakteristischen Fehler: sie haben allzu großen Respekt, eine Art religiöser Hochachtung vor naturwissenschaftlichen Tatsachen"[46]. Auch unsere Wissenschaft sei von mannigfachen mythisch-historischen Elementen, institutionellen Einweihungsritualen, Zeremonien und Aufnahmesakramenten bestimmt. Fleck stellt hier nun explizit eine Analogie zur Kulturbeschreibung seitens der Ethnologie her:

---

43 Wilhelm Jerusalem: „Die soziologische Bedingtheit des Denkens und der Denkformen", in: Max Scheler (Hg.): *Versuche zu einer Soziologie des Wissens*, München/Leipzig 1924, S. 182–207, S. 187. Den Begriff ‚Kollektivvorstellungen' prägte Emile Durkheim.

44 Ebd.: S. 192. Vgl. dazu: Reiner Egloff: „Gedankenverkehr, Kreuzung und Verdichtung. Fleck, Simmel und die Völkerpsychologie, in: *NTM – Zeitschrift für Geschichte der Wissenschaften, Technik und Medizin* 22 (2014), S. 69–85.

45 Fleck: *Entstehung und Entwicklung einer wissenschaftlichen Tatsache* (1935), a.a.O., S. 64.

46 Ebd.: S. 65.

> [Die] Einweihung in einen Denkstil, also auch die Einweihung in eine Wissenschaft sind erkenntnistheoretisch jenen Einweihungen analog, die wir aus der Ethnologie und Kulturgeschichte kennen. Sie wirken nicht nur formell: der heilige Geist senkt sich auf den Neuling herab und bis jetzt Unsichtbares wird sichtbar. Dies ist die Wirkung der Aneignung eines Denkstils.[47]

Es ist daher geboten, dieser Analogie zwischen Wissenschaftssoziologie und Ethnologie weiter nachzuspüren.

7.4 Bronisław Malinowskis Kulturtheorie und ihre Diskussion in Lemberg

Eine wichtige Quelle, auf die sich Fleck bei der Entwicklung seiner sozialen Epistemologie stützen konnte, ist die kulturanthropologische Theorie von Bronisław Malinowski (1884–1942).[48] Obgleich sich zwischen Malinowski und Fleck kein direkter Bezug weder persönlicher Art noch über Textverweise rekonstruieren lässt, ist es sehr wahrscheinlich, dass es über den gemeinsamen Lemberger Freundeskreis[49], in dem auch die neuen ethnologischen Ideen zirkulierten und deren Methoden diskutiert wurden, zu einem mittelbaren gedanklichen Austausch kam. Denn Flecks Wissenschaftstheorie weist mit ihrer Kritik am Absolutheitsanspruch westlicher Wissenschaft viele inhaltliche Korrespondenzen mit Malinowskis bahnbrechendem „Argonautenbuch“[50] sowie seinen späteren kulturtheoretischen Schriften auf. Seine

47 Ebd.: S. 137. Oder an einer anderen Stelle: „Als Erbe vorhergehender Epochen blieben manche Merkmale des wissenschaftlichen Kollektivs erhalten, wie die gestaffelte Titulatur der Fachleute („Magister“, „Doktor“, „Professor“), gewisse Universitätszeremonielle, eine gewisse altertümliche Exklusivität der Fachleute usw.“ Fleck: „Das Problem einer Theorie des Erkennens“ [Zagadnienie teorii poznania] (1936), a.a.O., S. 293.

48 Zur Biographie von Bronisław Malinowski vgl.: Bronisław Średniawa: „The anthropologist as a young physicist: Bronisław Malinowski's apprenticeship“, in: *History of Science Society* 72 (1981) 4, S. 613–620.

49 Zur gemeinsamen Schulzeit und Freundschaft Malinowskis, Chwisteks und Witkiewiczs siehe: Estreicher: *Leon Chwistek. Biografia artysty (1884–1944)*, a.a.O., S. 7f. Zum späteren Beziehungsgeflecht vgl.: Andrzej Flis: „Cracow philosophy of the beginning of the twentieth century and the rise of Malinowski's scientific ideas“, in: Roy Ellen, Ernest Gellner, Grażyna Kubica, and Janusz Mucha (Hg.): *Malinowski between two worlds: The Polish roots of an anthropological tradition*, Cambridge 1988, S. 105–127.

50 Bronisław Malinowski: *Argonauten des westlichen Pazifik. Ein Bericht über Unternehmungen und Abenteuer der Eingeborenen in den Inselwelten von Melanesisch-Neuguinea* (1922), Frankfurt am Main 2007. Auf Polnisch hatte Malinowski bereits 1915 eine erste umfangreiche kultur- und religionssoziologisch ausgerichtete ethnologische Studie veröffentlicht: Bronisław Malinowski: *Wierzenia pierwotne i formy ustroju społecznego.*

Funktionaltheorie gründet auf der Überzeugung, dass die Kultur fremder Völker nicht aus der Distanz vom Schiffsdeck oder dem heimischen Lehnstuhl aus, wie es noch Lévy-Bruhl tat, sondern direkt durch die unmittelbare Konfrontation in Form teilnehmender Beobachtung zu erforschen sei. Malinowski fordert, die Denk- und Verhaltensweisen der Menschen immer in Relation zum gegebenen Kultursystem zu untersuchen.[51] Das Herausreißen der einzelnen Kulturelemente aus dem Gesamtzusammenhang führe dazu, dass die Überlieferungen und Gebräuche ihren Sinn verlieren und von außen als abstrus erscheinen. Durch die Einbettung in das Kulturganze würden hingegen z.B. die Mythen, die die Eingeborenen erzählen, überhaupt erst verständlich werden. Berücksichtige man, wer die Mythen erzählt und wann, so verstehe man sie nicht mehr als nur unterhaltende Geschichten, sondern etwa als mündliche Besitzurkunden, durch die Ansprüche auf das Land, das die Erzähler bebauen, begründet werden.[52]

Wie Malinowski geht auch Fleck im Sinne der teilnehmenden Beobachtung vor. Doch im Vergleich zu Malinowski gibt es bei Fleck eine signifikante Differenz: Fleck war kein Laie, der von außen eine ihm fremde Kultur mit Hilfe von mehr oder weniger „dichten Beschreibungen"[53] zu begreifen versucht, jedenfalls nicht, wenn es um die Beschreibung der Serologen-Labore geht.[54]

Pogląd na genezę religii ze szczególnym uwzględnieniem totemizmu, Kraków 1915 [Primitive Glaubensweisen und Formen des Gesellschaftssystems. Ausblick auf die Entstehung der Religion mit besonderer Berücksichtigung des Totemismus], online unter: https://rcin.org.pl/dlibra/doccontent?id=33250 (letzter Zugriff: 15.02.2022).

51 In der Forschung wird Malinowskis Vorgehensweise als Veränderung des damaligen wissenschaftlichen Weltbildes, ja als Begründung eines neuen „methodologischen Paradigmas" in der Ethnologie angesehen. Der Paradigmen-Begriff erscheint jedoch als zu grob, um die damaligen Veränderungen in der Wissenschaftstheorie zu beschreiben, hier wären Binnendifferenzierungen angebracht. Vgl. dazu z.B.: Justin Stagl: „Malinowskis Paradigma", in: Wolfdietrich Schmied-Kowarzik, Justin Stagl (Hg.): *Grundlagen der Ethnologie. Beiträge zur gegenwärtigen Theorie-Diskussion*, Berlin 1993, S. 93–105; Andrzej K. Paluch: „Bronisława Malinowskiego rozumienie kultury" [Bronisław Malinowskis Verständnis der Kultur], in: Grażyna Kubica, Janusz Mucha (Hg.): *Między dwoma światami – Bronisław Malinowski* [Zwischen zwei Welten – Bronisław Malinowski], Warszawa/Kraków 1985, S. 103–123; George Stocking: „Die Geschichtlichkeit der Wilden und die Geschichte der Ethnologie", in: *Geschichte und Gesellschaft*, 4 (1978), S. 520–535.

52 Vgl. Malinowski: *Argonauten des westlichen Pazifik* (1922), a.a.O., insbes. Kap. 12. „Mythos und Wirklichkeit, S. 336–346.

53 Geertz: *Dichte Beschreibung*, a.a.O., S. 7–43.

54 Lange bevor Wissenschaftssoziologen wie Bruno Latour, Steve Woolgar oder Sharon Traweek das Laborleben von Physikern wie Ethnologen zu studieren und dabei von außen, als Fremde, die dortigen Praktiken zu beschreiben versuchten, hatte bereits Fleck vorgeführt, wie man kollektive Praktiken der Wissenschaftler mit ethnologischem Blick beobachten und ethnologische Beschreibungsmethoden auf die wissenschaftliche Praxis

Er war Akteur und teilnehmender Beobachter zugleich, er konnte also den Blick von innen mit jenen von außen kombinieren.[55] Darüber hinaus sieht er, wie praxisfern Wissenschaftsphilosophen aus der Schule des logischen Empirismus die Wissenschaften beschreiben und wie diese Idealbilder in den Köpfen seiner Kollegen verankert sind. Fleck stellt immer wieder heraus, dass das Selbstverständnis vieler Wissenschaftler und ihre tatsächliche Arbeitsweise nicht zusammenpassen. Die Aufnahme ethnologischer Beschreibungen dient ihm also für die Kritik an idealisierenden Darstellungen der wissenschaftlichen Forschung. Fleck sieht sich als Teil der Laborpraxis, die er mit seinen Beschreibungen aber zugleich mit beeinflusst. Im Unterschied zu Malinowski ist er sich daher im Klaren, dass durch den Akt der teilnehmenden Beobachtung das Beobachtungsresultat kontaminiert wird und die eigenen kulturellen Prägungen weitgehend unerkannt mit ins Spiel kommen. Hier profitiert Fleck zudem von seiner Rezeption der wissenschaftstheoretischen Diskussion um die Wirkung der Beobachtung auf das Beobachtungsobjekt im Bereich der Quantenphysik.[56]

Auf einer abstrakteren Ebene weist gleichwohl seine kulturalistische Epistemologie eine größere Nähe zu Malinowskis Untersuchungsmodell sozialer Gruppen und fremder (Kultur)Gemeinschaften auf. Denn auch nach Malinowskis Auffassung gibt es keine anthropologische Wesensausstattung des Menschen, die der Kultur vorgängig wäre, weshalb kein Impuls, kein Reflex, aber auch „kein Gedanke und kein Gegenstand isoliert von einem Kultursystem erfaßt werden“[57] könne. Die kulturelle Durchdringung erstrecke sich sogar bis in die Physiologie der Menschen, Zwänge würden körperlich einverleibt. Der ganze Organismus werde somit in ein kulturbedingtes System eingeübt und es sei eben der ‚innere Zwang‘ [inner constraint], der ihn in das gegebene Normen- und Ordnungssystem einbindet: „The inner constraint is the result of the gradual training of the organism within a definite set of

übertragen kann. Vgl. Latour, Woolgar: *Laboratory Life*, a.a.O.; Sharon Traweek: *Beamtimes and Lifetimes. The world of High-Energy Phycists*, Harvard 1988.

55 Das hat bereits Ilana Löwy als eine Besonderheit der Fleckschen Epistemologie erkannt. Vgl. Ilana Löwy: „Ludwik Fleck on the social construction of medical knowledge“, in: *Sociology of Health and Illness* (1988), S. 133–155, hier S. 148f. Vgl. auch: Roberto J. Gonzales, Laura Nader, C. Jay Ou: „Bronislaw Malinowski, Ludwik Fleck and the Anthropology of Science“, in: *Current Anthropology* 36 (1995) 5, S. 866–869.

56 Vgl. z.B. Nils Bohr: „Das Quantenpostulat und die neuere Entwicklung der Atomistik“, in: *Die Naturwissenschaften* 16 (1928) 15, S. 245–257.

57 Vgl. „Just because no idea and no object can exist in isolation from Its cultural context, it is impossible to sever mechanically an item from one culture and place it in another.“ Vgl. Bronisław Malinowski: „The Life of Culture“, in: *Forum*, 76 (1926), S. 178–186, hier S. 179.

cultural conditions."[58] Malinowski spricht hier noch von einer Machtform, die einen regulativen Charakter hat. Fleck versteht unter ‚Denkzwang' eine mehr oder weniger bewusste Form der Denknotwendigkeit, etwas nur noch so und nicht mehr anders denken und sehen zu können. Diesem ‚Denkzwang' gehe eine Phase des sozialen Drucks voraus, in der ein Einzelner in eine Gruppe eingeführt und gleichsam rituell initiiert wird. Diese Depotenzierung des Individuums weist ebenfalls eine erstaunliche Nähe zu Malinowskis kollektivistischer Position auf. Denn auch er untersucht nicht einzelne Individuen oder Handlungen, sondern fragt nach ihren Funktionen, die sie im sozialen Gefüge haben. Er beobachtet, dass Gewohnheiten innerhalb von bestimmten Gruppen normativ werden und sich so in der gegebenen Kultur verankern. Analog zum Denkstilkonzept beschreibt er, wie gruppenspezifische Routinen, Denk- und Handlungsweisen zu einer gruppeninternen Solidarität führen, wie sie innerhalb der Gruppe tradiert werden, und konstatiert, dass sie sich nicht einfach von einer Gruppe auf die andere übertragen lassen:

> Were one to look more closely at any particular culture, every activity would be found to be related to some organization or other. In each we would find a group cooperating, linked by common interests and a purpose. Members of such of group or institution [...] obey prescribed norms of conduct and are trained in particular skills.[59]

Eine solcherart sozial organisierte Gruppe übernimmt bei Malinowski dieselben Funktionen wie sie Fleck seinen ‚Denkkollektiven' zuschreibt. Sie ist der eigentliche Akteur in einem Erkenntnisprozess. Die Kategorie der individuellen Autorschaft hebt somit auch Malinowski auf. Ihm zufolge sind auch wissenschaftliche Erfindungen als kollektive Errungenschaften einer Zivilisation zu verstehen. Bereits in seinem 1926 erschienenen Text „The Life of Culture" hieß es:

> The fact is that each invention is arrived at piece-meal, by infinitely many, infinitely small steps, a process in which it is impossible to assign a precise share to any one worker or still less to connect a definite object and a definite idea with a single contribution. [...] The real pathway of ideas and achievements goes through hundreds and thousands of humbler workers and laboratory mechanics, the mathematicians and engineers who jointly made the final success possible. Thus the invention of the wireless can be treated as a single and singular event and ascribed to one man or another only after its nature has been completely

58 Bronisław Malinowski: „Culture", in: *Encyclopedia of the Social Sciences* 4 (1931), S. 626–645, hier S. 623.

59 Bronisław Malinowski: „Man's Culture and Man's Behavior", in: *Sigma Xi Quarterly* 29 (1941), S. 170–196, hier S. 185.

> misconceived. This is quite legitimate from the point of view or the patent office but quite erroneous for the science of culture.[60]

Die Nähe zwischen Malinowski und Fleck ist offensichtlich, beide hinterfragen die Rationalitätspostulate und Objektivitätsideale westlicher Wissenschaft, beide betonen den Einfluss kultureller Faktoren und beide zeigen wie Aberglauben und Mythen zur Formierung eines Wissenssystems beitragen. Malinowski scheint jedoch stärker als Fleck das Rationale von dem Nicht-Rationalen (Magischen) abzugrenzen:

> Wir finden Magie, wo immer Elemente von Glück und Unglück und das emotionale Spiel zwischen Hoffnung und Angst weiten und ausgedehnten Spielraum haben. Wir finden Magie nirgends, wo die Tätigkeit sicher, zuverläßig und unter der Kontrolle von rationalen Methoden und technischen Prozessen steht. Weiterhin finden wir Magie überall, wo das Element der Gefahr ersichtlich ist. Wir finden sie nirgends, wo absolute Sicherheit alle Elemente der Vorahnung ausschließt. Die ist der psychologische Faktor.[61]

Fleck zufolge gibt es auch in den härtesten Naturwissenschaften keine solche absolute Sicherheit und folglich auch nie eine psychologiefreie Wissenschaft. Er greift das ethnologische Wissen auf, um gerade die moderne Wissenschaft als einen auf Glauben und magischen Praktiken aufgebauten und von kollektiven unbewussten Zwängen und Stimmungen determinierten Denkstil zu beschreiben.

7.5 Witkiewicz und Malinowski: Wechselwirkungen von Kunst und Ethnologie

Eine erstaunliche Verbindung zwischen der frühen Ethnographie und Avantgardekunst ergibt sich durch Malinowskis Freundschaft mit einem der bedeutendsten Schriftsteller, Maler und Kunsttheoretiker des 20. Jahrhunderts in Polen – Stanisław Ignacy Witkiewicz, der dem Lemberger Milieu eng verbunden war (vgl. Kap. 4.7).

Malinowski entwickelte seine Theorien auf seiner ersten ethnographischen Expedition nach Australien und Neu-Guinea (Trobriand-Inseln), die er von 1914 bis 1918 unternahm.[62] Sein Jugendfreund Stanisław Ignacy Witkiewicz

60 Malinowski: „The Life of Culture" (1926), a.a.O., S. 179.

61 Bronisław Malinowski: „Mythen der Magie" (1926), in: Ders.: *Magie, Wissenschaft und Religion. Und andere Schriften*, Tübingen 1973, S. 120–124, hier S. 121.

62 Vgl. dazu: Michael W. Young: *Malinowski. Odyssey of an Anthropologist 1884–1920*, New Haven/London 2004, hier insbesondere Teil 3.

begleitete ihn dabei, doch wegen des Ausbruchs des Krieges fuhr er nach einigen Wochen nach Europa zurück.[63] Seine Rolle war dabei, die Eingeborenen in ihrer Umgebung mitsamt ihren Ritualen, Sitten und Bräuchen zu photographieren. Die ersten Eindrücke verzeichnete er noch auf dem Schiff. Die Intensivität der neuen Erfahrungen wirkte auf ihn zunächst bedrückend:

> Das Übermaß des Lebens, die Maßlosigkeit der Form und der Farben ist überwältigend. Es steckt darin irgendeine wilde Sinnlosigkeit, Überfluss, Verschwendung, beunruhigende Kraft und Leidenschaft, die an den Wahnsinn grenzt. Man verspürt das Gefühl eigener Schwäche und Gebrechlichkeit auf eine seltsam unangenehme Weise. [...] Der allgemeine Eindruck eines hellen tropischen Tages ist düster und bedrohlich. Es scheint, dass es ein anstrengender, fiebriger Alptraum ist, in dem alles monströs, schön in seiner Ungeheuerlichkeit und feindlich wird und den unglückseligen kranken Menschen bedrückt.[64]

Was Witkiewicz hier beschreibt ist das Gefühl der Erhabenheit angesichts einer ihn überwältigenden Natur, die er fasziniert und erschreckt wahrnimmt, und für deren Beschreibung er auf keine vertrauten Begriffe zurückgreifen kann. Am Anfang steht ein Nicht-Verstehen des Fremden. Allmählich lässt er sich von der magischen, metaphysischen Stimmung bezaubern. An seinen Vater, Stanisław Witkiewicz, schreibt er z.B.: „In bin nicht in der Lage, die Wunder zu beschreiben, die ich sehe. Es sind Dinge, die vor Schönheit geradezu monströs

63 Es kam zum Streit zwischen den beiden Freunden. Malinowski, der aus dem von den Habsburgern besetzten Galizien stammte, war österreichischer Staatsbürger, Witkiewicz, der in dieser Zeit in Warschau lebte, war Russe. Witkiewicz beschloss auf der Seite Russlands zu kämpfen. Der Kontakt zwischen den beiden brach aber nicht ab, obwohl sie den Streit nie wirklich überwunden haben. Noch im Jahre 1937 schrieb Witkiewicz an Malinowski: „Lieber Bronio, ich möchte eins für alle mal wissen, ob unsere Beziehung andauert, oder ob ich sie für beendet ansehen soll." Vgl. den Brief vom 11. März 1937, in: Stanisław Ignacy Witkiewicz: *Listy* [Briefe], hg. v. Tomasz Pawlak, Warszawa 2013, S. 685. [Übersetzung S.W.] Vgl. das Original: „Kochany Broniu: Chciałbym raz wiedzieć, czy stosunki nasze trwają, czy też mamy uznać je za zlikwidowane." Zur gemeinsamen Reise von Malinowski und Witkiewicz vgl. Daniel Gerould: „Witkacy's Journey to the tropics and intinerary in Ceylon", in: *Konteksty. Polska sztuka ludowa. Malinowski i Witkacy* [Kontexte. Polnische Volkskunst. Malinowski i Witkacy], 1–4 (2000), S. 214–225.

64 Stanisław Ignacy Witkiewicz: „Z podróży z Tropików" [Aus der Tropenreise], in: *Echo Tatrzańskie* [Tatra-Echo] 16 (25. September 1919), S. 7–8, hier S. 7. [Übersetzung S.W.] Vgl. das Original: „Ten nadmiar życia, rozwydrzenie form i kolorów działa przygnębiająco. Jest w tem jakiś dziki bezsens, zbytek i rozrzutność, niepokojąca siła i namiętność, granicząca z szałem. Doznaje się poczucia własnej słabości i jakby niedołęstwa w jakiś dziwnie nieprzyjemny sposób. [...] Ogólne wrażenie jasnego, tropikalnego dnia jest ponure i groźne. Zdaje się, że to jakiś męczący gorączkowy koszmar, w którym wszystko staje się olbrzymie, piękne w swej potworności i złowrogie, i przytłacza nieszczęsnego, chorego człowieka."

sind."[65] Die Erfahrung des Exotischen wird sich auch später in Witkiewiczs Werken niederschlagen, vor allem im Drama *Tropenkoller* [Bzik tropikalny] (1920) und in den Romanen *Der Abschied vom Herbst* [Pożegnanie z jesienią] (1927) und *622 Fälle Bungos oder die dämonische Frau* [622 upadki Bunga albo demoniczna kobieta] (1972)[66]. Auf den ersten Blick scheint sich Witkiewicz hier schlicht der gesamteuropäischen Exotismus-Mode in der Literatur anzuschließen,[67] doch es ist ein entscheidender Unterschied zu vielen anderen literarischen Produktionen jener Zeit, dass er selbst als Teilnehmer einer Expedition mit wissenschaftlichen Aufgaben betraut war und sein literarisches Werk in enger Wechselwirkung mit der seinerzeit fortgeschrittensten Position in der Ethnographie entstand.[68]

Leider sind Witkiewiczs Photographien verloren gegangen. Die Flüchtigkeit der Realität bzw. die sich ständig entziehende Wirklichkeit thematisiert er jedoch nach seiner Tropen-Reise auch in seinen Bildern, in welchen exotische Formen und Farben nun verstärkt zum Einsatz kommen (Abb. 43 und Abb. 44).

In seinem Roman *Abschied vom Herbst* [Pożegnanie z jesienią] (1927) greift Witkiewicz direkt auf Malinowskis Position zurück, um zu erklären, dass die besonderen (erhabenen) Seelenzustände nicht religiös, sondern ästhetisch aufzufassen sind:

> Bestimmte Geschehnisse sind, wie Bronisław Malinowski in seiner Arbeit „Die primitiven Glaubenslehren" richtig feststellt, anscheinend besonders dazu angetan, jenen spezifischen und heutzutage immer selteneren Zustand auszulösen, in dem man die Seltsamkeit des Lebens und des Daseins unmittelbar versteht. Keineswegs richtig indes ist die Behauptung, jede heftige Gefühlsanspannung sei imstande, in ein ganz neues, religiöses Gefühl umzuschlagen, es gleichsam aus dem Nichts zu erschaffen. Die Pseudowissenschaftlichkeit dieser Ansicht, ihr Anspruch, über die Beschreibung bewiesener Zustände

65 Vgl. den Brief vom 29. Juni 1914, in: Witkiewicz: *Listy* [Briefe], S. 358. [Übersetzung S.W.] Vgl. das Original: „Nie jestem w stanie opisać tych cudów, które tu widzę."

66 Die erste Fassung des Romans entstand zwischen 1910–1911; 1920 wurde das Manuskript überarbeitet, der Roman ist aber erst 1972 erschienen. Die Namen der Protagonisten Bungo, Edgar – Prinz Nevermore (offensichtlich zugleich eine Poe-Reminiszenz) und Baron Brummel fungieren als Decknamen von Witkiewicz, Malinowski und Chwistek. Die Figur der dämonischen Frau verkörperte die in Lemberg auftretende Schauspielerin Irena Solska. Das Hauptmotiv des Romans ist das Liebesverhältnis zwischen der dämonischen Frau (Solska) und Bungo (Witkiewicz); am Ende des Romans kommt es zu einer homosexuellen Beziehung zwischen Bungo (Witkiewicz) und Prinz Nevermore (Malinowski).

67 Vgl. Wolfgang Reif: *Zivilisationsflucht und literarische Wunschräume. Der exotistische Roman im ersten Viertel des 20. Jahrhunderts*, Stuttgart 1975.

68 Diesem Thema, das den Rahmen meiner Arbeit überschreitet, wäre in einer eigenen Studie nachzugehen. Vgl. Schamma Schahadat: „Avantgarde und Ethnographie: Stanisław Ignacy Witkiewicz und Bronisław Malinowski", in: *Die Welt der Slaven* 45 (2000), S. 155–180.

Abb. 43 und Abb. 44 Stanisław Ignacy Witkiewicz: *Australische Landschaft* (beide 1923)

> (des Hungers, des Geschlechtstriebs, der Angst u.ä.) hinaus nichts auszusagen, verfälscht die Situation grundlegend und verhindert, daß man bis zum Kern der Sache vordringt, weil sie die mögliche Existenz spezifischer Zustände, die sie nicht notwendig aus anderen, gewöhnlichen herleiten, von vornherein ausschließt.[69]

In den Kern der Dinge dringe nicht die Pseudowissenschaft, sondern die Kunst! Diese erlaubt in Bereiche vorzudringen, die der Wissenschaft verwehrt bleiben. Die Multiplizität seines Ich erfuhr Witkiewicz durch Experimente mit Drogen, Morphin, Äther und Alkohol, unter deren Einfluss und in Phasen des Entzugs er malte. Die so ermalten verschiedenen Wirklichkeiten signierte er z.B. mit „pyfko + cof[fein]", was heißt „Bier + Koffein" (Abb. 45 und Abb. 46).

Abb. 45 Stanisław Ignacy Witkiewicz: *Frauenportrait* (1929)

Abb. 46 Stanisław Ignacy Witkiewicz: *Selbstportrait* (1938)

Auch Witkiewicz kennt also – wenn man so will – eine Pluralität der Wirklichkeiten, auch wenn diese Pluralität durch Drogen erfahren und dann in der Kunst zum Ausdruck gebracht wird.[70] Umgekehrt zeigt sich Malinowski

69 Stanisław Ignacy Witkiewicz: *Abschied vom Herbst* [Pożegnanie z jesienią], Leipzig 1991 (1927), S. 152.

70 T. O. Immisch, Klaus E. Göltz, Ulrich Pohlmann (Hg.): *Witkacy. Metaphysische Portraits*, Leipzig 1997.

in seiner Wahrnehmung fremder Kulturen und Landschaften ästhetisch affiziert. Seine Photographien sind offenbar unter direktem Einfluß oder gar unter Anleitung von Witkiewicz entstanden. Sie erfüllen für ihn weniger eine dokumentarische Funktion, sondern haben eine ästhetische Wirkung, die er sich aber wissenschaftlich zu nutze macht. Auf diese Weise wird die vermeintliche Zweckdifferenz zwischen Wissenschaft und Kunst bei ihm aufgehoben und die Kunst als Mittel der wissenschaftlichen Erkenntnis, als Methode der Forschung genutzt, um genau das einzufangen, was einer positivistischen Beschreibung entgehen muss: die besonderen Atmosphären, die ungreifbaren Stimmungen, die in der zu untersuchenden Kultur immer wieder aufkamen.[71] Um die Magie, die Kraft der höheren Mächte, die gemäß der Vorstellungswelt der Eingeborenen in der Natur, aber auch in den Alltagssituationen und Festen herrschte, sichtbar zu machen, photographierte Malinowski gegen die Sonne. Durch die so erzeugten starken Lichteffekte (Abb. 47 und Abb. 48)[72] konnte der Eindruck vermittelt werden, dass in dieser Welt hinter der normalen Realität noch eine andere, magisch-metaphysische Wirklichkeit liegt, deren Zauber im Bild erfahrbar wird.[73]

Die Fähigkeit, mit neuen künstlerichen Techniken zu experimentieren, lernte Malinowski bereits in Zakopane, nicht zuletzt von Witkiewicz.[74] Seine Notizen halten kleine Details des Beobachteten eben nicht photographisch exakt fest, sondern geben ihre besondere Erscheinungsweise wieder und zeigen, dass phänomenologisch kaum bemerkbare, spontan und zufällig aufgenommene Elemente sich plötzlich als relevant erweisen können. Malinowskis Naturbeschreibungen gewinnen dadurch ihrerseits zunehmend eine ästhetische, literarische Dimension, die mit Witkiewiczs metaphysisch-surrealistischem

71 Malinowskis fotographischer Stil, der die Stimmung einer Situation einzufangen versucht, wurde technisch erst – so Terence Wright – in den 1920er Jahren mit der Erfindung des Leica-Apparats möglich. In dieser Zeit führte man auch neuen konzeptuellen Rahmen für die Dokumentarphotographie ein. Vgl. dazu: Terence Wright: „Shadows of reality projected on the screen of appearances: Malinowski, Witkacy and photography", in: *Konteksty. Polska sztuka ludowa. Malinowski i Witkacy* [Kontexte. Polnische Volkskunst. Malinowski und Witkacy] 1–4 (2000), S. 16–19; ders.: „The Anthropologist as Artist: Malinowski's Trobriand Photographs", in: *Konteksty. Polska sztuka ludowa. Malinowski i Witkacy* [Kontexte. Polnische Volkskunst. Malinowski und Witkacy] 1–4 (2000), S. 133–145.

72 Vgl. dazu: Micheal W. Young: *Malinowski's Kiriwina. Fieldwork Photography 1915–1918*, Chicago/London 1998.

73 Hier zeigt sich auch eine verblüffende Nähe zu Bruno Schulz' Mythisierung der Wirklichkeit, vgl. Kap. 4.2.

74 Peter Skalnik ist der Meinung, dass Witkiewicz einen maßgeblichen Einfluss auf die Entwicklung der modernen Ethnologie von Malinowski hatte. Vgl.: Peter Skalnik: „Bronisław Kasper Malinowski and Stanisław Ignacy Witkiewicz: Science versus art in the conceptualization of culture", in: *Konteksty. Polska sztuka ludowa. Malinowski i Witkacy* [Kontexte. Polnische Volkskunst. Malinowski und Witkacy] 1–4 (2000), S. 53–65.

Abb. 47 und 48 Bronisław Malinowski: Trobriand-Inseln (1916)[75]

75 Aus: Michael W. Young: *Malinowski's Kiriwina. Fieldwork Photography 1915–1918*, S. 152–153 (Fotos Nr. 88 und 89).

Werk korrespondiert, ohne allerdings dessen Extremismus zu teilen: „Die See ist blau, alles absorbierend, mit dem Himmel verschmelzend. Für Augenblicke tauchen die rosigen Silhouetten der Berge im Dunst auf, wie Phantome der Realität in einer Flut von Blau."[76] Malinowskis visuelle Sprache bedient sich eines zeichnerischen Vokabulars: „Der See wird tiefgrün. Die feine dünne Linie des Horizonts bricht auf, wird breiter, wie mit einem stumpfen Bleistift gezogen. Dann nimmt die Linie Dimension und Farbe an – ein helles Graugrün."[77] In Malinowskis Schilderungen dominieren die Linie und Farbe, sein Blick auf die Natur ist eher der eines Landschaftsmalers als jener eines Biologen oder Botanikers. Malinowskis frühe Ethnographie formiert sich aus einer dezidiert ästhetischen Naturbetrachtung in der Nachfolge Alexander von Humboldts[78] und im engen Ausstausch mit Witkiewicz, aus zu einem ganz spezifischen ethnographischen Denkstil, der mit den anderen Lemberger Denkstilen Gemeinsamkeiten aufweist. Die durch die Kunst ermöglichte multiperspektivische und differenzierte Wirklichkeitswahrnehmung erweist sich als das exaktere Instrument zur Beschreibung fremder Kulturen und unbekannter Natur als der vermeintlich präzise Begriffsapparat der Naturwissenschaften. Malinowkis wissenschaftlicher Denkstil wird gleichsam mitgeformt durch das Auge eines Malers, der vom Reichtum des Kolorits und der Gestalt der Fauna und Flora begeistert ist und der die Landschaftsformationen als Linien wie auf einem Kupferstich erblickt.[79]

Im Kontext der Lemberger Diskussionen um die Pluralität der Wirklichkeiten, kulturellen Relativismus und die korrekte Wissenschaftssprache wird Malinowkis Vorgehen erst voll begreiflich. Malinowski, Witkiewicz und Fleck kämpfen an verschiedenen Fronten mit unterschiedlichen Mitteln, aber sie

---

76 Bronisław Malinowski: *Ein Tagebuch im strikten Sinn des Wortes. Neuguinea 1914–1918*, Frankfurt am Main 1986, S. 92.

77 Ebd.: S. 130.

78 Vgl. dazu: Lorraine Daston: „The Humboldtian Gaze", in: Moritz Epple, Claus Zittel (Hg.): *Science as Cultural Practice*, Bd. 1: *Cultures and Politics of Research from the Early Modern Period to the Age of Extremes*, Berlin 2010, S. 45–60.

79 Stuart Baker: „Witkiewicz and Malinowski: The pure form of magic, science and religion", in: *Konteksty. Polska sztuka ludowa. Malinowski i Witkacy* [Kontexte. Polnische Volkskunst. Malinowski und Witkacy] 1–4 (2000), S. 333–349; Jan Jerschina: „Modernizm a osobowść Bronisława Malinowskiego" [Die Moderne versus die Persönlichkeit von Bronisław Malinowski], in: Grażyna Kubica, Janusz Mucha (Hg.): *Między dwoma światami – Bronisław Malinowski* [Zwischen zwei Welten – Bronisław Malinowski], Warszawa/Kraków 1985, S. 145–161; Paweł Zarychta: „Die schlummernde Bestie. Zu den ästhetischen Beiträgen von Stanisław Ignacy Witkiewicz", in: Hartmut Kircher, Maria Kłańska, Erich Kleinschmidt (Hg.): *Avantgarde in Ost und West. Literatur, Musik und Bildende Kunst um 1900*, Köln/Weimar/Wien 2002, S. 199–209.

wenden sich gegen den gleichen Gegner: die westliche Einheitswissenschaft mit ihren Absolutheitsansprüchen. Alle drei plädieren dafür, die Vielheit der Wirklichkeiten anzuerkennen und für deren Erkenntnis Wissenschaft als Kunst zu betreiben. Malinowski und Fleck (nicht jedoch Witkiewicz) sind zudem bereit die Weltbilder vermeintlich primitiver Gesellschaften als in sich rational organisiert anzuerkennen. Es wundert daher nicht, dass die Exponenten des szientifischen Wissenschaftsideals in Lemberg, die Vertreter der Lemberg-Warschau-Schule, sich durch solche Ansichten zu einem Gegenangriff provoziert fühlten und die frühe Ethnologie in diesen Kontroversen zur Kronzeugin avancierte.

7.6 Kontroversen um die ethnologische Komponente in Ludwik Flecks ‚Denkstil'-Begriff

Die erste Kontroverse wurde von Twardowskis Schülerin, der Philosophin Izydora Dąmbska (1904–1983) entfacht. Sie wurde zum großen Teil schon oben rekonstruiert (vgl. Kap. 5.5), dabei blieb aber der hier zu verhandelnde ethnologische Streitpunkt ausgespart. In seinem die Kontroverse auslösenden Artikel „Das Problem einer Theorie des Erkennens" [Zagadnienie teorii poznania] (1936) hatte Fleck bei seiner Kritik an der Beschreibungssprache des logischen Empirismus auch ethnographische Beispiele ins Treffen geführt. Unter Berufung auf Studien des Musikethnologen Erich Hornbostel (1877–1935) zur Transformation von Worten erläuterte Fleck, wie sich auch die wissenschaftliche Sprache an die Regeln des jeweiligen Kollektivs anpasst und damit wandelbar ist. Über die bloß gestaltpsychologische Problemstellung hinausgehend, stellt Fleck aber hierbei eine Verbindung zwischen Wissenschaft und Magie fest, die wiederum eine ethnologische Betrachtung verlange:

> Denkgemeinschaften erzeugen Meinungen, Anschauungen, Denkzusammenhänge und Vorstellungen auf eine Art, die der Bildung von Wörtern, Redewendungen und Sprachgebräuchen sehr ähnlich ist. Die Worte sind ursprünglich nicht konventionelle Namen des Dings, sondern seine reale Entsprechung, sie sind „eine Übertragung der Erlebnisse und Gegenstände in ein Material, das leicht formbar und stets bei der Hand ist" (Hornbostel). Das Wort ist das lebendige Bild des Gegenstands, mehr sogar: sein magisches Äquivalent.[80]

---

80 Fleck: „Das Problem der Theorie des Erkennens" [Zagadnienie teorii poznawania] (1936), a.a.O., S. 278. Auf Hornbostel bezieht sich Fleck auch in *Entstehung und Entwicklung einer wissenschaftlichen Tatsache*. Dort weist er anhand einer Rezension von Wolfgang Metzger auf den psychologischen Ursprung der Worte hin: „Worte seien ursprünglich nicht Lautgruppen, die bestimmten Gegenständen willkürlich zugeordnet worden seien,

Worte können nach Fleck ihre Bedeutung ändern, eine Färbung und Stimmung erhalten und magische Wirkungen entfalten. Auch wissenschaftliche Termini haben einen „eigentümlichen Stilzauber"[81] und eine „spezifische sakramentale Kraft"[82], die dem Lehrling in der Ausbildung vermittelt werden: „Diese Einführungen haben in allen Bereichen den Wert eines aus der Ethnologie bekannten Einweihungssakraments."[83] Fleck vergleicht die Rituale bei einer Aufnahme in ein wissenschaftliches oder akademisches Denkkollektiv mit den Zeremonien bei der Aufnahme in eine religiöse Gemeinschaft. Die kultische Kraft, die das wissenschaftliche Denkkollektiv vereint, erwächst ebenso aus der gruppeninternen Denksolidarität, aus der spezifischen Kollegialität, die die Mitgläubigen erschaffen. „Das Gegenstück ist das Gefühl der Feindseligkeit gegenüber dem Fremden, gegenüber dem, der fremde Götter anbetet, fremde Wörter gebraucht, denen der im Kollektiv empfundene geheimnisvolle Zauber entzogen ist."[84]

Fleck zufolge gibt es daher keine kulturübergreifenden neutralen Termini, das Wissen ist immer von kulturellen Sprachkonventionen geprägt. Mit

---

etwa wie das Wort Ufa eine Filmfabrik bezeichnet oder L die Selbstinduktion; vielmehr seien sie eine Übertragung der Erlebnisse und Gegenstände in ein Material, das leicht formbar und stets bei der Hand ist. Die sprachliche Wiedergabe wäre danach ursprünglich nicht eindeutige Zuordnung im Sinne der Logik, sondern Abbildung im lebendigen Sinne der Geometrie. Der Sinn wäre in derart entstandenen Lautgebilden unmittelbar enthalten." Fleck: *Entstehung und Entwicklung einer wissenschaftlichen Tatsache* (1935), a.a.O., S. 38f; Vgl. auch: Wolfgang Metzger: „Psychologische Mitteilungen", in: *Die Naturwissenschaften* 43 (1929), S. 843–848, hier S. 846. Metzger schlägt vor, dass man die von Hornbostel untersuchten lautlichen Übertragungsvorgänge als freie Konstruktionen im Sinne der Geometrie deutet. Auch Laute können bildhaften Charakter annehmen bzw. lebendige Abbildungen sein. Die Idee der Wandlung der Worte nutzt Fleck, um die Bedeutung des Begriffs der ‚Prä-Idee' zu präzisieren. Denn die ‚Prä-Ideen' fungieren als gedankliche Äquivalenten der Erlebnisse und zwar auch als innere Bilder, die aus einem Denksystem in ein anderes übertragen werden oder die innerhalb eines Denkstils modifiziert werden. Diese ‚Denkgebilde', wie Fleck sie nennt, geben den Sinn wieder und erscheinen unmittelbar evident. „Der Zusammenhang zwischen der Wiedergabe und den Erlebnissen gliche nicht dem konventionellen Verhältnis zwischen einem Zeichen und dem Bezeichneten, sondern läge in einem psychischen Entsprechen beider." Fleck: *Entstehung und Entwicklung einer wissenschaftlichen Tatsache* (1935), a.a.O., S. 39. Metzgers Definition von Worten, die ursprünglich nicht einfach lautliche Namen für Dinge waren, sondern die Ding-Welt erst mit formten, dienen Fleck als Vorlage für seine Theorie über die schöpferische Gestaltung von Tatsachen.

81 Fleck: „Das Problem der Theorie des Erkennens" [Zagadnienie teorii poznawania] (1936), a.a.O., S. 285.

82 Ebd.

83 Ebd.: S. 287.

84 Ebd.

dieser Auffassung geriet Fleck ins Visier der Sprachphilosophen der Lemberg-Warschau-Schule. Izydora Dąmbska attackierte Flecks kulturalistische Auffassung der Wissenschaft, indem sie darauf insistierte, dass die Wissenschaft nur denkbar sei, wenn man von empirischen Erfahrungen ausgeht, die alle Menschen teilen können und die eine allgemeine Grundlage für die wechselseitige Verständigung dienen.[85] Die menschliche Erkenntnis sei immer intersubjektiv oder zumindest intersubjektivierbar, sonst wären keine Verständigung und kein wissenschaftlicher Fortschritt möglich:

> Nur unter Voraussetzung, daß andere Menschen gleiche oder zumindest ähnliche Eindrücke haben [...] ist es in der Wissenschaft legitim, die Ergebnisse der von anderen Forschern durchgeführten Experimente zu nutzen. Dann berufen wir uns nämlich auf fremde Sinneswahrnehmungen so, als ob sie unsere eigenen wären. [...] Der Mensch würde gar nichts von der Welt, in der er lebt, wissen, er würde gar erbärmlich untergehen, wenn er aufhören würde, mit den empirischen Thesen konsequent zu rechnen.[86]

Fleck greift in seiner Erwiderung auf ein Beispiel aus der Ethnologie zurück, das belegen soll, dass das vermeintlich auf allgemeinen empirischen Gewissheiten gestützte moderne Wissen keineswegs universal gültig ist, sondern dass, um mit Uexküll zu sprechen, die Merk- und Wirkwelten von Mitgliedern sogenannter primitiver Kulturen mit den unseren inkommensurabel sind:

> Die Ethnologie lehrt, wie fremd und unbegreiflich für uns Beschreibungen sind, die primitive Menschen geben. [...] Was für Neger im Urwald normal ist, kann für Bücherwürmer anormal sein. [...] Aller Aberglaube, Zauberei, alles Wissen der vergangenen Jahrhunderte, wie z.B. die Astrologie und die Alchemie, die ganze mittelalterliche Medizin und schließlich das für uns phantastisch bizarre Wissen der primitiven Völker – all diese Anschauungen haben ihre „Beweise", die aus eingetroffenen Vorhersagen und erklärten Enttäuschungen hervorgehen, nicht anders als bei unseren Naturwissenschaften. Sie alle scheinen ihren Anhängern anwendbar zu sein – wer würde sich sonst zu ihnen bekennen? Ein afrikanischer Urwaldbewohner „geht" überhaupt nicht „erbärmlich unter", obwohl keine Rede davon sein kann, daß er in unserem Sinne die „empirischen Thesen" konsequent berücksichtigt.[87]

85 Vgl. Claus Zittel: „Die Entstehung und Entwicklung von Ludwik Flecks ‚vergleichender Erkenntnistheorie'" (2007), a.a.O.; Griesecke: „Was machen normale Menschen, wenn sie nicht schlafen? Ludwik Fleck, Izydora Dąmbska und die ethnographische Herausforderung der frühen Wissenschaftssoziologie" (2005), a.a.O., S. 21–27.

86 Dąmbska: „Ist die intersubjektive Ähnlichkeit der Sinneseindrücke eine unentbehrliche Voraussetzung der Naturwissenschaften?" [Czy intersubjektywne podobieństwo wrażeń zmysłowych jest niezbędnym założeniem nauk przyrodniczych?] (1937), a.a.O., S. 311f.

87 Ebd.: S. 320f.

Fleck insistiert hier auf seiner kulturrelativistischen Position: Auch der „wilde" Mensch sei einem ‚Denkzwang' und einem ‚Denkkollektiv' unterworfen und die für uns erkennbare Diskrepanz in seinem Denken resultiere aus dem anderen Denkstil. Um diesem Denkstil gerecht werden zu können, müssen – ähnlich wie bei Malinowski – die kulturellen Kontexte mitberücksichtigt werden.[88] Malinowski unterschied jedoch noch (wie Lévy-Bruhl) zwischen primitiven und zivilisatorischen Kulturen. Auch Dąmbska vertritt diese Position und wirft Fleck Relativismus vor, doch Fleck antwortet ihr:

> Das sind weder Sophismen, noch geht damit eine Relativierung der Wahrheit einher. Ich behaupte nicht, daß das alchemistische Gold das echte Gold in unserem Sinne war. Ich behaupte, daß die Alchemisten Gold und überhaupt die materiellen Elemente anders begriffen haben als wir. Sie suchten nicht unser Gold; unsere Elemente wurden erst später eine nützliche Konzeption. Ich behaupte nicht, daß eine Negertrommel ein besseres, sondern ein genauso gutes Kommunikationsmittel auf Entfernung ist wie der drahtlose Telegraph; ich behaupte jedoch, daß das, was ein Neger von dem ihn elektrisierenden Rhythmus der Trommel unmittelbar erfährt, nicht durch eine radiotelegraphische Depesche ersetzt werden kann.[89]

Was fehlt, ist also ein neutraler Vergleichsmaßstab, da die diversen Kulturen nach anderen Zwecken ihr Leben und Denken strukturieren. Weil uns diese Zwecke verborgen bleiben, werden wir die fremde Kultur auch nie ganz durchdringen und verstehen.

Eine weitere Kontroverse um den Denkstil-Begriff führt Fleck in *Przegląd Współczesny* [Zeitgenössische Rundschau] mit dem Medizinhistoriker und Psychiater Tadeusz Bilikiewicz (1901–1980), der ein Schüler von Henry Sigerist war (vgl. Kap. 6.2.4.). Bilikiewicz war davon überzeugt, dass man zweifelsfrei allgemein gültige Feststellungen machen könne, die nicht von einem Denkstil abhingen und nur von Geisteskranken bestritten würden. Man könne beispielsweise objektiv behaupten, dass „eine normale menschliche Hand fünf Finger hat"[90]. Dies sei nämlich keine Frage des Stils, sondern schlicht eine neutrale Beobachtung. Um Bilikiewiczs Argument zu kontern, sucht Fleck nach einem ethnologischen Gegenbeispiel, und er wird offenbar bei Lévy-Bruhl fündig.

88 Siehe: Bronisław Malinowski: „The Problem of Meaning in Primitive Languages", in: C. K. Ogden, I. A. Richards (Hg.): *The Meaning of Meaning*, London 1923, S. 296–336.

89 Fleck: „In der Angelegenheit des Artikels von Frau Izydora Dąmbska in ‚Przegląd Filozoficzny' (Jg. 40, Heft III)" [W sprawie artykułu p. Izydory Dąmbskiej w *Przeglądzie Filozoficznym* (R. 40, Zeszyt III)] (1937), a.a.O., S. 325.

90 Bilikiewicz: „Bemerkungen zum Artikel von Ludwik Fleck ‚Wissenschaft und Umwelt'" [Uwagi nad artykułem Ludwika Flecka „Nauka a środowisko"] (1939), a.a.O., S. 348.

In dessen oben bereits erwähnten Buch *Das Denken der Naturvölker* (1926) heißt es:

> Mit den Händen reden, das ist buchstäblich in gewissem Maße mit den Händen denken. [...] In einer großen Zahl niedriger Gesellschaften (Australien, Südamerika etc.) gibt es nur für die Zahlen 1, 2 und manchmal 3 Namen, darüber hinaus sagen die Eingeborenen: „viele, eine Menge, eine große Zahl". [...] Auf den Andamaninseln sind Zahlworte trotz des außerordentlichen Reichtums der Sprache lediglich für 1 und 2 da, drei wird so umschrieben „eins mehr", vier „einige mehr", fünf „alle". [...] Dann setzt man mit der anderen Hand fort, woraufhin die beiden Hände gefaltet werden, um die Summe von 5 + 5 anzudeuten und zugleich die Rechnung durch das Wort *adura* (alle) als beendet zu erklären.[91]

Fleck schmiedet daraus ein Argument und antwortet Bilikiewicz:

> Zahlreiche primitive Gesellschaften (Australien Südamerika) besitzen nur für die Zahlen 1, 2, 3 separate Namen, ansonsten sagen die Einheimischen: zahlreich, eine Menge, eine große Zahl. Der Satz, daß „eine Hand fünf Finger hat", läßt sich also nicht in ihre Sprache übersetzen. Sie sagen: „Eine Hand hat viele Finger", und das ist eine andere Theorie als die unsere. Andere primitive Kollektive (Papua) verwenden für die Bezeichnung der Zahl fünf das Wort „Hand", für zehn „zwei Hände". Sie können also den Satz „Die Hand hat fünf Finger" nicht ohne Tautologie aussprechen, und die Frage, wie viele Finger eine Hand hat, ist für sie praktisch unsinnig, ähnlich wie für uns die Frage: Wie viel kostet ein Zloty? [...] Die Zwergmenschen von den Andamanen sagen statt fünf „alles", ihr Satz lautet daher: Die Hand hat alle Finger". Dies ist also wieder eine andere Theorie als die unsere. [...]. Dies sind nicht nur sprachliche Unterschiede, denn die Worte, die verwendet werden, um die Zahl „fünf" zu bezeichnen – „eine Menge", „eine Hand", „alles" –, haben gerade einen ganz anderen Umfang als das Wort „fünf". Das ist ein ganz anderer Denkstil.[92]

Fleck bedient sich in der Kontroverse mit Bilikiewicz und auch in anderen zeitgleich entstandenen Texten vieler Beispiele aus der Ethnologie aus einem entscheidenden Grund: Seine Monographie *Entstehung und Entwicklung einer wissenschaftlichen Tatsache* (1935) erfuhr kurz nach ihrem Erscheinen eine positive Rezeption auch seitens der Forscher, die dem Nationalsozialismus anhingen, und die forderten, man müsse auch die Rolle der Rasse bei der Ausbildung von Denkstilen veranschlagen.[93] Um biologistische

91 Lévy-Bruhl: *Das Denken der Naturvölker* (1926), a.a.O., S. 137 und 156f.

92 Fleck: „Antwort auf die Bemerkungen von Tadeusz Bilikiewicz" [Odpowiedź na uwagi Tadeusza Bilikiewicza] (1939), a.a.O., S. 356.

93 Vgl. Veronika Lipphardt: „Denkstil, Denkkollektiv und wissenschaftliche Tatsachen der deutschen in Rassenforschung vor 1933. Zur Anwendbarkeit des wissenschaftlichen Ansatzes von Ludwik Fleck", in: Rainer Egloff (Hg.): *Tatsache – Denkstil – Kontroverse:*

Instrumentalisierungen seines Konzeptes zu verhindern, greift Fleck womöglich deshalb auf die kulturalistische Beschreibung von Denkstilen der sogenannten „primitiven" Völker zurück, die unabhängig von der Rasse den jeweiligen Denkverkehr strikt funktional erfasst. Dies wird für Fleck dann zum Ausgangspunkt für einen kontrastierenden Vergleich zwischen dem ‚wilden' und dem ‚modernen' europäischen Denken.

Nach dem 2. Weltkrieg ergänzt Fleck seine Belege für kulturalistische Begriffsrelativierungen noch um Beispiele aus dem Bereich des Gestaltsehens und der Umweltbiologie (vgl. Kap. 7.1 und Kap. 7.2). In seinem Text „Schauen, Sehen, Wissen" [Patrzeć, widzieć, wiedzieć] (1947) erklärt er, dass der Urmensch einen keuchenden Drachen sehen würde, wenn er zum ersten Mal eine Eisenbahn erblicke, d.h. er identifiziere das unbekannte Objekt mit einem Begriff aus der eigenen Denkwelt (vgl. Abb. 34, Kap. 6.2.5):

> Wir Heutigen sehen sofort einen Bahnhof, eine Gestalt, die der Urmensch nicht sehen konnte: Er würde auf unzähliges Eisen in verwirrenden Leisten schauen, befestigt auf der Erde, auf Häuschen auf Rädern, auf ein keuchendes Ungeheuer, aus dem Feuer und Rauch herausschlägt, und er sähe wahrscheinlich seine Gestalten: einen Drachen, einen Teufel, wer weiß schließlich, was er sähe, aber nicht unsere gute alte Bahn.[94]

Bilder sind Resultate denkstilabhängigen gestalthaften Sehens. Fleck bezeichnet sie deshalb mit dem Ausdruck ‚Ideogramme' – „graphische Darstellungen gewisser Ideen, gewissen Sinnes, einer Art des Begreifens"[95]. Auch diesen Terminus übernimmt er von Lévy-Bruhl, der ‚Ideogramme' als visuell-motorische Assoziationen, Schemata oder Modelle definiert hatte[96] und damit ihre automatische Funktion im Wahrnehmungsprozess hervorhob. In diesem Zusammenhang wiederholt Fleck in „Schauen, Sehen, Wissen" [Patrzeć, widzieć, wiedzieć] (1947) seine Kritik an Levy-Bruhl:

> Lévy-Bruhl, ausgehend von Forschungen über das Denken primitiver Völker, behauptet, daß das Studium der Kollektivvorstellungen und ihrer Verbindungen Licht auf das Entstehen unserer Kategorien und logischen Prinzipien wirft. Dieser Weg wird zu einer neuen positiven Erkenntnistheorie führen, die sich auf die vergleichende Methode gründet. Leider glaubt dieser Autor gleichzeitig an die objektiven Merkmale der Gegenstände, auf die die Aufmerksamkeit des

---

Auseinandersetzungen mit Ludwik Fleck, Zürich 2005, S. 63–70; Zittel: „Ludwik Fleck und der Stilbegriff in den Naturwissenschaften", a.a.O., S. 196f.; Johannes Fehr: „‚... The art of shaping a democratic reality and being directed by it ...' – philososophy of science in turbulent times", in: *Studies in East European Thought* 64 (2012) 1–2, S. 81–89.

94 Fleck: „Schauen, Sehen, Wissen" [Patrzeć, widzieć, wiedzieć] (1947), a.a.O., S. 400.

95 Fleck: *Entstehung und Entwicklung einer wissenschaftlichen Tatsache* (1935), a.a.O., S. 183.

96 Lévy-Bruhl: *Das Denken der Naturvölker* (1926), a.a.O., S. 137f.

Beobachters automatisch gelenkt wird, wenn die mythischen Elemente an Kraft verlieren – er selbst also wird seiner Theorie untreu.[97]

Solche Art ‚Ideogramme' als Ausdrücke „gefühlsbetonter Symbolik"[98] beobachtet Fleck auch in anatomischen Atlanten. Vesalius Skelettfiguren (Abb. 49 und Abb. 50) symbolisierten beispielsweise mit ihren Requisiten, wie Spaten oder Sense sowie mit ihrer pathetischen, leidvollen Haltung den Tod, die Darstellungen der Muskelmänner (Abb. 51 und Abb. 52) erinnerten an Märtyrergestalten. Im 16. Jh. habe man sie aber als objektiv und naturgetreu wahrgenommen und zudem als einen Bruch mit der früheren Anatomie, die von nun an als mythisch und abergläubisch erschien.[99]

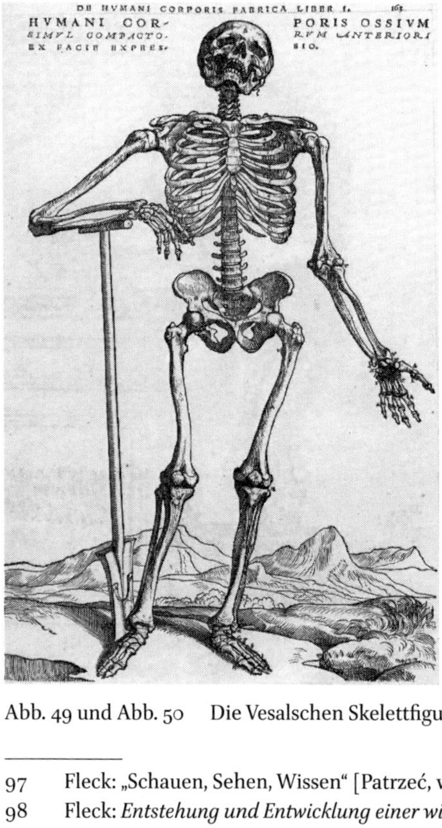

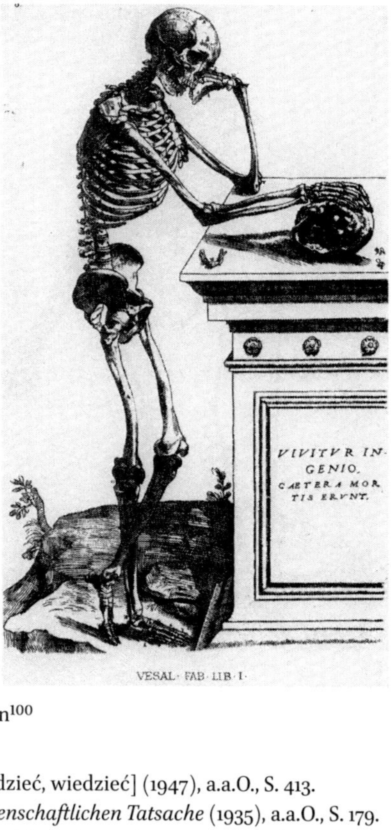

Abb. 49 und Abb. 50 Die Vesalschen Skelettfiguren[100]

97 Fleck: „Schauen, Sehen, Wissen" [Patrzeć, widzieć, wiedzieć] (1947), a.a.O., S. 413.

98 Fleck: *Entstehung und Entwicklung einer wissenschaftlichen Tatsache* (1935), a.a.O., S. 179.

99 „So formte er und schnitt alles weg, was künftighin für lange Zeit unwesentlich wurde; das Fett und Bindegewebe – und alte gemütsvolle Zusammenhänge, die durch seine Arbeit als ‚Aberglaube' wegfielen. So formte er den Bau des Körpers und naturwissenschaftliche Begriffe. Dies war eine schöpferische Tat." Fleck: „Zur Krise der ‚Wirklichkeit'" (1929), a.a.O., S. 59f.

100 Aus: Fleck: *Entstehung und Entwicklung einer wissenschaftlichen Tatsache* (1935), a.a.O., S. 180.

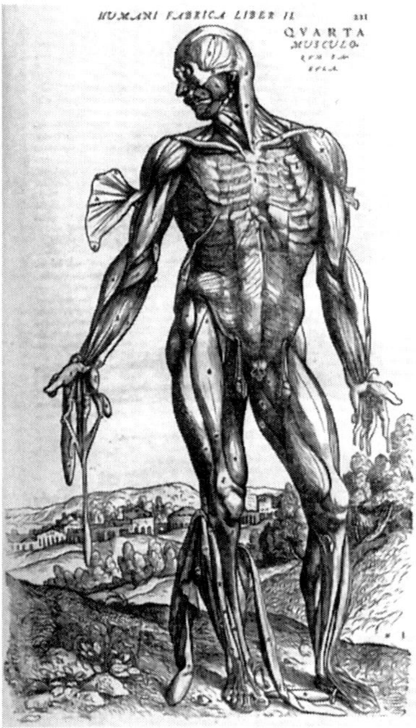

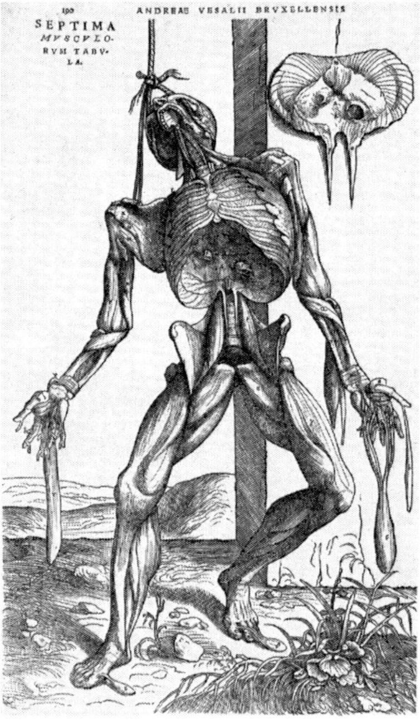

Abb. 51 und Abb. 52 Andreas Vesalius: Darstellung der menschlichen Muskulatur (1543)[101]

Ein Ideogramm sei auch die bei Sudhoff abgedruckte frühe medizinische Abbildung der Windungen eines Darms, welcher anschaulich als eine Schnecke konzeptualisiert werde (Abb. 53). Fleck zufolge könne man aber auch in heutigen anatomischen Abbildungen ihre besondere intellektuelle Stimmung erkennen, auch sie seien daher ebenso Sinnbilder. Folglich gebe es „kein anderes Sehen als Sinn-Sehen und keine anderen Abbildungen als die Sinn-Abbildungen."[102] Anhand von einer Darstellung eines Brustkorbs (Abb. 54) zeigt Fleck, wie auf der Abbildung durch die Nummerierung, Beschriftung und die eingezeichneten Ansatzlinien und durch den korbartigen Aufbau des Brustkorps eine klare und symmetrische Rippenordnung vermittelt wird, die den ästhetischen Prinzipien der technischen Moderne entspricht. Diese Abbildungen seien wie die von Vesalius nicht naturgetreu, sondern kulturgetreu.

101 Aus: Andreas Vesalius: *De humani corporis fabrica librorum Epitome*, Basel 1543.
102 Fleck: *Entstehung und Entwicklung einer wissenschaftlichen Tatsache* (1935), a.a.O., S. 186.

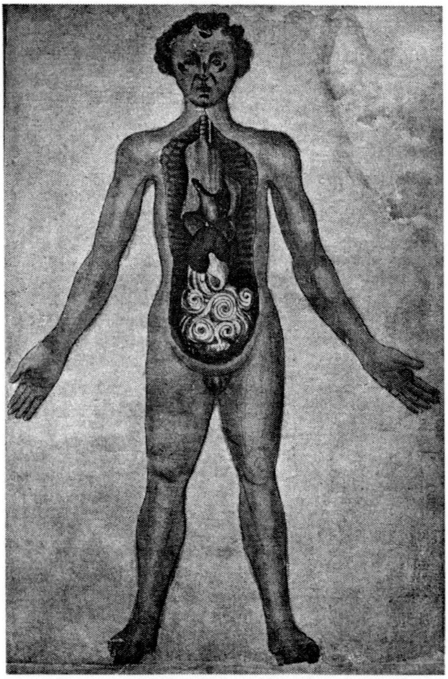

Abb. 53 Aderlass-Figur aus dem 15. Jh. nach Karl Sudhoff[103]

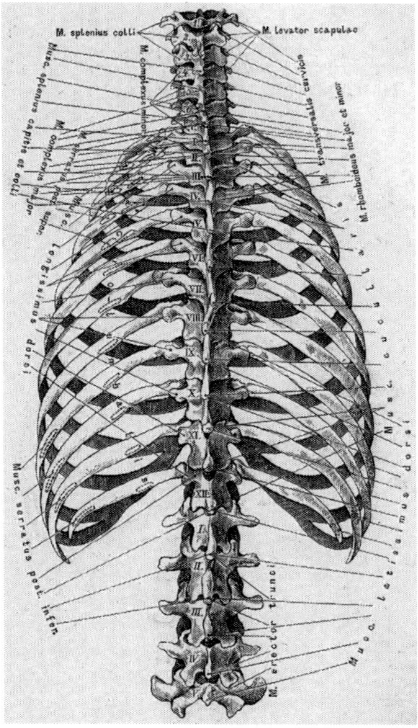

Abb. 54 Darstellung des Brustkorbs[104]

Jede Epoche habe somit ihre denkstilgemäße Stimmung, die die Wahrnehmung der Forscher wiedergibt und die des Betrachters steuert:

> Liest man alte anatomische Beschreibungen, so bemerkt man sofort, daß sie einer spezifischen geistigen Bereitschaft für zeitgenössische, durch den Stil bedingte Beobachtungen entspringen. Der Unterschied zwischen diesem fremden Denkstil und dem unseren beruht nicht einfach und nur darauf, daß wir mehr wissen: Was in ihrer Wirklichkeit mehr Wert besitzt als in unserer, davon haben die Alten mehr zu berichten.[105] Für sie wären unsere Bilder graphische Darstellungen unserer (falschen) Theorien und nicht naturgetreue Abbildungen.[106]

103 Karl Sudhoff: *Beiträge zur Geschichte der Chirurgie im Mittelalter, graphische und textliche Untersuchungen in mittelalterlichen Handschriften*, 2 Bde, Leipzig 1914/1918, hier Bd. 1 (1914), darin: „Merkbilder und Merkbildtexte für die Aderlaßstellenwahl bei den Erkrankungen der einzelnen Körperorgane", S. 144–197.

104 Aus: Fleck: *Entstehung und Entwicklung einer wissenschaftlichen Tatsache* (1935), S. 180 und 182.

105 Fleck: „Zur Frage der Grundlagen der medizinischen Erkenntnis" (1935), a.a.O., S. 248.

106 Ebd.: S. 246.

In Konsequenz führt der lange Weg – der sich vom Herausschauen bestimmter Gestalten im chaotischen Gewimmel von Eindrücken im Labor, über die wissenschaftlichen Abbildungen in Fachzeitschriften, bis zur Etablierung allgemeiner Leitbilder erstreckt – zu einem Wissen von trügerischer anschaulicher Evidenz.

Dies wird umso deutlicher in der Kontroverse um die umstrittenen Bilder des Zoologen Ernst Haeckel,[107] die eine embryonale Entwicklungsgeschichte verschiedener Lebewesen auf solche Weise darstellen, dass der Eindruck erzeugt wird, als ob die Ontogenese des Menschen die Phylogenese einzelner Arten rekapituliert.[108] Der Mensch durchläuft – Haeckel zufolge – im Laufe seiner Entwicklung verschiedene Stadien, die den einzelnen evolutionären Stadien von Tierarten entsprechen. In Haeckels phylogenetischen Stammbaum werden Organismen von der „niedrigsten" zur „höchsten" Stufe je nach ihren Entwicklungsfähigkeiten angeordnet und dem Menschen als letztes, morphologisch ausgereiftes Produkt der Evolution die höchste Stellung zugewiesen (Abb. 55 und Abb. 56).

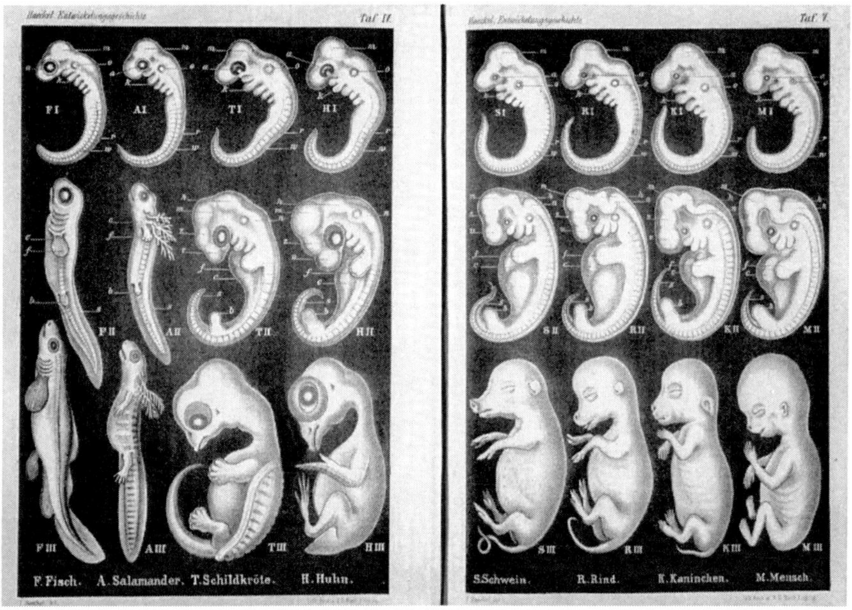

Abb. 55 Ernst Haeckel: Darstellung des biogenetischen Grundgesetzes[109]

107 Vgl. dazu: Nick Hopwood: Pictures of Evolution and Charges of Fraud Ernst Haeckel's Embryological Illustrations, in: *Isis* 97 (2006), S. 260–301.

108 Vgl. Ernst Haeckel: *Anthropogenie oder Entwicklungsgeschichte des Menschen. Gemeinverständliche Vorträge über die Grundzüge der menschlichen Keimes- und Stammes-Geschichte*, Leipzig 1874.

109 Aus: Haeckel: *Anthropogenie oder Entwicklungsgeschichte des Menschen* (1874), a.a.O.

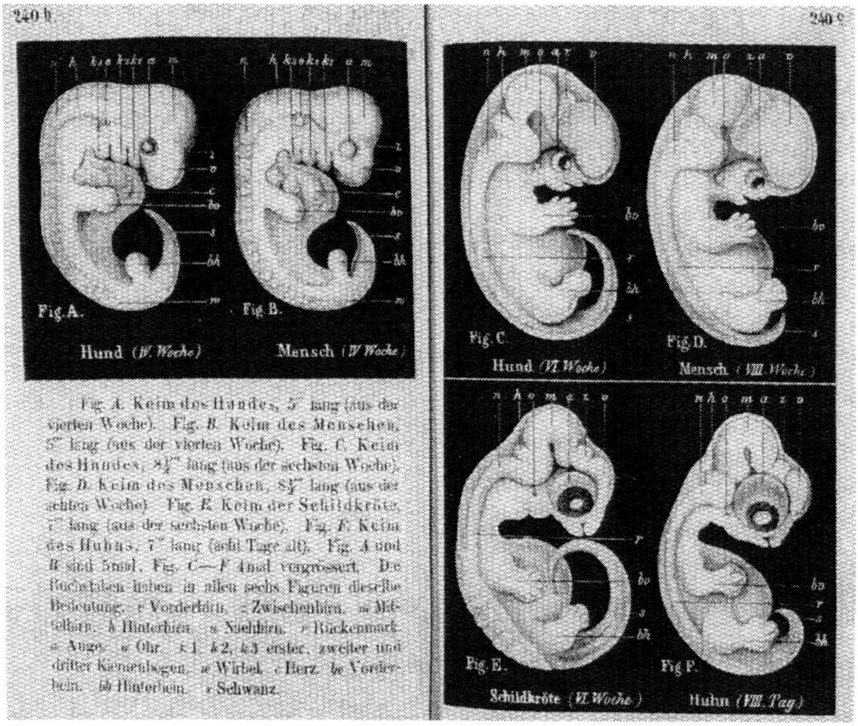

Abb. 56 Ernst Haeckel: Embryonen von Hund und Mensch (A und B, links); Embryonen von Hund, Mensch, Schildröte und Huhn (C-F), rechts)[110]

Diese Bilder, die die Ähnlichkeiten zwischen Embryonen verschiedener Wirbeltiere belegen sollten, unterschlugen jedoch zugleich wichtige Unterschiede und verdankten sich gezielter Manipulationen. Fleck wirft Haeckel vor, die „tendenziösen, d.h. theoriegemäßen Abbildungen“[111] zu verwenden, um seine Theorie zu bestätigen. Dies werde noch deutlicher, wenn Haeckel die Abstammung des Menschen vom Affen bildlich zu demonstrieren versucht (Abb. 57)[112] und dabei „das intelligente Gesicht des alten Schimpansen oder des alten Gorillas mit den übertriebenen schauerlichen Gesichtern des Australiers und des Papua“[113] nebeneinanderstellt.

110 Aus: Ernst Haeckel: *Natürliche Schöpfungsgeschichte. Gemeinverständliche wissenschaftliche Vorträge über die Entwicklungslehre im Allgemeinen und diejenige von Darwin, Goethe und Lamarck im Besonderen, über die Anwendung derselben auf den Ursprung des Menschen und andere damit zusammenhängende Grundfragen der Naturwissenschaften*, Berlin 1868.

111 Fleck: *Entstehung und Entwicklung einer wissenschaftlichen Tatsache* (1935), S. 51.

112 Aus: Haeckel: *Natürliche Schöpfungsgeschichte* (1868), a.a.O.

113 Fleck: *Entstehung und Entwicklung einer wissenschaftlichen Tatsache* (1935), a.a.O., S. 51.

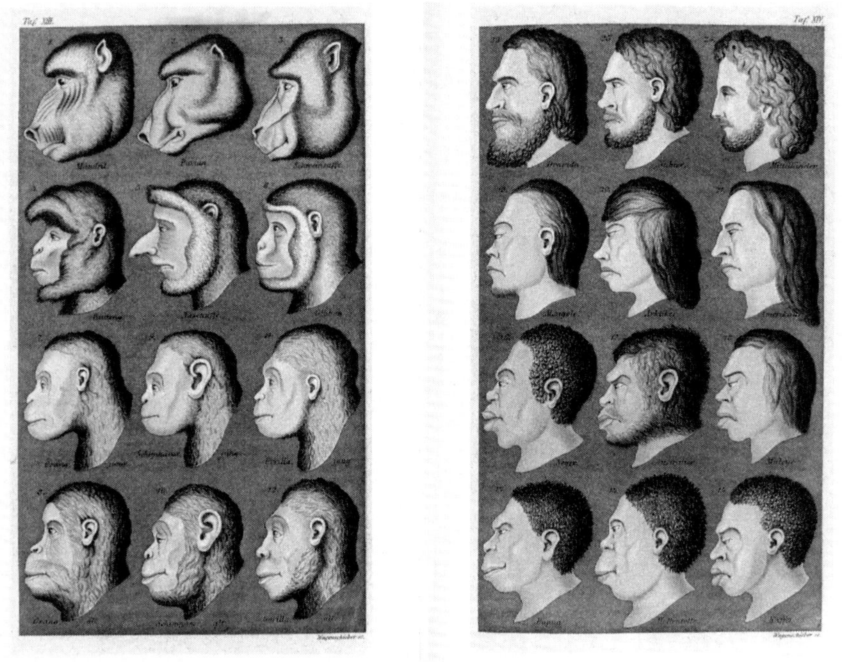

Abb. 57 Darstellungen der Evolution des Menschen nach Ernst Haeckel[114]

Haeckels Abbildungen suggerieren mit anschaulicher Pseudoevidenz, dass einige Rassen auf niedriger Evolutionsstufe stehen und verstärken die sozialdarwinistisch-rassistische Stimmung seines Forscher-Denkkollektivs. Fleck geht es hier aber nicht vordringlich darum, Haeckels Lehre zu kritisieren, – diese wurde direkt nach dem Erscheinen des betreffenden Werks bereits attackiert. Wiederum will er vielmehr aufzeigen, wie sich „Beharrungstendenzen"[115] von Überzeugungssystemen herausbilden und eine „Harmonie der Täuschungen"[116] entsteht, die für Jahrzehnte stabil bleiben kann. Haeckels Vergleich von Affen mit Papua-Indianern und Angehörigen anderer vermeintlich primitiver Ethnien ist aus Flecks Sicht insofern lehrreich, weil durch ihn auf abstrakt-biologistische Weise Beziehungen konstruiert werden, für die es nach den Erkenntnissen der modernen Ethnologie jedoch keine gemeinsamen Maßstäbe gibt, die einen solchen Vergleich legitimieren könnten.

Wenn Fleck das kulturalistische Wissen aus der Ethnologie aufnimmt, so auch, um die Formen der „modernen" Wissenschaft als auf Glauben

114 Aus: Haeckel: *Natürliche Schöpfungsgeschichte* (1868).

115 Fleck: *Entstehung und Entwicklung einer wissenschaftlichen Tatsache* (1935), a.a.O., S. 44.

116 Ebd.: S. 41.

und magischen Praktiken aufgebaute und von kollektiven Zwängen und Stimmungen determinierte Denkstile anschaulich zu beschreiben. Die Beschäftigung mit fremden Kulturen führe zwar nicht zum Verstehen der anderen Denkstile, denn das sei Fleck zufolge kaum möglich, doch die Konfrontation mit der Fremdheit der anderen Denkart führe zur Prüfung des eigenen Denkstils und schließlich zur Einsicht, dass auch dieser unentwirrbar kulturabhängig sei. Denn die eigene Position wird dabei als relativ erkannt und der Verabsolutierung von Standpunkten der Boden entzogen. Eine durch die Lehre vom Denkstil und Denkkollektiv kritisch reflektierte „Psychologie primitiver Völker"[117] weist Fleck zufolge den Weg, um „dem Fanatismus, jenem Feind der Menschheit Nr. 1, entgegenzuwirken."[118] Seine Hoffnung bekräftigt er auch noch einmal in seinem letzten erkenntnistheoretischen Text: „Vergleichende Stiluntersuchungen werden die Studenten toleranter gegenüber fremden Stilen machen und sie auf die Koexistenz vorbereiten; Verfechter verschiedener Stile können einander schätzen, ja sogar bis zu einem gewissen Grad ohne gegenseitiges Verstehen zusammenarbeiten, wenn sie wissen, daß die Ursache der Unterschiede eine andere Denkweise und nicht böser Wille ist."[119]

117 Fleck: „Schauen, Sehen, Wissen" [Patrzeć, widzieć, wiedzieć] (1947), a.a.O., S. 415.

118 Ebd.

119 Ludwik Fleck: „Krise in der Wissenschaft. Zu einer freien und menschlicheren Wissenschaft" (1960), in: Ders.: *Denkstile und Tatsachen*, a.a.O., S. 466–474, hier S. 471.

KAPITEL 8

Der mathematische Denkverkehr

Zygmunt Janiszewski – Hugo Steinhaus – Stefan Banach – Alfred Tarski – Marek Kac – Stanisław Ulam – Ludwik Fleck – Franciszek Groër – Leon Chwistek – Kazimierz Bartel – Das Schottische Buch

Parallel zur Entwicklung von Literatur, Malerei und Musik erlebte auch die Mathematik in den ersten Dekaden des 20. Jahrhunderts ihre ‚Moderne'. Untersuchungen zu den damaligen Verflechtungen zwischen Mathematik und der künstlerischen Moderne begnügen sich jedoch meistens damit, Impulse, die die moderne Kunst aus der Mathematik aufnahm, hervorzuheben, während sie die Beeinflussung der Mathematik durch neue ästhetische Tendenzen ignorieren oder nur sporadisch streifen.[1] Für die Entwicklung der Mathematik in Lemberg ist jedoch das wechselseitige Überschreiten der Grenzen zwischen Mathematik und Kunst durch pluralistische und interdisziplinäre Methodenansätze kennzeichnend. Dies überrascht insofern als die Mathematik zu jenen Disziplinen zählt, von denen gemeinhin angenommen wird, dass sie frei von kulturellen Einflüssen und somit denkstilunabhängig sind. Wie ich zeigen möchte, war jedoch die Neuausrichtung der Mathematik in Lemberg integraler Faktor bei der Ausbildung der Lemberger Moderne, die sie nicht nur entscheidend mitgestaltete, sondern an deren Dynamiken selbst partizipierte und sich so transformierte. Nicht also allein aus disziplinimmanenten Gründen,

1 Zur Geschichte der modernen Mathematik grundlegend: Herbert Mehrtens: *Moderne, Sprache, Mathematik. Eine Geschichte des Streits um die Grundlagen der Disziplin und des Subjekts formaler Systeme*, Frankfurt am Main 1990; Jeremy Gray: *Plato's Ghost. The Modernist Transformation of Mathematics*, Princeton 2008.

Mehrtens widmet in seinem Buch der Verbindung von Mathematik und künstlerischer Moderne einen kurzen Abschnitt, vor allem aber untersucht er die Transformation des deutschsprachigen mathematischen Lebens zwischen 1850 und 1930 und rekonstruiert dabei den Konflikt zwischen der „modernen" Strömung der Mathematik und der „gegenmodernen" Reaktion. Gray hingegen hält die Verbindung zwischen der modernen Mathematik und der modernen Kunst für unwahrscheinlich: „There seems to have been little direct influence oft he broad cultural shifts into modernism on the practice of mathematcs. It is indeed hard to see how a mathematician, drawing whatever inspiration from a cubist painting or James Joyce's *Ulysses*, could do different mathematics, although Hausdorff seems to have been open to such influences." Gray: *Plato's Ghost*, a.a.O., S. 7. Vgl. dazu: Moritz Epple: „Kulturen der Forschung: Mathematik und Modernität am Beginn des 20. Jahrhunderts", in: Johannes Fried, Michael Stolleis (Hg.): *Wissenskulturen. Über die Erzeugung und Weitergabe von Wissen*, Frankfurt am Main/New York 2009, S. 125–158.

 | DOI:10.30965/9783846767092_009

sondern ebenso aufgrund außerwissenschaftlicher, kultureller Einflüsse kam es zur Formierung des Denkstils der seither weltweit bekannten Lemberger Schule der Mathematik.

Im Folgenden wird dargestellt, welche kulturelle Tendenzen es waren, die die Mathematik in Lemberg über die eigene Disziplin hinaustrieben – und umgekehrt, wie die Mathematik Einfluss auf die kulturelle Gemengelage vor Ort ausübte. Motoren dieses Wandels in der Mathematik waren 1) die Idee kollektiver Forschung, 2) das neue Ideal einer angewandten Mathematik, 3) Versuche ihrer Popularisierung – und 4) als Folge davon, die Expansion mathematischer Ansätze in andere Disziplinen, sogar in die Kunsttheorie und Kunstgeschichte. Überprüft werden hierbei die Verbindungen der Mathematiker Hugo Steinhaus, Stefan Banach, Leon Chwistek und Kazimierz Bartel zu den parallel ablaufenden Entwicklungen in der Philosophie, Medizin und Kunst.

8.1 Zygmunt Janiszewskis Reformprogramm der Mathematik

Die Geschichte der modernen Mathematik begann in Polen 1918.[2] Mit dem Ende des 1. Weltkriegs erlangte Polen, nachdem es von 1795 bis 1918 als Staat von der politischen Landkarte verschwunden gewesen war, wieder seine Souveränität. Von staatlichen Stellen wurden daher Programme entwickelt, die dazu dienen sollten, die verloren gegangene polnische Identität wiederzugewinnen. Eine zentrale Rolle dafür spiele dabei auch der Neuaufbau der Wissenschaften. Wie schon im Kapitel über die Entstehung der Lemberg-Warschau-Schule in der Philosophie dargestellt (vgl. Kap. 5.1), wurde auf Initiative der größten wissenschaftlichen Stiftung Polens – der Mianowski-Kasse [Kasa Mianowskiego] – eine Umfrage durchgeführt, die zum Ziel hatte, den akuten Leistungsstand verschiedener wissenschaftlicher Disziplinen zu erkunden und Vorschläge für eine Neuausrichtung der Wissenschaft zu sammeln, die Fortschritte versprachen.[3] Es war eine Art staatlicher Exzellenz-

2 Zur Formierung der Mathematik in Lemberg vgl. Mary Grace Kuzawa: *Modern Mathematics. The Genesis of a School in Poland*, New Haven 1968, insbes. Kap. 4, S. 61–100.

3 Unter den Autoren der neu gegründeten Zeitschrift *Nauka Polska. Jej potrzeby, organizacja i rozwój* [Die Polnische Wissenschaft. Ihre Bedürfnisse, Organisation und Entwicklung] gab es drei Mathematiker: Stanisław Zaremba, Zygmunt Janiszewski und Stefan Mazurkiewicz. Vgl. Stanisław Zaremba: „O najpilnieszych potrzebach nauki" [Über die dringendsten Bedürfnisse der Wissenschaft], in: *Nauka Polska* [Polnische Wissenschaft] 1 (1918), S. 1–10; Zygmunt Janiszewski: „Stan i potrzeby matematyki w Polsce" [Zustand und Bedürfnisse der Mathematik in Polen], in: *Nauka Polska* [Polnische Wissenschaft] 1 (1918), S. 11–18; Stefan

initiative, deren Saat vor allem in Lemberg auf fruchtbaren Boden fiel. Die Antworten wurden in den zwei ersten Bänden der neu gegründeten Zeitschrift *Nauka Polska* [Die Polnische Wissenschaft] veröffentlicht, darunter auch ein Artikel eines jungen Mathematikers aus Lemberg, Zygmunt Janiszewski (1888–1920), dessen Reformprogramm für die Verbesserung der mathematischen Forschung in Polen ausschlaggebend wurde. Seine Konzeption kennzeichnete eine erstaunliche Klarheit und Weitsicht.

Die Kernidee bestand im Vorschlag, dass sich Mathematiker zu Forschungsgruppen zusammenschließen sollten, die sich auf einen Bereich ihres Faches konzentrieren und spezialisieren, um so eine „besondere mathematische Stimmung“[4] zu erzeugen, die das „mathematische Schaffen“[5] stimuliert:

> Der Mathematiker braucht für seine Arbeit kein Labor, keine kunstvollen und kostspieligen Hilfsmittel, er braucht aber eine besondere mathematische Stimmung, den Kontakt mit den Mitarbeitern. [...] Die Forschergemeinschaft ist der wichtigste, zur Arbeit ermunternde Entwicklungs- und psychische Faktor. [...] Die besondere Stimmung kann erst durch die Beschäftigung mit den gemeinsamen Themen erzeugt werden. [...] Ein isolierter Forscher stirbt allmählich ab. [...] Er weiß weniger als diejenigen, die gemeinsam arbeiten. Es erreichen ihn nur die fertigen Ergebnisse, reife, ausgearbeitete Ideen, die oft einige Jahre nach ihrer Entstehung veröffentlicht werden. Isoliert sah er nicht, wie und woraus sie entstanden, er erlebte diesen Prozess nicht mit seinen Schöpfern.[6]

Janiszewski erkannte sehr früh, dass der Fortschritt der Mathematik nur durch ein enges Zusammenwirken vieler Akteure möglich ist und dass die Schöpferkraft dieser Forscherkollektive von gemeinschaftlich geteilten Gefühlszuständen abhängt. Diese besondere sozialpsychologische Stimmung, die die

---

Mazurkiewicz: „O potrzebach matematyki w Polsce“ [Über die Bedürfnisse der Mathematik in Polen], in: *Nauka Polska* [Polnische Wissenschaft] 2 (1919), S. 1–5.

4 Janiszewski: „Stan i potrzeby matematyki w Polsce“ [Zustand und Bedürfnisse der Mathematik in Polen] (1918), a.a.O., S. 16. [Übersetzung S.W.] Vgl. das Original: „odpowiedniej, atmosfery matematycznej“.

5 Ebd.: S. 17. [Übersetzung S.W.] Vgl. das Original: „twórczości matematycznej“.

6 Ebd.: S. 16ff. [Übersetzung S.W.] Vgl. das Original: „Matematyk nie potrzebuje do swej pracy żadnych laboratorjów, żadnych kunsztownych i kosztownych środków pomocniczych, potrzebuje jednak odpowiedniej atmosfery matematycznej, styczności ze współpracującemi. [...] Obcowanie koleżeńskie jest najważniejszym może czynnikiem psychicznym, pobudzającym do pracy. [...] Tu atmosferę odpowiednią może wytworzyć dopiero zajmowanie się wspólnemi tematami. [...] Odosobniony badacz najczęściej umiera. [...] Wie wiele mniej od tych, co pracują wspólnie. Do niego dochodzą tylko wyniki badań, idee już dojrzałe, wykończone, często w kilka lat po swym powstaniu, gdy ukażą się w druku. Odosobniony nie widział, jak i z czego one powstały, nie przeżywał tego procesu razem z ich twórcami.“

Denkkollektive auch in der Wissenschaft ausbilden und die Forscher alle in eine gemeinsame Richtung zu forschen drängt, wird später Ludwik Fleck als „Stimmungskameradschaft“[7] bezeichnen, doch im Unterschied zu Janiszewski wird er die Idee des linearen Fortschritts der Wissenschaften aufgeben. Janiszewski hatte aber bereits seine Einsicht vorbereitet, dass das wissenschaftliche Forschen von nicht-rationalen Faktoren stimuliert wird. Ohne deren Berücksichtigung lasse sich die wissenschaftliche Praxis nicht adäquat begreifen, in Flecks Worten:

> Wenn wir verstehen lernen, daß der Motor einer Entdeckung nicht der rationale Plan eines einzelnen Individuums, sondern vielmehr die Stimmung einer Denkgemeinschaft ist und daß die Entwicklung nicht von der Arbeitsrichtung des einzelnen Individuums abhängt, sondern vielmehr [von] der Gesamtheit aller Individuen, die das Kollektiv bilden, dann wird für uns die Entdeckung […] wirklich erforschbar und verständlich.[8]

Dies gilt, wie in diesem Kontext zutage tritt, auch für Flecks Theorie selbst, da sie offensichtlich Ideen aufgreift, die in Lemberg bereits früher ventiliert wurden und seither in der Luft lagen.

Wie oben gezeigt, ergab sich bei Twardowskis Reformbemühungen eine Diskrepanz zwischen der Forderung nach einer von allen kulturellen Faktoren gereinigten Philosophie und der Vision einer gemeinschaftlichen polnischen Philosophie, die ja nichts anderes als eine nicht rationale ‚Stimmungskameradschaft‘[9] beschwor (vgl. Kap. 5.2). Janiszewski vermied dieses Dilemma, denn er war sich bewußt, dass die Mathematik keineswegs in einem neutralen Raum der Forschung oder des reinen Geistes betrieben und von sozialen und kulturellen Einflüssen freigehalten werden kann. Vielmehr seien kollektive Stimmungen sogar eigens zu erzeugen, da sie die Kreativität der Forscher beförderten. Janiszewskis Forderung an die Mathematiker, sich auf ein Spezialgebiet zu konzentrieren und so – mit Fleck gesprochen – einen gemeinsamen ‚Denkstils‘ auszubilden, sollte helfen, „der polnischen Mathematik eine selbständige

---

7 Fleck: *Entstehung und Entwicklung einer wissenschaftlichen Tatsache* (1935), a.a.O., S. 140. Vgl. „Eine Stimmung hat zwei eng zusammenhängende Seiten: sie ist Bereitschaft für selektives Empfinden und für entsprechend gerichtetes Handeln. Sie schafft die ihr adäquaten Ausdrücke: Religion, Wissenschaft, Kunst, Sitte, Krieg u.s.w., je nach der Prävalenz gewisser kollektiver Motive und der angewandten kollektiven Mittel.“ Ebd.: S. 130.

8 Fleck: „Wie entstand die Bordet-Wassermann-Reaktion und wie entsteht eine wissenschaftliche Entdeckung im Allgemeinen?“ [Jak powstał odczyn Bordet-Wassermanna i jak wogóle powstaje odkrycie naukowe] (1934), a.a.O., S. 196.

9 Fleck: *Entstehung und Entwicklung einer wissenschaftlichen Tatsache* (1935), a.a.O., S. 140.

Position zu verschaffen"[10]. Entscheidend unterstützt werden könnte dieses Vorhaben, wenn die kollektiven Forschungen in einer einem bestimmten Forschungsfeld gewidmeten Zeitschrift erscheinen würden.

Die Wahl fiel auf die Mengenlehre – einem Teilbereich der Mathematik und der mathematischen Logik, der sich damit beschäftigt, wie einzelne Elemente zu einer Menge zusammengefasst werden,[11] etwa als eine Menge von Zahlen {3, 6, 9, 12 … 96, 99} oder als Polygone. Zugleich ist die Mengenlehre eine Grundlagentheorie, insofern sie sämtliche Elemente aller mathematischen Gebiete (Zahlen, Funktionen, Operatoren, Relationen, Punkte, Räume) als Mengen zu beschreiben vermag. Das Interesse an Mengen führt aber auch zu einem differentiellen Abwägen von Alternativen und erlaubt so das Denken von Vielheit in der Einheit.

Zur Lemberger ästhetischen Moderne führen von hier aus Wege über mindestens vier Brücken. Die erste Brücke (1) führt zu den Konzepten pluraler Wirklichkeiten, da es die neue Mengenlehre und auch die sich anschließenden Wahrscheinlichkeitstheorien erlauben, mit mathematischen Mitteln auf das Chaos der Welt und den Zufall zu reagieren; hier also antworten die Lemberger Mathematiker auf die gleiche Problemstellung, die sich aus der sogenannten Krise der Wirklichkeit ergab, und die auch die Philosophen, Physiker, Mediziner und Künstler umtrieb. Die zweite Brücke (2) wird durch eine Wende von der reinen Mathematik zu konkreten Forschungspraktiken geschlagen, die dritte (3) durch kollektives und interdisziplinäres Arbeiten und die vierte (4) durch die Forderung nach einem anschaulicheren Darstellen der mathematischen Lösungen.

Janiszewski gründete 1920 die Zeitschrift *Fundamenta Mathematicae*, in der die neuen Forschungen vereint publiziert werden konnten und große

---

10 Janiszewski: „Stan i potrzeby matematyki w Polsce" [Zustand und Bedürfnisse der Mathematik in Polen] (1918), a.a.O., S. 16. [Übersetzung S.W.] Vgl. das Original: „zdobyciu samodzielnego stanowiska dla matematyki polskiej".

11 Die axiomatische Mengenlehre entstand in Reaktion auf die sogenannte Grundlagenkrise der Mathematik zu Anfang des 20. Jahrhunderts. Vgl. dazu: Roman Murawski: „Główne koncepcje i kierunki filozofii matematyki XX wieku" [Hauptkonzeptionen und -richtungen der Mathematikphilosophie im 20 Jh.], in: *Zagadnienia filozoficzne w nauce* [Philosophische Probleme in der Wissenschaft] 33 (2003), S. 74–92; Ders.: *Filozofia matematyki i logiki w Polsce międzywojennej* [Mathematikphilosophie und Logik in Polen in der Zwischenkiregszeit], Toruń 2011. Zum Hintergrund: Hermann Weyl: „Über die neue Grundlagenkrise der Mathematik", in: *Mathematische Zeitschrift* 10 (1921), S. 39–79; Rudolf Carnap: „Die logizistische Grundlegung der Mathematik", in: *Erkenntnis* 2 (1931), S. 91–105.

Sichtbarkeit erhielten.[12] Die dort veröffentlichen Artikel durften daher nur auf Englisch, Deutsch und Französisch geschrieben sein, nicht aber auf Polnisch, was angesichts der nationalen Wiederfindungsagenda auf große Kritik stieß.[13] Auch die Auswahl eines einzigen Untersuchungsbereichs und damit die Verortung der Forschung in einem eng umrissenen Gebiet löste zunächst Widerspruch aus, da man befürchtete, dass so andere (darunter klassische) Bereiche der Mathematik, wie die Geometrie oder die Algebra vernachlässigt würden. Die Fokussierung auf die Mengenlehre hielt man für zu einseitig und die Sorge kam auf, dass sich für eine so eng spezialisierte Zeitschrift keine genügende Zahl von Artikeln auf hohem Niveau finden würde.[14] Janiszewskis Idee erwies sich aber sehr schnell als ein großer Erfolg.

Als Janiszewski unerwartet mit zweiunddreißig Jahren der Spanischen Grippe zum Opfer fiel, setzten andere sein Programm fort. Die von ihm vorgeschlagene Eingrenzung der Mathematik führte bald paradoxerweise zu ihrer Entgrenzung und zu einem beispiellosen Siegeszug polnischer Forscher.[15]

---

12 „Mit dieser von mir konzipierten und herausgegebenen Zeitschrift hatte ich vor, möglichst viele polnische Mathematiker aus dem Bereich der Mengentheorie, der diese Zeitschrift gewidmet ist, vorzustellen." Vgl. Zygmunt Janiszewski: *Listy* [Briefe], hg. v. Stanisław Kolankowski, Warszawa 1980.

Zwischen 1920–1939 erschienen 32 Bände der Zeitschrift *Fundamenta Mathematicae*. Zu den wichtigsten Autoren gehörten: Władysław Sierpiński, Stefan Mazurkiewicz, Stefan Banach, Alfred Tarski und Stanisław Ulam. Aus dem Ausland publizierten dort ihre Texte Godron T. Whyburn, Robert Lee Moore, Henri Lebesgue, Nikolaj Luzin und John von Neumann.

13 In Polen vertrat Stanisław Zaremba hingegen die Meinung, man lebe nun in einer Zeit, in der das polnische Volk politisch nicht mehr daran gehindert wird, die eigene Sprache zu verwenden. Vgl. Michał Szurek: „Polska szkoła matematyczna" [Polnische Schule der Mathematik], in: *Młody Technik* [Der junge Techniker] 11 (1978), S. 28–33.

14 Diese Skepsis äußerten Henri Lebesgue und Nikolaj Luzin in ihrem Brief an Władysław Sierpiński. Vgl. Władysław Sierpiński: „O polskiej szkole matematycznej" [Über die polnische mathematische Schule], in: *Problemy* [Probleme] 3 (1963), S. 146–155. Luzin war der Meinung, dass die Fokussierung auf die Mengenlehre sehr einschränkend und einseitig ist. Vgl. dazu: Roman Duda: „Matematyka polska w międzywojennym dwudziestoleciu" [Polnische Mathematik in der Zwischenkriegszeit], in: *Nauka Polska* [Polnische Wissenschaft] 21 (2012) 46, S. 121–155.

15 Neben dem Artikel von Zygmunt Janiszewski gab es noch zwei weitere Texte, die auf die in *Nauka Polska* [Polnische Wissenschaft] durchgeführte Umfrage reagierten. Ihre Verfasser waren Stanisław Zaremba (1863–1942) und Stefan Mazurkiewicz (1888–1945). Zaremba betonte die besondere Rolle, die dem Schulwesen zukomme, insbesondere der Lehrerausbildung, und schlug vor, dass die besten Lehrer Professuren bekommen sollten. Zarembas eigener Werdegang war hierfür beispielhaft. Er hatte in Petersburg studiert und war in Paris promoviert worden, er unterrichtete Mathematik an französischen Schulen und arbeitete parallel wissenschaftlich. Schließlich wurde er 1900 auf den Lehrstuhl für Mathematik an die Jagellonen Universität Krakau berufen.

8.2 Die Begründung der Lemberger Schule der Mathematik

Janiszewskis Programm wurde in Lemberg rasch aufgegriffen und umgesetzt. Noch vor Gründung der Zeitschrift hatte Janiszewski – ähnlich wie Twardowski – versucht, seinen Ideen einen institutionellen Rahmen zu verschaffen und 1917 die „Polnische Gesellschaft der Mathematik" ins Leben gerufen. Mit deren prominentesten Hauptvertretern Hugo Steinhaus (1887–1972) und Stefan Banach (1892–1945) begann die Formierung der bald weltweit bekannten Lemberger Schule der Mathematik.[16] Der Wirkungskreis dieser Schule erweiterte sich ab 1930 mit dem Eintreten mehrerer Schüler stark. Hinzu kamen z.B. Władysław Orlicz (1903–1990), Stanisław Mazur (1905–1981), Stefan Kaczmarz (1895–1939), Marek Kac (1914–1984), Stanisław Ulam (1909–1984), Władysław Stożek (1883–1941) und Juliusz Schauder (1899–1943).

Banach und Steinhaus bemühten sich darum, die Mathematik für andere Disziplinen anwendbar zu machen und sie dadurch zu popularisieren. Die von ihnen im Jahre 1929 gegründete Zeitschrift *Studia Mathematica*[17] wurde „zum Sprachrohr der Lemberger Schule"[18] und im Verein mit der sie flankierenden Buchreihe *Monografie matematyczne* [Mathematische Monographien], in der bedeutende Werke der Mathematikgeschichte erschienen, dokumentierte sie den Triumph dieser Schule und mithin der polnischen Wissenschaftspolitik.

Der Forschungsschwerpunkt der Schule lag auf der Funktionalanalysis – einem Zweig der Mathematik, der konstruktive Analysis und deskriptive

---

Stefan Mazurkiewiczs Artikel reagierte direkt auf Janiszewski, dessen Vorschläge er alle akzeptierte. Zudem hielt er es für notwendig, eine mathematische Bibliothek zu begründen sowie Stipendienprogramme für Studenten aufzulegen. Vgl. Stefan Mazurkiewicz: „O potrzebach matematyki w Polsce", in: *Nauka Polska* [Die Polnische Wissenschaft] 2 (1919), S. 1–5. Vgl. auch: Roman Duda: „Wizjoner sprzed wieku" [Ein Visionär aus dem vorherigen Jahrhundert], in: *Pauza Akademicka* [Akademische Pause] 205 (2013), 2–3.

16 Roman Duda: *Lwowska szkoła matematyczna* [Die Lemberger mathematische Schule], Wrocław 2007. Vgl. dazu: Roman Kałuża: *Stefan Banach*, Warszawa 1992; Krzysztof Ciesielski: „Śladami Banacha we Lwowie" [Auf den Spuren von Banach in Lemberg], in: *Matematyka* [Mathematik] 45 (1992) 2, S. 91–95; Sheldon Axler: „The Life of Stefan Banach", in: *American Mathematical Monthly* 104 (1997), S. 577–579; Roman Duda: „Facts an Myths about Stefan Banach", in: *Newsletter of the European Mathematical Society* 71 (2009), S. 29–34.

17 In den Jahren 1929–1940 erschienen 9 Bände der Zeitschrift *Studia Mathematica*. Zu den wichtigsten Autoren der Zeitschrift gehörten: Władysław Orlicz, Stanisław Mazur, Stefan Banach, Hugo Steinhaus und Marek Kac. Wie bereits die *Fundamenta Mathematicae* widmete sich auch diese schwerpunktmäßig der Funktionalanalyse.

18 Dirk Werner: *Die polnische Mathematikerschule*, unter: http://page.mi.fu-berlin.de/werner99/preprints/polnschu.pdf (letzter Zugriff: 15.03.2017), S. 3.

Mengenlehre verbindet und sich mit der Untersuchung von unendlich dimensionalen topologischen (Vektor)Räumen befasst. Ziel war es, mathematische Analysis, Topologie und Algebra miteinander zu verknüpfen.[19] Banach verstand die Mathematik als eine kreative Disziplin, die sich nicht in ein stabiles deduktives System hineinzwängen lässt, sondern die ihren formalen Rahmen stets sprengt und neue Prinzipien schafft. Mit seiner 1922 in den *Fundamenta Mathematicae* erschienenen Arbeit *Sur les opérations dans les ensembles abstraits et leurs applications aux équations intégrales* [Über Operationen in abstrakten Mengen und ihre Anwendung auf Integralgleichungen] gelang ihm im Bereich der Funktionalanalysis mit einer axiomatischen Beschreibung vieldimensionaler Räume und der Einführung eines linearen Operators der Durchbruch.[20] Denn wenn man Typenzahlen einführen und dann als stationäre Punkte in einem Funktionalraum betrachten kann, lassen sich auch komplexere Gebilde, wie unendliche Folgen oder Funktionen, als Punkte in mehrdimensionalen oder unendlich-dimensionalen Räumen interpretieren. Banach konnte so viele bislang unabhängig voneinander begriffene Fälle in einem allgemeinen Schema unterbringen. Die von ihm unterschiedenen vieldimensionalen Räume bezeichnet man heute noch als Banach-Räume.[21]

Banachs Arbeit befestigte die Grundlagen der Funktionalanalysis und brachte ihm internationale Anerkennung. Heute ist die anschauliche Darstellung algebraischer Strukturen in einem Vektorraum eine Selbstverständlichkeit. Die Funktionalanalysis ersetzte den für die mathematische Analyse grundlegenden Begriff der Zahl durch allgemeinere Begriffe. Die Einführung des Begriffs eines abstrakten Vektorraums und die Verallgemeinerung der mathematischen Analyse ermöglichten die Darstellung vieler Probleme auf eine anschauliche, einfache und einheitliche Weise. Dies führte zur Lösung

19 Krzysztof Ciesielski, Mohammad S. Moslehian: „Some Remarks on the History of Funkctional Analysis“, in: *Annals of Functional Analysis* 1 (2010) 1, S. 1–12; Dirk Werner: *Funktionalanalysis*, Berlin/Heidelberg 2011.

20 Diese Arbeit reichte Banach 1922 als Habilitationsschrift ein, doch sie wurde durch den Universitätssenat abgelehnt, da sie in französischer Sprache verfasst wurde. Dies entsprach nicht dem damals geltenden Hochschulgesetz. Banach wurde trotzdem 1922 zum außerordentlichen Professor ernannt, 1925 erhielt er die ordentliche Professur. Vgl. dazu Banachs Personalakte, Staatliches Bezirksarchiv Lemberg, Sign. 26/5/58, S. 3–4. Vgl. auch: Sefan Banach, Hugo Steinhaus: „Sur le principle de la condensation de singularités, in: *Fundamenta Mathematicae* 9 (1927), S. 50–61.

21 Emilia Jakimowicz, Adam Miranowicz: *Stefan Banach. Niezwykłe życie i genialna matematyka* [Stefan Banach. Außergewöhnliches Leben und geniale Mathematik], Kraków 2010, insbes. Kap. 6 „Polska szkoła matematyczna“ [Polnische mathematische Schule], S. 135–142.

vieler Aufgaben und machte die Verständigung mit den anderen Disziplinen (vor allem mit der Physik) möglich.[22]

Ähnliche Konzeptionen entwickelten parallel, also in den 1920–1922 Jahren auch die Mathematiker Norbert Wiener (1894–1964) und Hans Hahn (1879–1934).[23] Ihre Lösungen waren aber sehr komplex und enthielten keine Beispiele. Am besten begründet war die Konzeption von Banach, sie ermöglichte komplexe Lehrsätze zu beweisen.

Für Hugo Steinhaus bildete die Maßtheorie den Ausgangspunkt. Er versuchte, die Wahrscheinlichkeitsrechnung, die damals noch nicht ein Teil der Mathematik war, auf maßtheoretischer Basis zu behandeln. Sein Ziel war es, eine Berechnungstechnik zu entwickeln, die erlauben würde, den Zufall in der naturwissenschaftlichen Forschung zu minimieren. Ersichtlich hatte sich also auch Steinhaus dem Kampf gegen den Zufall verschworen, zugleich anerkennend, dass sich die wissenschaftliche Wirklichkeit nie vollständig berechnen lässt, sondern dass man nur ihre Wahrscheinlichkeiten kalkulieren kann. Am Beispiel des Spiels „Kopf oder Zahl" führte er vor, wie eine unendliche Folge von Münzwürfen durch die Zuordnung bestimmter Wurfresultate – für ‚Kopf' eine Null{0}, für ‚Zahl' eine Eins {1} – formalisiert werden kann. Als eine Folge bezeichnete er ein Intervall ‚Null' – ‚Eins' {0,1}, als Spielereignis – messbare Untermengen dieses Intervalls {L} und als Wahrscheinlichkeit dieses Ereignisses – sein Maß {λ}. Auf diese Weise entstand ein Tripel bestehend aus {[0,1], [L], [λ]}.[24] Die mathematische Beschreibung des unendlichen Spiels „Kopf oder Zahl" machte die Übertragung probabilistischer Probleme auf die Sprache der Maßtheorie und der Funktionalanalysis

22 Vgl. Stefan Banach: *Sur les opérations dans les ensembles abstraits et leurs applications aux équations intégrales, Fundamenta Mathematicae* 3 (1922) 1, S. 133–181; ders.: „O pozornych paradoksach matematycznych" [Über scheinbarare methematische Paradoxe], in: *Ruch Filozoficzny* [Philosophische Bewegung] 7 (1922) 8–9, S. 120. Vgl. dazu: Ciesielski, Moslehian: „Some remarks on the history of functional analysis", a.a.O.; Stanisław Mazur: „Przemówienie wygłoszone na uroczystości ku uczczeniu pamięci Stefana Banacha" [Rede anlässlich des Gedenkens an Stefan Banach], in: *Wiadomości matematyczne* [Mathematische Nachrichten] 4 (1961), S. 249–250.

23 Vgl. Norbert Wiener: „On the Theory of Sets of Points in Terms of continuous Transformations", in: *C. R. du Congrès International des Mathématiciens* (*Strasbourg 1920*), Toulouse 1921, S. 312–315; Hans Hahn: „Über Folgen linearer Operationen", in: *Monatsschrift für Mathematik und Physik* 32 (1922), S. 3–88.

24 Hugo Steinhaus: „Les probabilités dénombrables et leur rapport à la théorie de la mesure", in: *Fundamenta Mathematicae* 4 (1923), S. 286–310. Steinhaus hat sich mit diesem Problem auch noch nach dem Krieg beschäftigt. Seine Überlegungen mündeten in eine schmale Studie *Orzeł czy reszka?* [Kopf oder Zahl?], Warszawa 1953.

möglich.[25] Auch konnten damit Konfliktsituationen in der Ökonomie und Statistik beschrieben werden.[26] Dies war eine Pionierarbeit im Bereich der Maßtheorie, die schließlich zur Axiomatisierung der Wahrscheinlichkeitstheorie führte. Die Wahrscheinlichkeitsberechnung wird so zum allgemein anerkannten mathematischen Schema der ‚Schicksalssysteme'. In einigen Fällen habe man nach der Überzeugung Steinhaus' das schicksalhafte Ereignis mathematisch ganz eliminieren können.[27]

Für die Lemberger mathematische Schule war (wie für die Lemberger Wissenschaft überhaupt) die Zusammenarbeit mit anderen Disziplinen charakteristisch, vor allem mit der sich parallel formierenden philosophischen Schule der Logik (der Lemberg-Warschau-Schule) und der Medizin. Eine Besonderheit war aber auch ihr ausgewöhnlicher ‚Denkverkehr'. Die Mitglieder der Lemberger Mathematikerschule publizierten auffällig häufig gemeinsam.[28] Das erscheint heute als selbstverständlich, war seinerzeit aber wenig verbreitet. Außerdem traf man sich zu wissenschaftlichen Diskussionen weniger an der Universität, sondern regelmäßig im Caféhaus, legendär ist das hierbei entstandene „Schottische Buch" (vgl. Kap. 8.5). Dass Lemberg in den 1930er Jahren zu einem Zentrum der internationalen Mathematik mit Weltgeltung aufsteigen konnte, zu dem zahlreiche bedeutende Mathematiker von weither pilgerten, verdankt sich nicht zuletzt also der besonders dynamischen Organisation eines unkonventionellen Denkkollektivs.

---

25 Hugo Steinhaus: „Anwendungen der Funktionalanalysis auf einige Fragen der reelen Funktionentheorie", in: *Studia Mathematica* 1 (1929), S. 51–81.

26 Czesław Ryll-Nardzewski: „Prace Hugona Steinhausa o sytuacja konfiktowych" [Hugo Steinhaus Arbeiten über Konfliktsituationen], in: *Wiadomości matematyczne* [Mathematische Nachrichten] 17 (1973), S. 29–38.

27 Vgl. dazu: Kazimierz Urbanik: „Idee Hugona Steinhausa w teorii prawdopodobieństwa" [Hugo Steinhaus Ideen in der Wahrscheinlichkeitstheorie], in: *Wiadomości matematyczne* [Mathematische Nachrichten] 17 (1973), S. 39–50.

28 In seinem Tagebuch hebt Steinhaus als Haupteigenschaft der Lemberger Mathematik die Zusammenarbeit mit den anderen Disziplinen hervor: „In Lemberg entwickelte sich die Mathematik immer erfolgreicher. [...] Die interessanteste Eigenschaft war die Zusammenarbeit. Die Arbeit über das Prinzip der Konzentration von Singularitäten z.B. schrieb ich zusammen mit Banach, die Arbeit über die Zerlegung einer Kugel in Teile, aus denen man danach eine größere Kugel zusammenfügen kann, schrieb Banach mit Tarski. [...] Wenn man die Namen der Zusammenarbeitenden durch Linien verbände, könnte man von Polen aus zu Mathematikern aller der wichtigsten Länder der Welt gelangen." Steinhaus: *Erinnerungen und Aufzeichnungen* [Wspomnienia i zapiski], Bd. 1, a.a.O., S. 179f. Vgl. dazu die Rezension: Sylwia Werner: „Hugo Steinhaus, ‚Erinnerungen und Aufzeichnungen', Bd. 1. Dresden 2010", in: *NTM – Zeitschrift für Geschichte der Wissenschaften, Technik und Medizin* 19 (2011) 3, S. 340–341.

8.3 Die Zusammenarbeit der Mathematiker mit den Philosophen und den Medizinern

Eine erfolgreiche interdisziplinäre Zusammenarbeit ergab sich 1924 zwischen Stefan Banach und dem prominenten Vertreter der Lemberg-Warschau-Schule, dem Philosophen Alfred Tarski (1901–1983). Mit ihrer in den *Fundamenta Mathematicae* veröffentlichten Studie „Sur la décomposition des ensembles de points en parties respectivement congruentes" [Über die Zerlegung von Punktmengen in jeweils kongruente Teile][29] warfen sie ein neues Licht auf die Mengenlehre. Denn sie bewiesen, dass eine Kugel in mehrere Teile zerlegt werden kann, aus denen sich paradoxerweise dann zwei Kugeln jeweils von der Größe des Originals zusammensetzen lassen (Abb. 58). Dies sei dann möglich, wenn man annimmt, dass die Teile, in die die Kugel zerlegt wurde, kein Volumen besitzen. Damit wurden die sogenannten nicht messbaren Mengen eingeführt. (In den wissenschaftlichen Kreisen scherzte man, dass Banach und Tarski bewiesen haben, dass die Brotvermehrung möglich ist.) Dieses schockierende Ergebnis wurde als Banach-Tarski-Paradoxon bekannt.[30]

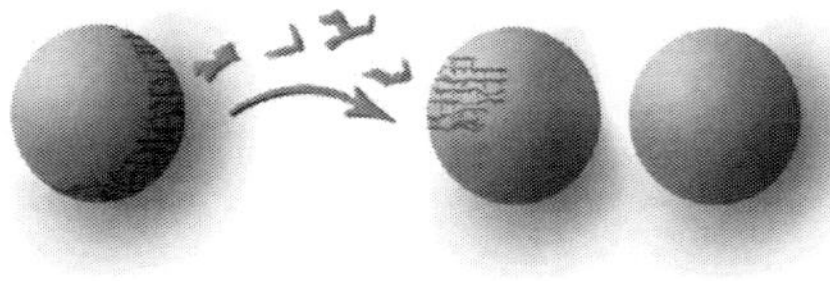

Abb. 58
Visualisierung des
Banach-Tarski-Paradoxons

Steinhaus bemühte sich hingegen, seine mathematischen Ideen mit der realen Welt zu verbinden.[31] In seinem 1927 in der Zeitschrift *Kosmos* unter dem Titel „Was ist die Mathematik und worin besteht ihr Fortschritt?" [Czem jest matematyka i na czem polega jej postęp?] veröffentlichten Text brachte er sein Anliegen auf den Punkt:

> Menschen gehen zum Arzt – und nicht zum Mathematiker, wenn sie einen Rat brauchen. Würden sie auch dann zum Arzt gehen, wenn es keine Krankenhäuser,

29 Stefan Banach, Alfred Tarski: „Sur la décomposition des ensembles de points en parties respectivement congruentes", in: *Fundamenta Mathematicae* 6 (1924) 1, S. 244–277.

30 Marcin Braun: „Cudowne rozmnażanie kul" [Wunderbare Vermehrung der Kugeln], in: *Wiedza i życie* [Wissen und Leben] 5 (1999); Roman Duda: „Die Lemberger Mathematikerschule", in: *Jahresbericht der DMV* 112 (2010) 1, S. 3–24, hier S. 14.

31 Józef Łukaszewicz: „Rola Hugona Steinhausa w rozwoju zastosowań matematyki" [Die Rolle von Hugo Steinhaus in der Entwicklung der Anwendung der Mathematik], in: *Wiadomości matematyczne* [Mathematische Nachrichten] 17 (1973), S. 51–63 und vor allem neuerdings: Ola Hnatiuk: *Courage and Fear*, Brookline 2020, S. 91–180.

Kliniken und Apotheken, sondern nur medizinische Vorträge geben würde, wenn es nur Professoren der Medizin oder Hygienelehrer geben würde, und keinen, der den Kranken untersucht und ihm ein Medikament verschreibt? Solange es keine Mathematiker-Praktiker gibt, d.h. Menschen, die darauf geschult sind, mathematische Ratschläge zu geben, und solange man in einer Fabrik, einem Büro, einem Amt, einer Bank oder auch in einer Bahndirektion nicht wissen wird, wo man mathematische Krankheiten heilt, wird die ganze Didaktik kein Resultat bringen.[32]

Steinhaus sieht einen wichtigen Sinn der Mathematik in ihrer praktischen Anwendung. Wie die Mediziner, die ihre Ergebnisse in der Praxis testen, haben auch die Mathematiker zu versuchen, die mathematischen Abstraktionen fassbar und erfahrbar zu machen. Steinhaus sah seine Aufgabe darin, die Mathematik zu popularisieren und sowohl auf andere Disziplinen als auch im Alltag anwendbar zu machen. Die Grenzen und Schwierigkeiten der Vermittlung des mathematischen Wissens waren ihm dabei durchaus bewusst:

Die Mathematik ähnelt dem Turm, dessen Fundamente vor Jahrhunderten gelegt wurden, in dem man neue Etagen stets dazu baut. Um den Fortschritt des Baus zu sehen, muss man auf die höchste Etage steigen, doch die Treppe ist steil und hat viele Stufen. Die Aufgabe des Popularisators besteht darin, seinen Zuhörer mit dem Fahrstuhl zu befördern, aus dem er zwar weder die Zwischenetagen noch die in jahrhundertlanger Arbeit verzierten Gemächer sehen, aber sich überzeugen wird, dass der Bau sehr hoch ist und weiter wächst.[33]

Steinhaus beabsichtigte, die Rolle der Mathematik außerhalb der mathematischen Kreise zu stärken, ihre Unabdingbarkeit für die Wissenschaft und das tägliche Leben aufzuzeigen.

Eine Folge davon war die Zusammenarbeit mit dem Pädiater Franciszek Groër (1887–1965). Er untersuchte intrakutane Reaktionen, die zur Diagnostik der Tuberkulose verwendet wurden (vgl. Kap. 6.2.5). Insbesondere interessierte ihn der Zusammenhang zwischen der Größe der Reaktion und der Konzentration des eingeführten Toxins. Hierzu entwarf er ein Diagramm auf, das die Beziehung von Durchmesser der Pustel, die in Folge der Impfung beim kranken Kind entstand, und Konzentration der Turberkulinlösung darstellte.

---

32 Hugo Steinhaus: „Czem jest matematyka i na czem polega jej postęp“ [Was ist die Mathematik und worin besteht ihr Fortschritt?] (1927), in: Ders.: *Między duchem a materią pośredniczy matematyka* [Zwischen dem Geist und der Materie vermittelt die Mathematik], Warszawa/Wrocław 2000, S. 36–48.

33 Ebd.

Das Ergebnis wurde in Form einer Kurve verzeichnet.[34] Ein Problem war aber, dass sich der Durchmesser der Pustel nicht genau ausmessen ließ. Steinhaus schlug vor, zur Messung ein kleines Netz zu verwenden, das aus einer Reihe von gleichen (3,16 Millimeter großen) Punkten besteht. Die Fläche der Pustel konnte dann in Quadratmillimetern berechnet werden, indem die Punkte abgezählt und mit 10 multipliziert wurden.[35] Eine präzise Ausmessung der Pustel war trotzdem nicht möglich, dennoch sah Groër Steinhaus' Methode für die Diagnostik der Tuberkulose bei Kindern als bedeutsam an.[36]

Das Zurückgreifen auf mathematische Formeln und statistische Berechnungen in humanbiologischen Untersuchungen stieß in medizinischen Kreisen auf emotionalen Widerspruch.[37] Die Applikation statistischer Größen, formaler Messwerte und quantifizierenden Verfahren auf Menschen galt in dieser Zeit humanistisch gesinnten Medizinern als unethisch und wurde bekämpft.[38] Heute ist in der medizinischen Forschung die Anwendung statistischer Methoden nicht mehr wegzudenken, was deutlich macht, wie zukunftsweisend Steinhaus' Ideen in den 1930er Jahren waren. Obwohl seine

---

34 Groërs Untersuchungen beschreibt Steinhaus in seinem Erinnerungsbuch: „Gröer [sic!] beschäftigte sich mit systematischer Forschung bezüglich des Durchmessers der Pustel und entdeckte, daß eine Beziehung zwischen dem Durchmesser *d* der Pustel und der Konzentration der Tuberkulinlösung besteht. Diese Konzentration, die die Menge von 10^{-k} Kubikzentimeter Tuberkulin in 1 Kubikzentimeter Wasser bedeutet, bezeichnen wir mit dem Symbol *k*. Gröer [sic!] zeichnete ein *d-k*-Diagramm, das diese Beziehung darstellte. Um dieses Diagramm an einem bestimmten Tage für einen bestimmten Patienten zu zeichnen, mußte er diesem Patienten eine gewisse Anzahl von Injektionen unterschiedlicher Konzentration unter die Haut verabreichen. Gröers [sic!] Idee bestand darin, diagnostische Aussagen in Form von einer Kurve zu erhalten. Ich empfahl ihm, er möge logarithmisches Papier verwenden, bei dem die Achsen logarithmisch geteilt sind. [...] Es zeigte sich, daß in diesem Fall eine lineare Beziehung bestand, auf dem Logarithmenpapier ergab sich eine gerade Linie. Diese Entdeckung erleichterte die Darstellung der „Allergiekurve". Steinhaus: *Erinnerungen und Aufzeichnungen* [Wspomnienia i zapiski], Bd. 1., a.a.O., S. 185f.

35 Vgl. Franciszek Groër, A. Chwalibogowski, Hugo Steinhaus: „Tuberkulosestudien. IV. Versuch der messenden Bestimmung der aktuellen Allergielage sowie der Allergiebahn durch Ermittlung der Werte für die Reaktionsfähigkeit (R) und die Empfänglichkeit (S) in tuberkulin-allergischem Organismus des Kindes", in: *Zeitschrift für Kinderheilkunde* 56 (1934), S. 669–689.

36 Vgl. auch den Artikel von Franciszek Groër über Stefan Banach in der Personalakte von Hugo Steinhaus: Archiv der Polnischen Akademie der Wissenschaften Warschau, Sign. III-204.

37 Vgl. Hugon Kowarzyk: „Współpraca Hugona Steinhausa z medycyną" [Hugo Steinhaus' Zusammenarbeit mit der Medizin], in: *Wiadomości matematyczne* [Mathematische Nachrichten] XVII (1973), S. 65–69, hier S. 66.

38 Nicolas Pethes, Birgit Griesecke, Marcus Krause, Katja Sabisch (Hg.): *Menschenversuche. Eine Anthologie 1750–2000*, Frankfurt am Main 2008.

Berechnungen für Groërs Untersuchungen keine entscheidende Rolle spielten, ließ er sich von der Anwendung mathematischer Methoden in der Medizin nicht abbringen.

Eine weitere Zusammenarbeit ergab sich aber auch mit Ludwik Fleck im Bereich der Mikrobiologie. Fleck untersuchte die Verteilung von fünf verschiedenen Arten der Leukozyten im Blut, den – je nach der Häufigkeit ihres Auftretens – eine bestimmte Krankheit zugeordnet werden konnte. Besonders interessierte ihn das Problem des fehlerhaften Zählens von Leukozyten seitens der Ärzte. Fleck ging hier empirisch vor, indem er die Häufigkeit des Auftretens jeder der Arten der Leukozyten in verschiedenen Serien des Blutausstrichs miteinander verglich, – diese mehrfach zählend pro 100 Leukozyten im Ausstrich. Steinhaus schlug für diese Untersuchung eine Berechnung nach dem Zufallsereignis vor.[39] Dabei übersah er allerdings, dass sich die gleichartigen Leukozyten zu Gruppen formieren und eben nicht zufällig verteilen. Diese Klumpenbildung der Leukozyten war die Ursache für die Abweichung von der Zufallsstreuung. Auch in diesem Falle erwies sich also Steinhaus' statistische Methode als erfolglos, doch Fleck machte dieses Vorgehen für eine andere Entdeckung fruchtbar, nämlich für das sogenannte Phänomen der „Leukergie", d.h. die Zusammenballung gleichartiger Leukozyten im pathologischen Zustand.[40]

Die Zusammenarbeit mit den Medizinern brachte Steinhaus auf die Idee, ein Gerät zu entwickeln, mit dem Fremdkörper im Organismus lokalisiert

---

39 Zusammen mit Hugo Steinhaus und Ewa Altenberg schrieb Fleck 1939 zwei Artikel über die Verteilung der Leukozyten im Blut. Beide sind seit Ausbruch des 2. Weltkrieges verschollen. Vgl. „Sur la repartition des leucocytes dans le sang", in: *Comptes rendus de la Société de Biologie et des ses filiales* und „The Distribution of Leucocytes in Blood", in: *Journal of experimental medicine*. Nach dem Krieg nimmt Fleck seine Untersuchungen und die Zusammenarbeit mit Steinhaus wieder auf: Vgl. Ludwik Fleck, Hugon Kowarzyk, Hugo Steinhaus: „Jeszcze raz w sprawie tzw. ‚garniturowego układu białych ciałek krwi'" [Noch einmal in der Frage der sog. „Garnitursysteme der weißen Blutkörperchen"], in: *Polski Tygodnik Lekarski* [Die polnische ärztliche Wochenschrift] 3 (1948) 19, S. 583–585. Vgl. auch Steinhaus' Bericht über die Zusammenarbeit mit Fleck in seinem Erinnerungsbuch: Steinhaus: *Erinnerungen und Aufzeichnungen* [Wspomnienia i zapiski], Bd. 1, a.a.O., S. 240–241.

40 Siehe z.B.: Ludwik Fleck, Danuta Borecka: „Zachowanie się odczynu leukergicznego w różnych stanach chorobowych" [Das Verhalten der leukergischen Reaktionen in verschiedenen Krankenständen], in: *Annales Universitatis Mariae Curie-Skłodowska Lublin. Sektion D* 1 (1946), S. 337–349; Ludwik Fleck: „Dalsze badania nad leukergią [Weitere Untersuchungen über die Leukergie], in: *Polski Tygodnik Lekarski* [Die polnische ärztliche Wochenschrift] 2 (1947), S. 46–47, S. 1329–1332; ders.: „Zjawisko leukergii (z demonstracjami preparatów i wykresów)" [Das Phänomen der Leukergie (mit Demonstrationen von Präparaten und Schaubildern)], in: *Medycyna Doświadczalna i Społeczna* [Experimentelle und Gesellschaftliche Medizin] 25 (1948) 5, S. 36–39.

werden können. Dabei wird die Spiegelprojektion einer Glühlampe auf den Fremdkörper, der zuvor durch eine Röntgenaufnahme identifiziert wird, gerichtet. Steinhaus kam übrigens auf diese Idee bei der Beobachtung einer Schneeflocke, die sich in der Vitrine eines Hutgeschäfts spiegelte.[41] Bei der praktischen Anwendung stellte sich heraus, dass die Spiegelung der Glühlampe so stark war, dass sie auf das Gewebe des Körpers reflektierte, was die Sichtweise im Operationsfeld erschwerte. Das Gerät gilt dennoch als Vorläufer des heutigen Tomographen, – Steinhaus bezeichnete es als „Introvisor" (Abb. 59 und 60).[42] 1938 wurde es patentiert. Nach dem Krieg setzte Steinhaus die Arbeit am „Introvisor" fort.[43]

Eine weitere Zusammenarbeit ergab sich mit dem Blutgruppenforscher Ludwik Hirszfeld (1884–1954), mit dem Steinhaus am Problem der Bestimmung der Vaterschaft arbeitete und dabei den Glaubwürdigkeitsfaktor bei Frauen – abhängig von ihrem Wohnort und der materiellen Situation – statistisch zu berechnen versuchte.[44] Ziel war, diese Untersuchungen in Gerichtsverfahren

41 „Ich erblickte deutlich die Schneeflocken auf meinem Ärmel im Spiegelbild hinter der Scheibe und erkannte, daß ich durch Bewegen der Hand bewirken konnte, daß eine so bewegte Schneeflocke sich auf die Oberfläche eines Damenhutes setzt, daß ich sie um einen Zentimeter in die Tiefe bewegen und dann wieder an einem anderen Punkt des Hutes gewissermaßen aus diesem herauslotsen. Da ging mir im Kopf ein Licht auf, und ich hatte die Erfindung des Introvisors fertig." Steinhaus: *Erinnerungen und Aufzeichnungen* [Wspomnienia i zapiski], Bd. 1, a.a.O., S. 235.

42 Die Erfindung des „Introvisors" beschreibt Steinhaus in seinem Erinnerungsbuch: „Ich stellte eine leicht versilberte Glasscheibe auf einem mit schwarzem Papier beklebten Brett auf und drehte vor und hinter der Scheibe je eine Schraube so in das Holz, das sich das Spiegelbild der Schraube mit der direkt durch die Scheibe sichtbaren zweiten Scheibe deckte. Dann steckte ich auf die hinter der Scheibe befindliche Schraube eine Kartoffel. Nun sah ich durch die Scheibe die Kartoffel und in ihr, dank der Reflexion, die Schraube so, als wäre die Kartoffel durchsichtig. Mit einem scharfen Messer zerschnitt ich nun die Kartoffel scheibchenweise, und in dem Moment, als nur noch eine dünne Schicht zwischen dem Messer und dem Rand der Schraube übriggeblieben war, konnte ich die Schraube mit der Messerspitze berühren, so als ob ich sie sähe. […] Hinsichtlich der Anwendung dessen in der Chirurgie ging es um die Anordnung eines hellen Glaskügelchens symmetrisch zu einem Objekt, das sich im Körper des Patienten befand." Ebd.: S. 235.

43 Hugo Steinhaus: „Method of an apparatus for localising and visualising foreign bodies", in: *United States Patent Office*, 2441538, granted May 11, 1948.

44 Ludwik Hirszfeld: „Wege und Ausblicke der Blutgruppenforschung für die Feststellung der Vaterschaft", in: *Schweizerische Zeitschrift für allgemeine Pathologie und Bakteriologie* 15 (1952) 3, S. 257–280; Hugo Steinhaus: „The Establishment of Paternity", in: *Prace Wrocławskiego Towarzystwa Naukowego* [Die Arbeiten der wissenschaftlichen Gesellschaft in Wrocław], Seria A, 32 (1954), S. 20; Hugo Steinhaus: „O dochodzeniu ojcostwa" [Über das Nachweisen der Vaterschaft], in: *Zastosowania Matematyki* [Die Anwendung der Mathematik] 1 (1954) 2, S. 67–82.

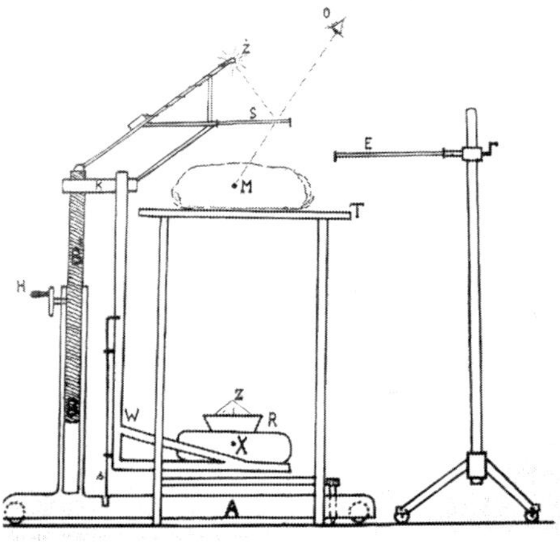

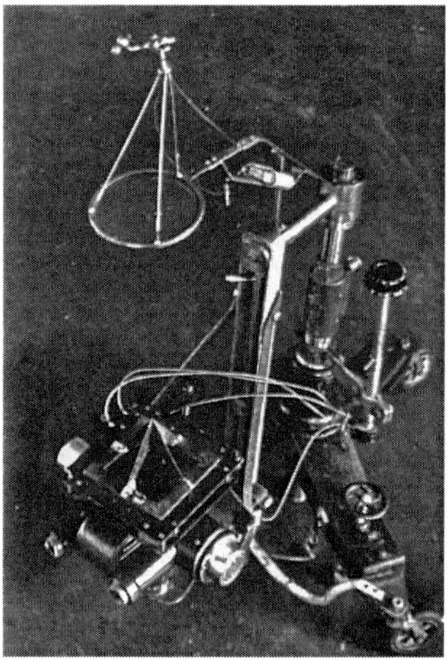

Abb. 59 und Abb. 60 Eine Skizze und ein Modell Hugo Steinhaus' Introvisors[45]

als Beweismittel einzusetzen. Diese Kooperation verband drei Disziplinen – Mathematik, Biologie und Rechtswissenschaft – miteinander.

Die Bereitschaft, die Mathematik in Lemberg mit anderen Disziplinen zu vernetzen, wuchs mit der Zeit immer mehr und schloss schließlich auch auf Fächer wie Geologie und Wirtschaftswissenschaften ein. Obwohl Steinhaus mit seinem Versuch, chaotische Phänomene mathematisch in den Griff zu bekommen und so den Zufall zu beherrschen, oftmals scheiterte, führte er zum einen zur Expansion der Mathematik in andere Gebiete, zum andern schuf er durch die Akzeptanz des Zufalls die Basis für relativistische Wissenschaftskonzeptionen.

1938 veröffentlichte Steinhaus in polnischer und englischer Sprache mit seinem *Kaleidoskop der Mathematik* ein populärwissenschaftliches Buch, in dem er komplexe Probleme der Mathematik auf eine leicht zugängliche Weise, d.h. ohne umständliche Präsentationen von mathematischen Theorien, Formeln, Rechenaufgaben und Logarithmen erklärte. „Es ist" – so schrieb er in der Einleitung – „ein Bilderbuch, also kein Lehrbuch der Mathematik, weder im elementaren noch im höheren Sinne. Es will das Wesentliche dieser Wissenschaft an anschaulichen Dingen sichtbar machen."[46] Mit Hilfe

45 Die Zeichnung und das Bild stammen aus dem Archiv der Polnischen Akademie der Wissenschaften, Personalakte von Hugo Steinhaus, Sign. III-204, S. 42.

46 Hugo Steinhaus: *Kaleidoskop der Mathematik*, Berlin 1959 (1938), S. 5.

von Skizzen, Fotographien, Schemata und Funktionen sowie geometrischen Modellen erläutert Steinhaus mathematische Phänomene auf für ungeschulte Leser nachvollziehbare Weise. So wird z.B. anhand des Spiels mit Dominosteinen der Begriff der ‚mathematischen Induktion' (Abb. 61 a und b),[47] und am Beispiel eines Gemäldes die Dreidimensionalität des Raums und die geometrische Perspektive anschaulich erklärt (Abb. 62).[48] Veranschaulicht wird zudem das Auftreten von Figuren wie z.B. Ellipse an Beispielen aus dem alltäglichen Leben (Abb. 63).

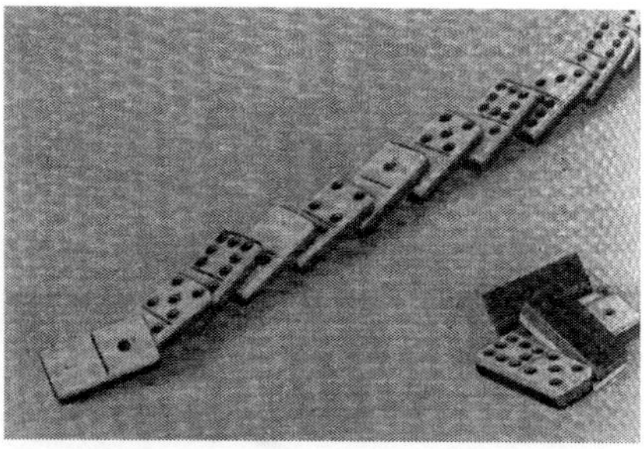

Abb. 61 a und b Darstellung der mathematischen Induktion

Abb. 63
Darstellung der Ellipse in einem Glas mit Wasser

47 „In Abb. 32 [hier Abb. 60 a] stehen alle Dominosteine in einer Reihe, und wenn man die ersten umwirft (Abb. 33) [hier Abb. 60 b], fallen alle nacheinander um. Um vorauszusehen, was geschehen wird, brauchen wir nur zu wissen, daß der erste Stein angestoßen wird und daß die Steine so dicht beieinander stehen, daß das Umfallen eines beliebigen Steines auch das Umfallen des nächsten verursacht. Dieses Beweisverfahren nennt man mathematische (oder vollständige) Induktion." Ebd.: S. 46.

48 „Um ein Bild von einem dreidimensionalen Gegenstand zu entwerfen, stützen wir uns auf die geometrische Perspektive. Eine Kamera liefert sie automatisch. Die alten Meister wendeten dasselbe Hilfsmittel an, um den Eindruck räumlicher Tiefe hervorzurufen (Abb. 155)." Ebd.: S. 166. Das Gemälde, das Steinhaus als Beleg anführt, ist Bernardino Pinturicchios (1454–1518) *Rückkehr des Odysseus* (1508). Es hängt in National Gallery London.

Abb. 62 Bernardino Pinturicchio: *Die Rückkehr des Odysseus*

Dieses Vorgehen entsprach den wissenschaftssoziologischen Einsichten Flecks, der zu diesem Zeitpunkt bereits gezeigt hatte, dass die Durchsetzung von wissenschaftlichen Ideen nicht allein aufgrund von überlegenen Argumenten erfolgt, sondern an der Art und Weise hängt, wie anschaulich die Ergebnisse präsentiert werden. Zu beobachten sei hierbei eine Wanderung der Ideen, die über erste Notizen zu esoterischen Zeitschriftenaufsätzen, dann in Hand- und Lehrbüchern bis in populärwissenschaftliche Publikationen führt, in denen sie dann als fixe Tatsachen erscheinen. Fleck verwendet zur Beschreibung dieser Wanderung von esoterischen zu exoterischen Wissensdarstellungen nicht nur ähnliche Metaphern und Vergleiche aus dem Bereich des Turmbaus wie Steinhaus, sondern er greift dabei auch die topologische Idee vieldimensionaler Räume auf:

> Wie immer man auch einen bestimmten Fall beschreiben mag, stets ist Beschreibung Vereinfachung, mit apodiktischen und anschaulichen Elementen durchtränkt: durch jede Mitteilung, ja durch jede Benennung wird ein Wissen exoterischer, populärer. Man müsste sonst an jedes Wort eine Fußnote mit

> Einschränkungen und Explikationen anschließen, ja eigentlich an jedes Wort dieser Fußnoten eine zweite Wortpyramide, deren Gipfel es bildete, und so fort, woraus ein Gebilde entstünde, das sich nur in einem Raume von sehr vielen Dimensionen darstellen ließe. So ein Wissen – ein erschöpfendes Fachwissen – ist vollkommen unanschaulich und für jeden praktischen Fall unzweckmäßig. Wohlverstanden: der ganze Pyramidenbau führt nicht zu allgemeineren, sich wiederholenden Elementen, die den Bau grundsätzlich vereinfachten, wenn sie getrennt beschrieben wären. Man befindet sich immer in derselben Begriffsschicht, immer gleich weit von „fundamentalen Begriffen" entfernt, deren eventuelle Konstruktion – eine Erkenntnisarbeit für sich – dieselben Schwierigkeiten aufweist. Gewißheit, Einfachheit, Anschaulichkeit entstehen erst im populären Wissen; den Glauben an sie als Ideal des Wissens holt sich der Fachmann von dort.[49]

Für Steinhaus durchdringt die Mathematik alle Bereiche des Lebens. Die eingesetzten Bilder dienten nicht nur der Illustration, sondern vielmehr dem Transport des mathematischen Wissens in weite Bereiche der Gesellschaft, sie formten zugleich das Denken der Betrachter mit. Das *Kaleidoskop der Mathematik* wurde in viele Sprachen übersetzt, darunter ins Russische, Ungarische, Tschechische, Japanische, Deutsche, Rumänische, Französische und Bulgarische. Es ist zweifellos das bekannteste Buch des Autors.

Mit der Popularisierung der Mathematik und der Übertragung mathematischer Methoden auf andere nicht streng wissenschaftliche Disziplinen war die Entgrenzung der Mathematik im Lemberg der Zwischenkriegszeit erreicht. Steinhaus' „Introvisor" sollte auch eine neue Art der Wahrnehmung ermöglichen, seine populärwissenschaftlichen Arbeiten griffen immer stärker auf anschauliche Beispiele aus der Kunst zurück, die – wie etwa Pinturicchios *Rückkehr der Odysseus* (Abb. 61) – optische Phänomene und perspektivische Brechungen vor Augen führten. Auch ein Kaleidoskop erzeugt unterschiedliche prismatisch gebrochene Bilder, Steinhaus hatte diese Metapher nicht zufällig gewählt und hierin drückt sich nicht nur eine Nähe zur Kunst im Allgemeinen, sondern insbesondere die Affinität mit der polyperspektivischen Ästhetik der Lemberger Moderne aus. Denn ausgehend von den logischen, mathematischen und geometrischen Innovationen wurden parallel in Lemberg Kunstkonzepte entwickelt, die die Mathematik als funktionalen Teil der Malerei und Photographie auffassten oder ihr gar einen eigenen ästhetischen Wert zusprachen. Zugrunde lagen diesen Theorien relativistische oder zumindest pluralistische Auffassungen der Wissenschaft, insbesondere bei Leon Chwistek und Kazimierz Bartel.

---

49 Fleck: *Entstehung und Entwicklung einer wissenschaftlichen Tatsache* (1935), a.a.O., S. 151f.

8.4 Die Anwendung der Mathematik in der Kunst

Es war der Lemberger Professor für mathematische Logik und der avantgardistische Maler Leon Chwistek (1884–1944), der im Geiste des Formalismus von David Hilbert die Position vertrat, dass allein von der Form her die Widerspruchsfreiheit der Mathematik zu beweisen sei. In seiner mathematisch-ästhetischen Theorie der ‚Vielheit der Wirklichkeiten'[50] ging er von vier Typen von Axiomensystemen aus und wies dabei jedem von ihnen eine Wirklichkeit zu (vgl. Kap. 4.1).[51] Auch der von ihm entwickelte Kunststil ‚Strefismus', dem zufolge ein Bild in verschiedene Zonen [pol. *strefy*] aufgeteilt wird, um so die Erfahrung der Vielheit der Wirklichkeit zu vermitteln, gründet auf dieser Theorie (z.B. Abb. 64).[52]

Die Anwendung der Mathematik für die Entwicklung einer pluralistischen Wirklichkeitskonzeption hatte zum einen das Ziel, sich innerhalb der in Lemberg führenden Diskussion um die ‚Wirklichkeit' zu positionieren, zum anderen gegen den philosophischen Idealismus und die Konzeption der absoluten Wirklichkeit anzutreten. Damit geriet Chwistek in Konflikt mit der Schule Twardowskis, die an der Überzeugung festhielt, es gäbe eine absolute Wirklichkeit, die man objektiv rekonstruieren könne (vgl. Kap. 5.4). Chwistek sah den Vorzug der mathematischen Wissenschaften im Streit um die Wirklichkeit gegenüber der Philosophie darin, dass sie einen fertigen Symbol-Apparat ‚S' an die Hand geben, um „die Phänomene aus der Kategorie des Instinkts, des

---

50 Chwistek stellte seine Theorie zum ersten Mal 1917 im folgenden Artikel dar: „Trzy odczyty odnoszące się do pojęcia istnienia" [Drei Lesungen zum Begriff der Existenz], in: *Przegląd Filozoficzny* [Philosophische Rundschau] 20 (1917) 2–4, S. 122–151. Darin erklärte er, dass „der intuitive Glaube an eine Wirklichkeit zum Aberglauben wird". Ebd.: S. 145. Diese These entwickelte er weiter in den Artikeln „Wielość rzeczywistości w sztuce" [Die Vielheit der Wirklichkeiten in der Kunst] (1918) und „Wielość rzeczywistości" [Die Vielheit der Wirklichkeiten] (1921) sowie im Buch *Granicach nauki* [Die Grenzen der Wissenschaft] (1935).

51 Leon Chwistek: „Zastosowanie metody konstrukcyjnej w teorii poznania" [Die Anwendung der konstruktivistischen Methode in der Erkenntnistheorie], in: *Przegląd Filozoficzny* [Philosophische Rundschau] 26 (1923) 3–4, S. 175–187. Vgl. dazu: Michał Mrugalski: „Die Macht der Gewohnheit. Der mathematische und ästhetische Formalismus von Leon Chwistek im Kampf gegen die Phänomenologie und die Langeweile", a.a.O.; Kazimierz Pasenkiewicz: „Przedmowa" [Vorwort], in: Leon Chwistek: *Pisma filozoficzne i logiczne* [Philosophische und logische Schriften], hg. v. Kazimierz Pasenkiewicz, Warszawa 1961, S. III-XXXI.

52 Sophie Schwarzmaier: „Grenzgänger Leon Chwistek (1884–1944) im Kontext der Wissenschaftskultur seiner Zeit", in: *Historie. Jahrbuch des Zentrums für historische Forschung Berlin der Polnischen Akademie der Wissenschaften* 1 (2016), S. 361–374.

Abb. 64 Leon Chwistek: *Das Fest* [Uczta], 1925

Glaubens und des Aberglaubens“[53] zu eliminieren. Die Philosophie hingegen stelle

> im Unterschied zur Mathematik keinen fertigen Apparat der Symbole zur Verfügung, sie schafft es auch meistens nicht, Beweise präzise zu führen, und überlässt diese Aufgabe den exakten Wissenschaften. Es ist daher schwierig anzuerkennen, dass die eigentliche Aufgabe des Philosophen darin besteht, zwischen Wahrheit und Falschheit zu unterscheiden. Diese Aufgabe steht den exakten Wissenschaften zu, während der Philosoph sich der Unterscheidung zwischen dem Sinn und Unsinn widmet bzw. danach strebt, die Begriffe immer besser semantisch zu bestimmen.[54]

---

53 Leon Chwistek: „Wielość rzeczywistości“ [Die Vielheit der Wirklichkeiten] (1921), in: Ders.: *Pisma filozoficzne i logiczne* [Philosophische und logische Schriften], a.a.O., S. 30–105, hier S. 33. [Übersetzung S.W.] Vgl. das Original: „zjawiskami należącymi do kategorii instynktu, przesądu i wiary“.

54 Ebd. [Übersetzung S.W.] Vgl. das Original: „Filozofia nie posiada do rozporządzenia gotowego aparatu symbolów jak np. matematyka, nie dochodzi też na ogół do przeprowadzenia ścisłych dowodów, zostawiając to zadanie naukom szczegółowym. Tym samym trudno jest zgodzić się na to powiedzenie, że właściwym zadaniem filozofa jest odróżnienie prawdy od fałszu. Zadanie to spełniają nauki szczegółowe, podczas gdy filozof poświęca się przede wszystkim odróżnieniu sensu od nonsensu, ściślej, systematycznym dążeniom do pojęć coraz to lepiej określonych.“

Eine Pointe von Chwisteks Philosophiekritik ist also, dass er den Zuständigkeitsbereich der Philosophie stark einschränkt und seinen Lemberger Kollegen, die so stolz auf ihre logischen Fähigkeiten waren, bescheinigt, dass sie sich nicht mit Fragen der Wahrheit und Falschheit, sondern nur mit Sinnfragen beschäftigen sollen.

Der Vorzug der Mathematik liegt offenbar Chwistek zufolge im abstrakten Formelapparat, der es erlaubt, das vage, durch Gefühle und Aberglauben durchzogene Reich der Wirklichkeit, mannigfach zu strukturieren. Ebenso ordnet auch der ‚Strefismus' in der Malerei das Chaos der Wirklichkeit durch formale Abstraktion.

Die Theorie der ‚Vielheit der Wirklichkeiten' gehört zu den prominentesten Konzeptionen Chwisteks. Für Chwisteks Schwager Steinhaus, war das Problem des Pluralismus in der Wissenschaft im Hinblick auf die Wahrscheinlichkeitsrechnung relevant, – allerdings ging es ihm dabei darum, die Vielzahl von Möglichkeiten zu bestimmen und den Zufall möglichst zu eliminieren. In den Augen eines Künstlers wie Stanisław Ignacy Witkiewicz, war Chwistek jedoch nicht radikal genug, da er die Zahl der Wirklichkeiten nur auf vier begrenzte. Für Fleck war er aber ein wichtiger Orientierungspunkt, von dem er seine – eine kulturelle Bedingtheit der Wissenschaft postulierende Epistemologie entwickelte.

Neben Chwistek verfocht in Lemberg auch ein weiterer höchst prominenter Gelehrter die Ästhetisierung der Mathematik im Zeichen des Perspektivismus: Kazimierz Bartel (1882–1941), der früher als Ingenieur am Aufbau der polnischen Eisenbahn beteiligt war, dann eine steile politische Karriere machte, die ihn in den Jahren 1926–1930 bis in das Amt des polnischen Ministerpräsidenten führte.[55] Danach kehrte er nach Lemberg zurück, wo er eine Professur für Geometrie an der von ihm nun als Rektor geleiteten Lemberger Technischen Universität innehatte. Bartel untersuchte die Gesetze, die die Wahrnehmungsprozesse räumlicher Objekte sowohl in Mathematik als auch in der Kunst regieren,[56] und demonstrierte diese auch anhand italienischer Stiche und

55 Kazimierz Bartel (1882–1941) war in der Zwischenkriegszeit nicht nur Professor an der Technischen Universität in Lemberg, sondern er nahm auch aktiv am politischen Leben teil. Er war Minister, Abgeordneter, Premierminister und Senator in der Regierung von Józef Piłsudski, gab aber in dieser Zeit seine wissenschaftliche und didaktische Tätigkeit nicht auf. Nach dem Einmarsch der deutschen Truppen in Lemberg wurde er 1941 verhaftet und nachdem er sich weigerte, mit den Nazis zu kollaborieren, erschossen. Vgl. Steinhaus: *Erinnerungen und Aufzeichnungen* [Wspomnienia i zapiski], Bd. 1, a.a.O., S. 315, 420.

56 Jan B. Deregowski: „Kazimierz Bartel (1882–1941)", in: *Psychologie und Geschichte* 5 (1994) 3–4, S. 246–260.

Gemälde. Die Ergebnisse seiner Studien veröffentlichte er 1928 im Buch *Malerische Perspektive* [Perspektywa malarska]. Gleich im Vorwort betont er:

> Es herrscht die weitverbreitete Absicht, daß ein Eindringen der Wissenschaft in das Gebiet der Kunst nicht möglich ist. Diese Meinung wird besonders durch ungebildete praktische Plastiker sowie durch Photographen und sogenannte ‚Amateure' vertreten, für welche die Kunst Thema leichter und angenehmer gesellschaftlicher Gespräche ist. Für Leser dieser Kategorie bietet das Buch wenig Interesse."[57]

Bartel ging von der Darstellung der Perspektive geometrischer Elemente wie Punkte, Geraden und Ebenen, sowie Figuren wie Kegel, Kugel, Ellipse oder Zylinder aus und zeigte mit der Berücksichtigung der jeweiligen Distanz und der Gradwinkel die Projektionen ihrer Konstruktionen und Messungen (Abb. 65). In einem zweiten Schritt übertrug er seine geometrischen Ausführungen auf Werke der Architektur und ergänzte sie interessanterweise um den Schatten (Abb. 66), den die Objekte werfen, oder um Phänomene ihrer Spiegelung im Wasser (Abb. 67) bzw. arbeitete mit Spiegelbildern (Abb. 68). Denn nicht das wahrgenommene Objekt allein, sondern auch seine Stellung in einer bestimmten Umgebung gehörten zur Wahrnehmung und seien zu berechnen.

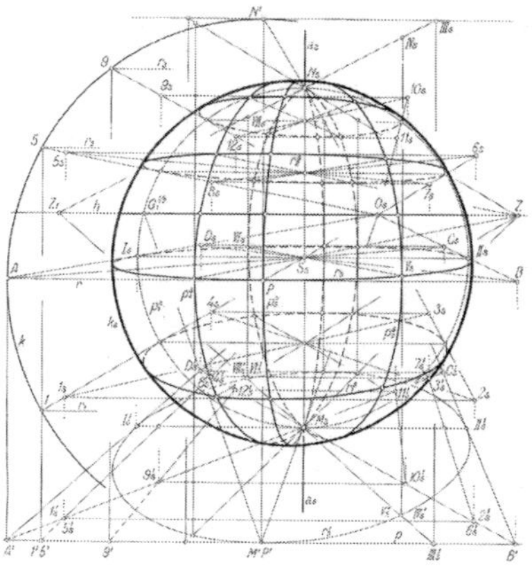

Abb. 65 Das perspektive Bild der Kugel

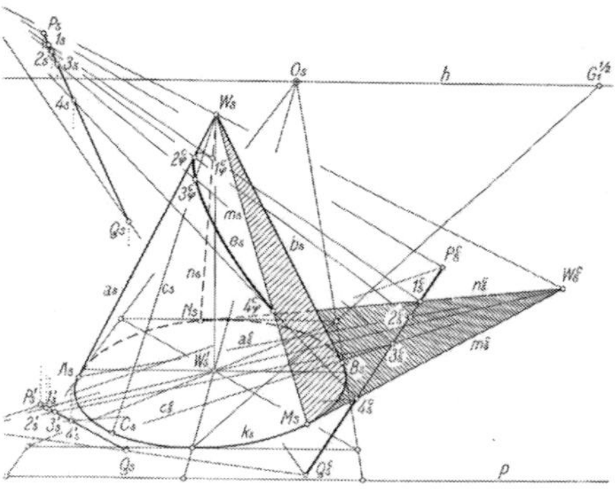

Abb. 66 Schattenkonstruktionen vom Kegel

57 Vgl. Kazimierz Bartel: *Malerische Perspektive. Grundsätze. Geschichtlicher Überblick. Ästhetik*, Bd. 1, Leipzig/Berlin 1934 (1928), S. IV.

Abb. 67 Perspektive Darstellung eines Spiegelbildes

Abb. 68 Das Bild von Carl Larsson: *Vor dem Spiegel* (1898)

Bartels Analysen zeigten, dass sich durch die Wirkung des Kunstobjekts während des Wahrnehmungsprozesses individuelle Eindrücke ausbilden. Er kommt zum Schluss, dass sich dabei nicht nur das Objekt je nach angenommener Perspektive verändert, sondern auch, dass die Beziehung des Betrachters zum Wahrnehmungsobjekt von den Bedingungen abhängt, unter denen die Betrachtung stattfindet. Es ist somit ein psychologisches Moment, das er hier stark macht, um die Standpunktabhängigkeit der Wahrnehmung zu erklären. Bartel geht davon aus, dass die wirklichen Objekte außerhalb unserer Sinne existieren und dass infolge physiologischer Prozesse jene Sinneseindrücke hervorgerufen werden, die die Wahrnehmung dieser Objekte ermöglichen. Die Existenz der wirklichen Objekte sei absolut, die darauf aufgebaute optische Visualisierung hingegen relativ. Daher unterscheidet Bartel deutlich zwischen der „subjektiven" und „objektiven" Perspektive und sucht für sie einen gemeinsamen Nenner, indem er komplexe Aufgaben analysiert, die nicht allein auf dem Weg logischer Überlegungen oder Berechnungen geometrischer Konstruktionen gelöst werden können, sondern nur, indem man zusätzlich subjektive Erfahrungen und Wahrnehmungen berücksichtigt.[58]

58 Vgl. Kazimierz Bartel: *Perspektywa malarska* [Malerische Perspektive], Bd. 2, Warszawa 1958, hier S. 7–11.

Es ist bemerkenswert, dass nun auch von Seiten eines Mathematikers betont wird, dass außerwissenschaftliche Faktoren relevant für die vermeintlich objektive mathematische Analyse sind, man sie also nie eliminieren kann. Insofern unterscheidet er sich von Chwistek, der meint auf formale Weise den Polyperspektivismus ästhetisch wie mathematisch in den Griff bekommen zu können, und nähert sich Positionen Janiszewskis und Flecks an, die stärker den emotionalen Anteil beim wissenschaftlichen Erkennen geltend machen.

Bartels Beobachtungen optischer Wahrnehmungen werden auch für Steinhaus' Erfindung des „Introvisors" wichtig, da dieser auf einen Täuschungseffekt bei der Produktion der Bilder durch das Gerät aufmerksam gemacht wurde. In seinem autobiographischen Buch erinnert er:

> Ich erfuhr von Bartel von der Täuschung, die ein regelmäßiger Maschendraht erzeugt, der näher oder weiter entfernt erscheint, als er ist. Diese Täuschung ist ein Beweis für die bedeutsame Rolle der sog. Bildidentifikation. In der Theorie des zweiäugigen Sehens wird dieser wesentlichen Komponente des räumlichen Sehens nicht die erforderliche Bedeutung beigemessen.[59]

Bartels Beschäftigung mit dem Verhältnis zwischen darstellender Geometrie und künstlerischer Darstellung des Raumes war in vielerlei Hinsicht für die Lemberger Mathematik aufschlussreich: Es kommt zu einer Expansion der Mathematik in den Bereich der Kunstwissenschaft, und ähnlich wie im oben erwähnten Fall der Anwendung der Statistik in der Pädiatrie gibt es auch in den Geisteswissenschaften Vorbehalte gegen eine zu starke Formalisierung der Kunstbetrachtung. Wie Steinhaus ist auch Bartel getragen von der Idee, man könne die Kunst berechenbar machen, doch er erkennt auch an, dass andererseits die Kunst auf die Mathematik zurückwirkt. Insbesondere die kubistische Malerei bildete das zentrale Paradigma der ästhetischen Moderne, da deren Bilder die Wirklichkeit in Fragmente zerlegte, die simultan aus verschiedenen Perspektiven wahrgenommen werden können. Der ‚Strefismus' entwickelte sich aus dem Kubismus und auch ihm ging es nicht darum, die Vielheit der Wirklichkeiten aufzuheben, sondern sie polyperspektivisch zur Darstellung zu bringen. Bartels Analysen begründen in Auseinandersetzung mit der Kunst analog auch in der Mathematik einen ästhetischen Polyperspektivismus, der zwar jede einzelne perspektive Wahrnehmung exakt zu rekonstruieren versucht, zugleich aber subjektiv-psychologische Faktoren einräumt und die Vielheit der Perspektiven anerkennt.

Mit Chwisteks und Bartels kulturalistischen Konzeptionen wird die Grenzüberschreitung und Expansion der Mathematik in andere Disziplinen und kulturelle Gebiete, d.h. konkret in die Kunst geradezu programmatisch. Die Disziplin der Mathematik expandiert, sie bleibt zwar immer noch Mathematik,

59 Steinhaus: *Erinnerungen und Aufzeichnungen*, Bd. 1, a.a.O., S. 236.

doch sie verändert sich dabei, sie interagiert mit den Künsten und wird selbst ästhetisch – daher erscheint es als legitim nicht nur von einer kulturellen, sondern auch von einer mathematischen Moderne in Lemberg zu sprechen.

8.5 Das Schottische Buch

Die Lemberger Mathematiker trafen sich regelmäßig im Kaffeehaus „Szkocka" – dem „Schottischen Café", wo sie die noch ungelösten mathematischen Aufgaben in ein dickes Heft schrieben, das sie „Schottisches Buch" [Księga Szkocka] nannten.[60] Insgesamt wurden dort 193 mathematische Probleme notiert, vor allem aus dem Bereich der Funktionalanalysis.[61] Das Buch entstand zwischen 1935 und 1941, es stand jedem Mathematiker zur Verfügung, denn es wurde im Café aufbewahrt. Die Aufgaben stammten hauptsächlich von Stefan Banach und seinen Schülern – Stanisław Mazur und Stanisław Ulam, doch auch andere wie Józef Schreier, Władysław Orlicz, Herman Auerbach, Juliusz Schauder, Antoni Łomnicki, Kazimierz Kuratowski, Marek Kac, Stefan Kaczmarz und Hugo Steinhaus waren an der Problemstellung beteiligt. Als Gäste tauchten im „Schottischen Buch" der Physiker Leopold Infeld sowie die aus dem Ausland zu Besuch nach Lemberg kommenden Mathematiker Maurice René Fréchet, Henri Lebesgue, Nikolai Bogoljubov und John von Neumann auf[62]. Für die Lösung einiger der Aufgaben war ein Preis ausgesetzt, seine Höhe hing von der Schwierigkeit des Problems ab: Die Belohnung konnte ein kleines Bier sein,

60 Die Mathematiker trafen sich zunächst im Café Roma. Banach hatte dort aber viele Schulden und man verweigerte ihm weitere Kredite, weshalb er das Café wechselte. Um seine Café-Schulden abzuzahlen, schrieb Banach Lehrbücher. Bekannt ist vor allem das Buch *Rachunek różniczkowy i całkowy* [Differential- und Integralrechnung], das in zwei Bänden erschien (Bd. 1 1929 und Bd. 2. 1930). Vgl. Stanisław Ulam: „An Anecdotal History of Scottish Book", in: R. Daniel Mauldin: *The Scottish Book. Mathematics from the Scottish Café*, Boston/Basel/Stuttgart 1981, S. 3–15.

61 Das Schottische Buch ist in polnischer Sprache zugänglich unter: http://kielich.amu.edu.pl/Stefan_Banach/pdf/ks-szkocka/ks-szkocka1pol.pdf (letzter Zugriff: 03.01.2020). Marek Kac weist darauf hin, dass einige Bereiche der Mathematik in Lemberg und auch im „Schottischen Buch" gar nicht vertreten waren, z.B. die Zahlentheorie: „I should like to point out that although the problems in it range over most oft he principal branches of Mathematics, one branch is conspicuously absent, and that is Number Theory. The reason is simple, and it is that Number Theory was not in vogue in Poland at the time." Vgl. Marc Kac: „A Personal History of the Scottish Book", in: Mauldin: *The Scottish Book*, a.a.O., S. 17–27, hier S. 25.

62 Bogdan Miś: „Opowieści Księgi Szkockiej" [Die Erzählungen des Schottischen Buches], in: *Perspektywy* [Perspektiven] 12 (1969), S. 18–19. Von Neumann war insgesamt dreimal in Lemberg, wo er im Auftrag von Norbert Wiener versuchte, Banach zu überreden, in die USA zu emigrieren.

sie konnte sich aber auf zwei oder fünf kleine Biere steigern, dann auf eine Flasche Wein, eine Flasche Cognac, eine Flasche Whisky und schließlich auf eine lebendige Gans (die übrigens 1972 an einen schwedischen Mathematiker Per Enflo für die Lösung der Aufgabe Nr. 153 von Stanisław Mazur – Abb. 69 – verliehen wurde)[63].

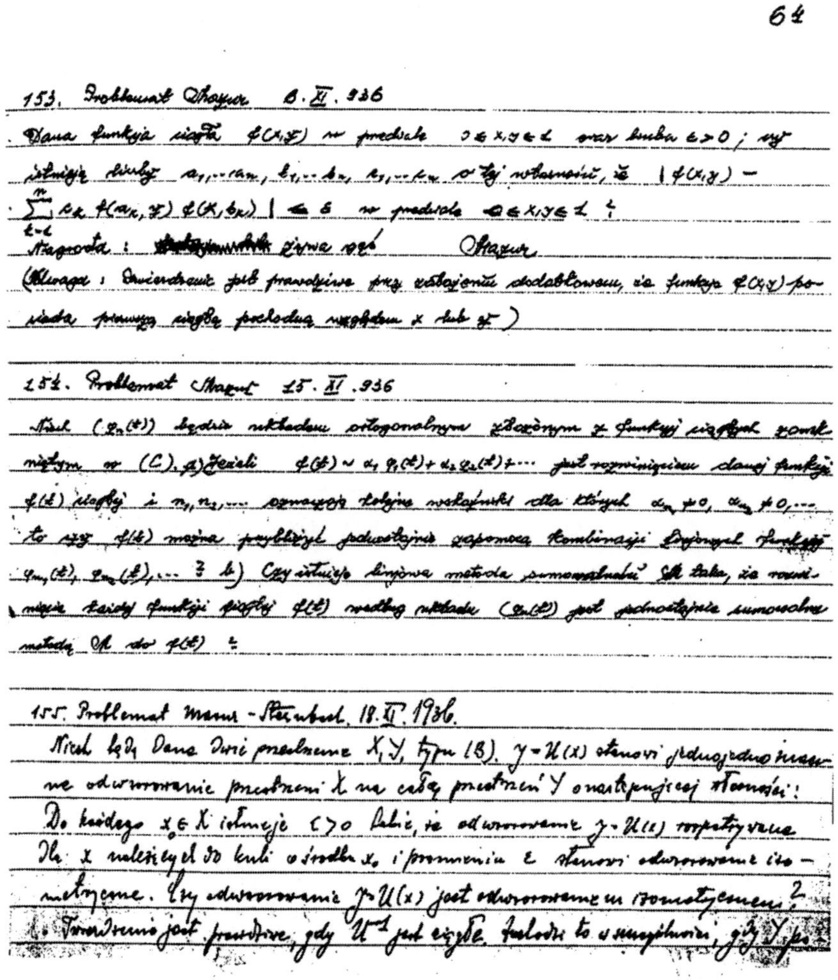

64

153. Problemat Mazur 6. XI. 936

Dana funkcja ciągła $f(x,y)$ w przedziale $0 \leq x,y \leq 1$ oraz liczba $\varepsilon > 0$; czy istnieją liczby $a_1,\dots,a_n$, $b_1,\dots,b_n$, $c_1,\dots,c_n$ o tej własności, że $|f(x,y) - \sum_{k=1}^{n} c_k f(a_k,y) f(x,b_k)| \leq \varepsilon$ w przedziale $0 \leq x,y \leq 1$?

Nagroda: żywa gęś. Mazur

(Uwaga: Twierdzenie jest prawdziwe przy ustalonym dodatkowym założeniu, że funkcja $f(x,y)$ posiada pierwszą ciągłą pochodną względem x lub y)

154. Problemat Mazur 15. XI. 936

Niech $(\varphi_n(t))$ będzie układem ortogonalnym zupełnym z funkcyj ciągłych zamkniętym w (C). a) Jeżeli $f(t) \sim a_1\varphi_1(t) + a_2\varphi_2(t) + \cdots$ jest rozwinięciem danej funkcji $f(t)$ ciągłej i $n_1, n_2, \dots$ oznaczają kolejne wskaźniki dla których $a_{n_1} \neq 0, a_{n_2} \neq 0, \dots$, to czy $f(t)$ można przybliżyć jednostajnie za pomocą kombinacji liniowych funkcyj $\varphi_{n_1}(t), \varphi_{n_2}(t), \dots$? b) Czy istnieje liniowa metoda sumowalności $\mathfrak{A}$ taka, że rozwinięcie każdej funkcji ciągłej $f(t)$ według układu $(\varphi_n(t))$ jest jednostajnie sumowalne metodą $\mathfrak{A}$ do $f(t)$?

155. Problemat Mazur – Sternbach. 18. XI. 1936.

Niech będą dane dwie przestrzenie X, Y, typu (B). $y = U(x)$ stanowi jednojednoznaczne odwzorowanie przestrzeni X na całą przestrzeń Y o następującej własności: Do każdego $x_0 \in X$ istnieje $\varepsilon > 0$ taki, że odwzorowanie $y = U(x)$ rozpatrywane dla x należących do kuli o środku x_0 i promieniu ε stanowi odwzorowanie izometryczne. Czy odwzorowanie $y = U(x)$ jest odwzorowaniem izometrycznem?

Twierdzenie jest prawdziwe, gdy U^{-1} jest ciągłe. Zachodzi to w szczególności, gdy Y po...

Abb. 69 Auszug aus dem „Schottischen Buch". Die Aufgabe Nr. 153 wurde von Stanisław Mazur gestellt und galt der Frage, ob jeder separable Banach-Raum eine Schauder-Basis hat.[64] Die Antwort ist negativ. Als Preisgeld wurde die lebendige Gans gestiftet, die Mazur persönlich Per Enflo 1972 in einer feierlichen Zeremonie überreicht hatte.

63 Vgl. https://de.wikipedia.org/wiki/Per_Enflo (letzter Zugriff: 03.01.2020).

64 Aus: „Das Schottische Buch" [Księga Szkocka], a.a.O., S. 64.

Das Buch ist ein einzigartiges Dokument kollektiver Autorschaft, das von einem besonderen unkonventionellen Denkverkehr einer Gruppe von Wissenschaftlern zeugt und zugleich die Stimmung der Stadt und der Zeit wiedergibt. Die Wissenschaftler nahmen den Habitus von Künstlergruppen an und versammelten sich wie Caféhausliteraten. Keineswegs aber war das Kaffeehaus nur ein äußerlicher Rahmen, sondern dieses kulturelle Milieu wirkte sich direkt auf die Art des Denkens aus und ermöglichte einen neuen mathematischen Denkstil.

Mit den regelmäßigen Treffen im Café „Szkocka" entwickelte Banach den neuen Denkstil, Mathematik als kollektive Wissenschaft zu betreiben. Er brach mit den traditionellen hierarchischen Formen der universitären Arbeit und schuf eine Atmosphäre gemeinsamen spielerisch-offenen Denkens.[65] Dieser Arbeitsstil war für ihn die Bedingung des wissenschaftlichen Fortschritts, er machte ein schöpferisches, kreatives Forschen möglich. Hugo Steinhaus bezeichnete die damalige kollektive Stimmung im Kaffeehaus „Szkocka" als „Zustand der Denkbereitschaft"[66], der eine besonders stimulierende wissenschaftliche Atmosphäre hervorbrachte. Hierbei schien er sich auf Fleck zu berufen, der die Bereitschaft zu einem bestimmten Denken und Handeln als ein unabdingbares Element der Bildung von Forscherkollektiven zu einem zentralen Punkt seiner Wissenschaftstheorie machte.[67]

---

65 Vgl. dazu die Beschreibung des mathematischen Kollektivs aus der Sicht von Stanisław Ulam in: *Adventures of a Mathematician*, California 1991.

66 Hugo Steinhaus: „Przemówienie wygłoszone na uroczystości ku uczczeniu pamięci Stefana Banacha" [Rede anlässlich des Gedenkens an Stefan Banach], in: *Wiadomości matematyczne* [Mathematische Nachrichten] 4 (1961), S. 251–159, hier S. 257. Vgl. auch Steinhaus' Schilderung der Treffen im Café Szkocka in seinem Erinnerungsbuch: „Banachs Frau hatte eine originelle, lustige Idee. Da sich die Mathematiker gewöhnlich im schottischen Café trafen, kaufte sie ein dickes gebundenes Heft, dem der Namen ‚schottisches Buch' verliehen wurde. Dieses Buch wurde im Café aufbewahrt und jeder konnte es sich ausbitten, um Probleme mit Datum und Unterschrift darin einzutragen, aber auch die Lösung. Dieses Buch verzeichnete einige hundert Probleme, und für viele waren von der Person, die das Problem notiert hatte, Prämien ausgesetzt. Da waren Probleme, für die nur ein kleines Bier oder ein schwarzer Kaffee versprochen wurde, aber auch solche, für die man ein ganzes Mittagessen oder sogar eine lebende Gans gewinnen konnte. Dann gab es noch welche, für die man ein *fondu à la crème* in Genf erhalten konnte. Von der Existenz dieses Buches wussten auch Leute, die nie in Lemberg gewesen waren. Sehr viele Probleme stammten von Banach, Mazur und Ulam." Steinhaus: *Erinnerungen und Aufzeichnungen* [Wspomnienia i zapiski], a.a.O., S. 180.

67 Vgl. Fleck: *Entstehung und Entwicklung einer wissenschaftlichen Tatsache* (1935), a.a.O., S. 85 und 130 sowie z.B. Fleck: „Über die wissenschaftliche Beobachtung und Wahrnehmung

Der letzte Eintrag im Schottischen Buch stammt vom 31. Mai 1941. Im Juni 1941 wurde Lemberg durch die deutschen Truppen besetzt. In den Jahren 1942–1943 war Banach Läusefütterer im Rudolf-Weigl-Institut, das die Antifleckfieberseren für die Wehrmacht herstellte (vgl. Kap. 6.3). Dies rettete ihm zunächst das Leben, allerdings schwächte sehr seinen Organismus und führte schließlich zur Erkrankung an Krebs und Tod im Jahre 1944.

im Allgemeinen" [O obserwacji naukowej i postrzeganiu wogóle] (1935), a.a.O., S. 214: „Um irgendeine bestimmte Gestalt aus irgendeinem Gebiet zu sehen, muß man in der Lage der spezifischen Denkbereitschaft sein, die ebenso aus dem mehr oder weniger zwangsläufigen Abstrahieren von den Möglichkeiten anderer Gestalten besteht."

KAPITEL 9

Beschluss und Ausblick

Die mit dieser Arbeit als Fallstudie vorgelegte Rekonstruktion der Lemberger Moderne hat sich auf die exemplarische Analyse der seinerzeit in Literatur, Kunst, Philosophie und Wissenschaft tonangebenden Gruppen, ihren Dynamiken und Netzwerken konzentriert. Alle diese Protagonisten standen in unmittelbarer oder mittelbarer Beziehung zu Ludwik Fleck und diese Verbindungslinien dienten mir heuristisch als rote Fäden, um die sich stetig wandelnden Verflechtungen der Denkkollektive nachvollziehen zu können, ohne ihren Zusammenhang aus den Augen zu verlieren. Mit jedem Kapitel für Kapitel neu aufgenommenen Faden wurde das Netz dichter und komplexer, und in den aus dem Zusammenspiel der Verbindungsfäden sich ergebenden Geflechten traten sukzessive immer deutlicher die Konturen der Lemberger Moderne hervor. Doch nicht jeder Spur konnte nachgegangen werden und aus einer anderen Interessenperspektive ließen sich weitere Netzwerke ergänzen, etwa der ganze Bereich der Musik.

Überschaut man am Schluss die Resultate, so stellen sich aber auch neue Fragen, insbesondere nach jenen Akteuren in Lemberg, die in den hier untersuchten künstlerischen und intellektuellen Austauschbeziehungen nicht auftauchen oder nur eine marginale Rolle spielen. Für eine Untersuchung, die sich nicht primär wie die meine auf die Dynamiken der ästhetischen und wissenschaftlichen Moderne konzentriert, wäre es wichtig zu erfahren, warum fast keine ukrainischen Wissenschaftler oder Künstler an der Ideenzirkulation teilnahmen bzw. abseits der Kämpfe und Debatten um die Moderne blieben. Trotz der immer wieder und zweifellos zutreffend beschriebenen großen Offenheit der Lemberger Wissenskultur der Zwischenkriegszeit für neue und radikale Konzepte gab es auch Grenzen, die, wie im Falle der Versuche, eine nationale polnische Philosophie zu etablieren, zuweilen sichtbar wurden, in den anderen Fällen aber als stillschweigende Hindernisse wirkten.

Erstaunlich aber ist gleichwohl die in Lemberg damals in ungewöhnlicher Häufigkeit vorhandene Bereitschaft zu besonders kühnen ästhetischen und wissenschaftlichen Weltentwürfen und radikalen Methoden. Sie wird in all ihrer Fülle und Modernität indes erst sichtbar, wenn man sich tief in die Geflechte hineinbegibt und sie detailliert rekonstruiert. Wenn bereits die Beschäftigung mit der Lemberger Moderne eine solche Vielzahl an bislang weitgehend unbekannten Debatten und überraschenden Befunden zutage fördert, die unser Verständnis der Zusammenhänge von Literatur, Kunst, Philosophie

 DOI:10.30965/9783846767092_010

und Wissenschaft in der Moderne auf vielfache Weise nicht nur bereichern, sondern verändern, dann ist zu erwarten, dass nicht nur in Lemberg, sondern auch in den anderen ost- und mittelosteuropäischen Städten, im Baltikum, aber auch in Skandinavien herausragende Pionierleistungen erbracht wurden, die einbezogen werden müssen, um die Formierung der Moderne in Europa nachvollziehen und ohne nationale Scheuklappen bewerten zu können. Die große Aufgabe, die sich am Ende dieser Arbeit am Horizont abzeichnet, wäre, diese Orte auf der Landkarte Europas zu identifizieren und eine genauere Kartographierung der wissenskulturellen Landschaft in der Moderne vorzunehmen.

Nur so ließe sich, das traditionelle Großnarrativ, das die kulturelle und wissenschaftliche Moderne mit den klassischen westlichen Metropolen wie Wien, Berlin, London oder Paris verbindet, überwinden. Meine Arbeit ist daher auch ein Plädoyer dafür, die in den literatur- und kulturhistorischen Überblicksdarstellungen notorische Konzentration auf den westlichen Teil Europas zu verabschieden. Wenn man Aufkommen der Moderne mit der Geschichte des Westens gleichsetzt und – selbstherrlich den eigenen Blick verabsolutierend – die mittel- und osteuropäischen, baltischen und skandinavischen Zentren weitgehend vernachlässigt, erhält man entsprechend auch ein einseitiges, reduziertes und unterkomplexes Bild der Moderne. In ihm figurieren die vermeintlichen Provinzstädte nur als blinde Flecken auf der Landkarte der europäischen Moderne. Allein schon wenn man auf die Lemberger Wissenskultur schaut, erweist sich diese Zuweisung einer Statistenrolle für alles, was sich jenseits der Metropolen abspielte als verfehlt. Dies wirkt sich auf das Selbstverständnis aus, mit dem auf die eigene Kultur zurückgegriffen wird.

Es ist an der Zeit, den offiziellen Kanon der Literatur, Kunst und Wissenschaft der europäischen Moderne umzuschreiben. Hierfür ist es nötig, die vergessenen oder gar teilweise gekappten Traditionslinien in den Blick zu bekommen. Führte man eine polyzentrische Betrachtung der Modernen in Europa durch und berücksichtigte dabei die verschiedenen Wege der Wanderung von Akteuren und ästhetischen und wissenschaftlichen Konzeptionen, die zwischen Ost und West oder vom hohen Norden zum Baltikum erfolgten, so erhielte man ein vollkommen anderes Bild der Moderne in Europa. Vermeintliche Nebenschauplätze wie Oslo, Stockholm, Kopenhagen, Turku, Helsinki, Vilnius, Riga, Tallin, Königsberg, Krakau, Breslau, Prag, Brünn, Budapest, Czernowitz, Odessa, Zagreb oder Laibach erscheinen dann als Zentren.[1]

1 Wegweisend dafür: Nina Vagapova, Viktoria Egorova, Ilyuza Taganaeva (Hg.): *Künstlerische Zentren in Österreich-Ungarn 1867–1918*, Sankt Petersburg 2009. Darin unter anderem: Júlia

Für die zukünftige Forschung zeichnet sich daher als Aufgabe ab, anhand von Studien zu diversen kulturellen und wissenschaftlichen Zentren in Europa ein komplexeres Bild der Formierungsprozesse der Moderne überhaupt zu entwerfen. Denn erst nach der Revision der historischen Grundlagen der europäischen Moderne lassen sich aktuelle Problemlagen besser verstehen, nicht zuletzt Phänomene wie der Westeuropazentrismus, das Konzept eines Europas mit zwei Geschwindigkeiten, die Herausbildung von Nationalismen und Separationsbewegungen. Denn die „Unkenntnis der Vergangenheit führt zwangsläufig zu einem mangelnden Verständnis der Gegenwart"[2].

Szabò: „Budapest als kulturelles Zentrum und sein Einfluss auf die kulturellen Zentren Österreich-Ungarns (1890–1926)", S. 184–201 und Ivan Svetlov: „Budapest als künstlerisches Zentrum an der Wende vom 19. zum 20. Jahrhundert", S. 202–214.

2 Marc Bloch: *Apologie der Geschichtswissenschaft oder der Beruf des Historikers*, Stuttgart 2002, S. 50.

Literaturverzeichnis

Ajdukiewicz, Kazimierz: „Leon Chwistek. Zasada sprzeczności w świetle nowszych badań Bertranda Russella“ [Leon Chwistek. Das Widerspruchsprinzip im Lichte der neusten Forschungen Bertrand Russells], in: *Ruch Filozoficzny* [Philosophische Bewegung] 7 (1914), S. 173–176.

Ajdukiewicz, Kazimierz: „Sprache und Sinn“, in *Erkenntnis* 4 (1934), S. 100–138. Auch in: David Pearce, Jan Woleński (Hg.): *Logischer Rationalismus. Philosophische Schriften der Lemberg-Warschau-Schule*, Frankfurt am Main 1988, S. 147–175.

Ajdukiewicz, Kazimierz: „Der logische Antiirrationalismus in Polen“ [Logiczny antyirrationalizm w Polsce], in: *Erkenntnis* 5 (1935), S. 151–161. Auch in: David Pearce, Jan Woleński (Hg.): *Logischer Rationalismus. Philosophische Schriften der Lemberg-Warschau-Schule*, Frankfurt am Main 1988, S. 30–37.

Ajdukiewicz, Kazimierz: „Pozanaukowa działalność Kazimierza Twardowskiego“ [Die außerwissenschaftliche Tätigkeit Kazimierz Twardowskis], in: *Ruch Filozoficzny* [Philosophische Bewegung] 19 (1959) 1–2, S. 29–35.

Ajdukiewicz, Kazimierz: „Das Weltbild und die Begriffsapparatur“, in: *Erkenntnis* 4 (1934), S. 259–287. Auch in: David Pearce, Jan Woleński (Hg.): *Logischer Rationalismus. Philosophische Schriften der Lemberg-Warschau-Schule*, Frankfurt am Main 1988, S. 176–197.

Ajdukiewicz, Kazimierz: „Die wissenschaftliche Weltperspektive“, in: *Erkenntnis* 5 (1935), S. 22–30. Auch in: David Pearce, Jan Woleński (Hg.): *Logischer Rationalismus. Philosophische Schriften der Lemberg-Warschau-Schule*, Frankfurt am Main 1988, S. 198–203.

Ajdukiewicz, Kazimierz: „Zagadnienie idealizmu w sformułowaniu semantycznym“ [Das Problem des Idealismus in der semantischen Formulierung], in: *Przegląd Filozoficzny* [Philosophische Rundschau] 39 (1936), S. 334–336.

Ajdukiewicz, Kazimierz: „Kierunki i prądy filozofii współczesnej“ [Richtungen und Strömungen der Gegewartsphilosophie] (1937), in: Ders.: *Język i poznanie* [Sprache und Erkenntnis], 2 Bde, hier Bd. 1, Warszawa 1960, S. 249–263.

Ajdukiewicz, Kazimierz: „O tzw. neopozytywizmie“ [Über den sogenannten Neopositivismus] (1946), in: Ders.: *Język i poznanie* [Sprache und Erkenntnis], Bd. 2, Warszawa 1965, S. 7–28.

Albrecht, Andrea/Essen, Gesa von/Frick, Werner (Hg.): *Zahlen, Zeichen und Figuren. Mathematische Inspirationen in Kunst und Literatur*, Berlin 2011.

Allen, Arthur: *The fantastic laboratory of Dr. Weigl. How two brave scientists batteld typhus and sabotaged the nazis*, New York/London 2014.

Alquit, B. [Blum, Eliezer]: „moderne prose“, in: *in zikh* 16 (1935) 17, S. 132–135.

Alquit, B. [Blum, Eliezer]: „Moderne Prosa“ (1935), in: Debora Vogel: *Die Geometrie des Verzichts. Gedichte, Montagen, Essays, Briefe*, hg. v. Anna Maja Misiak, Wuppertal 2015, S. 585–588.

Alquit, B. [Blum, Eliezer]: „Antwort auf Debora Vogels Brief“ (1936), in: Debora Vogel: *Die Geometrie des Verzichts. Gedichte, Montagen, Essays, Briefe*, hg. v. Anna Maja Misiak, Wuppertal 2015, S. 590–591.

Andrzejewski, Jerzy: „Szary człowiek i ‚sól ziemi‘“ [Der graue Mensch und „Das Salz der Erde“], in: *Prosto z mostu* [Direkt ins Gesicht] 2 (1936) 3, S. 7.

Arnold, Heinz Ludwig (Hg.): *Aufbruch ins 20. Jahrhundert. Über Avantgarden*, München 2001.

Ash, Mitchell: *Gestalt Psychology in German Culture 1890–1967. Holism and the Quest for Objectivity*, Cambridge 1995.

Augsburger, Janis: *Masochismen. Mythologisierung als Krisen-Ästhetik bei Bruno Schulz*, Erlangen 2008.

Axler, Sheldon: „The Life of Stefan Banach“, in: *American Mathematical Monthly* 104 (1997), S. 577–579.

Bachmann-Medick, Doris: *Cultural Turns. Neuorientierungen in den Kulturwissenschaften*, Hamburg 2006.

Bachtin, Michail: *Autor und Held in der ästhetischen Tätigkeit*, Berlin 2008.

Banach, Stefan: *Sur les opérations dans les ensembles abstraits et leurs applications aux équations intégrales, Fundamenta Mathematicae* 3 (1922) 1, S. 133–181.

Banach, Stefan: „O pozornych paradoksach matematycznych“ [Über scheinbarare methematische Paradoxe], in: *Ruch Filozoficzny* [Philosophische Bewegung] 7 (1922) 8–9, S. 120.

Banach, Sefan, Steinhaus, Hugo: „Sur le principle de la condensation de singularités“, in: *Fundamenta Mathematicae* 9 (1927), S. 50–61.

Baker, Stuart: „Witkiewicz and Malinowski: The pure form of magic, science and religion“, in: *Konteksty. Polska sztuka ludowa. Malinowski i Witkacy* [Kontexte. Polnische Volkskunst. Malinowski und Witkacy] 1–4 (2000), S. 333–349.

Baldamus, Wilhelm: „Ludwig Fleck and the Development of the Sociology of Science“, in: Peter Reinhart Gleichman, Johan Goudsblum, Hermann Korte (Hg.): *Human Figurations. Essays for/Aufsätze für Norbert Elias*, Amsterdam 1977, S. 135–156.

Balaban, Majer: *Historia i literatura żydowska* [Geschichte und Literatur der Juden], 3 Bde, Lwów 1925.

Bakuła, Bogusław: „‚Sól ziemi‘ Wittlina w naukowym opracowaniu“ [Das Saltz der Erde“ von Józef Wittlin in wissenschaftlicher Bearbeitung], in: *Teksty drugie: teoria literatury, krytyka, interpretacja* [Zweite Texte: Literaturtheorie, Kritik und Interpretation] 5–6 (1994) 29–30, S. 164–170.

Bakuła, Bogusław: „Eine Welt zwischen Wissenschaft und Kunst. Lemberger Kneipen der 1930er Jahre“, in: *Osteuropa* 54 (2004) 3, S. 3–15.

Bakuła, Bogusław: „Kneipen und Kaffeehäuser. Bühne Karneval und Revolution“, in: Hermann Simon, Irene Stratenwerth, Ronald Hinrichs: *Lemberg. Eine Reise nach Europa*, Hamburg 2007, S. 165–174.

Banach, Stefan/Tarski, Alfred: „Sur la décomposition des ensembles de points en parties respectivement congruentes“, in: *Fundamenta Mathematicae* 6 (1924) 1, S. 244–277.

Baranowicz, Zofia: *Polska awangarda artystyczna 1918–1939* [Polnische künstlerische Avantgarde 1918–1939], Warszawa 1979.

Barbarski, Klemens: „Sabotaż w ampułce“ [Eine Sabotage in der Ampulle], in: *Przekrój* [Queschnitt] 99 (1947), S. 16.

Bartel, Kazimierz: *Malerische Perspektive. Grundsätze. Geschichtlicher Überblick. Ästhetik*, Bd. 1, Leipzig/Berlin 1934 (1928).

Bartel, Kazimierz: *Perspektywa malarska* [Malerische Perspektive], Bd. 2, Warszawa 1958.

Bartoszewska, Irena, Kuczyński, Krzysztof A.: „Materiały do recepcji Josepha Rotha w Polsce (1919–1999)“ [Materialien zur Rezeption von Joseph Roth in Polen], in: *Acta Universitatis Lodziensis. Folja Germanika* 3 (2002), S. 129–136.

Bauer, Gerhard: „‚Prachtvolle Lästerung gegen diese Welt‘: Die Obsession des Provisorischen in Bruno Schulz' ‚Zimtläden‘“, in: Gerhard Bauer, Robert Stockhammer (Hg.): *Möglichkeitssinn. Phantasie und Phantastik in der Erzählliteratur des 20. Jahrhunderts*, Wiesbaden 1999, S. 184–199.

Baumann, Zygmunt: *Moderne und Ambivalenz. Das Ende der Eindeutigkeit*, Hamburg 2005.

Bechtel, Delphine: „Le théâtre yiddish Gimpel de Lemberg: une odyssée oubliée“, in: *YOD: revue des études hébraïques et juives* 16, 2011, S. 83–98.

Benjamin, Walter: „Der Autor als Produzent. Ansprache im Institut zum Studium des Faschismus in Paris am 27. April 1934“, in: *Gesammelte Schriften*, Bd. 2, Teil 2, hg. v. Rolf Tiedemann und Hermann Schweppenhäuser, Frankfurt am Main 1982, S. 683–701.

Bense, Max: *Die Philosophie*, Frankfurt am Main 1951.

Beresford, John Davys: „Novels of the Week. ‚Salt oft he Earth‘ by Joseph Wittlin“, in: *Times Literary Supplement* (3. Juni 1939), S. 325.

Berg, Hubert van den/Fähnders, Walter (Hg.): *Metzler Lexikon. Avantgarde*, Stuttgart/Weimar 2009.

Berg, Hubert van den: „Provinzielle Zentren – metropolitane Peripherie. Zur Topographie der europäischen Avantgarde des frühen 20. Jahrhunderts und ihrer Vernetzung“, in: Thomas Hunkeler, Edith Anna Kunz (Hg.): *Metropolen der Avantgarde. Métropoles des avant-grades*, Bern/Berlin/Frankfurt am Main 2010, S. 175–186.

Berg, Anna de: *Nach Galizien. Entwicklung der Reiseliteratur am Beispiel der deutschsprachigen Reiseberichte vom 18. bis zum 21. Jahrhundert*, Frankfurt am Main 2010.

Berghaus, Günter (Hg.): *Handbook of International Futurism*, Berlin/Boston 2018.

Berman, Izydor: „Franciszek Kafka", in: *Miesięcznik Żydowski* [Jüdische Monatsschrift] 7/8 (1932).

Berman, Izydor: „Nowele Kafki", in: *Chwila* [Die Weile], Lwów 1932.

Berman, Izydor: „Proza Józefa Rotha" [Joseph Roths Prose], in: *Miesięcznik Żydowski* [Jüdische Monatsschrift] 6 (1933).

Berman, Izydor: „Proza Franza Kafki", in: *Skamander* 69 (1936), S. 179–187.

Berman, Izydor: „Spotkania z Józefem Rothem" [Treffen mit Joseph Roth], in: *Nowy Dziennik* [Neue Tageszeitung], 23. Januar 1937, S. 8.

Berman, Izydor: „Joseph Roth i Ernst Toller", in: *Sygnały* [Signale] 72 (1939), S. 2.

Berner, Peter, Brix, Emil, Mantl, Wolfgang (Hg.): *Wien um 1900. Aufbruch in die Moderne*, Wien 1986.

Betti, Arianna, Raspa, Venanzio (Hg.): *Kazimierz Twardowski. Logik. Wiener Logikkolleg 1894/95*, Berlin 2016.

Bhabha, Homi K.: *Die Verortung von Kultur*, Tübingen 2011 (2000).

Bieniek, Beata A.: *Bruno Schulz' Mythopoesie der Geschlechteridentitäten: Der Götzenblick im Gender-Spiegel*, Berlin 2019.

Biernacki, Edmund: *Istota i granice wiedzy lekarskiej* [Das Wesen und die Grenzen des ärztlichen Wissens], Warszawa 1899.

Biernacki, Edmund: *Zasady poznania lekarskiego* [Regeln der ärztlichen Erkenntnis], Warszawa 1902.

Biernacki, Edmund: *Co to jest choroba?* [Was ist die Krankheit?], Lwów 1905.

Bilikiewicz, Tadeusz: *Die Embryologie im Zeitalter des Barock und des Rokoko*, Leipzig 1932.

Bilikiewicz, Tadeusz: „Z rozważań nad ‚sensem' historii" [Aus den Überlegungen über den ‚Sinn' der Geschichte], in: *Przegląd Współczesny* [Zeitgenössische Rundschau] 17 (1938), S. 114–126.

Bilikiewicz, Tadeusz: „Bemerkungen zum Artikel von Fleck ‚Wissenschaft und Umwelt'" [Uwagi nad artykułem Ludwika Flecka „Nauka a środowisko"] (1939), in: Ludwik Fleck: *Denkstile und Tatsachen. Gesammelte Schriften und Zeugnisse*, hg. v. Sylwia Werner und Claus Zittel, Berlin 2011, S. 340–352.

Bilikiewicz, Tadeusz: „Die Antwort auf die Replik von Ludwik Fleck" [Odpowiedź na replikę Ludwika Flecka] (1939), in: Ludwik Fleck: *Denkstile und Tatsachen. Gesammelte Schriften und Zeugnisse*, hg. v. Sylwia Werner und Claus Zittel, Berlin 2011, S. 361–363.

Birthälmer, Antje: „Osteuropäische und belgische Konstruktivisten", in: Antje Birthälmer, Gerhard Finckh (Hg.): *Der Sturm: Zentrum der Avantgarde*, Bd. 1., Wuppertal 2012, S. 293–314.

Birjulejev, Jura: „Auf dem Weg zu Veränderungen: Neue Formen in der Kunst Lembergs (1880–1914), in: Nina Vagapova, Viktoria Egorova, Ilyuza Taganaeva (Hg.):

Künstlerische Zentren in Österreich-Ungarn 1867–1918, Sankt Petersburg 2009, S. 479–501.

Blaustein, Leopold: „Roman Ingarden: ‚Das literarische Kunstwerk. Eine Untersuchung aus dem Grenzgebiet der Ontologie, Logik und Literaturwissenschaft', Halle: Max Niemeyer Verlag 1931", in: *Przegląd Humanistyczny* [Humanistische Rundschau] 5 (1931) 4–5, S. 452–456.

Blaustein, Leopold: „Roman Ingarden: ‚Das literarische Kunstwerk. Eine Untersuchung aus dem Grenzgebiet der Ontologie, Logik und Literaturwissenschaft'", in: *Ruch Filozoficzny* [Philosophische Bewegung] 13 (1937) 5, S. 98–102.

Bloch, Marc: *Apologie der Geschichtswissenschaft oder der Beruf des Historikers*, Stuttgart 2002.

Bohr, Nils: „Das Quantenpostulat und die neuere Entwicklung der Atomistik", in: *Die Naturwissenschaften* 16 (1928) 15, S. 245–257.

Bolecki, Włodzimierz, Jarzębski, Jerzy/Rosiek, Stanisław (Hg.): *Słownik schulzowski* [Schulz-Wörterbuch], Gdańsk 2003.

Bołoz-Antoniewicz, Jan: „Impresjonizm – Ekspresjonizm" [Impressionismus – Expressionismus], in: *Gazeta Wieczorna* [Die Abendzeitung] (28. Juli 1918) 4276, S. 1–3.

Bonacker, Torsten, Reckwitz, Andreas (Hg.): *Kulturen der Modernen. Soziologische Perspektive der Gegenwart*, Frankfurt am Main/New York 2007.

Boy-Żeleński, Tadeusz: *Zmysły ... Zmysły ...* [Sinne ..., Sinne ...], Warszawa 1932.

Boy-Żeleński, Tadeusz: *Erinnerungen an das Labyrinth. Krakau um die Jahrhundertwende*, Leipzig/Weimar 1979.

Brandt, Marion: „Die Handschriften zu Alfred Döblins ‚Reise in Polen'", in: *Jahrbuch der deutschen Schillergesellschaft* 51 (2007), S. 49–69.

Braun, Marcin: „Cudowne rozmnażanie kul" [Wunderbare Vermehrung der Kugeln], in: *Wiedza i życie* [Wissen und Leben] 5 (1999).

Breiter, Emil: „Debora Vogel. Akacje kwitną. Montaże", in: *Wiadomości Literackie* [Literarische Nachrichten] (1936) 11, S. 4.

Breiter, Emil: „Debora Vogel. ‚Akazien blühen. Montagen'" (1936), in: Debora Vogel: *Die Geometrie des Verzichts. Gedichte, Montagen, Essays, Briefe*, hg. v. Anna Maja Misiak, Wuppertal 2015, S. 599–600.

Breza, Tadeusz: „Piękna książka Józefa Wittlina. Powieść o cierpliwym piechurze" [Ein schönes Buch über den geduldigen Infanteristen], in: *Kurier Poranny* [Morgenkurier] 59 (1935) 344, S. 3–4.

Brittnacher, Hans: „Bruno Schulz, ein galizischer Phantast", in: Kerstin Schoor, Ievgeniia Voloshchuk, Borys Bigun (Hg.): *Blondzhende Stern. Jüdische Schriftstellerinnen und Schriftsteller aus der Ukraine als Grenzgänger zwischen den Kulturen in Ost und West*, Göttingen 2020, S. 209–222.

Brix, Emil: „Pluralität. Die Erneuerung der Moderne“, in: Gotthard Wunberg, Dieter A. Binder (Hg.): *Pluralität. Eine interdisziplinäre Annäherung*, Wien/Köln/Weimer 1996, S. 273–296.

Brockhaus, Christoph: „Rezeptions- und Stilpluralismus. Zur Bildgestaltung in Alfred Kubins Roman ‚Die andere Seite'“, in: *Pantheon* 32 (1974) 3, S. 272–288.

Brorson, Stig, Andersen, Hanne: „Stabilizing and Changing Phenomenal Worlds: Ludwik Fleck and Thomas Kuhn on Scientific Literature“, in: *Journal for General Philosophy of Science* 32 (2001), S. 109–129.

Brożek, Anna: „Maria Kokoszyńska: Between the Lvov-Warsaw School and the Vienna Circle“, in: *Journal for the History of Analytical Philosophy* 5 (1917) 2, S. 18–36.

Brunn, Clemens: *Der Ausweg ins Unwirkliche. Fiktion und Weltmodell bei Paul Scheerbart und Alfred Kubin*, Hamburg 2010.

Brunn, Clemens: „Der Wille zum Machen. Anmerkungen zu Kubins Nietzsche-Rezeption und zu seiner Philosophie einer Ästhetisierung der Welt durch die schöpferische Wirklichkeitsflucht“, in: Peter Assmann (Hg.): *Alfred Kubin und die Phantastik. Ein aktueller Forschungsrundblick*, Wetzlar 2011, S. 151–184.

Bruyn, Dieter de: „‚The Lie always Rises to the Surface like Oil'. Toward a metafictional Reading of Karol Irzykowski's ‚Pałuba' in Bruno Schulz's Fiction“, in: Dieter de Bruyn, Kris van Heuckelom (Hg.): *(Un)masking Bruno Schulz. New Combinations, further Fragmentations, ultimate Reintegrations*, Amsterdam/New York 2009, S. 83–133.

Brzozowski, Stanisław: „Cogitationes morosae“, in: *Głos* [Die Stimme] 18 (1903) 47, S. 749–751 u. 48, S. 764–765.

Brzozowski, Stanisław: „Karol Irzykowski“, in: *Współczesna powieść i krytyka* [Der Gegenwärtige Roman und die Kritik], Kraków/Wrocław 1984 (1906), S. 136–140.

Budrecka, Aleksandra: „Wstęp do ‚Pałuby'“ [Einführung zu „Pałuba“], in: Karol Irzykowski: *Pałuba. Sny Marii Dunin* [Pałuba. Die Träume von Maria Dunin], Wrocław 1981 (1903), S. III-LXXXVIII.

Bürger, Peter: *Theorie der Avantgarde*, Frankfurt am Main 1974.

Byk, Eleazar: „Na nowych drogach sztuki. (Z powodu II. wystawy formistów i ‚Buntu' poznańskiego)“ [Auf dem neuen Weg zur Kunst. (Wegen der zweiten Ausstellung der Formisten und des Posener „Widerstands“], in: *Wiek Nowy* [Neues Jahrhundert] (1920) 5711, S. 3; 5712, S. 3; 5713, S. 3; 5714, S. 3; 5715, S. 3; 5718, S. 3; 5719, S. 3–4.

Cackowski, Zdzisław: „Epistemologia Ludwika Flecka“ [Die Epistemologie Ludwik Flecks], in: *Studia Filozoficzne* 5–6 (1982), S. 65–77.

Caneppele, Paolo: *Die Republik der Träume. Bruno Schulz und seine Bilderwelt*, Graz 2010.

Canguilhem, Georges: „Der Beitrag der Bakteriologie zum Untergang der ‚medizinischen Theorien' im 19. Jahrhundert“, in: Georges Canguilhem (Hg.): *Wissenschaftsgeschichte und Epistemologie*, Frankfurt am Main 1979, S. 110–132.

Carls, Alice-Catherine: „Józef Wittlin's Passages through France", in: Anna Frajlich (Hg.): *Between Lvov, New York and Ulysses' Ithaca: Józef Wittlin – poet, essayist, novelist*, Toruń 2001, S. 157–175.

Carnap, Rudolf, Hahn, Hans, Neurath, Otto: „Geleitwort" (1929), in: Michael Stöltzner, Thomas Uebel (Hg.): *Wiener Kreis. Texte zur wissenschaftlichen Weltauffassung von Rudolf Carnap, Otto Neurath, Moritz Schlick, Philipp Frank, Hans Hahn, Karl Menger, Edgar Zilsel und Gustav Bergmann*, Hamburg 2009, S. 3–4.

Carnap, Rudolf, Hahn, Hans, Neurath, Otto: „Wissenschaftliche Weltauffassung" (1929), in: Michael Stöltzner, Thomas Uebel (Hg.): *Wiener Kreis. Texte zur wissenschaftlichen Weltauffassung von Rudolf Carnap, Otto Neurath, Moritz Schlick, Philipp Frank, Hans Hahn, Karl Menger, Edgar Zilsel und Gustav Bergmann*, Hamburg 2009, S. 5–29.

Carnap, Rudolf: „Die logizistische Grundlegung der Mathematik", in: *Erkenntnis* 2 (1931), S. 91–105.

Carnap, Rudolf: „Die Überwindung der Metaphysik durch die logische Analyse der Sprache", in: *Erkenntnis* 10 (1932), S. 219–241.

Carnap, Rudolf: „Die physikalische Sprache als Universalsprache der Wissenschaft", in: *Erkenntnis* 2 (1931), S. 432–465.

Carnap, Rudolf: „Die physikalische Sprache als Universalsprache der Wissenschaft" (1932), in: Michael Stöltzner, Thomas Uebel (Hg.): *Wiener Kreis. Texte zur wissenschaftlichen Weltauffassung von Rudolf Carnap, Otto Neurath, Moritz Schlick, Philipp Frank, Hans Hahn, Karl Menger, Edgar Zilsel und Gustav Bergmann*, Hamburg 2009, S. 315–353.

Carnap, Rudolf: „Psychologie in physikalischer Sprache", in: *Erkenntnis* 3 (1932) 1, S. 107–142.

Carnap, Rudolf: „Über Protokollsätze", in: *Erkenntnis* 3 (1932/33), S. 215–228.

Carnap, Rudolf: *Mein Weg in die Philosophie*, Stuttgart 1993.

Chałubiński, Tytus: *Metoda wynajdywania wskazań lekarskich* [Die Methode der Findung medizinischer Identifikatoren], Warszawa 1874.

Chałubiński, Tytus: *Zimnica. Studyum ze stanowiska praktycznego* [Sumpffieber. Ein Studium aus der praktischen Perspektive], Warszawa 1875.

Chłędowski, Kazimierz: „Futuryzm – zjawiskiem przemijającem!" [Futurismus – vergängliches Phänomen!], in: *Gazeta Wieczorna* [Die Abendzeitung] (28. Juli 1918) 4276, S. 4.

Cain, Friedrich: „Moderne errichten. Über Experimente in der Stadt Warschau (1918–1927)", in: Bernd Stiegler, Sylwia Werner (Hg.): *Laboratorien der Moderne. Orte und Räume des Wissens in Mittel und Osteuropa*, Paderborn 2016, S. 253–288.

Carifio, James/Perla, Rocco J.: „‚Not Just a Fleck' on the Epistemic Landscape: A Reappraisal of Ludwik Fleck's Views of the Nature of Scientific Progress and Change in Relation to Contemporary Educational and Social Issues", in: *Research in Science Education* 43 (2013) 6, S. 2349–2366.

Chołuj, Bożena: „Was leistet die Soziologisierung der Wissenschaften bei Ludwik Fleck?“, in: Gangolf Hübinger (Hg.): *Europäische Wissenschaftskulturen und politische Ordnungen in der Moderne (1890–1970)*, München 2014, S. 207–212.

Chrobak, Karol: *Niejedna rzeczywistość* [Nicht eine Wirklichkeit], Kraków 2004.

Chwistek, Leon: „Zasada sprzeczności w świetle nowszych badań Bertranda Russella“ [Das Widerspruchsprinzip im Lichte der neusten Forschungen Bertrand Russells], in: *Rocznik Akademii Umiejętności* [Jahrbuch der Akademie der Künste], Kraków 1912, S. 270–334.

Chwistek, Leon: „Trzy odczyty odnoszące się do pojęcia istnienia“ [Drei Referate über den Begriff der Existenz“, in: *Przegląd Filozoficzny* [Philosophische Rundschau] 20 (1917) 2, S. 122–151.

Chwistek, Leon: „Wielość rzeczywistości w sztuce“ [Die Vielheit der Wirklichkeiten in der Kunst] (1918), in: Ders.: *Wielość rzeczywistości w sztuce i inne szkice literackie* [Die Vielheit der Wirklichkeiten in der Kunst und andere literarische Skizzen], Warszawa 1960, S. 24–50.

Chwistek, Leon: „Wrogowie formizmu i ich psychologia“ [Die Feinde des Formismus und ihre Psychologie] (1919), in: Ders.: *Wielość rzeczywistości w sztuce i inne szkice literackie* [Die Vielheit der Wirklichkeiten in der Kunst und andere literarische Skizzen], Warszawa 1960, S. 89–93.

Chwistek, Leon: „Formizm“ [Der Formismus] (1919), in: Ders.: *Wielość rzeczywistości w sztuce i inne szkice literackie* [Die Vielheit der Wirklichkeiten in der Kunst und andere literarische Skizzen], Warszawa 1960, S. 94–99.

Chwistek, Leon: „Zagadnienia współczesnej architektury“ [Das Problem der zeitgenössischen Architektur], in: *Nowa sztuka* [Neue Kunst] 1 (1921) 1, S. 10–16.

Chwistek, Leon: „Nowa poezja polska“ [Neue polnische Poesie], in: *Nowa Sztuka* [Neue Kunst] 2 (1921).

Chwistek, Leon: „Wielość rzeczywistości“ [Die Vielheit der Wirklichkeiten] (1921), in: Ders.: *Pisma filozoficzne i logiczne* [Philosophische und logische Schriften], Warszawa 1961, S. 30–105.

Chwistek, Leon: „Über die Antimonien der Prinzipien der Mathematik“, in: *Mathematische Zeitschrift* 14 (1922), S. 236–243.

Chwistek, Leon: „Krótka rozprawa z panem Roman Ingardenen, doktorem uniwersytetu fryburskiego“ [Eine kurze Abrechnung mit Herrn Roman Ingarden, Doktor der Universität Freiburg], in: *Przegląd Filozoficzny* [Philosophische Rundschau] 25 (1922) 4, S. 541–544.

Chwistek, Leon: „Zastosowanie metody konstrukcyjnej do teorii poznania“ [Anwendung der konstruktivistischen Methode auf die Erkenntnistheorie] (1923), in: Ders.: *Pisma filozoficzne i logiczne* [Philosophische und logische Schriften], Warszawa 1963, S. 106–117.

Chwistek, Leon: „Vielheit der Wirklichkeiten in der Kunst" (1924), in: Schuler, Romana, Gawlik Goschka (Hg.): *Zwischen Experiment und Repräsentation. Der neue Staat. Polnische Kunst 1918–1939*, Ostfildern 2003, S. 97–110.

Chwistek, Leon: „Tragedia werbalnej metafizyki. Z powodu książki dra Romana Ingardena ‚Das litararische Kunstwerk'" [Die Tragödie der verbalen Metaphysik. Aus Anlaß des Buches Dr. Ingardens ‚Das literarische Kunstwerk'], in: *Kwartalnik Filozoficzny* [Philosophische Vierteljahresschrift] 10 (1932) 1, S. 46–76.

Chwistek, Leon: „W pracowniach polskich pisarzy" [In den Werkstätten der polnischen Schriftsteller], in: *Wiadomości Literackie* [Literarische Nachrichten] 49 (1932), 52 (1933), 22 (1935), 13 (1936), 19 (1937).

Chwistek, Leon: „Moja walka o nową formę w sztuce" [Mein Kampf um die neue Form in der Kunst] (1935), in: Ders.: *Wybór pism estetycznych* [Auswahl ästhetischer Schriften], hg. v. Teresa Kostyrko, Kraków 2004, S. 239f.

Chwistek, Leon: „Granice nauki. Zarys logiki i metodologii nauk ścisłych" [Die Grenzen der Wissenschaft. Eine Skizze der Logik und der Methodologie der Naturwissenschaften] (1935), in: Ders.: *Pisma filozoficzne i logiczne* [Philosophische und logische Schriften], Warszawa 1963, S. 211–232.

Chwistek, Leon: „Twórcza siła formizmu" [Schöpferische Kraft des Formismus], in: *Głos Plastyków* [Die Stimme der Künstler] 8–12 (1938), S. 6–10.

Chwistek, Leon: *Pałace Boga. Próba rekonstrukcji* [Die Paläste Gottes. Versuch einer Rekonstruktion], hg. v. Ludwik Bogdan Grzeniewski, Warszawa 1979.

Ciesielski, Krzysztof: „Śladami Banacha we Lwowie" [Auf den Spuren von Banach in Lemberg], in: *Matematyka* [Mathematik] 45 (1992) 2, S. 91–95.

Ciesielski, Krzysztof, Moslehian, Mohammad S.: „Some Remarks on the History of Funkctional Analysis", in: *Annals of Functional Analysis* 1 (2010) 1, S. 1–12.

Coates, Paul: „Karol Irzykowski. Apologist of the Inauthentic Art", in: *New German Critique* 42 (1987), S. 113–115.

Cohen, Robert, Schnelle, Thomas (Hg.): *Cognition and Fact – Materials on Ludwik Fleck*, Berlin 1986.

Coleman, Arthur Pruden: „Joseph Wittlin. Giant of Polish Letters", in: *The Saturday Review* 2 (1941), S. 10–11.

Collins, Randall, Annett, John: *Conflict sociology: Toward an explanatory science*, New York 1975.

Collins, Randall: *Interaction ritual chains*, Princeton 2004.

Collins, Randall: *Konflikttheorie. Ausgewählte Schirften*, Wiesbaden 2012.

Coniglione, Francesco, Poli, Roberto, Woleński, Jan: *Polish scientific philosophy: the Lvov-Warsaw School*, Amsterdam 1993.

Csáky, Moritz, Kury, Astrid, Tragatsching, Ulrich (Hg.): *Kultur – Identität – Differenz. Wien und Zentraleuropa in der Moderne*, Innsbruck 2004.

Csáky, Moritz: „Mitteleuropa/Zentraleuropa – ein komplexes kulturelles System“, in: Heinz Fassmann, Wolfgang Müller-Funk, Heidemarie Uhl (Hg.): *Kulturen der Differenz – Transformationsprozesse in Zentraleuropa nach 1989*, Wien 2009, S. 21–28.

Csáky, Moritz: „Die zentraleuropäische Stadt um 1900. Pluriethnizität, Plurikulturalität und Mehrsprachigkeit“, in: Steffen Höhne, Manfred Weinberg (Hg.): *Franz Kafka im interkulturellen Kontext*, Köln 2019, S. 27–61.

Cybenko, Larissa: „Das Galizien der Zwischenkriegszeit in den literarischen Reisebeschreibungen von Joseph Roth und Alfred Döblin“, in: *Der literarische Zaunkönig* 2 (2013), S. 28–40.

Cysarz, Herbert: „Roman Ingarden (Lemberg): ‚Das Literarische Kunstwerk. Eine Untersuchung aus dem Grenzgebiet der Ontologie, Logik und Literaturwissenschaft‘, Halle 1931‘“, in: *Deutsche Literaturzeitung* 34 (1931), S. 1595–1599.

Czachowska, Jadwiga: „Sygnały 1933–1939“ [Signale 1933–1939], in: Ewa Korzeniewska (Hg.): *Materiały do dziejów postępowej publicystyki* [Materialien zur Geschichte der fortschrittlichen Publizistik], Bd. 2, Wrocław 1952.

Czachowski, Kazimierz: „Myśl o Irzykowskim“ [Der Gedanke an Irzykowski], in: *Pion* [Die Vertikale] 6 (1938) 24–25, S. 2.

Czaplicka, John (Hg.): *Lviv. A City in the Crosscurrents of Culture*, Harvard 2005.

Dal Co, Francesco: *Figures of Architecture and Thought: German Architecture Culture. 1880–1920*, New York 1990.

Dawn, Marjusz: „Rozmowa z Józefem Wittlinem“ [Das Gespräch mit Józef Wittlin], in: *Wiadomości Literackie* [Literarische Nachrichten] 6 (1936) 638, S. 2.

Dąbrowska, Krystyna: „‚Pałuba‘ – Gombrowicz – Sartre“, in: *Twórczość* [Das Schaffen] 18 (1962) 11, S. 64–71.

Dąbrowska, Krystyna: „Struktura artystyczna ‚Pałuby‘“ [Die künstlerische Struktur von „Pałuba“], in: *Zeszyty Naukowe Uniwersytetu Mikołaja Kopernika w Toruniu* [Wissenschaftliche Hefte der Nikolaus-Kopernikus-Universität Toruń] 9 (1963), S. 159–197.

Dąmbska, Izydora: „Koło Wiedeńskie. Założenia epistemologiczne Koła i niektóre ich konsekwencje“ [Der Wiener Kreis. Epistemologische Grundannahmen des Kreises und derer einige Konsequenzen], in: *Przegląd Współczesny* [Gegenwärtige Rundschau] 42 (1932) 125, S. 379–388.

Dąmbska, Izydora: „Czterdzieści lat filozofii we Lwowie. 1898–1948“ [Vierzig Jahre der Philosophie in Lemberg. 1898–1948], in: *Przegląd Filozoficzny* [Philosophische Rundschau] 64 (1948), S. 14–25.

Dąmbska, Izydora: „Filozofia na Uniwersytecie Jana Kazimierza we Lwowie w latach 1918–1939“ [Die Philosophie an der Jan-Kazimierz-Universität Lemberg in den Jahren 1918–1939], in: *Zeszyty Lwowskie* [Lemberger Hefte] 2 (1971), S. 76–90.

Dąmbska, Izydora: „Ist die intersubjektive Ähnlichkeit der Sinneseindrücke eine unentbehrliche Voraussetzung der Naturwissenschaften?“ [Czy intersubjektywne podobieństwo wrażeń zmysłowych jest niezbędnym założeniem nauk przyrodniczych?] (1937), in: Ludwik Fleck: *Denkstile und Tatsachen. Denkstile und Tatsachen. Gesammelte Schriften und Zeugnisse*, hg. v. Sylwia Werner und Claus Zittel, Berlin 2011, S. 310–319.

Dedecius, Karl: „Übersetzen, verstehen, Brücken bauen", in: *Göttinger Beiträge zur Internationalen Übersetzungsforschung*, hg. v. Armin Paul Frank, Kurt-Jürgen Maaß, Fritz Paul und Horst Turk, Bd. 8, Berlin 1993, S. 8–21.

Dembowski, Jan: „O poezji nauki" [Über die Poesie der Wissenschaft], in: Ders.: *Szkice bilogiczne* [Biologische Skizzen], Lwów 1927, S. 1–6.

Dembowski, Jan: „Teoria ewolucji w naukach biologicznych" [Evolutionstheorie in den biologischen Wissenschaften], in: *Pamiętnik Warszawski* [Warschauer Tagebuch] 2 (1930) 3, S. 55–70.

Dembowski, Jan: (Rezension) „Ludwik Flecks ‚Entstehung und Entwicklung einer wissenschaftlichen Tatsache', 1935; ‚Über die wissenschaftliche Beobachtung und die Wahrnehmung im Allgemeinen', 1935; ‚Das Problem einer Theorie des Erkennens', 1936" [Ludwik Fleck: „Powstanie i rozwój faktu naukowego", „O obserwacji naukowej i postrzeganiu wogóle", „Zagadnienie teorii poznawania"] (1939), in: Ludwik Fleck: *Denkstile und Tatsachen. Gesammelte Schriften und Zeugnisse*, hg. v. Sylwia Werner und Claus Zittel, Berlin 2011, S. 612–618.

Dembowski, Jan: *Tierpsychologie*, Berlin 1955 (1946).

Dengler, Janusz, „Debora Vogel i Witkacy", in: *Ogród* [Der Garten] 7 (1994) 1, S. 208–212.

Deregowski, Jan B.: „Kaziemierz Bartel (1882–1941)", in: *Psychologie und Geschichte* 5 (1994) 3–4, S. 246–260.

Deréky, Peter (Hg.): *Mitteleuropäische Avantgarden. Intermedialität und Interregionalität im 20. Jahrhundert*, Frankfurt am Main/Berlin 2006.

Detel, Wolfgang: „Wissenskulturen und epistemische Praktiken", in: Johannes Fried, Thomas Kailer (Hg.): *Wissenskulturen. Beiträge zu einem forschungsstrategischen Konzept*, Berlin 2003, S. 119–132.

Domosławski, Zbigniew: „Ziembicki Witołd (1874–1950), lekarz, internista, historyk medycyny" [Ziembicki Witołd (1874–1950), Arzt, Internist, Medizinhistoriker], in: *Słownik biograficzny polskich nauk medycznych XX wieku* [Biographisches Wörterbuch der polnischen Medizinwissenschaften des 20. Jahrhunderts], Warszawa 1995, S. 149–151.

Douglas, Mary: *Wie Institutionen denken*, Frankfurt am Main 1992.

Döblin, Alfred: „Ein polnischer ‚Soldat Schweijk'. Zu Joseph Wittlins Roman ‚Das Salz der Erde'", in: *Pariser Tageszeitung* 50 (1936) 139, S. 4.

Döblin, Alfred: „Ein polnischer ‚Soldat Schweijk'. Zu Joseph Wittlins Roman ‚Das Salz der Erde'", in: *Kleine Schriften IV*, hg. v. Anthony W. Riley und Christina Althen, Düsseldorf 2005, S. 77–81.

Döring, Jörg, Thielmann, Tristan (Hg.): *Spatial Turn. Das Raumparadigma in den Kultur- und Sozialwissenschaften*, Bielefeld 2008.

Drews, Peter: *Die slawische Avantgarde und der Westen. Die Programme der russischen, polnischen und tschechischen Avantgarde und ihr europäischer Kontext*, München 1983.

Duda, Roman: *Lwowska szkoła matematyczna* [Die Lemberger mathematische Schule], Wrocław 2007.

Duda, Roman: „Facts an Myths about Stefan Banach", in: *Newsletter of the European Mathematical Society* 71 (2009), S. 29–34.

Duda, Roman: „Die Lemberger Mathematikerschule", in: *Jahresbericht der DMV* 112 (2010) 1, S. 3–24.

Duda, Roman: „Matematyka polska w międzywojennym dwudziestoleciu" [Polnische Mathematik in der Zwischenkriegszeit], in: *Nauka Polska* [Polnische Wissenschaft] 21 (2012) 46, S. 121–155.

Duda, Roman: „Wizjoner sprzed wieku" [Ein Visionär aus dem vorherigen Jahrhundert], in: *Pauza Akademicka* [Akademische Pause] 205 (2013), 2–3.

Durkheim, Emile: „Individuelle und kollektive Vorstellungen" (1898), in: Ders.: *Soziologie und Philosophie*. Frankfurt am Main 1976, S. 45–83.

Dziergwa, Roman: „Zur Rolle der deutschsprachigen Literatur in der Essaayistik Józef Wittlins aus den Jahren 1918–1939", in: *Studia Germanica Posnaniensia* 24 (1999), S. 161–171.

Eberharter, Markus: *Der poetische Formismus Tytus Czyżewskis. Ein literarischer Ansatz der frühen Polnischen Avantgarde und sein Mitteleuropäischer Kontext*, München 2004.

Egloff, Rainer: „Leidenschaft und Beziehungsproblem: Ludwik Fleck und die Soziologie", in: Bożena Chołuj, Jan C. Joerden (Hg.): *Von der wissenschaftlichen Tatsache zur Wissensproduktion: Ludwik Fleck und seine Bedeutung für die Wissenschaft und Praxis*, Frankfurt am Main 2007, S. 79–93.

Egloff, Rainer: „Gedankenverkehr, Kreuzung und Verdichtung. Fleck, Simmel und die Völkerpsychologie, in: *NTM – Zeitschrift für Geschichte der Wissenschaften, Technik und Medizin* 22 (2014), S. 69–85.

Eidherr, Armin: *Sonnenuntergang auf eisig-blauen Wegen. Zur Thematisierung von Diaspora und Sprache in der jiddischen Literatur des 20. Jahrhunderts*, Wien 2012.

Einhorn, Dawid: „O jasnym i niejanym stylu filozoficznym ze stanowiska teoryi poznania i metodologii" [Über den klaren und unklaren philosophischen Stil aus der erkenntnistheoretischen und methodologischen Perspektive], in: *Ruch Filozoficzny* [Philosophische Bewegung] 5 (1920) 4–5, 71–74.

Einstein, Albert, Infeld, Leopold: *Die Evolution der Physik*, Berlin 1995 (1938).

Eisenstadt, Shmuel N.: „Multiple modernities", in: *Daedalus* 129 (2000) 1, S. 1–30.

Eisenstadt, Shmuel N.: *Die Vielfalt der Moderne*, Weilerswist 2000.

Eisenstadt, Shmuel N.: *Theorie und Moderne. Soziologische Essays*, Wiesbaden 2006.

Eisenstadt, Shmuel N.: „Multiple modernities: Analyserahmen und Problemstellung", in: Thorsten Bonacker, Andreas Reckwitz (Hg.): *Kulturen der Moderne. Soziologische Perspektiven der Gegenwart*, Frankfurt am Main 2007, S. 19–45.

Engler, Fynn Ole: „Koinzidenzen, Gestalten und Denkstile. Moritz Schlick und Ludwik Fleck über die Objektivität am Fundament der Erkenntnis und die Bedeutung der Wissenschaftsgeschichte", in: Moritz Schlick: *Ursprünge und Entwicklungen seines Denkens*, hg. v. Fynn Ole Engler und Mathias Iven, Berlin 2010, S. 339–386.

Epple, Moritz: „Kulturen der Forschung: Mathematik und Modernität am Beginn des 20. Jahrhunderts", in: Johannes Fried, Michael Stolleis (Hg.): *Wissenskulturen. Über die Erzeugung und Weitergabe von Wissen*, Frankfurt am Main/New York 2009, S. 125–158.

Epple, Moritz, Zittel Claus (Hg.): *Cultures and politics of research from the early modern period to the age of extremes*, Berlin 2010.

Estreicher, Karol: *Leon Chwistek. Biografia artysty (1884–1944)* [Leon Chwistek. Die Biographie des Künstlers (1884–1944)], Kraków 1971.

Evans-Pritchard, Edward E.: *Theorien über primitive Religionen*, Frankfurt am Main 1981 (1965).

Faber, Vera, Horbachov, Dmytro, Sonnleitner, Johann (Hg.): *Österreichische und ukrainische Literatur und Kunst. Kontakte und Kontexte in Moderne und Avantgarde*, Frankfurt am Main/Berlin/Bern/Bruxelles/New York/Oxford/Wien 2016.

Fagan, Melinda B.: „Fleck and the social constitution of scientific objectivity", in: *Studies in History and Philosophy of Biological and Biomedical Sciences* 40 (2009), S. 272–285.

Fähnders, Walter: *Avantgarde und Moderne 1890–1933*, Stuttgart/Weimar 2010.

Fässler, Peter, Held, Thomas, Sawitzki Dirk (Hg.): *Lemberg – Lwów – Lviv. Eine Stadt im Schnittpunkt europäischer Kulturen*, Köln/Weimar/Wien 1995.

Fehr, Johannes: „Vielstimmigkeit und der wissenschaftliche Umgang damit. Ansätze zu einer Fleck'schen Philologie", in: Rainer Egloff (Hg.): *Tatsache – Denkstil – Kontroverse: Auseinandersetzungen mit Ludwik Fleck*, Zürich 2005, S. 33–46.

Fehr, Johannes: „Und *nichts* als sie. Eine epistemologische Rhapsodie", in: Rainer Egloff, Johannes Fehr (Hg.): *Vérité, Widerstand, Development: At Work with/Arbeiten mit/Travailler avec Ludwik Fleck*, Zürich 2011, S. 13–20.

Fehr, Johannes: „‚… The art of shaping a democratic reality and being directed by it …' – philososophy of science in turbulent times", in: *Studies in East European Thought* 64 (2012) 1–2, S. 81–89.

Feferman, Burdman Anita, Feferman, Solomon: *Alfred Tarski, Życie i logika* [Alfred Tarski. Leben und Logik], Warszawa 2009.

Feferman, Burdman Anita, Feferman, Solomon: *Alfred Tarski. Life and Logic*, Cambridge 2004.

Feldman, Wilhelm: *Współczesna literatura polska. 1880–1904* [Die polnische Gegenwartsliteratur. 1880–1904], Bd. 3, Warszawa 1905, S. 226.

Feldman, Wilhelm: *Piśmiennictwo polskie 1880–1904* [Polnische Literaturgeschichte. 1880–1904], Lwów 1905, B. 3, S. 231–232.

Feldman, Wilhelm: *Współczesna literatura polska. 1864–1918* [Die polnische Gegenwartsliteratur. 1864–1918], Bd. 2, Kraków 1985 (1919), S. 206–207 und S. 271–272.

Ficowski, Jerzy: „Prehistoria i powstanie ‚Sklepów cynamonowych'" [Die Vorgeschichte und Entstehung der „Zimtländen"], in: Ders.: *Regiony wielkiej herezji i okolice. Bruno Schulz i jego mitologia* [Regionen der großen Häresie und der Umkreis], Kraków 1975, S. 56–64.

Ficowski, Jerzy: *Bruno Schulz: Listy, fragmenty. Wspomnienia o pisarzu* [Bruno Schulz: Briefe, Fragmente. Erinnerungen an den Schriftsteller], Kraków/Wrocław 1984.

Fieguth, Rolf: „Rezeption contra falsches und richtiges Lesen? Oder Mißverständnisse mit Ingarden", in: *Sprache im technischen Zeitalter* 37–40 (1971), S. 142–159.

Fieguth, Rolf: *Fenomenologia Romana Ingardena. Wydania specjalne ‚Studiów Filozoficznych'*, [Phänomenologie Roman Ingardens. Spezialausgabe der ‚Philosophischen Studien'], Warszawa 1972.

Fieguth, Rolf: „Bruno Schulz und seine heimliche Kritik an Kafka", in: German Ritz, Gabriela Matuszek (Hg.): *Recepcja literacka i proces literacki. O polsko-niemieckich kontaktach literackich od modernizmu po okres międzywojenny* [Literarische Rezeption und literarischer Prozess. Zu den polnisch-deutschen literarischen Wechselbeziehungen vom Modernismus bis in die Zwischenkriegszeit], Kraków 1999, S. 243–269.

Fischer, Lisa, Brix, Emil (Hg.): *Die Frauen der Wiener Moderne*, München 1997.

Flach, Sabine: *Die Wissenskünste der Avantgarden. Kunst, Wahrnehmungswissenschaft und Medien 1915–1930*, Bielefeld 2016.

Fleck, Ludwik: „O pewnej statystycznej okresowości przy durze powrotnym" [Über bestimmte statistische Perioden bei Rückfalltyphus], in: *Polska Gazeta Lekarska* [Polnische Ärztliche Zeitung] 1 (1922), S. 271–273.

Fleck, Ludwik, Kuratowski, Olgierd: „Oddziaływanie skóry w durze plamistym na odmieńca X_{19} i prątki pokrewne" [Die Hautreaktion bei Fleckfieber durch Proteus X_{19} und verwandte Bazillen], in: *Medycyna Doświadczalna i Społeczna* [Die experimentelle und soziale Medizin] 1 (1923) 1–2, S. 98–105.

Fleck, Ludwik: „Über einige spezifische Merkmale des ärztlichen Dankens" [O niektórych swoistych cechach myślenia lekarskiego] (1927), in: Ders.: *Denkstile und Tatsachen. Gesammelte Schriften und Zeugnisse*, hg. v. Sylwia Werner und Claus Zittel, Berlin 2011, S. 41–51.

Fleck, Ludwik, Lem, Samuel: „Rzadki przypadek wtórnej wakcyny na języku" [Ein seltener Fall sekundärer Vakzine auf der Zunge], in: *Wiadomości Lekarskie* [Ärztliche Nachrichten] 1 (1928) 5, S. 211–214.

Fleck, Ludwik: „Zur Krise der ‚Wirklichkeit'" (1929), in: Ders.: *Denkstile und Tatsachen. Gesammelte Schriften und Zeugnisse*, hg. v. Sylwia Werner und Claus Zittel, Berlin 2011, S. 52–69.

Fleck, Ludwik: „Der moderne Begriff der Ansteckung und der ansteckenden Krankheit" [Współczesne pojęcie zakażenia i choroby zakaźnej] (1930), in: Ders.: *Denkstile und Tatsachen. Gesammelte Schriften und Zeugnisse*, hg. v. Sylwia Werner und Claus Zittel, Berlin 2011, S. 70–90.

Fleck, Ludwik: „O odczynie egzantynowym" [Über die Exanthinreaktion], in: *Wiadomości Lekarskie* [Ärztliche Nachrichten] 3 (1930) 10–11, S. 380–384.

Fleck, Ludwik, Hescheles, J.: „Über eine Fleckfieber-Hautreaktion (die Exanthinreaktion) und ihre Ähnlichkeit mit dem Dicktest", in: *Klinische Wochenschrift* 10 (1931) 23, S. 107f.

Fleck, Ludwik, Hescheles, J.: „Über die Eigentümlichkeit der Exanthin-(Fleckfieberhaut-)Reaktion beim Menschen", in: *Zeitschrift für Immunitätsforschung und experimentelle Therapie* 79 (1933), S. 514–520.

Fleck, Ludwik: Briefwechsel mit Moritz Schlick (1933–1934), in: Ders.: *Denkstile und Tatsachen. Gesammelte Schriften und Zeugnisse*, hg. v. Sylwia Werner und Claus Zittel, Berlin 2011, S. 561–565.

Fleck, Ludwik: „Wie entstand die Bordet-Wassermann-Reaktion und wie entsteht überhaupt eine wissenschaftliche Entdeckung" [Jak powstał odczyn Bordet-Wassermanna i jak wogóle powstaje odkrycie naukowe] (1934), in: Ders.: *Denkstile und Tatsachen. Gesammelte Schriften und Zeugnisse*, hg. v. Sylwia Werner und Claus Zittel, Berlin 2011, S. 181–210.

Fleck, Ludwik: *Entstehung und Entwicklung einer wissenschaftlichen Tatsache. Einführung in die Lehre vom Denkstil und Denkkollektiv*, hg. v. Lothar Schäfer und Thomas Schnelle, Frankfurt am Main 1980 (1935).

Fleck, Ludwik: „Über die wissenschaftliche Beobachtung und die Wahrnehmung im Allgemeinen" [O obserwacji naukowej i postrzeganiu wogóle] (1935), in: Ders., *Denkstile und Tatsachen. Gesammelte Schriften und Zeugnisse*, hg. v. Sylwia Werner und Claus Zittel, Berlin 2011, S. 211–238.

Fleck, Ludwik: „Zur Frage der Grundlagen der medizinischen Erkenntnis" (1935), in: Ders.: *Denkstile und Tatsachen. Gesammelte Schriften und Zeugnisse*, hg. v. Sylwia Werner und Claus Zittel, Berlin 2011, S. 239–259.

Fleck, Ludwik: „Das Problem der Theorie des Erkennens" [Zagadnienie teorii poznawania] (1936), in: Ders.: *Denkstile und Tatsachen. Gesammelte Schriften und Zeugnisse*, hg. v. Sylwia Werner und Claus Zittel, Berlin 2011, S. 260–309.

Fleck, Ludwik: „In der Angelegenheit des Artikels von Frau Izydora Dąmbska in *Przegląd Filozoficzny* (Jg. 40, Heft III)" [W sprawie artykułu p. Izydory Dąmbskiej w *Przeglądzie Filozoficznym* (R. 40, Zeszyt III)] (1937), in: Ludwik Fleck: *Denkstile und Tatsachen. Gesammelte Schriften und Zeugnisse*, hg. v. Sylwia Werner und Claus Zittel, Berlin 2011, S. 320–326.

Fleck, Ludwik: „Wissenschaft und Umwelt“ [Nauka a środowisko] (1939), in: Ders.: *Denkstile und Tatsachen. Gesammelte Schriften und Zeugnisse*, hg. v. Sylwia Werner und Claus Zittel, Berlin 2011, S. 327–339.

Fleck, Ludwik: „Antwort auf die Anmerkungen von Tadeusz Bilikiewicz“ [Odpowiedź na uwagi Tadeusza Bilikiewicza] (1939), in: Ders.: *Denkstile und Tatsachen. Gesammelte Schriften und Zeugnisse*, hg. v. Sylwia Werner und Claus Zittel, Berlin 2011, S. 355–360.

Fleck, Ludwik: „Untersuchungen zum Flecktyphus im Lemberger Ghetto in den Jahren 1941–1942“ [Badania nad tyfusem plamistym w Getcie Lwowskim w latach 1941–1942], in: Ders.: *Denkstile und Tatsachen. Gesammelte Schriften und Zeugnisse*, hg. v. Sylwia Werner und Claus Zittel, Berlin 2011, S. 505–514.

Fleck, Ludwik: „Nowa metoda rozpoznawania tyfusa“ [Neue Methode der Typhuserkennung], in: *Gazeta Żydowska* [Jüdische Zeitung], 27. Mai 1942.

Fleck, Ludwik: „Wissenschaftstheoretische Probleme“ [Problemy naukoznawstwa] (1946), in: Ders.: *Denkstile und Tatsachen. Gesammelte Schriften und Zeugnisse*, hg. v. Sylwia Werner und Claus Zittel, Berlin 2011, 383–385.

Fleck, Ludwik: Briefwechsel mit Witold Ziembicki (1946), in: Ders.: *Denkstile und Tatsachen. Gesammelte Schriften und Zeugnisse*, hg. v. Sylwia Werner und Claus Zittel, Berlin 2011, S. 566–573.

Fleck, Ludwik, Borecka, Danuta: „Zachowanie się odczynu leukergicznego w różnych stanach chorobowych“ [Das Verhalten der leukergischen Reaktionen in verschiedenen Krankenständen], in: *Annales Universitatis Mariae Curie-Skłodowska Lublin. Sektion D* 1 (1946), S. 337–349.

Fleck, Ludwik: „Schauen, Sehen, Wissen“ [Patrzeć, widzieć, wiedzieć] (1947), in: Ders.: *Denkstile und Tatsachen. Gesammelte Schriften und Zeugnisse*, hg. v. Sylwia Werner und Claus Zittel, Berlin 2011, S. 390–418.

Fleck, Ludwik: „Dalsze badania nad leukergią [Weitere Untersuchungen über die Leukergie], in: *Polski Tygodnik Lekarski* [Die polnische ärztliche Wochenschrift] 2 (1947), S. 46–47, S. 1329–1332.

Fleck, Ludwik: „Zjawisko leukergii (z demonstracjami preparatów i wykresów)“ [Das Phänomen der Leukergie (mit Demonstrationen von Präparaten und Schaubildern)], in: *Medycyna Doświadczalna i Społeczna* [Experimentelle und Gesellschaftliche Medizin] 25 (1948) 5, S. 36–39.

Fleck, Ludwik: „Diskussionsbeitrag zum Vortrag von Jerzy Łoś: ‚O możliwości badań metasystemowych języka fizykalnego‘ [Über die Möglichkeit metasystemischer Untersuchungen der physikalischen Sprache], in: *Sprawozdanie z działalności Towarzystwa Filozoficznego i Psychologicznego w Lublinie w latach 1945–1947 oraz uzupełnienie za rok 1948* [Bericht über die Aktivitäten der Philosophischen und Psychologischen Gesellschaft in Lublin in den Jahren 1945–1947], Lublin 1948, S. 65.

Fleck, Ludwik: „Zeugenaussage im IG-Farben-Prozeß" (1948), in: Ders., *Denkstile und Tatsachen. Gesammelte Schriften und Zeugnisse*, hg. v. Sylwia Werner und Claus Zittel, Berlin 2011, S. 499–504.

Fleck, Ludwik, Kowarzyk, Hugon, Steinhaus, Hugo: „Jeszcze raz w sprawie tzw. ‚garniturowego układu białych ciałek krwi'" [Noch einmal in der Frage der sog. „Garnitursysteme der weißen Blutkörperchen"], in: *Polski Tygodnik Lekarski* [Die polnische ärztliche Wochenschrift] 3 (1948) 19, S. 583–585.

Fleck, Ludwik: „Wie wir den Anti-Flecktyphusimpfstoff im Lemberger Ghetto hergestellt haben" [Jak produkowaliśmy szczepionkę przeciwtyfusową w Getcie Lwowskim] (1958), in: Ders.: *Denkstile und Tatsachen. Gesammelte Schriften und Zeugnisse*, hg. v. Sylwia Werner und Claus Zittel, Berlin 2011, S. 521–525.

Fleck, Ludwik: „Krise in der Wissenschaft. Zu einer freien und menschlicheren Wissenschaft" (1960), in: Ders.: *Denkstile und Tatsachen. Gesammelte Schriften und Zeugnisse*, hg. v. Sylwia Werner und Claus Zittel, Berlin 2011, S. 466–474.

Fleischer, Michael, „Die polnische Lyrik der Moderne", in: Hans Joachim Piechotta, Ralph-Rainer Wuthenow (Hg.): *Die literarische Moderne in Europa. Bd. 2: Formationen der literarischen Avantgarde*, S. 214–222.

Flis, Andrzej: „Cracow philosophy of the beginning of the twentieth century and the rise of Malinowski's scientific ideas", in: Roy Ellen, Ernest Gellner, Grażyna Kubica, Janusz Mucha (Hg.): *Malinowski between two worlds: The Polish roots of an anthropological tradition*, Cambridge 1988, S. 105–127.

Folga, Zygmunt: „Dodekafonia Józefa Koflera" [Zwölftonmusik von Józef Koffler], in: *Muzyka* [Musik] 17 (1972) 4, S. 65–83.

Foucault, Michael: *Archäologie des Wissens*, Frankfurt am Main 1973.

Foucault, Michel: *Die Ordnung des Diskurses*, Frankfurt am Main 1974.

Freiheiter, Jerzy: „Józef Koffler", in: *Muzyka* [Musik] 7–8 (1936), S. 85–86.

Frajlich, Anna (Hg.): *Between Lvov, New York and Ulysses' Ithaca: Józef Wittlin – poet, essayist, novelist*, Toruń 2001.

Franzos, Karl Emil: „Vorwort zu Aus Halb-Asien: Land und Leute des östlichen Europas", in: Ders.: *Aus Halb-Asien: Land und Leute des östlichen Europas*, Berlin 1919.

Franzos, Karl Emil: „Von Wien nach Czeronwitz", in: Ders.: *Aus Halb-Asien: Land und Leute des östlichen Europas*, Berlin 1919.

Franzos, Karl Emil: *Kritik und Dichtung*, Bd. 3., hg. v. Fred Sommer, New York/Frankfurt am Main 1992, S. 29–36.

Friedman-Cohen, Carrie: *Yiddisch Literature in Galicia: Tsushtayer – Lemberg 1929–1932*, Jerusalem 2008.

Freud, Sigmund: „Totem und Tabu. Einige Übereinstimmungen im Seelenleben der Wilden und der Neurotiker" (1912/13), in: Ders.: *Kulturtheoretische Schriften*, Frankfurt am Main 1974, S. 287–444.

Frostig, Jakob: „Analiza tremy koncertowej jako przykład metody" [Analyse des Konzert-Lampenfiebers als ein Methodenbeispiel], in: *Polska Gazeta Lekarska* [Polnische Ärztliche Zeitung] 5 (1926) 16, S. 303–305 und 17, S. 325–326.

Frostig, Jakub: *Das schizophrene Denken. Phänomenologische Studie zum Problem der widersinnigen Sätze*, Leipzig 1929.

Fryde, Ludwik: „Utopia Irzykowskiego" (1934), in: Ders.: *Wybór pism krytycznych* [Auswahl kritischer Schriften], hg. v. Andrzej Biernacki, Warszawa 1966, S. 65–82.

Fryde, Ludwik: „Dyskusja o ‚Soli ziemi'" [Die diskussion über „Das Salz der Erde"], in: *Pion* [Die Vertikale] 48 (1935) 113, S. 8.

Fryde, Ludwik: „Akturalność walki o treść" [Aktualität des „Kampfes um den Inhalt"] (1938), in: Ders.: *Wybór pism krytycznych* [Auswahl kritischer Schriften], hg. v. Andrzej Biernacki, Warszawa 1966, S. 195–201.

Fryde, Ludwik: „O prozie Wittlina" [Über die Prosa von Wittlin], in: *Ateneum* 3 (1939).

Fryde, Ludwik: „O prozie Wittlina" [Über die Prosa von Wittlin], in: Ders.: *Wybór pism krytycznych* [Auswahl der kritischen Schriften], hg. v. Andrzej Biernacki, Warszawa 1966, S. 393–410.

Fuchs, Christoph: „Rudolf Brunngraber (1901–1960)", in: *Literatur und Kritik* 32 (1997), S. 103–109, 317–318.

Galewicz, Włodzimierz, Ströker, Elisabeth, Strozewski Władysław (Hg.): *Kunst und Ontologie. Für Roman Ingarden zum 100. Geburtstag*, Amsterdam/Atlanta 1994.

Gamper, Michael (Hg.): *Experiment und Literatur. Themen, Methoden, Theorien*, Göttingen 2010.

Gamska-Łempicka, Jadwiga: „Wieczór Marinettiego" [Marinettis Abend], in: *Gazeta Lwowska* [Lemberger Zeitung] 73 (1933), S. 5.

Gawecki, Bolesław: „O filozofię narodową" [Über die nationale Philosophie], in: *Myśl Narodowa* [Nationales Denken] 6 (1926) 16, S. 244–245.

Geertz, Glifford: *Dichte Beschreibung. Beiträge zum Verstehen kultureller Systeme*, Frankfurt am Main 1987.

Geron, Małgorzata: „Wizja miasta w twórczości Leona Chwistka" [Die Vision der Stadt im Schaffen von Leon Chwistek], in: *Acta Universitatis Nicolai Copernici* 39 (2010), S. 59–84.

Geron, Małgorzata: „Formiści w lwowskim środowisku artystycznym (1918–1922)" [Formisten im künstlerischen Milieu Lembergs], in: *Acta Universitatis Nicolai Copernici* 54 (2013), S. 461–486.

Geron, Małgorzata: *Formiści. Twórczość i programy artystyczne* [Formisten. Das Werk und das künstlerische Programm], Toruń 2015.

Gerould, Daniel: „Witkacy's Journey to the tropics and intinerary in Ceylon", in: *Konteksty. Polska sztuka ludowa. Malinowski i Witkacy* [Kontexte. Polnische Volkskunst. Malinowski i Witkacy] 1–4 (2000), S. 214–225.

Głuchowska, Lidia: „Polnische Künstler und ‚Der Sturm‘: Enthusiasten und Polemiker: nationale und transnationale Narrative des postkolonialen Avantgarde- und Modernediskurses“, in: Andrea von Hülsen-Esch, Gerhard Finckh (Hg.): *Der Sturm: Zentrum der Avantgarde*, Bd. 2., Wuppertal 2012, S. 455–482.

Golec, Janusz: „Heimatverlust und Heimatkonstruktionen im Schaffen von Joseph Roth und Bruno Schulz“, in: Ders.: *Jüdische Identitätssuche. Studien zur Literatur im 19. und 20. Jahrhundert*, Lublin 2009, S. 49–66.

Golec, Janusz: „Assimilation oder Isolation? Joseph Roths ‚Die Büste des Kaisers‘ und Bruno Schulz' ‚Der Frühling‘“, in: Tadeusz Namowicz, Jan Miziński (Hg.): *Literatur im Kulturgrenzraum. Zu einigen Aspekten ihrer Erforschung am Beispiel des deutsch-polnischen Dualismus*, Lublin 1992, S. 41–56.

Gołąb, Maciej: „Zwölftonmusik bei Józef Koffler. Ein polnischer Beitrag zur Geschichte der Dodekaphonie in der ersten Hälfte des 20. Jahrhunderts“, in: *Musik des Ostens* 10 (1986), S. 167–179.

Gołąb, Maciej: *Dodekafonia. Studia nad teorią i kompozycją pierwszej połowy XX wieku* [Zwölftonmusik. Studien zur Theorie und Komposition der ersten Hälfte des 20. Jahrhunderts], Bydgoszcz 1987.

Gołąb, Maciej: „Józef Koffler i szkoła wiedeńska“ [Józef Koffler und die Wiener Schule], in: *Muzyka* 2 (1996), S. 2–15.

Gołąb, Maciej: „Documenta Koffleriana. Przegląd materiału źródłowego i perspektywy dalszych badań“ [Documenta Koffleriana. Überblick über das Quellenmaterial und Perspektiven weiterer Forschungen], in: *Muzyka* 2 (1996), S. 131–157.

Gołębiewska, Maria: „Koncepcja dzieła sztuki Karola Irzykowskiego – aspekt estetyczny i poznawczy“ [Die Konzeption des Kunstwerks Karol Irzykowskis – der ästhetische und erkenntnistheoretische Aspekt, in: *Przestrzenie teorii* [Theorieräume] 6 (2006), S. 103–119.

Gonzales, Roberto J., Nader, Laura, Ou, C Jay: „Bronislaw Malinowski, Ludwik Fleck and the Anthropology of Science“, in: *Current Anthropology* 36 (1995) 5, S. 866–869.

Goślicki-Baur, Elisabeth: *Die Prosa von Bruno Schulz*, Frankfurt am Main 1975.

Grabińska, Teresa: „Filozofia wiedzy Kazimierza Ajdukiewicza i Ludwika Flecka“ [Philosophie des Wissens bei Kazimierz Ajdukiewicz und Ludwik Fleck], in: Teresa Grabińska, Mirosław Zabierowski (Hg.): *Roczniki Naukowe IV. Filozofia i metodologia nauk* [Wissenschaftliche Jahrbücher IV. Philosophie und Methodologie des Wissens], Wałbrzych 2003, S. 13–29.

Grabowski, Tadeusz: „Fenomenologia w krytyce literackiej“ [Phänomenologie in der literarischen Kritik], in: *Myśl Narodowa* [Nationaler Gedanke] 12 (1932) 25, S. 356–357.

Grabski, Józef: „Leon Chwistek und sein ‚Strefismus‘ in der Malerei“, in: *Alte und moderne Kunst* (1977), S. 48–52.

Graf, Erich O., Mutter, Karl: „Zur Rezeption des Werkes von Ludwik Fleck“, in: *Zeitschrift für philosophische Forschung* 45 (2000) 2, S. 274–288.

Graf, Erich O., Mutter, Karl: „Ludwik Fleck und Europa“, in: Rainer Egloff (Hg.): *Tatsache – Denkstil – Kontroverse: Auseinandersetzungen mit Ludwik Fleck*, Zürich 2005, S. 13–21.

Gray, Jeremy: *Plato's Ghost. The Modernist Transformation of Mathematics*, Princeton 2008.

Griesecke, Birgit: „Was machen normale Menschen, wenn sie nicht schlafen? Ludwik Fleck, Izydora Dąmbska und die ethnographische Herausforderung der frühen Wissenssoziologie“, in: Rainer Egloff (Hg.): *Tatsache – Denkstil – Kontroverse. Auseinandersetzungen mit Ludwik Fleck*, Zürich 2005, S. 13–19.

Griesecke, Birgit: „Vergleichende Erkenntnistheorie. Einführende Überlegungen zum Grundkonzept der Fleckschen Methodologie“, in: Birgit Griesecke, Erich Otto Graf (Hg.): *Ludwik Flecks vergleichende Erkenntnistheorie. Die Debatte in „Przegląd Filozoficzny“. 1936–1937*, Berlin 2008, S. 9–59.

Grimm, Reinhold, Hermand, Jost (Hg.): *Faschismus und Avantgarde*, Königstein 1980.

Grob, Thomas: „Brücke zur Moderne. Karol Irzykowskis Hebbel-Lektüre als ästhetisches Programm“, in: German Ritz, Gabriela Matuszek (Hg.): *Recepcja literacka i proces literacki. O polsko-niemieckich kontaktach literackich od modernizmu po okres międzywojenny* [Literarische Rezeption und literarischer Prozess. Zu den polnisch-deutschen literarischen Wechselbeziehungen vom Modernismus bis in die Zwischenkriegszeit], Kraków 1999, S. 161–183.

Groër, Franciszek: „Masern“, in: *Hanbuch der Kinderheilkunde*, hg. v. Meinhard Pfaundler und Arthur Schlossmann, Bd. 2, Leipzig 1931, S. 195–245.

Groër, Franciszek: „Tuberkulose im Ordinatensystem der Allergie“, in: *Zeitschrift für Kinderheilkunde* 56 (1934), S. 379–389.

Groër, Franciszek, Chwalibogowski, A., Steinhaus, Hugo: „Tuberkulosestudien. IV. Versuch der messenden Bestimmung der aktuellen Allergielage sowie der Allergiebahn durch Ermittlung der Werte für die Reaktionsfähigkeit (R) und die Empfänglichkeit (S) in tuberkulin-allergischem Organismus des Kindes“, in: *Zeitschrift für Kinderheilkunde* 56 (1934), S. 669–689.

Groër, Franciszek: „Piękno w szpitalu“ [Die Schönheit im Krankenhaus], in: *Medycyna i Przyroda* [Medizin und Natur] 3 (1939) 6, S. 22–43.

Groër, Franciszek: *Wystawa fotografii* [Ausstellung der Phiographien], Lwów 1939.

Groër, Franciszek: „Vorwort“, in: Ders.: *Wystawa fotografii* [Ausstellung der Phiographien], Lwów 1939, S. 5–6.

Groër, Franciszek: „Nachruf auf Ludwik Fleck“ (1961), in: Ludwik Fleck: *Denkstile und Tatsachen. Gesammelte Schriften und Zeugnisse*, hg. v. Sylwia Werner und Claus Zittel, Berlin 2011, S. 643–647.

Gryglewski, Ryszard W.: „Historia medycyny w ujęciu Władysław Szumowskiego" [Die Geschichte der Medizin in der Auffassung von Władysław Szumowski], in: *Kwartalnik Historii Nauki i Techniki* [Vierteljahresschrift der Geschichte der Wissenschaft und Technik] 54 (2009) 1, S. 79–94.

Gumbrecht, Hans Ulrich: „Modern, Modernität, Moderne", in: Otto Brunner, Werner Conze, Reinhart Koselleck (Hg.): *Geschichtliche Grundbegriffe*, Stuttgart 1978, S. 93–131.

Gumplowicz, Ludwig: *Grundriß der Soziologie*, Wien 1885.

Gumplowicz, Ludwik: *Dwa życia Ludwika Gumplowicza. Wybór tekstów* [Die zwei Leben des Ludwik Gumplowicz. Textauswahl], hg. v. Jan Surman und Gerald Mozetič, Warszawa 2010.

Haeckel, Ernst: *Anthropogenie oder Entwicklungsgeschichte des Menschen. Gemeinverständliche Vorträge über die Grundzüge der menschlichen Keimes- und Stammes-Geschichte*, Leipzig 1874.

Haeckel, Ernst: *Natürliche Schöpfungsgeschichte. Gemeinverständliche wissenschaftliche Vorträge über die Entwicklungslehre im Allgemeinen und diejenige von Darwin, Goethe und Lamarck im Besonderen, über die Anwendung derselben auf den Ursprung des Menschen und andere damit zusammenhängende Grundfragen der Naturwissenschaften*, Berlin 1868.

Hagner, Michael: „Sehen, Gestalt und Erkenntnis im Zeitalter der Extreme. Zur historischen Epistemologie von Ludwik Fleck und Michael Polanyi", in: Lena Bader, Martin Gaier, Falk Wolf (Hg.): *Vergleichendes Sehen*, München 2010, S. 575–595.

Hahn, Hans: „Über Folgen linearer Operationen", in: *Monatsschrift für Mathematik und Physik* 32 (1922), S. 3–88.

Hartmann, Telse: *Kultur und Identität. Szenarien der Deplazierung im Werk Joseph Roths*, Tübingen/Basel 2006.

Haug, Wolfgang Fritz (Hg.): *Deutsche Philosophen 1933*, Hamburg 1989.

Hechell, Fryderyk: *Człowiek nauki jakim był. Opracował Waładysław Szumowski* [Wissenschaftler, der er war. Bearbeitet v. Władysław Szumowski] 2 Bde, Kraków 1939.

Hedfors, Eva: „Fleck in context", *Perspectives on Science* 15 (2007) 1, S. 49–86.

Hedfors, Eva: „The reading of Ludwik Fleck. Questions on sources and impetus", *Social Epistemology* 20 (2006), S. 131–161.

Hedfors, Eva: „The reading of scientific texts: Questions on interpretation and evaluation, with special reference to the scientific writings of Ludwik Fleck", in: *Studies in History and Philosophy of Biological and Biomedical Sciences* 38 (2007), S. 136–158.

Heid, Elisabeth, Weismann, Stephanie, Wöller, Burkhard (Hg.): *Galizien: Peripherie der Moderne – Moderne der Peripherie*, Marburg 2013.

Hegel, Georg Wilhelm Friedrich: *Vorlesungen über die Ästhetik*, Bd. XIII, Frankfurt am Main 1986 (posthum erschienen 1837), S. 127–144.

Hein-Kircher, Heidi: „Die Entwicklung der Lemberger Selbstverwaltung im Rahmen der habsburgischen Gemeindeordnung von der Revolution 1848 bis zur Verabschiedung des Statuts 1870“, in: Markus Krzoska, Isabell Röskau-Rydel (Hg.): *Stadtgeschichte in Polen*, München 2006, S. 83–106.

Hermand, Jost: *Avantgarde und Regression. 200 Jahre Deutsche Kunst*, Leipzig 1995.

Hirszfeld, Ludwik: „Wege und Ausblicke der Blutgruppenforschung für die Feststellung der Vaterschaft“, in: *Schweizerische Zeitschrift für allgemeine Pathologie und Bakteriologie* 15 (1952) 3, S. 257–280.

Hnatiuk, Olga: *Courage and Fear*, Brookline 2020.

Hollender, Tadeusz: „Artystyczny Lwów przez okulary pogodnego filozofa. Wywiad ‚Awangardy‘ z Prof. Drem Leonem Chwistkiem“ [Das künstlerische Lemberg durch die Brille eines fröhlichen Philosophen], in: *Awangarda* [Die Avantgarde] 1 (1933) 4, S. 2.

Hoffmann, Christoph: *Die Arbeit der Wissenschaften*, Zürich/Berlin 2013.

Hoffmann, Christoph: „Drei Geschichten. Erzählen als experimentelle Operation bei Musil (und Kleist), in: Michael Bies, Michael Gamper (Hg.): *„Es ist ein Laboratorium, ein Laboratorieum für Worte“. Experiment unf Literatur III: 1890–2010*, Göttingen 2011, S. 162–180.

Hoffmeister, Werner G.: „‚Eine ganz bestimmte Art von Sympathie‘ – Erzählhaltung und Gedankenschilderung im ‚Radetzkymarsch‘“, in: David Bronsen (Hg.): *Joseph Roth und die Tradition*, Darmstadt 1978, S. 163–180.

Hopwood, Nick: „Pictures of Evolution and Charges of Fraud Ernst Haeckel's Embryological Illustrations“, in: *Isis* 97 (2006), S. 260–301.

Hrytsak, Yaroslav: „A Multicultural History through the Centuries“, in: *Harvard Ukrainian Studies* 24 (2000), S. 47–73.

Hughes, Jon: „Modernity and Ambivalence in Alfred Kubin's ‚Die Andere Seite‘“, in: *Austrian Studies* 15 (2007), S. 80–95.

Hundorova, Tamara: „Die ‚Femme Fatale‘ und die Spuren der Wiener Moderne im Werk ukrainischer Autoren von der Jahrhundertwende bis Ende der 1920er Jahre“, in: Vera Faber, Dmytro Horbachov, Johann Sonnleitner (Hg.): *Österreichische und ukrainische Literatur und Kunst. Kontakte und Kontexte in Moderne und Avantgarde*, Frankfurt am Main 2016, S. 95–109.

Ignasiak, Detlef: „Karl Emil Franzos und Joseph Roth als galizische Schriftsteller: Bemerkungen zur Problematik der literarischen Landschaft“, in: Stefan H. Kaszyński (Hg.): *Galizien, eine literarische Heimat*, Poznań 1987, S. 65–75.

Ikelaar, Leo: *Paul Scheerbart und Bruno Taut: Zur Geschichte einer Bekanntschaft. Scheerbarts Briefe der Jahre 1913–1914 an Gottfried Heinersdorff, Bruno Taut und Herwath Walden*, Bielefeld 1996.

Immisch, T. O., Göltz, Klaus E., Pohlmann, Ulrich (Hg.): *Witkacy. Metaphysische Portraits*, Leipzig 1997.

Ingarden, Roman: „Die Bestrebungen der Phänomenologen" (1919), in: Ders.: *Gesammelte Werke. Schriften zur frühen Phänomenologie*, Bd. 3, hg. v. Rolf Fieguth ung Włodzimierz Galewicz, Tübingen 1999, S. 92–217.

Ingarden, Roman: „Leon Chwistek. Wielość rzeczywistości" [Leon Chwistek. Die Vielheit der Wirklichkeiten], in: *Przegląd Filozoficzny* [Philosophische Rundschau] 25 (1922) 3, S. 451–468.

Infeld, Eryk: „Leopold Infeld. Wspomnienia syna" [Leopold Infeld. Die Erinnerungen seines Sohnes], in: *Postępy Fizyki* [Fortschritte in der Physik] 62 (2011) 4, S. 154–176.

Infeld, Leoplod: „Fale świetlne w teorji względności" [Die Lichtwellen in der Relativitätstheorie], in: *Prace Matematyczno-Fizyczne* [Mathematisch-Physische Arbeiten] 32 (1922) 1, S. 33–67.

Infeld, Leoplod: „Kausalgesetz und Quantenmechanik", in: *Zeitschrift für Physik* 57 (1929) 5–6, S. 411–415.

Infeld, Leoplod: „Kausalgesetz und Quantenmechanik", in: *Zeitschrift für Physik* 61 (1930) 9–10, S. 703–711.

Infeld, Leopold: *O tzw. relacjach niedokladności w mechanice kwantowej i o ich związku z zagadnieniem pomiarów i przyczynowości* [Über die sogenannten Unschärferelationen in der Quantenmechanik und über ihre Beziehung mit dem Problem der Messungen und der Kausalität], Lemberg 1930.

Infeld, Leopold: „Walka z metafizyką. Na marginesie książki L. Chwistka" [Der Kampf gegen die Metaphysik. Marginalien zum Buch von L. Chwistek], in: *Gazeta Polska* [*Polnische Zeitung*] (27. Juni 1935), S. 2.

Infeld, Leopold: *Der Mann neben Einstein. Ein Leben zwischen Raum und Zeit*, Rostock 1999 (1964).

Irzykowski, Karol: „Na Giewoncie Formizmu" [Auf dem Giewont des Formismus] (1922), in: Ders.: *Słoń wśród porcelany. Studja nad najnowszą myślą polsklą* [Der Elefant im Porzellanladen. Studien zu den neusten Überlegungen in Polen], Warszawa 1934, S. 109–137.

Ingarden, Roman: „O jasnym i niejasnym stylu filozoficznym" [Über den klaren und unklaren philosophischen Stil], in: *Ruch Filozoficzny* [Philosophische Bewegung] 5 (1919/1920) 3, S. 45–48.

Ingarden, Roman: „Spór o istotę filozofii" [Der Streit um das Wesen der Philosophie], in: *Przegląd Warszawski* [Warschauer Rundschau] 4 (1922) 14, S. 161–172.

Ingarden, Roman: „Uwagi do ‚Krótkiej rozprawy itd.'" [Anmerkungen zur ‚Kurzen Abrechnung' usw.], in: *Przegląd Filozoficzny* [Philosophische Rundschau] 26 (1923), S. 100–104.

Ingarden, Roman: „Leon Chwistek. ‚Wielość rzeczywistości, Kraków 1921" [Leon Chwistek. Die Vielheit der Wirklichkeiten, Krakau 1921], in: *Ruch Filozoficzny* [Philosophische Bewegung] 7 (1923) 7, S. 99–101.

Ingarden, Roman: *Über die Stellung der Erkenntnistheorie im System der Philosophie*, Halle 1925.

Ingarden, Roman: *Das literarische Kunstwerk*, Tübingen 1972 (1931).

Ingarden, Roman: „Ein Grenzfall des literarischen Werks" (1934), in: Ders.: *Gegenstand und Aufgaben der Literaturwissenschaft*, Tübingen 1976, S. 102–109.

Ingarden, Roman: „Główne tendencje neopozytywizmu" [Die Haupttendenzen des Neopositivismus], in: *Marchłot* 2 (1936), S. 264–278.

Ingarden, Roman: *Vom Erkennen des literarischen Kunstwerks*, Tübingen 1968 (1937).

Ingarden, Roman: „Wandlungen in der philosophischen Atmosphäre in Polen", in: *Slavische Rundschau* 4 (1937), S. 224–233.

Ingarden, Roman: „Die wissenschaftliche Tätigkeit K. Twardowskis" [Działalność naukowa K. Twardowskiego, 1938], in: Roman Ingarden: *Gesammelte Werke. Schriften zur frühen Phänomenologie*, hg. v. Włodzimierz Galewicz, Tübingen 1999, S. 53–68.

Ingarden, Roman: *Der Streit um die Existenz der Welt*, Tübingen 1964 (1947).

Ingarden, Roman: „Główne kierunki polskiej filozofii" [Die Hauptrichtungen der polnischen Philosophie], in: *Studia Filozoficzne* [Philosophische Studien] 1 (1973), S. 9.

Ingarden, Roman, Witkiewicz, Stanisław Ignacy: *Korespondencja filozoficzna* [Philosophische Korrespondenz], Warszawa 2002.

Irzykowski, Karol: „Pałuba (studium biograficzne)" [Pałuba (biographisches Studium)], in: Ders.: *Pałuba. Sny Marii Dunin* [Pałuba. Die Träume von Maria Dunin], Wrocław 1981 (1903), S. 43–396.

Irzykowski, Karol: „Futuryzm a szachy" [Futurismus und Schach] (1921), in: Ders.: *Słoń wśród porcelany. Studja nad najnowszą myślą polsklą* [Der Elefant im Porzellanladen. Studien zum neusten polnischen Gedanken], Warszawa 1934, S. 89–98.

Irzykowski, Karol: *Dziesiąta Muza: Zagadnienia estetyczne Kina* [Die zehnte Muse: Ästhetische Fragen zum Kino], Warszawa 1977 (1924).

Irzykowski, Karol: „Die geistige Lage in Polen", in: *Der Querschnitt* 7 (1927) 5, S. 357–362.

Irzykowski, Karol: „Forma wewnętrzna. Hebbel" [Die innere Form. Hebbel], in: Ders.: *Walka o treść. Benjaminek* [Der Kampf um den Inhalt. Benjaminek], Kraków 1976 (1929), S. 142–145.

Irzykowski, Karol: *Walka o treść. Benjaminek* [Der Kampf um den Inhalt. Benjaminek], Kraków 1976 (1929).

Irzykowski, Karol: „Zdobnictwo w poezji. Rzecz o metaforze" [Die Ornamentik in der Poesie. Das Problem der Metapher], in: Ders.: *Walka o treść* [*Der Kampf um den Inhalt*], Kraków 1976 (1929), S. 13–85.

Irzykowski, Karol: „Treść i forma. Studium z literatury teorii poznania. Polemika ze Stanisławem Ignacym Witkiewiczem" [Inhalt und Form. Studium zur Literatur der Erkenntnistheorie. Polemik mit Stanisław Ignacy Witkiewicz], in: Ders.: *Walka o treść. Benjaminek Benjaminek* [Der Kampf um den Inhalt. Benjaminek], Kraków 1976 (1929), S. 88–127.

Iser, Wolfgang: *Die Appellstruktur der Texte. Unbestimmheit als Wirkungsbedingung literarischer Prosa. Konstanzer Universitätsverlag*, Konstanz 1971.

Iser, Wolfgang, Iser, Wolfgang: *Der Akt des Lesens. Theorie ästhetischer Wirkung*, München 1976.

Jadacki, Jacek: „Leona Chwistka poglądy na sztukę" [Leon Chwisteks Ansichten über die Kunst], in: *Studia estetyczne* [Ästhetische Studien] 10 (1973), S. 97–110.

Jadecki, Jacek: „O poglądach filozoficznych Leona Chwistka" [Über die philosophischen Ansichten von Leon Chwistek], in: *Studia i Materiały z Dziejów Nauki Polskiej* [Studien und Materialien aus der Geschichte der polnischen Wissenschaft] 1 (1986) 1, S. 109–133.

Jadacki, Jacek, Paśniczek, Jacek (Hg.): *The Lvov-Warsaw School – The new generation*, Amsterdam 2006.

Jadczak, Ryszard: „Jeszcze ‚O jasnym i niejasnym stylu filozoficznym' Kazimierza Twardowskiego" [Noch einmal „Über den klaren und unklaren philosophischen Stil" von Kazimierz Twardowski], in: *Ruch Filozoficzny* [Philosophische Bewegung] 46 (1989) 3, S. 281–284.

Jadczak, Ryszard: „O tzw. Szkole lwowsko-warszawskiej" [Über die sog. Lemberg-Warschau-Schule], in: *Acta Universitatis Nicolai Copernici. Filosofia* 11 (1990), S. 19–37.

Jakimowicz, Emilia, Miranowicz, Adam: *Stefan Banach. Niezwykłe życie i genialna matematyka* [Stefan Banach. Außergewöhnliches Leben und geniale Mathematik], Kraków 2010.

Jakimowicz, Irena: *Witkacy, Chwistek, Strzemiński. Myśli i obrazy* [Witkacy, Chwistek, Strzemiński. Gedanken und Bilder], Warszawa 1978.

Jakowska, Krystyna: „Język i sposób narracji w ‚Soli ziemi' Wittlina jako środki wprowadzenia ukształtowań ekspresjonistycznych w obrębie powieści realistycznej" [Sprache und Erzählweise in Wittlins „Das Salz der Erde" als Mittel für die expressionistische Gestaltung im Rahmen eines realistischen Romans], in: Artur Hutnikiewicz, Helena Zaworska (Hg.): *O prozie polskiej XX wieku* [Über die polnische Prosa des 20. Jahrhunderts], Wrocław 1971, S. 151–182.

Jakowska, Krystyna: „‚Sól ziemi' Wittlina a ekspresjonistyczna literatura o wojnie" [Wittlins „Das Salz der Erde" und die expressionistische Literatur über den Krieg], in: *Pamiętnik Literacki* [Das literarische Tagebuch] 63 (1972) 2, S. 51–85.

Jakóbczyk, Jan: *Szachy literackie. Rzecz o twórczości Karola Irzykowskiego* [Literarisches Schachspiel. Wegen des Werks von Karol Irzykowski], Katowice 2005.

Janik, Allan, Toulmin, Stephen: *Wittgensteins Wien*. Aus dem Amerikanischen von Reinhard Merkel, München 1987.

Janik, Allan: *Vienna 1900: Reflections on Problems and Methods*, in: Emil Brix, Patrick Werkner (Hg.): *Die Wiener Moderne*, Wien/München 1990, S. 151–163.

Janik, Allan: „Notes on the Origins of Fleck's Concept of ‚Denkstil'", in: Maria Carla Galavotti (Hg.): *Cambridge and Vienna. Frank P. Ramsey and the Vienna Circle*, Dordrecht 2006, S. 179–188.

Janiszewski, Zygmunt: „Stan i potrzeby matematyki w Polsce" [Zustand und Bedürfnisse der Mathematik in Polen], in: *Nauka Polska* [Polnische Wissenschaft] 1 (1918), S. 11–18.

Jarowiecki, Jerzy, Góra, Barbara: *Prasa lwowska w dwudziestoleciu międzywojennym* [Die Lemberger Presse in der Zwischenkriegszeit], Kraków 1994.

Jarzębski, Jerzy: „Bruno Schulz – ein Demiurg", in: Bruno Schulz: *Die Mannequins und andere Erzählungen*, hg. v. Jerzy Jarzębski, Frankfurt am Main 1994, S. 291–313.

Jarzębski, Jerzy: „Schulz i dramat tworzenia", in: Małgorzata Kitowska-Łysiak, Władysław Panas (Hg.): *W ułamkach zwierciadła. Bruno Schulz w 110 rocznicę urodzin i 60 rocznicę śmierci* [In Bruchteilen eines Spiegels. Bruno Schulz am 110. Geburtstag und am 60. Todestag], Lublin 2003, S. 9–17.

Jaus, Hans Robert: *Studien zum Epochenwandel der ästhetischen Moderne*, Frankfurt am Main 1989.

Jay, Martin: „Scopic Regimes of Modernity", in: Hal Foster (Hg.): *Vision and Visuality*, Seattle 1988, S. 3–27.

Jerschina, Jan: „Modernizm a osobowść Bronisława Malinowskiego" [Die Moderne versus die Persönlichkeit von Bronisław Malinowski], in: Grażyna Kubica, Janusz Mucha (Hg.): *Między dwoma światami – Bronisław Malinowski* [Zwischen zwei Welten – Bronisław Malinowski], Warszawa/Kraków 1985, S. 145–161.

Jerusalem, Wilhelm, „Die soziologische Bedingtheit des Denkens und der Denkformen", in: Max Scheler (Hg.), *Versuche zu einer Soziologie des Wissens*, München/Leipzig 1924, S. 182–207.

Jeszke, Jaromir: „Ludwik Fleck wobec paradygmatu polskiej historiografii medycznej", in: *Medycyna Nowożytna. Studia nad Kulturą Medyczną* [Medizin der Frühen Neuzeit. Studien zur Kultur der Medizin] 11 (2004) 1, S. 33–46.

Jirku, Brigitte E.: „Alfred Kubins ‚Die andere Seite' als Vorbote des Surrealismus", in: *Modern Austrian Literature* 28 (1995) 1, S. 31–54.

Johach, Eva: „Metaphernzirkulation. Methodische Überlegungen zwischen Metaphorologie und Wissenschaftsgeschichte", in: Matthias Kroß, Rüdiger Zill (Hg.): *Im übertragenen Sinne. Metapherngeschichten in der Philosophie und den Wissenschaften*, Berlin 2011, S. 83–102.

Johach, Eva: „Was denkt im Individuum? Kollektivfiguren bei Ludwik Fleck, Tadeusz Bilikiewicz und Ludwig Gumplowicz", in: *NTM Zeitschrift für Geschichte der Wissenschaften, Technik und Medizin* 22 (2014) 1–2, S. 111–132.

Jütte, Robert: „Perversion oder Krankheit? Masochismus aus medizinhistorischer Sicht", in: Marion Kobelt-Groch, Michael Salewski (Hg.): *Leopold von Sacher-Masoch. Ein Wegbetreiber des 20. Jahrhunderts*, Hildesheim/Zürich/New York 2010, S. 34–159.

Kac, Mark: *Enigmas of Chance. An Autobiography*, New York 1985.

Kac, Marc: „A Personal History of the Scottish Book", in: R. Daniel Mauldin: *The Scottish Book. Mathematics from the Scottish Café*, Boston/Basel/Stuttgart 1981.

Kalinowski, Witold: „Od logistyki do teorii kultury. Wielość rzeczywistości Leona Chwistka" [Von der Logik zur Kulturtheorie. Die Vielheit der Wirklichkeiten von Leon Chwistek], in: *Studia z dziejów estetyki polskiej 1918–1939* [Studien zur Grschichte der polnischen Ästhetik 1918–1939], Warszawa 1975, S. 224.

Kałuża, Roman: *Stefan Banach*, Warszawa 1992.

Karski, Anna-Renata: *Der polnische Psychiater Tadeusz Bilikiewicz (1901–1980) als Medizinhistoriker*, Leipzig 2003.

Kaszyński, Stefan H.: „Die Mythisierung der Wirklichkeit im Erzählwerk von Joseph Roth", in: *Literatur und Kritik* 243–244 (1990), S. 137–143.

Kaszyński, Stefan H.: „Die Götterdämmerung in Galizien. Zur geschichtsmythologisierenden Rolle der Romane von Joseph Roth, Józef Wittlin und Julian Stryjkowski", in: Ders. (Hg.): *Galizien, eine literarische Heimat*, Poznań 1987, S. 55–64.

Kayser, Wolfgang: *Das sprachliche Kunstwerk. Eine Einführung in die Literaturwissenschaft*, Bern 1948.

Kiesel, Helmut: *Geschichte der literarischen Moderne*, München 2004.

Kilcher, Andreas, Sarasin, Philipp (Hg.): *Nach Feierabend. Zürcher Jahrbuch für Wissensgeschichte 7: Zirkulation*, Zürich 2011.

King, Martina: „Sprachkrise", in: Hans Feger (Hg.): *Handbuch Literatur und Philosophie*, Stuttgart 2012, S. 159–177.

Kintzinger, Martin, Steckel, Sita (Hg.): *Akademische Wissenskulturen. Praktiken des Lehrens und Forschens vomMittelalter bis zur Moderne*, Basel 2015.

Kitowska, Małgorzata: „Xięga Bałwochwalcza – grafiki oryginalne (cliché verre) Brunona Schulza" [Das Buch von Götzendienst. Originalgraphiken von Bruno Schulz], in: *Biuletyn Historii Sztuki* [*Bulletin der Kunstgeschichte*] 4 (1981), S. 401–410.

Kitowska, Małgorzata: „Franz Kafka – Bruno Schulz: Symptomy obsesji" [Franz Kafka – Bruno Schulz. Symptome der Obsession], in: *Twórczość* [Das Schaffen] 2 (1985), S. 130–133.

Kitowska-Łysiak, Małgorzata: „Bruno Schulz – ‚Xięga Bałwochwalcza': wizja – forma – analogie" [Bruno Schulz – „Das Buch vom Götzendienst": Vision – Form – Analogie], in: Dies. (Hg.): *Bruno Schulz. In Memoriam 1892–1942*, Lublin 1992, S. 133–151.

Klarmann, Adolf D., „Das Österreichbild im ‚Radetzkymarsch'", in: David Bronsen (Hg.): *Joseph Roth und die Tradition*, Darmstadt 1978, S. 153–162.

Kleeberg, Bernhard/Werner, Sylwia (Hg.): *Gestalt – Ritus – Kollektiv. Ludwik Fleck im Kontext der zeitgenössischen Gestaltpsychologie, Ethnologie und Soziologie*, Sonderheft der *NTM – Zeitschrift für Geschichte der Naturwissenschaften, Technik und Medizin* 22 (2014) 1–2.

Klein, Wolfgang, Fähnders, Walter, Grewe, Andrea (Hg.): *Dazwischen. Reisen – Metropolen – Avantgarden*, Bielefeld 2009.

Kleiner, Juliusz: *Zarys historii literatury polskiej* [Abriss der Geschichte der polnischen Literatur], 2 Bde, Lwów 1932 und 1939.

Kleveman, Lutz C.: *Lemberg. Die vergessene Mitte Europas*, Berlin 2017.

Klingberg, Marcus, Sfard, Michael: *Der letzte Spion. Autobiographie*, Münster/Berlin 2014.

Kłańska, Maria: „Der Expressionismus in Galizien", in: Klaus Amann, Armin A. Wallas (Hg.): *Expressionismus in Österreich*, Wien 1994, S. 353–375.

Kłańska, Maria: *Problemfeld Galizien: in deutschsprachiger Prosa 1846 – 1914*, Kraków 1985.

Kłańska, Maria: „Paris und Frankreich in Leben und Werk des polnischen Dichters Józef Wittlin. Mit vergleichendem Blick auf Joseph Roth", in: Gerhard R. Kaiser, Erika Tunner (Hg.): *Paris? Paris! Bilder der französischen Metropole in der nicht-fiktionalen deutschsprachigen Prosa zwischen Hermann Bahr und Joseph Roth*, Heidelberg 2002, S. 419–439.

Knobloch, Clemens: „Ludwik Fleck und die deutsche Sprachwissenschaft", in: *Zeitschrift für germanistisch Linguistik* (2019) 47, 3, S. 569–596.

Knorr-Cetina, Karin: *Wissenskulturen. Ein Vergleich naturwissenschaftlicher Wissensformen*, Frankfurt am Main 2002.

Knupp, Karl-Heinz: *Die Architekturphantasien Paul Scheerbarts, ihre Herkunft und ihre Nachwirkung. Ein Beitrag zum Verhältnis von Literatur und Architektur zur Jahrhundertwende*, Hamburg 1977.

Komornicka, Maria: „Powieść ‚Pałuba'" [Der Roman „Pałuba"], in: *Chimera* [Chimäre] 9 (1905), S. 331–332.

Koniński, Karol L.: „Katastrofa wierności. Uwagi o ‚Pałubie' Karola Irzykowskiego" [Die Katastrophe der Treue. Anmerkungen zu ‚Pałubia' von Karol Irzykowski] (1931), in: Ders.: *Pisma wybrane* [Ausgewählte Schriften], Warszawa 1955, S. 103–150.

Konstańczyk, Stefan: „Od formizmu do strefizmu. Ewolucja poglądów estetycznych Leona Chwistka" [Vom Formismus zum Strefismus. Die Evolution der ästhetischer Anschauungen Leon Chwisteks], in: *Słupskie Studia Filozoficzne* [Stolper Philosophische Studien] 8 (2009), S. 13–29.

Kokoszyńska, Maria: „Filozofia nauki w Kole Wiedeńskim" [Die Wissenschaftsphilosophie des Wiener Kreises], in: *Kwartalnik Filozoficzny* 13 (1936) 502, S. 151–165 u.13 (1936) 503, S. 181–194.

Kokoszyńska, Maria: „W sprawie walki z metafizyką“ [In der Angelegenheit des Kampfes gegen die Methaphysik], in: *Przegląd Filozoficzny* [Philosophische Rundschau] 41 (1938) 501, S. 9–24.

Kokoszyńska, Maria: „Bemerkungen über die Einheitswissenschaft“, in: *Erkenntnis* 5–6 (1939), S. 325–335.

Kosakowska, Elisabeth: „The War as a Myth. The Analysis of a Development of the religious Imagery in Joseph Wittlin's Salt of the Earth“, in: Anna Frajlich (Hg.): *Between Lvov, New York and Ulysses' Ithaca: Józef Wittlin – poet, essayist, novelist*, Toruń 2001, S. 61–72.

Koschorke, Albrecht: *Leopold von Sacher-Masoch. Inszenierung einer Perversion*, München 1988.

Koschorke, Albrecht: „Moderne als Wunsch. Krieg und Städtebau im 20. Jahrhundert“, in: Gerhart v. Graevenitz (Hg.): *Konzepte der Moderne. DFG-Symposion 1997*, Stuttgart/Weimar 1999, S. 656–673.

Koschorke, Albrecht: *Wahrheit und Erfindung. Grundzüge einer Allgemeinen Erzähltheorie*, Frankfurt am Main 2012.

Koselleck, Reinhart: *Zeitschichten. Studien zur Historik*, Frankfurt am Main 2000.

Kosmolinska, Natalia: „Ein Fenster zur Moderne: Das Atelier der Sielskis“, in: Hermann Simon, Irene Stratenwerth, Ronald Hinrichs (Hg.): *Lemberg: Eine Reise nach Europa*, Berlin 2007, S. 218–227.

Kotarbiński, Tadeusz: „W sprawie potrzeb filozofii u nas“ [Zur Frage was die Philosophie bei uns braucht], in: *Nauka Polska. Jej potrzeby, organizacja i rozwój* [Polnische Wissenschaft. Ihre Bedürfnisse, Organisation und Entwicklung] 1 (1918), S. 443–452.

Kotarbiński, Tadeusz: „Leon Chwistek: Wielość rzeczywistości“ [Leon Chwistek. Die Vielheit der Wirklichkeiten], in: *Przegląd Warszawski* [Warschauer Rundschau] (1922) 6, S. 426–428.

Kotarbiński, Tadeusz: *Elementy teorii poznania, logiki formalnej i metodologii nauk* [Elemente der Erkenntnistheorie, formalen Logik und der Methodologie der Wissenschaften], Lwów 1929.

Kotarbiński, Tadeusz: „Główne kierunki i tendencje filozofii w Polsce“ [Die Hauptrichtungen und Tandenzen der Philosophie in Polen] (1933), in: Ders.: *Wybór pism* [Die Auswahl der Schriften], 2 Bde, Warszawa 1958, hier Bd. 2, S. 737–739.

Kotarbiński, Tadeusz: „W sprawie pojęcia prawdy“ [Zum Problem des Wahrheitsbegriffs], in: *Przegląd Filozoficzny* [Philosophische Bewegung] 37 (1934), S. 85–91.

Kotarbiński, Tadeusz/Płomieński Jerzy Eugeniusz (Hg.): *Stanisław Ignacy Witkiewicz. Człowiek i twórca* [Stanisław Ignacy Witkiewicz. Mensch und Künstler], Warszawa 1957.

Kotarbiński, Tadeusz: „Styl pracy Kazimierza Twardowskiego“ [Der Arbeitsstil Kazimierz Twardowskis], in: *Ruch Filozoficzny* [Philosophische Bewegung] 19 (1959) 1–2, S. 1–29.

Kotarbiński, Tadeusz: „Grundlinien und Tendenzen der Philosophie in Polen“, in: David Pearce, Jan Woleński (Hg.): *Logischer Rationalismus. Philosophische Schriften der Lemberg-Warschau-Schule*, Frankfurt am Main 1988, S. 21–29.

Koterski, Artur: „Tadeusz Bilikiewicz's Background in the Debate with Ludwik Fleck“, in: *Transversal: International Journal for the Historiography of Science* 1 (2016), S. 31–45.

Kowalik, Krystyna: „Koncepcja procesu twórczego i percepcji dzieła sztuki w estetyce Stanisława Ignacego Witkiewicza“ [Die Konzeption des Schaffensprozesses und die Perzeption des Kunstwerks in der Ästhetik von Stanisław Ignacy Witkiewicz], in: *Studia estetyczne* [Ästhetische Studien] 10 (1973), S. 121–133.

Kowarzyk, Hugon: „Współpraca Hugona Steinhausa z medycyną“ [Hugo Steinhaus' Zusammenarbeit mit der Medizin], in: *Wiadomości matematyczne* [Mathematische Nachrichten] XVII (1973), S. 65–69.

Kramsztyk, Zygmunt: *Szkice krytyczne z zakresu medycyny* [Kritische Skizzen aus dem Bereich der Medizin], Warszawa 1899.

Kramsztyk, Zygmunt: „O znaczeniu wiedzy historycznej“ [Über das historische Wissen], in: *Krytyka Lekarska* [Ärztliche Kritik] 3 (1899) 9, S. 253–255.

Kramsztyk, Zygmunt: *Przyroda czy łacina*? [Natur oder Latein], Warszawa 1915.

Krohn, Wolfgang: „Rückkopplung zu Rolf Parr: Ludwik Fleck. Als Interdiskursanalytiker avant la lettre“, in: *kultuRRevolution* (2013) 65. S. 74–76.

Kroll, Frank-Lothar: *Geburt der Moderne. Politik, Gesellschaft und Kultur vor dem Ersten Weltkrieg*, Berlin 2013.

Krukowska, Helena (Hg.): *Franciszek Groer: życie i działalność* [Franciszek Groer: Leben und Wirkung], Warszawa 1973.

Kryński, Stefan: „Rudolf Weigl (1883–1957)“, in: *Medycyna Doświadczalna i Mikrobiologia* [Die experimentelle Medizin und Mikrobiologie] 19 (1967) 3, S. 213–218.

Kohl, Karl-Heinz: *Ethnologie – die Wissenschaft vom kulturell Fremden. Eine Einführung*, München 1993.

Kozicki, Władysław: „Nowe prądy w sztuce współczesnej. Z powowdu lwowskiej wystawy ekspresjonistów“ [Neue Strömungen in der Gegewartskunst. Wegen der Lemberger Ausstellung der Expressionisten], in: *Słowo Polskie* [Polnisches Wort] 368 (1913), S. 4.

Kozicki, Władysław: „O tzw. ekspresjoniźmie ‚polskim‘“ [Über den sogenannten „polnischen“ Expressionismus], in: *Gazeta Wieczorna* [Die Abendzeitung] (28. Juli 1918) 4276, S. 4–5.

Köchy, Kristian: „Vielfalt der Wissenschaften bei Carnap, Lewin und Fleck. Zur Entwicklung eines pluralen Wissenschaftskonzepts“, in: *Berichte zur Wissenschaftsgeschichte* 33 (2010), S. 54–80.

Kreuder-Sonnen, Katharina: *Wie man Mikroben auf Reisen schickt. Zirkulierendes bakteriologisches Wissen und die polnische Medizin*, Tübingen 2018.

Kroński, Tadeusz Juliusz: „Roman Ingarden: ‚Das Literarische Kunstwerk. Eine Untersuchung aus dem Grenzgebiet der Ontologie, Logik und Literaturwissenschaft'", in: *Przegląd Filozoficzny* [Philosophische Rundschau] 36 (1933) 4, S. 387–391.

Kryworuczka, Iryna, Stratenwerth, Irene: „Theater und Oper. ‚Wundervolle Aida, geistvolle Lorelei'", in: Hermann Simon, Irene Stratenwerth, Ronald Hinrichs: *Lemberg. Eine Reise nach Europa*, Hamburg 2007, S. 206–211.

Kubacki, Wacław: „Czasopisma literackie" [Literarische Zeitschriften], in: *Rocznik Literacki* [Literarisches Jahrbuch] (1933), S. 307–321.

Kubiak, Zygmunt: „Polski homeryda. Posłowie" [Der polnische Homer. Nachwort], in: Józef Wittlin: *Sól ziemi* [Das Salz der Erde], Warszawa 1988, S. 252–270.

Kubin, Alfred: *Die andere Seite. Ein phantastischer Roman*, München 1975 (1909).

Kuc, Kamila: „Karol Irzykowski and Feliks Kuczkowski. ‚(Theory of) Animation as the Cinema of Pure Movement'", in: *Animation* 11 (2016) 3, S. 284–296.

Kucher, Primus-Heinz: „Einleitende Bemerkungen zu ‚Moderne' und ‚Avantgarde' in Österreich", in: Ders. (Hg.): *Verdrängte Moderne – vergessene Avantgarde. Diskurskonstellationen zwischen Literatur, Theater, Kunst und Musik in Österreich 1918–1938*, Göttingen 2016, S. 7–18.

Kuczyński, Krzysztof A.: „Richard Maria Werner und sein Lemberger Hebbel-Kreis. Hebbel-Forschung in Polen", in: *Hebbel Jahrbuch* (1988), S. 127–131.

Kuhn, Thomas: *Die Struktur wissenschaftlicher Revolution*, Frankfurt am Main 1973.

Kyyanovska, Luba: „Schönberg-Rezeption in Lemberg/L'vìv: eine hundertjährige Geschichte", unter: https://www.gko.unileipzig.de/fileadmin/user_upload/musikwissenschaft/pdf_allgemein/arbeitsgemeinschaft/heft19/1914_Kyyanovska.pdf

Kuzawa, Mary Grace: *Modern Mathematics. The Genesis of a School in Poland*, New Haven 1968.

Lachmann, Renate: „Dezentrierte Bilder. Die ekstatische Imagination in Bruno Schulz' Prosa", in: Psychopoetik. Beiträge zur Tagung ‚Psychologie und Literatur'. München 1991", in: *Wiener Slawistischen Almanachs* 31 (1992), S. 399–438.

Lachmann, Renate: „Die Ambivalenz zwischen heterodoxem Ludismus und soteriologischer Mythopoetik in den Texten von Bruno Schulz", in: Rolf Fieguth (Hg.): *Orthodoxien und Häresiesn in den Slavischen Literaturen. Beiträge der gleichnamigen Tagung vom 6.–9. September 1994 in Fribourg*, Sonderband des *Wiener Slawistischen Almanachs* 41 (1996), S. 307–327.

Lachmann, Renate: „Der Demiurg und seine Phantasmen. Schöpfungsmythologische Spekulationen im Werk von Bruno Schulz", in: Mathias Mayer, Gerhard Neumann (Hg.): *Pygmalion. Die Geschichte des Mythos in der abendländischen Kultur*, Freiburg 1997, S. 623–663.

Lack, Stanisław: „O doktrynach" [Von Doktrinen], in: *Nowe Słowo* [Neues Wort], 15 (1903) 20.

Lack, Stanisław: „O doktrynach“ [Von Doktrinen], in: *Wybór pism krytycznych* [Auswahl kritischer Schriften], Kraków 1979, S. 328–401.

Landwehr, Achim: *Historische Diskursanalyse*, Frankfurt am Main 2008.

Langer, Friedrich: *Metropolen der Moderne. Eine europäische Stadtgeschichte seit 1850*, München 2013.

Latour, Bruno, Woolgar, Steve: *Laboratory Life: The Construction of Scientific Facts*, London 1979.

Latour, Bruno: *On Actor-network Theory. A few Clarifications*, in: *Soziale Welt* 47 (1996) 4, S. 369–382.

Latour, Bruno: *Wir sind nie modern gewesen*, Frankfurt am Main 1998.

Latour, Bruno: *Eine neue Soziologie für eine neue Gesellschaft. Einführung in die Akteur-Netzwerk-Theorie*, Frankfurt am Main 2007.

Lawaty, Andreas: „Wittlin and german Literature. Friends in an unfriendliy World“, in: Anna Frajlich (Hg.): *Between Lvov, New York and Ulysses' Ithaca: Józef Wittlin – poet, essayist, novelist*, Toruń 2001, S. 147–155.

Lem, Stanisław: *Das Hohe Schloß* (1966), Frankfurt am Main 1990.

Le Rider, Jacques: *Der österreichische Begriff von Zentraleuropa: Habsburgischer Mythos oder Realität?*, London 2008.

Leszczyńska, Katarzyna: „Ludwik Fleck – zapomniany filozof“ [Ludwik Fleck – der vergessene Philosoph], in: *Midrasz. Pismo Żydowskie* [Midrasz – Jüdische Schrift] 1 (2007), S. 36–47.

Lévy-Bruhl, Lucien: *Das Denken der Naturvölker*, Wien/Leipzig 1926 (1918).

Lichanski, Stefan: „Likwidacja romantyzmu“ [Die Abschaffung der Romantik], in: *Pion* [Die Vertikale] 6 (1938) 24–25, S. 5–6.

Lindenbaum, Shalom: „W poszukiwaniu uznania. Bruno Schulz a Joseph Roth“ [Auf der Suche der Anerkennung. Bruno Schulz und Joseph Roth], in: *Twórczość* [Das Schaffen] 3 (1979), S. 137–139.

Lindenmann, Jean: „Women Scientists in Typhus Research During the First Half of the Twentieth Century“, in: *Gesnerus* 62 (2005), S. 257–272.

Lindstedt, Iwona: „Instrumentacja a forma w symfoniach Józefa Kofflera“ [Instrumentation versus Form in den Symphonien von Józef Koffler], in: *Muzyka* [Musik] 2 (1996), S. 75–129.

Lipphardt, Veronika: „Denkstil, Denkkollektiv und wissenschaftliche Tatsachen der deutschen in Rassenforschung vor 1933. Zur Anwendbarkeit des wissenschaftlichen Ansatzes von Ludwik Fleck“, in: Rainer Egloff (Hg.): *Tatsache – Denkstil – Kontroverse: Auseinandersetzungen mit Ludwik Fleck*, Zürich 2005, S. 63–70.

Lipiński, Krzysztof: „Melange oder Rebellion? Das literarische Kaffeehaus in Mitteleuropa um und nach der Jahrhundertwende: Avantgardistische Aspekte eines soziokulturellen Phänomens“, in: Helmut Kircher, Maria Kłańska, Erich Kleinschmidt (Hg.): *Avantgarden in Ost und West. Literatur, Musik und Bildende Kunst um 1900*, Köln/Weimar/Wien 2001, S. 297–316.

Lipiński, Krzysztof: „Die ‚fremde' Heimat. Polen in den Reiseberichten Joseph Roths", in: Ders.: *Auf der Suche nach Kakanien. Literarische Streifzüge durch eine versunkene Welt*, St. Ingbert 2000, S. 103–114.

Lisowska, Małgorzata: „Teatr lwowski w latach 1918–1939" [Lemberger Theater in den Jahren 1918–1939], in: *Semper Fidelis* 1 24 (1995), S. 21–24.

Litmanowicz, Mirosława, Lissowski, Tomasz: *Karol Irzykowski. Pióro i szachy* [Karol Irzykowski. Feder und Schach], Warszawa 2001.

Lobsien, Eckhard: *Das literarische Feld. Phänomenologie der Literaturwissenschaft*, München 1988, S. 11–32.

Lobsien, Eckhard: *Schematisierte Ansichten. Literaturtheorie mit Husserl, Ingarden, Blumenberg*, München 2012.

Löwy, Ilana: „Ludwik Fleck on the social construction of medical knowledge", in: *Sociology of Health and Illness* (1988), S. 133–155.

Löwy, Ilana: „From Zygmunt Kramsztyk to Ludwik Fleck: Medical Observations and the Construction of Clinical Facts", in: *The Polish Sociological Bulletin* 85 (1989), S. 39–48.

Löwy, Ilana: The Polish School of Philosophy of Medicine: From Tytus Chalubinski (1820–1889) to Ludwik Fleck (1896–1961), Dordrecht 1990.

Löwy, Ilana: „From *Medical Critique* to the *Archives of the History and Philosophy of Medicine:* The Institutionalization of the Polish School of the Philosophy of Medicine", in: Ilana Löwy: The Polish School of Philosophy of Medicine: From Tytus Chalubinski (1820–1889) to Ludwik Fleck (1896–1961), Dordrecht 1990, S. 163–183.

Löwy, Ilana: „Medical Critique [Krytyka Lekarska]: a journal of medicine and philosophy – 1897–1907", in: *The Journal of Medicine and Philosophy* 15 (1990) 6, S. 653–673.

Löwy, Ilana: *Polska Szkoła Filozofii Medycyny. Od Tytusa Chałubińskiego do Ludwika Flecka* [Polnische Schule der Philosophie der Medizin. Von Tytus Chałubiński zu Ludwik Fleck], Wrocław/Warszawa/Kraków 1992.

Löwy, Ilana: „Ways of seeing: Ludwik Fleck and Polish debates on the perception of reality. 1890–1947", in: *Studies in History and Philosophy of Science*, A, 39 (2008) 3, S. 375–383.

Lukács, Georg: „‚Radetzkymarsch'" (1939), in: Fritz Hackert: *Kulturpessimismus und Erzählform. Studien zu Joseph Roths Leben und Werk*, Bern 1967, S. 147–151.

Lunzer, Heinz, Lunzer-Talos, Victoria: *Joseph Roth. Leben und Werk in Bildern*, Köln 2009.

Lutosławski, Jerzy: „Was ist die Leukergie? Wir sprechen mit Professor Fleck" (1950), in: Ludwik Fleck: *Denkstile und Tatsachen. Gesammelte Schriften und Zeugnisse*, hg. v. Sylwia Werner und Claus Zittel, Berlin 2011, S. 515–520.

Lühe, Irmela von der: „‚Die Stadt der Heiterkeit'. Lemberg als Erinnerungsort bei Józef Wittlin", in: Hrystina Djakiv (Hg.): *Toposy kultur und spohadiv*, Lemberg 2008, S. 7–18.

Lühe, Irmela von der: „Kriegserfahrung und Raumwahrnehmung eines ‚einfachen Mannes‘: Zu Wittlins Roman ‚Das Salz der Erde‘ (1935)“, in: Małgorzata Dubrowska, Anna Rutka (Hg.): *Reise in die Tiefe der Zeit und des Traums. (Re-)Lektüren des ostmitteleuropäischen Raumes aus österreichischer, deutscher, polnischer und ukrainischer Sicht*, Lublin 2015, S. 29–41.

Lühe, Irmela von der: „Die Gewalt der Zerstörung und die Poesie der Erinnerung. Jozef Wittlins ‚Mein Lemberg‘“, in: Kerstin Schoor, Stefani Schüler-Springorum (Hg.): *Gedächtnis und Gewalt. Nationale und transnationale Erinnerungsräume im östlichen Europa*, Göttingen 2016, S. 83–94.

Łaszkowski, Alfred: „O postawie Irzykowskiego“ [Über die Haltung von Irzykowski], in: *Pion* [Die Vertikale] 6 (1938) 24–25, S. 3–4.

Łempicki, Zygmunt: „Dzieło literackie. Struktura i wygląd“ [Literarisches Kunstwerk. Struktur und Aussehen], in: *Wiadomości literackie* [Literarische Nachrichten] 3 (1932).

Łempicki, Zygmunt: „Roman Ingarden. ‚O poznawaniu dzieła literackiego‘, Lwów 1937“, [Vom Erkennen des literarischen Kunstwerks], in: *Pamiętnik literacki: czasopismo kwartalne poświęcone historii i krytyce literatury polskiej* [Literarisches Tagebuch: Die Vierteljahresschrift für Geschichte und Kritik der polnischen Literatur] 35 (1938) 1, S. 279–287.

Łukasiewicz, Jan: „O wartościach logicznych“, in: *Ruch Filozoficzny* [Philosophische Bewegung] 1 (1911), S. 52.

Łukasiewicz, Jan: *Die logischen Grundlagen der Wahrscheinlichkeitsrechnung*, Kraków 1913.

Łukasiewicz, Jan: „O nauce i filozofii“ [Über die Wissenschaft und die Philosophie], in: *Przegląd Filozoficzny* [Philosophische Rundschau] 18 (1915) 2, S. 190–196.

Łukasiewicz, Jan: „O pojęciu wielkości“, in: *Przegląd Filozoficzny* [Philosophische Bewegung] 19 (1916), S. 1–70.

Łukasiewicz, Jan: „O pewnym sposobie pojmowania teorii dedukcji“, in: *Przegląd Filozoficzny* [Philosophische Bewegung] 28 (1925), S. 134–136.

Łukasiewicz, Jan: „O metodę w filozofii“ [Über die Methode in der Philosophie], in: *Przegląd Filozoficzny* [Philosophische Rundschau] 31 (1928), S. 3–5.

Łukasiewicz, Jan: „Logistyka a filozofia“ [Logistik und Philosophie], in: *Przegląd Filozoficzny* [Philosophische Rundschau] 39 (1936) 2, S. 325–326.

Łukasiewicz, Jan: „Logistyka a filozofia“ [Logistik und Philosophie] (1936), in: Ders.: *Z zagadnień logiki i filozofii. Pisma wybrane* [Probleme der Logik und Philosophie. Augewählte Schriften], Warszawa 1961, S. 195–209.

Łukaszewicz, Józef: „Rola Hugona Steinhausa w rozwoju zastosowań matematyki“ [Die Rolle von Hugo Steinhaus in der Entwicklung der Anwendung der Mathematik], in: *Wiadomości matematyczne* [Mathematische Nachrichten] 17 (1973), S. 51–63.

Machowski, Stanisław: „Haniebny czyn hitlerowców we Lwowie" [Die schändliche Tat der Nazis in Lemberg], in: *Wieczór Wrocławia* [Breslauer Abend] (1.–3. Juli 1988), S. 7.

Maciąg, Włodzimierz: „‚Sól ziemi' – Wittlina" [„Das Saltz der Erde" von Wittlin], in: *Życie Literackie* [Das literarische Leben] 29 (1956) 234, S. 3.

Magerski, Christine: *Die Konstituierung des literarischen Feldes in Deutschland nach 1871. Berliner Moderne, Literaturkritik und die Anfänge der Literatursoziologie*, Tübingen 2004.

Malinowski, Bronisław: *Wierzenia pierwotne i formy ustroju społecznego. Pogląd na genezę religii ze szczególnym uwzględnieniem totemizmu* [Primitive Glaubensweisen und Formen des Gesellschaftssystems. Ausblick auf die Entstehung der Religion mit besonderer Berücksichtigung des Totemismus], Kraków 1915.

Malinowski, Bronisław: *Argonauten des westlichen Pazifik. Ein Bericht über Unternehmungen und Abenteuer der Eingeborenen in den Inselwelten von Melanesisch-Neuguinea*, Frankfurt am Main 2007 (1922).

Malinowski, Bronisław: „The Life of Culture", in: *Forum*, 76 (1926), S. 178–186.

Malinowski, Bronisław: „Mythen der Magie" (1926), in: Ders.: *Magie, Wissenschaft und Religion. Und andere Schriften*, Tübingen 1973, S. 120–124.

Malinowski, Bronisław: „Culture", in: *Encyclopedia of the Social Sciences* 4 (1931), S. 626–645.

Malinowski, Bronisław: „Man's Culture and Man's Behavior", in: *Sigma Xi Quarterly* 29 (1941), S. 170–196.

Malinowski, Bronisław: *Ein Tagebuch im strikten Sinn des Wortes. Neuguinea 1914–1918*, Frankfurt am Main 1986.

Maliszewski, Aleksander: „Marinetti we Lwowie i jego ‚Jeńcy'" [Marinetti in Lemberg und seine „Gefangenen"], in: *Kurier Lwowski* [Lemberger Kurier] 73 (1933), S. 2.

Makarska, Renata: „Zwischen dem Privaten und dem staatlichen Menschen. Die Mechanisierung des Menschen und der Exzess der Freiheit in Józef Wittlins und Andrzej Bobkowskis Kriegsnarration", in: Natalia Borissova, Sussi K. Frank, Andreas Kraft (Hg.): *Zwischen Apokalypse und Alltag. Kriegsnarrative des 20. und 21. Jahrhunderts*, Bielefeld 2009, S. 115–131.

Marinelli, Luigi: „Marinetti i futuryzm w Polsce" [Marinetti und Futurismus in Polen], in: *International yearbook of futurism studies* 4 (2014), S. 36–43.

Markiewicz, Henryk: „Das Werk Roman Ingardens und die Entwicklung der Literaturwissenschaft", in: Alexander Flaker, Viktor Žmegač (Hg.): *Formalismus, Strukturalismus und Geschichte. Zur Literaturtheorie und Methodologie in der Sowjetunion, ČSSR, Polen und Jugoslawien*, Kronberg 1974, S. 221–246.

Markiewicz, Władysław: „Lwów jako kulturalno-intelektualne podłoże powstania idei Ludwika Flecka" [Lemberg als eine kulturell-intellektuelle Grundlage der Entstehung von Ludwik Flecks Ideen], in: *Studia Filozoficzne* (1982) 5–6, S. 193–197.

Markiewicz, Władysław: „Lwów as Cultural and Intellectual Background of the Genesis of Fleck's Ideas", in: Robert Cohen, Thomas Schnelle (Hg.): *Cognition and Fact. Materials on Ludwik Fleck, Boston Studies in the Philosophy of Science*, Dordrecht 1986, S. 223–229.

Marinetti, Filippo: *Jeńcy* [Gefangenen], Lwów 1932 (1925).

Massino, Guido: *Kafka, Löwy und das Jiddische Theater. „Dieses nicht niederzudrückende Feuer des Löwy"*, Frankfurt am Main/Basel 2007.

Mazepa, Leszek: „Relacje prasy lwowskiej o wykonaniach utworów Józefa Kofflera" [Die Lemberger Presseberichte über die Durchführung von Józef Kofflers Kompositionen] in: *Muzyka* [Musik] 41 (1996) 2, S. 139–158.

Mazur, Stanisław: „Przemówienie wygłoszone na uroczystości ku uczczeniu pamięci Stefana Banacha" [Rede anlässlich des Gedenkens an Stefan Banach], in: *Wiadomości matematyczne* [Mathematische Nachrichten] 4 (1961), S. 249–250.

Mazurkiewicz, Stefan: „O potrzebach matematyki w Polsce" [Über die Bedürfnisse der Mathematik in Polen], in: *Nauka Polska* [Polnische Wissenschaft] 2 (1919), S. 1–5.

Mazurkiewicz, Stefan: „O potrzebach matematyki w Polsce", in: *Nauka Polska* [Die Polnische Wissenschaft] 2 (1919), S. 1–5.

McGuinness, Brian: „Wittgensteins Beziehungen zum Schlick-Kreis", in: Paul Kruntorad (Hg.): *Jour Fixe der Vernunft. Der Wiener Kreis und die Folgen*, Wien 1991, S. 108–126.

Mehrtens, Herbert: *Moderne, Sprache, Mathematik. Eine Geschichte des Streits um die Grundlagen der Disziplin und des Subjekts formaler Systeme*, Frankfurt am Main 1990.

Meinong, Alexius: „Zur Psychologie der Komplexionen und Relationen", in: *Zeitschrift für Psychologie und Physiologie der Sinnesorgane* 2 (1891), S. 245–265.

Menger, Karl: „Eine elementare Bemerkung über die Struktur logischer Formeln", in: *Ergebnisse einer mathematischen Kolloquiums* 3 (1931), S. 22–23.

Metallman, Joachim: „O jasnym i niejanym stylu filozoficznym" [Über den klaren und unklaren philosophischen Stil], in: *Ruch Filozoficzny* [Philosophische Bewegung] 5 (1919/20) 3, S. 43–44.

Metzger, Wolfgang: „Psychologische Mitteilungen", in: *Die Naturwissenschaften* 43 (1929), S. 843–848.

Metzger, Wolfgang: *Gesetze des Sehens*, Frankfurt am Main 1953 (1936).

Metzger, Wolfgang: *Psychologie. Die Entwicklung ihrer Grundannahmen seit der Einführung des Experiments*, Leipzig 1941.

Meyer, Michael A.: *Jüdische Identität in der Moderne*, Frankfurt am Main 1992.

Michalski, Bohdan: „Nieznany traktat filozoficzny Stanisława Ignacego Witkiewicza dedykowany Romanowi Ingardenowi" [Ein unbekanntes philosophisches Traktat Stanisław Ignacy Witkiewiczs], in: *Pamiętnik Literacki: czasopismo kwartalne poświęcone historii i krytyce literatury polskiej* 93 (2002) 4, S. 215–241.

Mick, Christoph: *Kriegserfahrungen in einer multiethnischen Stadt: Lemberg 1914–1947*, Wiesbaden 2010.

Mick, Christoph: „Lemberg/Lwów/Lviv – die multiethnische Stadt", in: Matthias Weber, Burkhard Olschowsky, Mößner, Nicola: „Thought Styles and Paradigms – a Comparative Study of Ludwik Fleck and Thomas Kuhn", in: *Studies in History and Philosophy of Science* 42 (2011), S. 362–371.

Migdał, Katarzyna: „Awangardowe oblicze realizmu. Montaż literacki Debory Vogel" [Das avantgardistische Anlitz des Realismus], in: *Zeszyty Naukowe Uniwersytetu Jagiellońskiego* [Wissenschaftliche Hefte der Jagiellonen-Universität] 2 (2011) 1, S. 7–34.

Misiak, Anna Maja: „Debora Vogel (1900–1942), eine vergessene Exponentin der jiddischen literarischen Moderne im Schatten von Bruno Schulz", in: *Neue Züricher Zeitung* 30.8.2008, unter: https://www.nzz.ch/im_ schatten_von_bruno_ schulz-1.819164.

Misiak, Anna Maja: „Das Wort als Linie und Farbe. Rezeption der Avantgarde-Kunst in der jiddischen Dichtung Debora Vogels", in: Caspar Battegay/Barbara Breysach (Hg.), *Jüdische Literatur als europäische Literatur. Europäizität und jüdische Identität*, München 2008, S. 230–244.

Misiak, Anna Maja: „‚Bänklein aus Nebel, Luft und Stroh'. Paris in den Schundballaden", in: Thomas Hunkeler, Edith Anna Kunz (Hg.): *Metropolen der Avantgarde/ Métropoles des avant-gardes*, Bern 2011, S. 75–91.

Misiak, Anna Maja: „Debora Vogel. Denk-Räume im literarischen Schaffen von Debora Vogel", in: *Sinn und Form*, unter: https://sinn-und-form.de/? tabelle=lese probe&titel_id=6850.

Miś, Bogdan: „Opowieści Księgi Szkockiej" [Die Erzählungen des Schottischen Buches], in: *Perspektywy* [Perspektiven] 12 (1969), S. 18–19.

Mormann, Thomas: *Rudolf Carnap*, München 2000.

Mrugalski, Michał: „Die Macht der Gewohnheit. Der mathematische und ästhetische Formalismus von Leon Chwistek im Kampf gegen die Phänomenologie und die Langeweile", in: *Die Welt der Slaven* 61 (2016) 1, S. 164–190.

Mróz, Stanisław: „Wystawa ‚ekspresjonistów' polskich" [Die Ausstellung der polnischen ‚Expressionisten'], in: *Nowości Ilustrowane* [Illustrierte Neuheiten] 48 (1917), S. 8.

Mróz, Tomasz: *Filozofia polska czy filozofia w Polsce? Opinie pierwszych historyków filozofii* [Die polnische Philosophie oder die Philosophie in Polen? Meinungen erster Philosophiehistoriker], Zielona Góra 2009.

Mrugalski, Michał: „Vers une stylistique de l'acte. La querelle de Karol Irzykowski et Stanisław Brzozowski à propos du Trésor de Leopold Staff dans le contexte des philosophies polonaise et allemande", in: *Slavica bruxellensia* 11 (2015), S. 1–16.

Müller, Ernst: „Stil, Wirklichkeit, Umwelt, Tatsache. Eine Gegenüberstellung von Begriffen Erich Rothackers und Ludwik Flecks“, in: *Forum Interdisziplinäre Begriffsgeschichte* 1 (2012) 2, S. 83–90.

Müller, Günther: „Über die Seinsweise von Dichtung“, in: *Deutsche Vierteljahrsschrift für Literatur und Geistesgeschichte* 1 (1939) 17, S. 137–152.

Mulligan Kevin: „Genauigkeit und Geschwätz – Glossen zu einem paradigmatischen Gegensatz in der Philosophie“, in: Helmut Bachmaier (Hg.): *Paradigmen der Moderne*, Wien 1990, S. 209–237.

Mulsow, Martin, Stamm, Marcelo (Hg.): *Konstellationsforschung*, Frankfurt am Main 2005.

Murasov, Jurij, Werner, Sylwia (Hg.): *Science oder Fiction? Stanisław Lems Philosophie der Technik und Wissenschaft*, Paderborn 2017.

Murawski, Roman: „Główne koncepcje i kierunki filozofii matematyki XX wieku“ [Hauptkonzeptionen und -richtungen der Mathematikphilosophie im 20 Jh.], in: *Zagadnienia filozoficzne w nauce* [Philosophische Probleme in der Wissenschaft] 33 (2003), S. 74–92.

Murawski, Roman: *Filozofia matematyki i logiki w Polsce międzywojennej* [Mathematikphilosophie und Logik in Polen in der Zwischenkiregszeit], Toruń 2011.

Musil, Robert: *Essays und Reden*, in: Ders.: *Gesammelte Werke in neun Bänden*, Bd. 8, hg. v. Adolf Frisé, Reinbek bei Hamburg 1978, S. 1144.

Nałkowska, Zofia: „Debory Vogel ‚Akacje kwitną‘“, in: *Studio* (1936) 2, S. 62.

Nałkowska, Zofia: „Akazien blühen“ (1936), in: Debora Vogel: *Die Geometrie des Verzichts. Gedichte, Montagen, Essays, Briefe*, hg. v. Anna Maja Misiak, Wuppertal 2015, S. 597.

Nautz, Jürgen, Vahrenkamp, Richard (Hg.): *Die Wiener Jahrhundertwende: Einflüsse, Umwelt, Wirkungen*, Wien/Köln/Graz 1996.

Neurath, Otto: „Protokollsätze“, in: *Erkenntnis* 3 (1932/33), S. 204–214.

Neurath, Otto: „Radikaler Physikalismus und ‚Wirkliche Wahrheit‘“ (1934), in: Otto Neurath: *Wissenschaftliche Weltauffassung, Sozialismus und logischer Empirismus*, hg. v. Rainer Hegselmann, Frankfurt am Main 1979, S. 102–119.

Nicolai, Bernd: „Kristallbau und kristalline Baukunst als Architekturkonzepte seit der Romantik“, in: Matthias Frehner, Daniel Spanke (Hg.): *Stein aus Licht. Kristallvisionen in der Kunst*, Bielefeld/Berlin 2015, S. 42–51.

Noack, Hermann: „Über Arbeiten am Felde der Ästhetik und Kunstwissenschaften“, in: *Deutsche Vierteljahrsschrift für Literatur und Geistesgeschichte* 10 (1032), S. 164–165.

Oexle, Otto Gerhard: „‚Wirklichkeit‘ – ‚Krise der Wirklichkeit‘ – ‚Neue Wirklichkeit‘. Deutungsmuster und Paradigmenkämpfe in der deutschen Wissenschaft vor und nach 1933“, in: Frank-Rutger Hausmann (Hg.): *Die Rolle der Geisteswissenschaften im Dritten Reich 1933–1945*, München 2002, S. 1–20.

Oexle, Otto Gerhard (Hg.): *Krise des Historismus – Krise der Wirklichkeit, Kunst und Literatur 1880–1932*, Göttingen 2007.

Olschowsky, Heinrich (Hg.): *Der Mensch in den Dingen. Programmtexte und Gedichte der Krakauer Avantgarde*, Leipzig 1986.

Orłowski, Hubert: „Joseph Roth und Józef Wittlin oder das ungleiche Dioskurenpaar", in: Fridrun Rinner, Klaus Zerinschek (Hg.): *Komparatistik. Theoretische Überlegungen und südosteuropäische Wechselseitigkeit. Festschrift für Zoran Konstantinovič*, Heidelberg 1981, S. 443–448.

o.V.: „Ankieta ‚Gezety Wieczornej'. Ekspresjonizm w sztuce plastycznej" [Die Umfrage der ‚Abendzeitung'. Expressionismus in der plastischen Kunst], in: *Gazeta Wieczorna* [Die Abendzeitung] (28. Juli 1918) 4276, S. 1–9.

o.V.: „Józef Wittlin podwójnym laureatem nagrody wydawnictwa i nagrody imienia czytelników ‚Wiadomości Literackich'" [Józef Wittlin – der Verlags- und Leserpreisträger der „Literarischen Nachrichten"], in: *Wiadomości Literackie* [Literarische Nachrichten] 6 (1936), S. 1.

o.V.: *Katalog wystawy futurystów, kubistów i ekspresjonistów* [Der Ausstellungskatalog der Futuristen, Kubisten und Expressionisten], Lwów 1913.

o.V.: *Katalog I Wystawy ekspresjonistów polskich* [Der erste Katalog der Ausstellung der polnischen Expressionisten], Kraków 1917.

o.V.: *Katalog Wystawy grafiki polskiej i ekspresjonistów polskich* [Der Katalog der Ausstellung der polnischen Graphik und der polnischen Expressionisten], Lwów 1918.

o.V.: „Marinetti w Polsce" [Marinetti in Polen], in: *Głos Poranny* [Die Morgenstimme] 71 (1933), S. 10.

o.V.: „Marinetti we Lwowie. Wywiad z dyrektorem W. Horzycą" [Marinetti in Lemberg. Interview mit dem Direktor W. Horzyca], in: *Kurier Poranny* [Morgenkurier] 81 (1933), S. 8.

o.V.: „Nasza ankieta o ekspresjoniźmie" [Unsere Umfrage über den Expressionismus], in: *Gazeta Wieczorna* [Die Abendzeitung] (27. Juli 1918) 4275, S. 10.

o.V.: „Najdoskonalszy hotel świata" [Das wundevollste Hotel der Welt], in: *Świat* [Die Welt] 7 (1922), S. 10–11.

o.V.: „Najwyższy dom na świecie" [Das höhste Haus in der Welt], in: *Tygodnik Ilustrowany* [Illustrierte Neuheiten] 18 (1923), S. 298.

o.V.: „O ekspresjoniźmie" [Über den Expressionismus], in: *Gazeta Wieczorna* [Die Abendzeitung] (26. Juli 1918) 4274, S. 5.

o.V.: „O ‚Soli ziemi' w Anglji" [Über „Das Salz der Erde" in England], in: *Wiadomosci Literackie* [Literarische Nachrichten] 36 (1939) 828, S. 7.

o.V.: „Trzechsetlecie New Jorku" [300 Jahre New York], in: *Nowości Ilustrowane* [Illustrierte Neuheiten] 28 (1923), S. 8.

Paluch, Andrzej K.: „Bronisława Malinowskiego rozumienie kultury" [Bronisław Malinowskis Verständnis der Kultur], in: Grażyna Kubica, Janusz Mucha (Hg.):

Między dwoma światami – Bronisław Malinowski [Zwischen zwei Welten – Bronisław Malinowski], Warszawa/Kraków 1985, S. 103–123.

Parr, Rolf: „Ludwik Fleck, Ein Interdiskursanalytiker avant la lettre?". In: *kultuR-Revolution*. (2013), Nr. 64, S. 71–73.

Pasenkiewicz, Kazimierz: „Przedmowa" [Vorwort], in: Leon Chwistek: *Pisma filozoficzne i logiczne* [Philosophische und logische Schriften], hg. v. Kazimierz Pasenkiewicz, Warszawa 1961, S. III-XXXI.

Pasenkiewicz, Kazimierz: „Analiza i krytyka teorii wielości rzeczywistości" [Die Analyse und Kritik der Theorie der Vielheit der Wirklichkeiten], in: *Studia Filozoficzne* [Philosophische Studien] 28 (1962) 1, S. 65–93.

Pater, Małgorzyta: „Narrator nieobecny? Struktura narracji w utworze Debory Vogel ‚Akacje kwitną. Montaże'" [Ein abwesender Erzähler? Die Erzählstruktur in Debora Vogels Werk „Akazien blühen"], in: *Roczniki Humanistyczne* [Humanistische Jahrbücher] 57 (2009) 1, S. 115–143.

Pawlikowska, Kamila, Stępień, Justyna: „Between Repudiation and Homage: European Influences on the Polish Poetic and Visual Avant-Garde (1918–1925)", in: Selena Daly/Monica Insinga (Hg.): *The European Avant-Garde: Text and Image*, Cambridge 2012, S. 171–187.

Pazi, Margarita: „Der Gefühlspluralismus im Werk Karl Emil Franzos", in: Stefan H. Kaszyński (Hg.): *Galizien, eine literarische Heimat*, Poznań 1987, S. 77–113.

Petermann, Werner: *Die Geschichte der Ethnologie*, Wuppertal 2004.

Pethes, Nicolas, Griesecke, Birgit, Krause, Marcus, Sabisch Katja (Hg.): *Menschenversuche. Eine Anthologie 1750–2000*, Frankfurt am Main 2008.

Petranský, Ivan, Pók, Attila, Przewoźnik, Andrzej (Hg.): *Erinnerungsorte in Ostmitteleuropa. Erfahrungen der Vergangenheit und Perspektiven*, München 2011.

Pfeifer, Kasper: „Emancypacyjny projekt pierwszej polskiej awangardy" [Das emazipatorische Projekt der ersten polnischen Avantgarde], in: *Pamiętnik Literacki* [Literarisches Tagebuch] 1 (2021), S. 5–20.

Philippi, Bernd: „Protokollsätze versus Konstatierungen. Ein Kernproblem des Wiener Kreises", in: Moritz Schlick, *Philosophische Logik*, hg. v. Bernd Philippi, Frankfurt am Main 1986, S. I-XLI.

Piechotta, Hans Joachim (Hg.): *Die literarische Moderne in Europa, Bd. 2: Formationen der literarischen Avantgarde*, Opladen 1994.

Piniński, Leon: „Ekspresjonizm – epigonem modernistycznych pomysłów" [Expressionismus – Epigone modernistischer Ideen], in: *Gazeta Wieczorna* [Die Abendzeitung] (28. Juli 1918) 4276, S. 5.

Płonka-Syroka, Bożena: „Ludwik Fleck, mikrobiolog, prekursor nowoczesnej metodologii historii medycyny" [Ludwik Fleck, Mikrobiologe, Vorläufer der modernen Methodologie der Medizingeschichte], in: *Medycyna Nowożytna. Studia nad Historią Medycyny* [Medizin der Frühen Neuzeit. Studien zur Geschichte der Medizin] 1 (1993) 1, S. 47–82.

Płonka-Syroka, Bożena: „Poglądy metodologiczne Flecka (1896–1961) i ich recepcja w literaturze światowej w latach 1935–1993", in: *Archiwum Historii i Filozofii Medycyny* [Archiv der Geschichte und Philosophie der Medizin] 57 (1994) 4, S. 497–512.

Płonka-Syroka, Bożena: (Rezension) „‚Historia medycyny filozoficznie ujęta: podręcznik dla lekarzy i studentów z ilustracjami', Władysław Szumowski, Warszawa 1994" [Die Geschichte der Medizin in philosophischer Auffassung: Lehrbuch mit Illustrationen für Ärzte und Studenten, Władysław Szumowski, Warschau 1994], in: *Medycyna Nowożytna. Studia nad Historią Medycyny* [Medizin der Frühen Neuzeit. Studien zur Geschichte der Medizin] 2 (1995) 2, S. 139–143.

Płonka-Syroka, Bożena: „Problem przemian w medycynie europejskiej XVI-XIX w. w świetle wybranych koncepcji z zakresu metodologii historii nauki" [Das Problem der Wandlungen in der europäischen Medizin des 16.–19. Jahrhunderts im Lichte der ausgewählten Konzeptionen aus dem Bereich der Methodologie der Wissenschaftsgeschichte], in: *Medycyna Nowożytna. Studia nad Historią Medycyny* [Medizin der Frühen Neuzeit. Studien zur Geschichte der Medizin] 4 (1997) 1–2, S. 5–38.

Pobojewska, Aldona: „Die Subjektlehre Jacob von Uexkülls", in: *Sudhoffs Archiv* 77 (1991) 1, S. 54–71.

Poli, Roberto (Hg.): *In Itinere: European Cities and the Birth of Modern Scientific Philosophy*, Amsterdam 1997.

Poli, Roberto: „Die logisch-philosophische Schule von Lemberg-Warschau", in: Romana Schuler, Goschka Gawlik (Hg.): *Zwischen Experiment und Repräsentation. Der neue Staat. Polnische Kunst 1918–1939*, Ostfildern 2003, S. 313–321.

Pollak, Martin: *Galizien*, Frankfurt am Main 2011.

Pollack, Martin: „Jüdische Übersetzer, Autoren und Kritiker als Mittler zwischen der deutschen und polnischen Literatur", in: *Trans. Internet-Zeitschrift für Kulturwissenschaften*, unter: http://www.inst.at/trans/15Nr/03_5/pollack15.htm.

Pollack, Martin: „Ein Charlie Chaplin des Erten Weltkriegs", in: Joseph Wittlin: *Das Salz der Erde*. Aus dem Polnischen von Izydor Berman, Frankfurt am Main 2014, S. 260–269.

Polt-Heinzl, Evelyne: „Das Kommando der Dinge oder Was ein Bimmerling lernen kann. Überlegungen zu Rudolf Brunngrabers Arbeitslosenroman ‚Karl und das 20. Jahrhundert' (1932)", in: Fausto Cercignani (Hg.): *Studia austriaca* III (1995), S. 45–63.

Probst, Gerhard F.: „Gattungsbegriff und Rezeptionsästhetik", in: *Colloquia Germanica* 10 (1976/77) 1, S. 1–14.

Promiński, Marian: „Akacje kwitną" [Akazien blühen], in: *Sygnały* [Signale] 4 (1936) 15, S. 8.

Promiński, Marian: „Akazien blühen" (1936), in: Debora Vogel: *Die Geometrie des Verzichts. Gedichte, Montagen, Essays, Briefe*, hg. v. Anna Maja Misiak, Wuppertal 2015, S. 597–598.

Prunitsch, Christian: „Zur Kafka-Rezeption in Polen", in: Steffen Höhne, Ludger Udolph (Hg.): *Franz Kafka. Wirkung und Wirkungsverhinderung*, Wien/Köln/Weimar 2014, S. 187–197.

Przybyszewski, Stanisław: „Ideowy przekrój ekspresjonizmu" [Ideenüberblick des Expressionismus], in: *Gazeta Wieczorna* [Die Abendzeitung] (1918) 4276, S. 6.

Radeiski, Bettina: *Denkstil, Sprache und Diskurse. Überlegungen zur Wiederaneignung Ludwik Flecks für die Diskurswissenschaft nach Foucault*, Berlin 2017.

Rajgrodzki, Jakub: „Ogólnofilozoficzne i metodologiczne poglądy Ottona Neuratha" [Allgemeinphilosophische und methodologische Anschauungen Otto Neuraths], in: *Przegląd Filozoficzny* [Philosophische Rundschau] 39 (1936) 3, S. 287–297.

Rapoport, Joschue: „vi a vevirke in rod", in: *shoybn* (1936) 4, S: 37ff.

Rapoport, Joschue: „Wie ein Eichhörnchen im Laufrad" (1936), in: Debora Vogel: *Die Geometrie des Verzichts. Gedichte, Montagen, Essays, Briefe*, hg. v. Anna Maja Misiak, Wuppertal 2015, S. 591–593.

Redzik, Adam, Duda, Roman, Mudryj, Marian (Hg.): *Academia Militans. Universität Jana Kazimierza we Lwowie* [Academia Militans. Jan-Kazimierz-Universität Lemberg], Kraków 2015.

Reif, Wolfgang: *Zivilisationsflucht und literarische Wunschräume. Der exotistische Roman im ersten Viertel des 20. Jahrhunderts*, Stuttgart 1975.

Rescio, Laura: „„I znowu kwitną akacje …'". Interpretacje nader niefortunnej ‚niepowieści' Debory Vogel ‚Akacje kwitną'" [„Und wieder blühen Akazien." Interpretationen eines misslichen Nicht-Romans von Debora Vogels „Akazien blühen"], in: *Poznańskie Studia Polonistyczne* [Posener Polonistische Studien] 4 (1997), S. 211–230.

Rheinberger, Hans-Jörg, Wahrig-Schmidt, Bettina, Hagner, Michael (Hg.): *Räume des Wissens. Repräsentation, Codierung, Spur*, Berlin 1996.

Rheinberger, Hans-Jörg: *Experimentalsysteme und epistemische Dinge*, Frankfurt am Main 2001.

Rheinberger, Hans-Jörg: *Epistemologie des Konkreten. Studien zur Geschichte der modernen Biologie*, Frankfurt am Main 2006.

Rheinberger, Hans-Jörg: *Historische Epistemologie zur Einführung*, Hamburg 2007.

Rheinberger, Hans-Jörg: „Zur Historizität wissenschaftlichen Wissens: Ludwik Fleck und Edmund Husserl", in: Otto Gerhard Oexle (Hg.): *Krise des Historismus – Krise der Wirklichkeit, Kunst und Literatur 1880–1932*, Göttingen 2007, S. 359–373.

Rietra, Madeleine: „Joseph Roth und Józef Wittlin. Zur Entstehung der deutschen Übersetzung ‚Das Salz der Erde' und deren Bedeutung für den Erfolg von Wittlins Roman ‚Sól ziemi'", in: *Neophilologus* 101 (2017) 1, S. 109–118.

Riezler, Kurt: „Die Krise der ‚Wirklichkeit'", in: *Die Naturwissenschaften* 16 (1928) 37–38, S. 705–712.

Rilling, Stéphane: „Galizische Städtebilder in Joseph Roths Werken", in: Stéphane Pesnel, Erika Tunner, Heinz Lunzer, Victoria Lunzer-Talos (Hg.): *Joseph Roth – Städtebilder. Zur Poetik, Philologie und Interpretation von Stadtdarstellungen aus den 1920er und 1930er Jahren*, Berlin 2016, S. 119–136.

Ritz, German: „Kosmos oder Angst vor Pałuba. Eine metafiktionale Lektüre von Gombrowiczs letztem Roman", in: Susi K. Frank, Erika Greber, Schamma Schahadat, Igor Smirnow (Hg.): *Gedächtnis und Phantasma. Festschrift für Renate Lachmann*, München 2001, S. 604–614.

Ritz, German: „Deutsch-polnische literarische Wechselbeziehungen und Karol Irzykowskis Weg vom Germanisten zum experimentellen Romancier", in: Ingeborg Fiala-Fürst, Jürgen Joachim Sthaler, Walter Schmitz (Hg.): *Mitteleuropa: Kontakte und Kontroversen. Dokumentation des II. Kongresses des Mitteleuropäischen Germanistenverbandes (MGV) in Olomouc/Olmütz*, Dresden 2013, S. 168–182.

Rollett, Edwin: „Rudolf Brunngraber", in: *Wort in der Zeit* 6 (1960), S. 3, 7–15.

Rosenberg, Hannah: „Wissenschaftsforschung als Diskursforschung. Überlegungen zur Selbstreflexion wissenschaftlicher Diskziplinen im Anschluss an Ludwik Fleck", in: *Zeitschrift für Diskursforschung* 6 (2018) 1, S. 27–50.

Roth, Joseph: „Reise durch Galizien. Leute und Gegend" (1924), in: Ders.: *Werke II. Das Journalistische Werk 1924–1928*, Köln 1989, S. 281–285.

Roth, Joseph: „Reise durch Galizien. Lemberg, die Stadt" (1924), in: Ders.: *Werke II. Das Journalistische Werk 1924–1928*, Köln 1989, S. 285–289.

Roth, Joseph: *Radetzkymarsch*, Marbach am Necker 1953 (1932).

Roth, Joseph: „Die Büste des Kaisers" (1935), in: Ders.: *Die Erzählungen*, Köln 2009, S. 283–310.

Roth, Joseph: „‚Das Salz der Erde'. Vorwort" (1937), in: Ders.: *Werke: 3. Das journalistische Werk. 1929–1939*, Köln 1994, S. 769–770.

Roth, Joseph: „Die weißen Städte", in: Ders.: *Aus Europa. Reportagen 1919–1939*, Altenmünster 2016, S. 190–195.

Rothman, N. L.: „‚Salt oft he Earth' by Joseph Wittlin", in: *The Saturday Review* (4. September 1941), S. 12.

Röskau-Rydel, Isabel (Hg.): *Deutsche Geschichte im Osten Europas. Galizien*, Berlin 1999.

Ryll-Nardzewski, Czesław: „Prace Hugona Steinhausa o sytuacja konfiktowych" [Hugo Steinhaus Arbeiten über Konfliktsituationen], in: *Wiadomości matematyczne* [Mathematische Nachrichten] 17 (1973), S. 29–38.

Rzepa, Joanna: „‚Sól ziemi' Józefa Wittlina: O recepcji ‚pozapolskiej' powieści" [„Das Salz der Erde" von Józef Wittlin: Über die Rezeption des außerpolnischen Romans], in: *Przekładaniec* [Die Kunterbunte] 27 (2013), S. 186–200.

Rydlewski, Michał: „Ludwik Fleck a Szkoła Lwowsko-Warszawska“ [Ludwik Fleck und die Lemberg-Warschau-Schule], in: *Ruch Filozoficzny* [Philosophische Bewegung] 69 (2012) 3–4, S. 623–648.

Rypson, Piotr: *Der Raum der Worte. Polnische Avantgarde und Malerbücher 1919–1990*, Wolfenbüttel 1991.

Sacher-Masoch, Leopold von: *Venus im Pelz*, Frankfurt am Main 1968 (1870).

Sagnol, Marc: „Les lieux de Bruno Schulz: Drogobytch et Truskawiets“, in: *Les Temps Modernes* 1 (2005) 629, S. 151–178.

Sagnol, Marc: „Confins de Galicie“, in: *Les Temps Modernes* 2 (2013) 673, S. 37–75.

Sandkühler, Hans Jörg: *Philosophie im Nationalsozialismus*, Hamburg 2009.

Sant'Elia, Antonio: „Manifest der futuristischen Architektur“, in: Christa Baumgarth (Hg.): *Geschichte des Futurismus*, Reinbek bei Hamburg 1966 (1914), S. 217–221.

Sarasin, Philipp: *Geschichtswissenschaft und Diskursanalyse*, Frankfurt am Main 2003.

Sarasin, Philipp: *Anthrax. Bioterror als Phantasma*, Frankfurt am Main 2004.

Sarasin, Philipp, Berger, Silvia, Hänseler, Marianne, Spörri, Myriam (Hg.): *Bakteriologie und Moderne. Studien zur Biopolitik des Unsichtbaren 1870–1920*, Frankfurt am Main 2007.

Sarasin, Philipp: „Was ist Wissensgeschichte?“, in: *Internationales Archiv für Sozialgeschichte der deutschen Literatur* 36 (2011) 1, S. 159–172.

Sauerland, Karol: „Hebbel als Schlüsselfigur für Irzykowski und Lukács zu Beginn des 20. Jahrhunderts“, in: *Hebbel-Jahrbuch* (1992), S. 105–115.

Sauerland, Karol: „Ludwik Flecks unerwünschter soziologischer Blick“, in: Bożena Chołuj, Jan C. Joerden (Hg.): *Von der wissenschaftlichen Tatsache zur Wissensproduktion. Ludwik Fleck und seine Bedeutung für die Wissenschaft und Praxis*, Frankfurt am Main 2007, S. 65–77.

Sauerland, Karol: „Der Begriff des Denkstils bei Ludwik Fleck“, in: *theologie. geschichte* 9 (2017), S. 37–58.

Sauerland, Karol: „Suche nach Ordnung und Freude an der Vielheit. Der Staatspolitische Hintergrund der philosophischen Debatten im Polen der zwanziger und dreißiger Jahre“, in: Gangolf Hübinger (Hg.): *Europäische Wissenschaftskulturen und politische Ordnungen in der Moderne (1890–1970)*, München 2014, S. 123–141.

Schahadat, Schamma: „Avantgarde und Ethnographie: Stanisław Ignacy Witkiewicz und Bronisław Malinowski“, in: *Die Welt der Slaven* 45 (2000), S. 155–180.

Schahadat, Schamma: „Die Warschauer und Vilnaer Polonistik in der Zwischenkriegszeit: Der Eintritt ins europäische literaturtheoretische Feld“, in: Bernd Stiegler, Sylwia Werner (Hg.): *Laboratorien der Moderne. Orte und Räume des Wissens in Mittel- und Osteuropa*, Paderborn 2016, S. 235–252.

Scheerbart, Paul: *Glasarchitektur*, Berlin 1914.

Scheerbart, Paul: *Glasarchitektur und Glashausbriefe*, München 1988.

Schlick, Moritz: „Erleben, Erkennen, Metaphysik“ (1926), in: Michael Stöltzner, Thomas Uebel (Hg.): *Wiener Kreis. Texte zur wissenschaftlichen Weltauffassung von Rudolf Carnap, Otto Neurath, Moritz Schlick, Philipp Frank, Hans Hahn, Karl Menger, Edgar Zilsel und Gustav Bergmann*, Hamburg 2009, S. 169–186.

Schlick, Moritz: „Die Wende der Philosophie“ (1930), in: Michael Stöltzner, Thomas Uebel (Hg.): *Wiener Kreis. Texte zur wissenschaftlichen Weltauffassung von Rudolf Carnap, Otto Neurath, Moritz Schlick, Philipp Frank, Hans Hahn, Karl Menger, Edgar Zilsel und Gustav Bergmann*, Hamburg 2009, S. 30–38.

Schlick, Moritz: „Über das Fundament der Erkenntnis“ (1934), in: Michael Stöltzner, Thomas Uebel (Hg.): *Wiener Kreis. Texte zur wissenschaftlichen Weltauffassung von Rudolf Carnap, Otto Neurath, Moritz Schlick, Philipp Frank, Hans Hahn, Karl Menger, Edgar Zilsel und Gustav Bergmann*, Hamburg 2009, S. 430–453.

Schlick, Moritz: „Tatsachen und Aussagen“ (1935), in: Moritz Schlick: *Philosophische Logik*, hg. v. Bernd Philippi, Frankfurt am Main 1986, S. 223–229.

Schmid, Georg: „Der Text als generative Instanz des Phantasmas. Karl Emil Franzos und Joseph Roth – Brennpunkte in einem elliptischen Feld“, in: Stefan H. Kaszyński (Hg.): *Galizien, eine literarische Heimat*, Poznań 1987, S. 35–53.

Schmidt-Dengler, Wendelin: „Statistik und Roman – Über Otto Neurath und Rudolf Brunngraber“, in: Friedrich Stadler (Hg.): *Arbeiterbildung in der Zwischenkriegszeit: Otto Neurath – Gerd Arntz*, Wien 1982, S. 119–124.

Schnaper, Ber: „in ofene karten. Vegn dikhtung, koniunktur un shablon (oyfn rand fun a nay bikhl poezie)“, in: *der morgen* 4 (1930), 1121, S. 11.

Schnaper, Ber: „In offene Karten. Über Dichtung, Konjunktur und Schablone. (Randbemerkungen zu einem neuen Gedichtband)“ (1930), in: Debora Vogel: *Die Geometrie des Verzichts. Gedichte, Montagen, Essays, Briefe*, hg. v. Anna Maja Misiak, Wuppertal 2015, S. 571–572.

Schnaper, Ber: „Die Lyrik kühler Statik“ (1935), in: Debora Vogel: *Die Geometrie des Verzichts. Gedichte, Montagen, Essays, Briefe*, hg. v. Anna Maja Misiak, Wuppertal 2015, S. 573–576.

Schnaper, Ber: „di lirik fun kile statik“, in: *literarishe bleter* 12 (1935) 40, S. 642f.

Scholz, Heinrich: (Rezension) „Alfred Tarski. ‚Der Wahrheitsbegriff in den formalisierten Sprachen‘. Studia Philosophica“, in: *Deutsche Literaturzeitung* 58 (1937), S. 1914–1917.

Schönle, Andreas: „‚Sklepy cynamonowe‘ Brunona Schulza: apologia tandety“ [„Die Zimtläden“ von Bruno Schulz: Die Apologie des Trödels], in: Małgorzata Kitowska-Łysiak (Hg.): *Bruno Schulz. In Memoriam 1892–1942*, Lublin 1992, S. 59–77.

Schrader, Hans-Jürgen: „Endzeit- und Aufbruchsstimmung in Wien. Aspekte literarischer Avantgarde zwischen Kaiserreich und Erster Republik“, in: Thoma Hunkler, Edith Anna Kunz (Hg.): *Metropolen der Avantgarde*, Bern/Berlin/Frankfurt am Main 2014, S. 94–114.

Schröder, Artur: „Majaki. (Wystawa kubistów, futurystów, ekspresjonistów, owalistów itd.)“ [Phantasmen. (Ausstellung der Kubisten, Futuristen, Expresionisten, Ovalisten usw.)], in: *Gazeta Lwowska* [Lemberger Zeitung] 1 (1913), S. 4.

Schröder, Artur: *Chorobliwe majaczenie, a nie życiowy prąd* [Krankmachendes Irrereden, aber keine lebensspendende Elektrizität], in: *Gazeta Wieczorna* [Abendzeitung], 4276 (1918), S. 7–8.

Schrödinger, Erwin: *Über Indeterminismus in der Physik – Ist die Naturwissenschaft milieubedingt? Zwei Vorträge zur Kritik der naturwissenschaftlichen Erkenntnis*, Leipzig 1932.

Schuler, Romana, Gawlik Goschka (Hg.): *Zwischen Experiment und Repräsentation. Der neue Staat. Polnische Kunst 1918–1939*, Ostfildern 2003.

Schulz, Bruno: *Xięga bałwochwalcza* [Das Buch vom Götzendienst] (1920–1922), hg. v. Jerzy Ficowski, Warszawa 1988.

Schulz, Bruno: *Sklepy cynamonowe. Sanatorium Pod Klepsydrą* [Die Zimtläden. Das Sanatorium zur Sanduhr] Warszawa 2002 (1933/1937).

Schulz, Bruno: „Karakony“ [Die Kakerlaken] (1933), in: Ders.: *Sklepy cynamonowe. Sanatorium Pod Klepsydrą* [Die Zimtläden. Das Sanatorium zur Sanduhr], Warszawa 2002, S. 91–95.

Schulz, Bruno: „Manekiny“ [Schneiderpuppen] (1933), in: Ders.: *Sklepy cynamonowe. Sanatorium Pod Klepsydrą* [Die Zimtläden. Das Sanatorium zur Sanduhr], Warszawa 2002, S. 31–38.

Schulz, Bruno: „Nawiedzenie“ [Die Heimsuchung] (1933), in: Ders.: *Sklepy cynamonowe. Sanatorium Pod Klepsydrą* [Die Zimtläden. Das Sanatorium zur Sanduhr], Warszawa 2002.

Schulz, Bruno: „Ptaki“ [Die Vögel] (1933), in: Ders.: *Sklepy cynamonowe. Sanatorium Pod Klepsydrą* [Die Zimtläden. Das Sanatorium zur Sanduhr], Warszawa 2002, S. 25–30, S. 17–24.

Schulz, Bruno: „Sierpień“ [August] (1933), in: Ders.: *Sklepy cynamonowe. Sanatorium Pod Klepsydrą* [Die Zimtläden. Das Sanatorium zur Sanduhr], Warszawa 2002, S. 7–16.

Schulz, Bruno: „Traktat o manekinach albo Wtóra Ksiega Rodzaju“ [Trakt über die Schneiderpuppen oder das zweite Buch Genesis] (1933), in: *Sklepy cynamonowe. Sanatorium Pod Klepsydrą* [Die Zimtläden. Das Sanatorium zur Sanduhr], Warszawa 2002, S. 39–43.

Schulz, Bruno: „Traktat o manekinach. Ciąg dalszy“ [Traktat über die Schneiderpuppen. Fortsetzung] (1933), in: Ders.: *Sklepy cynamonowe. Sanatorium Pod Klepsydrą* [Die Zimtläden. Das Sanatorium zur Sanduhr], Warszawa 2002, S. 44–46.

Schulz, Bruno: „Traktat o manekinach. Dokończenie“ [Traktat über die Schneiderpuppen. Schluß] (1933), in: Ders.: *Sklepy cynamonowe. Sanatorium Pod Klepsydrą* [Die Zimtläden. Das Sanatorium zur Sanduhr], Warszawa 2002, S. 47–52.

Schulz, Bruno: „Edzio“ (1937), in: Ders.: *Sklepy cynamonowe. Sanatorium Pod Klepsydrą* [Die Zimtläden. Das Sanatorium zur Sanduhr], Warszawa 2002, S. 309–317.

Schulz, Bruno: „Wiosna“ (1937), in: Ders.: *Sklepy cynamonowe. Sanatorium Pod Klepsydrą* [Die Zimtläden. Das Sanatorium zur Sanduhr], Warszawa 2002, S. 149–226.

Schulz, Bruno: „August“, in: Ders.: *Die Zimtläden*, aus dem Polnischen von Doreen Daume, München 2008, S. 9–25.

Schulz, Bruno: „Die Heimsuchung“, in: Ders.: *Die Zimtläden*, aus dem Polnischen von Doreen Daume, München 2008, S. 26–39.

Schulz, Bruno: „Die Vögel“, in: Ders.: *Die Zimtläden*, aus dem Polnischen von Doreen Daume, München 2008, S. 40–49.

Schulz, Bruno: „Schneiderpuppen“, in: Ders.: *Die Zimtläden*, aus dem Polnischen von Doreen Daume, München 2008, S. 50–62.

Schulz, Bruno: „Trakt über die Schneiderpuppen oder das zweite Buch Genesis“, in: Ders.: *Die Zimtläden*, aus dem Polnischen von Doreen Daume, München 2008, S. 63–70.

Schulz, Bruno: „Traktat über die Schneiderpuppen. Fortsetzung“, in: Ders.: *Die Zimtläden*, aus dem Polnischen von Doreen Daume, München 2008, S. 71–75.

Schulz, Bruno: „Traktat über die Schneiderpuppen. Schluß“, in: Ders.: *Die Zimtläden*, aus dem Polnischen von Doreen Daume, München 2008, S. 76–84.

Schulz, Bruno: „Die Kakerlaken“, in: Ders.: *Die Zimtläden*, aus dem Polnischen von Doreen Daume, München 2008, S. 149–156.

Schulz, Bruno: „Die Mythisierung der Wirklichkeit“ (1936), in: Ders.: *Die Zimtläden*, aus dem Polnischen von Doreen Daume, München 2008, S. 193–197.

Schulz, Bruno: „Akacje kwitną“ [Akazien blühen], in *Nasza Opinja* [Unsere Meinung] (1936) 72, S. 9.

Schulz, Bruno: „Akazien blühen“ (1936), in: Debora Vogel, *Die Geometrie des Verzichts. Gedichte, Montagen, Essays, Briefe*, hg. v. Anna Maja Misiak, Wuppertal 2015, S. 601–605.

Schulz, Bruno: *Die Wirklichkeit ist Schatten des Wortes. Aufsätze und Briefe*, aus dem Polnischen von Mikolaj Dutsch und Josepf Hahn, München/Wien 1992.

Schulz, Bruno: „Nachwort zum ‚Prozeß‘ von Kafka“ (1936), in: Ders.: *Die Wirklichkeit ist Schatten des Wortes*, München/Wien 1992, S. 242–246.

Schulz, Bruno: *Das Sanatorium zur Sanduhr*, aus dem Polnischen von Doreen Daume, München 2011 (1937).

Schulz, Bruno: „Der Frühling“, in: Ders.: *Das Sanatorium zur Sanduhr*, aus dem Polnischen von Doreen Daume, München 2011 (1937), S. 44–138.

Schulz, Bruno: „Edzio“, in: Ders.: *Das Sanatorium zur Sanduhr*, aus dem Polnischen von Doreen Daume, München 2011 (1937), S. 234–244.

Schulz, Bruno: *Księga listów* [Das Buch der Briefe], Kraków 1975.

Schulz, Bruno: *Republika marzeń. Katalog* [Republik der Träume. Katalog], Warszawa 1992 (1937).

Schulte, Joachim, McGuinness, Brian (Hg.): *Einheitswissenschaft*, Frankfurt am Main 1992.

Schulte, Jörg: *Eine Poetik der Offenbarung. Isaak Babel, Bruno Schulz, Danilo Kiš*, Wiesbaden 2004.

Schuster, Frank Michael: „Das multikulturelle Galizien. Die Entstehung eines Mythos während des Ersten Weltkriegs", in: *Kwartalnik Hisorii Żydów* [Vierteljahresschrift der Geschichte der Juden] 4 (2004), S. 535–545.

Schutte, Jürgen, Sprengel, Peter (Hg.): *Die Berliner Moderne. 1885–1914*, Stuttgart 1987.

Schnelle, Thomas: *Ludwik Fleck: Leben und Denken. Zur Entstehung und Entwicklung des soziologischen Denkstils in der Wissenschaftsphilosophie*, Hamburg 1982.

Schwarzmaier, Sophie: „Grenzgänger Leon Chwistek (1884–1944) im Kontext der Wissenschaftskultur seiner Zeit", in: *Historie. Jahrbuch des Zentrums für historische Forschung Berlin der Polnischen Akademie der Wissenschaften* 1 (2016), S. 361–374.

Schweinitz, Jörg: „Der Zeichenfilm als Bürge für den Kunstcharakter des Kinos. Kleine Einführung in Karol Irzykowskis Apologie aus dem Jahr 1924", in: *Montage AV. Zeitschrift für Theorie und Geschichte audiovisueller Kommunikation* 22 (2013) 2, S. 45–49.

Schweinitz, Jörg: „Der Zeichenfilm als Bürge für den Kunstcharakter des Kinos. Kleine Einführung in Karol Irzykowskis Apologie aus dem Jahr 1924", in: *Montage AV* 2 (2013), S. 45–50.

Sebald, W. G.: „Westwärts – Ostwärts: Aporien deutschsprachiger Ghettogeschichten", in: Ders.: *Unheimliche Heimat. Essays zur österreichischen Literatur*, Frankfurt am Main 2004, S. 40–64.

Sienkiewicz, Barbara: „Hegel, fotomontaż i literatura. O prozie Debory Vogel" [Hegel, Fotomontage und Literatur. Über die Prosa von Debora Vogel], in: *Kresy. Kwartalnik literacki* [Grenzland. Literarische Vierteljahresschrift], 26 (1996) 2, S. 76–85.

Sienkiewicz, Barbara: „Wokół motywu manekina. Bruno Schulz i Debora Vogel" [Um das Schneiderpuppe-Motiv. Bruno Schulz und Debora Vogel], in: Małgorzata Kitowska-Łysiak, Władysław Panas (Hg.): *W ułamkach zwierciadła. Bruno Schulz w 110 rocznicę urodzin i 60 rocznicę śmierci* [In Scherben eines Spiegels. Bruno Schulz am 110. Geburtstag und am 60. Todestag], Lublin 2003, S. 381–409.

Sierpiński, Władysław: „O polskiej szkole matematycznej" [Über die polnische mathematische Schule], in: *Problemy* [Probleme] 3 (1963), S. 146–155.

Sierocka, Krystyna: „Magazyny literackie dwudziestolecia międzywojennego (Przyczynek do charakterystyki)" [Literarische Magazine in der Zwischenkriegszeit (Beitrag zur Charakteristik)], in: *Kwartalnik Historii Prasy Polskiej* [Die Vierteljahresschrift der Geschichte der polnischen Presse] 22 (1983) 1, S. 119–130.

Simon, Hermann, Stratenwerth, Irene, Hinrichs, Ronald: *Lemberg. Eine Reise nach Europa*, Hamburg 2007.

Simonek, Stefan: *Distanzierte Nähe. Die slawische Moderne der Donaumonarchie und die Wiener Moderne*, Bern/Berlin/Frankfurt am Main/Wien 2002.

Skalnik, Peter: „Bronisław Kasper Malinowski and Stanisław Ignacy Witkiewicz: Science versus art in the conceptualization of culture", in: *Konteksty. Polska sztuka ludowa. Malinowski i Witkacy* [Kontexte. Polnische Volkskunst. Malinowski und Witkacy] 1–4 (2000), S. 53–65.

Skiwski, Jan Emil: „Licytacjonizm" [Das Lizitieren], in: *Pion* [Die Vertikale] 6 (1938) 24–25, S. 4.

Smith, Barbara Herrnstein: „What was Close Reading", in: *Minnesota Review* 87 (2016), S. 57–75.

Smith, Barry: „Austrian orgins of logical Positivism", in: Klemens Szaniawski: *The Vienna Ciercle and the Lvov-Warsaw-School*, Boston/London 1989, S. 19–53.

Smith, Barry: „Kasimir Twardowski: An Essay on the Borderlines of Ontology, Psychology and Logic", in: Klemens Szaniawski (Hg.): *The Vienna Circle and the Lvov-Warsow School*, Boston/London 1989, S. 313–373.

Smith, Barry: *Austrian Philosophy*, Chicago 1994.

Sneis, Jørgen: *Phänomenologie und Textinterpretation. Studien zur Theoriegeschichte und Methodik der Literaturwissenschaft*, Berlin/Boston 2018.

Somerfield-Ziskind, Esther: „In Memoriam: Peter Jakob Frostig (1896–1959)", in: *American Journal of Psychiatry* 117 (1960) 5, S. 479–480.

Speier, Hans-Michael: „Paul Scheerbart: ‚Lesabendio: Ein Asteroiden-Roman.' Kosmische Komposition und visionäre Architektur", in: Winfried Freund, Hans Schumacher (Hg.): *Spiegel im dunklen Wort. Analysen zur Prosa des frühen 20. Jahrhunderts*, Frankfurt am Main 1983, S. 97–130.

Spieth, Alexander: *Politisch sehn, falsch sehn. Anmerkungen zu Joseph Roths Legitimismus*, Tübingen 2009.

Spiegelberg, Herbert: „Roman Ingarden, ‚Das literarische Kunstwerk. Eine Untersuchung aus dem Grenzgebit der Ontologie, Logik und Literaturwissenschaft, Halle 1931'", in: *Zeitschrift für Ästhetik und allgemeine Kunstwissenschaft* 25 (1931), S. 379–387.

Sprengel, Peter, Streim, Georg (Hg.): *Berliner und Wiener Moderne. Vermittlungen und Abgrenzungen in Literatur, Theater und Publizistik*, Wien/Köln/Weimer 1998.

Sroka, Łukasz Tomasz: „Filozofia" [Philosophie], in: Adam Redzik, Roman Duda, Marian Mudryj, Łukasz Tomasz Sroka, Wanda Wojtkiewicz-Rok, Józef Wołczański, Andrzej Kajetan Wróblewski (Hg.): *Academia Melitans. Uniwersytet Jana Kazimierza we Lwowie* [Academia Melitans. Jan-Kazimierz-Universität Lemberg], Kraków 2015, S. 603–616.

Stachel, Peter, Szabo-Knotik, Cornelia (Hg.): *Urbane Kulturen in Zentraleuropa um 1900*, Wien 2004.

Stadler, Friedrich: „Der Wiener Kreis – Versuch einer Typologie“, in: Paul Kruntorad (Hg.): *Jour Fixe der Vernunft. Der Wiener Kreis und die Folgen*, Wien 1991, S. 23–41.

Stadler, Friedrich: „Wien – Berlin – Prag. Zum Aufstieg der Wissenschaftlichen Philosophie“, in: Rudolf Haller, Friedrich Stadler (Hg.): *Wien – Berlin – Prag. Der Aufstieg der wissenschaftlichen Philosophie. Zentenarien: Rudolf Carnap – Hans Reichenbach – Edgar Zilsel*, Wien 1993, S. 11–37.

Stadler, Friedrich: *Studien zum Wiener Kreis. Ursprung, Entwicklung und Wirkung des logischen Empirismus im Kontext*, Frankfurt am Main 1997.

Stagl, Justin: „Malinowskis Paradigma“, in: Wolfdietrich Schmied-Kowarzik, Justin Stagl (Hg.): *Grundlagen der Ethnologie. Beiträge zur gegenwärtigen Theorie-Diskussion*, Berlin 1993, S. 93–105.

Stern, Anatol: *Bruno Jasieński*, Warszawa 1969.

Stasiewicz-Jasiukowa, Irena (Hg.): *Lwowskie środowisko naukowe w latach 1939–1945* [Das Lemberger wissenschaftliche Milieu in den Jahren 1939–1945], Warszawa 1999.

Stegmüller, Wolfgang: „Der Wiener Kreis“, in: Paul Kruntorad (Hg.): *Jour Fixe der Vernunft. Der Wiener Kreis und die Folgen*, Wien 1991, S. 49–55.

Steinhaus, Hugo: „Les probabilités dénombrables et leur rapport à la théorie de la mesure“, in: *Fundamenta Mathematicae* 4 (1923), S. 286–310.

Steinhaus, Hugo: „Czem jest matematyka i na czem polega jej postęp“ [Was ist die Mathematik und worin besteht ihr Fortschritt?] (1927), in: Ders.: *Między duchem a materią pośredniczy matematyka* [Zwischen dem Geist und der Materie vermittelt die Mathematik], Warszawa/Wrocław 2000, S. 36–48.

Steinhaus, Hugo: „Anwendungen der Funktionalanalysis auf einige Fragen der reelen Funktionentheorie“, in: *Studia Mathematica* 1 (1929), S. 51–81.

Steinhaus, Hugo: „Współpraca biologa i lekarza z matematykiem“ [Die Zusammenarbeit des Biologen und Arztes mit dem Mathematiker], in: Helena Krukowska (Hg.): *Franciszek Groer: życie i działalność* [Franciszek Groer: Leben und Wirkung], Warszawa 1973, S. 54–56.

Steinhaus, Hugo, Altenberg, Ewa, Fleck, Ludwik: „Sur la repartition des leucocytes dans le sang“, in: *Comptes rendus de la Société de Biologie et des ses filiales* (1939).

Steinhaus, Hugo, Altenberg, Ewa, Fleck, Ludwik: „The Distribution of Leucocytes in Blood“, in: *Journal of experimental medicine* 1939.

Steinhaus, Hugo: „Method of an apparatus for localising and visualising foreign bodies“, in: *United States Patent Office*, 2441538, granted May 11, 1948.

Steinhaus, Hugo: *Orzeł czy reszka?* [Kopf oder Zahl?], Warszawa 1953.

Steinhaus, Hugo: „The Establishment of Paternity“, in: *Prace Wrocławskiego Towarzystwa Naukowego* [Die Arbeiten der wissenschaftlichen Gesellschaft in Wrocław], Seria A, 32 (1954), S. 20.

Steinhaus, Hugo: „O dochodzeniu ojcostwa“ [Über das Nachweisen der Vaterschaft], in: *Zastosowania Matematyki* [Die Anwendung der Mathematik] 1 (1954) 2, S. 67–82.

Steinhaus, Hugo: *Kaleidoskop der Mathematik*, Berlin 1959 (1938).

Steinhaus, Hugo: „Przemówienie wygłoszone na uroczystości ku uczczeniu pamięci Stefana Banacha" [Rede anlässlich des Gedenkens an Stefan Banach], in: *Wiadomości matematyczne* [Mathematische Nachrichten] 4 (1961), S. 251–159.

Sternburg, Wilhelm von: *Joseph Roth. Eine Biographie*, Köln 2009, S. 133–135.

Stępień, Krzysztof: „Ogólne wyznaczniki paradygmatu literackiego *Pałuby* i jego organizacja estetyczna" [Allgemeine Merkmale des literarischen Paradigmas in „Pałuba" und seine ästhetische Organisation], in: *Studia estetyczne* [Ästhetische Studien] 10 (1973), S. 215–237.

Stiegler, Bernd: *Der montierte Mensch. Eine Figur der Moderne*, Paderborn 2016.

Stiegler, Bernd, Werner, Sylwia (Hg.): *Laboratorien der Moderne. Orte und Räume des Wissens in Mittel- und Osteuropa*, Paderborn 2016.

Stocking, George: „Die Geschichtlichkeit der Wilden und die Geschichte der Ethnologie", in: *Geschichte und Gesellschaft*, 4 (1978), S. 520–535.

Stoińska, Celina: „Chwila wśród ‚futurystów'" [Eine Weile unter den Futuristen], in: *Kronika Powszechna* [Allgemeine Chronik] 32 (1913) 9, S. 529.

Stöltzner, Michael, Uebel, Thomas: „Einleitung", in: Michael Stöltzner/Thomas Uebel (Hg.), *Wiener Kreis. Texte zur wissenschaftlichen Weltauffassung von Rudolf Carnap, Otto Neurath, Moritz Schlick, Philipp Frank, Hans Hahn, Karl Menger, Edgar Zilsel und Gustav Bergmann*, Hamburg 2009, S. IX–XCV.

Strożek, Przemysław: „Polish responses to Italian Futurism. 1917–1923", in: *International Yearbook of Futurism Studies*, Berlin/Boston 2011, S. 85–109.

Strożek, Przemysław: *Marinetti i futuryzm w Polsce 1909–1939: Obecność – kontakty – wydarzenia* [Marinetti und der Futurismus in Polen 1909–1939: Präsenz – Kontakte – Ereignisse], Warszawa 2012.

Strube, Werner: „Die Grenzen der Literatur oder Definitionen des Literaturbegriffs", in: Simone Winko, Fotis Jannidis und Gerhard Lauer (Hg.): *Grenzen der Literatur. Zu Begriff und Phänomen des Literarischen*, Berlin/ New York 2009, S. 45–77.

Strusiński, Wiktor: „Sprawa Pałuby" [Der Fall „Pałuba"], in: *Głos* [Die Stimme] 31 (1903), S. 495–497.

Struve, Henryk: „Słówko o filozofii narodowej polskiej" [Ein kurzes Wort über die nationale Philosophie], in: *Ruch Filozoficzny* [Philosophische Bewegung] 1 (1911) 5, S. 695–697.

Stuchly, Zbigniew (Hg.): *Zwyciężyć tyfus. Instytut Rudolfa Weigla we Lwowie* [Den Tiphus überwinden. Das Rudolf-Weigl-Institut in Lemberg], Wrocław 2001.

Sudhoff, Karl: *Beiträge zur Geschichte der Chirurgie im Mittelalter, graphische und textliche Untersuchungen in mittelalterlichen Handschriften*, 2 Bde, Leipzig 1914/1918.

Sulikowski, Andrzej: „Bruno Schulz i kobiety. O motywach nie tylko z ‚Xięgi Bałwochwalczej'" [Bruno Schulz und die Frauen. Über die Motive nicht nur aus dem

„Buch vom Götzendienst“], in: Małgorzata Kitowska-Łysiak (Hg.): *Bruno Schulz. In Memoriam 1892–1942*, Lublin 1992, S. 179–195.

Surma, Piotr: „Teoria rzeczywistości Leona Chwistka“ [Die Theorie der Wirklichkeiten von Leon Chwistek], in: *Rocznik Historii Filozofii Polskiej* [Jahrbuch der Geschichte der polnischen Philosophie] 6 (2013), S. 81–126.

Surowska, Barbara: „Eine vergessene Freundschaft. Józef Wittlin und Joseph Roth“, in: Aneta Jachimowicz (Hg.): *Gegen den Kanon. Literatur der Zwischenkriegszeit in Österreich*, Frankfurt am Main/Bern/Wien 2017, S. 139–156.

Svetlov, Ivan: „Budapest als künstlerisches Zentrum an der Wende vom 19. zum 20. Jahrhundert“, in: Nina Vagapova, Viktoria Egorova, Ilyuza Taganaeva (Hg.): *Künstlerische Zentren in Österreich-Ungarn 1867–1918*, Sankt Petersburg 2009, S. 202–214.

Symotiuk, Stefan: „Two Sociologies of Knowledge. L. Fleck – T. Bilikiewicz“, in: *Kwartalnik Historii Nauki i Techniki* [Vierteljahresschrift der Geschichte der Wissenschaft und Technik] 3 (1983) 4, S. 569–582.

Symotiuk, Stefan: „Dwie socjologie wiedzy: Polemika Flecka z Bilikiewiczem“ [Zwei Soziologien des Wissens. Flecks Polemik mit Bilikiewicz], in: *Studia Filozoficzne* [Philosophische Studien] 10 (1983), S. 129–143.

Szaniawski, Klemens (Hg.): *The Vienna Circle and the Lvov-Warsaw School*, Boston 1989.

Szczeniowski, Ignacy: „Wiedza niepojęciowa a Kazimierza Twardowskiego postulat jasności stylu filozoficznego“ [Nicht-begriffliches Wissen und das Postulat der Klarheit des philosophischen Stils Kazimierz Twardowskis], in: *Filozofia i nauka* [Philosophie und Wissenschaft] 2 (2014), S. 199–218.

Szabò, Júlia: „Budapest als kulturelles Zentrum und sein Einfluss auf die kulturellen Zentren Österreich-Ungarns (1890–1926)“, in: Nina Vagapova, Viktoria Egorova, Ilyuza Taganaeva (Hg.): *Künstlerische Zentren in Österreich-Ungarn 1867–1918*, Sankt Petersburg 2009, S. 184–201.

Szewczyk-Haake, Katarzyna: „O ironii jako figurze retorycznej i postawie moralnej (z odniesieniem do Wittlina i Kierkegaarda)“ [Über die Ironie als rhetorische Figur und moralische Haltung (mit Bezug auf Wittlin und Kierkegaard], in: *Przestrzenie teorii* [Räume der Theorie] 24 (2015), S. 13–29.

Szlachcic, Krzysztof: „Konwencje, style myślenia i relatywizm. Kilka uwag o sporze I. Dąmbska – L. Fleck“ [Konventionen, Denkstile und der Relativismus. Einige Bemerkungen über den Streit I. Dąmbska – L. Fleck], in: *Studia Philosophica Wratislaviensia* 1 (2006) 1, S. 27–45.

Szuman, Stefan: „Nowa książka prof. R. Ingardena: Roman Ingarden ‚O poznawaniu dzieła literackiego‘“ [Ein neues Buch von Professor R. Ingarden „Vom Erkennen des literarischen Kunstwerks“], in: *Przegląd Współczesny* [Gegenwärtige Rundschau] 62 (1937) 184–185, S. 283–290.

Szumowski, Władysław: „O przedmiocie studyów lekarskich pod nazwą ‚historia i filozofia medycyny'" [Über das Medizinstudienfach ‚Geschichte der Philosophie der Medizin'], in: *Gazeta Lekarska* [Ärztliche Zeitung] 53 (1919) 11, S. 128–131.

Szumowski, Władysław: „Parę słów o polskiej szkole filozoficznomedycznej" [Einige Worte über der polnischen Schule der Philosophie der Medizin], in: *Polski Miesięcznik Lekarski* [Polnische Ärztliche Monatsschrift] 5–6 (1917) 2, S. 290–303.

Szumowski, Władysław: *Historia Medycyny filozoficznie ujęta* [Die Geschichte der Medizin in philosophischer Auffassung], Kęty 2008 (1935).

Szumowski, Władysław: *Logika dla Medyków* [Logik für die Mediziner] (1939), in: Ders.: *Filozofia medycyny* [Philosophie der Medizin], Kęty 2007, S. 189–269.

Szumowski, Władysław: *Dzieje filozofii medycyny, jej istota, nazwa i definicja* [Die Geschichte der Philosophie der Medizin, ihr Wesen, Name und ihre Definition] (1947), in: Ders.: *Filozofia medycyny* [Philosophie der Medizin], Kęty 2007, S. 19–72.

Szurek, Michał: „Polska szkoła matematyczna" [Polnische Schule der Mathematik], in: *Młody Technik* [Der junge Techniker] 11 (1978), S. 28–33.

Szymaniak, Karolina: *Być agentem wiecznej idei. Przemiany poglądów estetycznych Debory Vogel* [Der Agent der ewigen Idee sein. Die Wandlungen der ästhetischen Anschauungen von Debora Vogel], Kraków 2006.

Szymaniak, Karolina: „Posłowie. Atom nieodłączalny smutku. Na marginesie montaży Debory Vogel" [Nachwort. Ein Atom der unzertrennlichen Wehmut. Am Rande der Montagen von Debora Vogel], in: Debora Vogel: *Akazje kwitną. Montaże* [Akazien blühen. Montagen] Kraków 2006, S. 149–176.

Śniecikowska, Beata: *Nuż w uhu? Koncepcje dźwięku w poezji polskiego futuryzmu* [Messer im Bauch? LautKonzeptionen in der Poesie des polnischen Futurismus], Wrocław 2008.

Śniecikowska, Beata: „Poetic experiments in polish Futurism: imitative, eclectic or original?", in: *International yearbook of futurism studies* 2 (2012), S. 171–200.

Średniawa, Bronisław: „The anthropologist as a young physicist: Bronisław Malinowski's apprenticeship", in: *History of Science Society* 72 (1981) 4, S. 613–620.

Święcki, Andrzej: „Sygnały (1933–1939)" [Signale 1933–1939], in: *Rocznik Historii Czasopiśmiennictwa Polskiego* [Jahrbuch zur Geschichte des polnischen Zeitschriftenwesens] 7 (1968) 2.

Tarski, Alfred: „O pojęciu prawdy w odniesieniu do sformalizowanych nauk dedukcyjnych" [Über den Wahrheitsbegriff in den formalisierten Sprachen], in: *Ruch Filozoficzny* [Philosophische Bewegung] 12 (1930), S. 210–211.

Tarski, Alfred: „Pojęcie prawdy w językach nauk dedukcyjnych", in: *Prace Towarzystwa Naukowego Warszawskiego* [Arbeiten der Warschauer wissenschaftlichen Gesellschaft], Abt. III, 34 (1933), S. 11–172.

Tarski, Alfred: „Der Wahrheitsbegriff in den formalisierten Sprachen", in: *Studia Philosophica* 1 (1935), S. 261–405.

Tatarkiewicz, Władysław: *Historia Filozofii* [Die Geschichte der Philosophie], 3 Bde., Lwów 1931.

Tatarkiewicz, Władysław: „Zapiski do autobiografii" [Notizen zur Autobiographie], in: *Kwartalnik Historii Nauki i Techniki* [Vierteljahresschrift für die Geschichte der Wissenschaft und Technik] 21 (1976) 2, S. 193–247.

Taut, Bruno: *Alpine Architektur*, Hagen 1919.

Terlecki, Tymon: „Niełatwy żywot" [Nicht einfache Wende], in: *Pion* [Die Vertikale] 6 (1938) 24–25, S. 1–2.

Tischner, Łukasz: „‚Sól ziemi', czyli tęsknota do eposu" [„Das Salz der Erde", also die Sehnsucht nach dem Epos], in: *Pamiętnik Literacki* [Das literarische Tagebuch] 103 (2012) 1, S. 87–109.

Timms, Edward: „Die Wiener Kreise. Schöpferische Interaktionen in der Wiener Moderne", in: Jürgen Nautz, Richard Vahrenkamp (Hg.): *Die Wiener Jahrhundertwende: Einflüsse, Umwelt, Wirkungen*, Wien/Köln/Graz, 1996, S. 128–143;

Timms, Edward: *Dynamik der Kreise, Resonanz der Räume: Die schöpferischen Impulse der Wiener Moderne*, Wien 2013.

Tokarzewska, Monika: „Georg Simmels Soziologie im polnischen Kontext", in: Gangolf Hübinger (Hg.): *Europäische Wissenschaftskulturen und politische Ordnungen in der Moderne*, München 2014, S. 143–168.

Traweek, Sharon: *Beamtimes and Lifetimes. The world of High-Energy Phycists*, Harvard 1988.

Troczyński, Konstanty: „Próba krytyki ‚Pałuby'" [Versuch einer Kritik von „Pałuba"] (1933), in: Ders.: *Studia i szkice z nauki o literaturze*, Kraków 1997, S. 291–298.

Troczyński, Konstanty: „Sklepy Cynamonowe Brunona Szulca" [Die Zimtläden von Bruno Schulz], in: *Dziennik Poznański* [Posener Tageszeitung] 101 (1934), S. 2.

Troczyński, Konstanty: „Sklepy Cynamonowe Brunona Szulca" [Die Zimtläden von Bruno Schulz] (1934), in: Ders.: *Prace krytycznoliterackie* [Kritischliterarische Arbeiten], hg. v. Stanisław Dąbrowski, Kraków 1998, S. 157–158.

Troczyński, Konstanty: „Poeta czwartego wymiaru. Rzecz o Karolu Irzykowskim" [Ein Dichter der vierten Dimension. Der Fall Karol Irzykowski] (1935), in: Ders.: *Studia i szkice z nauki o literaturze* [Studien und Skizzen aus der Literaturwissenschaft], Kraków 1997, S. 116–119.

Troczyński, Konstanty: „Karol Irzykowski" (1936), in: Ders.: *Prace krytycznoliterackie* [Kritisch-literarische Arbeiten], Kraków 1998, S. 165–166.

Tugendhat, Ernst: „Tarskis semantische Definition der Wahrheit und ihre Stellung innerhalb der Geschichte des Wahrheitsproblems im logischen Positivismus", in: Gunnar Skirbekk (Hg.): *Wahrheitstheorien. Eine Auswahl aus den Diskussionen über Wahrheit im 20. Jahrhunderts*, Frankfurt am Main 1977, S. 189–223.

Twardowski, Kazimierz: „Über sogennante relative Wahrheiten", in: David Pearce, Jan Woleński (Hg.): *Logischer Rationalismus. Philosophische Schriften der Lemberg-Warschau-Schule*, Frankfurt am Main 1988 (1900), S. 38–58.

Twardowski, Kazimierz: „Jeszcze słówko o filozofii narodowej polskiej" [Noch ein kurzes Wort über die nationale Philosophie], in: *Ruch Filozoficzny* [Philosophische Bewegung] 1 (1911) 6, S. 698–700.

Twardowski, Kazimierz: „Granice puryzmu" [Die Grenzen des Purismus], in: *Ruch Filozoficzny* [Philosophische Bewegung] 3 (1913) 8, S. 185–189.

Twardowski, Tadeusz: „O potrzebach polskiej filozofii" [Über die Bedürfnisse der Philosophie], in: *Nauka Polska. Jej potrzeby, organizacja i rozwój* [Polnische Wissenschaft. Ihre Bedürfnisse, Organisation und Entwicklung] 1 (1918), S. 453–486.

Twardowski, Kazimierz: „O jasnym i niejasnym stylu filozoficznym" [Über den klaren und unklaren philosophischen Stil], in: *Ruch Filozoficzny* [Philosophische Bewegung] 5 (1919/1920) 2, S. 25–27.

Twardowski, Kazimierz: „Symbolomania i pragmatofobia" [*Symbolomanie und Pragmatophobie*], in: *Ruch Filozoficzny* [Philosophische Bewegung] 6 (1921) 1–2, S. 1–10.

Twardowski, Kazimierz: „Autobiografia filozoficzna" [Philosophische Autobiographie], in: *Przegląd Filozoficzny* [Philosophische Rundschau] 1 (1926), S. 19–33, S. 30.

Twardowski, Kazimierz: *Dzienniki* [Tagebücher], 2 Bde, Warszawa/Toruń 1997.

Twardowski, Kazimierz: Gesammelte deutsche Werke, hg. v. Anna Brożek, Jacek Jadacki, Friedrich Stadler, Berlin 2017.

Tyrowicz, Marian: *Wspomnienia o życiu kulturalnym i obyczajowym Lwowa (1918–1939)* [Erinnerungen an das kulturelle und gesellschaftliche Leben Lembergs (1918–1939)], Wrocław/Warszawa/Gdańsk 1991.

Uebel, Thomas E.: „Zur Protokollsatzdebatte des Wiener Kreises", in: Paul Kruntorad (Hg.): *Jour Fixe der Vernunft. Der Wiener Kreis und die Folgen*, Wien 1991, S. 159–178.

Uebel, Thomas E.: „Zur philosophischen Beziehung Carnap-Neurath", in: Rudolf Haller, Friedrich Stadler (Hg.): *Wien – Berlin – Prag. Der Aufsteig der wissenschaftlichen Philosophie. Zentenarien: Rudolf Carnap – Hans Reichenbach – Edgar Zilsel*, Wien 1993, S. 189–206.

Uexküll, Jakob von: *Theoretische Biologie*, Frankfurt am Main 1973 (1928).

Uexküll, Jakob von, Kriszat, Georg: *Streifzüge durch die Umwelten von Tieren und Menschen. Bedeutungslehre*. Mit Zeichnungen von Franz Huth, Frankfurt am Main 1970 (1934).

Ulam, Stanisław: „An Anecdotal History of Scottish Book", in: R. Daniel Mauldin: *The Scottish Book. Mathematics from the Scottish Café*, Boston/Basel/Stuttgart 1981, S. 3–15.

Ulam, Stanisław: in: *Adventures of a Mathematician*, California 1991.

Urbanik, Kazimierz: „Idee Hugona Steinhausa w teorii prawdopodobieństwa“ [Hugo Steinhaus Ideen in der Wahrscheinlichkeitstheorie], in: *Wiadomości matematyczne* [Mathematische Nachrichten] 17 (1973), S. 39–50.

Vagapova, Nina, Egorova, Viktoria, Taganaeva, Ilyuza (Hg.): *Künstlerische Zentren in Österreich-Ungarn 1867–1918*, Sankt Petersburg 2009.

Vogel, Debora: „Znaczenie poznawcze sztuki u Hegla i jego modyfikacje u J. Kremera“ [Die erkenntnistheoretische Bedeutung der Kunst bei Hegel und ihre Modifikation bei J. Kremer], in: *Polska Akademia Umiejętności. Sprawozdania z czynności posiedzeń za rok 1927* [Polnische Akademie der Künste. Berichte aus dem Jahr 1927] 32 (1927) 1, S. 10–11.

Vogel, Debora: „Der Erkenntniswert der Kunst bei Hegel und ihre Modifikation durch den polnischen Denker Joseph Kremer“, in: *Bulletin international de l'Academie Polonaise des Sciences et des Lettres* (1927) 1–3, S. 41–44.

Vogel, Debora: *Die Geometrie des Verzichts. Gedichte, Montagen, Essays, Briefe*, hg. v. Anna Maja Misiak, Wuppertal 2015.

Vogel, Debora, „Vorwort zu Tag-Figuren“ (1930), in: Dies.: *Die Geometrie des Verzichts. Gedichte, Montagen, Essays, Briefe*, hg. v. Anna Maja Misiak, Wuppertal 2015, S. 19–20.

Vogel, Debora: „Tagfigur“ (1930), in: Dies.: *Die Geometrie des Verzichts. Gedichte, Montagen, Essays, Briefe*, hg. v. Anna Maja Misiak, Wuppertal 2015, S. 23.

Vogel, Debora: „Weiße Vierecke“ (1930), in: Dies.: *Die Geometrie des Verzichts. Gedichte, Montagen, Essays, Briefe*, hg. v. Anna Maja Misiak, Wuppertal 2015, S. 29.

Vogel, Debora: „Die zwölfte Stunde des Tages“ (1930), in: Dies.: *Die Geometrie des Verzichts. Gedichte, Montagen, Essays, Briefe*, hg. v. Anna Maja Misiak, Wuppertal 2015, S. 37.

Vogel, Debora: „Radierung Herbst“ (1930), in: Dies.: *Die Geometrie des Verzichts. Gedichte, Montagen, Essays, Briefe*, hrsg. v. Anna Maja Misiak, Wuppertal 2015, S. 45.

Vogel, Debora: „In Fenstern“ (1930), in: Dies.: *Die Geometrie des Verzichts. Gedichte, Montagen, Essays, Briefe*, hg. v. Anna Maja Misiak, Wuppertal 2015, S. 47.

Vogel, Debora: „Der Mut einsam zu sein“ (1930), in: Dies.: *Die Geometrie des Verzichts. Gedichte, Montagen, Essays, Briefe*, hg. v. Anna Maja Misiak, Wuppertal 2015, S. 480–482.

Vogel, Debora: „Pozycja Stanisława Ignacego Witkiewicza we współczesnej kulturze polskiej“ [Stanisław Ignacy Witkiewiczs Position in der gegenwärtigen polnischen Kultur], in: *Pomost* [Die Brücke] 1 (1931), S. 1–5, auch in: *Ogród* [Der Garten] 1 (1994), S. 213–219.

Vogel, Debora: „der mut tsu zayn eynzam“, in: *der morgen* 4 (1930) 1223, S. 7–8.

Vogel, Debora: „‚vyse verter‘ in der dikhtung“, in: *tsushtayer* 3 (1931) 3, S. 42–48.

Vogel, Debora: „Weiße Wörter' in der Dichtung" (1931), in: Dies.: *Die Geometrie des Verzichts. Gedichte, Montagen, Essays, Briefe*, hg. v. Anna Maja Misiak, Wuppertal 2015, S. 411–419.

Vogel, Debora: „IV" (1934), in: Dies.: *Die Geometrie des Verzichts. Gedichte, Montagen, Essays, Briefe*, hg. v. Anna Maja Misiak, Wuppertal 2015, S. 181.

Vogel, Debora: „Schneiderpuppen" (1934), in: Dies.: *Die Geometrie des Verzichts. Gedichte, Montagen, Essays, Briefe*, hg. v. Anna Maja Misiak, Wuppertal 2015, S. 197.

Vogel, Debora: „Stadtgroteske Berlin" (1934), in: Dies.: *Die Geometrie des Verzichts. Gedichte, Montagen, Essays, Briefe*, hg. v. Anna Maja Misiak, Wuppertal 2015, S. 209–210.

Vogel, Debora: „Nachwort zu ‚Schneiderpuppen'" (1934), in: Dies.: *Die Geometrie des Verzichts. Gedichte, Montagen, Essays, Briefe*, hg. v. Anna Maja Misiak, Wuppertal 2015, S. 294–295.

Vogel, Debora: „Der Dialektik-Roman" (1935), in: Dies.: *Die Geometrie des Verzichts. Gedichte, Montagen, Essays, Briefe*, hg. v. Anna Maja Misiak, Wuppertal 2015, S. 438–444.

Vogel, Debora: *Akacje kwitną: Montaże* [Akazien blühen. Montagen] (1936), Kraków 2006.

Vogel, Debora: „Ulice i niebo" [Die Straßen und der Himmel], in: Dies.: *Akacje kwitną: Montaże* [Akazien blühen. Montagen] (1936), Kraków 2006, S. 9–11.

Vogel, Debora: „Żołnierze maszerują" [Die Soldaten marschieren], in: Dies.: *Akacje kwitną. Montaże* [Akazien blühen. Montagen] (1936), Kraków 2006, S. 26–28.

Vogel, Debora: „Nowe produkty są potrzebne" [Man braucht neue Rohstoffe], in: Dies.: *Akacje kwitną. Montaże* [Akazien blühen. Montagen] (1936), Kraków 2006, S. 66–67.

Vogel, Debora: „Nowe manekiny idą" [Neue Schneiderpuppen gehen], in: Dies.: *Akacje kwitną. Montaże* [Akazien blühen. Montagen] (1936), Kraków 2006, S. 68–70.

Vogel, Debora: „Akazien blühen. Montagen: Die Straßen und der Himmel" (1935), in: Dies.: *Die Geometrie des Verzichts. Gedichte, Montagen, Essays, Briefe*, hg. v. Anna Maja Misiak, Wuppertal 2015, S. 325–326.

Vogel, Debora: „Akazien blühen. Montagen: Die Soldaten Marschieren" (1935), in: Dies.: *Die Geometrie des Verzichts. Gedichte, Montagen, Essays, Briefe*, hg. v. Anna Maja Misiak, Wuppertal 2015, S. 334–336.

Vogel, Debora: „Akazien blühen. Montagen: Man braucht neue Rohstoffe" (1935), in: Dies.: *Die Geometrie des Verzichts. Gedichte, Montagen, Essays, Briefe*, hg. v. Anna Maja Misiak, Wuppertal 2015, S. 357–358.

Vogel, Debora: „Akazien blühen. Montagen: Neue Schneiderpuppen gehen" (1935), in: Dies.: *Die Geometrie des Verzichts. Gedichte, Montagen, Essays, Briefe*, hg. v. Anna Maja Misiak, Wuppertal 2015, S. 358–359.

Vogel, Debora: „Antwort auf B. Alquits Besprechung von ‚Akazien'" (1936), in: Dies.: *Die Geometrie des Verzichts. Gedichte, Montagen, Essays, Briefe*, hg. v. Anna Maja Misiak, Wuppertal 2015, S. 589–590.

Vogel, Debora: „di literarishe gatung montazsh", in: *bodn* 4 (1937) 3–4, S. 99–105.

Vogel, Debora: „Die Montage als literarische Gattung" (1937), in: Dies.: *Die Geometrie des Verzichts. Gedichte, Montagen, Essays, Briefe*, hg. v. Anna Maja Misiak, Wuppertal 2015, S. 426–432.

Vogel, Debora: „Henryk Streng – malarz konstruktywizmu" [Henryk Streng – der konstruktivistische Maler], in: *Nasza Opinja* [Unsere Meinung] 5 (1937) 96, S. 6.

Vogel, Debora: „Henryk Streng – der konstruktivistische Maler" (1937), in: Dies.: *Die Geometrie des Verzichts. Gedichte, Montagen, Essays, Briefe*, hg. v. Anna Maja Misiak, Wuppertal 2015, S. 459–461.

Vogel, Debora: „Lwowska Juderia. (Ekspozycja do monografii żydowskiego Lwowa)", in: *Almanach i Leksykon Żydostwa* [Almanach und Lexikon des Judentums], Lwów 1937.

Vogel, Debora: „Lemberger Judentum. Ein Beitrag zur Monographie des Judenviertels in Lemberg" (1937), in: Dies.: *Die Geometrie des Verzichts. Gedichte, Montagen, Essays, Briefe*, hg. v. Anna Maja Misiak, Wuppertal 2015, S. 462–467.

Voloshchuk, Ievgeniia: „Die ukrainische Welt in Essayistik und Prosa Joseph Roths", in: *Joseph Roth – Zur Modernität des melancholischen Blicks*, hg. v. Wiebke Amthor und Hans Richard Brittnacher, Berlin/Boston 2012, S. 151–164.

Wachholz, Leon: *Sacher-Masoch i masochizm. Szkic literacko-psychiatryczny* [Sacher-Masoch und der Masochismus. Eine literarisch-psychiatrische Skizze], Kraków 1907.

Wallas, Armin A. (Hg.): *Jüdische Identitäten in Mitteleuropa. Literarische Modelle der Identitätskonstruktion*, Tübingen 2002.

Waltl, Lukas: „Die ‚*große Vermessenheit*, Städte beschreiben zu wollen'. Ambivalenzen in Joseph Roths fiktionalen und journalistischen Städtebildern", in: Stéphane Pesnel (Hg.): *Joseph Roth – Städtebilder: Zur Poetik, Philologie und Interpretation von Stadtdarstellungen aus den 1920er und 1930er Jahren*, Berlin 2015.

Warburg, Aby: *Das Schlangenritual. Ein Reisebericht*. Mit einem Nachwort von Ulrich Raulff, Berlin 1988.

Webber, Andrew: *The Europaen avant-garde 1900–1940*, Cambridge 2004.

Wegmarshaus, Gert-Rüdiger: „Vom Denkstil zum Paradigma: Zum Schicksal einer unzeitgemäßen Einsicht", in: Bożena Chołuj, Jan C. Joerden (Hg.): *Von der wissenschaftlichen Tatsache zur Wissensproduktion. Ludwik Fleck und seine Bedeutung für die Wissenschaft und Praxis*, Frankfurt am Main 2007, S. 49–77.

Weigl, Rudolf: „Badania nad Rickettsią Prowazeki" [Forschungen zu Rickettsia Prowazeki], in: *Przegląd Epidemiologiczny* [Epidemiologische Rundschau] 1 (1920), S. 4–17.

Weigl, Rudolf: „Untersuchungen und Experimente an Fleckfieberläusen. Die Technik der Rikettsia-Forschung", in: *Beiträge zur Klinik der Infektionskrankheiten und zur Immunitätsforschung* 8 (1920), S. 353–376.

Weigl, Rudolf: „Über aktive Fleckfieberimmunität. Vorläufige Mitteilung", in: *Medizinische Klinik* 20 (1924), S. 1046–1049.

Weigl, Rudolf: „Sposoby czynnego uodparniania przeciw durowi osutkowemu" [Methoden der aktiven Immunisierung gegen Flecktyphus], in: *Rozprawy Wydziału Lekarskiego* [Abhandlungen der Medizinischen Fakultät], Bd. 1, Kraków 1931, S. 1–23.

Weiskopf, Franz Carl: „Joseph Wittlin. ‚Salt of Earth'", in: *Books Abroad* 16 (1942) 2, S. 153.

Weisman, J. A.: „Debora Vogel und ihre ‚Monotonie'" (1936), in: Debora Vogel: *Die Geometrie des Verzichts. Gedichte, Montagen, Essays, Briefe*, hg. v. Anna Maja Misiak, Wuppertal 2015, S. 583–584.

Weisstein, Ulrich: „Le terme et le concept de l'avantgarde en Allemagne", in: *Revue de l'Universite de Bruxelles* 1 (1975), S. 10–37.

Weissweiler, Lili: *Futuristen auf Europa-Tournee: Zur Vorgeschichte, Konzeption und Rezeption der Ausstellungen futuristischer Malerei (1911–1913)*, Bielefeld 2015.

Wellek, René: „The Theory of Literary History", in: *Travaux du cercle linguistique de Prague* 6 (1936), S. 179–191.

Wellek, René: *Four* Critics*: Croce, Valery, Lukacs, Ingarden*, Washington 1981.

Werle, Dirk: „Stil, Denkstil, Wissenschaftsstil. Vorschläge zur Bestimmung und Verwendung eines Begriffs in der Wissenschaftsgeschichte der Geistes- und Kulturwissenschaften", in: Lutz Danneberg, Wolfgang Höppner, Ralf Klausnitzer (Hg.): *Stil, Schule, Disziplin. Analyse und Erprobung von Konzepten wissenschaftsgeschichtlicher Rekonstruktion*, Frankfurt am Main 2005, S. 3–30.

Werberger, Annette: „‚Regression auf der ganzen Linie' – Bruno Schulz, der Symbolismus und die Suche nach dem Ursprünglichen", in: Heide Willich-Lederbogen, Regine Nohejl, Michaela Fischer, Heinz Setzer (Hg.): *Itinera slavica. Studien zu Literatur und Kultur der Slaven*, München 2002, S. 279–289.

Werberger, Annette: „Nur eine Muse? Die jiddische Schriftstellerin Debora Vogel und Bruno Schulz", in: Ingrid Hotz-Davies, Schamma Schahadat (Hg.): *Ins Wort gesetzt, ins Bild gesetzt. Dender in Wissenschaft, Kunst und Literatur*, Bielefeld 2007, S. 257–286.

Werberger, Annette: „Weltsysteme aus Wortmaterial", in: *Neue Züricher Zeitung*, 25.06.2017, unter: https://www.nzz.ch/feuilleton/buecher/muse-und-poetin-die-polnische-avantgardistin-debora-vogel-weltsysteme-aus-wortmaterial-ld.1301154.

Werner, Andrzej: „Człowiek, literatura i konwencje. Refleksja teoretycznoliteracka w ‚Pałubie' Karola Irzykowskiego" [Mensch, Literatur und Konventionen. Eine literaturwissenschaftliche Reflexion], in: Jerzy Kwiatkowski/Zbigniew Żabicki (Hg.): *Z problemów literatury polskiej XX wieku. Młoda Polska* [Problem der polnischen Literatur des 20. Jahrhunderts. Junges Polen], Warszawa 1965, S. 327–369.

Werner, Dirk: *Die polnische Mathematikerschule*, unter: http://page.mi.fu-berlin.de/werner99/preprints/polnschu.pdf.

Werner, Dirk: *Funktionalanalysis*, Berlin/Heidelberg 2011.

Werner, Sylwia: „Hugo Steinhaus, ‚Erinnerungen und Aufzeichnungen', Bd. 1. Dresden 2010", in: *NTM – Zeitschrift für Geschichte der Wissenschaften, Technik und Medizin*, hg. v. Hans Jörg Rheinberger, Moritz Epple, Mikael Hard und Volker Roelcke, Basel 19 (2011) 3, S. 340–341.

Werner, Sylwia, Zittel, Claus: „Einleitung", in: Ludwik Fleck: *Denkstile und Tatsachen. Gesammelte Schriften und Zeugnisse* von Sylwia Werner und Claus Zittel, Berlin 2011, S. 9–38.

Werner, Sylwia: „Wissenschaft und Magie. Ethnologische und wahrnehmungspsychologische Motive in Ludwik Flecks Epistemologie", in: *NTM – Zeitschrift für Geschichte der Wissenschaften, Technik und Medizin*, 22 (2014) 1–2, S. 31–48.

Werner, Sylwia: „Denkstil, Paradigma, Avantgarde. Zum Verhältnis von Wissenschaft und Kunst in den Wissenschtstheorien Ludwik Flecks und Thomas Kuhn", in: Andrea Sakoparnig, Andreas Wolfsteiner, Jürgen Bohm (Hg.): *Paradigmenwechsel. Wandel in den Künsten und Wissenschaften*, Berlin/Boston 2014, S. 53–66.

Werner, Sylwia: „Der Streit um die ‚Wiklichkeit'. Kunsttheoretische und -philosophische Konzeptionen in der Lemberger Moderne", in: Bernd Stiegler, Sylwia Werner (Hg.), *Laboratorien der Moderne. Orte und Räume des Wissens in Mittel- und Osteuropa*, Padeborn 2016, S. 217–233.

Werner, Sylwia: „Zufall und Ordnung in den Romanen ‚Die Untersuchung' und ‚Das hohe Schloß' von Stanisław Lem", in: Jurij Murasov/Sylwia Werner (Hg.): *Science oder Fiction? Stanisław Lems Philosophie der Technik und Wissenschaft*, Paderborn 2017, S. 77–96.

Werner, Sylwia: „Between Philosophy and Art: The Avant-Garde Work of Debora Vogel", in: *East European Jewish Affairs* 49 (2019) 1, S. 20–41.

Werner, Sylwia: „Zwischen Philosophie und Kunst. Das avantgardistische Werk von Debora Vogel", in: Kerstin Schoor, Ievgeniia Voloshchuk, Borys Bigun (Hg.): *Blondzhende Stern. Jüdische Schriftstellerinnen und Schriftsteller aus der Ukraine als Grenzgänger zwischen den Kulturen in Ost und West*, Göttingen 2020, S. 129–152.

Werner, Sylwia: „Montierte Zeit. Synchronizität und Simultaneität in Rudolf Brunngrabers Roman ‚Karl und das zwanzigste Jahrhundert' (1932)", in: *Zeitschrift für deutsche Philologie* 141 (2022) 2, S. 193–204.

Weyl, Hermann: „Über die neue Grundlagenkrise der Mathematik", in: *Mathematische Zeitschrift* 10 (1921), S. 39–79.

White, Hayden: *Auch Klio dichtet oder Die Fiktion des Faktischen Studien zur Tropologie des historischen Diskurses*, Stuttgart 1986 (1978).

White, Hayden: *Metahistory. Die historische Einbildungskraft im 19. Jahrhundert in Europa*, Frankfurt am Main 1991 (1973).

Wiener, Norbert: „On the Theory of Sets of Points in Terms of continuous Transformations“, in: *C. R. du Congrès International des Mathématiciens (Strasbourg 1920)*, Toulouse 1921, S. 312–315.

Witkiewicz, Stanisław Ignacy: „Z podróży z Tropików“ [Aus der Tropenreise], in: *Echo Tatrzańskie* [Tatra-Echo] 16 (25. September 1919), S. 7–8.

Witkiewicz, Stanisław Ignacy: „Krytyka teorii sztuki Leona Chwistka“ [Kritik der Kunsttheorie von Leon Chwistek], in: *Nowe formy w malarstwie i inne pisma estetyczne* [Neue Formen in der Malerei und andere ästhetische Schriften], Warszawa 2002 [1919–1921], S. 246–259.

Witkiewicz, Stanisław Ignacy: „Parę zarzutów przeciw futuryzmowi“ [Ein Paar Einwände gegen den Futurismus], in: *Czartak. Miesięcznik literacko-artystyczny* [Czartak. Literarisch-künstlerische Monatsschrift] 1 (1922), S. 15–17.

Witkiewicz, Stanisław Ignacy: „Dalszy ciąg polemiki z Leonem Chwistkiem“ [Fortsetzung der Polemik mit Leon Chwistek] (1923), in: Ders.: *Teatr i inne pisma o teatrze* [Das Theater und andere Schriften über das Theater], S. 242–264.

Witkiewicz, Stanisław Ignacy: *Der Abschied vom Herbst* [*Pożegnanie z jesienią*], Leipzig 1991 (1927).

Witkiewicz, Stanisław Ignacy: „O czystej formie“ [Über die reine Form], in: *Głos plastyków* [Die Stimme der Künstler] 2 (1931) 10–12.

Witkiewicz, Stanisław Ignacy: „Über die reine Form“ (1931), in: Romana Schuler, Goschka Gawlik (Hg.): *Zwischen Experiment und Repräsentation. Der neue Staat. Polnische Kunst 1918–1939*, Ostfildern 2003, S. 308–311.

Witkiewicz, Stanisław Ignacy: „Wywiad z Brunonem Schulzem“ [Das Interview mit Bruno Schulz], in: *Tygodnik Illustrowany* [Illustirerte Wochenschrift] 17 (1935), S. 321–323.

Witkiewicz, Stanisław Ignacy: „Twórczość literacka Brunona Schulza“ [Das literarische Schaffen von Bruno Schulz], in: *Pion* [Die Vertikale] 34 (1935), S. 2–3 u. 35 (1935), S. 4–5.

Witkiewicz, Stanisław Ignacy: „Wstęp do teorii czystej formy w teatrze“ [Einführung in die Theorie der reinen Form im Theater] (1923), in: Ders.: *Nowe formy w malarstwie i inne pisma estetyczne* [Neue Formen in der Malerei und andere ästhetische Schriften], Warszawa 2002, S. 263–282.

Witkiewicz, Stanisław Ignacy: „Metaphysische Gefühle“ (1931), in: Romana Schuler, Goschka Gawlik (Hg.): *Zwischen Experiment und Repräsentation. Der neue Staat. Polnische Kunst 1918–1939*, Ostfildern 2003, S. 301–303.

Witkiewicz, Stanisław Ignacy: „Leon Chwistek – Demon intelektu“ [Leon Chwistek – Ein Dämon des Intellekts], in: *Zet. Sztuka, Kultura, Sprawy Społeczne* [Zet. Kunst, Kultur, Soziale Angelegenheiten] 5 (1933) 29, S. 5.

Witkiewicz, Stanisław Ignacy: „Parę słów laika o logistyce“ [Einige Worte des Laien über die Logistik], in: *Zet. Sztuka, Kultura, Sprawy Społeczne* [Zet. Kunst, Kultur, Soziale Angelegenheiten] 7 (1933) 31.

Witkiewicz, Stanisław Ignacy: „Polemika Chwistka z Ingardenem“ [Die Polemik zwischen Chwistek und Ingarden], in: *Zet. Sztuka, Kultura, Sprawy Społeczne* [Zet. Kunst, Kultur, Soziale Angelegenheiten] 9 (1933) 33, 10 (1933) 34, 12 (1933) 36 und 14 (1933) 38.

Witkiewicz, Stanisław Ignacy: „Leon Chwistek – Demon intelektu. Znowu filozofia“ [Leon Chwistek – Ein Dämon des Intellekts. Schon wieder die Philosophie], in: *Zet. Sztuka, Kultura, Sprawy Społeczne* [Zet. Kunst, Kultur, Soziale Angelegenheiten] 17 (1933) 18, S. 41–42 u. 19 (1934) 23, S. 43–47.

Witkiewicz, Stanisław Ignacy: *Listy* [Briefe], hg. v. Tomasz Pawlak, Warszawa 2013.

Wittich, Dieter: „Eine aufschlußreiche Quelle für das Verständnis der gesellschaftlichen Rolle des Denkens von Thomas Kuhn“, in: *Deutsche Zeitschrift für Philosophie* 1 (1978), S. 105–113.

Wittlin, Józef: „Das Salz der Erde“, aus dem Polnischen von Izydor Berman, in: Ders.: *Die Geschichte vom geduldigen Infanteristen*, Frankfurt am Main 1986 (1935), S. 15–293.

Wittlin, Józef: „Mały komentarz do ‚Soli ziemi‘“ [Kleiner Kommentar zum „Salz der Erde“], in: *Wiadomości Literackie* [Literarische Nachrichten] 6 (1936) 638, S. 2.

Wittlin, Józef: „Epopeja Döblina o Indianach“ [Döblins Epos über die Indianer], in: *Wiadomości Literackie* [Literarische Nachrichten] 38 (1938), S. 3.

Wittlin, Józef: *Mein Lemberg*, Frankfurt am Main 1994 (1946).

Wittlin, Józef: „Erinnerungen an Joseph Roth“, in: David Bronsen (Hg.): *Joseph Roth und die Tradition. Aufsatz- und Materialiensammlung*, Darmstadt 1975, S. 17–26.

Witwicki, Władysław: „Kult nieudolności plastycznej szkodzi kulturze ogółu“ [Der Kult der plastischen Unfähigkeit schadet der Kultur der Allgemeinheit], in: *Gazeta Wieczorna* [Abendzeitung] 4276 (1918), S. 8.

Wocław, Wojciech S.: „W żywiole ironii. O bohaterach *Soli ziemi* Józefa Wittlina“ [Über das Element der Ironie. Über die Protagonisten Wittlins „Das Salz der Erde“], in: *Konteksty Kultury* [Kulturkontexte] 7 (2011), S. 22–34.

Woldan, Alois: „Galizien-Literatur – Texte und Kontexte“, in: *Mathos Galizien. Katalog*, Wien 2015, S. 223–230.

Wolff, Larry: *Inventing Eastern Europe. The Map of Civilisation on the Mind of the Enlightenment*, Stanford 1994.

Wolff, Larry: *The Idea of Galicia. History and Fantasty in Habsburg Political Culture*, Stanford 2010.

Woleński, Jan: *Filozoficzna Szkoła Lwowsko-Warszawska* [Die Lemberg-Warscheu-Schule der Philosophie], Warszawa 1985.

Woleński, Jan: *Logic and Philosophy in the Lvov-Warsaw School*, Dordrecht/Boston/Lancaster 1989.

Woleński, Jan: „The Lvov-Wasaw School and the Vienna Cirkle“, in: Klemens Szeniawski (Hg.): *The Vienna Circle and the Lvov-Warsaw School*, Boston/London 1989, S. 443–453.

Woleński, Jan: „Tadeusz Kotarbiński and the Lvov-Warsaw School", *Dialectics and Humanism* 17 (1990) 1, S. 14–24.

Woleński, Jan: *Szkoła Lwowsko-Warszawska w polemikach* [Die Lemberg-Warschau-Schule in den Polemiken], Warschau 1997.

Woleński, Jan: „Uwagi o kondycji filozofii w Polsce" [Bemerkungen über die Bedingungen der Philosophie in Polen], in: *Diametros* 1 (2004), S. 144–162.

Wolniewicz, Bogusław: „Ludwik Fleck i filozofia polska" [Ludwik Fleck und die polnische Philosophie], in: *Studia Filożoficzne* [Philosophische Studien] 5–6 (1982), S. 79–82.

Wójcik, Ewa: „Środowisko księgarskie Lwowa w dwudziestoleciu międzywojennym" [Das Milieu des Buchhandels in Lemberg in der Zwischenkriegszeit], in: Halina Kosętka, Grażyna Wrona, Grzegorz Nieć (Hg.): *Kraków – Lwów. Książki, czasopisma, biblioteki XIX i XX wieku* [Krakau – Lemberg. Bücher, Zeitschriften, Bibliotheken im 19. und 20. Jahrhundert], Kraków 2011, S. 85–94.

Wojtkiewicz-Rok, Wanda: „Źródła i materiały Wydziału Lekarskiego Uniwersytetu we Lwowie" [Quellen und Materialien der Medizinischen Fakultät der Universität Lemberg], in: *Archiwum Historii i Filozofii Medycyny* [Archiv der Geschichte und Philosophie der Medizin] 49 (1986) 4, S. 517–529.

Wojtkiewicz-Rok, Wanda: „Wydział Lekarski Uniwersytetu Jana Kazimierza we Lwowie w latach 1920–1939", in: *Archiwum Historii i Filozofii Medycyny* [Archiv der Geschichte und Philosophie der Medizin] 58 (1995) 2, S. 133–139.

Wojtkiewicz-Rok, Wanda: „Społeczno-polityczne zaangażowanie lekarzy lwowskich w pierwszej poł. XX. w." [Sozial-politisches Engagement der Lemberger Ärzte in der ersten Hälfte des 20 Jh.], in: *Medycyna Nowożytna. Studia nad Kulturą Medyczną* [Medizin der Frühen Neuzeit. Studien zur Kultur der Medizin] 6 (1999) 2, S. 99–108.

Wright, Terence: „Shadows of reality projected on the screen of appearances: Malinowski, Witkacy and photography", in: *Konteksty. Polska sztuka ludowa. Malinowski i Witkacy* [Kontexte. Polnische Volkskunst. Malinowski und Witkacy] 1–4 (2000), S. 16–19.

Wright, Terence: „The Anthropologist as Artist: Malinowski's Trobriand Photographs", in: *Konteksty. Polska sztuka ludowa. Malinowski i Witkacy* [Kontexte. Polnische Volkskunst. Malinowski und Witkacy] 1–4 (2000), S. 133–145.

Wunberg, Gotthard (Hg.): *Die Wiener Moderne. Literatur, Kunst und Musik zwischen 1890–1910*, Stuttgart 1981.

Wyka, Kazimierz: „Józef Wittlin, ‚Powieść o cierpliwym piechurze. Sól ziemi'. Powieść. Warszawa 1935" [Józef Wittlin. Die Geschichte vom geduldigen Infanteristen. Roman. Warschau 1935], in: *Droga* [Der Weg] 14 (1935) 11, S. 998–1000.

Wyka, Kazimierz: „Recenzja z ‚Pałuby'" [Die Rezension von ‚Pałuba'] in: *Pion* [Die Vertikale] 24–25 (1938), S. 11–12.

Wyka, Kazimierz: *Modernizm polski* [Polnischer Modernismus], Kraków 1959.

Wypych-Gawrońska, Anna: „Lwowski teatr operowy i operetkowy w latach 1872–1918“ [Lemberger Opern- und Operettenhaus in den Jahren 1872–1918], in: *Semper Fidelis* 2 (1995), S. 10–12.

Wysocka, Joanna: „Debora Vogel – zapomiana przyjaźń Brunona Schulza“ [Debora Vogel – vergessene Freundschaft von Bruno Schulz], in: *Dekada Literacka* [Literarische Dekade] 31 (1991), S. 4 und 11.

Yakubova, Natalia: „Reclaiming the Actress's Authority over Theatre Creation: The Autobiography of Polish Actress Irena Solska (1875–1958)“, in: *Aspasia* 2 (2008) 1.

Young, Micheal W.: *Malinowski's Kiriwina. Fieldwork Photography 1915–1918*, Chicago/London 1998.

Young, Michael W.: *Malinowski. Odyssey of an Anthropologist 1884–1920*, New Haven/London 2004.

Yurieff, Zoi: *Joseph Wittlin*, New York 1973.

Yurieff, Zoi: *Józef Wittlin*, Warszawa 1997.

Zamecki, Stefan: *Koncepcja nauki w Szkole Lwowsko-Warszawskiej* [Die Konzeption der Wissenschaft in der Lemberg-Warschau-Schule], Wrocław/Warszawa/Kraków/Gdańsk 1977.

Zaremba, Stanisław: „O najpilnieszych potrzebach nauki“ [Über die dringendsten Bedürfnisse der Wissenschaft], in: *Nauka Polska* [Polnische Wissenschaft] 1 (1918), S. 1–10.

Zarychta, Paweł: „Die schlummernde Bestie. Zu den ästhetischen Beiträgen von Stanisław Ignacy Witkiewicz“, in: Hartmut Kircher, Maria Kłańska, Erich Kleinschmidt (Hg.): *Avantgarde in Ost und West. Literatur, Musik und Bildende Kunst um 1900*, Köln/Weimar/Wien 2002, S. 199–209.

Zawirski, Zygmunt: *O współczesnych kierunkach filozofii* [Über die gegenwärtigen philosophischen Richtungen], Kraków 1947.

Zduniak, Maria: „Twórczość i działalność Józefa Kofflera w okresie 20-lecia międzywojennego“ [Das Werk und das Wirken von Józef Koffler in der Zwischenkriegszeit], in: *Zeszyty Naukowe Akademii Muzycznej we Wrocławiu* [Wissenschaftliche Hefte der Musikakademie in Wrocław] (1983), S. 37–59.

Zegzuła-Nowak, Joanna: „Postulat niejasności w polemikach metafilozoficznych Kazimierza Twardowskiego“ [Das Postulat der Unklarheit in den mataphilosophischen Polemiken], in: *Analiza i Egzystencja* [Analyse und Existenz] 16 (2011), S. 51–73.

Ziak, Karl: „Der unbekannte Brunngraber“, in: *Die Zukunft* 15/16 (1971), S. 52–56.

Ziembicki, Wiktor: „Witold Ziembicki“, in: *Polski Tygodnik Lekarski* [Polnische ärztliche Wochenschrift] 6 (1951) 23–24, S. 737–741.

Ziembicki, Witold: *Z dziejów szpitalnictwa lwowskiego* [Aus der Geschichte des Lemberger Krankenhauswesens], Lwów 1925.

Ziembicki, Witold: *Zdrowie i niezdrowie Jana Sobieskiego* [Gesundheit und Nichtgesundheit von Jan Sobieski], Poznań 1931/32.

Ziembicki, Witold: *Lekarz w pojęciu Hipokratesa* [Arzt im Sinne von Hippokrates], Poznań 1934.

Ziembicki, Witold: *Muzyka myśliwska* [Jagdmusik], Warszawa 1935.

Zima, Peter V., Strutz, Johann (Hg.): *Europäische Avantgarde*, Frankfurt am Main/Bern 1987.

Zittel, Claus (Hg.): *Wissen und soziale Konstruktion*, Berlin 2002.

Zittel, Claus: „Die Entstehung und Entwicklung von Ludwik Flecks ‚vergleichender Erkenntnistheorie'", in: Bożena Chołuj und Jan C. Joerden (Hg.): *Von der wissenschaftlichen Tatsache zur Wissensproduktion. Ludwik Fleck und seine Bedeutung für die Wissenschaft und Praxis*, Frankfurt am Main 2007, S. 439–462.

Zittel, Claus: „Ludwik Fleck und der Stilbegriff in den Naturwissenschaften. Stil als wissenschaftshistorische, epistemologische und ästhetische Kategorie", in: Horst Bredekamp, John Krois (Hg.): *Sehen und Handeln*, Berlin 2011, S. 171–206.

Zittel, Claus: „Ludwik Fleck and the concept of style in the natural sciences", in: *Studies in East European Thought* 64 (2012) 1–2, S. 53–79.

Zittel, Claus: „Ludwik Flecks Gestaltbegriff und sein Blick auf die Gestaltpsychologie seiner Zeit", in: *NTM – Zeitschrift für Geschichte der Wissenschaften, Technik und Medizin* 22 (2014), S. 9–29.

Zittel, Claus: „Wissenskulturen, Wissensgeschichte und historische Epistemologie", in: *Rivista Internazionale di Filosofia e Psicologia* 1 (2014), S. 29–42.

Zittel, Claus: „Close reading in den Science Studies", in: Andrea Albrecht, Lutz Danneberg, Olaf Krämer (Hg.): *Theorien und Praktiken des Interpretierens*, Berlin 2015, S. 81–100.

Zittel, Claus: „Fleck-Fieber", in: *Zeitschrift für Ideengeschichte* (2017), S. 15–28.

Zittel, Claus: „[D]ie im gegebenen Moment günstigste Krankheit". Ludwik Fleck und die soziale Konstruktion von Gesundheit", Amelie Bentheim; Jennifer Pavlik (Hg.): *Gesundheit als Metapher. Jahrbuch der Literatur und Medizin 8*, 2021, S. 99–112.

Złotorzycka, Jadwiga: „Profesor Rudolf Weigl (1883–1957) i jego instytut" [Profesor Rudolf Weigl (1883–1957) und sein Institut], in: *Analecta* 7 (1998) 1, S. 165–181.

Zrębowicz, Roman: „Na drogach do czytsego przyszłego stylu" [Auf dem Weg zum reinen Zukunftsstil], in: *Gazeta Wieczorna* [Abendzeitung] 4276 (1918), S. 8–9.

Archivquellen

Archiv der Medizinischen Universität Lviv: Ludwik Fleck, Personalakte.

Archiv der Medizinischen Universität Lviv: Franciszek Groër, Personalakte.

Archiv der Polnischen Akademie der Wissenschaften (PAN) Warschau: Kaziemierz Ajdukiewicz, Nachlass, Sign., 256-0/III-141.

Archiv der Polnischen Akademie der Wissenschaften (PAN) Warschau: Hugo Steinhaus, Nachlass, Sign. III-204.

Archiv der Polnischen Akademie der Wissenschaften (PAN) Warschau: Kazimierz Twardowski, Nachlass, Sign. III-306.

Archiv der Polnischen Akademie der Wissenschaften (PAN) und der Polnischen Akademie der Fertigkeiten (PAU) Kraków: Roman Ingarden, „Uwagi do ‚Tragedii werbalnej metafizyki' Prof. Leona Chwistka" [Bemerkungen zur ‚Tragödie der verbalen Metaphysik' von Prof. Leon Chwistek], Sign. K III–26/86/2.

Archiv der Universität Pittsburgh: Abteilung für Sondersammlungen: Rudolf Carnap Papers, 1905–1970 (Alte Aufzeichnungen und Tagebuch. 1908–1920), Sign. ASP.1974.01, Box 81d, Folder 47.

Privatarchiv von Krzysztof Ingarden: Nachlas von Roman Ingarden.

Philosophisches Archiv der Universität Konstanz: Hans Reichenbach, Nachlass, Sign. HR 013-01.

Philosophisches Archiv der Universität Konstanz: Otto Neurath, Nachlass, Sign. Inv.-Nr. 213.

Philosophisches Archiv der Universität Konstanz: Rudolf Carnap, Nachlass, Sign. RC 028-01.

Staatliches Bezirksarchiv Lviv (DALO): Gesellschaften und Verbände, Sign. 110/4/839.

Staatliches Bezirksarchiv Lviv (DALO): Lemberger Gesellschaft für Photographie, Sign. 1/54/2362.

Staatliches Bezirksarchiv Lviv (DALO): Gesellschaft der Freunde der Opernmusik und des Opernhauses in Lemberg, Sign. 1/54/2189.

Staatliches Bezirksarchiv Lviv (DALO): Ethnologische Gesellschaft in Lemberg, Sign. 1/54/1936.

Staatliches Bezirksarchiv Lviv (DALO): Verband des Künstlerkreises „Artes", Sign. 110/4/543.

Staatliches Bezirksarchiv Lviv (DALO): Mathematische Gesellschaft in Lemberg, Sign. 1/54/1461.

Staatliches Bezirksarchiv Lviv (DALO): Philosophische Gesellschaft in Lemberg, Sign. 1/54/1911.

Staatliches Bezirksarchiv Lviv (DALO): Verband der Lemberger Ärzte, Sign. 1/54/1572.

Staatliches Bezirksarchiv Lviv (DALO): Kazimierz Ajdukiewicz, Personalakte, Sign. 26/5/8.

Staatliches Bezirksarchiv Lviv (DALO): Stefan Banach, Personalakte, Sign. 26/5/58.

Staatliches Bezirksarchiv Lviv (DALO): Leon Chwistek, Personalakte, Sign. 26/5/1983.

Staatliches Bezirksarchiv Lviv (DALO): Leopold Infed, Personalakte, Sign. 26/5/770.

Staatliches Bezirksarchiv Lviv (DALO): Roman Ingarden, Personalakte, Sygn. 26/5/768.

Staatliches Bezirksarchiv Lviv (DALO): Franciszek Groër, Personalakte, Sign. 26/5/499.

Staatliches Bezirksarchiv Lviv (DALO): Hugo Steinhaus, Personalakte, Sign. 26/5/2162.

Staatliches Bezirksarchiv Lviv (DALO): Kazimierz Twardowski, Personalakte, Sign. 26/5/1860.

Staatliches Bezirksarchiv Lviv (DALO): Zeitschrift *Lud* [Das Volk], Sign. 110/4/839.
Staatliches Bezirksarchiv Lviv (DALO): Zeitschrift *Ruch Filozoficzny* [Philosophische Bewegung], Sign. 110/3/317.
Zentrales Historisches Staatsarchiv der Ukraine Lviv: Polnische Philosophische Gesellschaft Lemberg, Sign. 712/1/8.
Zentrales Historisches Staatsarchiv der Ukraine Lviv: Zeitschrift *Studia Philosophica* (1933–1936), Sign. 712/1/39.

Internetquellen

http://archiwum.wfis.uw.edu.pl/bibfis/zasoby-i-zrodla/katalogi/katalog-kolekcji-ksiazekodziedziczonych/ksiegozbior-prof-kazimierzatwardowskiego/nadbitki-prof-kazimierza-twardowskiego/
http://www.cairn.info/revue-les-temps-modernes-2005-1-page-151.htm
http://www.cairn.info/revue-les-temps-modernes-2013-2-page-37.htm
https://commons.wikimedia.org/wiki/File:Leon_Chwistek_-_Miasto_fabryczne_1920.jpg
https://commons.wikimedia.org/wiki/File:Witkacy-Pejzaż_australijski_4.jpg
https://commons.wikimedia.org/wiki/File:Stanisław_Ignacy_Witkiewicz_-_Portret_kobiecy.jpg
https://culture.pl/pl/tworca/artes
https://desa.pl/pl/aukcje/aukcja-prac-na-papierze/pejzaz-australijski-1923-r/
https://de.wikipedia.org/wiki/Bruno_Taut
https://de.chessbase.com/post/karol-irzykowski-literat-und-schachspieler/6
https://de.wikipedia.org/wiki/Datei:Leon_Chwistek_Szermierka_1919.jpg
https://de.wikipedia.org/wiki/Léopold_Gottlieb
https://de.wikipedia.org/wiki/Per_Enflo
http://digi.ub.uni-heidelberg.de/diglit/taut1919a
http://kielich.amu.edu.pl/Stefan_Banach/pdf/ks-szkocka/ks-szkocka1pol.pdf
https://ome-lexikon.uni-oldenburg.de/orte/lemberg-lviv/
http://page.mi.fu-berlin.de/werner99/preprints/polnschu.pdf
https://pl.m.wikipedia.org/wiki/Plik:Witkacy_Kuszenie_sw_A_2.jpg
http://publikacje.uz.zgora.pl:7777/skep/docs/F18632/Kaszynski_s_35_44.pdf
https://rynekisztuka.pl/2013/04/15/alfabet-witkacego/
http://scienceblogs.de/mathlog/2015/09/22/banach-tarski-und-die-wirklichkeit/
https://sinn-und-form.de/?tabelle=leseprobe&titel_id=6850
https://www.gko.unileipzig.de/fileadmin/user_upload/musikwissenschaft/pdf_allgemein/arbeitsgemeinschaft/heft19/1914_Kyyanovska.pdf
http://www.imnk.pl/gallerybox.php?dir=XX091&mode=2

http://www.inst.at/trans/15Nr/03_5/pollack15.htm

http://www.malarze.com/obraz.php?id=424

https://www.nzz.ch/feuilleton/buecher/muse-und-poetin-die-polnische-avantgardistin-debora-vogel-weltsysteme-aus-wortmaterial-ld.1301154

https://www.nzz.ch/im_schatten_von_bruno_schulz-1.819164

https://www.people.hps.cam.ac.uk/index/teaching-officers/hopwood/pictures-evolution

Abbildungsverzeichnis

Namensregister

* Das Register enthält nur Namen der historischen Personen.

Danksagung

Die vorliegende Arbeit ist eine überarbeitete Fassung meiner an der Universität Konstanz im Frühjahr 2020 eingereichten Habilitationsschrift. Meine Forschungen, die Vorbereitung und Fertigstellung des Manuskripts und die damit verbundenen zahlreichen Archivrecherchen wurden vom Graduiertenkolleg „Das Reale in der Kultur der Moderne" und vom Exzellenzcluster 16 „Kulturelle Grundlagen von Integration" der Universität Konstanz viele Jahre gefördert. Zudem wurde das Projekt durch das Herder-Institut Marburg, das Deutsche Historische Institut Warschau und das Alfried Krupp Wissenschaftskolleg Greifswald finanziell unterstützt. Diesen Institutionen sei hiermit gedankt. Tiefe Dankbarkeit fühle ich gegenüber Albrecht Koschorke, der das Projekt von Anfang an begleitet hat und die Idee, eine Lemberger Moderne zu postulieren, unermüdlich unterstützt hat. Durch ihn erhielt das Projekt eine politisch-gesellschaftliche Dimension. Darüber hinaus möchte ich Annette Werberger, Sylvia Sasse, Christoph Hoffmann und Bernd Stiegler danken, die mich auf meinem akademischen Weg entscheidend gefördert haben. Klavdia Smola und Estela Schindel danke ich ganz besonders für ihren Beistand in schwierigen Momenten meines Lebens und Renata von Maydell für lange und schöne Gespräche über das, was am Wichtigsten ist.

Mein größter Dank gilt meinem Mann Claus, – ohne sein Vertrauen und seine Liebe hätte ich das Buch nicht geschrieben. Es ist deshalb ihm zugedacht.